固体中的超声导波

Ultrasonic Guided Waves in Solid Media

〔美〕约瑟夫·罗斯(Joseph L.Rose) 著

高会栋　崔寒茵　王继锋　译

刘　洋　校

科 学 出 版 社

北 京

图字：01-2015-4022

内 容 简 介

本书是作者及其团队在超声导波领域30多年研究工作的总结，共21章，内容包括弹性力学基础，波动力学、超声体波、表面波、界面波，以及各种板材和管材中的超声导波的传播规律、研究方法和实际应用。

本书可作为相关领域学生、研究人员以及工程技术、管理人员的教材或参考书，同时读者可在剑桥大学出版社网站下载本书相关的超声传播模拟视频软件包和习题答案，网址 http://www.cambridge.org/9781107048959。

图书在版编目(CIP)数据

固体中的超声导波 / (美)约瑟夫·罗斯(Joseph L. Rose)著；高会栋，崔寒茵，王继锋译. —北京：科学出版社，2019.3
书名原文：Ultrasonic Guided Waves in Solid Media
ISBN 978-7-03-059567-6

Ⅰ. ①固… Ⅱ. ①约… ②高… ③崔… ④王… Ⅲ. ①声检验②超声检测 Ⅳ. ①TG115.285②TB553

中国版本图书馆 CIP 数据核字(2018)第 261871 号

责任编辑：朱晓颖 王迎春 / 责任校对：郭瑞芝
责任印制：赵 博 / 封面设计：迷底书装

科 学 出 版 社 出版
北京东黄城根北街 16 号
邮政编码：100717
http://www.sciencep.com
北京厚诚则铭印刷科技有限公司印刷
科学出版社发行 各地新华书店经销
*
2019年3月第 一 版 开本：787×1092 1/16
2025年7月第五次印刷 印张：23
字数：588 000

定价：158.00 元
(如有印装质量问题，我社负责调换)

作者简介

约瑟夫·罗斯博士是美国宾夕法尼亚州立大学工程科学与力学系的 Paul Morrow 冠名教授，也是 FBS 公司的首席科学家及总裁。FBS 公司致力于超声导波技术在无损检测及结构健康监测领域的产品开发、技术转化和咨询。罗斯博士 1970 年在德雷塞尔大学获得博士学位。他在超声领域做出了突出的贡献，有 20 余项专利、4 部专著、600 余篇技术论文，培养了 60 多名博士研究生以及 150 多名硕士研究生。他是美国无损检测学会(ASNT)、美国机械工程师学会(ASME)、国际电气和电子工程师协会(IEEE)以及英国无损检测学会的会士。罗斯博士在无损检测以及结构健康监测领域的杰出贡献也为他赢得了无数奖项，其中包括 2011 年国际光学和光电子学会(SPIE)终身成就奖、2012 年宾夕法尼亚州立大学研究生教育奖，他也是美国《发现》(*Discover*)杂志 1995 年航空航天创新奖章的决赛入围者。

译 者 序

超声导波技术是长距离无损检测和结构健康监测技术的一个重要组成部分。Ultrasonic Guided Waves in Solid Media 一书作者美国宾夕法尼亚州立大学约瑟夫·罗斯教授和他带领的团队在近30年里一直致力于超声导波技术的基础研究和应用开发，为全世界超声导波技术的发展做出了突出的贡献。该书以罗斯教授在宾夕法尼亚州立大学讲授的超声导波课程为基础，结合了 30 年(1985～2014 年)的主要研究成果及教授对未来导波技术发展的展望，是一部超声导波领域的系统性著作。

高会栋博士在2003～2007年师从罗斯教授进行超声导波研究，主要研究方向为导波在多层复合材料中的传播及在健康监测方面的应用。深受罗斯教授对导波研究热情的鼓舞，在随后的几年里协助罗斯教授进行该书的策划和撰写工作。近年来，导波检测已经逐渐被美国无损检测学会(ASNT)、美国机械工程师学会(ASME)、美国石油学会(API)等行业协会认可，现场应用领域也不断扩大。我们相信，超声导波技术在中国也将得到更深度的开发和广泛应用，因此产生了将该书翻译成中文的想法，以方便相关领域的科研和应用人员系统地了解导波的基础知识和应用方向。同时，该书前半部分系统地介绍了固体中超声波传播的基础知识，可作为波动力学、弹性力学、固体中超声波及超声无损检测课程的参考教材。希望该书中文版的出版能够为中国的科研工作者、在校学生及有意向使用超声导波技术来提高检测效率的工程技术人员带来一定的便利。

本书由超声导波检测领域的多位博士合作完成，具体分工如下：第 1～7 章、第 9～11 章和附录 C 由中国科学院声学研究所崔寒茵博士翻译，第 8 章、第 12～21 章和附录 D 由高会栋博士翻译，附录 A 和附录 B 由上海市特种设备监督检验技术研究院王继锋博士翻译。同时，高会栋博士主持了全书的翻译工作并对稿件进行多次整理和校正，法国洛林大学齐水宝博士为第 8、14 和 17 章的初稿翻译作出了重要贡献，美国怀俄明大学刘洋博士对全书进行了通读校审。

感谢剑桥大学出版社、科学出版社以及罗斯教授对本书翻译出版工作的大力支持，同时感谢南京大学声学研究所张淑仪院士、北京工业大学何存富教授对我们的鼓励！

本书能够顺利完成，更离不开我们家人的大力支持和付出，感激之情，无以言表。

译 者

2018年10月

前　　言

本书以1999年出版的专著《固体中的超声导波》为基础，为读者提供了超声导波领域研究的最新信息。除了几个章节和前书相同以外，本书加入了近年来关于超声导波的最新研究成果，可作为学生、研究人员以及管理人员超声导波研究的基础教材和参考资料，同时对进一步研究起到抛砖引玉的作用。超声导波作为一种独立的无损检测方法，已经纳入美国无损检测学会(ASNT)、美国机械工程师学会(ASME)以及美国交通部(DOT)的相关无损检测规程，希望通过对超声导波无损检测新技术的完善和突破来改善人体的健康、工业设备及国家重大基础设施的安全。

我非常有幸地见证了1985年以来超声导波技术在无损检测及结构健康监测领域研究和应用的快速发展。我对推进超声波诊断技术从而确保设备安全非常感兴趣。超声波可用于测量材料参数及关键结构的缺陷检测。这些技术已经用在质量控制以及对国民生产和公共安全至关重要(如飞机、管道、桥梁、核电等领域)的特种设备的安全检测中。

1970～1985年，我的早期研究工作主要是在脉冲回波及一发一收超声无损检测的基础上进行信号处理和模式识别。我主导开发了新的超声计算层析成像技术，使用了特殊的超声特征来进行缺陷定征。这些技术是对常规的基于幅度的C扫描成像技术的一个有效补充和替代。20世纪70年代末，超声研究应用扩展到医疗领域。我研究了一维相控阵技术在实时医疗成像中的应用，参与了对恶性、良性组织生长的区分工作。

超声导波检测技术的萌芽大约是在1985年，当时人们使用斜入射声波进行粘接检测，但是检测过程烦琐且难以控制。和斜入射声波一样，超声导波也可以方便地产生纵向和横向的振动分量，因此有了使用导波进行粘接检测的尝试，进一步的研究工作表明超声导波(沿着表面或者杆、管、板状结构传播的波)不但可以产生和斜入射体波类似的二维振动，而且比传统的逐点检测方式效率更高。关于超声导波技术的研发还在继续，导波技术已经被成功用于多种实际检测工作中，如电厂管道检测、化工行业管道检测、长输油气管道检测。使用特定的波型模式，导波检测可以用来实现长距离检测、带保温层及涂层的检测、恶劣环境下的检测等。

从事超声波无损检测的工程师、技术人员和学生会发现这是一部非常实用的参考书，本书也可以帮助超声无损检测行业的管理人员理解相关的工程技术术语，从而实现有效的沟通。管理人员可以忽略某些具体和复杂的数学描述，将其作为一个“黑匣子”来处理，只要采用适当的输入参数，就可以产生合理的输出，从而有效地分析相速度、群速度以及波结构。

总体上来说，本书关于波动力学(特别是关于超声导波力学)的描述，为读者提供了一个有效的知识框架。基于这些知识，读者可以开创新的数据采集信号处理方法来解决超声波无损检测及结构健康监测领域的诸多实际问题。因此，我希望本书可以作为超声波无损检测领域各个层次工作人员的参考书，以及高年级本科生或研究生的教材。我也衷心希望本书可以帮助推动和拓展导波技术的应用。

约瑟夫·罗斯

2014年

前　言

目　录

第1章 绪　论

1.1 引　言

在过去的十年里，超声导波的研究突飞猛进，论文数量、研究课题以及在质量控制和在役检测方面的应用都有飞速发展。本书是在我 1999 年出版的《固体中的超声波》的基础上，加入了近十年超声导波研究新的进展。最近，美国无损检测学会(ASNT)、美国机械工程师学会(ASME)，以及美国交通部(DOT)的相关无损检测的规程已经将超声导波接纳为一种独立的无损检测方法。类似于常规超声、射线等无损检测方法，超声导波相关的培训和认证已经在上述机构全面展开和被广泛接受。

超声导波可用于无损检测(NDT)、结构健康监测(SHM)以及其他工程领域。在无损检测领域，导波检测已经在管道、铁轨、钢材、船舶、飞机很多领域得到应用，如管道中气体滞留的检测、固定翼和旋转翼飞机上的结冰检测及除冰等。相比传统超声，超声导波方法更为快捷、经济，在某些特定应用场合检测精度也更高。例如检测保温层下的腐蚀，传统方法需要拆除所有保温层，然后逐点扫查，而使用超声导波，只需要在准备布置探头的若干位置拆除保温层即可。

导波检测的成功与否在很大程度上取决于波型模式的选择和信号分析。一个波导结构中存在很多种波型模式。这给检测提供了很多可能性，同时增加了检测规程设计和信号分析的复杂性。近年来，利用数值计算技术，我们可以更加准确地了解超声导波的传播规律，从而根据需要进行模式选择和优化。以前的很多技术难题现在都得到了解决。以前，为了节省运算时间，很多问题用边界元方法来解决。边界元方法需要研究人员有深厚的数学功底，能解决的问题也有很大的局限性。而如今，很多工程和研究人员都可以用有限元软件来解决复杂的问题，而不需要了解具体的数学细节和编程。

从无损检测理念到结构健康监测理念的转变也带动了超声导波技术的飞速发展。使用超声导波，可以使用少量的传感器实现设备关键部分的大面积监测，从而提高设备的安全性和可靠性。本书介绍的基本理论为传感器设计、系统设计和软件设计提供了一个理论框架。已经有很多科研工作者以此为基础发表了数百篇文章，为各种实际应用找到了解决方案。未来的几十年内，超声导波将在结构健康监测领域得到广泛应用。同时，超声导波还可以用在很多其他领域，例如：

(1)瞬态响应问题，包括动态冲击响应；

(2)利用应力波来研究材料的力学性能，如杨氏模量、各向异性参数、本构方程；

(3)工业以及医疗超声；

(4)声发射无损检测分析；

(5)结合低频振动分析和高频超声分析的超声波振动研究；

(6)其他创造性应用，如管道中气体的截留、各种结构的除冰、液体的黏滞性测量等。

历史上，波传播的问题主要为力学研究者所感兴趣。很多著名的科学家完成了早期的工作，例如 Stokes、Poisson、Rayleigh、Navier、Hopkinson、Pochhammer、Lamb、Love、Davies、Mindlin、Viktorov Graff、Miklowitz、Auld、和 Achenbach。Graff(1991)为我们描述了超声研究的历史。本章末引用的文献可以帮助读者进一步了解波动力学的历史和基础工作。互联网时代给文献调研带来了很多便利。因此，本书没有详细收录和导波相关的所有工作，与后续各章相关的关键文献在每章中分别列出。

1.2　体波和导波的比较

图 1-1 是体波检测和导波检测的原理示意图。对比图(a)和(b)，读者很容易看出超声导波的覆盖区域比体波大了很多。传统超声有效检测区域为传感器下方声束扫描的有限区域，而导波检测可以大范围地覆盖被检测构件。所以在传统超声检测中，需要不断地移动传感器完成数据采集才能完成整个构件的检测。与之相对，超声导波仅需单点激励便可对整个构件进行快速缺陷扫查。

图 1-1 简单描述了斜入射和梳状阵列换能器两种导波激励的方法。斜入射方法也可以用来激发传统的斜入射体波。斜入射传感器对体波或导波的激励是由其设计参数和使用频率决定的。当声波波长与结构几何尺寸在同一维度时，声波在结构内多次往复反射并进一步叠加干涉、几何弥散形成超声导波。导波的产生一般要求声波波长与结构的厚度相近或更大。

对于梳状阵列导波换能器，其换能片之间的距离是由要激励的导波模式的频率和波长决定的。一般梳状阵列换能器由多个换能片组成，多个换能片产生的波相互叠加干涉并与传播结构耦合激励出目标导波模式。

导波的激发受激发源的频率、分布和入射角度影响很大。不同的激发源可形成不同的干涉结果。所有导波模式的集合构成频散曲线。当激发源的参数和频散曲线所描述的点对应时，可以有效地激发对应的导波模式。其他情形下，波场不能长距离传播。

超声导波的主要优势是可以从一个固定探头位置检测较大的范围，而不需要进行多点扫描。虽然总体上导波被认为是一种预扫查工具，但是我们可以通过波结构分析、灵敏度分析等方法来进行模式优化以提高灵敏度。导波可以用来检测掩埋区域、水下结构、带涂层、保温层、埋地和水泥浇筑结构等。只

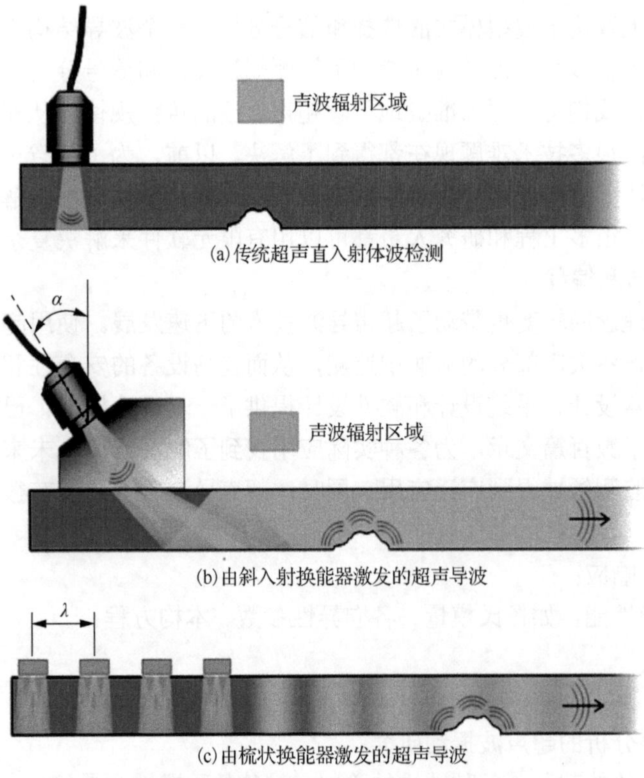

图 1-1　体波检测和导波检测原理比较

需要在探头位置处拆除保温层，导波检测需要的准备工作简便、快速、且成本较低，在很多情况下可以弥补传统方法的不足。

表1-1给出了各向同性介质中体波和导波的传播特性比较。表1-2是各向同性和各向异性材料中超声波传播特性的比较。注意：金属不都是各向同性的，例如，离心铸造的不锈钢具有长条形粗大晶粒，是各向异性的。体波和导波在板材和管材检测中更多方面因素的比较请参见表1-3。

表1-1　超声体波和超声导波的传播特性

	体波	导波
相速度	常数	随频率变化
群速度	和相速度相同	通常和相速度不同
脉冲形状	非频散	通常具有频散性

表1-2　各向同性和各向异性材料中超声波传播特性

	各向同性	各向异性
波速	不随方向变化	随方向变化
有角度偏转	否	是

表1-3　体波和导波在板材和管材检测中的优缺点对比

体波	导波
耗时费力	快速
逐点扫描(精确的矩形栅格扫查)	全局扫描(近似线扫描)
不可靠(可能会遗漏点)	可靠(整体覆盖)
需要大量的培训	需要少量的培训
探头与缺陷距离相对较小	检测范围大
缺陷需要可达	可对隔离区进行有效检测

1.3　超声导波综述

导波的传播需要满足特定的边界条件，这个边界可以是一个结构的上下表面。当波长和材料的厚度相比很小时，这个厚壁材料可以被视为一个半无限空间，这种波称为表面波，又叫瑞利波。瑞利波的波速和材料的泊松比有关。钢材中瑞利波的波速通常为2900m/s左右。这个边界也可以是薄板、杆、管和多层材料等自然波导结构的表面。超声波在表面之间往复反射，每次反射都会有纵波和横波的模式转换。各种模式转换出的波在传播过程中形成干涉，干涉结果可能是相长的、相消的或者是介于两者之间的。每个相长干涉情形对应一个导波模式。

我们可以从声传播的控制方程纳维尔(Naviers)方程加上特定的边界条件来求解导波问题。例如，在自由边界条件下，满足相长干涉条件的所有导波模式的集合构成了频散曲线。频散曲线可以通过图形表示为相速度和频率的关系。由于入射角和相速度之间由斯涅尔(Snell)定律来联系，使用斜入射探头激发时，频散曲线也可以描述为入射角和频率之间的关系。

每个结构有特定的频散曲线。随着计算技术的发展，我们现在可以得到很多自然波导结构的频散曲线。下面给出几个自然波导的例子：板材(飞机蒙皮)、棒材(圆钢、方钢、铁轨等)、空心圆柱体(压力管道、管道)、多层结构、界面、半无限空间上的涂层和多层涂层结构。

理论上我们可以使用频散曲线上的任何一点来进行检测，有成百上千种方案可供选择。那么我们如何选择一种最佳的方案呢？这个模式选择的过程是非常重要的，因为不同的模式会有不同的检测效果。每一个点都具有特定的振动分布，我们称为波结构。有些点具有较大的平面内振动分量。由于与表面平行的平面内振动不会耦合到水中，这些模式可用来进行水下结构的检测。例如，检测一个多层材料中的弱粘接界面时，我们可以通过波结构分析，选择在界面上具有最大剪切应力的模式来提高对弱粘接的灵敏度。

选定导波模式后，我们可以进行探头的优化设计来增强激发和接收效果。每个斜入射换能器有一个特定的相速度分布，而激发脉冲也有一个特定的频率分布，称为源影响，我们会在本书的后面详细讨论，这里我们先假设理想情况。一个斜入射探头的激发曲线具有一个恒定的相速度值，当我们扫描不同的激发频率时，就可得到相速度频散曲线上对应不同频率的点。另一个比较常用的探头是梳状探头或叉指换能器。这种类型探头的激发曲线在频率相速度图上是从原点开始的一根斜线，其斜率等于换能片的间隔长度，也等于最佳激发模式的导波波长。进行频率扫描就可以得到这根斜线和频散曲线相交的一系列导波模式。因此，我们可以通过改变入射角或换能器的周期，来得到频散曲线上的大部分点。

1.4　无损检测和结构健康监测的区别

无损检测的基本思路是携带仪器进行缺陷探测。结构健康监测的思路则是将换能器安装在被检测结构上，根据需要采集数据，并通过基准信号和测量信号之间的比较来显示损伤的变化。结构健康监测可用于复杂结构。表 1-4 是无损检测和结构健康监测的简单比较。

表 1-4　无损检测和结构健康监测的区别

无损检测	结构健康监测
离线评估	在线评估
基于时间的维护方案	基于状态的维护方案
检测已有缺陷	确定是否继续适用以及剩余寿命
耗时长，花费大	花费和人力减少
没有基准信号作为参考	需要基准参考信号 需要考虑环境因素的变化

1.5　各章内容预览

下面预览本书各章的内容。

第 2 章描述基本的频散原理，即波速随频率变化的现象，并给出波动力学的基本物理定律和方程。

第 3 章介绍各向同性和各向异性介质中体波的传播原理，内容包括克里斯托费尔方程的推导和偏转角概念的引入。在各向异性材料中，波速随角度会有明显的变化，群速度的方向也与相速度的方向不同，其夹角称为波束偏转角。

第 4 章讨论反射、折射以及能量转化系数。斯涅尔定律和模式转换是体波理论的一个重要方面。

第 5 章分析斜入射时的反射和折射，引入慢度面和临界角的概念，分析声波能量在折射和反射波之间的分配。

第 6 章详细描述板材中瑞利-兰姆型导波的传播规律，介绍相速度频散曲线和群速度频散曲线、波结构、灵敏度、分辨率和穿透力等概念及其推导过程。

第 7 章讨论表面波和次表面波的传播规律。表面波是一个经典问题，很多超声著作都有所提及，这里我们把表面波作为导波问题的一个例子来处理。

第 8 章的内容是超声导波有限元模拟。有限元是分析超声导波的一个有力工具。有限元方法可以帮助我们了解波的激发、传播以及和缺陷的相互作用，从而对理论设计进行验证和优化。它可为很多实际问题的检测系统设计提供帮助和指导。

第 9 章描述半解析有限元方法。该方法可以用来计算复杂结构中导波的频散曲线和波结构，波导的截面可以是任意形状，如钢轨、各向异性多层结构等。

第 10 章的内容是空心圆柱体中波的传播，重点介绍棒材和管道中的导波。空心圆柱体是一类特殊的波导，该类波导中扩散出去的波会沿着管壁传播，进而和主声束汇合。因此，导波在管道中可以传播较长的距离，这也是到目前为止导波最为引人瞩目的应用领域。本章同时描述沿着轴向传播的各种导波模式，包括轴对称纵波、剪切波，以及各种非轴对称弯曲波模式。

第 11 章的内容是周向导波，这是沿着弯曲表面传播的导波。我们计算了周向导波的频散曲线和波结构，也讨论了如何选择波的模式以及对涂层检测的应用。

第 12 章描述多层结构中的导波，包括界面波、半无限基底上带涂层的结构、多层材料以及斯通莱波、勒夫波等经典问题，在理论推导以后还具体描述了一些实际案例。

第 13 章的内容是激发源的影响。通过学习，读者将具体了解有限尺寸激发源激发出的波与无限大激发源发出的波的区别，以及激发源的空间和时间分布对导波模式图谱的影响。在导波检测中，除了得到有用的信号以外，往往还伴随着杂波的出现。这些杂波很多情况下不是随机噪声，而是其他模式的干扰。本章会讨论导波模式选择以及如何对其他模式的干扰进行控制。

第 14 章介绍关于板材中的水平剪切导波，推导了其相速度频散曲线、群速度频散曲线、波结构以及模式截止频率。水平剪切导波模式由于难以激发。起初没有受到重视。通过磁致伸缩、电磁超声等技术，现在这种波型模式可以被有效地激发，并在一些特殊应用中显示了独特的优势，广受用户欢迎。这些应用包括冰层检测、超声除冰以及水浸或有水层覆盖的情况下的无损检测和结构健康监测。

第 15 章讨论单层各向异性板以及多层各向异性复合材料板中的超声导波的传播规律，我们也通过理论建模分析了频散曲线和波束偏转效应。

第 16 章是关于管道中超声导波的相控阵聚焦。近年来，相控阵超声检测技术在常规超声检测中得到了广泛应用。我们把相控阵技术引入管道导波检测中。通过卷积技术把各个激发源激发出的多模式导波巧妙地叠加起来实现能量聚焦。通过控制各个激发源的相位及激励幅度，实现在管道上各个轴向和周向位置的聚焦。理解弯曲波传播规律是实现相控阵聚焦的关键。

第 17 章介绍超声导波在黏弹性材料中的传播。从黏弹性材料中体波传播入手，推导了黏弹性复合材料和带黏弹性涂层材料中导波的传播。

第 18 章介绍超声振动。声波通过边界多次反射以后引起超声振动，这种现象可以用于新产品的质量控制以及在役设备的安全评估。相比传统的低频振动问题，超声导波振动的频率更高，共振频率和振动模式分析过程基本类似，并与瞬态超声载荷有关。

第 19 章介绍超声导波阵列传感器。我们可以使用斜入射探头通过改变探头的入射角和激发频率来实现模式选择，我们也可以通过多个激发源阵列来实现模式选择。当所有的激发源同时激发时，激发曲线是频率-相速度谱上一条经过原点的直线。此直线的斜率是激发源阵列间隔。改变激发源的时间延迟类似于改变激发源的间距，因此我们可以激发频散曲线上的其他模式点，这种方法灵活性更强。根据应用，可以选择线性阵列或者圆形阵列。

第 20 章介绍超声导波的非线性。腐蚀、开裂纹等明显的缺陷一般可以通过常规超声检测出来。而疲劳、氢脆、碳化等大范围的材质退化问题一般没有明显的声反射界面，因此针对这些缺陷线性超声检测的灵敏度很低。而非线性声学可成为检测这些损伤机制的有效方法。具体方法是使用特殊的探头来接收二次谐波、三次谐波等高阶频率模式。该导波非线性效应是非线性超声研究的一个新热点。

第 21 章介绍常用的导波成像方法。计算层析成像(CT)方法在医疗行业应用很普遍，通过类似的计算方法，我们可以把 CT 的原理应用到超声检测和超声导波检测中来测量材料特性和缺陷分布。成像结果可以是厚度分布、声速分布等。板材中的导波相控阵成像是本章的另一个主要内容，我们可以使用相控阵实现大面积扫描。

本书共有四个附录。附录 A 是体波超声检测的基本原理、分析和显示技术的一些背景知识，如需要了解更具体的细节，可参考相关书籍。附录 B 列出了弹性力学的基本公式，如本构方程、波动方程等，是导波分析的理论基础。附录 C 描述常用的信号分析方法，如短时傅里叶变换、二维傅里叶变换、小波变换等。通过这些分析，我们可以提取信号中的有用信息，进一步结合模式识别来表征材料中的缺陷。我们也可以使用这些信号处理方法，结合实验得到复杂结构的相速度频散曲线和群速度频散曲线。附录 D 给出一系列导波问题模式选择的窍门。

1.6 小　　结

我们正在经历超声导波 NDT 和 SHM 的重大技术突破时期。从 1985 年到 2000 年，只有少量的人员从事导波技术的研究。2000 年至今，导波的研究规模呈爆炸式发展。现在我们来总结一下导波研究的一些成功案例以及难题。随着导波理论研究的深入和计算技术的发展，我们将会迎来导波技术的进一步发展。

1. 导波研究与应用方面的进展

(1) 导波研究进展：

① 计算能力增强，对基本原理更深入地理解。

② 板材及管道中相控阵聚焦技术。

③ 优化模式选择以增加传播距离，减小液体负载的影响，提高检测灵敏度等。

(2) 复合材料导波检测技术进展：

① 理解各向异性材料中的导波传播规律(慢度面、波束偏转)。

② 导波 CT 技术的开发。

③ 梳状换能器的设计和模式选择技术。

(3) 航天检测方面的进展：

复合材料，搭接接头、止裂带、蒙皮和蜂窝层的分层检测、腐蚀检测应用的可行性验证。

(4) 管道检测方面的进展：

① 对轴对称模式和非轴对称模式的理解和应用。

② 通过特殊传感器设计、聚焦、模式选择来提高检测穿透能力。

③ 使用剪切波模式来处理有液体负载的情况。

④ 缺陷检测的灵敏度达到5%的截面面积。

⑤ 聚焦方法大幅降低了误报率。

⑥ 使用聚焦技术进行缺陷的周向定位和长度表征。

⑦ 带保温层、涂层管道以及埋地管道的检测。

2. 导波研究与应用方面的理念

超声导波作为极具发展潜力的检测技术之一，在大规模产业化应用前仍有众多问题亟待解决，可谓机会与困难并存。关于导波基础理论以及复合材料、航空、管道导波检测的一些实际难题如下，这些可作为将来研究的重点。

1) 导波基础理论的难点

(1) 数值模拟的精确度受到输入材料参数精确度的影响，准确的材料参数通常很难得到，特别是各向异性、黏弹性、界面状况以及缺陷的特征等。

(2) 复杂的信号分析与解读：多模式传播、模式转换以及被检结构的各种细节对波传播的影响。

(3) 传感器的可靠性：各种环境因素，如温度、湿度、应力、机械振动、冲击、辐射等对可靠性的影响。

(4) 传感器粘贴的有效性以及在结构健康监测环境中的耐久性。

(5) 导波、能量收集以及无线传输技术的结合。

(6) 对穿透力的要求。

2) 复合材料导波检测的难点

(1) 处理复杂的各向异性、波的传播速度以及偏转角随着方向的变化。

(2) 黏弹性的影响。

(3) 增强穿透力，特别是在各向异性、黏弹性以及非均匀性方面的影响。

(4) 区分损伤(如分层)和制备过程导致的不一致性(如细微的纤维错位、缺层、纤维体积百分比不准等)。

(5) 材料参数未知。

3) 航空检测的难点

(1) 飞行环境下导波传感器的可靠性。

(2) 涂层以及用于闪电防护的金属网嵌对导波传播的影响。

4) 管道检测的难点

(1) T形接头、管道弯头对导波的影响，通过弯头进行检测的能力。

(2) 缺陷定位、定性、定量，特别是对深度的定量检测。

(3) 提高检测的可靠性，降低误报率(针对多模式传播、模式转换以及焊缝、支线等其他管道部件的影响)。

(4) 异径接管、双层组合套管、管套以及管路图不明的情况。

参 考 文 献

Achenbach J D. 1976. Generalized continuum theories for directionally reinforced solids. Archiwum. Mechaniki. Stosowanei, 28(3): 257-278.

Achenbach J D. 1984. Wave Propagation in Elastic Solids. New York: North-Holland.

Achenbach J D. 1992. Mathematical modeling for quantitative ultrasonics. Nondestructive Testing & Evaluation, 8/9: (1-6): 363-377.

Achenbach J D, Epstein H I. 1967. Dynamic interaction of a layer of half space. Journal of Engineering Mechanics Division, 93(5): 27-42.

Achenbach J D, Gautesen A K, McMaken H. 1982. Ray Methods for Waves in Elastic Solids. Boston: Pitman.

Achenbach J D, Keshava S P. 1967. Free waves in a plate supported by a semi-infinite continuum. Journal of Applied Mechanics-Transactions of the Asme, 34(2): 397-404.

Auld B A, Kino G S. 1971. Normal Mode Theory for acoustic waves and their application to the interdigital transducer. Electron Pevices IEEE Transactions on, 18(10): 898-908.

Auld B A, Tau M. 1978. Symmetrical Lamb wave scattering at a symmetrical pair of thin slots. 1977 Ultrasonics Symposium: 61.

Auld B A. 1990. Acoustic Fields and Waves in Solids. 2nd ed. Malabar: Kreiger.

Beranek L L. 1990. Acoustics. New York: Acoustical Society of America, American Institute of Physics.

Davies B. 1985. Integral Transforms and Their Applications. 2nd ed. New York: Springer-Verlag.

Eringen A C, Suhubi E S. 1975. Linear Theory. New York: Academic Press.

Ewing W M, Jardetsky W S, Press F. 1957. Elastic Waves in Layered Media. New York: McGraww-Hill.

Federov F I. 1968. Theory of Elastic Waves in Crystals. New York: Plenum.

Graff K F. 1991. Wave Motion in Elastic Solids. New York: Dover.

Kino C S. 1987. Acoustic Waves: Devices, Imaging and Digital Signal Processing. Englewood Cliffs: Prentice-Hall.

Kinsler L E, Frey A R, Coppens A B, et al. 1982. Fundamentals of Acoustics. New York: Wiley.

Kolsky H. 1963. Stress Waves in Solids. New York: Dover.

Love A E H. 1926. Some Problems of Geodynamics. Cambridge: Cambridge University Press.

Love A E H. 1944a. Mathematical Theory of Elasticity. 4th ed. New York: Dover.

Love A E H. 1944b. A Treatise on the Mathematical Theory of Elasticity. New York: Dover.

Miklowitz J. 1978. The Theory of Elastic Waves and Waveguides. New York: North-Holland.

Mindlin R D. 1955. An Introduction to the Mathematical Theory of Vibrations of Elastic Plates. Fort Monmouth: U.S. Army Signal Corps Engineers Laboratories.

Musgrave M J P. 1970. Crystal Acoustics. San Francisco: Holden-Day.

Pollard H F. 1977. Sound Waves in Solids. London: Pion Ltd.

Rayleigh J W S. 1945. The Theory of Sound. New York: Dover.

Redwood M. 1960. Mechanical Waveguides. New York: Pergamon.

Rose J L. 1999. Ultrasonic Waves in Solid Media. Cambridge: Cambrigde University Press.

Rose J L. 2002. A baseline and vision of ultrasonic guided wave inspection potential. Journal of Pressure Vessel Technology, 124(3): 273-282.

Stokes G G. 1876. Smith's prize examination. Reprinted 1905 in Mathematics and Physics Papers, 5: 362.

Viktorov I A. 1967. Rayleigh and Lamb Waves - Physical Theory Applications. New York: Plenum.

第2章 频散原理

2.1 引　言

在研究应力波在波导结构中的传播问题之前，我们先回顾一下弦中的波动问题。本章通过介绍波在张紧弦中的传播引入频散原理，即波速和频率的关系以及一些相关术语，如波速、波数、波长、材料频散、几何频散、相速度、群速度、衰减、截止频率、频谱、能流。这对以后的研究非常有用。本章还给出了相速度和群速度的图示，从张紧弦推广到弹性基础上的弦、黏弹性基础上的弦等较复杂的问题。读者可参考 Graff(1991)来了解更多关于波动力学的基本内容。

2.2 张紧弦中的波

2.2.1 控制方程

用微积分的方法来推导张紧弦中的波动方程。图 2-1 所示为弦的一个微分单元，引入如下记号

$$u_{,xx}=\frac{\partial^2 u}{\partial x^2},\quad \ddot{u}=\frac{\partial^2 u}{\partial t^2},\quad u'=\frac{\partial u}{\partial x}$$

根据牛顿第二定律 $\sum F=ma$，沿位移 u 方向的弦运动方程为

$$-F\sin\theta+F\sin\left(\theta+\frac{\partial\theta}{\partial x}\mathrm{d}x\right)+q\mathrm{d}s=\rho\mathrm{d}s\ddot{u} \tag{2.1}$$

式中，u 为位移；F 为张力；$q(x,t)$ 为体作用力或单元长度上的外载荷；$\mathrm{d}s$ 为弧长；ρ 为线密度。在小形变 $\left(\mathrm{d}s\approx\mathrm{d}x,\ \sin\theta\approx\theta,\ \theta\cong\dfrac{\partial u}{\partial x}\right)$ 假设下可得

$$-F\theta+F\left(\theta+\frac{\partial\theta}{\partial x}\mathrm{d}x\right)+q\mathrm{d}x=\rho\mathrm{d}x\ddot{u}$$

化简后得

$$F\frac{\partial^2 u}{\partial x^2}+q=\rho\ddot{u} \tag{2.2}$$

上式是二阶双曲型微分方程。当无外力作用时（$q=0$），上述方程可表示为

$$u_{,xx}=\frac{1}{c_0^2}\ddot{u} \tag{2.3}$$

式(2.3)为简单的一维齐次波动方程。式中，c_0 为波的传播速度，$c_0=\sqrt{F/\rho}$。

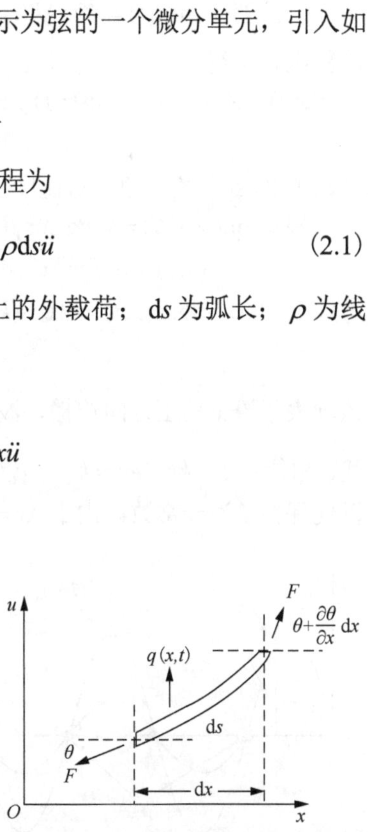

图 2-1　张紧弦的微元示意图

2.2.2 分离变量法求解

令 $u(x,t)=X(x)T(t)$，代入式(2.3)中，有

$$\frac{\partial^2 u}{\partial x^2}=X''T,\quad \frac{\partial^2 u}{\partial t^2}=XT'',\quad TX''=\frac{1}{c_0^2}XT''$$

由于 $X=X(x),\ T=T(t)$，故可写成

$$\frac{X''}{X}=\frac{T''}{c_0^2 T}=\mathrm{const}=-k^2 \tag{2.4}$$

为保证方程有解，式(2.4)中的常数必须等于 $-k^2$。于是有

$$X''+k^2X=0,\quad T''+k^2c_0^2T=0$$

这就是大家熟知的简谐波运动方程，相应的通解为

$$X(x)=A_1\sin(kx)+A_2\cos(kx),\quad T(t)=A_3\sin(kc_0t)+A_4\cos(kc_0t)$$

选择 $+k^2$ 会产生双曲函数 sinh 和 cosh 的解。

上述结果可解释如下：首先给出波数 k、相速度 c_p、角频率 ω 和波长 λ 之间的关系

$$k=\frac{2\pi}{\lambda}=\frac{\omega}{c_p} \tag{2.5}$$

式中，$\omega=2\pi f$；$c_p=f\lambda$。对于特殊情况 $c_p=c_0$，由于 $\omega=kc_0$，可以给出通解为

$$u(x,t)=X(x)T(t)=\big(A_1\sin(kx)+A_2\cos(kx)\big)\big(A_3\sin(\omega t)+A_4\cos(\omega t)\big)$$

重新组合可得

$$u(x,t)=A_1A_4\sin(kx)\cos(\omega t)+A_2A_3\cos(kx)\sin(\omega t)+A_2A_4\cos(kx)\cos(\omega t)+A_1A_3\sin(kx)\sin(\omega t) \tag{2.6}$$

考虑式(2.6)中的一项，对比图 2-2 的描述可知，波形没有移动，产生了驻波。

根据 $\sin(\alpha+\beta)=\sin\alpha\cos\beta+\cos\alpha\sin\beta$ 等三角恒等式，式(2.6)变为

$$u(x,t)=B_1\sin(kx+\omega t)+B_2\sin(kx-\omega t)+B_3\cos(kx+\omega t)-B_4\cos(kx-\omega t) \tag{2.7}$$

考虑式(2.7)中的 $u(x,t)=A\cos(kx-\omega t)$ 一项，由于 $\omega=kc_0$，则

$$u(x,t)=A\cos[k(x-c_0t)] \tag{2.8}$$

该项表示沿 x 轴正方向传播、波长为 λ 的波。由于 $k=\dfrac{2\pi}{\lambda}$，可以绘出 $u(x)$ 随时间 t 的变化曲线。相位角 $\phi=kx-\omega t=k(x-c_0t)$，为cos 函数的宗量。注意，当时间 t 增加时，x 也增加 $c_0\Delta t$，以便保持 ϕ 为一常数。由于 $\Delta x=c_0\Delta t$，有：

(1) $f(x-c_0t)$ 是沿 x 轴正方向传播的右行波；

(2) $f(x+c_0t)$ 是沿 x 轴负方向传播的左行波。

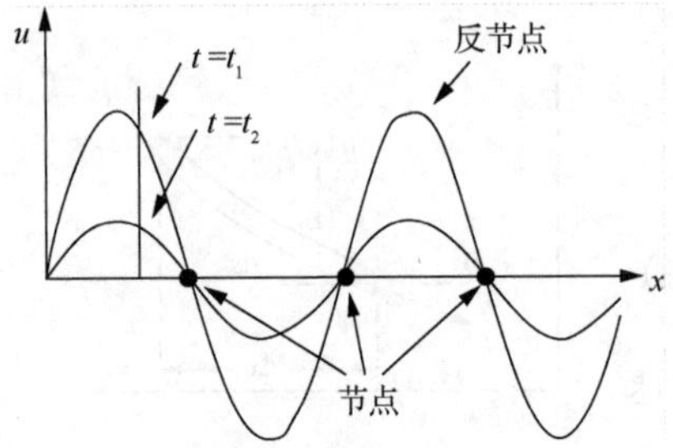

图 2-2　驻波实例

如图 2-3 所示，波的同一个相位点随着 t 的增加，x 也增加。也就是说，波沿着 x 轴方向传播，其传播速度为 c_0。

利用欧拉公式 $e^{i\theta}=\cos\theta+i\sin\theta$ 可将式(2.6)用指数形式表达为 $u=C_1e^{i(kx+\omega t)}+C_2e^{-i(kx-\omega t)}$ 或 $u=(C_1e^{ikx}+C_2e^{-ikx})e^{i\omega t}$。

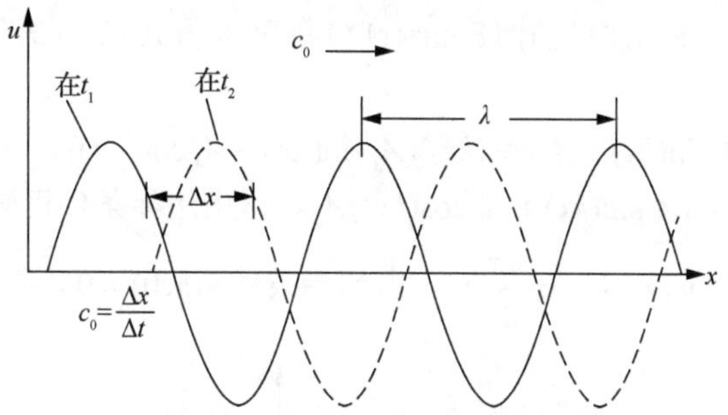

图 2-3　以固定相速度传播的扰动

2.2.3　达朗贝尔解

1750 年发表的一维波动方程的达朗贝尔(D'Alembert)解的形式为

$$u(x,t)=f(x-ct)+g(x+ct) \tag{2.9}$$

只要满足一定的初始条件和边界条件，对于任意函数 f 和 g，式(2.9)都能满足一维波动方程(式(2.3))。令 $\xi=x-ct,\ \eta=x+ct$，则式(2.3)变为 $\frac{\partial^2 u}{\partial\xi\partial\eta}=0$，两者具有相同的解。而且这些波在传播过程中没有畸变，f 和 g 是任意函数，如图 2-4 所示。

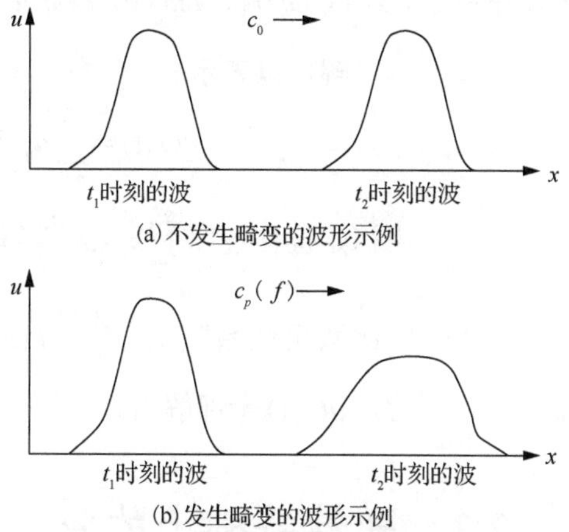

图 2-4　可能的波动形式

2.2.4　初值条件

考虑初值问题 $u(x,0)=U(x),\ \dot{u}(x,0)=V(x)$

代入式(2.9)，得

$$f(x)+g(x)=U(x),\quad t=0$$

$$-c_0f'(x)+c_0g'(x)=V(x)$$

由 $u(x,t)=f(x-c_0t)+g(x+c_0t)$ 可得到 f 和 g 的表达式。

现在讨论有初始位移的情况，$u(x,0)=U(x)=+1(-a<x<a)$，$U(x)=0(x>a)$。其解为 $u(x,t)=\frac{1}{2}U(x-c_0t)+\frac{1}{2}U(x+c_0t)$，结果如图 2-5 所示。

图 2-6 是一个有限长弦的初值问题的例子，其边界条件为 $u=0(x=0,\ x=l;\ t\geqslant 0)$，弦在

$x=0$ 和 $x=l$ 处被固定。利用傅里叶(Fourier)级数可求得式(2.6)的解。在 $\omega=kc_0$ 时，其通解为

$$u(x,t)=(A_1\sin(kx)+A_2\cos(kx))(A_3\sin(\omega t)+A_4\cos(\omega t))$$

当 $t=0$ 时，$u(x,0)=(A_1\sin(kx)+A_2\cos(kx))A_4$。再由边界条件可知 $A_2=0,\ \sin(kl)=0$，则 $k=n\pi/l(\ n=0,1,2,\cdots)$，即 $\omega=kc_0=\dfrac{n\pi}{l}c_0$。由初始条件 $\dot{u}(x,0)=0$，得 $A_3=0$。

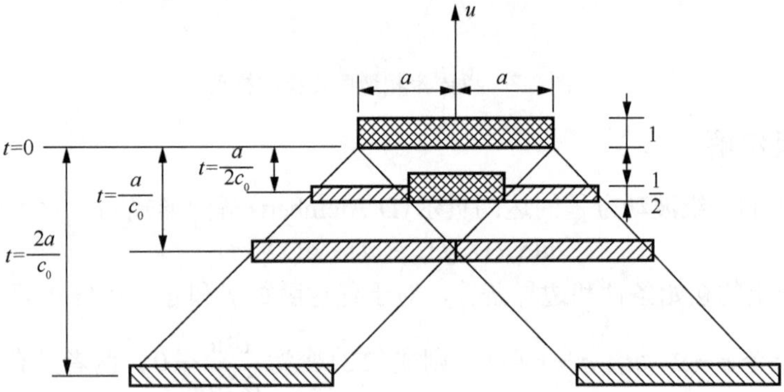

图 2-5　有初始位移条件时弦中波的传播

注：由于 $x=c_0t$，到达 $x=a/2$ 时对应的时间为 $t=a/(2c_0)$

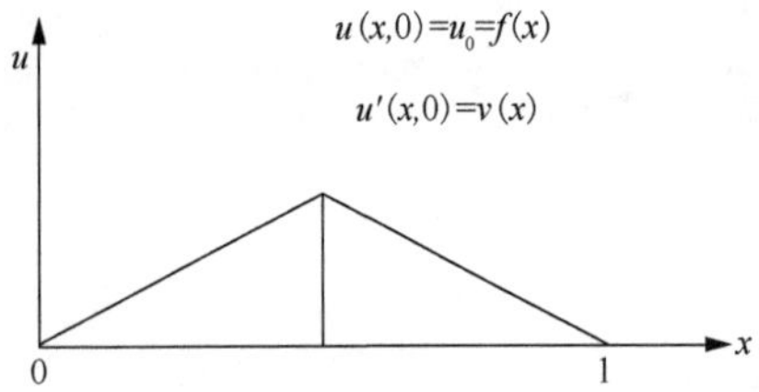

图 2-6　初始位移示意图

解可以表示成

$$u(x,t)=\sum_{n=1}^{\infty}a_n\sin\frac{n\pi x}{l}\cos\frac{n\pi c_0 t}{l}$$

由初始位移条件 $\sum\limits_{n=1}^{\infty}a_n\sin\dfrac{n\pi x}{l}=f(x)$ 可以解出 a_n。由傅里叶级数可知系数 $a_n=\dfrac{2}{l}\int_0^l f(x)\sin\dfrac{n\pi x}{l}\mathrm{d}x(n=1,2,\cdots)$。至此，$u(x,t)$ 全部解出。

2.3　弹性基础上的弦

如图 2-7 所示，弹性基础上的弦的力和位移的关系为

$$q(x,t)=-Ku(x,t) \tag{2.10}$$

将式(2.10)代入式(2.2)中，得

$$u_{,xx}-\frac{K}{F}u=\frac{1}{c_0^2}\ddot{u} \tag{2.11}$$

式中，$c_0=\sqrt{\dfrac{F}{\rho}}$。比较式(2.11)和式(2.3)可发现：

(1)式(2.11)比式(2.3)多一项；

(2) $f(x-c_0t)$ 形式的解可能不适用；

(3)波在传播过程中存在畸变现象。

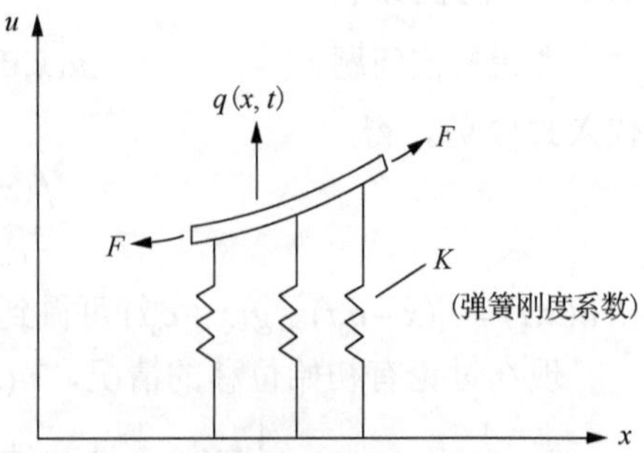

图 2-7　弹性基础上弦的微元段示意图

考察一个简谐波在传播过程中可能出现的情况。

假设

$$u(x,t)=Ae^{i(kx-\omega t)} \tag{2.12}$$

将式(2.12)代入式(2.11)中，有

$$\frac{\partial u}{\partial x}=Ae^{i(kx-\omega t)}(ik),\quad \frac{\partial^2 u}{\partial x^2}=Ae^{i(kx-\omega t)}(ik)(ik)=-Ae^{i(kx-\omega t)}k^2$$

$$\frac{\partial u}{\partial t}=Ae^{i(kx-\omega t)}(-i\omega),\quad \frac{\partial^2 u}{\partial t^2}=Ae^{i(kx-\omega t)}(-i\omega)(-i\omega)=-Ae^{i(kx-\omega t)}\omega^2$$

将上述各项代入式(2.11)，有

$$\begin{cases}-Ae^{i(kx-\omega t)}k^2-\dfrac{K}{F}Ae^{i(kx-\omega t)}=\dfrac{1}{c_0^2}(-Ae^{i(kx-\omega t)}\omega^2)\\ -k^2e^{i(kx-\omega t)}-\dfrac{K}{F}e^{i(kx-\omega t)}=\dfrac{-\omega^2}{c_0^2}e^{i(kx-\omega t)}\\ \left(-k^2-\dfrac{K}{F}+\dfrac{\omega^2}{c_0^2}\right)e^{i(kx-\omega t)}=0\end{cases} \tag{2.13}$$

此表达式称为特征方程(亦称为频散方程、久期方程)。对于非平凡解，相应的频散方程为

$$-k^2-\frac{K}{F}+\frac{\omega^2}{c_0^2}=0$$

上式有多种表示方法，如

$$\omega^2=c_0^2\left(k^2+\frac{K}{F}\right),\quad \omega=\omega(k) \tag{2.14}$$

或

$$k^2=\frac{\omega^2}{c_0^2}-\frac{K}{F},\quad k=k(\omega) \tag{2.15}$$

注意到，在张紧弦的例子中，$c_p\neq c_0$。因此，给定$\omega=kc_p$，由式(2.14)有

$$c_p^2=c_0^2\left(1+\frac{K}{Fk^2}\right) \tag{2.16}$$

当$k\to\infty$时

$$\omega^2=c_0k\sqrt{\left(1+\frac{K}{Fk^2}\right)}\to c_0k \tag{2.17}$$

在式(2.14)中，当$K=0$时可以得到同样的结果，而此时$c_p=c_0$（式(2.16)）。因此，$c=c(k)$或$k=k(c)$时，由式(2.16)有

$$k^2=\frac{K/F}{(c^2/c_0^2)-1}$$

这将得到以下3个重要结论。

(1)波速是频率的函数。因此，从傅里叶谐波分析观点考虑，一定会发生波形畸变。

(2)式(2.15)有两个实根

$$k=\pm\sqrt{\frac{\omega^2}{c_0^2}-\frac{K}{F}}$$

如果$\omega^2/c_0^2>K/F$，则波的传播方向可能向左，也可能向右，此时$u=Ae^{-i(\pm kx+\omega t)}$；另一种情况，如果$\omega^2/c_0^2<K/F$，$k$为虚数，则表示一个不能传播的扰动，此类情况不作考虑。若使$\bar{k}^2=-k^2$，则$u(x,t)=A(e^{\pm\bar{k}x})(e^{-\omega t})$，此时将产生驻波。

(3)对于 $k=0$ 的特殊情况，由式(2.15)得 $\omega^2/c_0^2=K/F$。利用 $k=2\pi/\lambda$，我们可以得到，当 $\lambda\to\infty$（长波长极限）时，$u=A\mathrm{e}^{-\mathrm{i}\omega_0 t}$，并由式(2.14)知，这是一种匀速振动，且截止频率 $\omega_0=c_0\sqrt{K/F}$。

2.4　频散波传播的例子

图 2-8 给出了非频散波和频散波传播的例子。频散波传播时脉冲形状发生了变化。在无损耗波导介质中波的能量守恒。可结合频散曲线和特定的频谱来模拟频散导波的传播过程。以图 2-9 为例，振幅 a_i 代表在对应频率 f_i 时的模式激发强度。激发频率 f_i 对应的相速度为 c_i。由激发频率和相速度可计算波数 k_i，如下

$$\omega_i=2\pi f_i \tag{2.18}$$

$$k_i=\frac{\omega_i}{c_i} \tag{2.19}$$

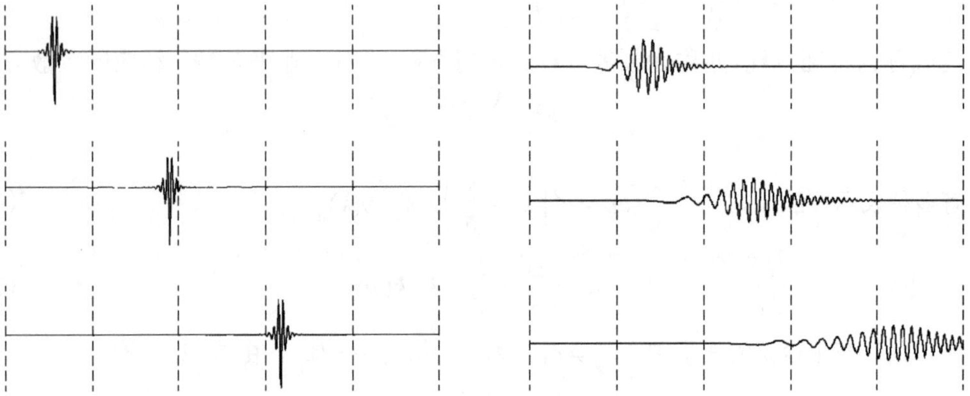

(a)非频散　　(b)频散

图 2-8　波导中波传播非频散和频散的示例

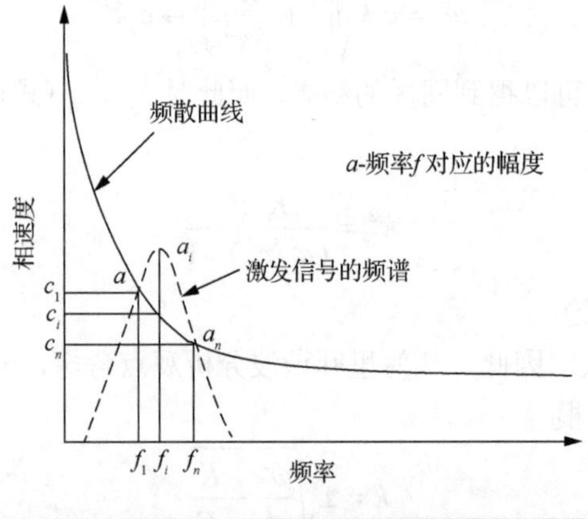

图 2-9　利用频散曲线和频谱计算频散波传播动画的参数

因 $c_p=\omega_0/k$，当 k 值减小时，c_p 增大；当 k 值趋近于零时，c_p 趋于无穷大。利用下式可模拟频散波的传播

$$f(x,t)=\sum_{i=1}^{n}a_i\cos(k_ix-\omega_it) \tag{2.20}$$

固定点 x 处的振动信号波形可由时间 t 从 0 到 T 变化计算得到。在 $x+\Delta x$ 处，可再生成下一个波形。重复这一过程，可得到整个范围内的波形。图 2-8 是在几个特定时间点的波形分布，如将各点的波形整合，制作成.avi 文件，则可得到频散波传播的视频。

2.5 黏性基础上的弦

图 2-10 是一个在黏性基础上的弦的示意图，这是一个高度频散和衰减的系统，令 $q(x,t)=-C\dot{u}(x,t)$。

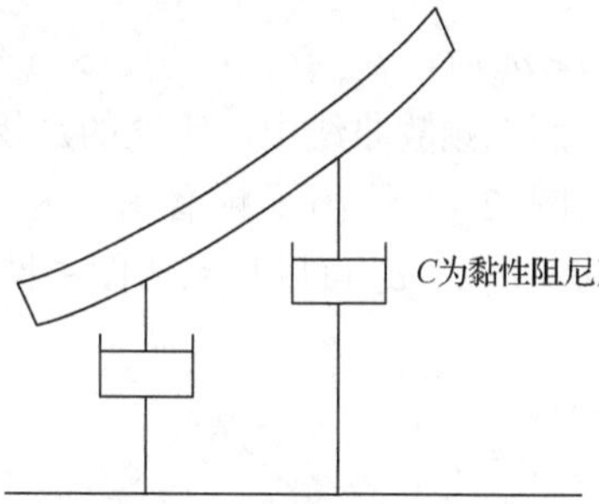

图 2-10 黏性基础上弦的模型

波动控制方程为

$$Fu_{,xx}-C\dot{u}=\rho\ddot{u} \tag{2.21}$$

假设

$$u=Ae^{i(kx-\omega t)} \tag{2.22}$$

将式(2.22)代入式(2.21)，得

$$k^2=\mathrm{i}\frac{C\omega}{F}+\frac{\omega^2}{c_0^2}$$

由于 k 为复数，波不能自由传播。

我们将波数写成实部 k_r 和虚部的形式

$$k=k_r+\mathrm{i}\alpha$$

将其代入式(2.22)和式(2.21)，得 $u=Ae^{i(k_r+i\alpha)x-\omega t}$，简化为

$$u(x,t)=\underbrace{Ae^{-\alpha x}}_{\text{表示衰减部分}}\cdot\underbrace{e^{i(k_rx-\omega t)}}_{\text{波动形式}}$$

2.6 黏弹性基础上的弦

图 2-11(a)和图 2-11(b)是黏弹性系统的模型。在凯尔文-沃伊特和迈克斯韦的经典模型中，相速度是频率的函数，衰减也是频率的函数。图 2-11(c)和图 2-11(d)分别是试件应力-应变曲线和与之对应的相速度曲线及衰减曲线。这个问题将在第 17 章更完整地讨论。

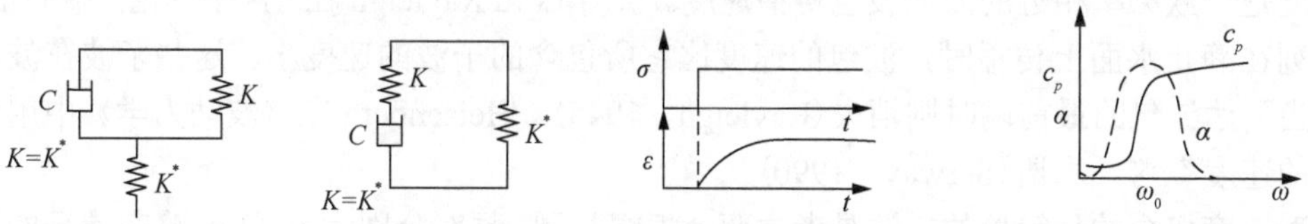

(a)凯尔文-沃伊特模型 (b)迈克斯韦模型 (c)可能的应力-应变曲线 (d)典型的相速度和衰减随频率的变化关系

图 2-11 黏弹性系统模型及响应函数

2.7 频散系统的图解法

频谱图和频散曲线是描述频散特征的两种图解方法。首先看频谱图，想象一个弹性基础上的弦，回顾式(2.14)

$$\omega^2 = c_0^2\left(k^2 + \frac{K}{F}\right)$$

如果$k=0$，则ω为截止频率，$\omega=\omega_0=c_0\sqrt{K/F}$；当$k\to\infty$时，$\omega=c_0 k$是一条直线（渐近线）。现在考虑$k_{\mathrm{Re}}$、$k_{\mathrm{Im}}$与$\omega_0$的关系。由式(2.15)得

$$k^2 = \frac{\omega^2}{c_0^2} - \frac{K}{F}$$

由于$\omega=c_0\sqrt{K/F}$，有$\omega^2=c_0^2(K/F)$或$(K/F)=\omega^2/c_0^2$，则有

$$k^2 = \frac{\omega^2}{c_0^2} - \frac{\omega_0^2}{c_0^2},\ k = \sqrt{\frac{\omega^2}{c_0^2} - \frac{\omega_0^2}{c_0^2}}$$

当$\omega<\omega_0$时，k_{Im}存在；当$\omega>\omega_0$时，k_{Re}存在。在频谱图中，我们研究的是频率和波数的关系；而在频散曲线中，研究的是相速度和波数的关系。

图 2-12 给出了频谱图，为了得到频散曲线，可以从频谱图中求出相速度信息。利用$\tan\theta=\omega/k=c_p$可以从频谱图中推出相速度。由图 2-13 可以看出，当$k\to 0$时，$c_p\to\infty$。

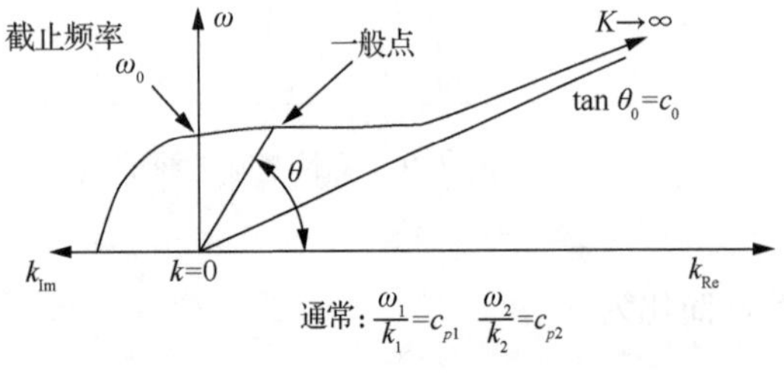

图 2-12　在弹性基础上的弦的典型频谱图

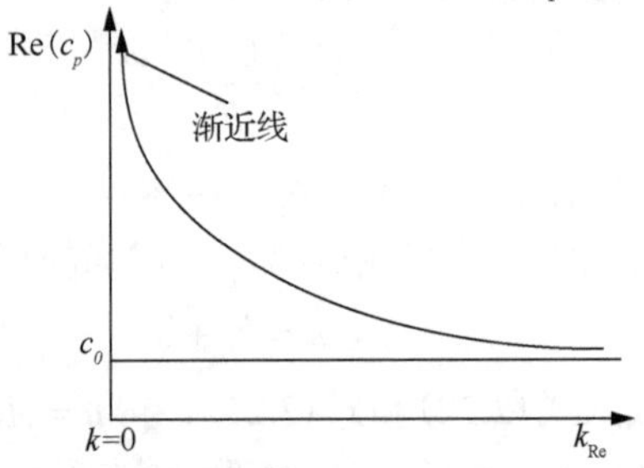

图 2-13　典型相速度随波数变化的频散曲线

对于小波数k和长波长λ，其截止频率为ω_0（这里$c_p\to\infty$）时，产生均匀振动。当$k>>1$和$\lambda<<1$时，基础的影响达到最小。而有些波（如兰姆波）则具有多模式特征。本书后续章节将利用本章的频散原理概念给出相速度、群速度和衰减频散曲线。

2.8　群速度概念

群速度是一族频率相近的波的波包传播速度。引用 Lord Rayleigh 在《声学理论》中的话：当一族波列在静止水面上传播时，波包的速度比它所包含的子波的速度小。这些子波在波包内前进，当到达波包的最前端时则消失（Rayleigh，1945）。Heisenberg 在《波动力学》中用到了“波包的速度”这一术语（Serway，1990）。

理解群速度概念的最简单的方法是考虑两个振幅相同，频率分别为ω_1和ω_2略有差异的谐波的传播问题（Stokes，1876），即

$$u(x,t) = A\cos(k_1 x - \omega_1 t) + A\cos(k_2 x - \omega_2 t) \tag{2.23}$$

式中，$k_1=\omega_1/c_1$；$k_2=\omega_2/c_2$。利用三角恒等式

$$A(\cos\alpha + \cos\beta) = 2A\left[\cos\left(\frac{\alpha-\beta}{2}\right)\cos\left(\frac{\alpha+\beta}{2}\right)\right]$$

可以将式(2.23)改写为

$$u = 2A\cos\left\{\frac{1}{2}(k_2 - k_1)x - \frac{1}{2}(\omega_2 - \omega_1)t\right\}\cos\left\{\frac{1}{2}(k_2 + k_1)x - \frac{1}{2}(\omega_2 + \omega_1)t\right\} \tag{2.24}$$

余弦函数是一个偶函数，作如下代换

$$\Delta\omega = \omega_2 - \omega_1,\ \Delta k = k_2 - k_1$$

$$\frac{1}{2}(\omega_2 + \omega_1) = \omega_{AV},\ \frac{1}{2}(k_2 + k_1) = k_{AV}$$

$$c_{AV} = \frac{\omega_{AV}}{k_{AV}}$$

则

$$u = \underbrace{2A\cos\left\{\frac{1}{2}\Delta kx - \frac{1}{2}\Delta\omega t\right\}}_{\text{低频项}}\underbrace{\cos(kx - \omega t)}_{\text{高频项}} \tag{2.25}$$

注意到低频项的传播速度为群速度$c_g = \Delta\omega / \Delta k$，取极限$c_g = \mathrm{d}\omega/\mathrm{d}k$。高频项传播速度为相速度$c_p = \omega/k$。

现在用另外一种方式定义群速度。对一个时间增量$t = t_0 + \mathrm{d}t$，我们将任一波分量的相位变化表示成

$$\mathrm{d}P_i = [k_i(x_0 + \mathrm{d}x) - \omega_i(t_0 + \mathrm{d}t)] - (k_i x_0 - \omega_i t_0) = k_i\mathrm{d}x - \omega_i\mathrm{d}t$$

为保持群速度不变，所有分量的相位变化应该相同，即$\mathrm{d}P_j - \mathrm{d}P_i = 0$。关于相位角$kx - \omega t$，有

$$\underbrace{(k_j - k_i)}_{\mathrm{d}k}\mathrm{d}x - \underbrace{(\omega_j - \omega_i)}_{\mathrm{d}\omega}\mathrm{d}t = 0$$

即

$$\frac{\mathrm{d}x}{\mathrm{d}t} = \frac{\mathrm{d}\omega}{\mathrm{d}k} = c_g \Rightarrow \frac{\Delta\omega}{\Delta k} \tag{2.26}$$

这就是群速度的经典定义。

进一步比较$c_p = \omega/k$和$c_g = \mathrm{d}\omega/\mathrm{d}k$，有

$$c_g = \frac{\mathrm{d}(kc_p)}{\mathrm{d}k} = c_p + k\frac{\mathrm{d}c_p}{\mathrm{d}k} \tag{2.27}$$

式中，$c_p = c_p(k)$。在ω-k的频谱图中可以绘出$c_g > 0$、$c_g = 0$或$c_g < 0$三种情况。

频率相近的一族波的叠加导致了图2-14的典型结果。不同的谐波以不同的相速度c_p传播，但叠加之后的波包以群速度c_g传播。实际应用中，不仅仅是两个频率会有许多频率的波叠加。因此

$$u = \sum_{i=1}^{n} A_i\cos(k_i x - \omega_i t) \tag{2.28}$$

式中，k_i和ω_i仅略有差异。

现在我们从频谱的观点研究相速度和群速度。如图2-15所示，群速度为频散曲线上各点的斜率，分以下三种情况讨论。

(1) $c_p > c_g$，正常频散，如Rayleigh例子一样，起源于波群后面，向前移动，直至消失。

(2) $c_p = c_g$，无频散。

(3) $c_p < c_g$，异常频散，发生在波群前面，向后移动，而后消失。

c_g的表达式也可以说明上述三种情况。由式(2.27)得

$$c_g = \frac{\mathrm{d}(kc_p)}{\mathrm{d}k} = c_p + k\frac{\mathrm{d}c_p}{\mathrm{d}k}$$

注意到 $\lambda = 2\pi/k = 2\pi k^{-1}$，则

$$c_g = c_p + k\frac{\mathrm{d}c_p}{\mathrm{d}\lambda}\frac{\mathrm{d}\lambda}{\mathrm{d}k} = c_p + \frac{2\pi}{\lambda}\frac{\mathrm{d}c_p}{\mathrm{d}\lambda}(-2\pi k^{-2}) = c_p + \frac{2\pi}{\lambda}\frac{-2\pi}{(2\pi)^2}\lambda^2\frac{\mathrm{d}c_p}{\mathrm{d}\lambda} = c_p - \lambda\frac{\mathrm{d}c_p}{\mathrm{d}\lambda}$$

因此

$$c_g = c_p - \lambda\frac{\mathrm{d}c_p}{\mathrm{d}\lambda} \tag{2.29}$$

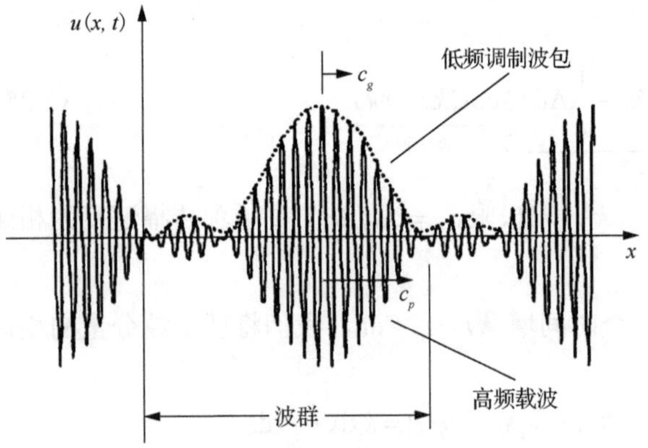

图 2-14　群速度实例

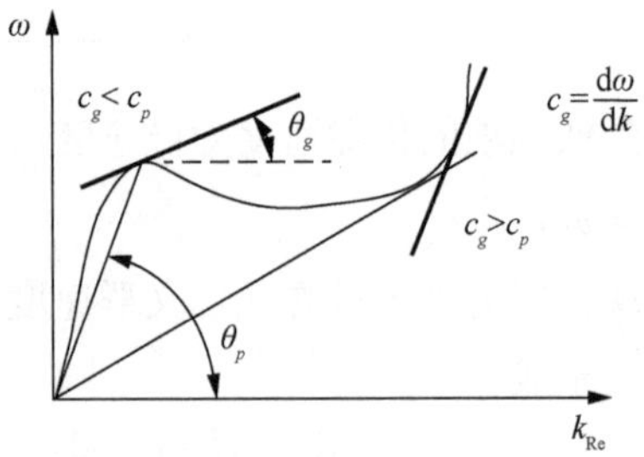

图 2-15　群速度随相速度变化曲线

下面我们研究群速度和能流的关系，考虑一个简单波包

$$u = 2A\cos\left(\frac{1}{2}\Delta kx - \frac{1}{2}\Delta\omega t\right)\cos(kx - \omega t)$$

定义能量密度为　$\hat{E} = \rho\dot{u}^2 = 4\rho\omega^2 A^2\cos^2\left(\frac{1}{2}\Delta kx - \frac{1}{2}\Delta\omega t\right)\sin^2(kx - \omega t) + \cdots$

对上式在几个周期 T 内进行时间平均(其间调制不会有很大变化)，对于无损介质，引用 Miklowitz(1978)，得

$$\left\langle \hat{E} \right\rangle \cong 2\rho\omega^2 A^2\cos^2\left(\frac{1}{2}\Delta kx - \frac{1}{2}\Delta\omega t\right)$$

这意味着时间平均能量的传播速度为

$$c_E = c_g = \frac{\mathrm{d}\omega}{\mathrm{d}k} \tag{2.30}$$

群速度和能量传播速度相同。

图 2-16 描述了从频率波数曲线到相速度-频率曲线的转化过程。首先，将 ω-k 的频谱图变成 k-ω 频谱图。利用 $c_p = \omega/k$ 的关系，可由图 2-16(b)计算得到相速度-频率关系图(图 2-16(c))。图 2-17 给出了由相速度频散曲线来绘制群速度频散曲线的过程。

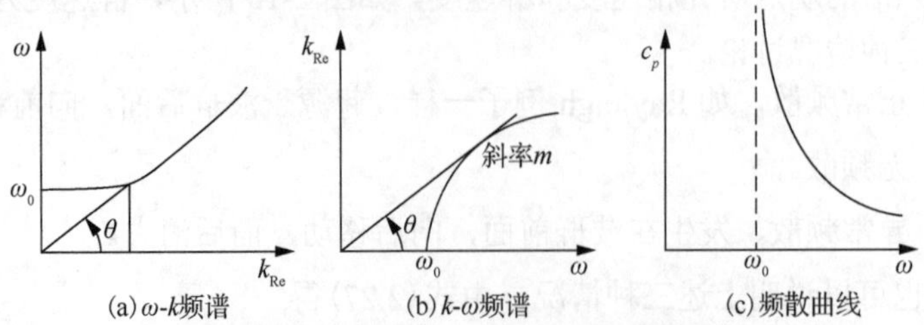

图 2-16　由频谱转化为频散曲线的过程

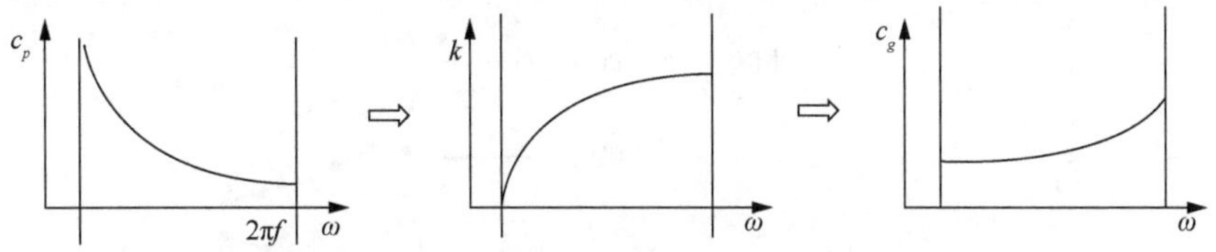

图 2-17 由相速度频散曲线求群速度频散曲线的过程

习 题

2-1 (1)欲使长 L 的吉他弦的频率增加一倍，弦中张力应增加多少？(2)在张力不变的情况下，欲使长 L 的吉他弦的频率增加一倍，横截面直径应有何变化？

2-2 (1)在题 2-1 中，如果张力增加一倍，求波速的改变；(2)确定弦中波速的最大值。

2-3 推导黏弹性基础上的波动方程。

2-4 给定一频谱，由频谱图导出频散曲线，并画出群速度曲线。

2-5 给定边界条件 $u(0,t)=u(l,t)=0$，初始条件 $u(x,0)=f(x)$，$(\mathrm{d}u/\mathrm{d}t)(x,0)=0$，求解弦中波的传播问题。

2-6 推导群速度为相速度和频散函数的表达式。

2-7 根据图 2-18 估算截止频率和 A 点的群速度值。

2-8 求解如图 2-19 所示的初值问题，弦在 $x=0$ 和 $x=10$ 两点处固定。

2-9 推导黏弹性基础上的弦的特征方程。

2-10 已知一频谱图 $\omega(k)$，绘出 $c_p(k)$ 图。

2-11 已知一频谱图 $\omega(k)$，绘出 $c_g(k)$ 图。

2-12 已知频散曲线 $c_p(\omega)$，绘出 $c_g(\omega)$ 群速度频散曲线。

2-13 对于负的群速度，$k(\omega)$ 或 $\omega(k)$ 曲线会出现何种情况？

2-14 对于负的群速度，$c_g(f)$ 曲线会出现何种情况？

2-15 给定张力、密度、弹簧刚度的值，绘出类似于图 2-12 的频谱图。

2-16 根据如图 2-20 所示的 ω - k 的频散曲线，绘出相速度和群速度与波数 k 的关系曲线(描绘出 $k=0$、k 为较大值时的两个点，然后指出两点间的大致走向)。

2-17 利用表 2-1 中的参数信息，验证图 2-21 所示的波数曲线是否正确，并在 0～10mm 选取 2～3 个位置点计算接收波形。用 0,0.1,0.2,…,0.8μs 的个时间点计算。

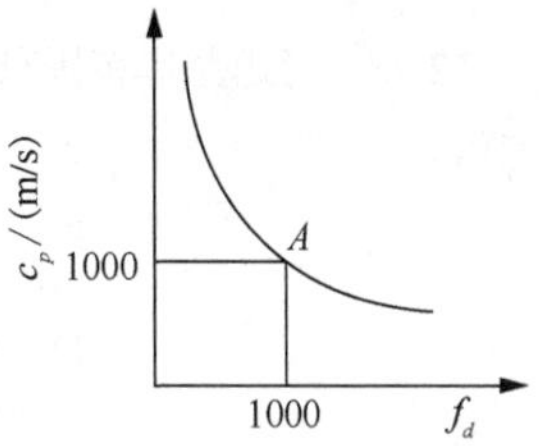

图 2-18 习题 2-7 图

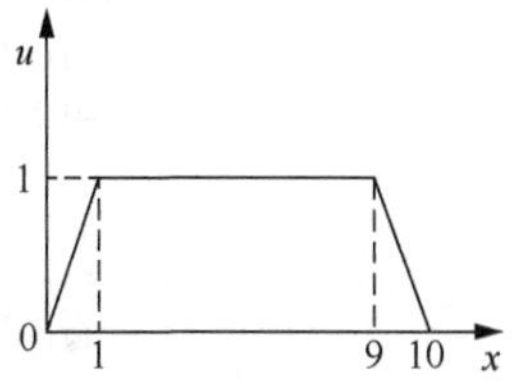

图 2-19 习题 2-8 图

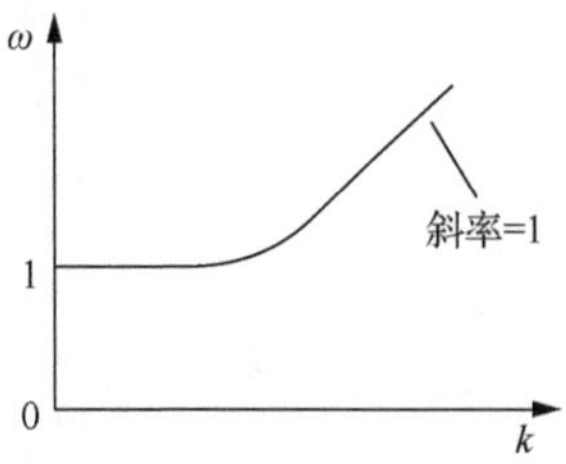

图 2-20 习题 2-16 图

表 2-1 频率、幅度和相速度参数

频率f_i / MHz	幅度a	相速度c_p/(mm/μs)
1.7	4.49	7.55
1.8	5.28	6.10
1.9	5.97	5.36
2.0	6.25	4.91
2.1	5.96	4.59
2.2	5.24	4.37
2.3	4.45	4.20

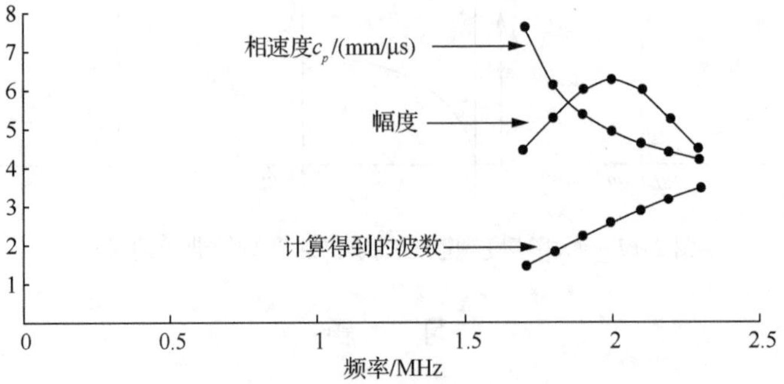

图 2-21　表 2-1 中数据的图示

2-18　考虑频率范围(1.7～2.3)MHz，图 2-22 给出了习题 2-17 的一个结果，根据图形估算图中的群速度值。

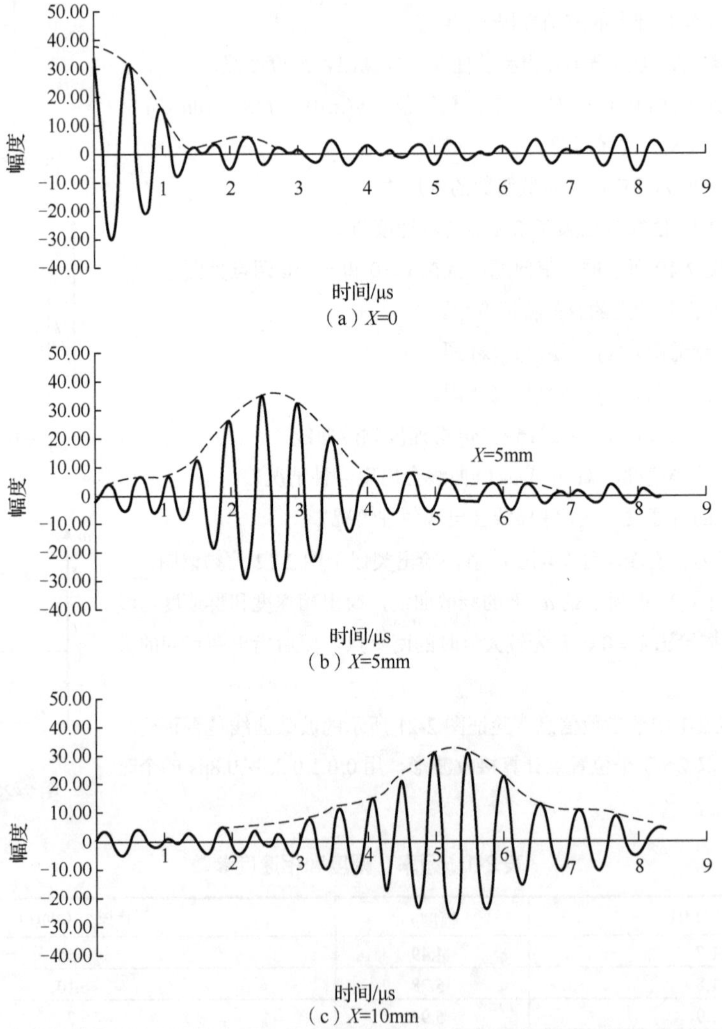

图 2-22　在位移为 0、5mm、10mm 处的波形，虚线用于强调波形的扩散

参考文献

Graff K F. 1991. Wave Motion in Elastic Solids. New York: Dover.

Miklowitz J. 1978. The Theory of Elastic Waves and Waveguides. New York: North Holland.

Rayleigh J W S. 1945. The Theory of Sound. New York: Dover.

Serway R A. 1990. Physics for Scientists and Engineers with Modern Physics. 3rd ed. Philadelphia: Saunders.

Stokes G G. 1876. Smith's Prize Examination. Cambridge: Cambridge University Press.

第 3 章　无界介质中的声波

3.1 引　　言

本章介绍超声体波的传播。波动方程的求解不考虑边界条件的影响。边界对波的作用由反射、透射、折射等现象描述。各向同性介质中，波的相速度和入射角无关。无耗散介质中能流速度等于群速度。各向异性介质中相速度随入射角变化而改变。这一现象引起相速度和能流速度的差别，从而产生角度偏转。在某些方向发射超声波会比较困难。

3.2 各向同性介质

3.2.1 运动方程

各向同性弹性介质中的波动方程在经典弹性力学教科书中都有阐述（Kolsky，1963；Pollard，1977；附录 B）。控制方程为

$$(\lambda+\mu)u_{j,ij}+\mu u_{i,jj}+\rho f_i=\rho\ddot{u}_i,\quad i,j=1,2,3 \tag{3.1}$$

笛卡儿坐标的分量形式为

$$\begin{aligned}
&(\lambda+\mu)\frac{\partial}{\partial x_1}\left(\frac{\partial u_1}{\partial x_1}+\frac{\partial u_2}{\partial x_2}+\frac{\partial u_3}{\partial x_3}\right)+\mu\nabla^2 u_1+\rho f_x=\rho\frac{\partial^2 u_1}{\partial t^2}\\
&(\lambda+\mu)\frac{\partial}{\partial x_2}\left(\frac{\partial u_1}{\partial x_1}+\frac{\partial u_2}{\partial x_2}+\frac{\partial u_3}{\partial x_3}\right)+\mu\nabla^2 u_2+\rho f_y=\rho\frac{\partial^2 u_2}{\partial t^2}\\
&(\lambda+\mu)\frac{\partial}{\partial x_3}\left(\frac{\partial u_1}{\partial x_1}+\frac{\partial u_2}{\partial x_2}+\frac{\partial u_3}{\partial x_3}\right)+\mu\nabla^2 u_3+\rho f_z=\rho\frac{\partial^2 u_3}{\partial t^2}
\end{aligned} \tag{3.2}$$

式中

$$\nabla^2=\frac{\partial^2}{\partial x_1^2}+\frac{\partial^2}{\partial x_2^2}+\frac{\partial^2}{\partial x_3^2} \tag{3.3}$$

引入标记

$$\nabla=\bar{i}_1\frac{\partial}{\partial x_1}+\bar{i}_2\frac{\partial}{\partial x_2}+\bar{i}_3\frac{\partial}{\partial x_3} \tag{3.4}$$

$$\bar{u}=(u_1,u_2,u_3)$$

当不考虑体作用力时，式(3.2)可写成如下矢量形式

$$(\lambda+\mu)\nabla\nabla\cdot\bar{u}+\mu\nabla^2\bar{u}=\rho\frac{\partial^2\bar{u}}{\partial t^2} \tag{3.5}$$

使用矢量恒等式

$$\nabla^2\bar{u}=\nabla\nabla\cdot\bar{u}-\nabla\times\nabla\times\bar{u} \tag{3.6}$$

式中

$$\nabla\times\bar{u}=\begin{vmatrix}\bar{i}_1 & \bar{i}_2 & \bar{i}_3\\ \dfrac{\partial}{\partial x_1} & \dfrac{\partial}{\partial x_2} & \dfrac{\partial}{\partial x_3}\\ u_1 & u_2 & u_3\end{vmatrix}$$

将式(3.6)代入式(3.5)中，运动方程可表示为

$$(\lambda+2\mu)\nabla\nabla\cdot\bar{u}-\mu\nabla\times\nabla\times\bar{u}=\rho\frac{\partial^2\bar{u}}{\partial t^2} \tag{3.7}$$

以上运动方程可进一步简化。首先，将位移矢量$\bar{u}$通过亥姆霍兹(Helmholtz)分解表示为标量的梯度和零散度矢量的旋度，即

$$\bar{u}=\nabla\Phi+\nabla\times\bar{H},\quad \nabla\cdot\bar{H}=0 \tag{3.8}$$

式中，Φ和$\bar{H}$分别为标量势和矢量势。将式(3.8)代入Navier运动方程式(3.5))，得

$$(\lambda+\mu)\nabla\nabla\cdot(\nabla\Phi+\nabla\times\bar{H})+\mu\nabla^2(\nabla\Phi+\nabla\times\bar{H})=\rho\left(\nabla\frac{\partial^2\Phi}{\partial t^2}+\nabla\times\frac{\partial^2\bar{H}}{\partial t^2}\right) \tag{3.9}$$

根据式(3.6)，式(3.9)可以改写为

$$\begin{aligned}&\left[(\lambda+2\mu)\nabla\nabla\cdot(\nabla\Phi)-\rho\nabla\frac{\partial^2\Phi}{\partial t^2}\right]-\mu\nabla\times\nabla\times\nabla\Phi\\&+(\lambda+\mu)\nabla\nabla\cdot\nabla\times\bar{H}+\left[\mu\nabla^2\nabla\times\bar{H}-\nabla\times\frac{\partial^2\bar{H}}{\partial t^2}\right]=0\end{aligned} \tag{3.10}$$

采用下面的恒等式

$$\nabla\cdot\nabla\Phi=\nabla^2\Phi,\quad \nabla\times\nabla\times\nabla\Phi=0,\quad \nabla\cdot\nabla\times\bar{H}=0 \tag{3.11}$$

根据式(3.11)、式(3.10)可得

$$\nabla\left[(\lambda+2\mu)\nabla^2\Phi-\rho\frac{\partial^2\Phi}{\partial t^2}\right]+\nabla\times\left[\mu\nabla^2\bar{H}-\rho\frac{\partial^2\bar{H}}{\partial t^2}\right]=0 \tag{3.12}$$

若使式(3.12)成立，必须使其两项均为零，从而有

$$\nabla^2\Phi=\frac{1}{c_L^2}\frac{\partial^2\Phi}{\partial t^2} \tag{3.13}$$

$$\nabla^2\bar{H}=\frac{1}{c_T^2}\frac{\partial^2\bar{H}}{\partial t^2} \tag{3.14}$$

式中

$$c_L^2=\frac{\lambda+2\mu}{\rho},\quad c_T^2=\frac{\mu}{\rho} \tag{3.15}$$

这样，我们把波动方程(3.5)分解成两个简单的波动方程式(3.13)和式(3.14)。

3.2.2 膨胀波和等容波

假设式(3.8)中旋转部分$\nabla\cdot\bar{H}$为零，则

$$\bar{u}=\nabla\Phi \tag{3.16}$$

在这种情况下，由式(3.12)和式(3.13)得

$$\nabla^2\bar{u}=\frac{1}{c_L^2}\frac{\partial^2\bar{u}}{\partial t^2} \tag{3.17}$$

这意味着膨胀波(纵波)以速度c_L传播。假设式(3.8)位移中只有旋度部分，则

$$\bar{u}=\nabla\times\bar{H},\quad \nabla\cdot\bar{H}=0 \tag{3.18}$$

在此情况下，由式(3.12)和式(3.13)得

$$\nabla^2\bar{u}=\frac{1}{c_T^2}\frac{\partial^2\bar{u}}{\partial t^2} \tag{3.19}$$

式(3.19)说明等容波以速度c_T传播。式(3.17)和式(3.19)相互独立，说明纵波和横波(也

称等容波、畸变波或剪切波）在无界介质中传播时互不影响。这两种类型的波在弹性体边界上为了满足边界条件相互耦合。

3.3 各向异性介质的克里斯托费尔方程

现在我们考虑声波在各向异性弹性介质中的传播，这里仅考虑均匀各向异性材料。该问题有多种不同的处理方法，以下给出其中一种。利用下标（或张量）标记法和牛顿定律，令

$$\frac{\partial\sigma_{ik}}{\partial x_k}=\rho\ddot{u}_i \text{ 或 } \rho\ddot{u}_i=\sigma_{ik,k} \tag{3.20}$$

式(3.20)为波动控制方程，式中，σ 表示应力。根据胡克定律

$$\sigma_{ik}=C_{iklm}\varepsilon_{lm} \tag{3.21}$$

此方程也称为本构方程。联立式(3.20)和式(3.21)，得

$$\rho\ddot{u}_i=C_{iklm}\frac{\partial\varepsilon_{lm}}{\partial x_k}=C_{iklm}\varepsilon_{lm,k} \tag{3.22}$$

根据应变-位移方程的定义，有

$$\varepsilon_{lm}=\frac{1}{2}\left(\frac{\partial u_l}{\partial x_m}+\frac{\partial u_m}{\partial x_l}\right)=\frac{1}{2}(u_{l,m}+u_{m,l}) \tag{3.23}$$

联立式(3.21)～式(3.23)，则以位移表示的波动方程为

$$\rho\ddot{u}_i=\frac{1}{2}C_{iklm}\left(\frac{\partial^2 u_l}{\partial x_k\partial x_m}+\frac{\partial^2 u_m}{\partial x_k\partial x_l}\right) \tag{3.24}$$

或

$$\rho\ddot{u}_i=\frac{1}{2}C_{iklm}(u_{l,km}+u_{m,kl}) \tag{3.25}$$

注意到 C_{iklm} 关于 l 和 m 对称，交换 l 和 m 的位置，有

$$C_{iklm}=C_{ikml}=C_{kilm}$$

假设波的形式为平面简谐波，令

$$u_i=A_i\exp\left[\mathrm{i}(k_jx_j-\omega t)\right] \tag{3.26}$$

式中，k_j 为波矢量（注意到 $A_i=A\alpha_i$，α_i 为质点位移的方向余弦）。将式(3.26)代入式(3.25)可得到一特征值问题。由谐波运动方程代入推导可知 $\rho\ddot{u}_i=-\rho\omega^2u_i$。同时注意到 k_jx_j 为内积，这在微分运算中非常有用，于是有

$$\rho\ddot{u}_i=-\rho\omega^2u_i=-C_{iklm}k_kk_lu_m$$

由张量分析可以建立起 $C_{iklm}u_{m,kl}$ 和 $C_{iklm}k_kk_lu_m$ 的等价关系，其中，i 作为自由下标而对 k、l、m 求和，对于其中任意一项都可写出如下等式。若 $u_m=A\exp[\mathrm{i}(k_1x_1+k_2x_2+k_3x_3-\omega t)]=A\exp Q$，则

$$\frac{\partial u_m}{\partial x_1}=\mathrm{i}k_1A\exp Q，\quad \frac{\partial^2 u_m}{\partial x_1\partial x_2}=-k_1k_2A\exp Q$$

这里，$u_{m,kl}=-k_kk_lu_m$（注意 $u_i=u_m\delta_{im}$）。因此，有

$$(\rho\omega^2\delta_{im}-C_{iklm}k_kk_l)u_m=0 \tag{3.27}$$

这是研究各向异性介质问题中著名的克里斯托费尔(Christoffel)方程。

Christoffel 声张量可以定义为

$$\lambda_{im}=\Gamma_{im}=C_{iklm}n_kn_l \tag{3.28}$$

式中，n_k 为波前法向量的方向余弦(由于 $k_k=kn_k$，$k_l=kn_l$，$c^2=\omega^2/k^2$，波速 c 总是可以求得的)。因此，由 $(C_{iklm}k_kk_l-\rho\omega^2\delta_{im})u_m=0$，我们有

$$(\Gamma_{im}k^2-\rho\omega^2\delta_{im})u_m=0$$

或

$$(\Gamma_{im}-\rho c^2\delta_{im})u_m=0$$

上式关于 c^2 的三次方程给出了三个齐次方程、三个实根和三个不同的速度，这是经典的正交特征值问题。若有非平凡解，则必须使系数矩阵行列式为零，即

$$\left|\Gamma_{im}-\rho c^2\delta_{im}\right|=0 \tag{3.29}$$

因为 Γ_{im} 取决于材料的对称性和波的传播方向，所以有

$$\begin{vmatrix}\lambda_{11}-\rho c^2 & \lambda_{12} & \lambda_{13}\\ \lambda_{21} & \lambda_{22}-\rho c^2 & \lambda_{23}\\ \lambda_{31} & \lambda_{32} & \lambda_{33}-\rho c^2\end{vmatrix}=0$$

式中，$\lambda_{11},\lambda_{12},\lambda_{13},\cdots$ 可以从声波张量的表达式中得到。将式(3.28)中的 $\lambda_{im}=C_{iklm}n_kn_l$ 展开，可得到矩阵中的所有元素。下标 i 和 m 为自由下标，k 和 l 为求和下标

$$\begin{aligned}&\qquad\quad k=1 \qquad\qquad k=2 \qquad\qquad k=3\\ \lambda_{11}=\;&C_{1111}n_1n_1+C_{1211}n_2n_1+C_{1311}n_3n_1,\; l=1\\ &+C_{1121}n_1n_2+C_{1221}n_2n_2+C_{1321}n_3n_2,\; l=2\\ &+C_{1131}n_1n_3+C_{1231}n_2n_3+C_{1331}n_3n_3,\; l=3\end{aligned}$$

为了便于展开，我们指定 i 和 m 为 11、12、13、21、22、23、31、32、33 九个下标。把 $l=1$、$l=2$、$l=3$ 分别置于第一行、第二行、第三行上，把 $k=1$、$k=2$、$k=3$ 分别置于第一列、第二列、第三列。

通过将 C_{ikjl} 转化为 C_{nm}，我们可以将结果进一步简化如下：如果 $i=k$，则 $n=i$；如果 $j=l$，则 $m=j$；如果 $i\neq k$，则 $n=9-(i+k)$；如果 $j\neq l$，则 $m=9-(j+l)$。因此有

$$\begin{aligned}&C_{1111}=C_{11},\; C_{1211}=C_{61},\; C_{1311}=C_{51}\\ &C_{1121}=C_{16},\; C_{1221}=C_{66},\; C_{1321}=C_{56}\\ &C_{1131}=C_{15},\; C_{1231}=C_{65},\; C_{1331}=C_{55}\end{aligned}$$

举例如下

$$\lambda_{11}=C_{11}n_1^2+C_{16}n_2n_1+C_{15}n_3n_1+C_{16}n_1n_2+C_{66}n_2n_2+C_{56}n_3n_2+C_{15}n_1n_3+C_{65}n_2n_3+C_{55}n_3^2$$

继续上面的计算我们可以得到相速度。给定弹性常数和方向余弦，可以计算出不同波矢量 $\bar{k}$ 方向上的 c 值，这一过程通常需要借助计算机编程实现。对于给定波的传播方向，一旦求得相速度值，就可以寻求是否存在纯模式，即质点速度方向是否和计算相速度时选定的 $\bar{k}$ 方向完全重合。要检验是否存在纯模式，必须将双三次方程展开并求出全部解。对于给定的传播方向 $\bar{k}$，存在三个波，$k_l=kn_l$，而这三个波可能存在相互正交的位移矢量。也许可以找到某一特定方向，在该方向上存在一个纯纵波和两个纯横波，进而得到质点位移的方向余弦 α_i。

为计算特征向量，将每一个 c^2 的值代回原来的齐次方程中，有

$$\begin{bmatrix}\lambda_{11}-\rho c^2 & \lambda_{12} & \lambda_{13}\\ \lambda_{21} & \lambda_{22}-\rho c^2 & \lambda_{23}\\ \lambda_{31} & \lambda_{32} & \lambda_{33}-\rho c^2\end{bmatrix}\begin{Bmatrix}\alpha_1\\ \alpha_2\\ \alpha_3\end{Bmatrix}=0$$

可得

$$\begin{cases}(\lambda_{11}-\rho c^2)\alpha_1+\lambda_{12}\alpha_2+\lambda_{13}\alpha_3=0\\ \lambda_{21}\alpha_1+(\lambda_{22}-\rho c^2)\alpha_2+\lambda_{23}\alpha_3=0\\ \lambda_{31}\alpha_1+\lambda_{32}\alpha_2+(\lambda_{33}-\rho c^2)\alpha_3=0\end{cases} \tag{3.30}$$

对于每一个 c^2 的值可得到一组解，将解写成如下形式

$$\begin{matrix} & c_1^2 & c_2^2 & c_3^2 \end{matrix}$$

$$\boldsymbol{A}=\begin{bmatrix}\alpha_{11} & \alpha_{12} & \alpha_{13}\\ \alpha_{21} & \alpha_{22} & \alpha_{23}\\ \alpha_{31} & \alpha_{32} & \alpha_{33}\end{bmatrix}$$

对于笛卡儿右手坐标系，由于 $\boldsymbol{A}$ 为正交矩阵，故行列式的值 $|\boldsymbol{A}|=+1$。

实例

对于各向异性材料的物体，如何确定其在给定方向上的相速度？借助正交各向异性、六方晶系以及各向同性应力波的弹性理论中提到的矩阵 $\boldsymbol{C}$（附录B），我们讨论以下两个问题。

(1) 在一个立方晶系中计算一个纯纵波和两个纯横波的传播方向。纯纵波时，$\bar{u}\times\bar{n}=0$；纯横波时，$\bar{u}\cdot\bar{n}=0$。

(2) 在 (x_1,x_2) 平面中推导 c_1、c_2、c_3 与波矢量 $\bar{k}$ 间的函数关系。其中，$\bar{n}$ 表示波矢量的方向余弦。由此，我们所计算的是对于立方晶系的 Γ_{im}。在求解特定 $\bar{n}$ 情况下的行列式时，必须在平面上让 $\bar{n}$ 有一个微小的增量。如果 $\bar{k}$ 是 λ_{ik} 的特征值，则波为纯模式。当波的振动模式不纯时，通常称为准纵波或准横波。

我们考虑图 3-1 的波沿着[1,1,1]方向传播的情况，先计算 Christoffel 声张量的各项

$$\lambda_{im}=C_{iklm}n_k n_l$$

式中，i 和 m 为自由下标；k 和 l 为双求和下标，从 1 到 3 求和。使用下面的张量到矩阵的标记，有

$$11\rightarrow1,\ \ 22\rightarrow2,\ \ 33\rightarrow3,\ \ 23、32\rightarrow4,\ \ 31、13\rightarrow5,\ \ 12、21\rightarrow6$$

立方晶系的弹性常数矩阵(附录B)为

$$\begin{bmatrix}C_{11} & C_{12} & C_{12} & 0 & 0 & 0\\ C_{12} & C_{11} & C_{12} & 0 & 0 & 0\\ C_{12} & C_{12} & C_{11} & 0 & 0 & 0\\ 0 & 0 & 0 & C_{44} & 0 & 0\\ 0 & 0 & 0 & 0 & C_{44} & 0\\ 0 & 0 & 0 & 0 & 0 & C_{44}\end{bmatrix}$$

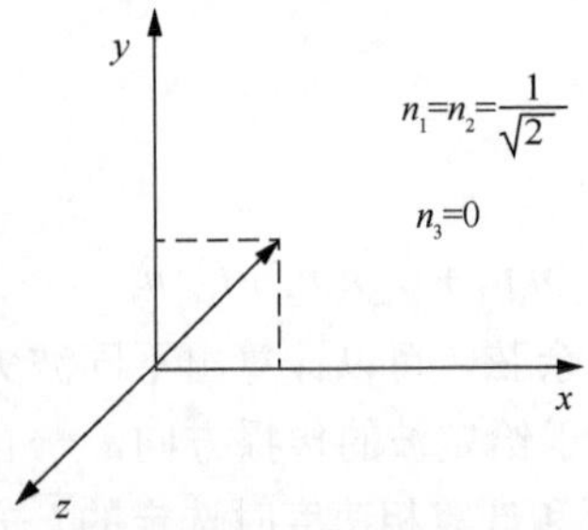

图 3-1　[1,1,1]方向上的平面波

$$n_1=n_2=\frac{1}{\sqrt{2}},\ \ n_3=0$$

进而有

$$\lambda_{11}=C_{11}n_1^2+C_{66}n_2^2+C_{55}n_3^2+2C_{56}n_2n_3+2C_{15}n_1n_3+2C_{16}n_1n_2$$

$$\lambda_{12}=C_{16}n_1^2+C_{26}n_2^2+C_{45}n_3^2+(C_{46}+C_{25})n_2n_3+(C_{14}+C_{56})n_1n_3+(C_{12}+C_{66})n_1n_2$$

$$\lambda_{21}=\lambda_{12}$$

根据 Christoffel 方程，$(\lambda_{im}-\delta_{im}\rho c^2)u_m=0$，于是

$$\begin{vmatrix} \lambda_{11}-\rho c^2 & \lambda_{12} & \lambda_{13} \\ \lambda_{12} & \lambda_{22}-\rho c^2 & \lambda_{23} \\ \lambda_{13} & \lambda_{23} & \lambda_{33}-\rho c^2 \end{vmatrix}=0$$

借助于$\lambda_{11}, \lambda_{12},\cdots$表达式及$n_1=n_2=1/\sqrt{2}$和$n_3=0$，得

$$\begin{vmatrix} \frac{1}{2}(C_{11}+C_{44})-\rho c^2 & \frac{1}{2}(C_{12}+C_{44}) & 0 \\ \frac{1}{2}(C_{12}+C_{44}) & \frac{1}{2}(C_{11}+C_{44})-\rho c^2 & 0 \\ 0 & 0 & C_{44}-\rho c^2 \end{vmatrix}=0$$

展开

$$\left[\frac{1}{2}(C_{11}+C_{44})-\rho c^2\right]\left[\frac{1}{2}(C_{11}+C_{44})-\rho c^2\right]\left[C_{44}-\rho c^2\right]$$
$$-\left[\frac{1}{2}(C_{12}+C_{44})\right]\left[\frac{1}{2}(C_{12}+C_{44})\right]\left[C_{44}-\rho c^2\right]=0$$

通过因式分解，我们可以求得三个c的值。若要知道波的偏振方向，或哪一个波与$\bar{k}$方向重合，还需要求出特征向量。求解上式有$c_i=\sqrt{C_{44}/\rho}$及$\left(\frac{1}{2}C_{11}+\frac{1}{2}C_{44}-\rho c^2\right)\pm\frac{1}{2}(C_{12}+C_{44})=0$，可得

$$c_1=\sqrt{\frac{C_{11}+C_{12}+2C_{44}}{2\rho}},\ c_2=\sqrt{\frac{C_{44}}{\rho}},\ c_3=\sqrt{\frac{C_{11}-C_{12}}{2\rho}}$$

要确认波型(纯波还是准波)及其特征，必须解出下面方程对应的三个特征向量

$$\begin{bmatrix} \frac{1}{2}(C_{11}+C_{44})-\rho c^2 & \frac{1}{2}(C_{12}+C_{44}) & 0 \\ \frac{1}{2}(C_{12}+C_{44}) & \frac{1}{2}(C_{11}+C_{44})-\rho c^2 & 0 \\ 0 & 0 & C_{44}-\rho c^2 \end{bmatrix}\begin{Bmatrix} u_x \\ u_y \\ u_z \end{Bmatrix}=0$$

与方向$\bar{n}$最一致的波为纵波，另外两个为横波。虽然烦琐，但必须对每个c_i分别求出对应的u_x、u_y和u_z。如果$\bar{u}_1\times\bar{n}=0$或者$\bar{u}\times\bar{n}=|u||n|\sin\theta$，则可得纯纵波；如果$\bar{u}_2\cdot\bar{n}=0$或$\bar{u}_3\cdot\bar{n}=0$，则可得纯横波。如果$\alpha_i$为方向余弦，则有以下结论。

(1)对于c_1：$\alpha_1=\alpha_2=1/\sqrt{2}$，$\alpha_3=0$，此时，$c_1$为纯纵波(在方向[1,1,0]上，方向余弦矢量和波矢量在同一方向)。

(2)对于c_2：$\alpha_3=1$，$\alpha_1=\alpha_2=0$。此时，由于点积$[0,0,1]\cdot[1,1,0]=0$，则c_2为纯横波。

(3)对于c_3：$\alpha_1=1/\sqrt{2}$，$\alpha_2=-1/\sqrt{2}$，$\alpha_3=0$。点积$[1,-1,0]\cdot[1,1,0]=0$，此时亦表示纯横波。

这些结果可以通过检验三个相互垂直方向的特征向量的正交性加以确定。一般情况下，通过求解每一c值对应的特征向量(其中令每个c值偏振的方向余弦为α_i)

$$\alpha_1\lambda_{11}+\alpha_2\lambda_{12}+\alpha_3\lambda_{13}=\alpha_1\rho c^2$$
$$\alpha_1\lambda_{21}+\alpha_2\lambda_{22}+\alpha_3\lambda_{23}=\alpha_2\rho c^2$$
$$\alpha_1\lambda_{31}+\alpha_2\lambda_{32}+\alpha_3\lambda_{33}=\alpha_3\rho c^2$$

根据表 3-1 给出的材料的刚度系数，我们可以计算特定材料中的波传播特性。

表 3-1 选定材料的刚度系数 C_{ij}

材料	刚度/($\times 10^{10}$N/m²)											
	C_{11}	C_{22}	C_{33}	C_{44}	C_{55}	C_{66}	C_{12}	C_{13}	C_{14}	C_{16}	C_{23}	C_{25}
钛酸钡①②	15.0		14.6	4.4			6.6	6.6				
金刚石	102			49.2			25					
锆钛酸铅-压电陶瓷(PZT)①②	13.5		11.3	2.22			6.79	6.81				
石英①	8.674		10.72	5.794			0.699	1.191	1.791			
罗谢尔盐①	2.8	4.14	3.94	0.666	0.285	0.96	1.74	1.50			1.97	
蓝宝石	49.4		49.6	14.5			15.8	11.4	−2.3			
硫化镉①	9.07		9.38	1.504			5.81	5.10				
锗	12.89			6.71			4.83					
硅	16.57			7.956			6.39					
铝，单晶	10.80			2.85			6.13					
铝，多晶	11.1			2.5								
金，单晶	18.6			4.20			15.7					
钛，单晶	16.2		18.1	4.67			9.2	6.9				
钛，多晶	16.59			4.4								
钨，单晶	50.2			15.2			19.9					
钨，多晶	58.1			13.4								
石墨/环氧树脂(AS4/3501-6)	16.209	1.63			0.774		0.671				0.795	

注：①压电；②陶瓷晶体，这里的数据与六方晶系沿极化轴方向的数值相同。

3.4 关于速度、波和慢度面

各向异性材料中可能出现几种相速度曲面，它们均为非球面的。图 3-2 给出了几个示意图。

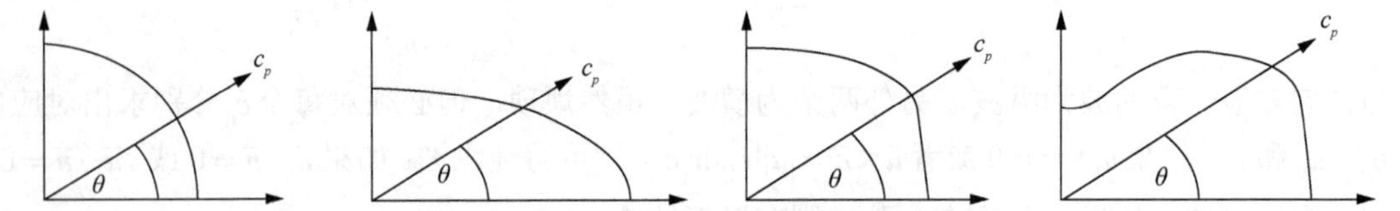

(a) 各向同性介质，圆形分布　(b) 某未知介质，椭圆形分布　(c) 某离心铸造不锈钢材料，非圆形不规则分布　(d) 某单向复合材料，非圆形不规则分布

图 3-2 纵波或剪切波在各向异性介质中传播时的波速面(极坐标表示形式)

如果给定相速度关于波矢量或角度 θ 的函数，则可绘出 $\frac{1}{c_p}$-$\bar{k}$ 或 $\frac{1}{c_p}$-θ 的关系图，称为慢度面。

如果给出波前和 $\bar{k}$ 或 θ 的方向，可以计算出 c_p 和 ϕ，例如在无耗散介质中的能量速度矢量和群速度矢量相同。这可以从图 3-3 中慢度面的法线得到验证。图 3-3 还给出了波束偏转角 ϕ。如果通过逐点描述法作出 $1/c_p$ 随 θ 变化的轨迹，就可得出群速度和波束偏转角 ϕ 与 θ 的函数关系。如果绘出 c_E-$\Psi=\theta+\phi$ 的关系(这里我们把 θ 和 ϕ 的和用 Ψ 表示)，即可得到如图 3-4

所示的波前曲面图，图中给出了群速度或能速度随角度变化的情况(如果 ϕ 和 θ 未知，则入射角亦未知)。能速度矢量和慢度面垂直，详见 Love(1926)、Musgrave(1959) 或 Pollard(1977)。

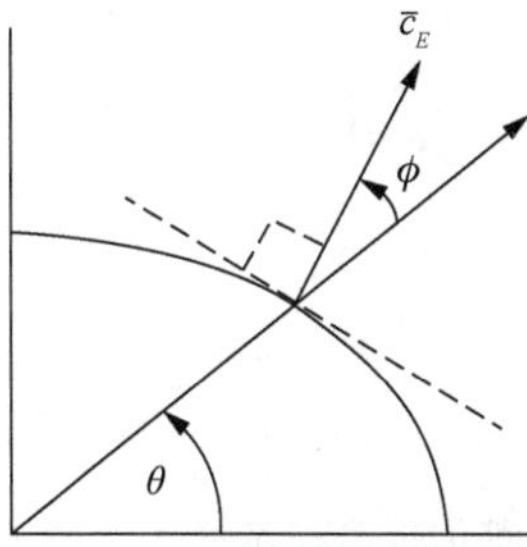

图 3-3　$\frac{1}{c_p}$-θ 慢度面示意图，$c_E\cos\phi = c_p$

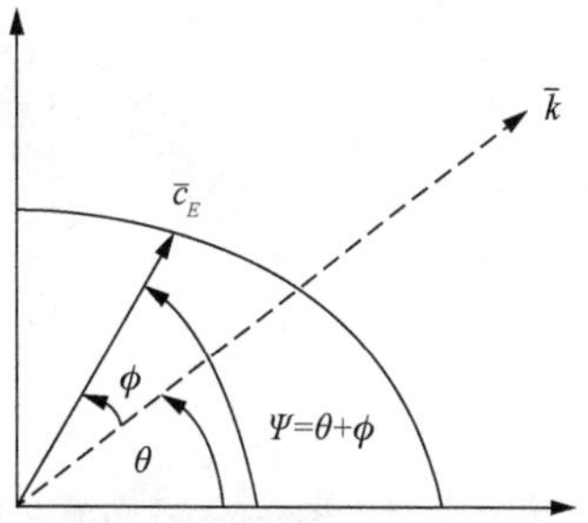

图 3-4　从 $\frac{1}{c_p}$-θ 关系中导出的 c_E-Ψ 慢度面示意图

我们可以简单地证实能速度垂直于慢度面。对于不同种类的问题，我们可从频谱 $\omega(\bar{k})$ 中得到一些启发。例如，由一维弦问题可求得 $\omega(k_x)$，由各向异性平面介质问题求得 $\omega(k_x,k_y)$，由三维问题中求得 $\omega(k_x,k_y,k_z)$。

现在我们来考虑二维问题。$\omega(k_x,k_y)$ 可以在三维空间中绘出，对于特定的 ω 值，用与平面 (k_x,k_y) 平行的平面截取 $\omega(k_x,k_y)$ 圆锥面。对于各向异性材料，平行于平面 (k_x,k_y) 的相交面与锥面 $\omega(k_x,k_y)$ 的交线不是圆的，如图 3-5 所示。

任选一 ω，与 (k_x,k_y) 平行的平面与 $\omega(k_x,k_y)$ 锥面的交线形状相似，只是截面面积不同。注意：由原点到所考虑点的线给出此方向的 c_p。在三维问题中，$\omega(k_x,k_y)$ 函数在所考虑的点处切平面的法向量具有斜率 $(\partial\omega/\partial k_x,\partial\omega/\partial k_y,1)$。与 (k_x,k_y) 平行的平面与慢度面相切得到慢度曲线 $(1/c_p)(k_x,k_y)$，其在 (k_x,k_y) 平面上的投影就是 Christoffel 方程的解。$\bar{n}$ 在平面 (k_x,k_y) 上的投影为 $(\partial\omega/\partial k_x,\partial\omega/\partial k_y,0)$，这就是此处的群速度。

因此，群速度方向就是慢度图的法线方向。设想与 (k_x,k_y) 面平行的平面与 $\omega(k_x,k_y)$ 曲面上一点处的切平面相交，其交线在 (k_x,k_y) 面上的投影是曲线 $(1/c_p)(k_x,k_y)$ 的切线。切线的斜率为 $\bar{t}(t_x,t_y,0)$，则 $\bar{t}\cdot\bar{n}=0$，且 $t_x\left(\frac{\partial\omega}{\partial k_x}\right)+t_y\left(\frac{\partial\omega}{\partial k_y}\right)+0=0$。Auld(1990) 提出另外一种方法，对 $\bar{k}+\Delta\bar{k}$ 求极限的过程可以说明 c_g 即慢度面的法向量。

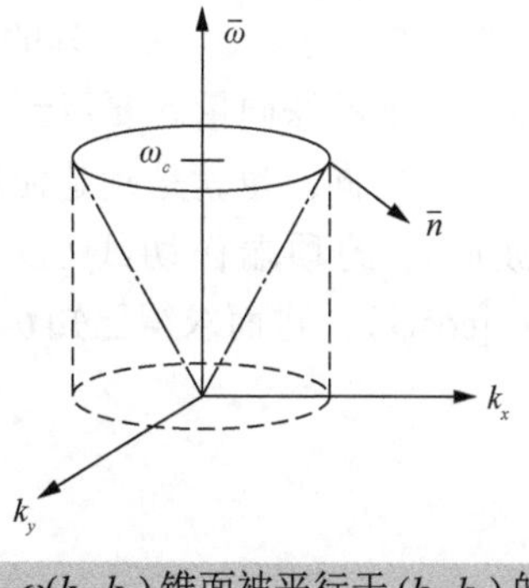

图 3-5　$\omega(k_x,k_y)$ 锥面被平行于 (k_x,k_y) 的平面所截，得到的慢度曲线及在 (k_x,k_y) 上的投影

如图 3-6 所示，波包向各个方向传播，但波矢量只与相速度 $\bar{k}$ 一致。如果我们将声源看成一系列点波源(惠更斯原理)，则可计算得到相长干涉路径方向。传感器表面的波向所有方向发射声波。如果相速度面关于方向 $\bar{D}$ 对称，则在这个方向上没有波束偏转，并且相速度等于能量速度。如果波矢量 $\bar{k}$ 和能量传播方向不一致，则很难估计波的传播图样。从点源发射出的波不是球形的，存在一个倾角 γ。能量集中的波的路径有 1、2、3 或其他路径，具体取决于相速度曲面、倾角 γ 和最终干涉图样。一个活塞源会产生三个波面，每一个波面在各个方向都有不同的相速度值。最快的波面为纵波面，两

个剪切波面其次，两个剪切波面也有不同的相速度分布。

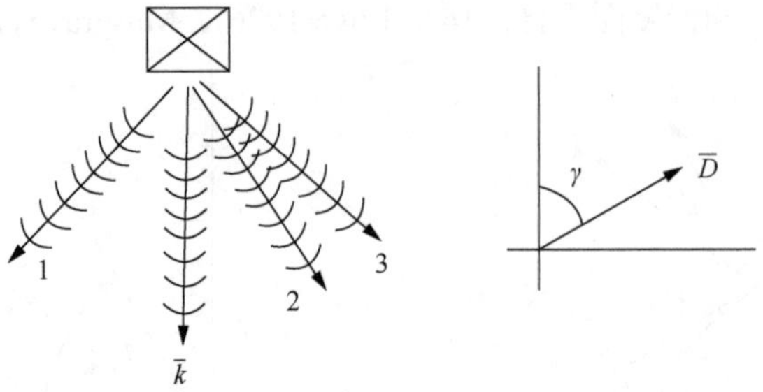

图 3-6　各向异性介质中，从声源发射的波可能的传播方向

图 3-7 中时间 t_{s_1} 、 t_{s_2} 和 t_L 的间距与 $\bar{k}$ 方向的相速度成比例。图 3-7 同时给出了三个波束偏转角(ϕ_1、ϕ_2、ϕ_3)， t_{qs_1} 、 t_{qs_2} 和 t_{q_L} 之间的比例与三个波的群速度成比例。

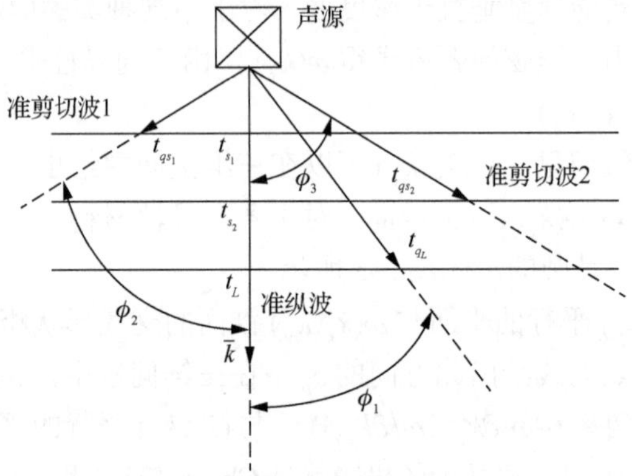

图 3-7　以特定波矢量方向入射到各向异性介质的波

如图 3-8 所示，c_E-$(\theta+\phi)$ 的波面图说明了如何确定角 θ 和相速度。对于特定的 $\bar{c}_E$ ，由于 $\bar{k}$ 是波阵面上的法向量。要得到一个特定的能速度或能速度的方向，则可根据图 3-8 反推来确定相速度方向。也就是确定使用探头角度来达到预定的 $\bar{c}_E$ 值或 $\bar{c}_E$ 的角度。求解步骤如下：①在波面 $\bar{c}_E$ 的顶端作切线 CD；②作 CD 的平行线 AB；③已知角 θ 和相速度 c_p（这里 $c_p=|\bar{c}_E|\cos\phi$），进而求得已知 θ 的 $\bar{k}$ 的方向；④ $\bar{k}$ 和 $\bar{c}_E$ 间的夹角 ϕ 即为所求。

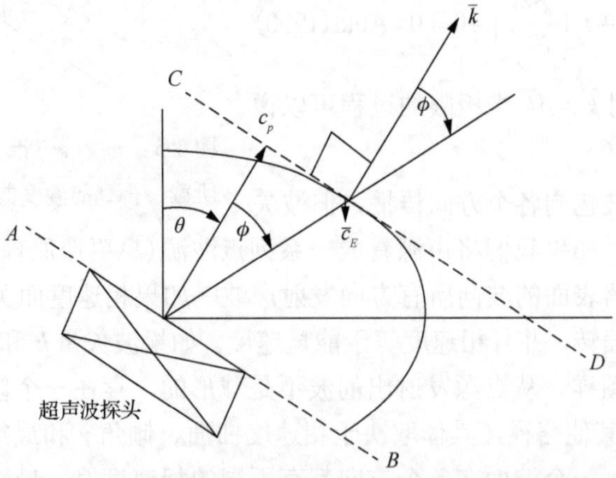

图 3-8　对于特定的能量速度大小或方向，超声波探头位置角度的计算

习　题

3-1　在立方晶系中，当纵波和横波沿 [1,1,1] 方向传播时，推导下列速度表达式

$$c_1=\sqrt{(C_{11}+2C_{12}+4C_{44})/(3\rho)},\quad c_2=c_3=\sqrt{(C_{11}-C_{12}+C_{44})/(3\rho)}$$

3-2　根据题 3-1 的结果确定 c_1、c_2、c_3 为纯纵波或准纵波、纯横波或准横波。

3-3　证明六方晶体中沿 [1,0,0] 方向传播的纵波和横波的波速为 $c_1=\sqrt{C_{11}/\rho}$，$c_2=\sqrt{C_{44}/\rho}$，$c_3=\sqrt{(C_{11}-C_{12})/(2\rho)}$。

3-4　对于横向各向同性材料，给出求解 (x, y) 平面内相速度和角度之间关系的计算步骤，列出分析过程中所作的假设。如何确定波的模式是否为纯模式？声张量是否对称？

3-5　画出立方晶体钨的三个慢度面曲线示意图。

3-6　根据立方钨的慢度面画出准纵波的 $\overline{c}_E$-Ψ 或 $\overline{c}_E$-$(\theta+\phi)$ 曲面图。

3-7　图示准纵波情况下立方钨材料中倾斜角 ϕ 与 θ 的关系。

3-8　在立方钨中，要使准纵波能量沿 45° 方向传播，求 θ。

3-9　对于横向各向同性碳纤维增强环氧树脂单向复合材料，计算 [1,1,0] 方向上的相速度。

3-10　对于横向各向同性晶体中的平面波，推导声张量表达式和在方向 [1,0,0] 上的波速表达式。

3-11　对于立方硅晶体，推导在平面 (x_1,x_2) 上 c_1、c_2、c_3 与波矢量方向之间的关系，至少计算三点，然后进行插值。

3-12　计算横向各向同性钛晶体或钛酸钡晶体在某一方向上的相速度。

3-13　计算四方晶体铌酸钡钠在 [1,1,0] 方向上的相速度。

3-14　对于立方金刚石材料，如果在 [1,1,0] 方向上的平面波速为 c_1=17890 m/s，c_2=11930 m/s，c_3=10330 m/s，计算材料的弹性常数。

3-15　计算波从有机玻璃入射到钨中的临界角，然后计算从钨入射到有机玻璃的情况。

3-16　用图示表示波从各向同性介质 1 入射到和各向同性介质 2 的临界角。画出纵波入射和横波入射两种情况，以及全反射的情形。

3-17　(1) 根据图 3-9 所示的某各向异性介质的慢度面，计算图示波矢量方向上的波束偏转角和能流速度。(2) 估计波矢量方向的能流速度。(3) 如何利用这一结果产生一个波面。

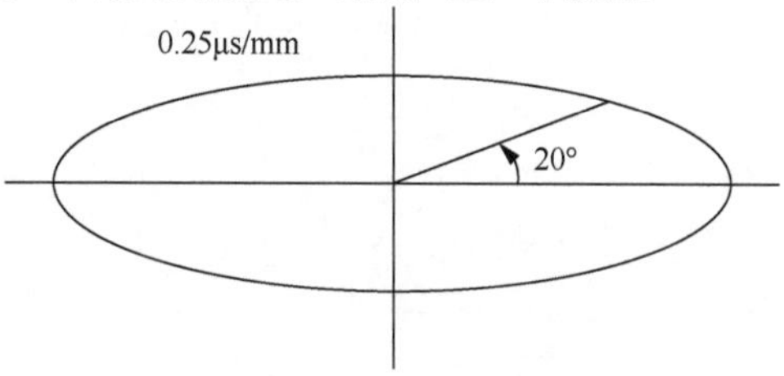

图 3-9　习题 3-17 图

3-18　根据图 3-10 所示的某各向异性介质的慢度面，发射换能器在材料表面激发垂直入射的波，计算接收换能器的最佳位置，分别考虑准纵波、准横波 1 和 2 三种情况。

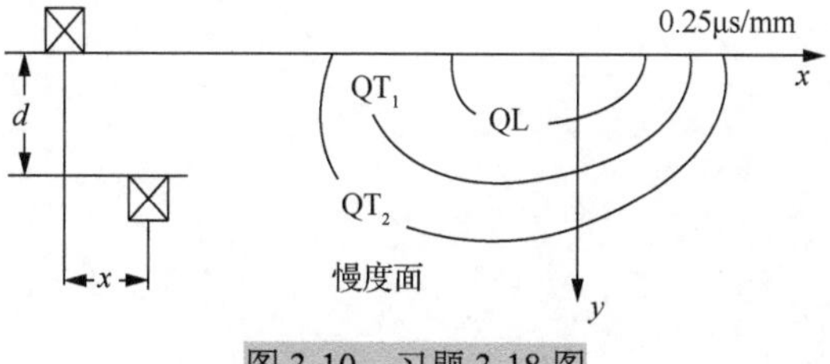

图 3-10　习题 3-18 图

参 考 文 献

Auld B A. 1990. Acoustic Fields and Waves in Solids, 2nd ed., vols. 1 and 2. Malabar: Kreiger.

Kolsky H. 1963. Stress Waves in Solids . New York: Dover.

Love A E H. 1926. Some Problems of Geodynamics. Cambridge: Cambridge University Press.

Mal A K, Xu P C, Bar-Cohen, Y. 1990. Leaky Lamb waves for the ultrasonic nondestructive evaluation of adhesive bonds, J. Eng. Mat. Tech. 112: 255-9.

Musgrave M J P. 1959. The Propagation of Elastic Waves in Crystals and Other Anisotropic Media. Teddington: National Physical Laboratory.

Pollard H F.1977. Sound Waves in Solids. London: Pion Ltd.

第 4 章　反射与折射

4.1 引　　言

反射与折射对固体中声传播非常重要。本章从基本物理概念入手，分析垂直入射时波的反射系数，然后分析波的反射和折射方向以及波型转换问题。更多信息可参考 Auld(1990)、Brekhovskikh(1960)、Graff(1991)或 Kolsky(1963)等文献。

4.2 垂直入射波的反射系数

当一平面波入射到两种材料的界面时分成两部分：一部分能量透过界面，另一部分被反射回来。下面给出了垂直入射时反射系数的计算公式

$$R_{12}=\frac{\sigma_R}{\sigma_I}=\frac{W_2-W_1}{W_1+W_2},\quad T_{12}=\frac{2W_2}{W_1+W_2}$$

式中，$W=\rho c$。

考虑沿 x 轴方向传播的谐波，如图 4-1 所示，反射应力为 σ_R，透射应力为 σ_T。由于弹性场和 y 无关，运动方程中所有关于 y 的微分都为零。波动方程为

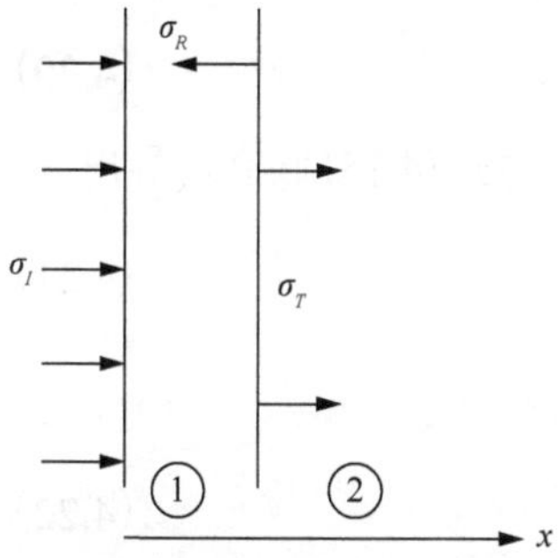

图 4-1　反射系数

$$\frac{\partial^2 u_x}{\partial x^2}=\frac{1}{c_L^2}\frac{\partial^2 u_x}{\partial t^2} \tag{4.1}$$

或

$$\frac{\partial^2 u_y}{\partial x^2}=\frac{1}{c_T^2}\frac{\partial^2 u_y}{\partial t^2} \tag{4.2}$$

式中，u_x、u_y 分别为沿 x、y 轴的位移分量。

现在我们考虑纵波。式(4.1)的谐波解为

$$u_x=A_1\mathrm{e}^{\mathrm{i}(kx-\omega t)}+A_2\mathrm{e}^{-\mathrm{i}(kx+\omega t)} \tag{4.3}$$

式中

$$k=\frac{\omega}{c_L},\quad c_T^2=\frac{\mu}{\rho},\quad c_L^2=\frac{\lambda+2\mu}{\rho} \tag{4.4}$$

式(4.3)中第一项表示波沿 x 轴正向传播，第二项表示波沿 x 轴负向传播。

假设入射波为

$$u_x^{(I)}=I\mathrm{e}^{\mathrm{i}(k_1x-\omega t)},\quad k_1=\frac{\omega}{c_L^{(1)}} \tag{4.5}$$

这种情况下，反射场的位移可写为

$$u_x^{(R)}=A_R\mathrm{e}^{-\mathrm{i}(k_1x+\omega t)} \tag{4.6}$$

在第二种介质中的透射场的位移可写为

$$u_x^{(T)}=A_T\mathrm{e}^{\mathrm{i}(k_2x-\omega t)},\quad k_2=\frac{\omega}{c_L^{(2)}} \tag{4.7}$$

式中，A_R、A_T 均为待定系数。

在两种介质的界面上必须满足边界条件。对于介质 1 有

$$u^1 = u_x^{(I)} + u_x^{(R)} = I\mathrm{e}^{\mathrm{i}(k_1 x - \omega t)} + A_R \mathrm{e}^{-\mathrm{i}(k_1 x + \omega t)} \tag{4.8}$$

对于介质 2，则有

$$u^2 = u_x^{(T)} = A_T \mathrm{e}^{\mathrm{i}(k_2 x - \omega t)} \tag{4.9}$$

相应的边界条件为

$$u^{(1)}\Big|_{x=0} = u^{(2)}\Big|_{x=0} \tag{4.10}$$

$$\sigma_x^{(1)}\Big|_{x=0} = \sigma_x^{(2)}\Big|_{x=0} \tag{4.11}$$

$$\sigma_{xy}^{(1)}\Big|_{x=0} = \sigma_{xy}^{(2)}\Big|_{x=0} \tag{4.12}$$

就一维情况而言，广义胡克定律为

$$\sigma_x = (\lambda + 2\mu)\frac{\partial u_x}{\partial x} \tag{4.13}$$

$$\sigma_{xy} = 0 \tag{4.14}$$

将式(4.8)和式(4.9)代入式(4.10)，得

$$I + A_R = A_T \tag{4.15}$$

联立式(4.8)、式(4.9)和式(4.13)，有

$$\sigma_x^{(1)} = \mathrm{i}(\lambda_1 + 2\mu_1)\cdot k_1\left[I\mathrm{e}^{\mathrm{i}(k_1 x - \omega t)} - A_R \mathrm{e}^{-\mathrm{i}(k_1 x + \omega t)}\right] \tag{4.16}$$

$$\sigma_x^{(2)} = \mathrm{i}(\lambda_2 + 2\mu_2)\cdot k_2 \cdot A_T \mathrm{e}^{\mathrm{i}(k_2 x - \omega t)} \tag{4.17}$$

将式(4.16)和式(4.17)代入式(4.11)中，得

$$(\lambda_1 + 2\mu_1)\cdot k_2[I - A_R] = (\lambda_2 + 2\mu_2)k_2 A_T \tag{4.18}$$

波数

$$k_n = \frac{\omega}{c_L^{(n)}},\ n = 1,2 \tag{4.19}$$

$$\lambda_n + 2\mu_n = \rho_n \cdot \left[c_L^{(n)}\right]^2 \tag{4.20}$$

式中，n 为介质的编号。最后将式(4.19)、式(4.20)代入式(4.18)，与式(4.15)联立可导出

$$\begin{cases} I + A_R = A_T \\ \rho c_L^{(1)}(I - A_R) = \rho_2 c_L^{(2)} A_T \end{cases} \tag{4.21}$$

式(4.21)的解为

$$A_R = \frac{\rho_1 c_L^{(1)} - \rho_2 c_L^{(2)}}{\rho_1 c_L^{(1)} + \rho_2 c_L^{(2)}}\cdot I \tag{4.22}$$

$$A_T = \frac{2\rho_1 c_L^{(1)}}{\rho_1 c_L^{(1)} + \rho_2 c_L^{(2)}}\cdot I \tag{4.23}$$

利用式(4.22)和式(4.23)，由式(4.6)和式(4.7)可得到波的反射场和透射场。

现在讨论波的入射、反射和透射应力。从式(4.13)得入射应力场

$$\sigma_x^{(I)} = (\lambda_1 + 2\mu_1)\frac{\partial u_x^{(I)}}{\partial x} = \mathrm{i}k_1(\lambda_1 + 2\mu_1)\cdot I\mathrm{e}^{\mathrm{i}(k_1 x - \omega t)} \tag{4.24}$$

类似地，可得反射应力场为

$$\sigma_x^{(R)} = -\mathrm{i}k_1(\lambda_1 + 2\mu_1)\cdot A_R \mathrm{e}^{-\mathrm{i}(k_1 x + \omega t)} \tag{4.25}$$

式(4.17)给出了波的透射场，因此，应力反射系数和透射系数可由式(4.17)、式(4.24)和式(4.25)联立求得，即

$$R = \left.\frac{\sigma_x^{(R)}}{\sigma_x^{(I)}}\right|_{x=0} = -\frac{A_R}{I} = -\frac{\rho_1 c_1 - \rho_2 c_2}{\rho_1 c_1 + \rho_2 c_2} \tag{4.26}$$

$$T = \left.\frac{\sigma_x^{(T)}}{\sigma_x^{(I)}}\right|_{x=0} = \frac{(\lambda_2 + 2\mu_2)k_2}{(\lambda_1 + 2\mu_1)k_1} \cdot \frac{A_T}{I} = +\frac{2\rho_2 c_2}{\rho_1 c_1 + \rho_2 c_2} \tag{4.27}$$

定义声阻抗$W = \rho c_L$，则反射系数和透射系数可写成

$$R = \frac{W_2 - W_1}{W_1 + W_2} \tag{4.28}$$

$$T = \frac{2W_2}{W_1 + W_2} \tag{4.29}$$

考虑到能量与压力幅度的平方成正比，我们可推导出能量在界面透射和反射的分配公式，将单位时间内通过垂直于传播方向的单位面积的能量定义为能量密度(波的强度)，用I_I、I_R和I_T表示。该能量密度取决于波的幅度，在一个周期内平均(Pollard，1977)

$$I_R = \frac{A_R^2}{2\rho_1 c_L^{(1)}},\ I_T = \frac{A_T^2}{2\rho_2 c_L^{(2)}},\ I_I = \frac{I^2}{2\rho_1 c_L^{(1)}} \tag{4.30}$$

由式(4.26)、式(4.27)及式(4.30)得

$$\frac{I_R}{I_I} = \left(\frac{B-1}{B+1}\right)^2,\quad \frac{I_T}{I_I} = \frac{4B}{(B+1)^2}$$

式中，$B = W_2/W_1$。

表4-1列出了各种材料的密度和超声波波速，表4-2给出了几种材料界面上的反射与透射比。声阻抗W是材料的一个特征量

$$W = \rho c \sim \sqrt{\rho E}$$

声阻抗和材料刚度(E)有关。

表4-1 选定材料的波速

材料	密度/(g/cm³)	波速/(m/s)	
		纵向速度	横向速度
空气	0.001	330	—
铝	2.7～2.8	6250～6350	3100
铍	1.82	12800	8710
黏合剂	1.738	2240(1±8%)	—
黄铜	8.1	4430	2120
青铜	8.86	3530	2230
铸铁	7.7	4500	2400
细云片岩(黑)	1.302	2584	960
铜	8.9	4660	2260
软木	0.24	510	—
玻璃	2.23～2.51	5570～5770	3430～3440
甘油	1.261	1920	—
金	19.3	3240	1200
冰	1.00	3980	1990
铅	11.4	2160	700
锆钛酸铅	7.65	3791	—
氧化镁	1.74	5790	3100

续表

材料	密度/(g/cm³)	波速/(m/s)	
		纵向速度	横向速度
镍	8.3	5630	2960
油	0.92～0.953	1380～1500	—
有机玻璃	1.18	2670	1120
聚乙烯(典型)	0.920	2000	—
石英	2.65	5736	—
银	10.5	3600	1590
软组织	1.06	1540	—
钢	7.8	5850	3230
不锈钢	7.67～8.03	5660～7390	2990～3120
锡	7.3	3320	1670
钛	4.54	6100	3120
钨	19.25	5180	2870
水(20°)	1.00	1480	—
木头、橡木(顺纹)	0.4615	4640	1750
木头、橡木(逆纹)	0.4615	1630～2150	1460～1750
锌	7.1	4170	2410

表 4-2　材料界面的反射与透射比

反射边界	σ_R/σ_I	I_R/I_I	σ_T/σ_I	I_T/I_I
软木-钢	0.995	0.989	1.995	0.011
钢-软木	−0.995	0.989	0.005	0.011
铝-有机玻璃	−0.692	0.479	0.308	0.521
有机玻璃-铝	0.692	0.479	1.692	0.521

注：第一列为材料 1 对材料 2；第二列为反射波与入射波幅度之比；第三列为反射波与入射波能量之比；第四列为透射波与入射波幅度之比；第五列为透射波与入射波能量之比。

4.3　斜入射波的斯涅尔定律

当一束超声波以一定的倾斜角入射到两种材料的界面时，会出现以下几种情况。

第一是发生折射，如图 4-2 所示，利用斯涅尔(Snell)定律 $c_1 \sin\theta_2 = c_2 \sin\theta_1$ 可以计算折射角。

第二是模式转换。图 4-3 描述了当一束超声波到达两种材料的界面时，入射能量被分成几部分，包括透射纵波和横波，以及反射纵波和横波。考虑以角度 θ 作用在界面上的力，它产生的波动可以认为是两种力和运动的叠加：一种是法向力，和纵波传播相关；另一种是切向力，和横波传播有关。由于横波波速比纵波波速小，纵波和横波两种波型在有限脉冲激发时会随着距离的增加而逐渐分离。若激励源为连续的，则这两种波动在整个结构中相互叠加。

可以通过波在界面两侧的情况，结合边界条件，来研究波型转换问题。如图 4-4 所示，在平面上取倾斜波前的一部分，记为 AB 段，波沿着材料 1 和材料 2 间的界面方向传播。利用球面波传播的惠更斯原理，设想在 A 点产生的球面波和一系列球面子波沿 A 到 C 方向传播。当波前段 AB 沿材料 1 和材料 2 的界面传播时，由初始的波前 AB 经过一段时间传播到材料 2 中的 CD 位置(此时 B 点恰好传到界面上的 C 点)，利用几何关系，波前在材料 1 中从 B 点运

动到 C 点和波前在材料 2 中从 A 点运动到 D 点的时间相同，从而得到 Snell 定律

$$\sin\theta_1 = \frac{\overline{BC}}{\overline{AC}},\quad \sin\theta_2 = \frac{\overline{AD}}{\overline{AC}}$$

由于 $\overline{AC} = \overline{AC}$，所以

$$c_1 \sin\theta_2 = c_2 \sin\theta_1$$

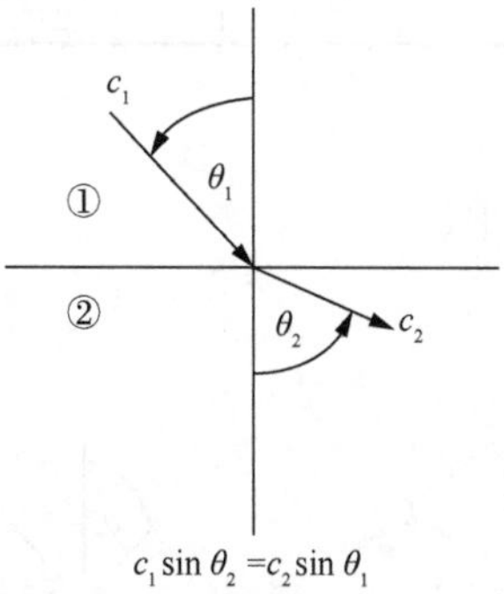

图 4-2　斜入射分析的 Snell 定律

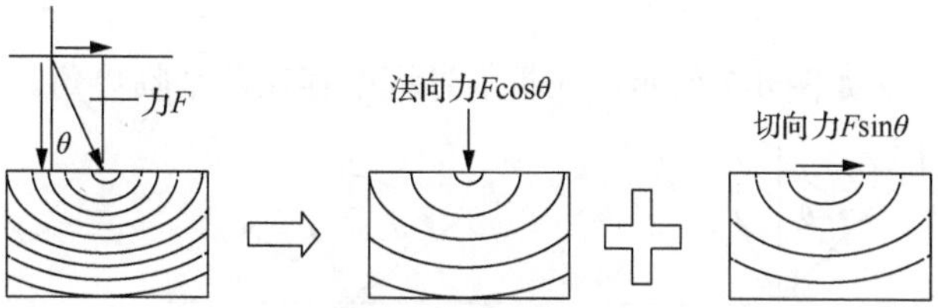

图 4-3　点源的分解模型

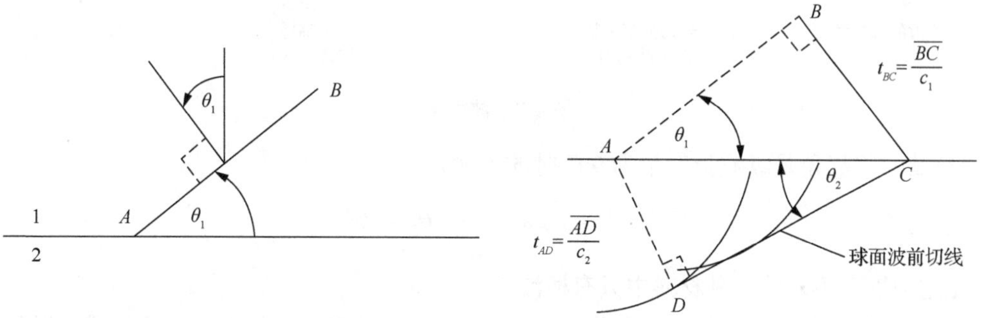

图 4-4　Snell 定律的推导

Snell 定律不仅可用来分析波速，还可以用来计算材料 2 中的横波折射角。由 Snell 定律还可推出图 4-5 中的两个等式。

表 4-3 列出了超声波以 15°、30° 和 45° 的入射角从一种材料传播到另一种材料的情况。如图 4-6 所示，当波从波速较慢的材料向波速较快的材料中传播时，折射波远离法线方向；反之，折射波靠拢法线方向。

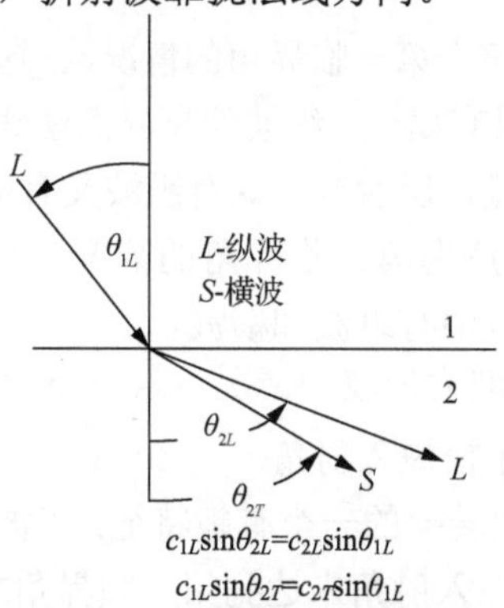

图 4-5　Snell 定律和波型转换图

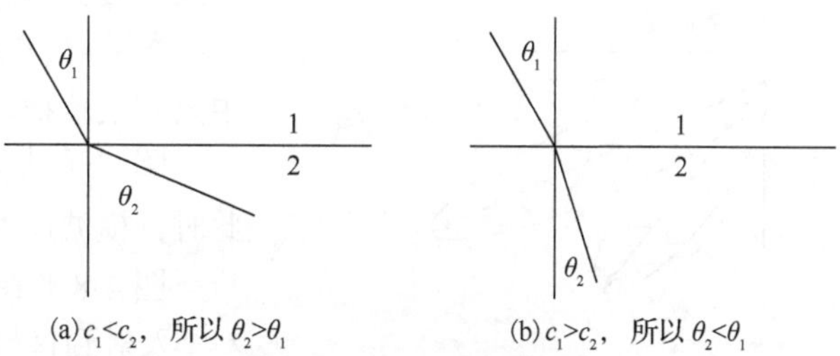

图 4-6　Snell 定律示例

表 4-3　纵波不同入射角所对应的折射角

界面	θ_{2L} 值			$\theta_{2L}=90^\circ$
	$\theta_I=15^\circ$	$\theta_I=30^\circ$	$\theta_I=45^\circ$	$\theta_I=\theta_{cr}$
钢-树脂玻璃	6.8°	13.2°	18.8°	—
树脂玻璃-钢	34.5°	—	—	27°

4.4　临界角与波型转换

如图 4-7 所示，在折射过程中存在两个临界角。

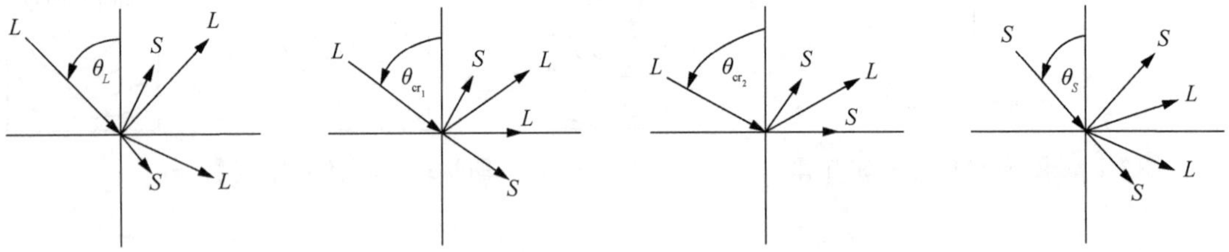

(a) 一般纵波的入射情况　(b) 入射角为第一临界角的纵波入射　(c) 入射角为第二临界角的纵波入射　(d) 入射波为横波

图 4-7　波型转换

(1) 第一临界角是纵波折射角为 90° 时的入射角

$$\theta_{cr}=\arcsin\frac{c_1}{c_{2L}},\quad \theta_2=90^\circ$$

在这种情况下，第二种材料中只有横波。

(2) 第二临界角是横波的折射角为 90° 时的入射角。所有的能量或是被反射或是以界面波的形式沿界面传播。第二临界角可以通过 c_1/c_{2S} 的反正弦函数求得。

如果想要计算从不锈钢到有机玻璃入射的临界角，则会发现这个角度不存在（$\sin\theta>1$）。

图 4-7 描述了四种可能出现的波型转换。

图 4-7(a) 是纵波入射角为 θ_L 时的情况，在这种情况下，第二种材料中的折射波有纵波和横波，反射波也同样有纵波或横波，其中两个反射角和两个折射角都可以利用 Snell 定律求出。对于纵波入射纵波反射的情况，入射角等于反射角。

图 4-7(b) 是入射角为第一临界角的情况，在这种情况下，第二种材料中只有横波，纵波偏离界面法线 90° 从而成为界面波。当然，反射波中既有纵波又有横波。

图 4-7(c) 是入射角为第二临界角的情况，材料 2 中只有波传播，反射波中有纵波和横波。

图 4-7(d) 是入射波为横波的情况，入射角为 θ_S。此时，横波反射角等于横波入射角。

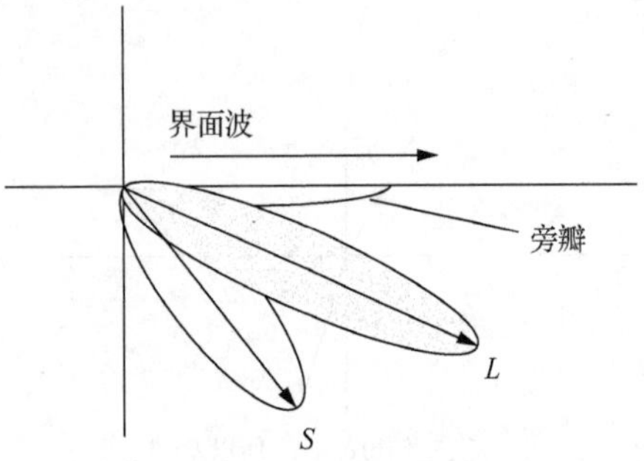

图 4-8　模式转换和由旁瓣产生的界面波

图 4-8 介绍了波型转换的一个有趣特征：当波从材料 1 入射到材料 2 时，在入射角未达到第一临界角之前，可产生界面波。界面波的产生是波束扩散的结果。第二

种材料中的折射纵波包括能量主瓣和旁瓣。当折射角增大时，在能量主瓣的中心位置达到 90°前，一部分能量已与交界面平行。

由横波和纵波与界面的相互作用可以确定有多少能量转化为反射的横波和纵波，又有多少能量转化为折射的横波和纵波，还有多少能量转化为界面波，有关斜入射的折射和反射系数将在第 5 章讨论。

4.5 折射的慢度图和临界角分析

当波入射到两个各向异性介质的界面时会发生反射和折射。如图 4-9 所示为对称但不同的椭圆形慢度图。根据 Snell 定律，波矢量沿交界面的分量为一常量

$$\frac{1}{c_{p_1}}\sin\theta_1=\frac{1}{c_{p_2}}\sin\theta_2$$

即 $c_{p_1}\sin\theta_2=c_{p_2}\sin\theta_1$。利用这个关系，我们可以计算出波在第二种材料中的折射角和相应的临界角。图 4-9 中不存在临界角，因为在介质 2 中的波传播速度比介质 1 中的小。图 4-10 给出了一个存在临界角的例子。当介质 1 中的入射角达到 θ_{cr} 时，介质 2 中的折射角为 90°。

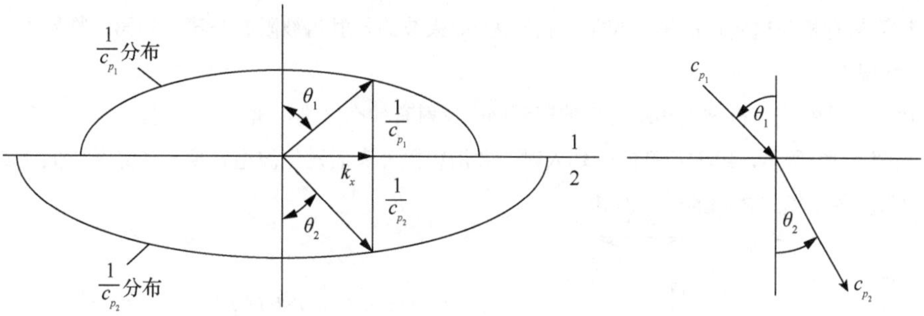

(a) 慢度图　　(b) Snell定律

图 4-9　用慢度图计算折射角

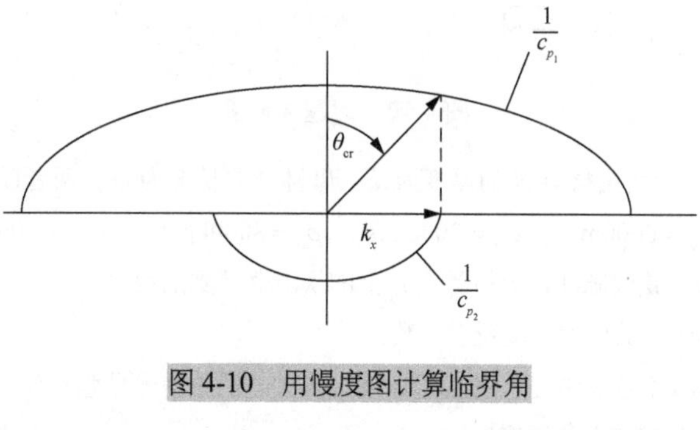

图 4-10　用慢度图计算临界角

图 4-11 给出了利用慢度图确定反射角和临界角的方法。以角 θ_S 入射的横波，横波反射角仍是 θ_S。反射纵波的反射角为 θ_L，k_x 保持不变。在实际应用中，使用表 4-1 给出的材料参数，可以确定波束偏转角、能速度及斜入射条件下的临界角。

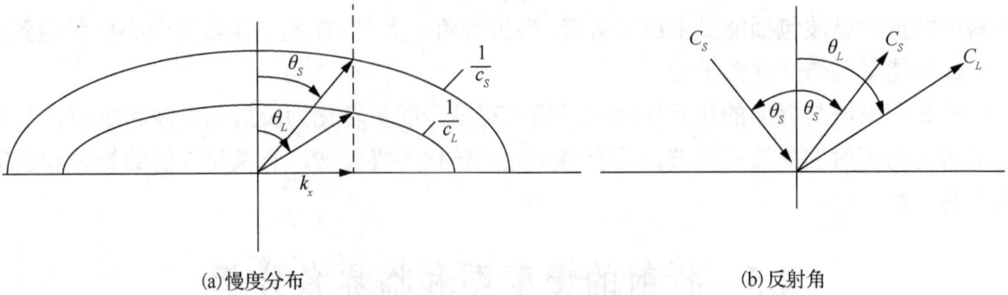

图 4-11　利用入射波为横波的慢度图计算反射角

习　题

4-1　考虑自由表面的边界条件，计算波从钢入射到空气时的反射系数，其中负号如何解释？

4-2　计算表 4-2 中波从钢入射到空气、从水入射到有机玻璃、从有机玻璃入射到水等情况的反射系数。

4-3　计算以表 4-3 中的角度为入射角时，波从水到有机玻璃和从有机玻璃到水中的折射角。

4-4　计算横波以 30° 的入射角入射到钢-空气界面时纵波的反射角。

4-5　分入射波为纵波或横波两种情况，分别推导纵波反射角和横波反射角的表达式。

4-6　计算从有机玻璃到钢的第一和第二临界角，如果波的入射角被限制在第一和第二临界角这个范围内会出现什么情况？

4-7　比较波从钢到有机玻璃和从有机玻璃到钢中反射有什么区别，解释其原因。

4-8　如图 4-12 所示，纵波从杆的一端入射，并沿粗糙外表面发生波型转换，计算经过低通滤波以及整流以后脉冲回波各个模式之间的时间差 dt。

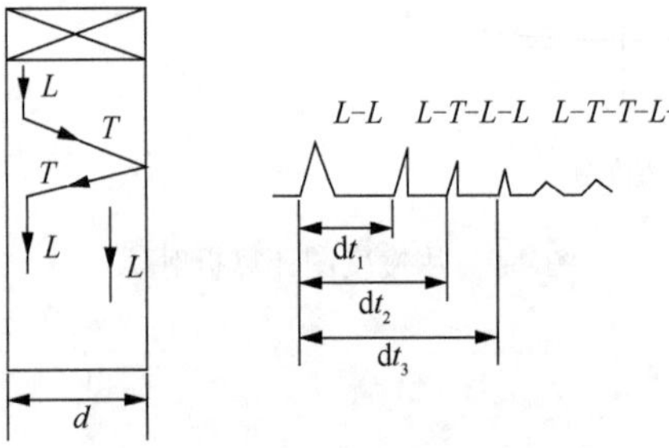

图 4-12　习题 4-8 图

4-9　如图 4-13 所示，覆盖层材料 A 的厚度为 d，母材 B 的长度为 D，两者以扩散焊连接。上下面阴影区域为吸声材料。已知 $C_B = 6000\text{m/s}$，$C_A = 2000\text{m/s}$，$\rho_B = 8000\text{kg/m}^3$，$\rho_A = 2000\text{kg/m}^3$。在表面 E 处加 3 个周期、频率为 1MHz 的正弦波脉冲，分析界面 E 上的换能器得到的信号。

(1) 计算界面 G 和背面 F 的压力幅度反射系数。

(2) 只考虑相位的变化(不考虑幅度)，覆盖层厚度为多大时回波信号最强？什么时候回波信号最弱？3 个周期 1MHz 的正弦波可以分辨多大的厚度？

(3) 对于 $\lambda \ll d$ 的情况，绘出在至少两次覆盖层反射的波形，说明何时回波信号会很难识别。

(4) 如果 G 是光滑界面(认为 G 是无限薄层)，界面上的纵波和横波的反射系数是多少？

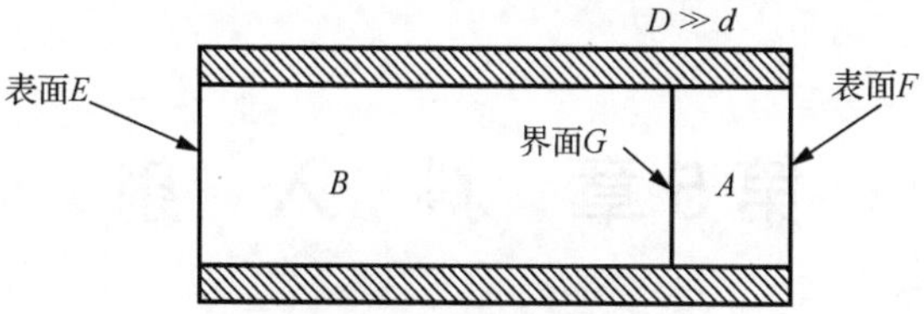

图 4-13　习题 4-9 图

4-10　横波垂直入射到两种介质交界面上的反射系数和透射系数是多少？

4-11　对于正交各向异性材料，计算 (x_1, x_2) 平面沿一个方向(如[1,1,0]方向)的波速，写出详细计算过程。如何判断波型为纯纵波、准纵波或横波？计算声波张量的一个分量的值(如 Γ_{23})。

4-12　对于以特定角度入射到钢-有机玻璃-钢结构中的纵波或横波，画出它们的反射角和折射角，并计算 θ_1 (第一临界角)和 θ_2 (第二临界角)，利用慢度面给出相应的图解。

4-13　计算波入射到硅-钢界面和钢-硅界面的临界角，考虑 L 波和 S 波入射时所有可能的情况。

4-14　如图 4-14 所示的慢度面曲线，利用作图法画出图示入射角所有的反射角和折射角，定义并计算第一、第二、第三临界角。

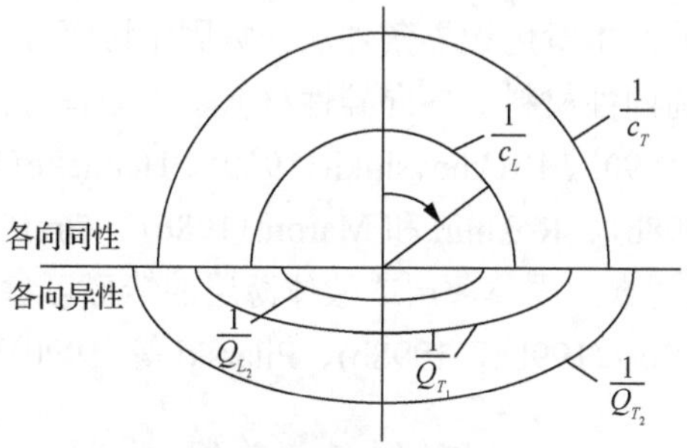

图 4-14　习题 4-14 图

参 考 文 献

Auld B A, 1990. Acoustic Fields and Waves in Solids, 2nd ed. Malabar: Kreiger.

Brekhovskikh L M, 1960. Waves in Layered Media. New York: Academic Press.

Graff K F, 1991. Wave Motion in Elastic Solids. New York: Dover.

Kolsky H, 1963. Stress Waves in Solids. New York: Dover.

Pollard H F, 1977. Sound Waves in Solids. London: Pion Ltd.

第 5 章　斜　入　射

5.1　引　　言

在第 4 章中我们讨论了斯涅尔定律，并引入了第一临界角和第二临界角的概念。本章我们将通过几个例子来研究各模式波的幅度以及反射和折射系数，这是超声波的重要内容，和超声导波分析也有密切联系。反射系数为反射波的振幅与入射波的振幅之比，折射系数是折射波振幅与入射波振幅之比。反射系数和折射系数与入射角、波速相关，根据界面状况，还可能与频率有关。

按照物理学和波动力学原理(Timoshenko 和 Goodier，1987；Graff，1991)，入射波到达两介质的界面时会产生模式转换。在固体介质中可能同时产生纵波和横波。然而，在无黏性液体(如水)中，只存在纵波。本章用边界条件法计算固-固界面、固-液界面和液-固界面的情况。本章重点讨论均匀各向同性材料，各向异性材料基本处理方法类似，只是代数运算更复杂。更多内容请参见 Auld(1990)、Brekhovshikh(1960)、Henneke(1972)、Jiao 和 Rose(1991)、Pilarski 和 Rose(1998a，1998b)、Rokhlin 和 Marom(1986)、Graff(1991)、Pilarski 等(1990)、Rose(1999)等文献。两介质间嵌入固体薄层或液体薄层的情形可参考文献 Jiao 和 Rose(1991)，或 Rose(1999)、Pilarski 和 Rose(1998a，1998b)、Pilarski 等(1990)。

5.2　反射和透射系数

5.2.1　固-固界面

如图 5-1 所示，振幅为 A_N 的平面波以角度 θ 入射到两个半无限大各向均匀介质的交界面 $y=0$ 处，反射纵波和横波的振幅分别为 A_L、A_T，其角度分别为 α_L、α_T。此外，折射波的振幅和角度分别为 B_L、B_T 以及 β_L、β_T。反射波和折射波的角度可通过 Snell 定律得到

$$\frac{\sin\theta}{c_N}=\frac{\sin\alpha_T}{c_{1T}}=\frac{\sin\alpha_L}{c_{1L}}=\frac{\sin\beta_T}{c_{2T}}=\frac{\sin\beta_L}{c_{2L}} \tag{5.1}$$

式中，c_{1T}、c_{1L}、c_{2T}、c_{2L} 分别为材料 1 和材料 2 中的横波和纵波速度；c_N 为入射波的速度，入射波速取值为 c_{1T} 或 c_{1L} 由入射波的类型决定。这里，我们首先考虑横波入射问题。

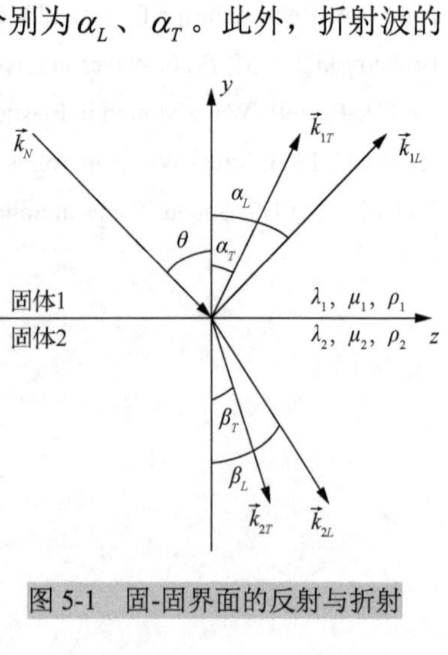

图 5-1　固-固界面的反射与折射

五种波的波速会被用于计算反射和透射系数。对于横波入射，不同类型波的质点振动速度可表示为

$$\vec{V}_N=\frac{-\hat{x}\times k_N}{|k_N|}A_N\mathrm{e}^{-\mathrm{i}k_N\cdot\vec{r}} \tag{5.2}$$

$$\vec{V}_{1T}=\frac{\hat{x}\times k_{1T}}{|k_{1T}|}A_T\mathrm{e}^{-\mathrm{i}k_{1T}\cdot\vec{r}} \tag{5.3}$$

$$\vec{V}_{1L}=\frac{k_{1L}}{|k_{1L}|}A_L\mathrm{e}^{-\mathrm{i}k_{1L}\cdot\vec{r}} \tag{5.4}$$

$$\vec{V}_{2T}=\frac{-\hat{x}\times k_{2T}}{|k_{2T}|}B_T\mathrm{e}^{-\mathrm{i}k_{2T}\cdot\vec{r}} \tag{5.5}$$

$$\vec{V}_{2L}=\frac{k_{2L}}{|k_{2L}|}B_L\mathrm{e}^{-\mathrm{i}k_{2L}\cdot\vec{r}} \tag{5.6}$$

对于纵波入射的情况，式(5.2)需要改变。从这里开始，我们会将$|\boldsymbol{k}|$简单地写为k。

入射波在y-z平面内，向下($-\hat{y}$轴)和向右($\hat{z}$轴)传播。我们将波矢$\boldsymbol{k}_N$沿y轴和z轴方向分解为

$$\boldsymbol{k}_N=-\hat{y}|\boldsymbol{k}_N|\cos\theta+\hat{z}|\boldsymbol{k}_N|\sin\theta \tag{5.7}$$

将式(5.7)代入式(5.2)中，可得

$$\vec{V}_N=(\hat{y}\sin\theta+\hat{z}\cos\theta)A_N\mathrm{e}^{-\mathrm{i}(-yk_N\cos\theta+zk_N\sin\theta)} \tag{5.8}$$

理想的固-固界面，质点速度和应力分别在垂直方向和切线方向连续，边界条件可表示为

$$(V_y)_N+(V_y)_{1T}+(V_y)_{1L}=(V_y)_{2T}+(V_y)_{2L} \tag{5.9}$$

$$(V_z)_N+(V_z)_{1T}+(V_z)_{1L}=(V_z)_{2T}+(V_z)_{2L} \tag{5.10}$$

$$(\sigma_{yy})_N+(\sigma_{yy})_{1T}+(\sigma_{yy})_{1L}=(\sigma_{yy})_{2T}+(\sigma_{yy})_{2L} \tag{5.11}$$

$$(\sigma_{yz})_N+(\sigma_{yz})_{1T}+(\sigma_{yz})_{1L}=(\sigma_{yz})_{2T}+(\sigma_{yz})_{2L} \tag{5.12}$$

我们的记法是这样的，例如，$(V_y)_N$代表入射波(N)的质点速度在y轴方向(V_y)的分量。

首先回顾各向同性材料中弹性常数与速度之间的关系

$$C_{11}=\rho c_L^2=\lambda+2\mu,\ C_{44}=\rho c_T^2=\mu,\ C_{12}=\lambda \tag{5.13}$$

和各向同性材料在二维平面中的应力-应变关系(胡克定律)

$$\begin{aligned}\sigma_{yy}&=\lambda(\varepsilon_{yy}+\varepsilon_{zz})+2\mu\varepsilon_{yy}\\ \sigma_{yz}&=2\mu\varepsilon_{yz}\end{aligned} \tag{5.14}$$

和应变-质点位移的关系

$$\varepsilon_{yy}=\frac{\partial u_y}{\partial y},\ \varepsilon_{zz}=\frac{\partial u_z}{\partial z},\ \varepsilon_{yz}=\frac{1}{2}\left(\frac{\partial u_y}{\partial z}+\frac{\partial u_z}{\partial y}\right) \tag{5.15}$$

以及质点速度和位移的关系(谐波运动)

$$\vec{V}=\frac{\partial\vec{u}}{\partial t}=\mathrm{i}\omega\vec{u} \tag{5.16}$$

由式(5.14)～式(5.16)可得到应力与质点速度的关系

$$\sigma_{yy}=\frac{\lambda+2\mu}{\mathrm{i}\omega}\frac{\partial V_y}{\partial y}+\frac{\lambda}{\mathrm{i}\omega}\frac{\partial V_z}{\partial z},\ \sigma_{yz}=\frac{\mu}{\mathrm{i}\omega}\left(\frac{\partial V_y}{\partial z}+\frac{\partial V_z}{\partial y}\right) \tag{5.17}$$

由斯涅尔定律及波速与拉梅常数的关系，我们可以推出

$$\lambda+2\mu\cos^2\theta_L=(\lambda+2\mu)\cos 2\theta_T \tag{5.18}$$

接着是用边界条件解决本问题。利用垂直方向的质点速度在固-固界面上连续，可得

$$A_N(-\sin\alpha_T)+A_L(-\cos\alpha_L)+A_T(\sin\alpha_T)=B_L(\cos\beta_L)+B_T(-\sin\beta_T) \tag{5.19}$$

该等式是横波入射的情况，其中时间谐变项 $e^{-i\omega t}$ 已经被消去了。式(5.19)还可写为

$$A_L(M_{11})+A_T(M_{12})+B_L(M_{13})+B_T(M_{14})=A_N(a_1) \tag{5.20}$$

式中，M_{11}、M_{12}、M_{13}、M_{14} 和 a_1 是矩阵 $\boldsymbol{Mx}=\boldsymbol{a}$ 的矩阵元。在这种情况下，将反射和透射波振幅用入射波振幅进行归一化，为

$$\mathrm{RL}=\frac{A_L}{A_N},\quad \mathrm{RT}=\frac{A_T}{A_N},\quad \mathrm{SL}=\frac{B_L}{A_N},\quad \mathrm{ST}=\frac{B_T}{A_N} \tag{5.21}$$

这四个变量组成了未知矢量，$\boldsymbol{x}=[\mathrm{RL},\mathrm{RT},\mathrm{SL},\mathrm{ST}]^{\mathrm{T}}$。

使用边界条件式(5.9)～式(5.12)及式(5.18)，就可获得矩阵 $\boldsymbol{Mx}=\boldsymbol{a}$，

$$\boldsymbol{M}=\begin{bmatrix} -\cos\alpha_L & \sin\alpha_T & -\cos\beta_L & \sin\beta_T \\ -\sin\alpha_L & -\cos\alpha_T & \sin\beta_L & \cos\beta_T \\ -k_{1L}(\lambda_1+2\mu_1)\cos(2\alpha_T) & k_{1T}\mu_1\sin(2\alpha_T) & k_{2L}(\lambda_2+2\mu_2)\cos(2\beta_T) & -k_{2T}\mu_2\sin(2\beta_T) \\ -k_{1L}\mu_1\sin(2\alpha_L) & -k_{1T}\mu_1\cos(2\alpha_T) & -k_{2L}\mu_2\sin(2\beta_L) & -k_{2T}\mu_2\cos(2\beta_T) \end{bmatrix} \tag{5.22}$$

矩阵 $\boldsymbol{M}$ 对于入射横波、纵波都是一样的，因为反射和折射波是一致的。但是，向量 $\boldsymbol{a}$ 会改变，因为它代表入射波。对于入射横波和纵波，向量 $\boldsymbol{a}$ 分别表示为

$$\boldsymbol{a}_T=\begin{bmatrix} \sin\alpha_T \\ \cos\alpha_T \\ -k_{1T}\mu_1\sin(2\alpha_T) \\ -k_{1T}\mu_1\cos(2\alpha_T) \end{bmatrix},\quad \boldsymbol{a}_L=\begin{bmatrix} -\cos\alpha_L \\ \sin\alpha_L \\ k_{1L}(\lambda_1+2\mu_1)\cos(2\alpha_L) \\ -k_{1L}\mu_1\sin(2\alpha_L) \end{bmatrix} \tag{5.23}$$

由此，对于不同类型的入射波、材料特性和入射角度，都可由方程 $\boldsymbol{Mx}=\boldsymbol{a}$ 解出反射和折射系数 $\boldsymbol{x}$。图 5-2 给出了纵波和横波分别入射到铝-有机玻璃界面的计算结果。注意，对于入射纵波，曲线是平滑的；但对于入射横波，在角度 29.2° 处出现了斜率的突然变化。

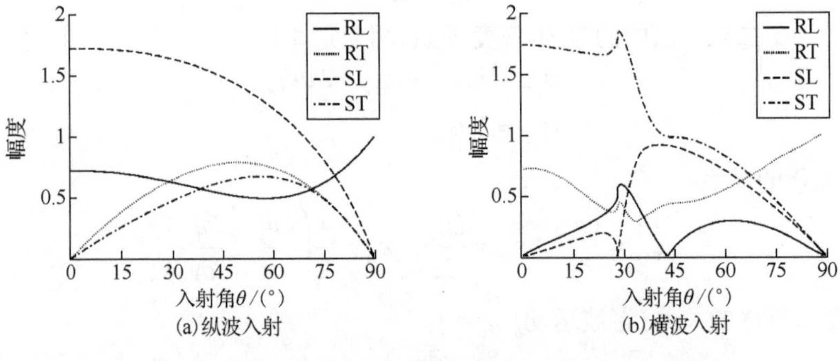

图 5-2　斜入射到铝-有机玻璃界面上的反射和透射系数结果

5.2.2　固-液界面

平面波斜入射到固-液界面的情况(图 5-3)可用与固-固边界条件相似的方法推导反射和折射系数，固-液界面和固-固界面问题主要有两点不同：第一，液体不能承载剪切波；第二，对于质点横向速度在界面上的连续条件不再成立。

液体中没有剪切波，故有ST = 0。因此我们可以移除矩阵$\boldsymbol{M}$的第四列以及$\boldsymbol{a}$和$\boldsymbol{x}$的第四行。此外，因为剪切位移在界面上不连续，可移除矩阵$\boldsymbol{M}$的第二行。需要注意的是，液体的泊松比$\mu_2 = 0$，且由Snell定律得到$\beta_T = 0$，表达式可简化为

$$\boldsymbol{M} = \begin{bmatrix} -\cos\alpha_L & \sin\alpha_T & -\cos\beta_L \\ -k_{1L}(\lambda_1 + 2\mu_1)\cos(2\alpha_T) & k_{1T}\mu_1\sin(2\alpha_T) & k_{2L}\lambda_2 \\ -k_{1L}\mu_1\sin(2\alpha_L) & -k_{1T}\mu_1\cos(2\alpha_T) & 0 \end{bmatrix} \tag{5.24}$$

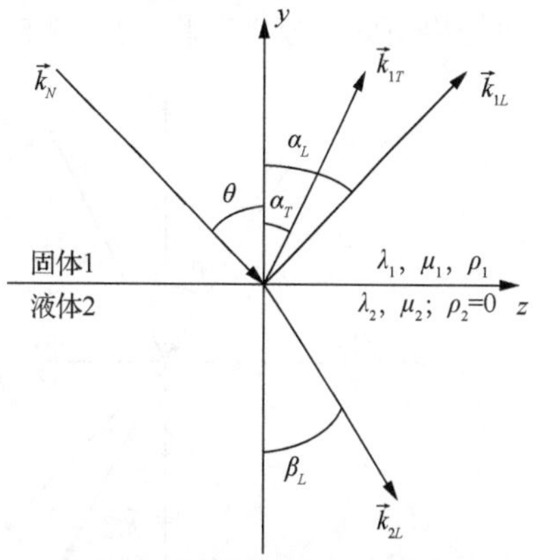

图5-3 固-液界面的反射和折射

式(5.24)对于入射纵波和横波都成立。对于纵波和横波入射，分别有

$$\boldsymbol{a}_L = \begin{bmatrix} -\cos\alpha_L \\ k_{1L}(\lambda_1 + 2\mu_1)\cos(2\alpha_T) \\ -k_{1L}\mu_1\sin(2\alpha_L) \end{bmatrix}, \quad \boldsymbol{a}_T = \begin{bmatrix} \sin\alpha_T \\ -k_{1T}\mu_1\sin(2\alpha_T) \\ -k_{1T}\mu_1\cos(2\alpha_T) \end{bmatrix} \tag{5.25}$$

计算结果如图5-4所示，分别是纵波和横波入射到铝-水界面。请注意，对于纵波入射，计算得到的反射和折射系数是平滑的。对于横波入射，角度29.2°处斜率突然变化。

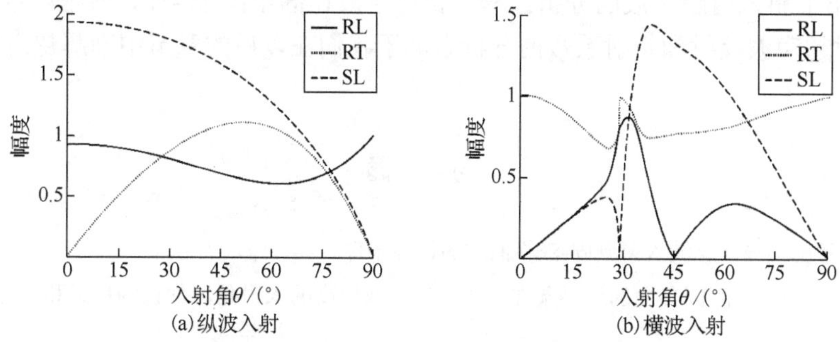

图5-4 斜入射到铝-水界面时的反射和折射系数

5.2.3 液-固界面

图5-5所示为液-固界面的斜入射问题。反射、折射系数推导方法和固-固界面情况类似。由于液体中只有纵波,故有RT = 0。因此,我们移除矩阵$\boldsymbol{M}$的第二列以及向量$\boldsymbol{a}$和$\boldsymbol{x}$的第二行。此外，因为没有切向位移的边界连续，我们还需要移除矩阵$\boldsymbol{M}$的第二行。需要注意的是，液体的泊松比$\mu_1 = 0$，并且由Snell定律得到$\alpha_T = 0$，表达式也就简化了。

我们得到

$$\boldsymbol{M} = \begin{bmatrix} -\cos\alpha_L & -\cos\beta_L & \sin\beta_T \\ -k_{1L}\lambda_1 & k_{1L}(\lambda_2 + 2\mu_2)\cos(2\beta_T) & -k_{2T}\mu_2\sin(2\beta_T) \\ 0 & -k_{2L}\mu_2\sin(2\beta_L) & -k_{2T}\mu_2\cos(2\beta_T) \end{bmatrix} \tag{5.26}$$

和

$$\boldsymbol{a}_L = \begin{bmatrix} -\cos\alpha_L \\ k_{1L}\lambda_1 \\ 0 \end{bmatrix} \tag{5.27}$$

对于纵波入射到水-铝界面的情况，计算结果如图5-6所示。需要注意，由反射和折射系

数结果可知，分别在临界角 13.5° 和 28.5° 处斜率突然变化。

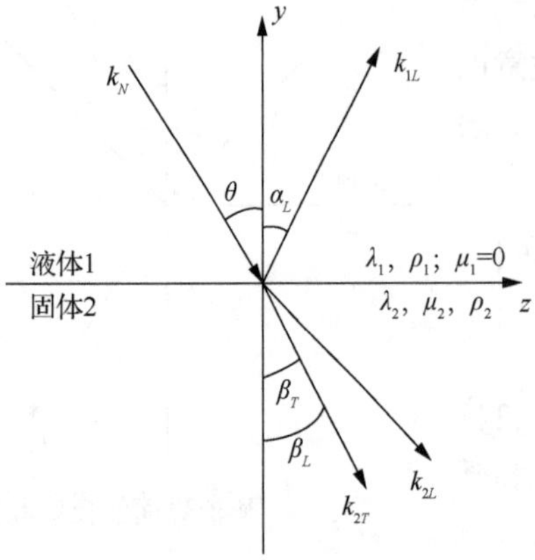

图 5-5 液-固界面的反射和折射

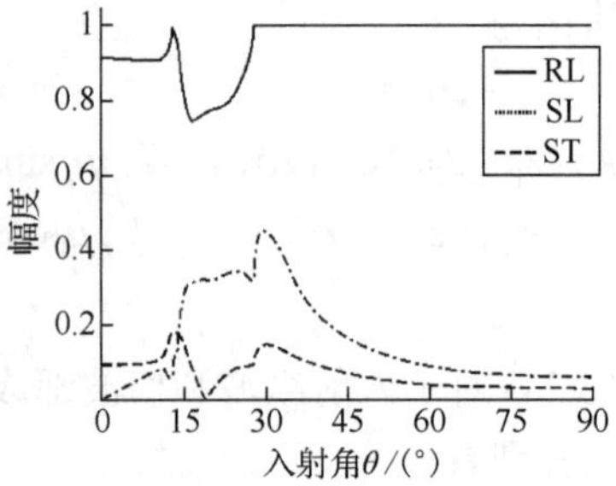

图 5-6 斜入射到水-铝界面的反射和折射系数

5.3 展 望

本章介绍了斜入射超声波的分析过程，推导了波在固-固、固-液、液-固界面上的反射和折射系数。对超声波反射和折射系数的分析有助于我们在以后的章节中理解超声导波的激发、共振和传播。

习 题

5-1 分别写出横波和纵波入射到固-液界面时的边界条件。

5-2 写出斜入射到液-固界面的边界条件。对于较低或较高的入射角，你认为反射和折射波中会存在哪些波(横波或纵波)?

5-3 推导液-固界面的反射和折射系数方程。

5-4 如果我们要计算各向异性介质界面斜入射的反射和折射系数，在推导过程中应考虑哪些问题?

5-5 解释入射角为 90° 时的反射和透射系数。

5-6 结合第 4 章中的信息，验证图 5-2 中纵波和横波垂直入射情况下反射和透射系数的值。

5-7 为什么图 5-2 中有些 SL 或 ST 的值会大于 1?

5-8 证明方程式(5.18)(提示：需要使用三角函数恒等式、Snell 定律以及联系拉梅常数和声速的表达式)。

5-9 编程并计算图 5-2 和图 5-6 所对应情况的反射和折射曲线。

5-10 用多次反射叠加法推导斜入射纵波或横波穿过液体薄层时的总反射和折射系数表达式(提示：使用几何级数)。

5-11 计算纵波垂直入射到两固体间液体层时的反射和透射系数(提示：用几何级数)。

参 考 文 献

Auld B A. 1990. Acoustic Fields and Waves in Solids. 2nd ed. Malabar: Kreiger.

Brekhovshikh L M. 1960. Waves in Layered Media. New York: Academic Press.

Graff K F.1991. Wave Motion in Elastic Solids. New York: Dover.

Henneke E G. 1972. Reflection-refraction of a stress wave at a plane boundary between anisotropic media. J. Acoust. Soc. Am., 51: 210.

Jiao D, Rose J L. 1991. An ultrasonic interface layer model for bond evaluation. Journal of Adhesion Science and Technology, 5(8): 631-646.

Pilarski A, Rose J L, Balasubramaniam K. 1990. The angular and frequency characteristics of reflectivity from a solid layer embedded between two solids with imperfect boundary conditions. Journal of the Acoustical Society of America, 87 (2): 532-542.

Pilarski A, Rose J L.1998a. A transverse-wave ultrasonic oblique-incidence technique for interfacial weakness detection in adhesive bonds. Journal of Applied physics, 63(2): 300-307.

Pilarski A, Rose J L.1998b. Ultrasonic oblique-incidence for improved sensitivity interface weakness determination. NDT International, 21(4): 241-246.

Rokhlin S I, Marom D. 1986. Study of adhesive bonds using low-frequency obliquely incident ultrasonic waves. Journal of the Acoustical Society of America, 80(2): 245-258.

Rose J L. 1999. Ultrasonic Waves in Solid Media. Cambridge: Cambridge University Press.

Timoshenko S P, Goodier J N. 1987. Theory of Elasticity. 3rd ed. New York: McGraw-Hill.

第 6 章　板中的导波

6.1　引　　言

从本章开始，我们将介绍各种情况下的超声导波的传播和激发规律。简单重温一下导波与体波的根本区别。体波在介质体内传播，以反射与折射的形式与边界发生相互作用，反射和折射时伴随纵波与横波间的模式转换。导波与体波的控制方程相同，主要区别是：导波问题的求解过程加入了边界条件，因此不需要单独考虑各界面和表面的反射和折射。引入边界条件增加了导波问题解析解的难度，因此大多数情况需要进行数值计算。边界条件的引入改变了波的传播模式的表述。体波问题中我们讨论了纵波和横波。导波存在无数种模式，这些模式可由频散曲线描述。

自然界中存在很多波导结构，我们现在以研究它们的科学家的名字来命名一些经典的导波问题，如瑞利(Rayleigh)波、兰姆(Lamb)波和斯通莱(Stoneley)波等。瑞利波是半无限固体表面上的波，边界上应力为零，波幅随深度衰减(图 6-1)。兰姆波的经典问题(图 6-2)是在均匀各向同性自由边界板中的导波，板的上下表面应力为零。斯通莱波是一种界面导波(图 6-3)，交界面上需要满足应力和位移连续性条件及辐射条件。

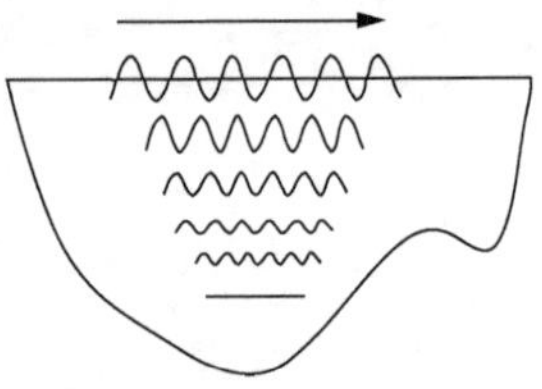

图 6-1　瑞利波示意图

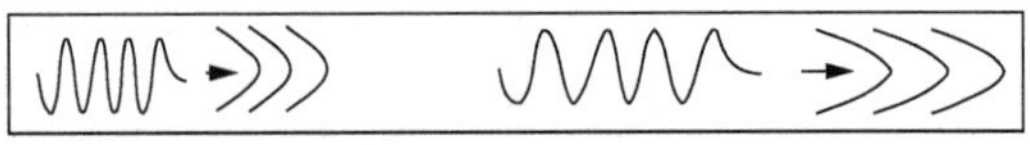

图 6-2　兰姆波示意图

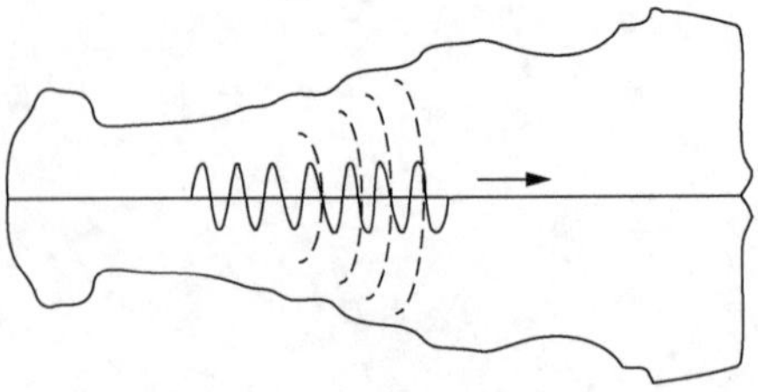

图 6-3　斯通莱波示意图

现在回忆一下弹性理论中的几个公式(这里利用了笛卡儿张量符号)。

运动方程

$$\rho_{ij,j} + \rho f_i = \rho \ddot{u}_i \tag{6.1}$$

六个独立应变-位移方程

$$\varepsilon_{ij} = \frac{1}{2}(u_{i,j} + u_{j,i}) \tag{6.2}$$

六个独立本构方程(各向同性材料)

$$\sigma_{ij} = \lambda \varepsilon_{kk} \delta_{ij} + 2\mu \varepsilon_{ij} \tag{6.3}$$

前两个方程适用于任何连续介质，有关介质的特性由式(6.3)引入。如果在上面三个方程中消去应力和应变项，则可得到

$$\mu u_{i,jj} + (\lambda + \mu) u_{j,ji} + \rho f_i = \rho \ddot{u}_i \tag{6.4}$$

运动方程式(6.4)中只含有质点位移，是关于位移的偏微分方程。如果求解域无限大，则这些方程已经足够了；但如果求解域是有限的，那么还需要加入边界条件，其形式如下：

表面位移　$$u(x,t)=u_0(x,t) \tag{6.5}$$

表面应力　$$t_i=\sigma_{ji}n_j \tag{6.6}$$

混合边界条件　$$\begin{cases} u(x,t)=u_0(x,t), & \text{在有限定表面位移的区域} \\ t_i=\sigma_{ji}n_j, & \text{在有限定表面作用力的区域} \end{cases} \tag{6.7}$$

6.2　自由边界条件板问题

板中导波的几何模型如图 6-4 所示，两个表面 $x_3=d/2=h$ 和 $x_3=-d/2=-h$ 为自由表面。在板的某点上激发超声波，由于激发区域的超声波传播到板的上下界面时会发生波型转换（L 波变为 T 波，反之亦然），经过在板内一段时间的传播之后，因叠加而产生“波包”，即通常说的板中的导波模式。导波问题最常见的解法是位移势函数法和部分波法（Achenbach，1984；Auld，1990）。

6.2.1　势函数分析法

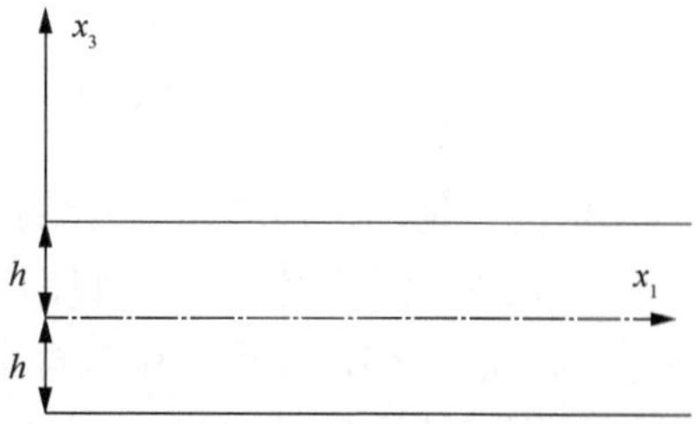

图 6-4　自由板问题的几何描述

将亥姆霍兹（Helmholtz）分解的结果代入式(6.4)，可以得到两个解耦合的波动方程：

纵波　$$\frac{\partial^2\phi}{\partial x_1^2}+\frac{\partial^2\phi}{\partial x_3^2}=\frac{1}{c_L^2}\frac{\partial^2\phi}{\partial t^2} \tag{6.8}$$

剪切波　$$\frac{\partial^2\psi}{\partial x_1^2}+\frac{\partial^2\psi}{\partial x_3^2}=\frac{1}{c_T^2}\frac{\partial^2\psi}{\partial t^2} \tag{6.9}$$

通常三维空间中的波存在三个位移分量。Achenbach（1984）的研究表明：各向同性固体中的水平剪切波模式（第 14 章内容）和兰姆波模式解耦。因此，我们可以先只考虑平面内应变、位移和应力与势函数的关系

$$u_1=u=\frac{\partial\phi}{\partial x_1}+\frac{\partial\psi}{\partial x_3} \tag{6.10a}$$

$$u_2=v=0 \tag{6.10b}$$

$$u_3=w=\frac{\partial\phi}{\partial x_3}+\frac{\partial\psi}{\partial x_1} \tag{6.10c}$$

$$\sigma_{31}=\mu\left(\frac{\partial u_3}{\partial x_1}+\frac{\partial u_1}{\partial x_3}\right)=\mu\left(\frac{2\partial^2\phi}{\partial x_1\partial x_3}-\frac{\partial^2\psi}{\partial x_1^2}+\frac{\partial^2\psi}{\partial x_3^2}\right) \tag{6.11a}$$

$$\sigma_{33}=\lambda\left(\frac{\partial u_1}{\partial x_1}+\frac{\partial u_3}{\partial x_3}\right)+2\mu\frac{\partial u_3}{\partial x_3}=\lambda\left(\frac{\partial^2\phi}{\partial x_1^2}+\frac{\partial^2\phi}{\partial x_3^2}\right)+2\mu\left(\frac{\partial^2\phi}{\partial x_3^2}-\frac{\partial^2\psi}{\partial x_1\partial x_3}\right) \tag{6.11b}$$

式中，λ 和 μ 为 Lamé 常数。

假定式(6.8)和式(6.9)的解为如下平面简谐波形式

$$\phi=\Phi(x_3)\exp[\mathrm{i}(kx_1-\omega t)] \tag{6.12}$$

$$\psi=\Psi(x_3)\exp[\mathrm{i}(kx_1-\omega t)] \tag{6.13}$$

注意到这些解为沿 x_1 方向的行波和沿 x_3 方向的驻波。存在一个 x_1 和 t 变量的指数项，和一个于 x_3 的静态函数。另外，这些解代表了沿板方向传播的波以及在横向上固定分布的扰动。

将这些假设的解 ϕ 和 ψ 代入式(6.8)和式(6.9)，得到未知函数 ϕ 和 ψ 的控制方程，其解如下

$$\phi = \Phi(x_3) = A_1 \sin(px_3) + A_2 \cos(px_3) \tag{6.14}$$

$$\psi = \Psi(x_3) = B_1 \sin(qx_3) + B_2 \cos(qx_3) \tag{6.15}$$

式中

$$p^2 = \frac{\omega^2}{c_L^2} - k^2,\ q^2 = \frac{\omega^2}{c_T^2} - k^2 \tag{6.16}$$

有了这些结果，位移和应力可以直接由式(6.10)和式(6.11)得到。在所有表达式中略去 $\exp[\mathrm{i}(kx_1 - \omega t)]$ 项，结果如下

$$u_1 = \left[\mathrm{i}k\Phi + \frac{\mathrm{d}\Psi}{\mathrm{d}x_3}\right] \tag{6.17}$$

$$u_3 = \left[\frac{\mathrm{d}\Phi}{\mathrm{d}x_3} + \mathrm{i}k\Psi\right] \tag{6.18}$$

$$\sigma_{31} = \mu\left(2\mathrm{i}k\frac{\mathrm{d}\Phi}{\mathrm{d}x_3} + k^2\Psi + \frac{\mathrm{d}^2\Psi}{\mathrm{d}x_3^2}\right) \tag{6.19}$$

$$\sigma_{33} = \left[\lambda\left(-k^2\Phi + \frac{\mathrm{d}^2\Phi}{\mathrm{d}x_3^2}\right) + 2\mu\left(\frac{\mathrm{d}^2\Phi}{\mathrm{d}x_3^2} - \mathrm{i}k\frac{\mathrm{d}\Psi}{\mathrm{d}x_3}\right)\right] \tag{6.20}$$

由此可见，位移场和应力场就是含有以 x_3 为宗量的 sin(或 cos)函数，sin(或 cos)函数为关于 $x=0$ 的奇(或偶)函数。我们把解分成两组模式，即对称模式和反对称模式。特别是对于 x_1 方向上的位移，如果 u_1 中包含余弦项，则运动是(关于板的中面)对称的，如果 u_1 中包含正弦项，则运动为反对称的。x_3 方向的位移情况正好与之相反，所以我们把在板中传播的模式分成两种：

对称模式

$$\begin{cases} \Phi = A_2 \cos(px_3) \\ \psi = B_1 \sin(qx_3) \\ u = u_1 = \mathrm{i}kA_2 \cos(px_3) + qB_1 \cos(qx_3) \\ w = u_3 = -pA_2 \sin(px_3) - \mathrm{i}kB_1 \sin(qx_3) \\ \sigma_{31} = \mu[-2\mathrm{i}kpA_2 \sin(px_3) + (k^2 - q^2)B_1 \sin(qx_3)] \\ \sigma_{33} = -\lambda(k^2 + p^2)A_2 \cos(px_3) - 2\mu[p^2 A_2 \cos(px_3) + \mathrm{i}kqB_1 \cos(qx_3)] \end{cases} \tag{6.21}$$

反对称模式

$$\begin{cases} \Phi = A_1 \sin(px_3) \\ \Psi = B_2 \cos(qx_3) \\ u = u_1 = \mathrm{i}kA_1 \sin(px_3) - qB_2 \sin(qx_3) \\ w = u_3 = pA_1 \cos(px_3) - \mathrm{i}kB_2 \cos(qx_3) \\ \sigma_{31} = \mu[2\mathrm{i}kpA_1 \cos(px_3) + (k^2 - q^2)B_2 \cos(qx_3)] \\ \sigma_{33} = -\lambda(k^2 + p^2)A_1 \sin(px_3) - 2\mu[p^2 A_1 \sin(px_3) - \mathrm{i}kqB_2 \sin(qx_3)] \end{cases} \tag{6.22}$$

对称模式中 u 相对板厚度中心是对称的，w 是反对称的；反对称模式中 w 相对板厚度中心是对称的，u 是反对称的。现在，常数 A_1、A_2、B_1、B_2 仍然是未知的。考虑平面应变情况下的自由边界条件，在 $x_3 = \pm d/2 = \pm h$ 时，有

$$\sigma_{31} = \sigma_{33} \equiv 0 \tag{6.23}$$

位移、应力和应变场依赖于模式的种类(对称和反对称)。然而应用边界条件将给出两个关于常数 A_2、B_1(对称情况)和 A_1、B_2(反对称情况)的齐次方程组。对于齐次方程组，令系数矩阵的行列式为零，以使其解为非平凡解。由式(6.23)有

$$\frac{(k^2-q^2)\sin(qh)}{2\mathrm{i}kp[\sin(ph)]}=\frac{-2\mu\mathrm{i}kq[\cos(qh)]}{(\lambda k^2+\lambda p^2+2\mu p^2)\cos(ph)} \tag{6.24}$$

经过适当变换，可化成如下形式

$$\frac{\tan(qh)}{\tan(ph)}=\frac{4k^2qp\mu}{(\lambda k^2+\lambda p^2+2\mu p^2)(k^2-q^2)} \tag{6.25}$$

式(6.25)等号右边的分母可以利用波速和式(6.16)定义的 p 和 q 进一步简化。由 c_L 的定义，我们有

$$\lambda=c_L^2\rho-2\mu \tag{6.26}$$

则有

$$\lambda k^2+\lambda p^2+2\mu p^2=\lambda(k^2+p^2)+2\mu p^2=(c_L^2\rho-2\mu)(k^2+p^2)+2\mu p^2 \tag{6.27}$$

$$\lambda k^2+\lambda p^2+2\mu p^2=\rho c_L^2(k^2+p^2)-2\mu k^2 \tag{6.28}$$

利用式(6.16)和 $c_T^2=\mu/\rho$，式(6.28)可写成

$$\lambda k^2+\lambda p^2+2\mu p^2=\rho\omega^2-2\rho c_T^2k^2 \tag{6.29}$$

亦可化为如下形式

$$\rho c_T^2\left[\left(\frac{\omega}{c_T}\right)^2-2k^2\right]=\rho c_T^2(q^2-k^2)=\mu(q^2-k^2) \tag{6.30}$$

将式(6.30)代入原始频散方程式(6.25)中，得

$$\frac{\tan(qh)}{\tan(ph)}=-\frac{4k^2qp}{(q^2-k^2)^2}，\text{对称模式} \tag{6.31}$$

用类似的方法，我们可以得到

$$\frac{\tan(qh)}{\tan(ph)}=-\frac{(q^2-k^2)^2}{4k^2qp}，\text{反对称模式} \tag{6.32}$$

注意 q 和 p 如式(6.16)所定义。

这些方程是众所周知的瑞利—兰姆频率方程。这些方程可以用于确定板内传播的某一频厚积的波对应的相速度。这一方程也称为频散方程。尽管该方程看起来很简单，但只能用数值方法求解。对于给定的 ω 和导出的 k，可以利用式(6.21)和式(6.22)中的 u 和 w 的表达式来计算位移。Auld(1990)给出了显式的表达式。

6.2.2　部分波分析法

前面提到的方法非常简单而且清晰，但控制方程式(6.4)仅对各向同性板有简单的形式。对于各向异性板中的导波问题，唯一适合的技术是部分波分析法。Solie 和 Auld(1973)指出，与势函数方法相比，部分波分析法主要有两个优势：①可以更直接地求解；②可以提供更多有关波的物理特性的信息。

使用相同的控制方程，现在尝试另一种新的求解方法。在部分波分析法中，我们试图构造式(6.4)和式(6.6)中的简单的指数形式来描述来回反射的解。

首先假定图 6-5 中每一种波都可表示为

$$u_j = a_j \exp[\mathrm{i}k(x + l_z z)] \tag{6.33}$$

式中，$j = x, y, z$；$l_z = k_z / k_x$（用 x、y 和 z 代替 x_i 表示坐标位置）。这里，我们讨论更一般的问题，不作平面应变假设。注意到每一个假定的部分波，其波数的 x 分量都相同(根据 Snell 定律)。将式(6.33)代入 Christoffel 方程，有

$$k_{iI} c_{IJ} k_{Jj} - \rho\omega^2 \delta_{ij} u_j = 0 \tag{6.34}$$

式中，$i, j = x, y, z$；$I, J = xx, yy, zz, yz, xz, xy$，以及

$$[k_{iI}] = \begin{pmatrix} k_x & 0 & 0 & 0 & k_z & k_y \\ 0 & k_y & 0 & k_z & 0 & k_x \\ 0 & 0 & k_z & k_y & k_x & 0 \end{pmatrix}$$

每一个部分波会产生一个齐次线性方程组。系数矩阵是 l_z 的函数。为得到非平凡解需要行列式为零，这将产生一个 l_z 的六次方程，而 l_z 定义了六个部分波的传播方向(图 6-5)。

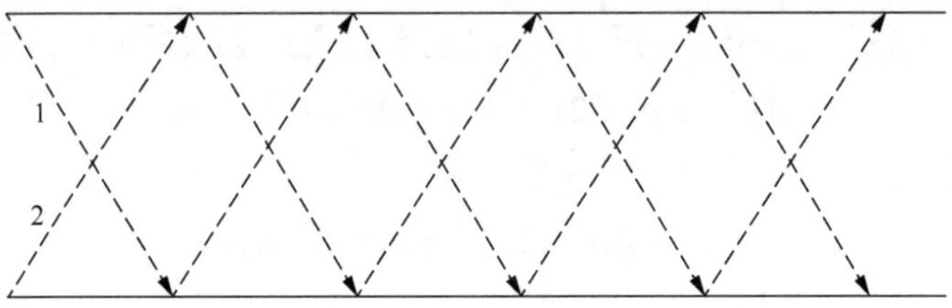

(a) SH 部分波

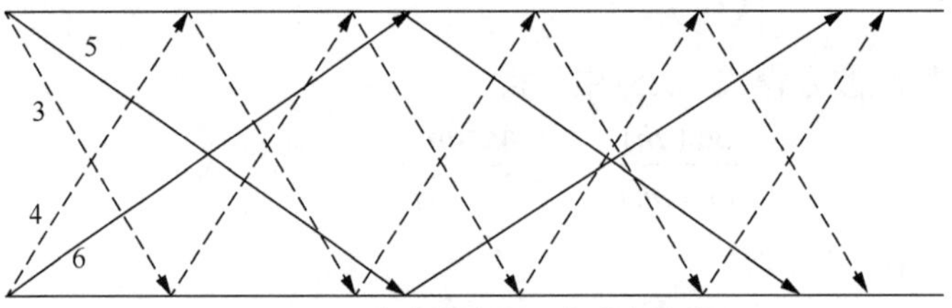

(b) SV部分波-虚线，L部分波-实线

图 6-5　各向同性问题中的部分波种类

已知每一个部分波的传播方向后，整个波场是部分波波场的线性组合

$$u_j = \sum_{n=1}^{6} C_n \alpha_j^{(n)} \exp\left[\mathrm{i}k(x + l_z^{(n)} z)\right],\ j = x, y, z \tag{6.35}$$

使用无应力边界条件，可以确定系数 $C_n\,(n = 1, 2, \cdots, 6)$，并得到频散曲线。注意到沿着整个上、下表面必须满足无应力边界条件，部分波的组合在厚度方向必须形成驻波。这也解释了为什么在用位移势函数法时，我们假定位移势式(6.12)和式(6.13)不仅仅是 x_3 的函数，而且允许其沿 x_1 方向传播。问题的最后一步是将这个假定部分波线性组合关系式代入边界条件方程中，由此给出了 6 个齐次线性方程。使边界条件矩阵的行列式为零可得到频散关系。注意，这里我们没有使用平面内应力的假设，所以频散关系也包含剪切波(SH 波)模式

$$(M\pi)^2 = (\omega h / c_T)^2 - (kh)^2 \tag{6.36}$$

图 6-6 给出了 M 为 0～5 时，SH 模式的 ωh 和 kh 的关系，图 6-7 给出了兰姆波的频散曲线。

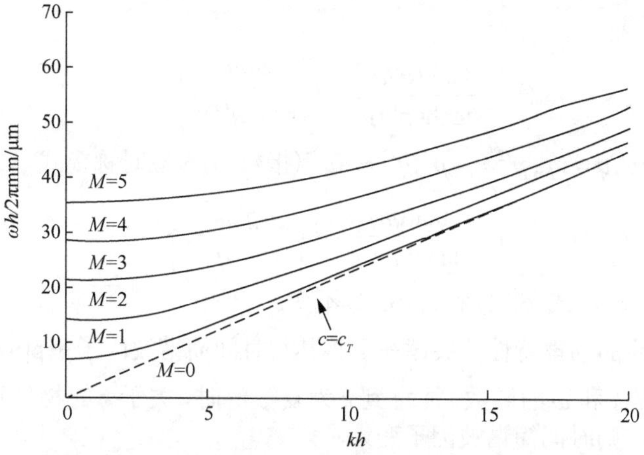

图 6-6　在自由边界铜板上的 SH 模式波 ($c_T = 2.26\text{mm}/\mu\text{s}$)

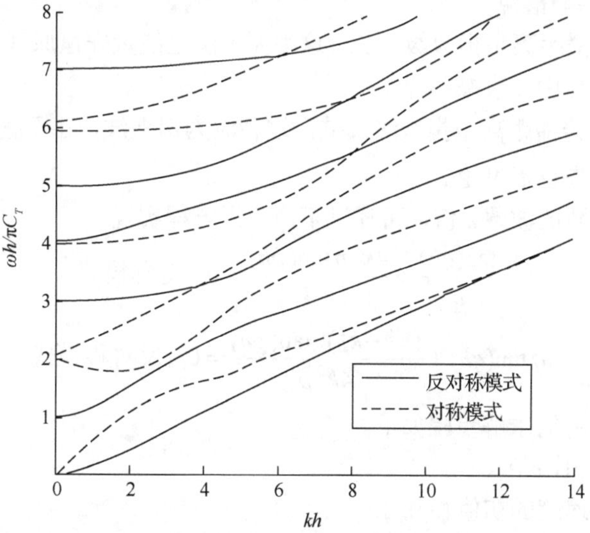

图 6-7　各向同性自由铝板的频散曲线 ($c_L = 6.35\text{mm}/\mu\text{s}$，$c_T = 3.13\text{mm}/\mu\text{s}$，$c_L/c_T = 2.0288$)

6.3　瑞利-兰姆频率方程的数值解

回想一下，瑞利-兰姆(Rayleigh-Lamb)频率方程式(6.31)和式(6.32)

$$\frac{\tan(qh)}{\tan(ph)} = -\frac{4k^2pq}{(q^2-k^2)^2}，\text{对称模式}$$

$$\frac{\tan(qh)}{\tan(ph)} = -\frac{(q^2-k^2)^2}{4k^2pq}，\text{反对称模式}$$

式中，q 和 p 分别由下式给出　$p^2 = \dfrac{\omega^2}{c_L^2} - k^2$，$q^2 = \dfrac{\omega^2}{c_T^2} - k^2$

这里给出了频率 ω 和波数 k 间的关系。当频率给定时，我们可以用数值计算方法来搜索 k 的解。这个方程有有限个实数解和纯虚数解，有无限个复数解。波数 k 在数值上等于 ω/c_p，c_p 是兰姆波的相速度。将 k 与 ω/c_L 或 ω/c_T 相比较，令 $k > \omega/c_T$ 为区域 1，$\omega/c_T > k > \omega/c_L$ 为区域

2，$k<\omega/c_L$ 为区域 3。

在区域 1 中，$c_p<c_T$，有 $\dfrac{\tanh(q'h)}{\tanh(p'h)}=-\left\{\dfrac{4q'p'k^2}{(k^2-q'^2)^2}\right\}^{\pm 1}$

由式(6.32)知，$p=ip',q=iq',p'^2=-p^2,q'^2=-q^2$（指数+1 对应对称模式，-1 对应反对称模式）。

在区域 2，$c_T<c_p<c_L$，有 $\dfrac{\tan(qh)}{\tanh(p'h)}=\pm\left\{\dfrac{4p'qk^2}{(k^2-q^2)^2}\right\}^{\pm 1}$

在区域 3，$c_p>c_L$，式(6.31)和式(6.32)不变。

要理解频散曲线的物理特性，关键在于将其与时间简谐波因子 $\exp[i(kx-\omega t)]$ 相联系。式(6.31)和式(6.32)是 k 和 ω 的函数。注意到 k 为复数值时，关于 k 的物理意义可作如下讨论。

令 $k=k_r+ik_{im}$，则时间简谐波因子变为

$$\exp[i(k_r x-\omega t)]\exp[-k_{im}x] \tag{6.37}$$

理论上 k_{im} 有三种可能的情况：

$k_{im}<0$，波随传播距离呈指数级增长，这种波不满足能量守恒原理，实际上还未观察到；

$k_{im}=0$，波在传播中无衰减；

$k_{im}>0$，波幅随传播距离呈指数级衰减，这种波为消逝波，由于消逝波的作用范围很有限，我们在本书中不作重点讨论。

对于实数或纯虚数的波数 k 值，可通过下面一组方程实现

$$\frac{\tan(qh)}{q}+\frac{4k^2 p\tan(ph)}{(q^2-k^2)^2}=0,\ \text{对称模式} \tag{6.38}$$

$$q\tan(qh)+\frac{(q^2-k^2)^2\tan(ph)}{4k^2 p}=0,\ \text{反对称模式} \tag{6.39}$$

这些方程的数值解的求解步骤如下。

(1) 选择一频厚积 $(\omega h)_0$。

(2) 选取一个相速度的初值 $(c_p)_0$。

(3) 判断式(6.38)或式(6.39)左边的正负号(假定它们不等于零)。

(4) 相速度增加一定步长，$(c_p)_1>(c_p)_0$，计算式(6.38)或式(6.39)左侧的符号。

(5) 重复第(3)、(4)步，直到符号发生变化。由于函数是连续的，符号的变化意味着期间某一个值使得函数值通过零点，在此区间就存在一个根 m，假定这一区间为 $(c_p)_n\sim(c_p)_{n+1}$。

(6) 利用一些迭代求根算法(如 Newton-Raphson 算法、二分法等)可精确计算区间 $(c_p)_n<c_p<(c_p)_{n+1}$ 中的相速度，以使所求方程的左边足够逼近零。

(7) 求得此根后，在这个频厚积 $(\omega h)_0$ 上根据第(2)～(6)步继续搜索其他根，直至相速度值达到预定的最大值时停止搜索。

(8) 另选一个频厚积，重复第(2)～(7)步。这个过程按所需频厚积 $(\omega h)_0$ 要进行多次直至达到预定的频率范围。

窍门：对于大的 ωh，不是在 $c_R<c_p<\infty$ 范围内搜索相速度，而是在区间 $1/c_R<1/c_p<0$ 中搜索 $1/c_p$（这里 c_R 是介质的瑞利波速，我们将在第 7 章详细说明）。这种方法对于较小的 ωh 同样有效。这时相速度解的搜索区间可以从 0 开始。图 6-8 给出了铝板中导波的频散曲线，图

中也标出了 A0, S0, A1, S1, A2, S2,… 模式曲线，并给出了板波波速 $c_{板}$、瑞利波波速 c_R、剪切波波速 c_T 和模式截止频率。通常，板波波速 $c_{板}=E^{1/2}[\rho(1-\nu^2)]^{-1/2}$。注意：当 fd 变大时，A0 和 S0 模式收敛于 c_R，其他模式收敛于 c_T，在 6.7.3 节中将更详细地讨论截止频率。

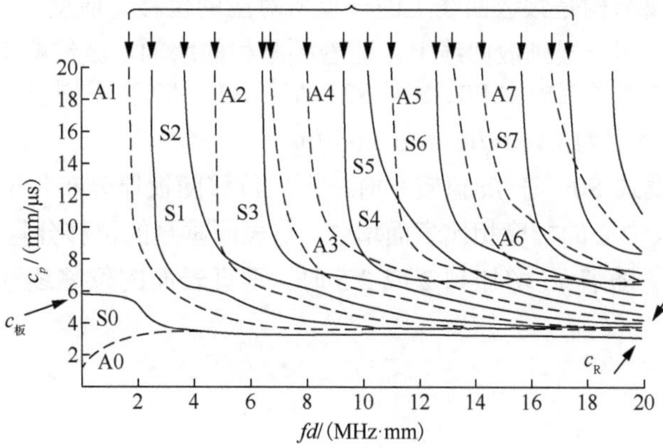

(a) 相速度曲线

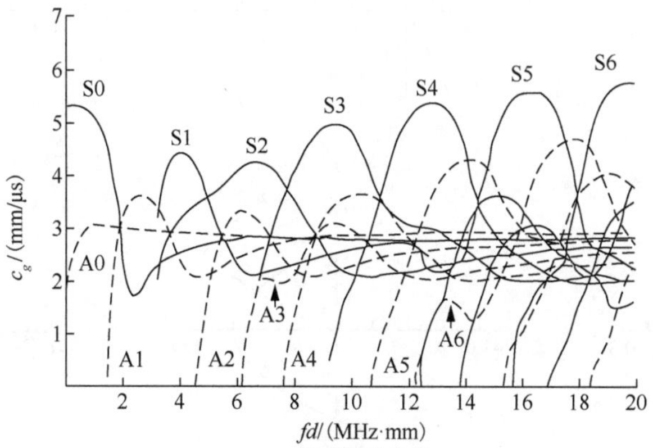

(b) 群速度曲线

图 6-8　铝板的频散曲线

6.4　群　速　度

如第 2 章所述，群速度 $c_g=\dfrac{d\omega}{dk}$，将 $k=\dfrac{\omega}{c_p}$ 代入左式，得

$$c_g=d\omega\left[d\left(\frac{\omega}{c_p}\right)\right]^{-1}=d\omega\left[\frac{d\omega}{c_p}-\omega\frac{dc_p}{c_p^2}\right]^{-1}=c_p^2\left[c_p-\omega\frac{dc_p}{d\omega}\right]^{-1}$$

由于 $\omega=2\pi f$，所以

$$c_g=c_p^2\left[c_p-(fd)\frac{dc_p}{d(fd)}\right]^{-1}\tag{6.40}$$

式中，fd 是频厚积，注意到当 c_p 关于 fd 的导数为零时，$c_p=c_g$。在截止频率处，c_p 关于 fd 的导数趋于无穷，c_g 趋于零。

6.5 波 结 构

超声导波模式的波结构是频散曲线上的一点所对应的位移、应变、应力等波场函数随厚度的分布关系。即使在同一根频散曲线上，随着频厚积的增加，波结构也会发生明显变化。

图 6-9～图 6-14 描述了铝板中 S0、S1、S2、A0、A1、A2 在不同 *fd* 时的波结构解。计算时使用的 c_T 和 c_L 的值分别为 3.1mm/μs 和 6.3mm/μs 。

图 6-9 显示对称模式 S0，在 *fd* 值较小时，面内位移随板厚分布几乎为常数；随着 *fd* 值的增加，面内位移在板中心的幅度相比表面增强。与表面垂直的位移分量 *w*，在 *fd* 值较小时，与面内位移相比很小。随着 *fd* 增加到 2 或 2.5 时，垂直表面的位移逐渐增大直至大于面内位移。

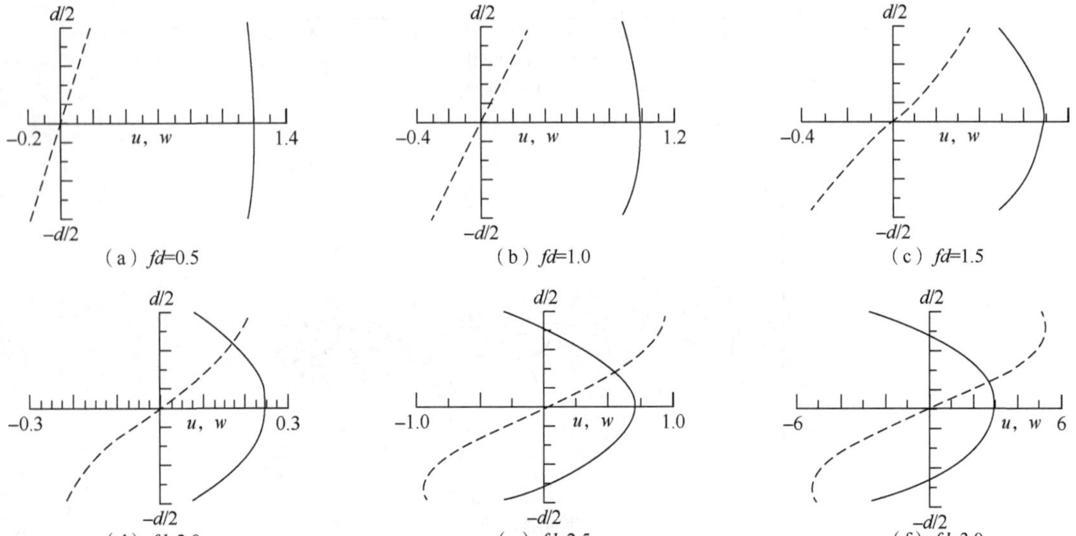

（a）*fd*=0.5　（b）*fd*=1.0　（c）*fd*=1.5

（d）*fd*=2.0　（e）*fd*=2.5　（f）*fd*=3.0

图 6-9　铝板 S0 模式各点的波结构，图中给出了沿板厚的面内位移（*u*，实线）和离面位移（*w*，虚线）分布

图 6-10 所示为 S1 模式的位移分布。关注在表面处的位移幅度，我们发现当 *fd* 较小时，面内位移很大，而垂直于表面的位移几乎为零。当 *fd* 值增加时，面内位移逐步减小而垂直于，表面的位移分量则逐步增大。到 *fd* =6.0 时，垂直分量占据主导地位。

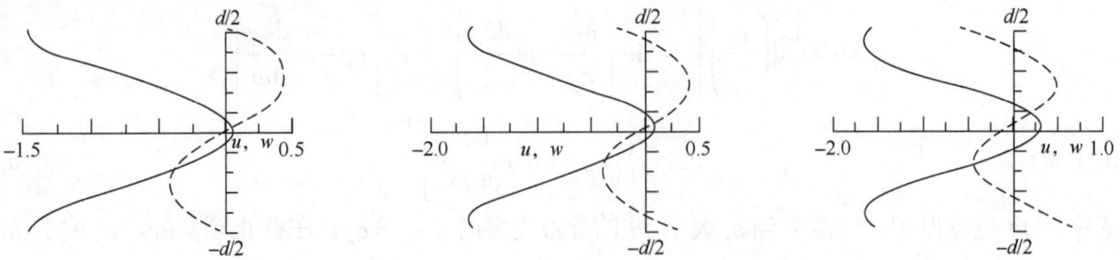

（a）*fd*=3.5　（b）*fd*=4.0　（c）*fd*=4.5

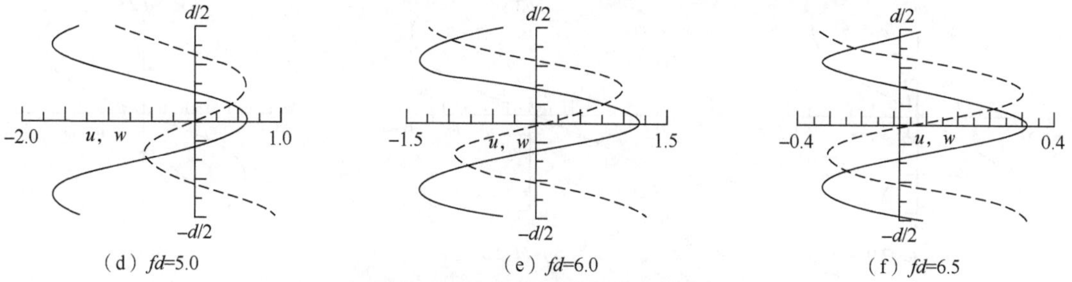

图 6-10　铝板中 S1 模式各点的波结构

图 6-11 所示为 S2 模式的位移分布。在 *fd* 值较小时，外表面的面内位移值接近于零，相比垂直位移较小。随着 *fd* 值从 5.0 变为 7.0，面内位移逐步成为主导。

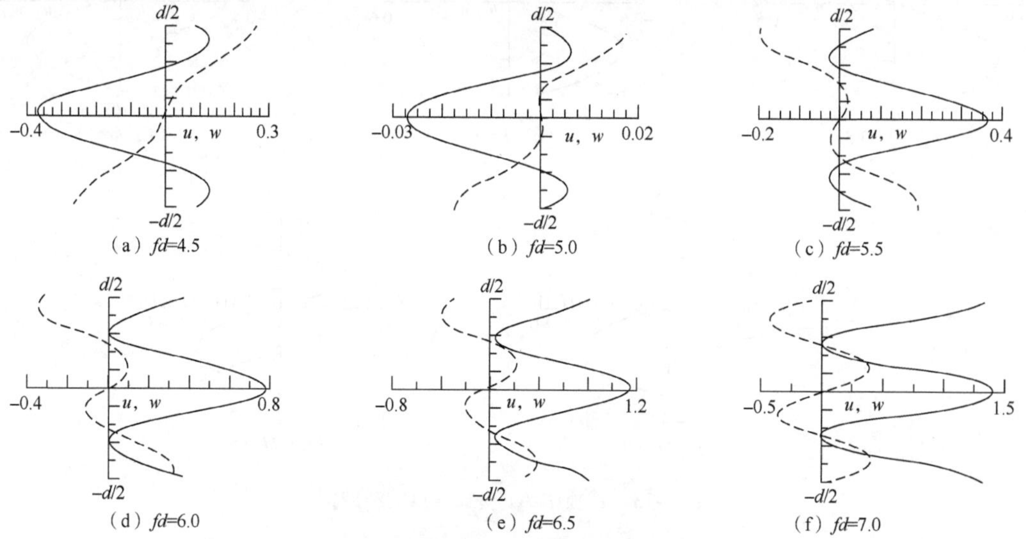

图 6-11　铝板中 S2 模式各点的波结构

反对称模式的结果在图 6-12～图 6-14 中给出。我们可以发现很多有趣的现象，例如，对于 A1 模式，当 *fd* 值为 4.5 时表面的离面位移占主导地位，而在这一点时，面内位移为零。

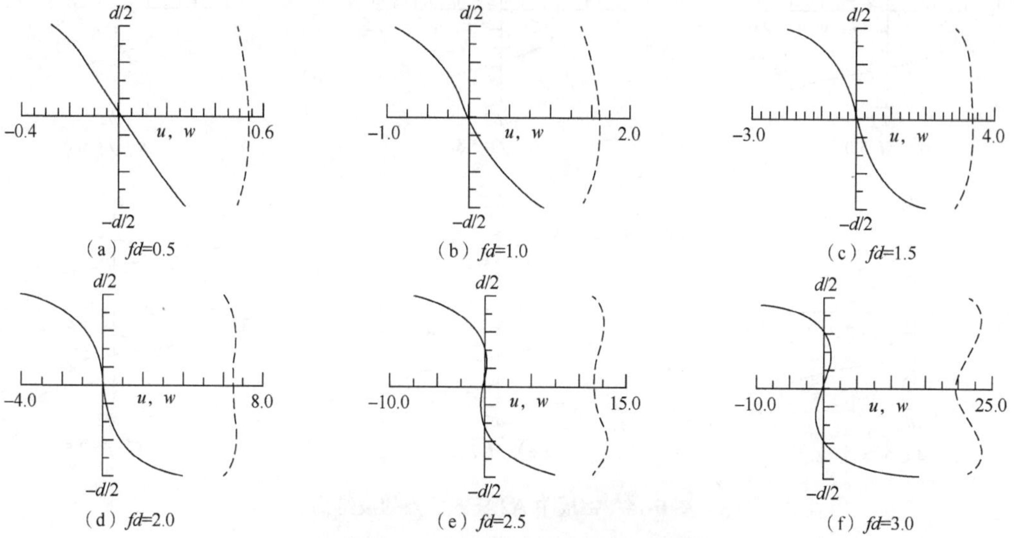

图 6-12　铝板中 A0 模式各点的波结构

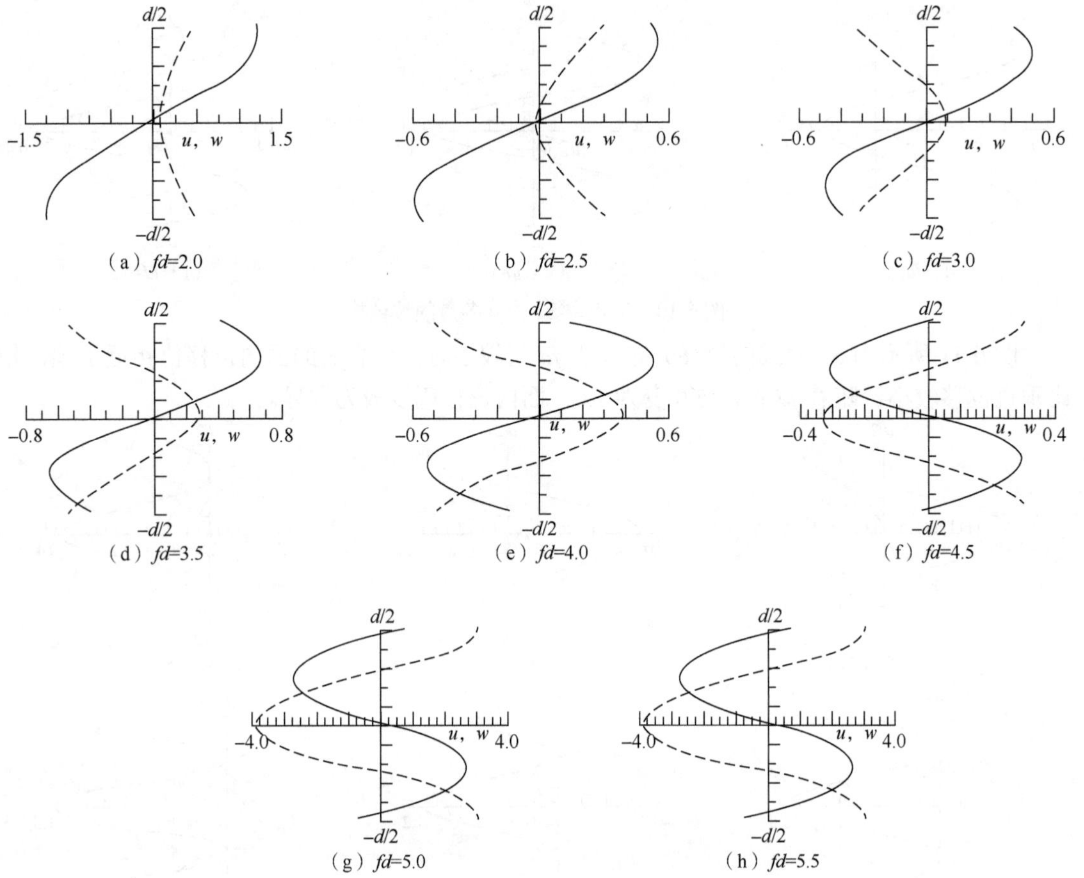

图 6-13　铝板中 A1 模式各点的波结构

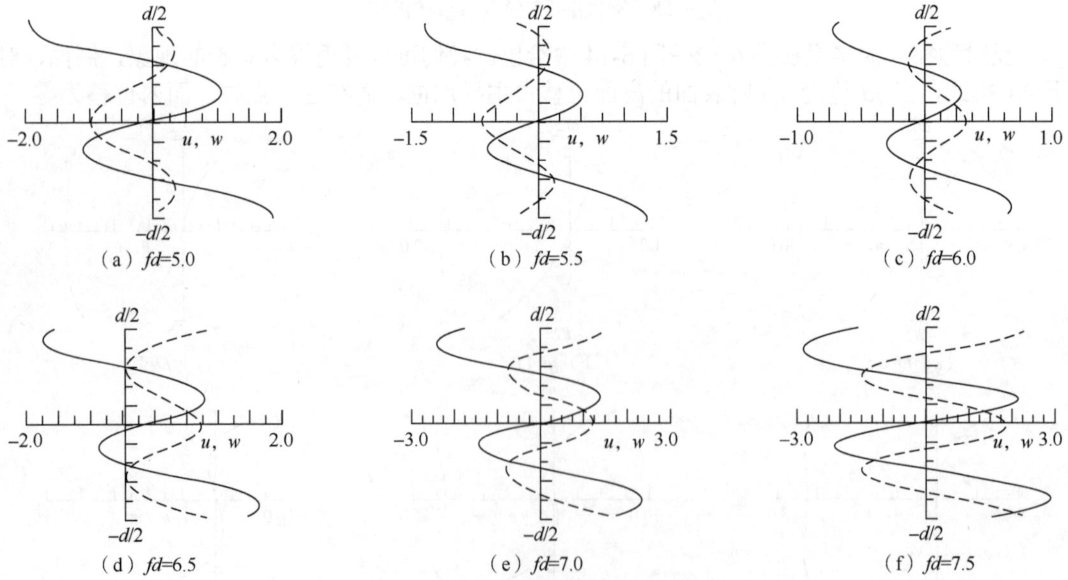

图 6-14　铝板中 A2 模式各点的波结构

波结构分析可以帮助提高波的穿透能力。例如，在有水负载或覆层的情况下通过选择合适的波结构可以减少能量泄漏。通过控制面内位移或垂直于表面位移的大小，也可以提高缺陷检测的灵敏度。Ditri 等(1991)的工作证实了选择合理的模式和波结构分析可以检测到结构表面的小缺陷，该文献中使用了在外表面上能量集中的模式，获得了很高的灵敏度。目前也有很多关于提高导波的穿透能力或对某一特定缺陷的灵敏度的研究。当然除位移分量 u 和 w 以外，波结构中应力、应变、能流等其他参数的分布情况也可能很有用。

6.6 压缩波和弯曲波

图 6-15 给出了一个高度放大的位移向量场在板表面的分布情况及其对板的形状影响的示意图，图中箭头所示为质点位移的矢量表示，它在面内以及法向的投影为面内位移分量(u)和垂直位移分量(w)。对称模式的波也被称为“压缩波”，而反对称模式的波也被称为“弯曲波”。

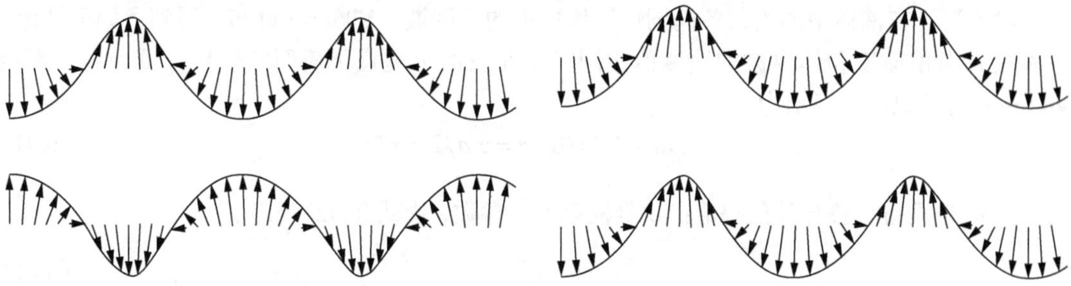

(a) 对称模式　　(b) 反对称模式

图 6-15　对称模式和反对称模式质点位移示意图

6.7 杂 项 议 题

在研究 Lamb 波传播问题时，计算结果的解释和应用是一个较大的挑战。通过前面的描述我们可以把一个特定的波动问题用公式具体表示出来，求出频散曲线和波结构的数值解。然而，要在无损检测中有效地应用这些曲线，还需要做大量的工作。通常最关键的是模式的选择、分离、控制以及激发与接收的优化。本节给出兰姆波传播的几个杂项议题：第一个议题是关于如何选定面向位移占主导的兰姆波模式；第二个议题是液体耦合弹性层中零点和极点的物理解释；第三个议题是关于多层材料水浸实验中的非镜面反射和透射。

6.7.1 纵向位移占主导的兰姆波

频散曲线上有一些具有特殊波结构特征的点，可能应用到某些具体的检测中，例如，位移和应力都集中在外表面的点可能对表面缺陷敏感，位移和应力集中在中间的模式点会对内部缺陷敏感。面内位移主导的点或垂直位移主导的点等都可能有它们适合的应用。

一块浸入水中的板，如果外表面的面内位移占主导，由于液体中不存在剪切波，泄漏到水中的能量最小。当垂直位移为零时，理论上泄漏的能量为零。因此在这些模式点上板中的传播能量最大，也最可能传播较远的距离。如果外表面垂直位移占主导，那么垂直位移会耦合到水中，形成漏兰姆波。在水浸实验中，我们可利用漏兰姆波通过探测反射波形的畸变来检测板中的缺陷。而在接触式导波脉冲回波或透射技术检测中，我们需要有较强的穿透能力，以使泄漏到液体中的能量最小，这就要求消除或减小漏兰姆波分量。

沿着一个导波模式的频散曲线改变 fd 的值，我们可以得到每一个模式点的面内位移和垂直位移的具体分布，这些分布随着 fd 的变化而逐渐变化。利用这些有趣现象，我们可以选择一个模式中特定的点来进行检测。图 6-9～图 6-14 给出了一些波结构的结果。

接下来我们集中讨论那些在板的表面上面内位移占主导而垂直位移几乎为零的特殊的模式点。部分内容摘自 Pilarski 等(1993)。均匀各向同性板中非零阶对称兰姆波当相速度和体纵波波数相同时质点位移的法向分量为零。Viktorov(1967)说明了这一结论但未给予证明。我们在此给出证明，并推导出这些模式点所对应的频厚积，以便使用。我们还说明了这些模式点的一些其他特征，如群速度独立于模式阶次以及传播过程的非频散性等。这些特征对检测有液体负载的薄板和用超声进行应力测量的过程具有很大的意义(Pilarski et al., 1992)。

对于浸没在液体中的均匀各向同性固体层中的兰姆波，Viktorov(1967)得到了如下结论：对称模式当相速度和体纵波的速度值相同时，在表面上垂直于板面的位移分量为零。利用 Viktorov 的标记，可表示为

$$\lim_{r\to 0} w_s(z) = 0,\ \ z = \pm d/2 = \pm h \tag{6.41}$$

式中，w_s 是垂直位移分量的幅值；d 是板厚度；参数 r 由式(6.42)决定

$$r^2 = k^2 - k_L^2 \tag{6.42}$$

式中，k 和 k_L 分别表示与板波模式 $c = c_p$ 的相速度相关的波数和与纵波速度 c_L 相关的波数。$r \to 0$ 意味着

$$\lim_{r\to 0} c_p = c_L \tag{6.43}$$

我们从 Viktorov(1967，方程Ⅱ.4)建立的对称模式的特征方程开始分析

$$\Omega_s \equiv (k^2 + s^2)\cosh(rh)\sinh(sh) - 4k^2 rs\sinh(rh)\cosh(sh) = 0 \tag{6.44}$$

式中，$s^2 = k^2 - k_T^2$，k_T 为与横波速 c_T 相关的波数。由式(6.36)知，当 $r \to 0$ 时，得到等式

$$\sinh(sh) = 0 \tag{6.45}$$

式中，sh 满足

$$(sh)_n = in\pi,\ \ n = 0,1,2,\cdots \tag{6.46}$$

当 $r \to 0$ 时，$s \to k_L^2 - k_T^2$，我们得到第 n 阶对称模式具有相速度 c_L 时频厚积的表达式为

$$(fd)_n = \frac{nc_T}{\sqrt{1-(c_T/c_L)^2}},\ \ n = 1,2,\cdots \tag{6.47}$$

注意到：$n = 0$ 的情况被排除在外，当频率为零时不存在相速度等于体纵波波速的模式。式(6.47)具有很大的实际意义，在板厚一定时，我们能通过选择合适的频率和调整入射波的入射角来激发这个模式点。图 6-16 中标出了这样的模式。

为证明表达式(6.41)的正确性，Viktorov(1967，方程Ⅱ.2)给出的方程可以用于确定两个常数 A_s 和 D_s 间的关系。A_s 和 D_s 出现在标量势 ϕ_s 和 ψ_s 的表达式中

$$D_s = \frac{-(k^2+s^2)\cosh(rh)}{2iks\cosh(sh)}A_s \tag{6.48}$$

另一关系式为 $w_s = \dfrac{\partial \phi_s}{\partial z} - \dfrac{\partial \psi_s}{\partial x}$ (6.49)

将式(6.48)代入式(6.49)中，并利用下面的公式

$$\phi_s = A_s\cosh(rz)\mathrm{e}^{\mathrm{i}(kx-\omega t)},\quad \psi_s = D_s\sinh(sz)\mathrm{e}^{\mathrm{i}(kx-\omega t)} \tag{6.50}$$

Viktorov(1967，方程Ⅱ.1)位移分量 w_s 可以由下式确定

$$w_s = \left(r\sinh(rz) - \frac{(k^2+s^2)\cosh(rh)\sinh(sz)}{2s\cosh(sh)}\right)\mathrm{e}^{\mathrm{i}(kx-\omega t)}A_s \tag{6.51}$$

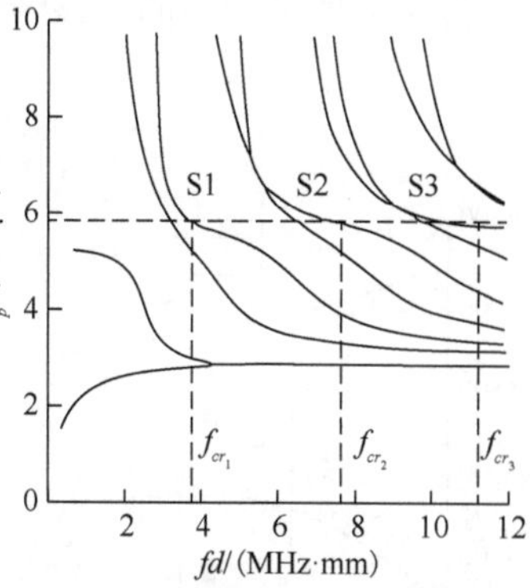

图 6-16　钢板的兰姆波频散曲线以及其中面内位移占主导的模式

在极限情况下，当 $r \to 0$ 时，式(6.49)可以写为[注意式(6.46)以及复变量的三角函数和双曲函数之间的关系]

$$\lim_{r\to 0} w_s = \frac{-h(k^2 - n^2\pi^2/h^2)\sin(n\pi z/h)}{2n\pi\cos(n\pi)}\mathrm{e}^{\mathrm{i}(kx-\omega t)}A_s \tag{6.52}$$

很容易看出，在自由表面($z=\pm h$)或中心面($z=0$)时，对于任意 n，式(6.52)为零。

图6-17给出了1mm厚的钢板，其一阶和二阶对称模式在这些模式点的法向位移分量 w_s 和切向位移分量 u_s 的计算结果。位移幅度对切向位移的最大值进行了归一化处理。我们可以看到，对于这两个模式点，自由表面的法向位移为零，而在整个板厚上以切向位移为主。

图 6-18 给出了图 6-16 中的 S1 和 S2 模式点的时间平均归一化能流分布，阶数越高，模式分布的节点越多，能量就在自由表面越集中。

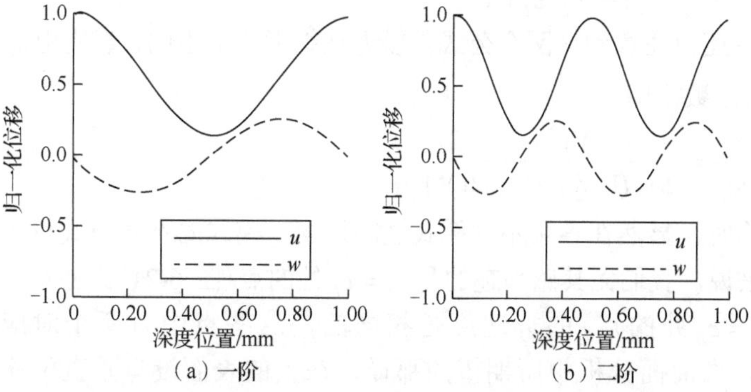

图 6-17　垂直位移(w)和纵向位移(u)在横截面上的归一化分布，这两种模式在图 6-16 中已给出

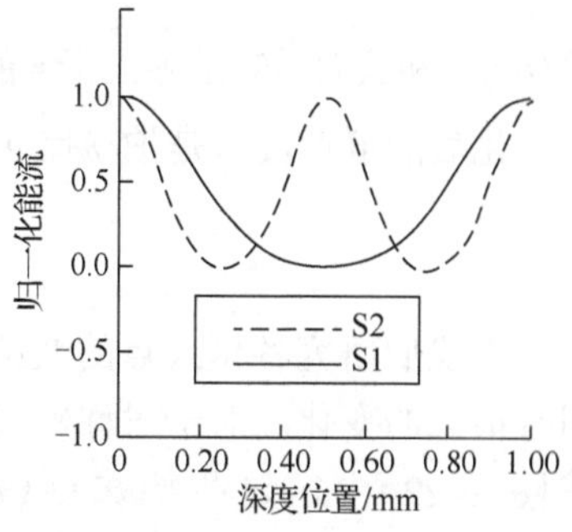

图 6-18　图 6-16 中前两个非零阶对称模式点的归一化能流分布。S1 模式点 $fd = 3.798\text{MHz}\cdot\text{mm}$，S2 模式点 $fd = 7.596\text{MHz}\cdot\text{mm}$

读者可能会猜测这些特定的模式点是不是对应着每条频散曲线上群速度最大的点。图 6-19 给出 S1、S2 模式的相速度和群速度在这两个点附近的对比。由图可见，相速度为 c_L 的点在群速度最大值的点附近但不完全相同。对这个例子而言，频率 $f_{\rm cr}$ 到最大群速度对应的频率 $f_{g\max}$ 的微小漂移在 ±7% 以下。这个频率漂移也导致群速度最大的模式点在表面产生一个微小的法向位移，如图 6-20 所示。

另一个有趣的现象是，对于所有非零阶对称模式，式(6.47)给出的频厚积 fd 对应的模式

点的群速度值是相同的。该结论可以证明如下，群速度可以通过频散关系式(6.44)求得，即

$$c_g = -\frac{\partial \Omega_s / \partial k}{\partial \Omega_s / \partial \omega} \tag{6.53}$$

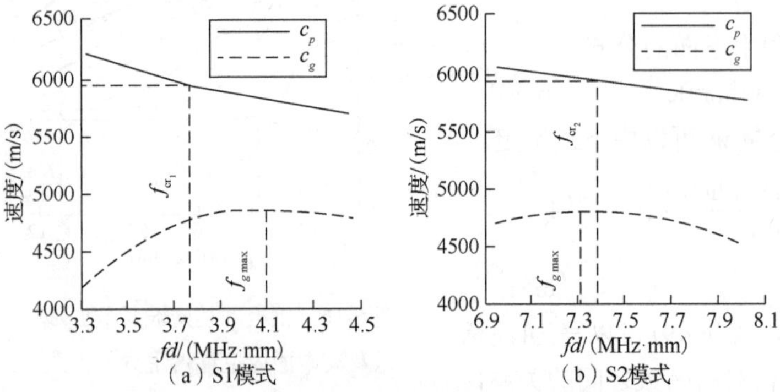

图 6-19　图 6-16 给出的前两个非零阶对称模式的相速度和群速度

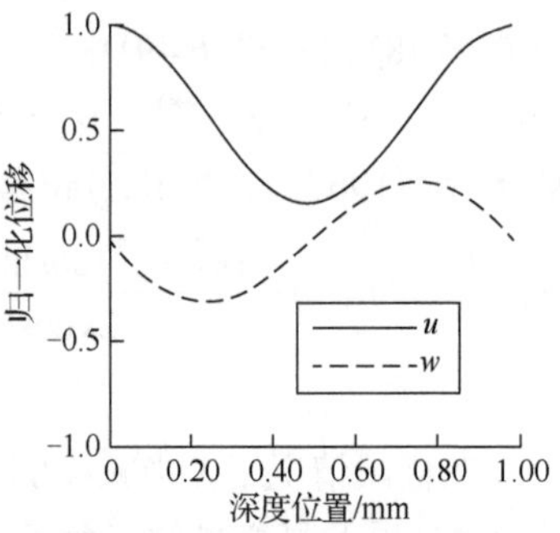

图 6-20　S1 模式在图 6-19 所示的 $f_{g\max}$ 时归一化截面位移分布

在 $r \to 0$（即 $c_p \to c_L$）的极限情况下，对于式(6.47)给定的任意频厚积 fd，我们得到如下关系

$$\lim_{\substack{r \to 0 \\ fd \to (fd)_n}} c_g = c_L \left(\frac{(c_T / c_L)^2 + 8P}{1 + 8P} \right) \tag{6.54}$$

式中

$$P = \frac{1 - (c_T / c_L)^2}{[2 - (c_L / c_T)^2]^2} \tag{6.55}$$

式(6.54)和式(6.55)是独立于 n 的。还应注意到这两个公式是以无量纲形式给出的，表明由 c_L 归一化后的群速度只是泊松比 ν 的函数，即

$$\frac{c_g}{c_L} = \frac{(1 - 2\nu)(\nu^2 - 4\nu + 2)}{2[\nu^2(1 - \nu) + (1 - 2\nu)^2]} \tag{6.56}$$

当我们研究各模式点的波结构时，显然在各种不同模式之间及同一模式的不同模式点之间有很大的变化。对于对称模式来说，我们尤其感兴趣的是 $c_p = c_L$ 处的点(图 6-21)。注意到在图 6-22 中，这些特殊点（$c_p = c_L$ 处的点）的群速度是相同的，这些点中有两个对应 S1（$fd = 3.56$）和 S2（$fd = 7.12$），像前面分析中所期望的那样，在板的表面没有垂直位移(图 6-23)。

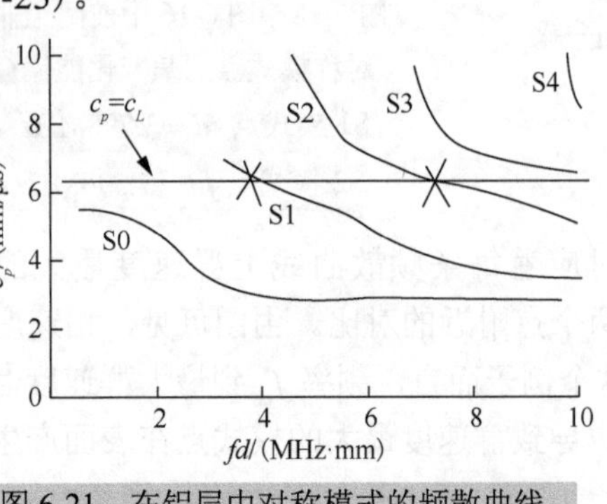

图 6-21　在铝层中对称模式的频散曲线，图中标明了几个模式的相速度等于纵波波速的交点

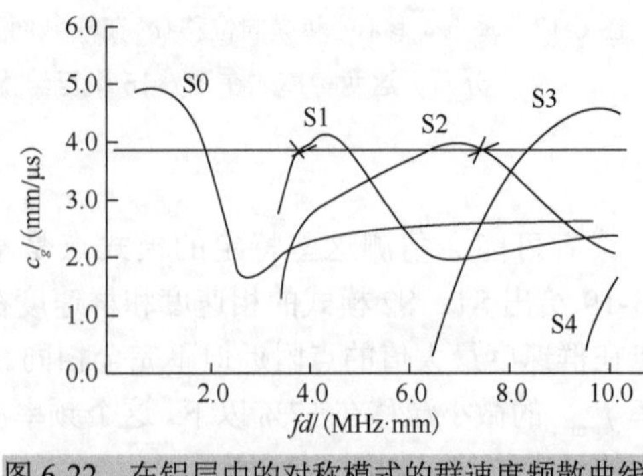

图 6-22　在铝层中的对称模式的群速度频散曲线，图中标明了图 6-21 中给出的交点的群速度

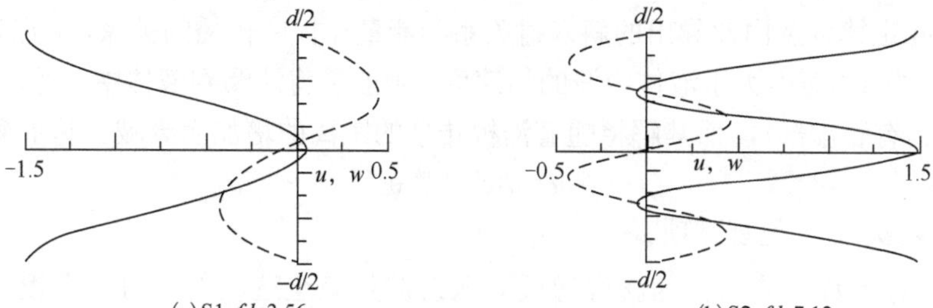

图 6-23　$c_p = c_L$ 时 S1 和 S2 模式的波结构

由于表面法向位移为零，这些模式没有能量泄漏到液体中。这些模式点切向质点位移占主导地位，对于纵向加载的应力或残余应力的声弹性常数最大，因此这些模式点也可以用于超声应力测量(Pilarski et al., 1992)。

6.7.2　液体耦合弹性层的零点和极点

如图 6-24 所示，本节研究液体负载对弹性层中声传播的影响。使用合适的边界条件，可得到反射系数的表达式(Chimenti 和 Rokhlin，1990)。我们重点研究液体密度相对弹性层很小的情况，这在超声无损检测中很常见。斜入射反射系数 R 的数学表达式为

$$R = \frac{AS - Y^2}{(S + \mathrm{i}Y)(A - \mathrm{i}Y)} \tag{6.57}$$

式中，A 和 S 分别是反对称和对称兰姆波项(Chimenti 和 Rokhlin，1990)

$$A = \frac{(q^2-1)^2}{q}\tan\left(kp\frac{d}{2}\right) + 4p\tan\left(kq\frac{d}{2}\right)$$

$$S = \frac{(q^2-1)^2}{q}\cot\left(kp\frac{d}{2}\right) + 4p\cot\left(kq\frac{d}{2}\right)$$

式中，$p = \left(c/c_L\right)^2 - 1$，$q^2 = \left(c/c_T\right)^2 - 1$，$k = \omega/c$，$c$ 和 d 分别为相速度和板厚。液体的影响由 Y 决定

$$Y = \frac{\rho_f}{\rho}\left(\frac{c}{c_T}\right)^4 \frac{P}{qm}$$

式中

$$m = \left(\frac{c}{c_f}\right)^2 - 1$$

下标 f 是关于液体的参数，如 ρ_f 为液体密度，c_f 为液体体波速度(ρ 为板密度)。

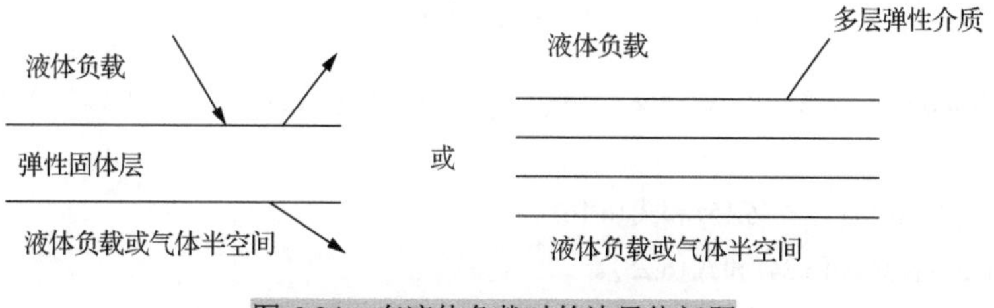

图 6-24　有液体负载时的边界值问题

在小密度情况下，反射率表达式极点的实部可用来推导漏兰姆波的频散曲线。能量可作为导波进入层内，也可以透射到板的另一边。

回顾 Snell 定律以及由此导出的斜入射关系和能量在板中传播的关系，极点为零对应于漏波。如果板中波的相速度大于液体中波的相速度，则能量将泄漏到液体中。因此，波向量k成为一个复值(具有正虚部)，而其解将随着沿板传播的距离的增加而衰减。基本解释如下

$$u = Ae^{i(k_r x-\omega t)}e^{-\alpha x} \tag{6.58}$$

式中，$k = k_r + i\alpha$；$e^{-\alpha x}$ 是衰减项。

对于零反射系数，波的行为就好像板对入射波是完全透明的。可以在板的两侧得到漏 Lamb 波。极点等于零并不意味着全反射或全透射。本书 12.5 节有更多这方面的内容。

6.7.3　模式的截止频率

高阶模式有一个截止频率，在这些模式点，相速度趋于无穷大，群速度趋于零。这些模式对应沿板厚方向的纵波或剪切驻波。请参阅文献 Graff(1991)有关这一问题的更多讨论。

模式截止频率值可以通过$k \to 0$的极限条件来计算，在这种情况下，式(6.24)的 Rayleigh-Lamb 频率方程变为

$$\sin(qh)\cos(ph) = 0,\ \text{对称情况} \tag{6.59}$$

由此可以计算出在截止频率处的fd值。在对称模式下，令$qh = n\pi$，$n = 0,1,2,\cdots$，有

$$qh = \frac{\omega}{c_T}\frac{d}{2} = \frac{2\pi}{c_T}\frac{fd}{2} = n\pi \tag{6.60}$$

或者$fd = nc_T$，即

$$fd = [c_T, 2c_T, 3c_T, \cdots] \tag{6.61}$$

对应地，令$ph = n(\pi/2)$(在$n = 0,1,2,\cdots$)则有

$$ph = \frac{\omega}{c_L}\frac{d}{2} = \frac{2\pi}{c_L}\frac{fd}{2} = \frac{n\pi}{2} \tag{6.62}$$

或者，令$fd = nc_L/2$，有

$$fd = \left[\frac{c_L}{2}, \frac{3c_L}{2}, \frac{5c_L}{2}, \cdots\right] \tag{6.63}$$

对于非对称模式，经过代数运算可得

$$fd = \left[\frac{c_T}{2}, \frac{3c_T}{2}, \frac{5c_T}{2}, \cdots\right] \tag{6.64}$$

$$fd = [c_L, 2c_L, 3c_L, \cdots] \tag{6.65}$$

这些截止频率值都可以在频散曲线中找到(图 6-8)。截止频率能用于腐蚀监测和厚度测量(Rose et al.,1997)，也可以用于频率漂移和群速度测量。

习　题

6-1　在 Helmholtz 分解法中，利用$\bar{u} = \nabla\Phi(x_1,x_2,x_3,t) + \nabla\times\bar{\psi}(x_1,x_2,x_3,t)$，由式(6.4)推导出式(6.8)和式(6.9)。

6-2　简要推导式(6.14)、式(6.15)和式(6.16)。

6-3　由式(6.23)推导式(6.24)和式(6.25)。

6-4　由边界条件式(6.23)推导非对称模式的瑞利-兰姆频率方程(式(6.32))。

6-5　推导板波波速的表达式$c_{板}=\sqrt{E/\rho(1-\nu^2)}$，说明兰姆波波速的高频极限值，在频散曲线上标出板波波速和高频极限。

6-6　画图表示对称和反对称兰姆波的横截面上 u 和 w 位移分量的分布。

6-7　证明在高阶对称模式的相速度和纵波波速相等时面内位移占主导(垂直位移分量为零)，写出具体步骤。

6-8　为什么用斜入射楔块可以激发出在板表面面内质点位移占主导的导波模式？

6-9　如何区分试件表面的杂质是冰还是水?

6-10　在铝的频散曲线上计算垂直位移为零的点对应的 fd 值。

6-11　利用式(6.57)中的反射系数的表达式，如何求解反射系数为零的问题？如何利用这个关系画出频散曲线？

6-12　式(6.57)中 $R=0$ 表示什么隐含意义？

6-13　何时可以利用反射系统中的零点画出频散曲线？

6-14　$T=0$ (T 为透射系数)表示什么意义？

6-15　在液体加载结构中，特征方程的根是复数(如 $k_r \pm \mathrm{i}B$)意味着什么？

6-16　一个平面物体或多层平面结构如何产生非镜面反射？设备的什么参数影响非镜面反射？

6-17　在板的兰姆波实验中，如何将超声能量集中到近表面？

6-18　由有机玻璃楔块在板中产生相速度为 5mm/μs 的兰姆波，计算其入射角。

6-19　从相速度和群速度频散图如何选择出一种非频散模式？

6-20　用简图说明反对称振动(弯曲振动)的形式，给出典型的面内和垂直位移分量。

6-21　用简图说明对称振动(压缩振动)的形式，给出典型的面内和垂直位移分量。

6-22　当特定模式的导波入射到板的自由边时，将会产生怎样的结果？为什么？用简图说明可能的情况。

6-23　写出表面波问题中的边界条件，以及板波问题和双层板问题的边界调节。

6-24　板的频散曲线对于大的 fd 值会收敛到一个相速度值，解释其原因。

6-25　当波矢量为复数时，位移场在传播过程中会衰减，为什么会产生这种现象？

6-26　画出对称和反对称模式典型的波结构(面内和垂直位移分布)。

6-27　当利用导波在机翼上检测和区分水与冰时，应选择什么样的模式和频率？为什么？

6-28　在三个区间上导出瑞利-兰姆频率方程的表达式，三个区域为 $c_p < c_T$，$c_T < c_p < c_L$，$c_p > c_L$。

6-29　用图形说明求解频散曲线的过程。

6-30　列出在板中激发出兰姆波的实验方法。

6-31　举例说明在铝板上激发出特定模式和频率值的波，其入射角如何？

6-32　对于铝板来说，频散曲线上对称模式的零垂直位移点的群速度是多少？

6-33　计算出铝板所有截止频率值，并把结果在图 6-8 的频散曲线上表示出来。

6-34　考虑一个在铝板上以固定角度和相速度进行的导波实验，是否可以通过频率扫描或宽带传感器的傅里叶变换实现厚度测量？解释原因。

6-35　在腐蚀检测实验中，如何用截止频率估计剩余壁厚？

6-36　如何计算模式截止频率？

参 考 文 献

Achenbach J D. 1984. Wave Propagation in Elastic Solids. New York: North-Holland.

Auld B A. 1990. Acoustic Fields and Waves in Solids. 2nd ed. Malabar: Kreiger.

Chimenti D E, Rokhlin S I. 1990. Relationship between leaky Lamb modes and reflection coefficient zeroes for a fluid-coupled elastic layer. Journal of the Acoustical Society of America, 88 (3): 1603-1611.

Ditri J, Rose J L, Chen G. 1991. Mode selection guidelines for defect detection optimization using Lamb waves. Proceedings of the 18th Annual Review of Progress in Quantitative NDE, Brunswick, 11: 2109-2115.

Graff K F. 1991. Wave Motion in Elastic Solids. New York: Dover.

Pilarski A, Ditri J J, Rose J L. 1993. Remarks of symmetric Lamb waves with dominant longitudinal displacements. Journal of the Acoustical Society of America., 93(4): 2228-2230.

Pilarski A, Szelazek J, Deputat J, et al. 1992. High-frequency Lamb modes for ultrasonic tensometry// Hallai C, Kulcsar P. Non-Destructive Testing 92 (Proceedings of 13th World Conference on NDT), Amsterdam: Elsevier:1044-1048.

Rose J L, Jiao D, Pelts S P, et al. 1997. Hidden corrosion detection with guided waves. NACE International Corrosion 97, New Orleans.

Solie L P, Auld B A. 1973. Elastic waves in free anisotropic plates. Journal of the Acoustical Society of America, 54: 1.

Viktorov I A. 1967. Rayleigh and Lamb Waves-Physical Theory and Applications. New York: Plenum.

第 7 章　表面波和次表面波

7.1 引　　言

早在一个世纪以前，就已经有人从理论上对预测了表面波的存在。1885 年，Rayleigh 勋爵在伦敦数学协会会报上发表了一篇论文 *On waves propagating along the plane surface of an elastic bar*，首次预言了弹性波在半无限大固体表面上的传播。这篇文章投稿到数学协会而不是物理协会，是因为表面波最初是作为一种数学概念提出的，但 Rayleigh 勋爵认为这些波与地震学相关。在观测地震波传播及随后在地球表面上出现的模式转化时，人们第一次得到了表面波存在的实验证据。随后，通过实验观测发现了表面波能量随深度增加而衰减的现象，以及表面波沿曲面传播的能力。到了 20 世纪中期，表面波逐渐被应用到科技领域。这些波通常被称为 Rayleigh 波或声表面波(SAW)，并逐渐用于超声无损检测(NDE)和结构健康监测(SHM)、地震学和电子电路等科学。许多文献中都有关于这个问题的介绍，包括 Chadwick 和 Smith(1977)、Farnell(1970)、Pollard(1977)及 Viktorov(1967)。

本章研究在均匀各向同性弹性半空间内的表面波，更详细的资料可参阅 Auld(1990)、Basatskaya 和 Ermolov(1980)、Couchman 和 Bell(1978)、Heelan(1953)、Kolsky(1963)、Nikiforov 和 Kharitonov(1981)、Pilarski 和 Rose(1989)、Uberall(1973)以及 Viktorov(1967)。

7.2 表　面　波

在均匀各向同性介质中，弹性波符合 Navier 控制方程

$$(\lambda+\mu)\nabla\nabla\cdot\vec{u}+\mu\nabla^2\vec{u}=\rho\frac{\partial^2\vec{u}}{\partial t^2} \tag{7.1}$$

式中，$\vec{u}$ 是位移。

对位移矢量进行 Helmholtz 分解(在这里，位移矢量分解为两个分量)，有

$$\vec{u}=\nabla\phi+\nabla\times\vec{\Psi},\ \nabla\cdot\vec{\Psi}=0 \tag{7.2}$$

选择梯度、旋度符号，可得　$\vec{u}=\mathrm{grad}\phi+\mathrm{rot}\vec{\Psi}$

把 Helmholtz 分解代入 Navier 方程可得

$$(\lambda+\mu)\nabla\nabla\cdot(\nabla\phi+\nabla\times\vec{\Psi})+\mu\nabla^2(\nabla\phi+\nabla\times\vec{\Psi})=\rho\left(\nabla\frac{\partial^2\phi}{\partial t^2}+\nabla\times\frac{\partial^2\vec{\Psi}}{\partial t^2}\right) \tag{7.3}$$

通过分离变量，并利用几个矢量恒等式，式(7.3)可简化为

$$\nabla\left[(\lambda+2\mu)\nabla^2\phi-\rho\frac{\partial^2\phi}{\partial t^2}\right]+\nabla\times\left[\mu\nabla^2\vec{\Psi}-\rho\frac{\partial^2\vec{\Psi}}{\partial t^2}\right]=0 \tag{7.4}$$

Navier 控制方程可以分解为两个简单的波动方程，一个表示纵波或膨胀波，另一个表示旋转波或横波(Kolsky，1963；Pollard，1977)

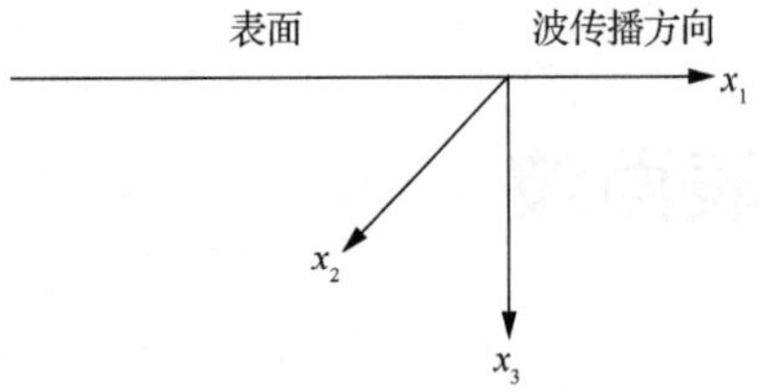

图 7-1　x_1、x_2、x_3 坐标系

$$\begin{cases} \nabla^2\phi - \dfrac{1}{c_L^2}\ddot{\phi} = 0 \\ \nabla^2\vec{\Psi} - \dfrac{1}{c_T^2}\ddot{\vec{\Psi}} = 0 \end{cases} \tag{7.5}$$

式中，c_L、c_T 分别为纵波波速和横波波速。

假设平面应变公式，位移在由 x_1 和 x_3 单位矢量组成的平面内(参见图 7-1 的坐标系)，有

$$\vec{u} = (u_1, 0, u_3)$$

由 ϕ 和 Ψ 两个势函数可以得到问题的解

$$\phi = \phi(x_1, x_3, t)$$

由于 $u_2 = 0$，所以 Ψ_1 和 Ψ_3 为零或常数，而

$$\vec{u} = \nabla \times \vec{\Psi},\ \nabla \cdot \vec{\Psi} = 0$$

因此，$\Psi = \Psi_2 = \Psi(x_1, x_3, t)$。考虑到 Ψ_2 只在 x_1 - x_3 面内，利用 Lamé 形式，可将式(7.2)写成

$$\begin{cases} u = u_1 = \phi_{,1} - \Psi_{,3} = \phi_{,x} - \Psi_{,z} \\ w = u_3 = \phi_{,3} + \Psi_{,1} = \phi_{,z} + \Psi_{,x} \end{cases} \tag{7.6}$$

我们希望找到式(7.5)的谐波解，该解代表了沿 x_1 方向传播的简谐波，有

$$\phi = D_1(z)\mathrm{e}^{\mathrm{i}(kx-\omega t)} \tag{7.7}$$

$$\Psi = D_2(z)\mathrm{e}^{\mathrm{i}(kx-\omega t)} \tag{7.8}$$

将式(7.7)、式(7.8)代入纵波方程式(7.5)，可得

$$\nabla^2\phi - \frac{1}{c_L^2}\ddot{\phi} = [-k^2 D_1(z) + D_1(z)_{,zz} + \frac{\omega^2}{c_L^2}D_1(z)]\mathrm{e}^{\mathrm{i}(kx-\omega t)} = 0 \tag{7.9}$$

这个微分方程可以简化为

$$D_1(z)\xi^2 = D_1(z)_{,zz} \tag{7.10}$$

式中，$\xi^2 = k^2\left(1 - \dfrac{c^2}{c_L^2}\right)$。

函数 $D_1(z)$ 可以猜测为

$$D_1(z) = A_1\mathrm{e}^{-\xi z} + A_2\mathrm{e}^{\xi z} = A_1\mathrm{e}^{-k\sqrt{1-\frac{c^2}{c_L^2}}z} + A_2\mathrm{e}^{k\sqrt{1-\frac{c^2}{c_L^2}}z} \tag{7.11}$$

舍去解中无实际意义的部分，这一部分并不衰减。用同样的方法求解 Ψ，可得

$$\phi = A_1\mathrm{e}^{-kqz}\mathrm{e}^{\mathrm{i}k(x-ct)} \tag{7.12}$$

$$\Psi = B_1\mathrm{e}^{-ksz}\mathrm{e}^{\mathrm{i}k(x-ct)} \tag{7.13}$$

式中

$$q = \sqrt{1-\left(\frac{c}{c_L}\right)^2},\ s = \sqrt{1-\left(\frac{c}{c_T}\right)^2},\ c = \frac{\omega}{k}$$

而 A_1、B_1 为任意常数。

由式(7.7)、式(7.12)和式(7.13)可得

$$u = \frac{\partial\phi}{\partial x} - \frac{\partial\Psi}{\partial z} = k(\mathrm{i}A_1\mathrm{e}^{-kqz} + sB_1\mathrm{e}^{-ksz})\mathrm{e}^{\mathrm{i}k(x-ct)} \tag{7.14}$$

$$w = \frac{\partial\phi}{\partial z} + \frac{\partial\Psi}{\partial x} = k(-qA_1\mathrm{e}^{-kqz} + \mathrm{i}B_1\mathrm{e}^{-ksz})\mathrm{e}^{\mathrm{i}k(x-ct)} \tag{7.15}$$

为获得 Rayleigh 表面波在材料中产生的应力，需要采用均匀各向同性材料中的本构方程

$$\sigma_{ij} = \lambda\delta_{ij}\varepsilon_{kk} + 2\mu\varepsilon_{ij} \tag{7.16}$$

利用式(7.16)计算应力分量，首先需要解决应变分量问题

$$\begin{aligned}
\varepsilon_{xx} &= \frac{\partial u}{\partial x} = k^2(-A_1 e^{-kqz} + isB_1 e^{-ksz})e^{ik(x-ct)} \\
\varepsilon_{yy} &= \frac{\partial v}{\partial y} = 0 \\
\varepsilon_{zz} &= \frac{\partial w}{\partial z} = k^2(q^2 A_1 e^{-kqz} - isB_1 e^{-ksz})e^{ik(x-ct)} \\
\varepsilon_{xy} &= \frac{1}{2}\left(\frac{\partial u}{\partial y} + \frac{\partial v}{\partial x}\right) = 0 \\
\varepsilon_{yz} &= \frac{1}{2}\left(\frac{\partial v}{\partial z} + \frac{\partial w}{\partial y}\right) = 0 \\
\varepsilon_{xz} &= \frac{1}{2}\left(\frac{\partial u}{\partial z} + \frac{\partial w}{\partial x}\right) = \frac{1}{2}k^2(2iqA_1 e^{-kqz} + rB_1 e^{-ksz})e^{ik(x-ct)}
\end{aligned} \tag{7.17}$$

式中，$r = 2 - c^2/c_T^2$。

可以用本构方程式(7.16)和非零应变分量式(7.17)求解应力分量

$$\begin{aligned}
\sigma_{xx} &= \lambda(\varepsilon_{xx} + \varepsilon_{zz}) + 2\mu\varepsilon_{xx} = \mu k^2[(s^2 - 2q^2 - 1)A_1 e^{-kqz} + 2isB_1 e^{-ksz}]e^{ik(x-ct)} \\
\sigma_{yy} &= 0
\end{aligned} \tag{7.18}$$

$$\begin{aligned}
\sigma_{zz} &= \lambda(\varepsilon_{xx} + \varepsilon_{zz}) + 2\mu\varepsilon_{zz} = \mu k^2[rA_1 e^{-kqz} - 2isB_1 e^{-ksz}]e^{ik(x-ct)} \\
\sigma_{xy} &= 0 \\
\sigma_{yz} &= 0
\end{aligned} \tag{7.19}$$

$$\sigma_{xz} = 2\mu\varepsilon_{xz} = -\mu k^2[2iqA_1 e^{-kqz} + rB_1 e^{-ksz}]e^{ik(x-ct)} \tag{7.20}$$

现在，我们必须满足边界条件：当 $z = 0$ 时

$$\sigma_{zz} = \sigma_{xz} = 0 \tag{7.21}$$

由式(7.18)～式(7.21)可得

$$\sigma_{zz}\big|_{z=0} = rA_1 - 2isB_1 = 0,\ \ \sigma_{xz}\big|_{z=0} = 2iqA_1 + rB_1 = 0 \tag{7.22}$$

利用式(7.22)可得到求解相速度的方程，为

$$r^2 - 4sq = 0 \tag{7.23}$$

由式(7.22)也可得

$$A_1 = \frac{2is}{r}B_1 = \frac{ir}{2q}B_1 \tag{7.24}$$

将式(7.24)代入式(7.14)和式(7.15)，即可找到满足边界条件的 u 和 w 的表达式

$$u = A(re^{-kqz} - 2sqe^{-ksz})e^{ik(x-ct)} \tag{7.25}$$

$$w = iAq(re^{-kqz} - 2e^{-ksz})e^{ik(x-ct)} \tag{7.26}$$

式中，$A = -kB_1/(2q)$。

方程式(7.23)是这类表面波问题的特征方程，为求解这一方程，我们将引入新的变量

$$\eta = \frac{k_T}{k} = \frac{c}{c_T},\ \ \zeta = \frac{k_L}{k_T} = \frac{c_T}{c_L},\ \ k = \omega/c \tag{7.27}$$

式(7.27)中我们用了 $r = 2 - \eta^2$，$q = \sqrt{1 - \eta^2\zeta^2}$ 和 $s = \sqrt{1 - \eta^2}$。通过代数计算可得

$$\eta^6-8\eta^4+8\eta^2\left(3-2\zeta^2\right)+16\left(\zeta^2-1\right)=0 \tag{7.28}$$

此即 Rayleigh 波速方程。

注意到

$$\zeta=\frac{c_T}{c_L}=\sqrt{\frac{1-2\nu}{2\left(1-\nu\right)}} \tag{7.29}$$

因 $\eta=c/c_T$ ，故当 $c=c_R$ 时，有 $\eta=c_R/c_T$（c_R 即 Rayleigh 表面波波速）。因此，η 只是泊松比 ν 的函数。求解式(7.28)可得到三个根。

Viktorov(1967)提出了一个近似解，即 $\eta=(0.87+1.12\nu)/(1+\nu)$ 。考虑到在这个三次方程中，当 $\nu>0.263$ 时有两个共轭复根和一个实根，当 $\nu\leqslant 0.263$ 时有三个实根，但只有一个有效根。进一步注意到 η 与频率无关，所以 Rayleigh 表面波是非频散的。

现在我们进行位移分析。因为位移矢量的分量为实向量，由式(7.25)和式(7.26)可得

$$\tilde{u}=\frac{u}{A}=(r\mathrm{e}^{-kqz}-2sq\mathrm{e}^{-ksz})\cos[k(x-ct)] \tag{7.30}$$

$$\tilde{w}=\frac{w}{A}=q(-r\mathrm{e}^{-kqz}+2\mathrm{e}^{-ksz})\sin[k(x-ct)] \tag{7.31}$$

式中，$\tilde{u}$、$\tilde{w}$ 是关于常数 A 的归一化位移。

由式(7.30)和式(7.31)知，$(\tilde{u},\tilde{w})$ 的相位差 90°，对于一个固定的 z 值，位移的轨迹为一椭圆

$$\frac{(\tilde{u})^2}{(r\mathrm{e}^{-kqz}-2sq\mathrm{e}^{-ksz})^2}+\frac{(\tilde{w})^2}{q^2(r\mathrm{e}^{-kqz}-2\mathrm{e}^{-ksz})^2}=1 \tag{7.32}$$

如图 7-2 所示，质点的椭圆运动轨迹是深度的函数。通过进一步分析，可以画出如图 7-3 所示的位移随深度变化的分布图，从图中可以看出达到特定的深度后位移的椭圆旋转方向发生反转。

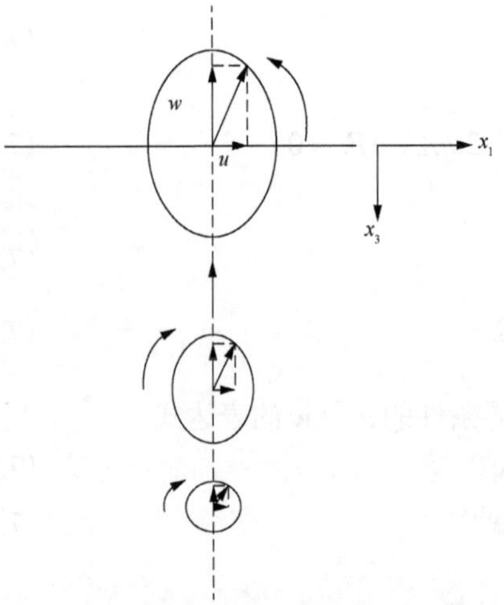

图 7-2　随时间和深度变化的质点位移矢量的椭圆运动

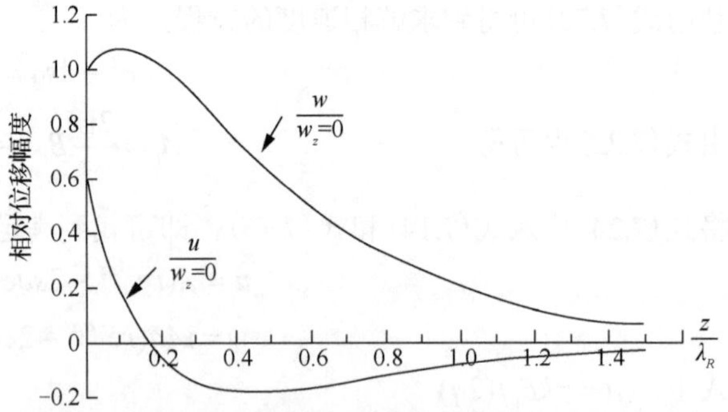

图 7-3　在铝质半空间上 Rayleigh 表面波随深度变化的典型位移值（λ_R 为 Rayleigh 表面波波长）；用 $z=0$ 处的 w 值对曲线进行了正则化

图 7-4 是铝板中质点位移在某一特定时间点的空间分布，图中每一个位移矢量都是两个

正交分量 $\tilde{u}$ 和 $\tilde{w}$ 的矢量和。注意质点位移矢量在空间和时间域上的旋转变化及其随深度变化而导致的衰减。

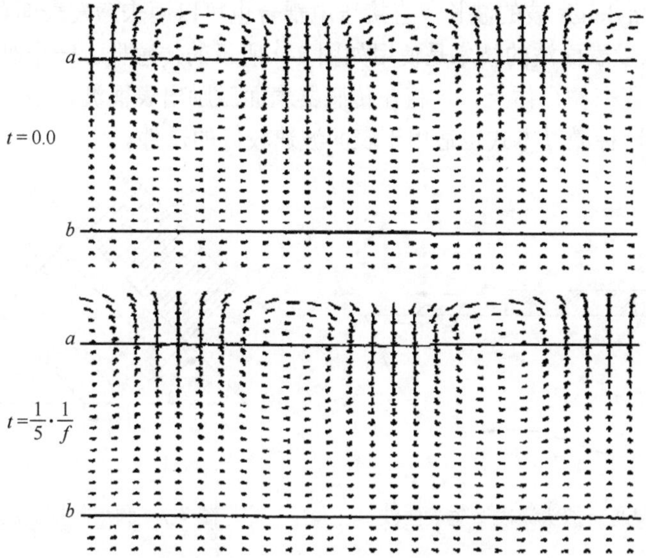

图 7-4　在铝质半空间上对于不同的时间周期表面波的质点位移矢量

（线 a 表示质点旋转方向发生改变的深度；线 b 是在深度方向上的一个波长）

图 7-5 为应力分量随深度变化的归一化曲线的一个例子。

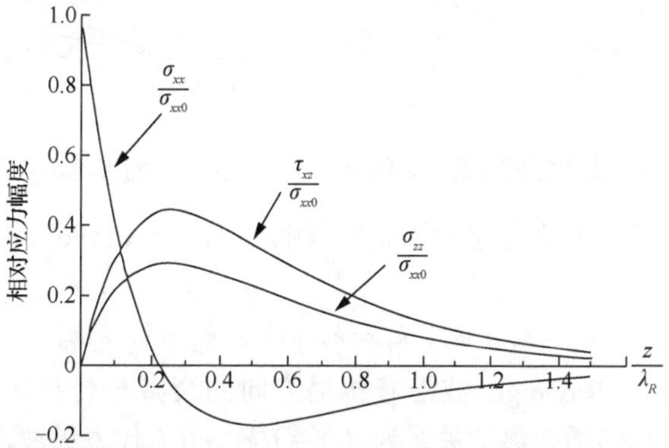

图 7-5　在铝质半空间上 Rayleigh 表面波随深度变化的典型应力值

（λ_R 为 Rayleigh 表面波波长）；用 $z=0$ 处的 σ_{xx} 值对曲线进行了归一化

7.3　表面波的激发和接收

表面波的激发和接收可以有多种方法，这里介绍其中的几种主要方法。图 7-6 所示为将直探头或横波探头简单地置于试件表面产生表面波。

图 7-7 使用楔块产生表面波，假设 c_{1w} 为楔形材料的波速，c_R 为介质 2 的表面波波速。Snell 定律表明 $c_1\sin\theta_2=c_2\sin\theta_1$。应用到此情况下，则为 $c_{1w}\sin 90^\circ=c_R\sin\theta_w$，于是

$$\sin\theta_w=\frac{c_{1w}}{c_R}=\frac{\lambda_w}{\lambda_R}$$

斜入射激发表面波的条件是$c_{1w} < c_R$。

第三种产生表面波的方法是使用周期阵列或梳状换能器，如图 7-8 所示。在这种情况下，间隙的 2 倍等于 Rayleigh 波的波长。直接压电耦合也可以用来激发表面(Rayleigh)波，其中$2a = \lambda_R$。另一种激发表面波的技术是使用如图 7-9 所示的传感器。一个纵波直探头以一定角度(第三临界角)放置在楔形体上，这将在传感器表面激励出表面波，该表面波沿传递器传播并入射到试件中。这种激励方式也适用于表面波速较低的试件。

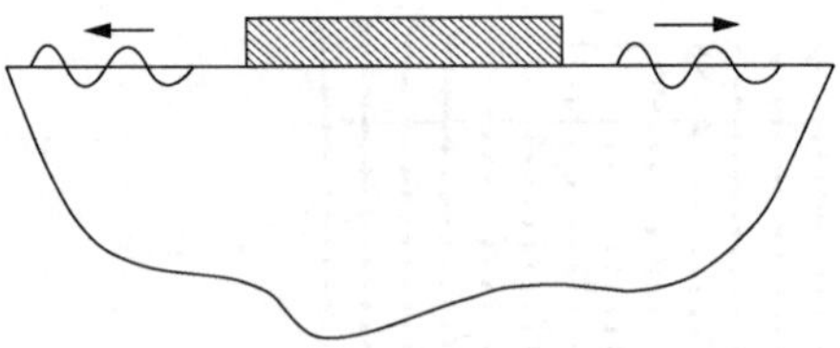

图 7-6　利用普通直探头激发产生表面波

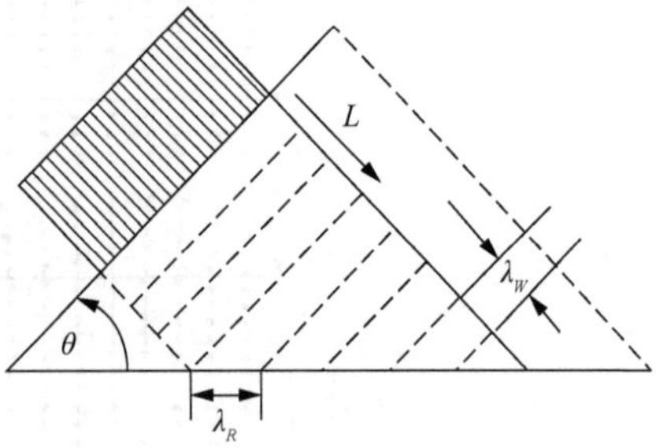

图 7-7　利用斜探头激发产生表面波

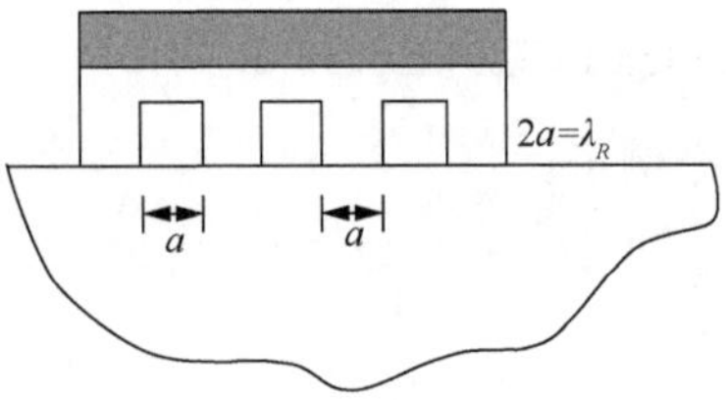

图 7-8　用于产生表面波的周期性阵列或梳状换能器

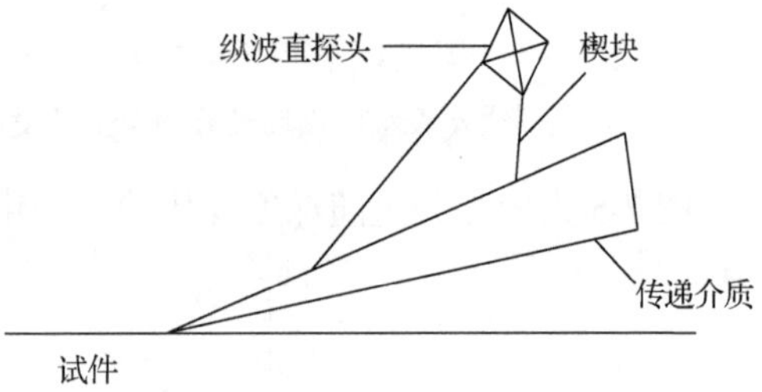

图 7-9　利用传递技术在试件上产生表面波

很多文献对表面波的衰减现象进行了研究，例如，Viktorov (1967) 将波数按复数方式处理，则有

$$\overline{k}_L = k_L' + \mathrm{i}k_L'',\ \overline{k}_T = k_T' + ik_T'',\ \overline{k}_R = k_R' + \mathrm{i}k_R''$$

考虑平面波的情况，Rayleigh 波沿着传播方向的衰减与传播距离之间的关系为$A_R \sim 1/\sqrt{k_R r}$，而体波的衰减与传播距离的关系为$A_{L,T} \sim 1/k_{L,T} r$（L 代表纵波，T 代表横波）。Rayleigh 波沿着传播路径的衰减程度与体波相比较小，这也是为什么在地震中 Rayleigh 波会在大范围内造成灾难性损失的原因。

Rayleigh 波可以在曲面上传播，对于这种情况可以采用柱坐标来处理波动方程。Rayleigh 波也可以在各向异性材料中传播。Rose 等(1990)给出了这方面的研究结果。在各向异性材料中，相速度、群速度等都和波的传播方向有关，传播过程中形成波束偏转。因此，我们也可以通过表面波的传播特性来测量各向异性材料，如复合材料的材料特性。

7.4　次表面纵波

次表面弹性波在地球声学的研究中最为常见，对此也有许多不同的称呼：头波、横向波、爬波或快速表面波。我们使用次表面波或次表面纵波(SSL)来描述在固体半空间上利用斜探头在入射角接近第一临界角时激发出的纵波。人们对次表面纵波进行了广泛的理论和实验研究，以探测各向同性介质次表面层的缺陷。

当纵波以第一临界角从波速较小的介质入射到液-固界面或固-固界面时，会同时激发出两种波：SSL 波和头波，如图 7-10(a)所示。这两种波的叠加可以满足在自由表面上的应力为零的边界条件。自由表面上的扰动都以固体中的纵波波速传播。幅度随传播距离的增加按 $1/r^n$ 规律减小(其中 n 的范围为 1.5～2.0)。对于体波来说，衰减与 $1/r^n$ 成正比，n 的取值范围是 0.5～1.0。因此次表面纵波比体波的衰减要快得多。当接收探头的角度也等于第一临界角时，可以在与激发探头相对较近的位置接收到次表面纵波。次表面波在入射平面上的声压幅度分布如图 7-10(b)所示。在与自由表面呈 $10°\sim20°$ 的位置幅度最大。因此，SSL 可用于次表面缺陷的检测，而且受表面粗糙度影响较小。这里给出的 SSL 波的定义与第一临界角有关。在各向同性材料中，第一临界角由 Snell 定律给出，即 $\alpha_{cr}=\arcsin(c_1/c_L)$，其中 c_1 和 c_L 分别为斜探头楔块和被测介质中的纵波速。对于各向异性介质，因为相速度矢量与群速度和方向有关，而且通常具有波束偏转，所以临界角需要重新定义。

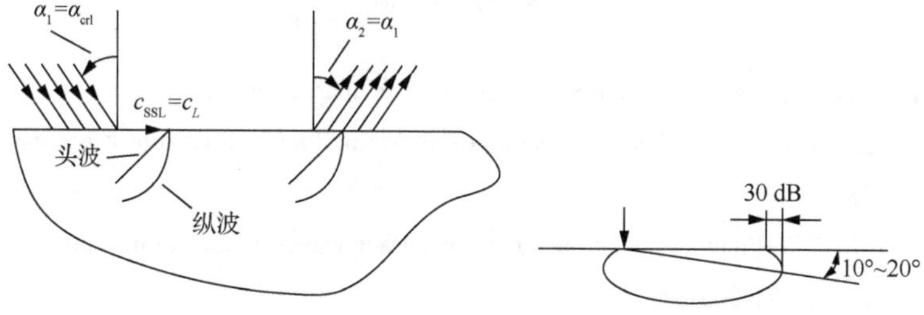

图 7-10　在第一临界角的次表面纵波

习　　题

7-1　已知 $\eta=\dfrac{c}{c_T}$，$\xi=\dfrac{c_T}{c_L}$，由方程 $r^2-4sq=0$ 推导出 $\eta^6-8\eta^4+8(3-2\xi^2)\eta^2-16(1-\xi^2)=0$。

7-2　求解瑞利表面波速关于泊松比 ν 的方程。画出图形，并与 Viktorov 的近似解 $\eta=(0.87+1.12\nu)/(1+\nu)$ 进行比较。

7-3　在什么深度位置质点的椭圆运动方向开始和表面相反？

7-4　参考 Viktorov(1967)或其他文献，计算并比较钢、铝和环氧树脂等介质中瑞利波的衰减情况。

7-5　假定有机玻璃中的纵波波速为 2.71 mm/μs，横波波速为 1.38 mm/μs，计算瑞利表面波速。在有条件的情况下进行实验测量，并比较计算结果和测量结果。

7-6　说明对于各向同性介质为什么瑞利波波速方程只是泊松比的函数。

7-7　在 12×12 的网格上画出在 $t=0$ 时刻，瑞利波质点位移随 x 和 z 的变化关系，以此来演示质点运动。

7-8　设计一个梳状换能器，在试件中激发出表面波。

7-9　当泊松比 $\nu=0.25$ 时，计算表面波速度。哪一个根是正确的？为什么？

7-10　写出式(7.1)～式(7.4)的推导过程。

7-11　对于表面波，如何证明在深度 z 为无穷时位移为零？

7-12　SSL 波的传播过程中可以产生头波，头波与 SSL 共存。画一草图说明头波的形成原因及其在试件中波前的传播角度。

7-13 对于各向同性介质的瑞利表面波问题，如何选择三次方程的正确根？

7-14 表面波波场中远离表面的质点的典型运动分布图是怎样的？

7-15 当利用梳状换能器激发特定频率的表面波时，换能器的间隙为多大？

7-16 具体解释为何表面波的衰减小于体波的衰减。

7-17 比较体纵波的衰减系数和次表面纵波的衰减系数。

7-18 利用斜探头在介质中激励表面波时，如何达到最佳效果？即如何使能量最大程度地转化成表面波的形式？用斜探头激励表面波时的必要条件是什么？

7-19 通过图示说明在半空间上的点源激发出的 SSL 波、纵向头波、SST 波、横向头波以及表面波。

7-20 画出表面波在某一确定时刻 t 的质点位移分布图。

7-21 如何计算各向异性介质中的表面波速？

7-22 解释利用表面波的波束偏转来测量各向异性材料参数的过程。

参 考 文 献

Auld B A. 1990. Acoustic Fields and Waves in Solids. 2nd ed. Malabar: Kreiger.

Basatskaya L V, Ermolov L N. 1980. Theoretical study of ultrasonic longitudinal subsurface waves in solid media. Defektoskopiya, 7: 58-65.

Chadwick P, Smith G D. 1977. Foundations of the theory of surface waves in anisotropic elastic materials. Advances in Applied Mechanics, 17(17): 303-377.

Couchman J , Bell J R. 1978. Prediction, detection and characterization of a fast surface wave produced near the first critical angle. Ultrasonics, 16(6): 272-274.

Farnell G W. 1970. Properties of elastic surface waves// Mason W P, Thurston R N. Physical Acoustics. New York: Academic Press: 109-166.

Heelan P A. 1953. On the theory of head waves. Geophysics., 18(4): 871-876.

Kolsky H. 1963. Stress Waves in Solids. New York: Dover.

Nikiforov L A, Kharitonov A V. 1981. Parameters of longitudinal subsurface waves excited by angle-beam transducers. Defektoskopiya, 6: 80-85.

Pilarski A, Rose J L. 1989. Utility of subsurface longitudinal waves in composite material characterization. Ultrasonics, 27: 226-233.

Pollard H F. 1977. Sound Waves in Solids. London: Pion Ltd.

Rayleigh J W S. 1945. The Theory of Sound. New York: Dover.

Rose J L, Pilarski A, Huang Y. 1990. Surface wave utility in composite material characterization. Research in Nondestructive Evaluation, 1(4): 247-265.

Uberall H. 1973. Surface waves in acoustics//Mason P, Thurston R N. Physical Acoustics. New York: Academic Press: 1-60

Viktorov I A. 1967. Rayleigh and Lamb Waves - Physical Theory and Applications. New York: Plenum.

第 8 章　导波力学分析的有限元方法

8.1　引　　言

有限元方法(Finite Element Method，FEM)又称有限元分析(FEA)，是分析声传播和振动问题的一种常用方法。对于很复杂且没有解析解的微分方程和积分方程，有限元方法可以提供准确而快速的解决方案。有限元方法也可以与其他数值计算方法相结合来取得最优计算效果。

Cook 等(1992)列出了成功使用有限元方法的一系列条件。尽管商用有限元分析软件已经得到普遍应用，这些软件本身能够提供的只是相关的计算步骤。准确的有限元模拟还需要研究人员深刻理解所需分析的物理问题，并在此基础上建立恰当的数学物理模型。相关的模拟结果还需要进行理论和实验验证。

有限元模拟的基本流程如下。

(1)问题分类：物理现象分析。

(2)数学物理模型：确定数学模型，包括几何模型、控制方程以及求解方法。

(3)划分有限元：将模型进行网格划分。

(4)初步分析：取得一些解析分析、经验结果以及实验结果作为对比。

(5)有限元分析：

①前处理，输入几何模型、材料参数、边界条件等；

②数值计算，确定插值函数，得到每一个单元的方程，组合每一个单元到一个全局的方程组求解方程的过程；

③后处理，以图形或表单的形式显示计算结果，并对结果进行相关处理。

(6)结果审核：确认有限元计算结果正确并和相关的初步分析结果相比较。

8.2　有限元方法综述

8.2.1　使用有限元方法来求解问题

纯解析的方法只能用来求解简单的几何结构、加载以及边界条件下的声场问题。而对于复杂几何结构、加载以及边界条件的问题，我们可以使用有限元方法将一个复杂区域划分为若干有限元区域，每一个区域内的情况可以简化为简单的负载以及边界条件问题。

根据虚功原理，波动问题的有限元模型可以用以下数学表达式来描述

$$\int\{\delta\varepsilon\}^{\mathrm{T}}\{\sigma\}\,\mathrm{d}V=\int\{\delta u\}^{\mathrm{T}}\{P\}\,\mathrm{d}V+\int\{\delta u\}^{\mathrm{T}}\{\Phi\}\,\mathrm{d}S \tag{8.1}$$

式中，$\{\varepsilon\}$表示应变；$\{\sigma\}$表示应力；$\{u\}$表示位移；$\{P\}$表示体源加载；$\{\Phi\}$表示面源加载；δ 是变分符号，它和通常微积分里面的一阶微分类似。在变分法里面，δu 称为位移 u 的一阶变分。

在有限元问题的建模过程中，通过离散的网格划分将一个大的结构划分成若干有限单元。单元和单元的交界点为节点。图 8-1 和图 8-2 分别给出了一个一维结构和二维结构的有限元划分。在有限元的数值计算过程中，一个重要的步骤就是对模型进行网格划分，从而得到节点和单元。图 8-1 和图 8-2 分别是 1D 和 2D 有限元划分的示例。

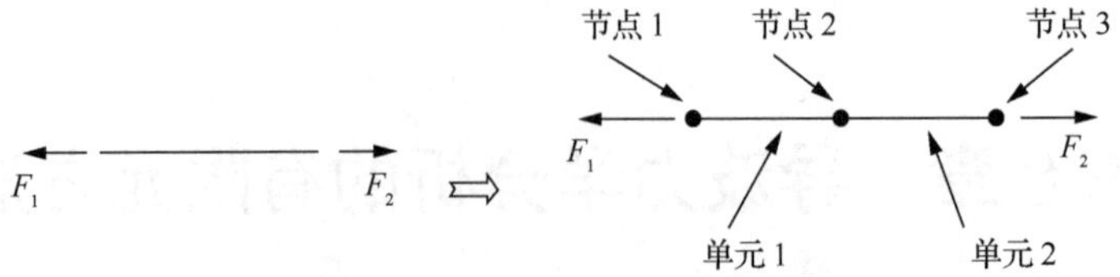

图 8-1　一维有限元划分示例(一个结构划分为两个单元)

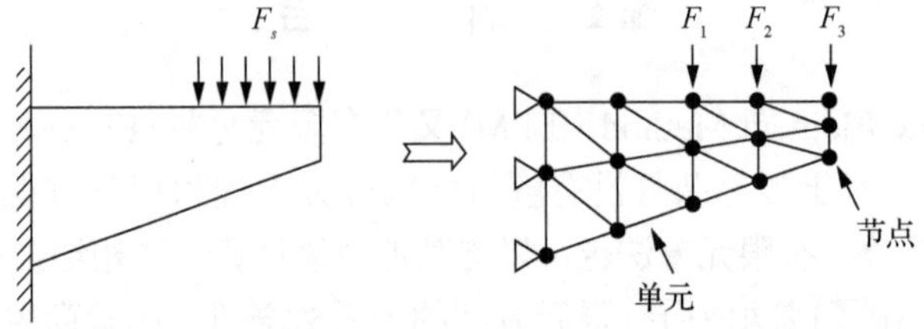

图 8-2　二维有限元划分示例(结构划分为 16 个三角形单元)

当结构被划分为一定数量的有限单元以后，所有的加载也被分配到各个单元相应的节点上。然后通过有限元方法计算出节点上的位移等其他参数。最后通过插值的方法计算出单元内部的点上的位移等声场结果。这个插值方程称为形函数。

对于图 8-1 所示的一维线性单元，节点 i 的形函数可定义为

$$N_i(x) = a_i + b_i x \tag{8.2}$$

在两个节点 x_1 和 x_2 处

$$N_{\mathrm{i}}(x_j) = \begin{cases} 1, & i = j \\ 0, & i \neq j \end{cases} \tag{8.3}$$

具体表述为

$$\begin{aligned} &N_1(x_1) = a_1 + b_1 x_1 = 1,\ N_1(x_2) = a_1 + b_1 x_2 = 0 \\ &N_2(x_1) = a_2 + b_2 x_1 = 0,\ N_2(x_2) = a_2 + b_2 x_2 = 1 \end{aligned} \tag{8.4}$$

求解这个线性方程组(式(8.4))可以得到

$$a_1 = \frac{x_2}{\varDelta},\ b_1 = -\frac{1}{\varDelta},\ a_2 = -\frac{x_1}{\varDelta},\ b_2 = \frac{1}{\varDelta} \tag{8.5}$$

式中，$\varDelta = x_2 - x_1 = l^{(e)}$，是这个单元的长度。

因此，形函数可以表示为

$$N_1(x) = \frac{x_2 - x}{\varDelta},\ N_2(x) = \frac{-x_1 + x}{\varDelta} \tag{8.6}$$

对于图 8-3 所示的二维线性三角形单元，节点 i 的形函数可以定义为

$$N_i(x) = a_i + b_i x + c_i y \tag{8.7}$$

式中

$$N_i(x_j, y_j) = \begin{cases} 1, & i = j \\ 0, & i \neq j \end{cases} \tag{8.8}$$

将式(8.7)代入式(8.8)，可得

$$\begin{cases} a_i = \dfrac{(x_j y_k - x_k y_j)}{2\varDelta} \\ b_i = \dfrac{(y_j - y_k)}{2\varDelta},\quad i = 1,2,3;\ j = 2,3,1;\ k = 3,1,2 \\ c_i = \dfrac{(x_k - x_j)}{2\varDelta} \end{cases} \tag{8.9}$$

式中，Δ 是单元面积。

三维有限元的形函数也可以由类似的方法得到。

当得到一个单元的形函数以后，我们可以得到单元内的位移分布。对于图 8-3 所示的线性三角形单元，在 x 轴和 y 轴方向上的位移可以表示为

$$
\begin{aligned}
u &= N_i u_i + N_j u_j + N_k u_k \\
v &= N_i u_i + N_j u_j + N_k u_k
\end{aligned} \tag{8.10a}
$$

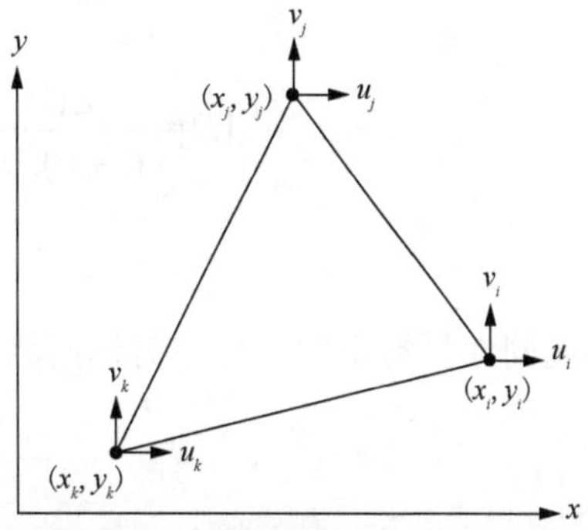

图 8-3　二维线性三角形有限元示例。u_i 和 v_i 表示节点 i 在 x 轴和 y 轴方向的位移。节点的位置在 (x_i, y_i)

或者

$$
\begin{Bmatrix} u \\ v \end{Bmatrix} = \begin{Bmatrix} N_i & 0 & N_j & 0 & N_k & 0 \\ 0 & N_i & 0 & N_j & 0 & N_k \end{Bmatrix} \{d\}^{(e)} = [N]\{d\}^{(e)} \tag{8.10b}
$$

式中，$\{d\}^{(e)} = \begin{bmatrix} u_i & v_i & u_j & v_j & u_k & v_k \end{bmatrix}^{\mathrm{T}}$ 是节点上的位移解。

根据弹性力学理论，应变可以定义为

$$
\{\varepsilon\} = \begin{Bmatrix} \varepsilon_x \\ \varepsilon_y \\ \gamma_{xy} \end{Bmatrix} = \begin{Bmatrix} \dfrac{\partial u}{\partial x} \\ \dfrac{\partial v}{\partial y} \\ \dfrac{\partial u}{\partial y} + \dfrac{\partial v}{\partial x} \end{Bmatrix} \tag{8.11}
$$

将式(8.10b)代入式(8.11)，可得

$$
\{\varepsilon\} = \frac{1}{2\Delta} \begin{bmatrix} b_i & 0 & b_j & 0 & b_k & 0 \\ 0 & c_i & 0 & c_j & 0 & c_k \\ c_i & b_i & c_j & b_j & c_k & b_k \end{bmatrix} \{d\}^{(e)} = [B]\{d\}^{(e)} \tag{8.12}
$$

另外，单元内的本构方程可以表述为

$$
\{\sigma\} = [D]\{\varepsilon\} = [D][B]\{d\}^{(e)} \tag{8.13}
$$

对于二维各向同性材料中的平面应变问题，$[D]$可写为

$$
[D] = \frac{E}{1-\nu^2} \begin{bmatrix} 1 & \nu & 0 \\ \nu & 1 & 0 \\ 0 & 0 & \dfrac{1-\nu}{2} \end{bmatrix} \tag{8.14}
$$

式中，E 和 ν 分别是杨氏模量和泊松比。

对于二维各向同性材料中的平面应力问题，$[D]$可写为

$$[D]=\frac{E(1-\nu)}{(1+\nu)(1-2\nu)}\begin{bmatrix}1 & \frac{\nu}{1-\nu} & 0\\ \frac{\nu}{1-\nu} & 1 & 0\\ 0 & 0 & \frac{1-2\nu}{2(1-\nu)}\end{bmatrix} \tag{8.15}$$

对于各向同性材料中的二维轴对称问题，[D]可写为

$$[D]=\frac{E(1-\nu)}{(1+\nu)(1-2\nu)}\begin{bmatrix}1 & \frac{\nu}{1-\nu} & \frac{\nu}{1-\nu} & 0\\ \frac{\nu}{1-\nu} & 1 & \frac{\nu}{1-\nu} & 0\\ \frac{\nu}{1-\nu} & \frac{\nu}{1-\nu} & 1 & 0\\ 0 & 0 & 0 & \frac{1-2\nu}{1-\nu}\end{bmatrix} \tag{8.16}$$

将式(8.10b)、式(8.12)和式(8.13)代入式(8.1)得到

$$\{\delta d\}^{\mathrm{T}}(\int[B]^{\mathrm{T}}[D][B]\mathrm{d}V\{d\}^{\{e\}}-(\int[N]^{\mathrm{T}}\{P\}\mathrm{d}V+\int[N]^{\mathrm{T}}\{\varPhi\}\mathrm{d}S))=0 \tag{8.17}$$

定义　$[k]^{(e)}=\int[B]^{\mathrm{T}}[D][B]\mathrm{d}V$，$\{F\}^{(e)}=(\int[N]^{\mathrm{T}}\{P\}\mathrm{d}V+\int[N]^{\mathrm{T}}\{\varPhi\}\mathrm{d}S)$

则式(8.17)可写为

$$[k]^{(e)}\{d\}^{(e)}=\{F\}^{(e)} \tag{8.18}$$

式中，$[k]^{(e)}$称为单元刚度矩阵；$\{F\}^{(e)}$是单元等效载荷矢量。式(8.18)是一个单元的控制方程。我们可以将所有的单元控制方程整合到一个方程中，如果整个结构中共有 n 个节点，则整合以后的控制方程为

$$[k]_{2n\times 2n}\{d\}_{2n\times 1}=\{F\}_{2n\times 1} \tag{8.19}$$

节点位移矢量为：

$$\{d\}=[u_1\quad v_1\quad \cdots\quad u_i\quad v_i\quad \cdots\quad u_j\quad v_j\quad \cdots\quad u_k\quad v_k\quad \cdots\quad u_n\quad v_n]^{\mathrm{T}} \tag{8.20}$$

等效载荷矢量为

$$\{F\}=[f_{x,1}\quad f_{y,1}\quad \cdots\quad f_{x,i}\quad f_{y,i}\quad \cdots\quad f_{x,j}\quad f_{y,j}\quad \cdots\quad f_{x,k}\quad f_{y,k}\quad \cdots\quad f_{x,n}\quad f_{y,n}]^{\mathrm{T}} \tag{8.21}$$

全局刚度矩阵为

$$[K]=\begin{bmatrix}K_{11} & \cdots & K_{1i} & \cdots & K_{1j} & \cdots & K_{1k} & \cdots & K_{1n}\\ \vdots & & \vdots & & \vdots & & \vdots & & \vdots\\ K_{i1} & \cdots & K_{ii} & \cdots & K_{ij} & \cdots & K_{ik} & \cdots & K_{in}\\ \vdots & & \vdots & & \vdots & & \vdots & & \vdots\\ K_{j1} & \cdots & K_{ji} & \cdots & K_{jj} & \cdots & K_{jk} & \cdots & K_{jn}\\ \vdots & & \vdots & & \vdots & & \vdots & & \vdots\\ K_{k1} & \cdots & K_{ki} & \cdots & K_{kj} & \cdots & K_{kk} & \cdots & K_{kn}\\ \vdots & & \vdots & & \vdots & & \vdots & & \vdots\\ K_{n1} & \cdots & K_{ni} & \cdots & K_{nj} & \cdots & K_{nk} & \cdots & K_{nn}\end{bmatrix}^{\mathrm{T}} \tag{8.22}$$

对于平面应变模型，刚度矩阵[K]的某一元素的表达式如下

$$K_{ls}=\frac{Eh}{4(1-\nu^2)\varDelta}\begin{bmatrix} b_l b_s+\frac{1-\nu}{2}c_l c_s & \nu b_l c_s+\frac{1-\nu}{2}c_l b_s \\ \nu c_l b_s+\frac{1-\nu}{2}b_l c_s & c_l c_s+\frac{1-\nu}{2}b_l b_s \end{bmatrix},\quad l,s=1,2,\cdots,n \tag{8.23}$$

对于平面应力问题，式(8.23)中的 E 和 ν 将由 $E/(1-\nu^2)$ 和 $\nu/(1-\nu)$ 来代替。

8.2.2　二次单元

线性单元通常简单，且计算相对容易。但是由于其形函数是线性函数，位移的分布也为线性，可以用线性单元来准确表征的形变十分有限，变形以后的线性单元仍然是三角形，不能准确描述曲边。另外，根据式(8.12)，线性单元中的应变是一个常数。有限元实际要分析的结构通常具有复杂的几何形状和负载需要使用数量巨大的单元才能得到准确的计算结果。

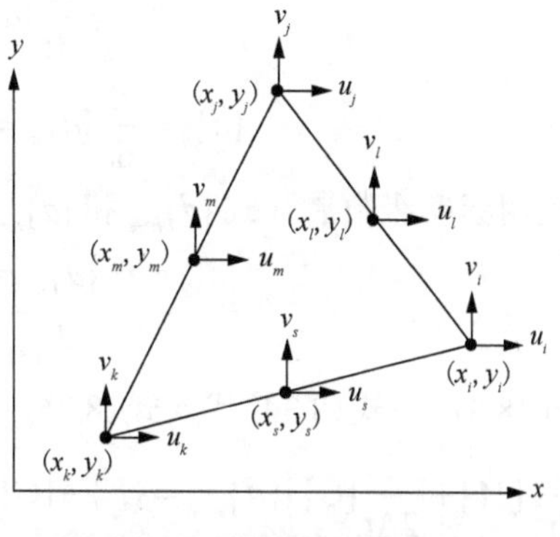

图 8-4　二维二次三角形有限元示例。u_i 和 v_i 表示节点 i 在 x 轴和 y 轴方向的位移，节点的位置在 $(x_i,\ y_i)$

一种能够有效地减少单元数的方法是采用非线性单元。图 8-4 显示了一个二次 6 节点三角形单元，除了有三个顶节点 i、j、k 以外，还有三个边节点 l、m、s。这个二次元的形函数为

$$N_i(x,y)=a_i+b_i x+c_i y+d_i x^2+e_i xy+f_i y^2 \tag{8.24}$$

对于简单几何形状但是复杂能量分布的情况，双线性单元是一个很好的选择，其形函数为

$$N_i(x,y)=a_i+b_i x+c_i y+d_i xy \tag{8.25}$$

8.2.3　动态问题

声波传播是一个动态问题，其有限元分析的控制方程为

$$[M]\{\ddot{d}\}+[C]\{\dot{d}\}+[K]\{d\}=\{F\} \tag{8.26}$$

该方程可以理解为一个广义的牛顿第二定律。式中，$[M]$ 和 $[C]$ 分析代表质量矩阵和阻尼矩阵；$\{\dot{d}\}=\mathrm{d}\{d\}/\mathrm{d}t$ 是速度矢量；$\{\ddot{d}\}=\mathrm{d}^2\{d\}/\mathrm{d}t^2$ 是加速度矢量。

对于二维单元，其厚度和密度分别为 h 和 ρ，则质量矩阵为

$$[M]=\rho h\iint[N]^{\mathrm{T}}[N]\mathrm{d}x\mathrm{d}y \tag{8.27}$$

对于瑞利阻尼，阻尼系数矩阵定义为质量矩阵和刚度矩阵的线性组合

$$[C]=\alpha[M]+\beta[K] \tag{8.28}$$

加权系数 α 和 β 可以由实验得到。超声频域中 α 项近似于零，可忽略不计。此控制方程可简化为

$$[M]\{\ddot{d}\}+\beta[K]\{\dot{d}\}+[K]\{d\}=\{F\} \tag{8.29}$$

对于一个角频率为 ω 的非阻尼问题，方程式(8.26)可进一步简化为

$$([K]-\omega^2[M])\{d\}=\{F\} \tag{8.30}$$

矩阵$[K]-\omega^2[M]$称为动态刚度矩阵。根据方程式(8.30)，这个问题可以在频域内求解。

为了求解动态问题，我们需要得到时域的解。通常我们能够通过积分来得到时域的解，这种频域直接积分的方法是求解时域响应最常用的方法。数值计算采用有限差分法从泰勒多项式中获取时间信息 t 积分。当下应用最为广泛的频域直接积分法主要有三种：中心差分法、Wilson θ 法、Newmark 法。这里首先介绍经典的中心差分法。

在这种方法中，如果将时间步长设为Δt，那么速度和加速度在步进时间 n 处可以近似为

$$\{\dot{d}\}_n=\frac{\mathrm{d}}{\mathrm{d}t}\{d\}_n=\frac{1}{2\Delta t}(\{d\}_{n+1}-\{d\}_{n-1}) \tag{8.31}$$

$$\{\ddot{d}\}_n=\frac{\mathrm{d}}{\mathrm{d}t}\{d\}_n=\frac{1}{\Delta t}(\{d\}_{n+1}-2\{d\}_n+2\{d\}_{n-1}) \tag{8.32}$$

如果只使用泰勒级数展开式$\{d\}_{n-1}$和$\{d\}_{n+1}$在步进时间 n 处的线性部分，则可以得到

$$\{d\}_{n-1}=\{d\}_n-\Delta t\{\dot{d}\}_n+\cdots \tag{8.33}$$

$$\{d\}_{n+1}=\{d\}_n+\Delta t\{\dot{d}\}_n+\cdots \tag{8.34}$$

把方程式(8.31)～式(8.34)代入式(8.26)可得到

$$\left(\frac{1}{\Delta t^2}[M]+\frac{1}{2\Delta t}[C]\right)\{d\}_{n+1}=\{F\}-[C]\{d\}_n+\frac{2}{\Delta t^2}[M]\{d\}_n-\left(\frac{1}{\Delta t^2}[M]-\frac{1}{2\Delta t}[C]\right)\{d\}_{n-1} \tag{8.35}$$

采用频域直接积分法时，需要已知所求结构的初始位移、速度和加速度。

尽管经典的中心差分法无法做到无条件的稳定，但这种方法仍然是一种简单实用的方法。为了提高直接积分法的稳定性，我们可以采用 Newmark 法或 Wilson θ 法。Wilson θ 法对高频衰减较大，Newmark 法是超声模拟的一个更好选择。

Newmark 法在步进时间 n 处的速度和位移可以近似为

$$\{\dot{d}\}_{n+1}=\{\dot{d}\}_n+\Delta t((1-\gamma)\{\ddot{d}\}_n+\gamma\{\ddot{d}\}_{n+1}),\quad 0\leqslant\gamma\leqslant 1 \tag{8.36}$$

$$\{d\}_{n+1}=\{d\}_n+\Delta t\{d\}_n+\frac{\Delta t^2}{2}((1-2\beta)\{\ddot{d}\}_n+2\beta\{\ddot{d}\}_{n+1}),\quad 0\leqslant 2\beta\leqslant 1 \tag{8.37}$$

当$0.5\leqslant\gamma\leqslant 1$和$0.25\leqslant\beta\leqslant 0.5$时，Newmark 法可以实现无条件的稳定。

8.2.4 误差控制

有限元法是一种数值计算方法，其计算结果不是总能与精确解吻合，因此降低 FEM 的误差和确保 FEM 解收敛于精确解显得尤为重要。因为大部分超声波模拟都是由商业 FEM 软件来完成的，所以本节重点介绍如何在使用 FEM 软件时有效降低和避免常见的误差和错误。

在使用 FEM 软件时必须考虑以下几种类型的误差。

(1) 错误的数学模型。研究问题中物理现象的错误理解往往会导致错误的 FEM 数学模型，这种类型的错误包括错误的 FEM 模型选择、材料属性、几何简化、负载条件、边界条件假设等。

所有成功的 FEM 模拟均基于对声传播理论的正确理解。例如，我们可以采用一个 FEM 二维平面应变模型来模拟兰姆波在无限大板上的传播情况。然而二维平面应变有限元模型不适用于板中 SH 波的情况，因为 SH 波的质点振动为垂直于传播方向的面内振动，所以模拟某个无限大板内的 SH 波 FEM 模型需要采用无限边界条件的三维模型，而不能简化为二维平面应变问题。正如我们在前面章节的讨论，材料的衰减和时域模拟方法取决于声波传播的状况。

数学模型的参量，如负载条件、边界条件、材料属性、缺陷或其他复杂结构的几何形状简化等均需要根据所需模拟的声波模式和频率来确定。

(2) 错误的用户输入。除了由错误理解物理现象而导致的建模问题，FEM 软件的用户在建立 FEM 模型过程中也可能输入错误，这些错误可以通过仔细检查 FEM 模型的输入参数来避免。

(3) 不恰当的单元划分、形状、分类。作为一种数值计算方法，FEM 相比真实结构有更多的自由度限制。因此我们需要采用足够多的数字单元来让 FEM 解收敛于确切解。为了准确地模拟超声波，当采用线性网格划分时，每个波长通常至少需要使用 8 个单元。对于导波模拟的情况，由于声波结构可能在厚度方向产生较大的变化，通常厚度方向至少需要采用 4～5 个节点来获取准确的模拟结果。当使用线性单元时，需要避免某个单元的尺度显著大于或小于其相邻的其他单元，这是因为每个线性单元的应力是连续的并且通常不同于下一单元。剧烈的应力变化会导致 FEM 计算误差。除了单元大小的区别，单元的形状也很重要。为了降低计算误差出现的可能性，需要避免单个单元中小于 30° 的尖锐角或单边长度大于其他边 10 倍的情况。

(4) 在 FEM 计算中有许多不同类型的单元可供选择。因为线性单元具有简单且省时的优点，线性单元对能量渐变分布的简单几何体较为适合。对于更多复杂的情况，如较小的结构体和能量集中分布的情况，选择非线性单元则更为合适。

(5) 数值误差。如前面章节所述，不恰当的单元划分、形状、类型都可能导致数值误差。另外可能会导致误差的因素包括特殊的几何结构、能量集中分布、畸点、病态方程等。尽管商业 FEM 软件有降低数值误差的能力，但 FEM 的模拟结果还是需要用实验来证实。

(6) 软件错误。在所有的软件中都会发现一些小错误，因此 FEM 的模拟结果也可能会受到这些小错误的影响。

8.3　有限元法在导波分析中的应用

本节将重点介绍两个 FEM 导波传播特性数值模拟示例。在第一个例子中，我们建立二维轴对称模型来模拟圆形板梳状换能器产生的表面波。第二个例子模拟了 2in(英寸 1in=2.54cm) 钢管中轴对称导波检测和导波相控阵聚焦检测的情况。这两个例子均采用商业 FEM 软件 ABAQUS。

8.3.1　板中二维表面波激发

我们使用二维轴对称四边形单元的 FEM 模型在圆形钛金属盘中用环形梳状换能器 (图 8-5) 模拟生成表面波。其换能器的设计和示意图见图 8-5。

采用商业 FEM 软件 ABAQUS 建立二维轴对称模型并模拟生成中心频率为 1MHz 和 2MHz 的表面波。在这种情况下，采用隐式积分来解决动态问题。ABAQUS 使用 Hilber-Hughes-Taylor 法来求解隐式积分，该方法是 Newmark 法的一种拓展。因为 ABAQUS 设定 $\gamma=1/2$，$\beta=1/4$，所以隐式积分可以无条件稳定。生成波的模拟结果如图 8-6 所示。尽管有少部分能量产生了兰姆波，但两个换能器均可有效地激发出表面波，图 8-7 展示了表面波的模拟波形。

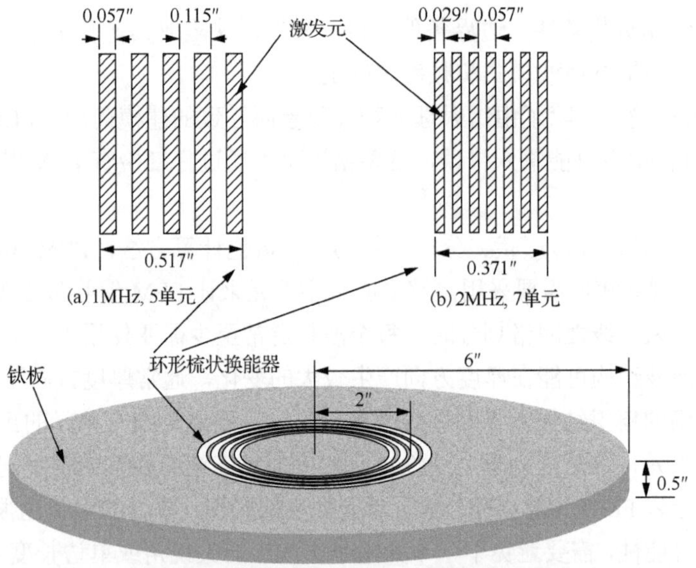

图 8-5　钛金属板和环形梳状换能器示意图

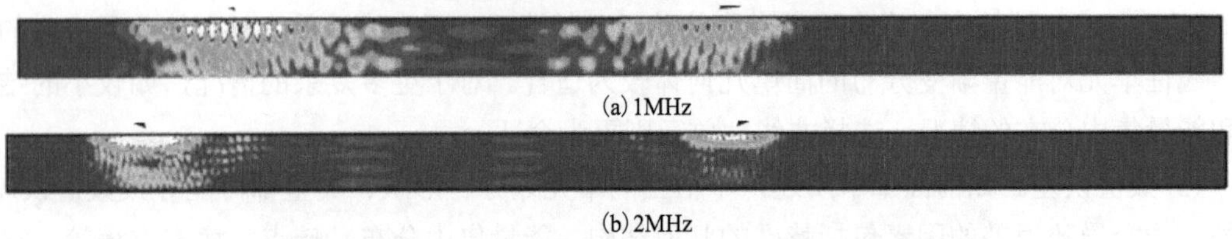

图 8-6　环状换能器在钛板上激发出的表面波有限元模拟结果

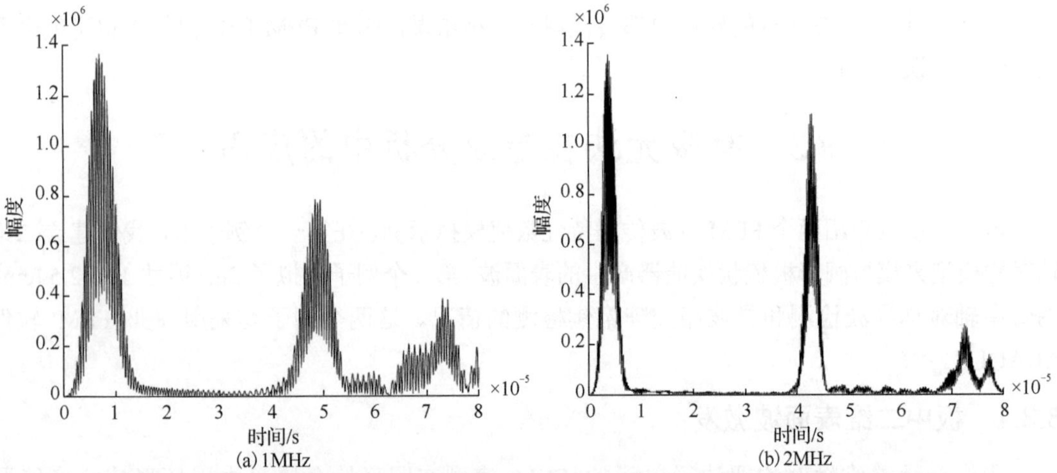

图 8-7　钛板中环状换能器激发出的信号。激发信号为 10 周期汉宁窗调制的脉冲串

8.3.2　钢管中的导波传播和缺陷检测

导波 FEM 模型的一个重要应用是模拟出导波来进行缺陷检测。在这个例子中，我们使用 FEM 模拟来比较并评估导波轴对称方法和聚焦方法对 2in40 号钢管上锯痕缺陷的检测情况。图 8-8 给出了 ABAQUS 中的 FEM 网格示意图。这里采用三维 4 节点线性四面体单元和 Newmark 显式积分来处理模型。相较于隐式积分，显式积分通常占用较少的计算机内存和计算时间，因此更利于求解较大的三维模型。然而 ABAQUS 中的显式积分是有条件稳定的，因

此最大的时间步长取决于波的频率。通常一个周期推荐至少使用 5～10 个时间步长。

在这个示例中，采用 5 单元梳状传感器在直径 2in 标号 40 的钢管中产生 200kHz 的 $T(m,1)$ 模式波群。四个传感器置于管端，每个传感器覆盖 90°（1/4 周长）。每个传感器有相互独立但相同的激励信号。若四个传感器同时采用 10 个周期、频率为 200 kHz 的汉宁(Hanning)窗脉冲串信号作为激励源，则可以产生 $T(0,1)$ 模式的轴对称声波。如果采取合适的延时和幅度控制，$T(m,1)$ 波群将聚焦于管上预设的点(具体内容请查看第 10 章。图 8-9(a)和(b)分别为轴对称和聚焦检测的结果。模拟结果证实 200kHz 的 $T(m,1)$ 波群成功聚焦于缺陷所在位置并加强了缺陷的回波信号。也就是说，FEM 结果表明聚焦技术可以增强入射到缺陷和从缺陷反射回来的能量，从而能够有效地提高导波对管线检测的有效范围和灵敏度。

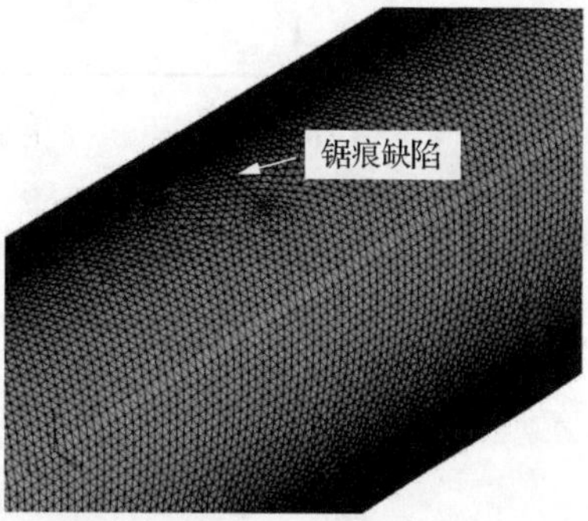

图 8-8　管道中导波与缺陷的相互作用的有限元模拟。管材参数直径为 2in，标号 40；锯痕为 9%截面积；模拟软件为 ABAQUS，选取 4 节点线性四面体单元

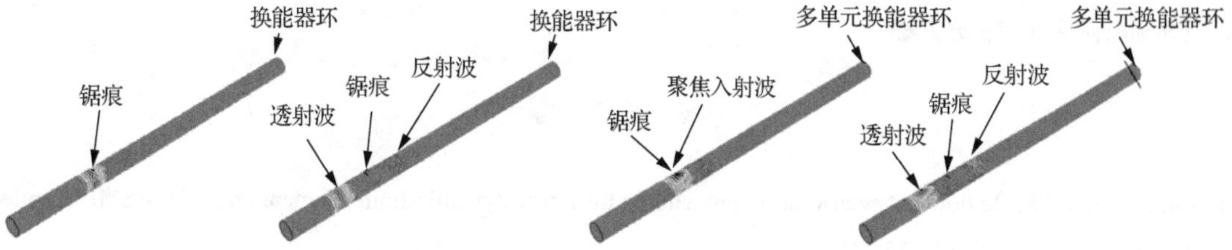

(a)轴对称波　　　　(b)聚焦波

图 8-9　管道中 9%截面积的锯痕对导波影响的有限元模拟结果，激发频率为 200kHz

小结

有限元分析是研究不同结构中导波机理的高效和强有力工具。尽管 FEM 代码简单易用，我们仍然需要通过专业的学习来正确设置换能器加载函数的边界条件来实现检测具体缺陷和结构所需的性能，这些性能包括充分的穿透能量、激励模式、灵敏度等。

习　题

8-1　运用有限元方法来模拟超声波传播时，在使用线性单元的情况下一个波长内最少需要使用多少个单元来获取相对较准确的解？

8-2　当一个棒在纯张应力作用下，其位移 $u=\dfrac{FL}{AE}$，其中 F 是外力，L 是棒的长度，A 是棒的截面积，E 是弹性模数。如果采用图 8-10(a)~(c)所示的两节点有限元来模拟，请推导单元的刚度矩阵。

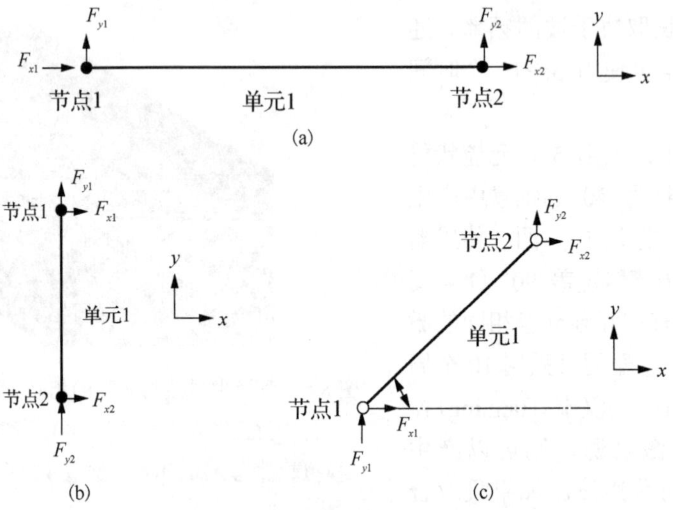

图 8-10　习题 8-2 图

8-3　用 ABAQUS 的显式积分来模拟一个 50kHz 的导波传播情况，能够允许的最大时间步长是多少？

8-4　是否可以使用 FEM 二维平面应变模型来模拟 SH 在板中的传播？为什么？

8-5　试解释较高频率和较长传播距离时求解 FEM 问题非常耗时的原因。运用 ABAQUS 处理这些问题时应该选取何种时域积分方法？

参 考 文 献

Bertolini A F. 1998. Review of eigensolution procedures for linear dynamic finite element analysis. ASME Applied Mechanics Reviews, 51(2): 155-172.

Cook R D, Avrashi J. 1992. Error estimation and adaptive meshing for vibration problems. Computers & Structures, 44(3): 619-626.

Cook R D, Malkus D S, Plesha M E, et al. 2002. Concepts and Applications of Finite Element Analysis. New York: John Wilsey & Sons. Inc.

Craig Jr R R. 1981. Structural Dynamics: An Introduction to Computer Methods. New York: John Wilsey & Sons. Inc.

Hayashi T, Tamayama C, Murase M. 2006. Wave structure analysis of guided waves in a bar with an arbitrary cross-section. Journal of Ultrasonics, 44(1): 17-24.

Hitchings D 1992. A Finite Element Dynamics Primer. Glasgow: NAFEMS.

Koshiba M, Karakida S, Suruki M. 1984. Finite-element analysis of Lamb wave scattering in an elastic plate waveguide. IEEE Transaction on Sonics & Ultrasonics, 31(1): 18-25.

Koshiba M, Morita H, Suruki M. 1981. Finite-element analysis of discontinuity problem of SH modes in an elastic plate waveguide. Electronics Letters., 17(13): 480-483.

Li X D, Zeng L F, Wiberg N E. 1993. A simple load error estimator and an adaptive time-stepping procedure for direct integration method in dynamic analysis. Communications in Numerical Methods in Engineering, 9(4): 273-292.

Lowe M J S, Alleyne D N, Cawley P. 1998. Defect detection in pipes using guided waves. Journal of Ultrasonics, 36(1-5): 147-154.

Newmark N M. 1959. A method of computation for structural dynamics. ASCE Journal of the Engineering Mechanics Division, 5(3): 67-94.

Rosanoff R A, Ginsburg T A. 1965. matrix error analysis for engineers. Proceedings of the Conference on Matrix Methods in Structural Mechanics, Wright-Patterson AFB: 887-910.

Strang G, Fix G J. 1973. An Analysis of Finite Element Method. Englewood Cliffs: Prentice Hall.

Utku S, Melosh R J. 1987. Estimating the manipulation errors in finite element analysis, Part I. Finite Element in Analysis and Design, 3(4): 285-295.

Williamson J F. 1980. A historical note on the finite element method. International Journal for Numerical Methods in Engineering, 15(6): 930-934.

Wilson E L, Yuan M W, Dickens J M. 1982. Dynamic analysis by direct superposition of ritz vectors. Earthquake Engineering and Structural Dynamics, 10(6): 813-821.

Zhang L, Luo W, Rose J L. 2005. Ultrasonic guided waves focused beyond welds in pipeline. Proceedings of QNDE, 25: 877-884.

Zhao X, Zhang L. 2008. Finite element analysis of ultrasonic surface waves for crack inspection on an engine rotor disk. Journal of Material Evaluation, 66: 67-72.

第 9 章　半解析有限元方法

9.1 引　　言

近年来半解析有限元(Semi-Analytical finite element，SAFE)方法被广泛用于求解导波传播问题。SAFE 方法最初用于替代一些较为传统的解析求解方法，如全局矩阵法、传递矩阵法等来解决经典的导波问题。使用半解析有限元方法，波导在横截面上离散化为有限元网络，在波传播方向上采用解析解。基于变分格式，可建立一组包含未知频率和波数的线性方程组。然后用标准的本征值问题的求解步骤求出未知数(频率和波数)。半解析有限元方法可用于难以用解析法求解的复杂横截面波导，例如，多层层压板(Shorter，2004)和钢轨(Gavrić，1995；Hayashi et al., 2003)等。对于传播方向无限长的波导，半解析有限元方法相对于三维有限元数值求解方法的优势为计算量大大减小，并且可以得到复杂结构的频散曲线。半解析有限元方法和矩阵方法相比，其优势是在求解频散曲线时更少丢根。SAFE 方法求解导波传播问题的早期参考文献为(Nelson et al., 1971)和(Dong 和 Nelson，1972)。近年来，SAFE 方法被用于管道弯头处的模式分析(Hayashi et al., 2005)和黏弹性介质问题(Shorter，2004；Bartoli et al., 2006)。另外，SAFE 方法还被 Matt 等(2005)用于模拟航空器结构中复合翼的表皮-翼梁连接结构，以及 Damljanović、Weaver(2004)和 Lee(2006)用来研究铁轨结构中的导波传播问题。应用 SAFE 方法求解复合板中导波的文献还包括(Liu 和 Achenbach，1994；Liu 和 Achenbach，1995；Gao，2007；Yan，2008)。

本章详细推导了多层板和多层柱状结构中的 SAFE 公式，给出了波在多层各向异性板中传播的数值模拟结果。本章还讨论了波结构和衰减等模式特性。由于对应于同一频率处有许多根(取决于 SAFE 方法中选用的节点个数)，因此需要引入一种基于导波正交性的模式分类技术。这种基于正交性的模式分类方法不仅适用于 SAFE 公式计算的频散曲线，而且适用于解析方法获得的频散曲线。

9.2 平板结构的半解析有限元分析

SAFE 方法采用简谐波 $e^{i(kx-\omega t)}$ 来描述在传播方向上的波形，其中，x 为波的传播方向，k 为波数，ω是角频率，t 是时间。对于各向异性的波导，相速度和能流速度可能有不同的传播方向。为避免混淆，我们将相速度方向作为波矢方向。在垂直于波矢方向的波导横截面上进行有限元网格划分。对于板中的平面波传播问题，只需要在板厚方向进行离散，图 9-1 为坐标系和有限元的示意图。在 y 轴方向板的宽度为无限大。本例中采用了三节点线元，三节点线元的形函数为

$$N_1=\frac{\xi^2-\xi}{2},\ N_2=1-\xi^2,\ N_3=\frac{\xi^2+\xi}{2} \tag{9.1}$$

式中，ξ 是局部坐标系中的位置变量。对于局部坐标系中用 ξ 描述的给定点，在全局坐标系中该点的位置可由全局坐标系中的三个节点(z_1、z_2、z_3)以及式(9.1)中的形函数计算得到

$$z=\begin{bmatrix} N_1 & N_2 & N_3 \end{bmatrix}\begin{bmatrix} z_1 \\ z_2 \\ z_3 \end{bmatrix} \tag{9.2}$$

如图 9-1 中的局部放大图所示，节点 1～3 的局部坐标分别是 $\xi=-1$，$\xi=0$，$\xi=1$。

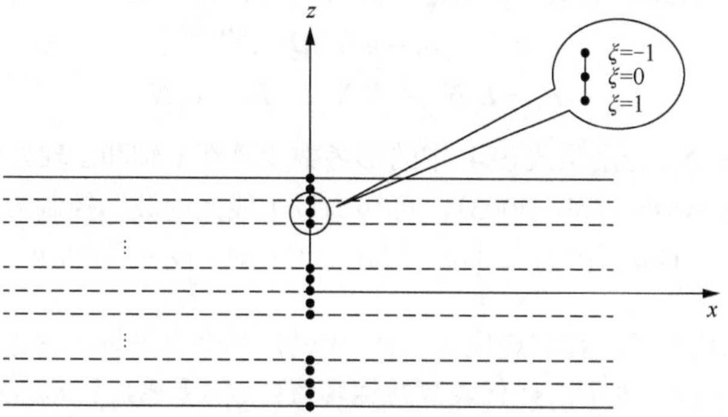

图 9-1　用 SAFE 方法求解板中波传播问题的坐标系和有限元离散。内嵌图显示了每个线元的三个节点的局部坐标

线元上任意一点的质点位移可用形函数和节点位移表示如下

$$\boldsymbol{u}^{(e)}=\begin{bmatrix} u_x^{(e)} \\ u_y^{(e)} \\ u_z^{(e)} \end{bmatrix}=\begin{bmatrix} \sum\limits_{l=1}^{3} N_l(\xi)U_{xl} \\ \sum\limits_{l=1}^{3} N_l(\xi)U_{yl} \\ \sum\limits_{l=1}^{3} N_l(\xi)U_{zl} \end{bmatrix}^{(e)} \mathrm{e}^{\mathrm{i}(kx-\omega t)}=\boldsymbol{N}(\xi)\boldsymbol{Q}^{(e)}\mathrm{e}^{\mathrm{i}(kx-\omega t)} \tag{9.3}$$

式中

$$\boldsymbol{N}(\xi)=\begin{bmatrix} N_1 & 0 & 0 & N_2 & 0 & 0 & N_3 & 0 & 0 \\ 0 & N_1 & 0 & 0 & N_2 & 0 & 0 & N_3 & 0 \\ 0 & 0 & N_1 & 0 & 0 & N_2 & 0 & 0 & N_3 \end{bmatrix} \tag{9.4}$$

$$\boldsymbol{Q}^{(e)}=[U_{x1} \quad U_{y1} \quad U_{z1} \quad U_{x2} \quad U_{y2} \quad U_{z2} \quad U_{x3} \quad U_{y3} \quad U_{z3}]^{\mathrm{T}} \tag{9.5}$$

$U_{\alpha\beta}(\alpha=x,y,z;\beta=1,2,3)$ 是节点 β 在 α 方向的位移。对应的应变和应力矢量可由如下公式计算得到

$$\boldsymbol{\varepsilon}^{(e)}=\left[\boldsymbol{L}_x\frac{\partial}{\partial x}+\boldsymbol{L}_y\frac{\partial}{\partial y}+\boldsymbol{L}_z\frac{\partial}{\partial z}\right]\boldsymbol{u}^{(e)} \tag{9.6}$$

$$\boldsymbol{\sigma}^{(e)}=\boldsymbol{C}^{(e)}\boldsymbol{\varepsilon}^{(e)} \tag{9.7}$$

式中
$$\boldsymbol{L}_x=\begin{bmatrix}1&0&0\\0&0&0\\0&0&0\\0&0&0\\0&0&1\\0&1&0\end{bmatrix},\ \boldsymbol{L}_y=\begin{bmatrix}0&0&0\\0&1&0\\0&0&0\\0&0&1\\0&0&0\\1&0&0\end{bmatrix},\ \boldsymbol{L}_z=\begin{bmatrix}0&0&0\\0&0&0\\0&0&1\\0&1&0\\1&0&0\\0&0&0\end{bmatrix} \tag{9.8}$$

$\boldsymbol{C}^{(e)}$是全局坐标系中线元的材料刚度矩阵。对于各向异性材料，需要将刚度矩阵从主轴转化到全局坐标系中(Auld，1990)。将式(9.3)代入式(9.6)可得

$$\boldsymbol{\varepsilon}^{(e)}=(\boldsymbol{B}_1+\mathrm{i}k\boldsymbol{B}_2)\boldsymbol{Q}^{(e)}\mathrm{e}^{\mathrm{i}(kx-\omega t)} \tag{9.9}$$

式中
$$\boldsymbol{B}_1=\boldsymbol{L}_y\boldsymbol{N}_{,y}+\boldsymbol{L}_z\boldsymbol{N}_{,z},\quad \boldsymbol{B}_2=\boldsymbol{L}_x\boldsymbol{N} \tag{9.10}$$

在式(9.10)中，$\boldsymbol{N}_{,y}$和$\boldsymbol{N}_{,z}$分别是式(9.4)中的形函数矩阵在y轴和z轴方向的导数。

通过虚功原理(Hayashi et al，2003)，可得到每个线元的波动控制方程

$$\int_\Gamma \delta\boldsymbol{u}^{(e)\mathrm{T}}\boldsymbol{t}^{(e)}\mathrm{d}\Gamma=\int_V \delta\boldsymbol{u}^{(e)\mathrm{T}}\left(\rho^{(e)}\ddot{\boldsymbol{u}}^{(e)}\right)\mathrm{d}V+\int_V \delta\boldsymbol{\varepsilon}^{(e)\mathrm{T}}\boldsymbol{\sigma}^{(e)}\mathrm{d}V \tag{9.11}$$

式中，$\delta\boldsymbol{u}$和$\delta\boldsymbol{\varepsilon}$分别代表虚位移和虚应变；$\boldsymbol{t}^{(e)}$代表外部牵引矢量，它也可以用形函数和节点外部牵引力$\boldsymbol{T}^{(e)}$(式(9.12))表示；$\bullet^{\mathrm{T}}$代表复共轭转置；$\rho^{(e)}$是密度；$\ddot{\bullet}$是关于时间的二次导数；Γ是线元的表面；V是线元体积。

$$\boldsymbol{t}^{(e)}=\boldsymbol{N}(\xi)\boldsymbol{T}^{(e)}\mathrm{e}^{\mathrm{i}(kx-\omega t)} \tag{9.12}$$

将式(9.7)、式(9.9)和式(9.12)代入式(9.11)可得

$$\begin{aligned}\int_\Gamma \delta\boldsymbol{Q}^{(e)\mathrm{T}}\boldsymbol{N}^{\mathrm{T}}\boldsymbol{N}\boldsymbol{T}^{(e)}\mathrm{d}\Gamma=&\int_V \delta\boldsymbol{Q}^{(e)\mathrm{T}}\boldsymbol{N}^{\mathrm{T}}(-\omega^2\rho^{(e)}\boldsymbol{N}\boldsymbol{Q}^{(e)})\,\mathrm{d}V\\&+\int_V \delta\boldsymbol{Q}^{(e)\mathrm{T}}\left\{(\boldsymbol{B}_1-\mathrm{i}k\boldsymbol{B}_2)\right\}^{\mathrm{T}}\boldsymbol{C}^{(e)}(\boldsymbol{B}_1+\mathrm{i}k\boldsymbol{B}_2)\boldsymbol{Q}^{(e)}\mathrm{d}V\end{aligned} \tag{9.13}$$

式(9.13)满足任意选定的虚位移。因此，虚位移$\delta\boldsymbol{Q}^{(e)\mathrm{T}}$可从方程左右两边消掉

$$\begin{aligned}\int_\Gamma \boldsymbol{N}^{\mathrm{T}}\boldsymbol{N}\boldsymbol{T}^{(e)}\mathrm{d}\Gamma=&\int_V \boldsymbol{N}^{\mathrm{T}}(-\omega^2\rho^{(e)}\boldsymbol{N}\boldsymbol{Q}^{(e)})\,\mathrm{d}V\\&+\int_V \left\{(\boldsymbol{B}_1-\mathrm{i}k\boldsymbol{B}_2)\right\}^{\mathrm{T}}\boldsymbol{C}^{(e)}(\boldsymbol{B}_1+\mathrm{i}k\boldsymbol{B}_2)\boldsymbol{Q}^{(e)}\mathrm{d}V\end{aligned} \tag{9.14}$$

对于本例中使用的线元来说，式(9.14)左右两边的积分都是变量ξ的函数。因此，式(9.14)可进一步简化为

$$\boldsymbol{F}^{(e)}=(\boldsymbol{K}_1^{(e)}+\mathrm{i}k\boldsymbol{K}_2^{(e)}+k^2\boldsymbol{K}_3^{(e)})\boldsymbol{Q}^{(e)}-\omega^2\boldsymbol{M}^{(e)}\boldsymbol{Q}^{(e)} \tag{9.15}$$

式中

$$\boldsymbol{F}^{(e)}=\int_{-1}^{1}\boldsymbol{N}^{\mathrm{T}}\boldsymbol{N}\boldsymbol{T}^{(e)}\mathrm{d}\xi \tag{9.16}$$

$$\boldsymbol{K}_1^{(e)}=\int_{-1}^{1}\boldsymbol{B}_1^{\mathrm{T}}\boldsymbol{C}^{(e)}\boldsymbol{B}_1\mathrm{d}\xi \tag{9.17}$$

$$\boldsymbol{K}_2^{(e)}=\int_{-1}^{1}(\boldsymbol{B}_1^{\mathrm{T}}\mathbf{C}^{(e)}\boldsymbol{B}_2-\boldsymbol{B}_2^{T}\mathbf{C}^{(e)}\boldsymbol{B}_1)\,\mathrm{d}\xi \tag{9.18}$$

$$\boldsymbol{K}_3^{(e)}=\int_{-1}^{1}\boldsymbol{B}_2^{\mathrm{T}}\mathbf{C}^{(e)}\boldsymbol{B}_2\mathrm{d}\xi \tag{9.19}$$

$$\boldsymbol{M}^{(e)}=\int_{-1}^{1}\rho^{(e)}\boldsymbol{N}^{\mathrm{T}}\boldsymbol{N}\mathrm{d}\xi \tag{9.20}$$

对于每个线元，式(9.16)～式(9.20)都可以进行数值估值。采用有限元集成方法，并在板的上

下表面应用外力自由边界条件，可以获得在全局坐标系中的本征值问题

$$(\boldsymbol{K}_1 + \mathrm{i}k\boldsymbol{K}_2 + k^2\boldsymbol{K}_3 - \omega^2\boldsymbol{M})\boldsymbol{Q} = 0 \tag{9.21}$$

式中，$\boldsymbol{K}_1$、$\boldsymbol{K}_2$、$\boldsymbol{K}_3$ 是 $3N\times 3N$ 大小的矩阵，N 是节点的总个数；$\boldsymbol{Q}$ 是一个 $3N\times 1$ 的矢量，它代表在节点位置处的质点位移。

引入一个 $3N\times 3N$ 大小的幺正变换矩阵 $\boldsymbol{T}$，可以将式(9.21)中的虚部消掉(Damljanović 和 Weaver 2004；Bartoli et al，2006)。具体做法为：矩阵 $\boldsymbol{T}$ 所有非对角线上的元素都是零，除了对应于波矢方向的质点位移处的元素等于虚数单位 i，其他所有对角线上的元素都等于 1。由于 $\boldsymbol{T}^{\mathrm{T}}\boldsymbol{T} = \boldsymbol{I}$（$\boldsymbol{I}$ 是一个 $3N\times 3N$ 的单位矩阵)，可用 $\boldsymbol{T}^{\mathrm{T}}\boldsymbol{T}\boldsymbol{Q}$ 取代式(9.21)中的 $\boldsymbol{Q}$，然后从公式的左侧乘以矩阵 $\boldsymbol{T}$，利用矩阵的特性，可以得到一个新的本征值方程

$$(\boldsymbol{K}_1 + k\hat{\boldsymbol{K}}_2 + k^2\boldsymbol{K}_3 - \omega^2\boldsymbol{M})\hat{\boldsymbol{Q}} = 0 \tag{9.22}$$

式中，$\hat{\boldsymbol{K}}_2 = \dfrac{\boldsymbol{T}^{\mathrm{T}}\boldsymbol{K}_2\boldsymbol{T}}{-\mathrm{i}}$；$\hat{\boldsymbol{Q}} = \boldsymbol{T}\boldsymbol{Q}$。式(9.22)可重新表示为一阶本征系统

$$[\boldsymbol{A} - k\boldsymbol{B}]\begin{bmatrix}\hat{\boldsymbol{Q}} \\ k\hat{\boldsymbol{Q}}\end{bmatrix} = 0 \tag{9.23}$$

式中

$$\boldsymbol{A} = \begin{bmatrix} 0 & \boldsymbol{K}_1 - \omega^2\boldsymbol{M} \\ \boldsymbol{K}_1 - \omega^2\boldsymbol{M} & \hat{\boldsymbol{K}}_2 \end{bmatrix},\ \boldsymbol{B} = \begin{bmatrix} \boldsymbol{K}_1 - \omega^2\boldsymbol{M} & 0 \\ 0 & -\boldsymbol{K}_3 \end{bmatrix} \tag{9.24}$$

对于弹性材料，刚度矩阵为实数，矩阵 $\boldsymbol{A}$ 和 $\boldsymbol{B}$ 是 $6N\times 6N$ 的实数矩阵。

对应于每个频率 ω，从式(9.23)可求得波数 k 的 $6N$ 个本征值。所有的本征值中，实数本征值对应于导波模式，复数的本征值(包括纯虚数本征值)对应于消逝波。式(9.23)的本征值是成对出现的，假设 k_μ 是一个解，则 $-k_\mu$ 也是一个解。假设 k_{real} 是实数解，k_{real} 中正的波数对应在+x 方向传播的模式，负的实波数对应在–x 方向传播的模式。对于复数解 k_{complex}，如果虚数部分大于零，即 $\mathrm{Im}\{k_{\mathrm{complex}}\} > 0$，则波数为 k_{complex} 的模式波在+x 方向衰减；若虚数部分小于零，则波数为 k_{complex} 的模式波沿着–x 方向衰减。从式(9.23)可求解出对应于每个本征值的本征矢量，本征矢量中包含波结构信息。基于波结构，用式(9.9)和式(9.7)可求解应变和应力场。

9.3　基于正交性的模式分类

计算一定频率范围内式(9.23)的特征值，可得到频散关系 $k(\omega)$。我们需要将每个频率点计算得到的本征值分配到各个模式中组成一系列频散曲线。由于导波模式的频散曲线可能相交，这项工作有时会有一定的难度。我们使用由 Loveday 和 Long(2007)提出的模式正交分类算法来对模式点进行匹配。

从式(9.23)可以推导出模式正交关系

$$\begin{cases}\boldsymbol{\psi}_m^{\mathrm{T}}\boldsymbol{B}_m\boldsymbol{\psi}_m \neq 0 \\ \boldsymbol{\psi}_n^{\mathrm{T}}\boldsymbol{B}_m\boldsymbol{\psi}_m = 0\end{cases} \tag{9.25}$$

式中

$$\boldsymbol{\psi} = \begin{bmatrix}\hat{\boldsymbol{Q}} \\ k\hat{\boldsymbol{Q}}\end{bmatrix} \tag{9.26}$$

式(9.25)是式(9.23)的本征矢量，下标 n 和 m 分别代表对应于不同模式波的本征矢量和式(9.23)中的矩阵 $\boldsymbol{B}$。式(9.25)表明同一频率对应的本征矢量之间是相互正交的。

假设两个相邻频率(相差量 $\Delta\omega$)的本征矢量之间的正交性也是近似成立的

$$\begin{cases}\boldsymbol{\psi}_m^{\mathrm{T}}(\omega)\boldsymbol{B}_m(\omega)\boldsymbol{\psi}_m(\omega+\Delta\omega)\neq 0\\ \boldsymbol{\psi}_n^{\mathrm{T}}(\omega)\boldsymbol{B}_m(\omega)\boldsymbol{\psi}_m(\omega+\Delta\omega)\approx 0\end{cases} \tag{9.27}$$

式(9.27)可直接用于模式分配。计算得到两个相邻频率对应的本征值和本征矢量后，可以计算每一个高频本征矢量与各个低频本征矢量之间的正交关系。$\boldsymbol{\psi}_n^{\mathrm{T}}(\omega)\boldsymbol{B}_m(\omega)\boldsymbol{\psi}_m(\omega+\Delta\omega)$ 值最大的一个对应着同一条频散曲线，而其他的几乎为零。通过这种方法可以在两个频散曲线相交时对模式点进行匹配。

9.4　群速度频散曲线

群速度是频率相近的导波波包的传播速度，它在导波应用中非常关键，因为换能器直接测量到的波包传播速度是群速度。在导波检测中，群速度频散曲线对识别导波模式有很大帮助。群速度频散曲线可由群速度的定义计算得到

$$c_g=\frac{\mathrm{d}\omega}{\mathrm{d}k} \tag{9.28}$$

式中，c_g 是群速度。将 $k=\omega/c_p$ 代入式(9.28)，可通过数学推导得到

$$c_g=c_p^2\left[c_p-f\frac{\mathrm{d}c_p}{\mathrm{d}f}\right]^{-1} \tag{9.29}$$

从已经做好模式分配的相速度频散曲线可以计算得到群速度频散曲线。然而，式(9.29)中的微分运算容易造成数值计算误差，尤其当计算相速度频散曲线时选用的频率间隔较大时。

Bartoli 等提出了一种从式(9.23)直接计算群速度的方法。对式(9.22)进行关于波数 k 的微分运算，可得

$$\frac{\partial}{\partial k}(\boldsymbol{K}_1+k\hat{\boldsymbol{K}}_2+k^2\boldsymbol{K}_3-\omega^2\boldsymbol{M})\hat{\boldsymbol{Q}}_{\mathrm{R}}=0 \tag{9.30}$$

$\hat{\boldsymbol{Q}}_{\mathrm{R}}$ 在式(9.30)中用来代表右本征矢量，它可以直接从式(9.30)中求解得到。对应的左本征矢量 $\hat{\boldsymbol{Q}}_{\mathrm{L}}$ 可以通过将式(9.23)中的矩阵 $\boldsymbol{A}$ 和 $\boldsymbol{B}$ 分别用它们的转置矩阵代替，然后求解本征问题得到。从式(9.30)左侧乘以 $\hat{\boldsymbol{Q}}_{\mathrm{L}}$ 可得

$$\hat{\boldsymbol{Q}}_{\mathrm{L}}\left[\frac{\partial}{\partial k}(\boldsymbol{K}_1+k\hat{\boldsymbol{K}}_2+k^2\boldsymbol{K}_3)-2\omega\frac{\partial\omega}{\partial k}\boldsymbol{M}\right]\hat{\boldsymbol{Q}}_{\mathrm{R}}=0 \tag{9.31}$$

从式(9.31)可推导出群速度

$$c_g=\frac{\partial\omega}{\partial k}=\frac{\hat{\boldsymbol{Q}}_{\mathrm{L}}(\hat{\boldsymbol{K}}_2+2k\boldsymbol{K}_3)\hat{\boldsymbol{Q}}_{\mathrm{R}}}{2\omega\hat{\boldsymbol{Q}}_{\mathrm{L}}\boldsymbol{M}\hat{\boldsymbol{Q}}_{\mathrm{R}}} \tag{9.32}$$

式(9.32)右边的所有项都仅与单个 (k,ω) 解有关。因此，可以从每个 (k,ω) 解计算得到群速度，而不需要用到式(9.28)中相邻频率处对应的相速度值。

9.5 导波能量

9.5.1 坡印亭矢量

从电磁-声类比，Auld 推导了坡印亭矢量来代表固体中声波的能流密度(Auld，1990)。坡印亭矢量不仅可研究导波能量，而且在导波场归一化、导波激发特性研究以及各向异性波导的波束偏转角的计算中起到重要作用。复数坡印亭矢量可由质点速度和应力场计算得到

$$\boldsymbol{P}=-\frac{\tilde{\boldsymbol{v}}\cdot\boldsymbol{\sigma}_M}{2} \tag{9.33}$$

式中，$\tilde{\boldsymbol{v}}$ 代表质点速度矢量的共轭；$\boldsymbol{\sigma}_M$ 代表具有以下形式的应力矩阵

$$\boldsymbol{\sigma}_M=\begin{bmatrix}\sigma_{xx} & \sigma_{xy} & \sigma_{xz}\\ \sigma_{yx} & \sigma_{yy} & \sigma_{yz}\\ \sigma_{zx} & \sigma_{zy} & \sigma_{zz}\end{bmatrix} \tag{9.34}$$

对于板状波导，坡印亭矢量的三个分量可提供导波模式在三个正交方向上的能流密度。P_x(波矢量方向的分量)沿着板厚的积分等于导波模式在波矢方向上携带的能流。

9.5.2 能量速度

在弹性波导中，用式(9.28)定义的群速度也可用于描述导波能量传输的速度。然而，当波导中包含黏弹性材料时，式(9.28)不再具有这种物理意义。需要引入能量速度(与群速度不相等)的概念(Bernard et al, 2001)。板状波导中某一导波模式的能量速度可由波矢方向的能流速度和波场中的能量密度计算得到

$$C_e=\frac{\int_d P_x\mathrm{d}z}{\frac{1}{T}\int_T\left(\int_d(e_k+e_p)\mathrm{d}z\right)\mathrm{d}t} \tag{9.35}$$

式中，P_x 代表在波矢方向上的能流密度(坡印亭值)；z 代表厚度方向；d 是板厚；T 代表导波的时间周期；e_k 和 e_p 分别代表导波模式的动能密度和应变能密度。

9.5.3 各向异性板中的偏转角现象

对各向同性平面波，应力矩阵(式(9.34))中第二行的三个元素都等于零。在这种情况下，坡印亭矢量仅包含两个非零分量，即波矢量方向分量 P_x 和板厚方向分量 P_z。然而，对于各向异性板，有些模式波的 P_y 分量是非零值。非零的 P_y 分量会给导波模式带来偏转角。基于如下公式，可计算出偏转角的值

$$\varphi_{\text{skew}}=\arctan\left(\frac{\int_d P_y\mathrm{d}z}{\int_d P_x\mathrm{d}z}\right) \tag{9.36}$$

9.6　半解析有限元方法解的收敛性

为了验证 SAFE 方法解的收敛性，我们以 2 mm 厚自由边界铝板为例，计算其中导波的频散曲线。图 9-2(a)是用 SAFE 方法和部分波法得到的频散曲线图对比。SAFE 方法在板厚方向一共用了 7 个节点。从图中可以看到，SAFE 方法的解和部分波法的解在低阶模式上几乎完全相同，在高阶模式上有所不同。这主要是由于高阶模式的波结构分布的峰值较多，容易证明在增加节点数量后，SAFE 解在高阶模式也会收敛于部分波解。在增加节点数量后，低阶模式波在低频范围内收敛得更快。S0 模式在 500kHz 和 A2 模式在 2.4MHz 时的波结构分别在图 9-2(b)和(c)中给出。从图可知，当节点数为 7 时，对于 500 kHz 的 S0 模式，SAFE 解收敛于部分波解。此时的波结构沿板厚方向的变化较小。然而，对于 2.4MHz 的 A2 模式，7 节点的 SAFE 解与部分波法的解区别较大，而且波结构的变化很剧烈。显然，当波结构沿着板厚方向变化较大时，在 SAFE 计算中需要使用较多数量的节点以精确地描述波结构。因此，要使 SAFE 计算收敛于解析解，需要正确选择节点数目。在数值计算中达到收敛的标准是：频散曲线随单元数量增加的变化小于一定的阈值。

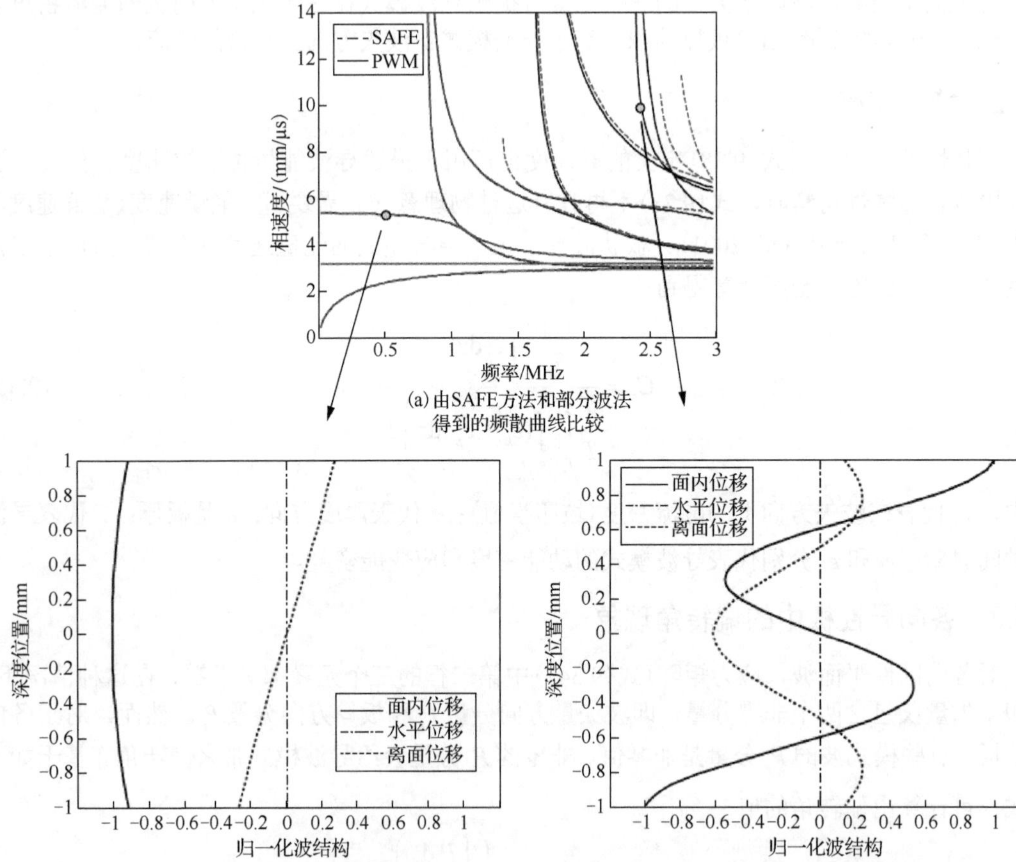

(a) 由SAFE方法和部分波法得到的频散曲线比较

(b) 500kHz S0模式的波结构

(c) 2.4MHz A2模式的波结构

图 9-2　2mm 厚铝板中的导波的频散曲线及波结构示例

9.7　8 层准-各向同性板中的自由导波

本节以一个 8 层结构的准-各向同性纤维增强复合板为例，计算了导波相速度频散曲线、群速度频散曲线、波结构、应力分布以及偏转角的频散曲线。板是由 Cytec CYCOM 977-3 碳/环氧预浸料制成的。板的层叠序列是 $[0/45/90/-45]_s$。用于计算的每层材料的材料特性在表 9-1 中给出。密度是 $1.608 g/cm^3$，每层的厚度是 0.2mm。

表 9-1　Cytec CYCOM 977-3 碳/环氧预浸料板的材料特性

E_1	172GPa
E_2=E_3	9.8GPa
G_{23}	3.2GPa
G_{12}=G_{13}	6.1GPa
ν_{23}	0.55
ν_{12}=ν_{13}	0.37

图 9-3(a)～(c)分别是在 0°、30°和−30°方向上的相速度频散曲线。从图中可知，模式正交算法可有效地匹配所有导波模式。由于材料的各向异性，三个不同波矢方向的相速度频散曲线不同。另外，在单一各向同性板中的兰姆波和 SH 波具有解耦合现象，然而在各向异性复合板中不存在解耦。

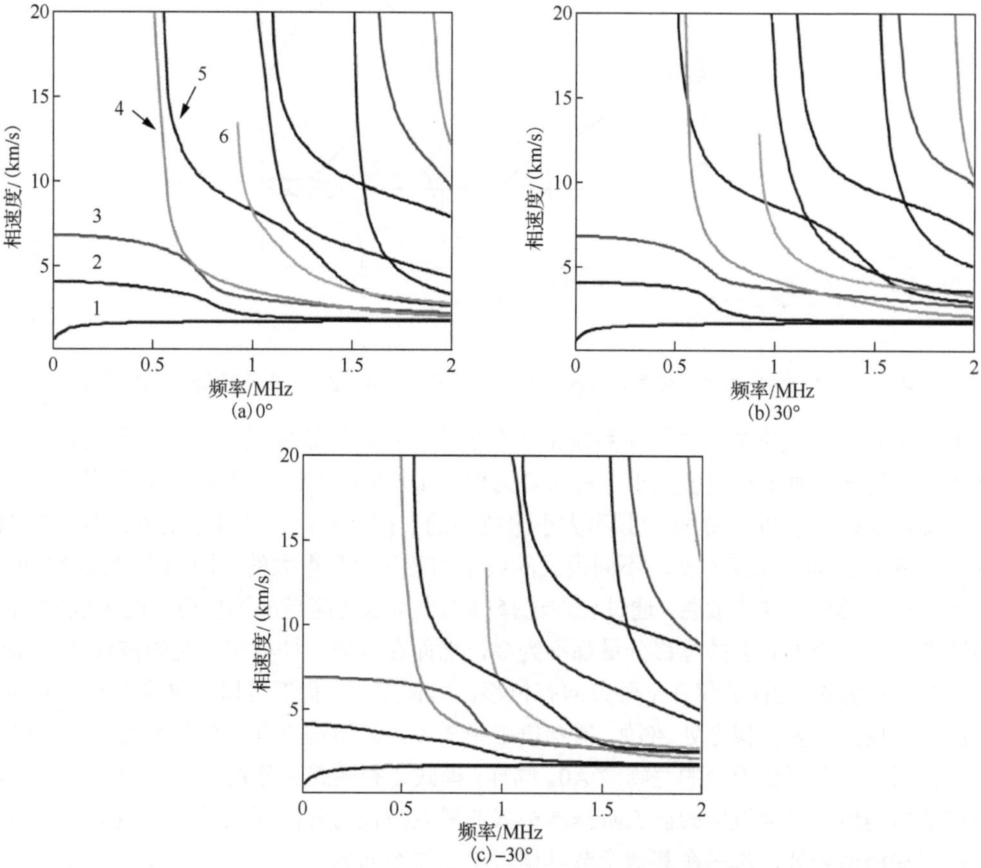

图 9-3　8 层准-各向同性板中导波模式在 0°、30°和−30°波矢方向上的相速度频散曲线

图 9-4 是由式(9.32)计算得到的群速度频散曲线。

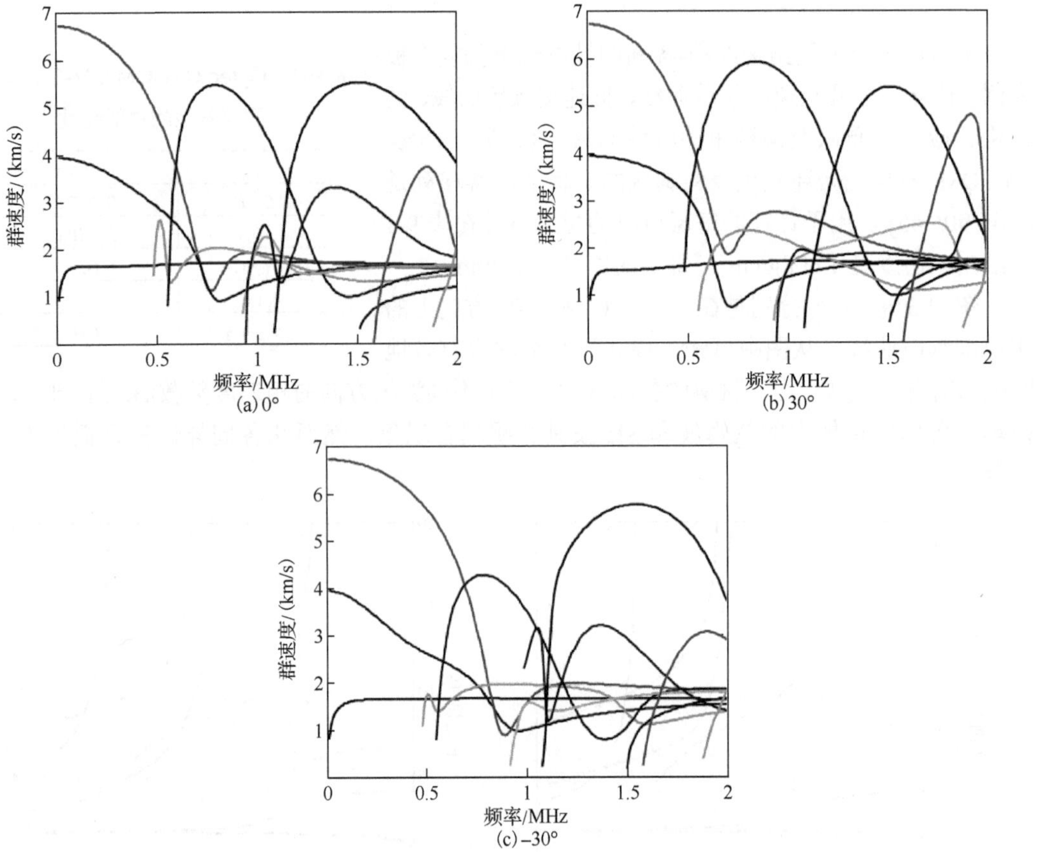

图 9-4　8 层准-各向同性板中导波模式在 0°、30° 和−30° 波矢方向上的群速度频散曲线

用 Gao(2007)提出的模式排序系统来命名复合板中的导波模式。三个截止频率为零的基本模式基于其低频时的相速度大小分别命名为模式 1、模式 2 和模式 3。其他阶数大于等于 4 的高阶模式是以 0° 方向上的截止频率大小来排序的。图 9-3(a)中标注了前 6 阶模式的编号。如图 9-5 所示，即使频率不变，不同模式的波结构变化也是很大的。因为不同波结构的导波模式点对不同类型的缺陷敏感，通过合理选择模式点可以提高导波无损检测的灵敏度。图 9-5 中的波结构在三个方向上的位移分量都不为零，然而在各向同性板中，兰姆波仅在 x 轴和 z 轴方向有位移分量，SH 波仅在 y 轴方向有位移。尽管如此，仍然可以在复合板和各向同性板的导波模式找到很多相似之处。例如，复合板中模式 1 的波结构具有一个显著的垂直位移(u_z)，模式 1 类似于各向同性板中的兰姆波 A0。同样，模式 2 和模式 3 分别类似于 SH0 和 S0 模式。由于波结构类似，复合板中的前三阶基本模式的激发特性与各向同性板中的 A0、S0 和 SH0 模式也有些相似之处，本书在其他章节具体讨论了这个问题。

图 9-6 给出了 500 kHz 时，复合板中前三阶基本模式在板厚方向的应力分布。利用式(9.7)和式(9.9)可根据波结构计算出相应的应力分布。从图 9-6 可知，计算得到的应力结果满足应力自由边界条件以及不同层之间的应力连续界面条件。因此，验证了计算结果的正确性。据式(9.36)可计算出如图 9-7 所示的偏转角频散曲线。式(9.36)中的积分是数值模拟得到的。

波矢方向是 0°。尽管复合板具有准-各向同性的层叠序列，由材料各向异性带来的偏转波角度却有较大的范围，从-45°到 38°。因此，使用各向异性材料中的导波时，需要认真研究波束偏转现象。

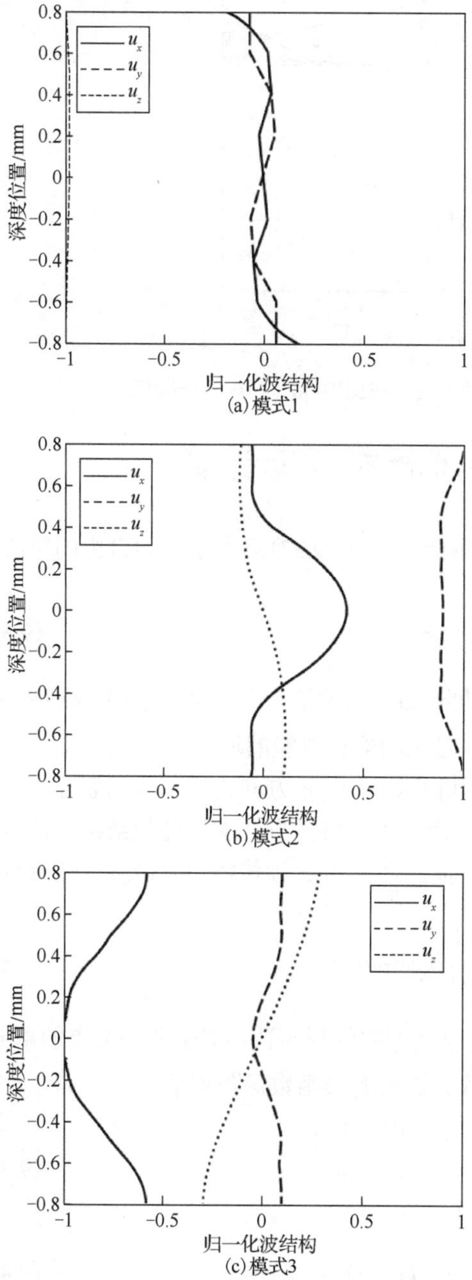

图 9-5　500kHz 的三个基本模式的波结构图

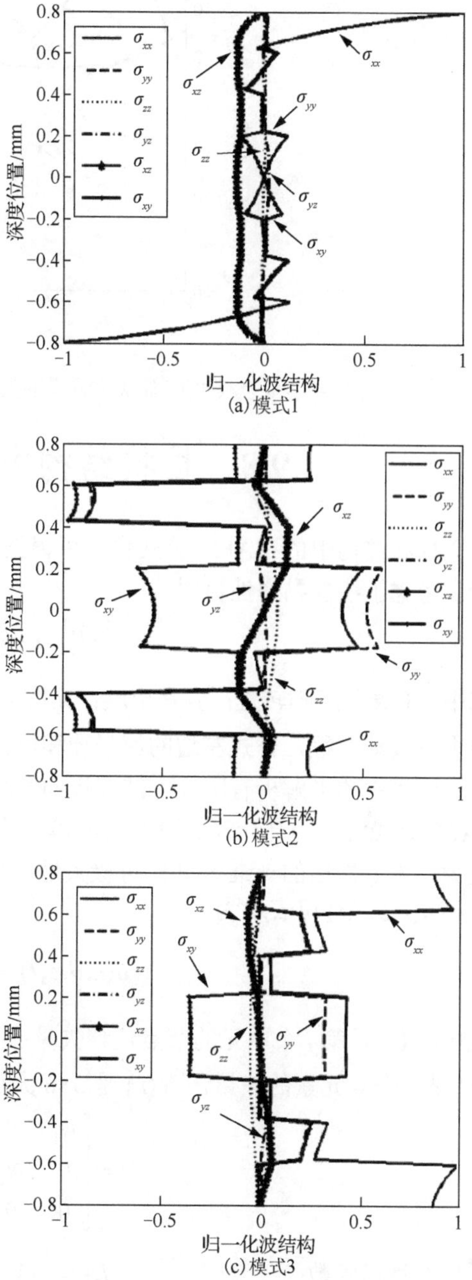

图 9-6　500kHz 时，复合板中前三阶基本模式在板厚方向的应力分布

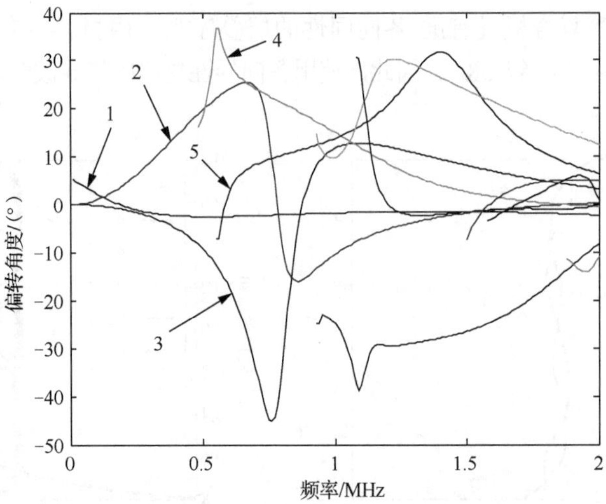

图 9-7 复合板中 0° 波矢方向上的扭曲角频散曲线。在图中标注了模式 1～模式 6

9.8 柱状结构中的半解析有限元计算

柱状结构中的 SAFE 公式也可以根据虚功原理计算。式(9.37)适用于应力自由的空心圆管。考虑了线性黏弹性材料

$$\int_V \delta \boldsymbol{u}^{\mathrm{T}} \cdot \rho \ddot{\boldsymbol{u}} \mathrm{d}V + \int_V \delta \boldsymbol{\varepsilon}^{\mathrm{T}} \cdot \boldsymbol{\sigma} \mathrm{d}V = 0 \tag{9.37}$$

式中，T 表示矩阵转置；ρ 是密度；$\ddot{\boldsymbol{u}}$ 是位移对时间 t 的二次导数。在柱坐标系 $\mathrm{d}V = r\mathrm{d}r\mathrm{d}\theta\mathrm{d}z$ 中求解波动方程，公式左边的第一项和第二项分别对应动能和势能的增量。

圆管中的半解析有限元方法在周向和轴向采用解析解，在 r 方向进行有限元划分，一维 SAFE 公式可以提高计算高阶弯曲波模式的精确度。用二维 SAFE 方法求解柱状结构时计算量很大，本节提出的一维 SAFE 可极大地缩短计算时间。对于沿 z 轴传播的时谐波，任意点的位移 $\boldsymbol{u}(r,\theta,z,t)$ 可表示为

$$\boldsymbol{u}(r,\theta,z,t) = \sum_{j=1}^{2} \boldsymbol{N}(r)\boldsymbol{U}^j \mathrm{e}^{\mathrm{i}(kz+n\theta-\omega t)} \tag{9.38}$$

式中，$\boldsymbol{U}^j$ 是第 j 个单元的节点位移矢量；$\boldsymbol{N}(r)$ 是厚度方向的形函数。对于两个节点的单元，$\boldsymbol{U}^j$ 是一个 6 元素的矢量，$\boldsymbol{N}(r)$ 是 3×6 大小的矩阵。选用的形函数矩阵如下

$$\boldsymbol{N} = \begin{bmatrix} N_1 & 0 & 0 & N_2 & 0 & 0 \\ 0 & N_1 & 0 & 0 & N_2 & 0 \\ 0 & 0 & N_1 & 0 & 0 & N_2 \end{bmatrix} \tag{9.39}$$

采用线性形函数

$$N_1 = \frac{1}{2}(1-\xi),\ N_2 = \frac{1}{2}(1+\xi) \tag{9.40}$$

式中，$-1 \leqslant \xi \leqslant 1$ 是 r 方向的自然坐标系。柱坐标系中的应变-位移关系是

$$\begin{aligned} &\varepsilon_{rr} = \frac{\partial u_r}{\partial r},\ \varepsilon_{\theta\theta} = \frac{u_r}{r} + \frac{1}{r}\frac{\partial u_\theta}{\partial \theta},\ \varepsilon_{zz} = \frac{\partial u_z}{\partial z} \\ &\gamma_{\theta z} = \frac{1}{r}\frac{\partial u_z}{\partial \theta} + \frac{\partial u_\theta}{\partial z},\ \gamma_{rz} = \frac{\partial u_r}{\partial z} + \frac{\partial u_z}{\partial r},\ \gamma_{r\theta} = \frac{1}{r}\frac{\partial u_r}{\partial \theta} + \frac{\partial u_\theta}{\partial r} - \frac{u_\theta}{r} \end{aligned} \tag{9.41}$$

将式(9.38)和式(9.40)代入应变-位移关系(9.41)中，则 6 个应变分量可表示为

$$\boldsymbol{\varepsilon}=(\boldsymbol{L}_1+\boldsymbol{L}_2)\boldsymbol{u}=(\boldsymbol{L}_1+\boldsymbol{L}_2)\boldsymbol{N}\boldsymbol{U}^j\mathrm{e}^{\mathrm{i}(kz+n\theta-\omega t)}=\left(\boldsymbol{B}_1+\mathrm{i}k\boldsymbol{B}_2\right)\boldsymbol{U}^j\mathrm{e}^{\mathrm{i}(kz+n\theta-\omega t)} \tag{9.42}$$

式中

$$\boldsymbol{L}_1=\begin{bmatrix}\dfrac{\partial}{\partial r} & 0 & 0\\ \dfrac{1}{r} & \dfrac{1}{r}\dfrac{\partial}{\partial\theta} & 0\\ 0 & 0 & 0\\ 0 & 0 & \dfrac{1}{r}\dfrac{\partial}{\partial\theta}\\ 0 & 0 & \dfrac{\partial}{\partial r}\\ \dfrac{1}{r}\dfrac{\partial}{\partial\theta} & \dfrac{\partial}{\partial r}-\dfrac{1}{r} & 0\end{bmatrix} \tag{9.43}$$

$$\boldsymbol{L}_2=\begin{bmatrix}0 & 0 & 0\\ 0 & 0 & 0\\ 0 & 0 & \dfrac{\partial}{\partial z}\\ 0 & \dfrac{\partial}{\partial z} & 0\\ \dfrac{\partial}{\partial z} & 0 & 0\\ 0 & 0 & 0\end{bmatrix} \tag{9.44}$$

$$\boldsymbol{B}_1=\begin{bmatrix}\dfrac{\partial N_1}{\partial r} & 0 & 0 & \dfrac{\partial N_2}{\partial r} & 0 & 0\\ \dfrac{N_1}{r} & \mathrm{i}\dfrac{n}{r}N_1 & 0 & \dfrac{N_2}{r} & \mathrm{i}\dfrac{n}{r}N_2 & 0\\ 0 & 0 & 0 & 0 & 0 & 0\\ 0 & 0 & \mathrm{i}\dfrac{n}{r}N_1 & 0 & 0 & \mathrm{i}\dfrac{n}{r}N_2\\ 0 & 0 & \dfrac{\partial N_1}{\partial r} & 0 & 0 & \dfrac{\partial N_2}{\partial r}\\ \mathrm{i}\dfrac{n}{r}N_1 & \dfrac{\partial N_1}{\partial r}-\dfrac{N_1}{r} & 0 & \mathrm{i}\dfrac{n}{r}N_2 & \dfrac{\partial N_2}{\partial r}-\dfrac{N_2}{r} & 0\end{bmatrix}_{6\times 6} \tag{9.45}$$

$$\boldsymbol{B}_2=\begin{bmatrix}0 & 0 & 0 & 0 & 0 & 0\\ 0 & 0 & 0 & 0 & 0 & 0\\ 0 & 0 & N_1 & 0 & 0 & N_2\\ 0 & N_1 & 0 & 0 & N_2 & 0\\ N_1 & 0 & 0 & N_2 & 0 & 0\\ 0 & 0 & 0 & 0 & 0 & 0\end{bmatrix}_{6\times 6} \tag{9.46}$$

将从式(9.42)获得的应变分量代入应变-应力本构关系中，可得到应力分量的表达式为

$$\boldsymbol{\sigma} = \boldsymbol{C}\boldsymbol{\varepsilon} = \boldsymbol{C}(\boldsymbol{B}_1 + \mathrm{i}k\boldsymbol{B}_2)\boldsymbol{U}^j \mathrm{e}^{\mathrm{i}(kz+n\theta-\omega t)} \tag{9.47}$$

式中，$\boldsymbol{C}$ 是刚度矩阵。基于对应原理，弹性材料的刚度矩阵 $\boldsymbol{C}$ 值是实数，而黏弹性材料的刚度矩阵 $\boldsymbol{C}$ 是复数(Christensen，1982)。

将位移式(9.38)、应变式(9.42)和应力式(9.47)代入控制方程式(9.37)，简化后可得 j 单元的公式如下

$$(\boldsymbol{K}_1^j + \mathrm{i}k\boldsymbol{K}_2^j + k^2\boldsymbol{K}_3^j)\boldsymbol{U}^j - \omega^2\boldsymbol{M}^j\boldsymbol{U}^j = 0 \tag{9.48}$$

式中

$$\begin{gathered}\boldsymbol{K}_1^j = \int_r\int_\theta \boldsymbol{B}_1^{\mathrm{T}}\boldsymbol{C}\boldsymbol{B}_1 r\mathrm{d}r\mathrm{d}\theta,\ \boldsymbol{K}_2^j = \int_r\int_\theta (\boldsymbol{B}_1^{\mathrm{T}}\boldsymbol{C}\boldsymbol{B}_2 - \boldsymbol{B}_2^{\mathrm{T}}\boldsymbol{C}\boldsymbol{B}_1) r\mathrm{d}r\mathrm{d}\theta,\\ \boldsymbol{K}_3^j = \int_r\int_\theta \boldsymbol{B}_2^{\mathrm{T}}\boldsymbol{C}\boldsymbol{B}_2 r\mathrm{d}r\mathrm{d}\theta \boldsymbol{M}^j \ = \rho\int_r\int_\theta \boldsymbol{N}^{\mathrm{T}}\boldsymbol{N} r\mathrm{d}r\mathrm{d}\theta\end{gathered} \tag{9.49}$$

同样，式(9.48)可组合成为一个方程组，该方程组可将式(9.21)中的矢量 $\boldsymbol{Q}$ 用矢量 $\boldsymbol{U}$ 替代后得到。进一步可简化为类似于式(9.23)的一阶本征系统，然后用标准的本征值求解程序求解。

小结

本章讨论了用 SAFE 方法求解多层板和多层柱状结构中导波的方法。用 SAFE 技术可模拟各向同性和多层各向异性的复合板和管结构。板和柱状结构中导波模式的正交性可用来进行频散曲线的分配。同时讨论了导波模式的重要特性，如群速度、能量速度、波结构、应力分布、坡印亭矢量和波束偏转角等，这些导波特性为导波应用提供了理论基础。本章给出了一个 8 层准-各向同性纤维增强复合板中导波特性的数值计算。从计算结果可知，即使复合板的层叠序列是准-各向同性的，材料各向异性对导波特性的影响仍然显著。另外，绘制了黏弹性覆层管中的完整频散曲线图。本章还讨论了 SAFE 技术的解收敛性，用波结构的分析解释了不同模式和频率带来的解收敛性差异。

习　题

9-1　SAFE 方法和传统有限元方法的不同之处有哪些？

9-2　SAFE 方法在超声导波应用中的优势是什么？

9-3　用 SAFE 方法计算求得的波数的实部和虚部的物理意义是什么？如何从波数计算波矢量方向？

9-4　什么是导波波束偏转现象？在具有准-各向同性的多层复合板中是否有波束偏转现象？

9-5　如何在空心圆管中用一维的 SAFE 方法求解弯曲波的频散曲线？

9-6　使用特定单元数目，为什么在低频时 SAFE 计算结果与解析方法相符，但在相对高频时差异较大？

9-7　列出一些不同横截面的波导，说明是否可以用 1D 或 2D SAFE 方法求解这些问题。

9-8　假如你有一个板中一维 SAFE 程序，如何将该程序扩展或修改，使其可用于求解二维 SAFE 问题。

9-9　对 9.7 节中给出的 8 层准-各向同性板，为什么一些模式-频率组合对应的偏转角大于其他模式？

9-10　为什么可以用模式正交性来对模式进行匹配排序？

参考文献

Auld B A. 1990. Acoustic Fields and Waves in Solids. Malabar: Krieger.

Bartoli I, Marzani A, Scalea F L D, et al. 2006. Modeling wave propagation in damped waveguides of arbitrary cross-section. Journal of Sound and Vibration, 295(3): 685-707.

Barshinger J N, Rose J L. 2004. Guided wave propagation in an elastic hollow cylinder coated with a viscoelastic material. IEEE Transactions on Ultrasonics Ferroelectrics & Frequency Control, 51(11): 1547-1556.

Bernard A, Lowe M J S, Deschamps M. 2001. Guided waves energy velocity in absorbing and non-absorbing plates, J. Acoust. Soc. Am. 110(1): 186-196.

Christensen R M. 1982. Theory of Viscoelasticity: An Introduction. 2nd ed. New York: Academic Press.

Damljanović V, Weaver R L. 2004. Forced response of a cylindrical waveguide with simulation of the wavenumber extraction problem. Journal of the Acoustical Society of America, 115(4): 1582-1591.

Dong S, Nelson R. 1972. On natural vibrations and waves in laminated orthotropic plates. Journal of Applied Mechanics, 39(3): 739-745.

Gao H. 2007. Ultrasonic guided wave mechanics for composite material structural health monitoring. Pennsylvania: The Pennsylvania State University.

Gavrić L. 1995. Computation of propagative waves in free rail using a finite element technique. Journal of Sound and Vibration, 185(3): 531-543.

Hayashi T, Song W, Rose J L. 2003. Guided wave dispersion curves for a bar with an arbitrary cross-section, a rod and rail example. Ultrasonics, 41(3):175-183.

Hayashi T, Kawashima K, Sun Z, et al. 2005. Guided wave propagation mechaninics across a pipe elbow. Transactions of the ASME, 127: 322-327.

Lee C. 2006. Guided waves in rail for transverse crack detection, Department of engineering science and mechanics. Pennsylvania: The Pennsylvania State University.

Liu G R, Achenbach J D. 1994. A strip element method for stress analysis of anisotropic linearly elastic solids. Journal of Applied Mechanics-Transactions of the ASME, 61(2): 270-277.

Liu G R, Achenbach J D. 1995. Strip element method to analyze wave scattering by cracks in anisotropic laminated plates. Journal of Applied Mechanics-Transactions of the ASME, 62(3): 607-613.

Loveday P W, Long C S. 2007. Time domain simulation of piezoelectric excitation of guided waves in rails using waveguide finite elements. Proceedings of SPIE, San Diego, 6529: 65290V-65290V-10.

Matt H, Bartoli I, Scalea F. 2005. Ultrasonic guided wave monitoring of composite wing skin-to-spar bonded joints in aerospace structures. Journal of the Acoustical Society of America, 118(4): 2240-2252.

Mu J, Rose J L. 2008. Guided wave propagation and mode differentiation in hollow cylinders with viscoelastic coatings. Journal of the Acoustical Society of America, 124(2): 866-874.

Nelson R B, Dong S B, Kalra R D. 1971. Vibrations and waves in laminated orthotropic circular cylinders. Journal of Sound and Vibration, 18(3): 429-444.

Shorter P J. 2004. Wave propagation and damping in linear viscoelastic laminates. Journal of the Acoustical Society of America, 115(5): 1917-1925.

Yan F. 2008. Ultrasonic guided wave phased array for isotropic and anisotropic plates. Pennsylvania: The Pennsylvania State University.

第 10 章　管中的导波

10.1　引　　言

近年来，导波检测受到了越来越多的关注，因为它可以从单个位置检测较长距离。超声导波被广泛用于板、杆和管道检测，可以检测埋地的、有涂层的、有绝缘层的、油浸的或在水泥中的部件。导波检测已经被证实可达到较高的缺陷检测灵敏度和较远的检测距离。柱状结构中的导波在周向和轴向传播。基于空心管不同的边界条件、材料特性和几何特征，可通过求解不同边界条件来描述波的特性。本章我们将分析柱状结构中沿着轴向传播的导波的求解方法。

10.2　轴向传播的导波

10.2.1　解析求解方法

根据空心管中可能出现的质点振动方向，轴向传播的导波包括纵波、扭转波及弯曲波。纵波的主要质点运动在 r 和(或) z 轴方向，扭转波的主要质点运动在 θ 轴方向。根据周向的能量分布，空心圆管中的导波包括轴对称模式和非轴对称模式。非轴对称模式也叫弯曲波模式，它们的质点振动包括周向、径向和轴向三个方向。为了方便，用 $L(m,n)$ 代表一个纵波模式组，用 $T(m,n)$ 代表一个扭转波模式组。其中，整数 m 代表模式的周向阶数，整数 n 代表某一模式组的阶数。轴对称模式的周向阶数 m=0。

如图 10-1 所示，当弹性各向同性空心圆管在内外界面都满足零应力(自由)边界条件时，导波传播的 Navier 波动控制方程可表示为

$$\mu\nabla^2\vec{U}+(\lambda+\mu)\nabla\nabla\cdot\vec{U}=\rho(\partial^2\vec{U}/\partial t^2) \tag{10.1}$$

式中，t 代表时间；$\vec{U}$ 是位移场，是柱坐标系位置常数和时间的函数。材料的体波波速由密度 ρ 和拉梅常数 μ 及 λ 决定。其中，纵波体波波速 c_1 和横波体波波速 c_2 分别可表示为

$$c_1=\sqrt{\frac{\lambda+2\mu}{\rho}} \tag{10.2}$$

$$c_2=\sqrt{\frac{\mu}{\rho}} \tag{10.3}$$

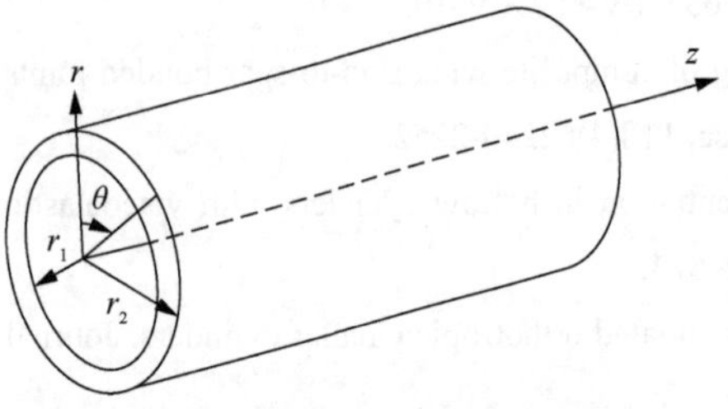

图 10-1　空心圆管中的柱坐标系

在各向同性柱体中，Helmholtz 分解可用于简化问题

$$\vec{U}=\nabla\Phi+\nabla\times\vec{H} \tag{10.4}$$

式中，用标量膨胀势函数 Φ 和矢量等体积势函数 $\vec{H}$ 来表示位移场。

用边界条件来求解波动控制方程。空心圆管的内外界面上都满足自由边界条件。假设管无限长，此时规范不变性可定义为

$$\nabla\cdot\vec{H}=0 \tag{10.5}$$

此处规范不变性条件也称为等体积条件，也就是说，整个结构的体积是常数。因为空心管具有无限大的长度和体积，所以规范不变性条件适用。利用规范不变性条件，不需要考虑空心管两端的边界条件就可求解波动方程。

将式(10.4)代入式(10.1)，可得

$$\nabla^2\Phi=\frac{1}{c_1}\frac{\partial^2\Phi}{\partial t^2} \tag{10.6}$$

$$\nabla^2\vec{H}=\frac{1}{c_2}\frac{\partial^2\vec{H}}{\partial t^2} \tag{10.7}$$

基于弹性理论，柱坐标系下的位移势函数 $\vec{H}$ 和 Φ 可表示为

$$\nabla^2\Phi=\frac{\partial^2\Phi}{\partial r^2}+\frac{1}{r}\frac{\partial\Phi}{\partial r}+\frac{1}{r^2}\frac{\partial^2\Phi}{\partial\theta^2}+\frac{\partial^2\Phi}{\partial z^2} \tag{10.8}$$

$$\vec{H}=H_r\vec{e}_r+H_\theta\vec{e}_\theta+H_z\vec{e}_z \tag{10.9}$$

$$\begin{aligned}\nabla^2\vec{H}&=\nabla^2(H_r\vec{e}_r+H_\theta\vec{e}_\theta+H_z\vec{e}_z)\\&=\left(\nabla^2H_r-\frac{1}{r^2}H_r-2\frac{1}{r^2}\frac{\partial H_\theta}{\partial\theta}\right)\vec{e}_r+\left(\nabla^2H_\theta-\frac{1}{r^2}H_\theta+2\frac{1}{r^2}\frac{\partial H_r}{\partial\theta}\right)\vec{e}_\theta+\nabla^2H_z\vec{e}_z\end{aligned} \tag{10.10}$$

为了分离变量，Gazis (1959a) 把位移势函数表达为

$$\begin{aligned}\Phi&=f(r)\Theta(m\theta)\mathrm{e}^{\mathrm{i}(kz-\omega t)}\\H_r&=h_r(r)\Theta_r(m\theta)\mathrm{e}^{\mathrm{i}(kz-\omega t)}\\H_\theta&=h_\theta(r)\Theta_\theta(m\theta)\mathrm{e}^{\mathrm{i}(kz-\omega t)}\\H_z&=h_z(r)\Theta_z(m\theta)\mathrm{e}^{\mathrm{i}(kz-\omega t)}\end{aligned} \tag{10.11}$$

式中，整数 m 是模式波的周向阶数，$m = 0,1,2,\cdots$；k 是波数；$f(r)$ 和 $h_\xi(r)$ $(\xi=r,\theta,z)$ 是未知系数。

为满足 θ 和 $\theta+2\pi$ 处的连续条件，函数 $\Theta(m\theta)$ 和 $\Theta_\xi(m\theta)$ $(\xi=r,\theta,z)$ 必须只包含 $\sin(m\theta)$ 和(或) $\cos(m\theta)$。因此，Gazis 作了以下假定

$$\begin{aligned}\Phi&=f(r)\cos(m\theta)\mathrm{e}^{\mathrm{i}(kz-\omega t)}\\H_r&=h_r(r)\sin(m\theta)\mathrm{e}^{\mathrm{i}(kz-\omega t)}\\H_\theta&=h_\theta(r)\cos(m\theta)\mathrm{e}^{\mathrm{i}(kz-\omega t)}\\H_z&=h_z(r)\sin(m\theta)\mathrm{e}^{\mathrm{i}(kz-\omega t)}\end{aligned} \tag{10.12}$$

引入式(10.12)后，位移有如下形式

$$\begin{aligned}U_r&=A_r(r)\cos(m\theta)\mathrm{e}^{\mathrm{i}(kz-\omega t)}\\U_\theta&=A_\theta(r)\sin(m\theta)\mathrm{e}^{\mathrm{i}(kz-\omega t)}\\U_z&=A_z(r)\cos(m\theta)\mathrm{e}^{\mathrm{i}(kz-\omega t)}\end{aligned} \tag{10.13}$$

按照式(10.13)，当 $m=0$(轴对称模式)时，周向位移分量 $U_\theta=0$。任何轴对称扭转模式的主要位移都是周向位移分量 U_θ，因此，式(10.12)不适合描述扭转模式。或者说，Gazis 解仅适用于纵波模式求解，而不适用于扭转波。

2005 年，Sun 等给出了一个适用于扭转波的解

$$\begin{aligned}\Phi&=f(r)\sin(m\theta)\mathrm{e}^{\mathrm{i}(kz-\omega t)}\\H_r&=h_r(r)\cos(m\theta)\mathrm{e}^{\mathrm{i}(kz-\omega t)}\end{aligned} \tag{10.14}$$

$$H_\theta = h_\theta(r)\sin(m\theta)e^{i(kz-\omega t)}$$
$$H_z = h_z(r)\cos(m\theta)e^{i(kz-\omega t)}$$

既适用于纵波又适用于扭转波的位移势函数可表示为

$$\begin{aligned}\Phi &= f(r)e^{im\theta}e^{i(kz-\omega t)}\\ H_r &= h_r(r)e^{im\theta}e^{i(kz-\omega t)}\\ H_\theta &= h_\theta(r)e^{im\theta}e^{i(kz-\omega t)}\\ H_z &= h_z(r)e^{im\theta}e^{i(kz-\omega t)}\end{aligned} \tag{10.15}$$

只考虑轴对称模式时，式(10.15)可简化为

$$\Phi = f(r)e^{i(kz-\omega t)},\ H = h(r)e^{i(kz-\omega t)} \tag{10.16}$$

为简化，我们引入

$$\alpha^2 = \omega^2/c_1^2 - k^2,\ \beta^2 = \omega^2/c_2^2 - k^2,\ \alpha_1 = |\alpha|,\ \beta_1 = |\beta| \tag{10.17}$$

将式(10.8)～式(10.11)、式(10.15)和式(10.17)代入式(10.6)和式(10.7)，可得

$$r^2 f'' + rf' + \left[\left(\frac{\omega^2}{c_1^2} - k^2\right)r^2 - m^2\right]f = 0 \tag{10.18}$$

$$r^2 h_r'' + rh_r' + \left[\left(\frac{\omega^2}{c_2^2} - k^2\right)r^2 - (m^2+1)\right]h_r - 2mih_\theta = 0 \tag{10.19}$$

$$r^2 h_\theta'' + rh_\theta' + \left[\left(\frac{\omega^2}{c_2^2} - k^2\right)r^2 - (m^2+1)\right]h_\theta + 2mih_r = 0 \tag{10.20}$$

$$r^2 h_z'' + rh_z' + \left[\left(\frac{\omega^2}{c_2^2} - k^2\right)r^2 - m^2\right]h_z = 0 \tag{10.21}$$

使

$$2h_1 = (ih_r - h_\theta),\ 2h_2 = (ih_r + h_\theta),\ h_3 = h_z \tag{10.22}$$

式(10.19)～式(10.21)变成

$$r^2 h_1'' + rh_1' + \left[\left(\frac{\omega^2}{c_2^2} - k^2\right)r^2 - (m+1)^2\right]h_1 = 0 \tag{10.23}$$

$$r^2 h_2'' + rh_2' + \left[\left(\frac{\omega^2}{c_2^2} - k^2\right)r^2 - (m-1)^2\right]h_2 = 0 \tag{10.24}$$

$$r^2 h_3'' + rh_3' + \left[\left(\frac{\omega^2}{c_2^2} - k^2\right)r^2 - m^2\right]h_3 = 0 \tag{10.25}$$

求解贝塞尔方程可得

$$\begin{aligned}f &= AZ_m(\alpha_1 r) + BW_m(\alpha_1 r)\\ h_3 &= h_z = A_3 Z_m(\beta_1 r) + B_3 W_m(\beta_1 r)\\ h_1 &= \frac{(ih_r - h_\theta)}{2} = A_1 Z_{m+1}(\beta_1 r) + B_1 W_{m+1}(\beta_1 r)\\ h_2 &= \frac{(ih_r + h_\theta)}{2} = A_2 Z_{m-1}(\beta_1 r) + B_2 W_{m-1}(\beta_1 r)\end{aligned} \tag{10.26}$$

式中，函数 Z_m 和 W_m 是 m 阶贝塞尔函数，它们可定义为

$$Z_m(\alpha_1 r)=\begin{cases} J_m(\alpha_1 r), & \text{如果}\dfrac{\omega^2}{c_1^2}-k^2\geqslant 0 \\ I_m(\alpha_1 r), & \text{如果}\dfrac{\omega^2}{c_1^2}-k^2<0 \end{cases} \tag{10.27}$$

$$W_m(\alpha_1 r)=\begin{cases} K_m(\alpha_1 r), & \text{如果}\dfrac{\omega^2}{c_1^2}-k^2\geqslant 0 \\ Y_m(\alpha_1 r), & \text{如果}\dfrac{\omega^2}{c_1^2}-k^2<0 \end{cases} \tag{10.28}$$

$$Z_m(\beta_1 r)=\begin{cases} J_m(\beta_1 r), & \text{如果}\dfrac{\omega^2}{c_2^2}-k^2\geqslant 0 \\ I_m(\beta_1 r), & \text{如果}\dfrac{\omega^2}{c_2^2}-k^2<0 \end{cases} \tag{10.29}$$

$$W_m(\beta_1 r)=\begin{cases} K_m(\beta_1 r), & \text{如果}\dfrac{\omega^2}{c_2^2}-k^2\geqslant 0 \\ Y_m(\beta_1 r), & \text{如果}\dfrac{\omega^2}{c_2^2}-k^2<0 \end{cases} \tag{10.30}$$

同样，规范不变性条件可表示为

$$\frac{\mathrm{i}}{r}(-h_1-h_2-rh_1'-rh_2'+mh_2-mh_1+krh_3)=0 \tag{10.31}$$

将式(10.26)代入式(10.4)，则位移场可表示为

$$U_r=\frac{\partial\Phi}{\partial r}+\frac{1}{r}\frac{\partial H_z}{\partial\theta}-\frac{\partial H_\theta}{\partial z}=[f'+(\mathrm{i}m/r)h_3+\mathrm{i}kh_1-\mathrm{i}kh_2]\mathrm{e}^{\mathrm{i}m\theta}\mathrm{e}^{\mathrm{i}(kz-\omega t)} \tag{10.32}$$

$$U_\theta=\frac{1}{r}\frac{\partial\Phi}{\partial\theta}+\frac{\partial H_r}{\partial z}-\frac{\partial H_z}{\partial r}=[(\mathrm{i}m/r)f+kh_1+kh_2-h_3']\mathrm{e}^{\mathrm{i}m\theta}\mathrm{e}^{\mathrm{i}(kz-\omega t)} \tag{10.33}$$

$$\begin{aligned} U_z&=\frac{\partial\Phi}{\partial z}+\frac{1}{r}\frac{\partial}{\partial r}(rH_\theta)-\frac{1}{r}\frac{\partial H_r}{\partial\theta} \\ &=\left[\mathrm{i}kf+h_2'-h_1'-(m+1)(h_1/r)-(m-1)(h_2/r)\right]\mathrm{e}^{\mathrm{i}m\theta}\mathrm{e}^{\mathrm{i}(kz-\omega t)} \end{aligned} \tag{10.34}$$

基于弹性理论，纵波模式的应力场表示为

$$\begin{aligned} \sigma_{rr}&=\lambda\nabla^2\Phi+2\mu\varepsilon_{rr}=\lambda\nabla^2\Phi+2\mu\frac{\partial U_r}{\partial r} \\ &=\left\{-\lambda\left(\alpha^2+k^2\right)f+2\mu\left[f''+\frac{m}{r}\left(h_3'-\frac{h_3}{r}\right)+\mathrm{i}k(h_1'-h_2')\right]\right\}\mathrm{e}^{\mathrm{i}m\theta}\mathrm{e}^{\mathrm{i}(kz-\omega t)} \end{aligned} \tag{10.35}$$

$$\begin{aligned} \sigma_{r\theta}&=2\mu\varepsilon_{r\theta}=2\mu(1/2)\left[r\frac{\partial}{\partial r}\left(\frac{U_\theta}{r}\right)+\frac{1}{r}\frac{\partial U_r}{\partial\theta}\right] \\ &=\mu\left[\frac{2m\mathrm{i}}{r}\left(f'-\frac{f}{r}\right)-k\left(\frac{m-1}{r}h_1-h_1'\right)+k\left(\frac{m+1}{r}h_2+h_2'\right)+\beta^2h_3\right]\mathrm{e}^{\mathrm{i}m\theta}\mathrm{e}^{\mathrm{i}(kz-\omega t)} \end{aligned} \tag{10.36}$$

$$\begin{aligned} \sigma_{rz}&=2\mu\varepsilon_{rz}=2\mu(1/2)\left[\frac{\partial U_r}{\partial z}+\frac{\partial U_z}{\partial r}\right] \\ &=\mu\left\{2\mathrm{i}kf'+\frac{m}{r}\left(h_1'+\frac{m+1}{r}h_1\right)+\left(k^2-\beta^2\right)(h_1-h_2)-\frac{mk}{r}h_3-\frac{m}{r}\left(h_2'+\frac{m-1}{r}h_2\right)\right\}\mathrm{e}^{\mathrm{i}m\theta}\mathrm{e}^{\mathrm{i}(kz-\omega t)} \end{aligned} \tag{10.37}$$

无限长空心圆管在内界面 $(r=r_1)$ 和外界面 $(r=r_2)$ 上的应力都为零，自由边界条件可表示为 6 个应力分量都为零，即

$$\sigma_{rr}=\sigma_{r\theta}=\sigma_{rz}=0\ (\text{当}\ r=r_1, r=r_2\ \text{时}) \tag{10.38}$$

以及在 $r=r_1$ 和 $r=r_2$ 处的两个规范不变性条件方程。

因此，可得以下本征值方程

$$\begin{bmatrix} C_{11} & C_{12} & \cdots & C_{18} \\ C_{21} & C_{22} & \cdots & C_{28} \\ \vdots & \vdots & & \vdots \\ C_{81} & C_{82} & \cdots & C_{88} \end{bmatrix} \begin{bmatrix} A \\ B \\ \vdots \\ B_3 \end{bmatrix} = \begin{bmatrix} 0 \\ 0 \\ \vdots \\ 0 \end{bmatrix} \tag{10.39}$$

使 $k_1=\dfrac{\omega}{c_1}$，$k_2=\dfrac{\omega}{c_2}$，$[C]_{8\times8}$ 矩阵元素可表示如下。

假设 $r=r_1$，矩阵前三行的元素为

$$\begin{aligned}
C_{11} &= \frac{2\mu}{\lambda} Z''_m(\alpha_1 r) - k_1^2 Z_m(\alpha_1 r) \\
C_{12} &= \frac{2\mu}{\lambda} W''_m(\alpha_1 r) - k_1^2 W_m(\alpha_1 r) \\
C_{13} &= \frac{2\mu k\mathrm{i}}{\lambda} Z'_{m+1}(\beta_1 r) \\
C_{14} &= \frac{2\mu k\mathrm{i}}{\lambda} W'_{m+1}(\beta_1 r) \\
C_{15} &= -\frac{2\mu k\mathrm{i}}{\lambda} Z'_{m-1}(\beta_1 r) \\
C_{16} &= -\frac{2\mu k\mathrm{i}}{\lambda} W'_{m-1}(\beta_1 r) \\
C_{17} &= \frac{2\mu m}{\lambda r}\left(Z'_m(\beta_1 r) - \frac{Z_m(\beta_1 r)}{r} \right) \\
C_{18} &= \frac{2\mu m}{\lambda r}\left(W'_m(\beta_1 r) - \frac{W_m(\beta_1 r)}{r} \right) \\
C_{21} &= \frac{2m\mathrm{i}}{r}\left(Z'_m(\alpha_1 r) - \frac{Z_m(\alpha_1 r)}{r} \right) \\
C_{22} &= \frac{2m\mathrm{i}}{r}\left(W'_m(\alpha_1 r) - \frac{W_m(\alpha_1 r)}{r} \right) \\
C_{23} &= -k\left(\frac{m-1}{r} Z_{m+1}(\beta_1 r) - Z'_{m+1}(\beta_1 r) \right) \\
C_{24} &= -k\left(\frac{m-1}{r} W_{m+1}(\beta_1 r) - W'_{m+1}(\beta_1 r) \right) \\
C_{25} &= k\left(\frac{m+1}{r} Z_{m-1}(\beta_1 r) + Z'_{m-1}(\beta_1 r) \right) \\
C_{26} &= k\left(\frac{m+1}{r} W_{m-1}(\beta_1 r) + W'_{m-1}(\beta_1 r) \right)
\end{aligned} \tag{10.40}$$

$$C_{27}=\beta^2 Z_m(\beta_1 r)$$
$$C_{28}=\beta^2 W_m(\beta_1 r)$$
$$C_{31}=2\mathrm{i}kZ'_m(\alpha_1 r)$$
$$C_{32}=2\mathrm{i}kW'_m(\alpha_1 r)$$
$$C_{33}=\left(\frac{m(m+1)}{r^2}+2k^2-k_2^2\right)Z_{m+1}(\beta_1 r)+\frac{m}{r}Z'_{m+1}(\beta_1 r)$$
$$C_{34}=\left(\frac{m(m+1)}{r^2}+2k^2-k_2^2\right)W_{m+1}(\beta_1 r)+\frac{m}{r}W'_{m+1}(\beta_1 r)$$
$$C_{35}=-\left(\frac{m(m-1)}{r^2}+2k^2-k_2^2\right)Z_{m-1}(\beta_1 r)-\frac{m}{r}Z'_{m-1}(\beta_1 r)$$
$$C_{36}=-\left(\frac{m(m-1)}{r^2}+2k^2-k_2^2\right)W_{m-1}(\beta_1 r)-\frac{m}{r}W'_{m-1}(\beta_1 r)$$
$$C_{37}=-\frac{km}{r}Z_m(\beta_1 r)$$
$$C_{38}=-\frac{km}{r}W_m(\beta_1 r)$$

假设$r=r_2$，矩阵第 4～6 行的元素也可以用式(10.40)表示。

除此之外，矩阵最后两行的元素可由式(10.31)求解出，它们是

$$\begin{aligned}&C_{71}=C_{72}=C_{74}=C_{76}=C_{78}=0,\ C_{73}=-\beta_1,\ C_{77}=k\\&C_{81}=C_{82}=C_{83}=C_{85}=C_{87}=0,\ C_{86}=\beta_1,\quad C_{88}=k\end{aligned}\tag{10.41}$$

若$c\geqslant c_2$，则$C_{75}=\beta_1$，$C_{84}=-\beta_1$；否则$C_{75}=-\beta_1$，$C_{84}=\beta_1$。

空心管中的频散曲线可由本征值得到。图 10-2 给出了直径 3in、标号 40 的(内半径 39 mm，外半径 44.45 mm)钢管中纵波和扭转波的频散曲线。

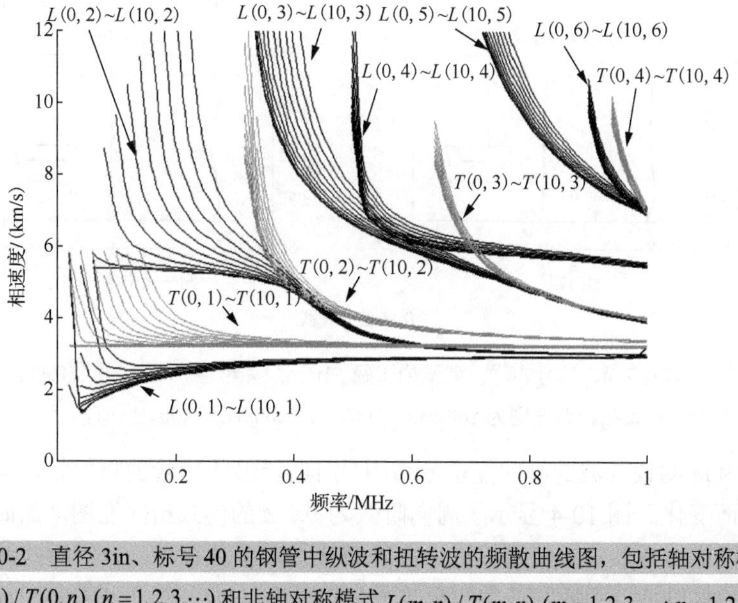

图 10-2　直径 3in、标号 40 的钢管中纵波和扭转波的频散曲线图，包括轴对称模式 $L(0,n)/T(0,n)$ $(n=1,2,3,\cdots)$ 和非轴对称模式 $L(m,n)/T(m,n)$ $(m=1,2,3,\cdots;\ n=1,2,3,\cdots)$

由本征矢量的实部可得到每个模式的位移分布情况。在 r 轴方向的能量分布称为波结构，在 θ 轴方向的能量分布称为角度剖面(或指向性图)。图 10-3 说明同一组(n 相同)模式具有类似的波结构。图 10-3 中，$L(2,1)$ 模式具有一个很小的周向位移分量，而轴对称模式 $L(0,1)$ 的周向位移分量为零，$U_\theta = 0$。

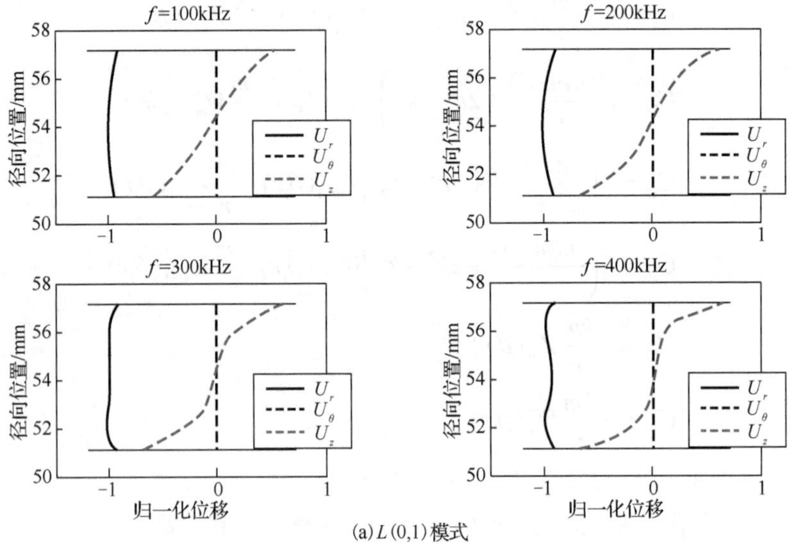

(a) $L(0,1)$ 模式

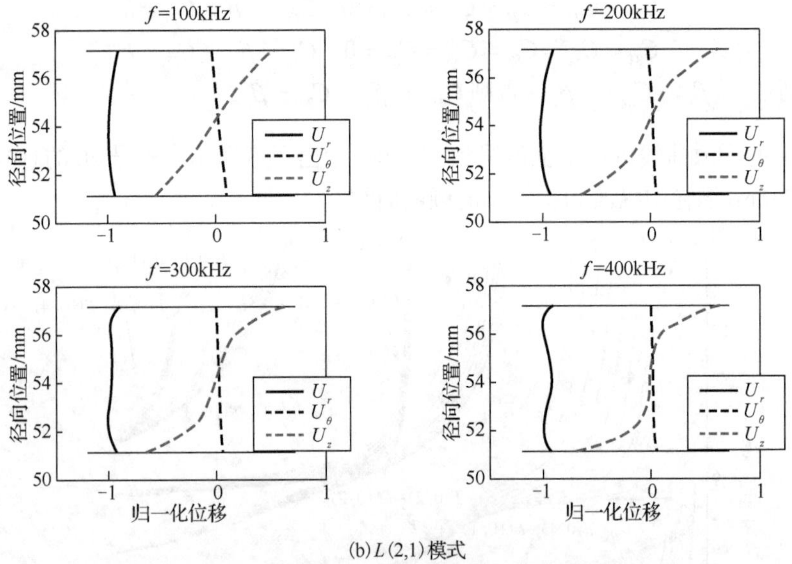

(b) $L(2,1)$ 模式

图 10-3　直径 4in、标号 40 的钢管(内半径 51mm，外半径 57mm)中 $L(0,1)$ 模式和 $L(2,1)$ 模式在频率分别为 100kHz、200kHz、300kHz、400kHz 时的波结构

周向阶数为 m 的模式波的周向能量分布图(指向性图)不随管的材料特性具体数值以及模式阶数 n 变化而变化。图 10-4 显示了周向阶数为 0～2 的模式指向性图。然而，在实际测量中，由于一组模式的频散曲线特别接近，高阶模式很难单独存在，一组模式波的传播周向能量分布图受管的材料特性和激发条件的影响很大。

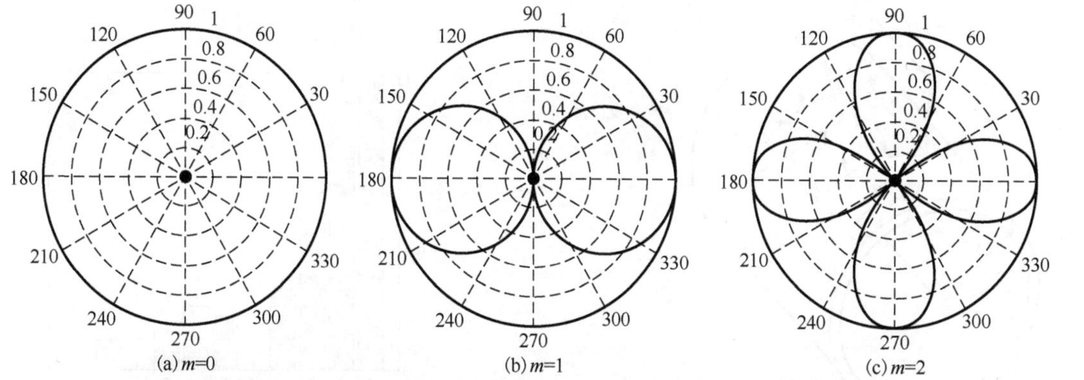

图 10-4 周向阶数为 $m=0, m=1, m=2$ 的模式组 $n=0,1,2,3,\cdots$ 的周向能量分布图。从图中可看出，管道性质和模式阶数 n 都不会影响到单个模式的周向能量分布

10.2.2 激发条件和周向能量分布

Ditri 和 Rose(1992) 从式(10.32)～式(10.34)中推导了质点速度场，如下

$$v_r = R_r^{mn}(r)\mathrm{e}^{\mathrm{i}m\theta}\mathrm{e}^{\mathrm{i}(\omega t-k^{mn}z)}$$
$$v_\theta = R_\theta^{mn}(r)\mathrm{e}^{\mathrm{i}m\theta}\mathrm{e}^{\mathrm{i}(\omega t-k^{mn}z)},\quad m=0,1,2,\cdots;n=1,2,3,\cdots \tag{10.42}$$
$$v_z = R_z^{mn}(r)\mathrm{e}^{\mathrm{i}m\theta}\mathrm{e}^{\mathrm{i}(\omega t-k^{mn}z)}$$

两个模式 $M(m,n)$ 和 $M(l,s)$ (其中，M 代表纵波模式 L 或者扭转波模式 T) 之间的正交关系可表示为

$$P_{m\ln s} = -\frac{1}{4}\iint_D(\vec{v}_{mn}^* \cdot \hat{T}_{ls} + \vec{v}_{ls}^* \cdot \hat{T}_{mn})\cdot \vec{e}_z \mathrm{d}V = 0,\ \ m\neq l \text{ 或 } k^{mn}\neq k^{ls} \tag{10.43}$$

式中，D 代表圆柱的截面区域；$\vec{v}$ 和 $\hat{T}$ 代表模式的速度场和应力场；星号代表复共轭。

图 10-5 给出的导波发生器的负载条件是

$$\hat{T}\cdot\vec{n} = \begin{cases} -p_1(\theta)p_2(z)\vec{e}_\xi, & |z|\leqslant L, |\theta|\leqslant\alpha,\ r=b \\ 0,\ \ |z|>L, \text{或}\ \ |\theta|>\alpha, \text{或}\ \ r\neq b \end{cases} \tag{10.44}$$

式中，$\vec{e}_\xi$ $(\xi=1,2,3)$ 代表主要振动方向。

应用负载条件可得模式波 $M(m,n)$ 在正传播方向上的应力幅度值

$$A_+^{mn} = -\frac{R_\xi^{mn}(r)\mathrm{e}^{-\mathrm{i}k^{mn}z}r_{n+1}}{4P_{mmnn}}\int_{-\alpha}^{-\alpha+2\pi}\mathrm{e}^{\mathrm{i}m\theta}p_1(\theta)\mathrm{d}\theta\int_{-\infty}^{\infty}p_2(z)\mathrm{e}^{\mathrm{i}k^{mn}z}\mathrm{d}z,\ \ z\geqslant L,\ \ \xi=1,2,3 \tag{10.45}$$

图 10-6 给出了直径 16in、标号 30 钢管中，90° 周向负载角度和 10mm 轴向长度换能器激励下的 100kHz $L(m,2)$ 模式组的位移分布图。

从图 10-6 可看出高周向阶数(m 较大)模式的幅度较小。因此，讨论一组模式的能量分布时，通常可以忽略周向阶数 m 较高的模式的影响。Li 和 Rose(2001)首次给出了空心圆管中所有纵波模式组的导波场周向能量分布图，他们将一组模式中每个模式的周向能量分布乘以各自的加权系数 A_+^{mn} 后相加，得到整个模式组的周向能量分布。加权系数 A_+^{mn} 是用通过(10.45)计算出的幅度值。图 10-7 给出了一些周向能量分布图的例子。

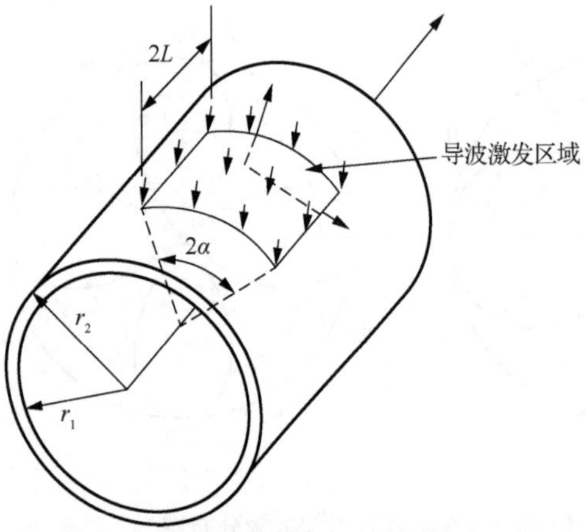

图 10-5　置于空心圆管(内径 r_1，外径 r_2)上的超声波发生器。负载的轴向长度是 2L，周向长度是 2α

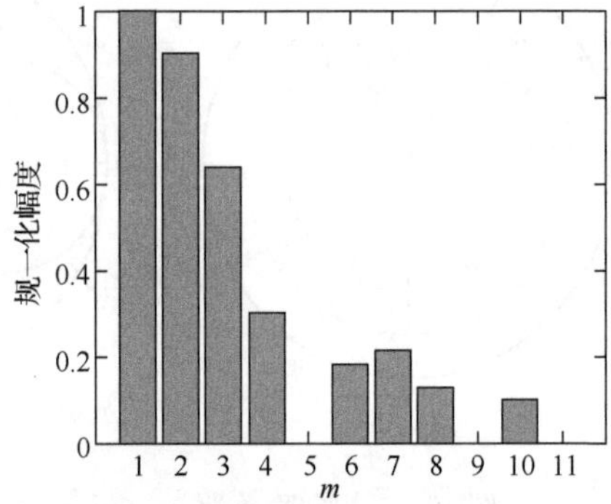

图 10-6　直径 16in、标号 30 的钢管在 90° 周向负载激励下，100kHz 的 L(m,2) 模式组的位移分布图

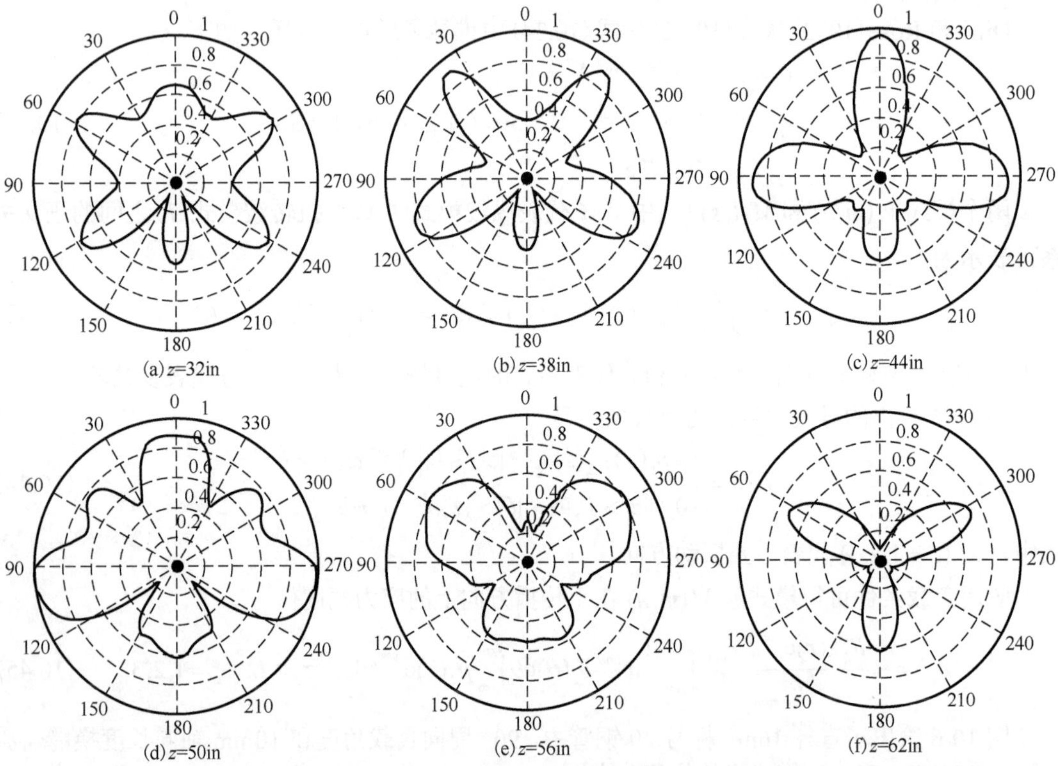

图 10-7　壁厚 0.125in、直径 2in 的钢管在 45° 周向激励下，频率为 545kHz，扭转波模式组的周向能量分布图。图中轴向距离 z 在 32～62in 等间隔变化，间隔为 6in

类似的是，总的波分布也是由模式阶数的波结构及其幅度值决定的。例如，图 10-8 给出了直径 4in、标号 40 的钢管(内半径 51mm，外半径 57mm)中的一组 L(m,1) 模式的波结构图。比较图 10-8 和图 10-3 可知，同一组模式中所有模式的波结构都是类似的。

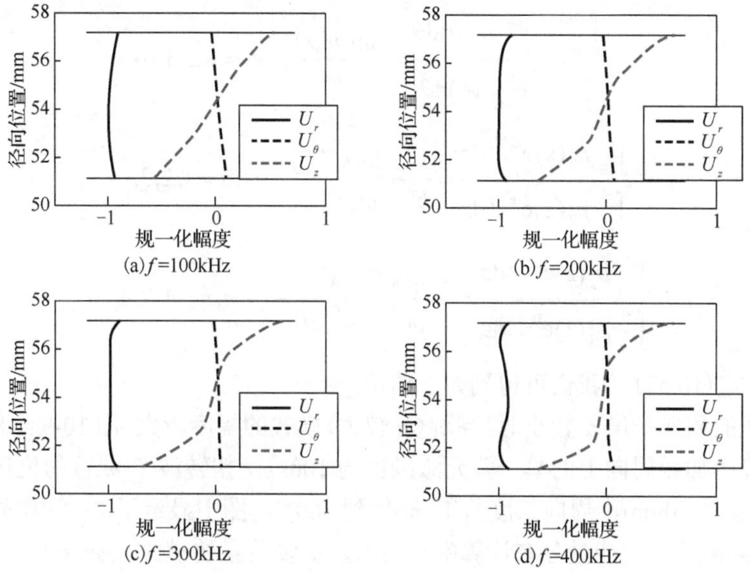

图 10-8　直径 4in、标号 40 的钢管中，$L(m,1)$ 模式在频率为 100kHz、200kHz、300kHz、400kHz 时的波结构

10.2.3　激发源的影响

依据式(10.43)，在某一位置(r_0,θ_0,z_0)处，一组模式的加权因子 A_+^{mn} 仅由激发条件(包括频率、加载的位置和负载激励函数)决定。如图 10-5 所示，管道表面 $2\alpha\times 2L$ 区域均匀加载了一个时振负载，我们假设周向负载分布函数如下

$$p_1(\theta)=\begin{cases}p_0, & -\alpha\leqslant\theta\leqslant\alpha\\ 0, & -\alpha>\theta\text{或}\theta>\alpha\end{cases}\tag{10.46}$$

式中，p_0 是由负载力决定的常数。

垂直入射换能器的轴向负载分布函数 $p_2(z)$ 是

$$p_2(z)=\begin{cases}1, & |z|\leqslant L\\ 0, & |z|>L\end{cases}\tag{10.47}$$

当激发频率较高时，斜探头或梳状换能器被广泛用于激励出特定模式。为了激发出某一特定模式 $M(m,n)$ (M 代表 L 或 T)，入射波的波数需要等于 k^{mn}。由于一组模式的波数通常近似于轴对称模式(通常具有较大幅度)的波数 k^{0n}，我们选择波数 k^{0n} 为入射波数。因此，负载函数 $p_2(z)$ 变成

$$p_2(z)=\begin{cases}\mathrm{e}^{-\mathrm{i}k^{0n}z}, & |z|\leqslant L\\ 0, & \text{其他}\end{cases}\tag{10.48}$$

式(10.45)中的幅度 A_+^{mn} 可用轴对称模式的幅度 A_+^{0n} 进行归一化，得

$$\frac{\int_{-\alpha}^{-\alpha+2\pi}\mathrm{e}^{\mathrm{i}m\theta}p_1(\theta)\mathrm{d}\theta}{\int_{-\alpha}^{-\alpha+2\pi}\mathrm{e}^{0}p_1(\theta)\mathrm{d}\theta}\cdot\frac{\int_{-\infty}^{\infty}p_2(z)\mathrm{e}^{\mathrm{i}k^{mn}z}\mathrm{d}z}{\int_{-\infty}^{\infty}p_2(z)\mathrm{e}^{\mathrm{i}k^{0n}z}\mathrm{d}z},\quad m=1,2,3,\cdots\tag{10.49}$$

将式(10.46)和式(10.47)(或式(10.48))代入式(10.49)中，可得

$$\frac{\int_{-\alpha}^{-\alpha+2\pi} e^{im\theta} p_1(\theta)d\theta}{\int_{-\alpha}^{-\alpha+2\pi} e^{0} p_1(\theta)d\theta} = \frac{\sin(m\alpha)}{m\alpha}, \quad m = 1,2,3,\cdots \tag{10.50}$$

对于垂直入射

$$\frac{\int_{-\infty}^{\infty} p_2(z)e^{ik^{mn}z}dz}{\int_{-\infty}^{\infty} p_2(z)e^{ik^{0n}z}dz} = \frac{k^{0n}\sin(k^{mn}L)}{k^{mn}\sin(k^{0n}L)}, \quad m,n = 1,2,3,\cdots \tag{10.51}$$

对于斜入射

$$\frac{\int_{-\infty}^{\infty} p_2(z)e^{ik^{mn}z}dz}{\int_{-\infty}^{\infty} p_2(z)e^{ik^{0n}z}dz} = \frac{\sin[(k^{mn}-k^{0n})L]}{(k^{mn}-k^{0n})L}, \quad m,n = 1,2,3,\cdots \tag{10.52}$$

从式(10.50)～式(10.52)，我们可得到如下结论。

(1)当负载的周向长度α较小时，高阶(m较大)模式的幅度较大。图 10-9 给出了直径 16in、标号 30 的钢管由加载周向上的单一阵元激励出的 100kHz 扭转波 $T(m,1)$的位移分布。发射换能器的轴向长度是 10mm，周向长度从 1° 变化到 360° 。图中显示了 21 个模式波。随着换能器周向长度不断减小，在能量分布计算中需要考虑更多数量的模式。随着弯曲波数量的增多，周向能量分布变化更加剧烈。因此，如图 10-10 所示，具有较大周向长度α的负载可以激励出较少数量的模式，因而角度分部更加“平滑”。当$\alpha = \pi$时，只有轴对称模式会激发出来，对应于一个圆形的周向能量分布图。

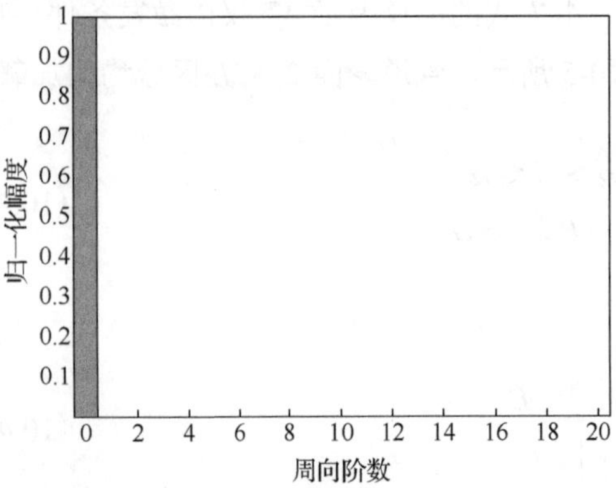

(a)360°局部加载

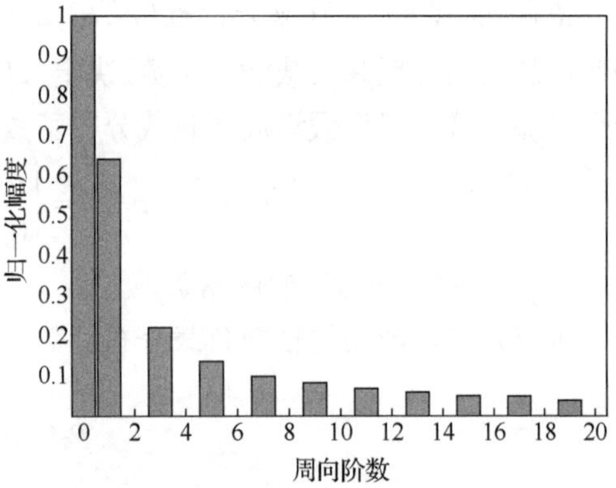

(b)180°局部加载

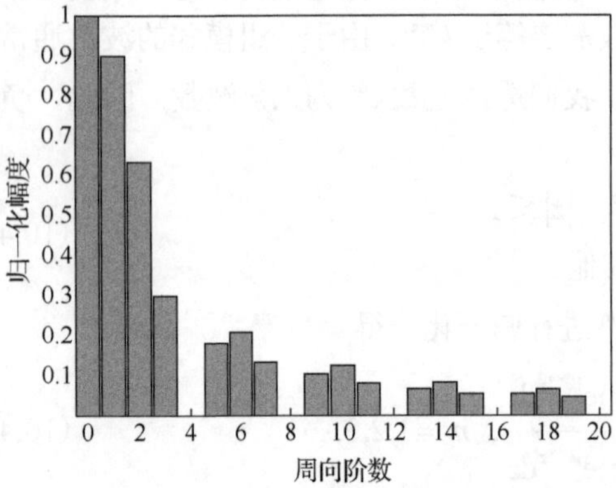

(c)90°局部加载

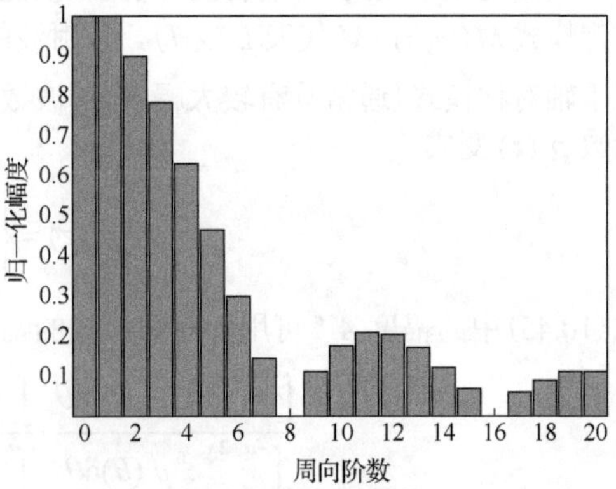

(d)45°局部加载

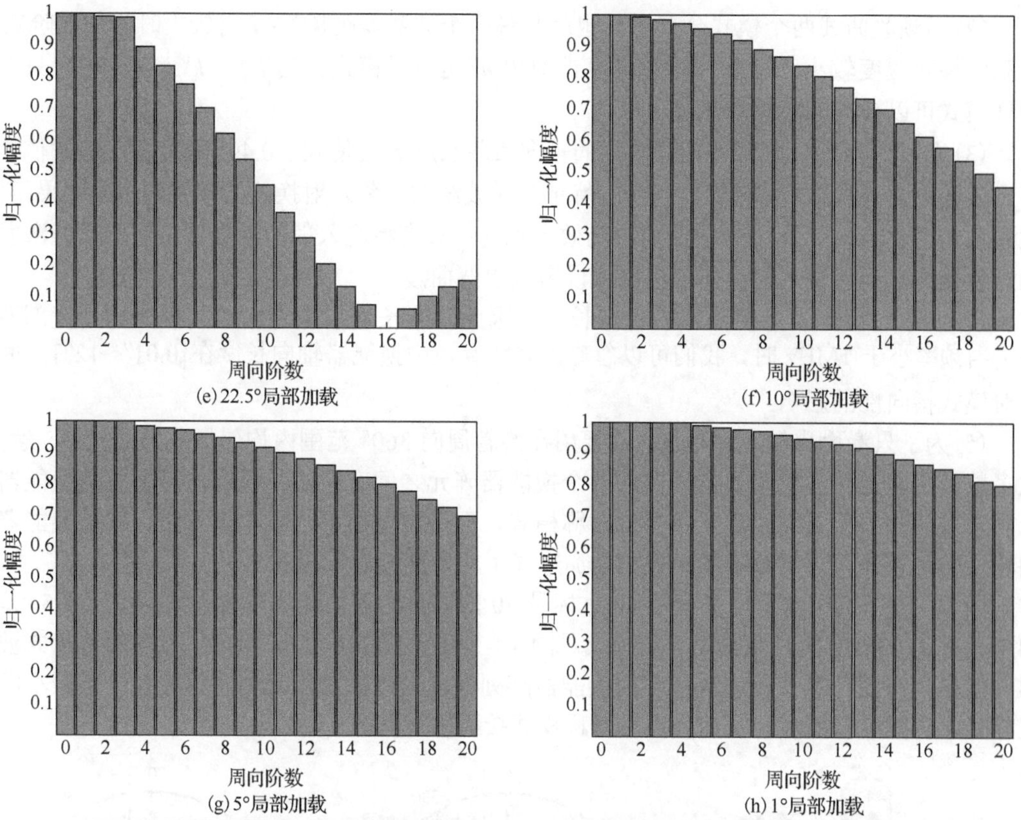

图 10-9　直径 16in、标号 30 的钢管中，100 kHz 轴对称(周向阶数 m=0)和非轴对称(周向阶数 m>0)扭转波模式 $T(m,1)$的幅度加权因子

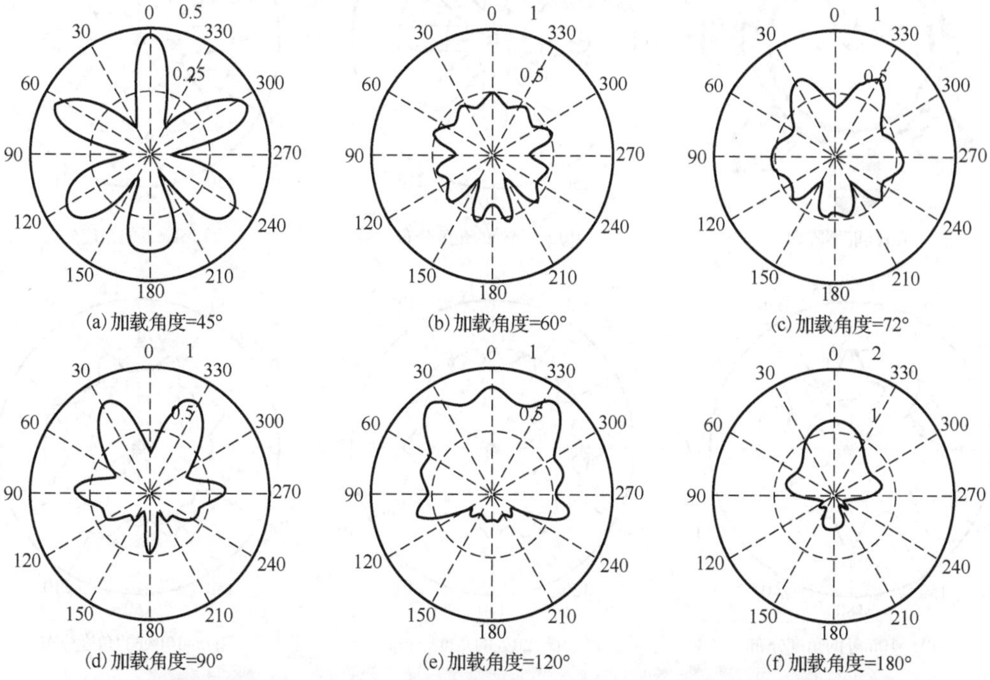

图 10-10　局部加载的换能器在直径 16in、标号 30 的钢管中激励出 40kHz $L(m,1)$模式组的角度指向性图。激励源在 z = 240in 位置，其周向长度从 45° 到 180°

(2) 当频散曲线两个模式分开时，也就是说两个波数差距 $\left|k^{mn}-k^{0n}\right|$ 较大时，周向阶数 m 较高的模式幅度较小。因此，轴对称模式 $M(0,n)$ 是主要模式。当 $\left|k^{mn}-k^{0n}\right| \to \infty$ 时，只有轴对称模式可以被局部激励源激发出来。

(3) 当 $\left|k^{mn}-k^{0n}\right|$ 相对较小时，较短的轴向负载长度 L 会使式(10.49)和式(10.50)的值差不多。也就是说，垂直入射换能器和具有特定入射波波数的斜入射换能器产生的激励效果相似。然而，如果 $L \to \infty$，两种换能器的激励效果不同：具有特定入射波波数的换能器只能激发出轴对称模式，而垂直入射换能器仍然可以激励出弯曲波。

(4) 波数通常远大于换能器的轴向长度，因此轴向长度很少能影响到模式的角度剖面分布。当频率小于 1MHz 时，我们可以忽略大多数管道中换能器轴向长度在[0.01″～12″]区间变化对模式指向性的影响。

(5) 为了只激励出轴对称导波，需要用在圆管周向 360° 范围内均匀加载的换能器。然而，大多数商用管道导波检测仪器周向的各个换能器阵元之间有空隙。因此，当所有的换能器阵元同时发射时，不是激励出了单个轴对称模式，而是激发出了很多个模式波。在与换能器阵列较近的距离处，一定数量的模式波叠加形成了一个准轴对称模式。

图 10-11 举例说明了，在直径 4in、标号 40 的钢管中，换能器阵列(包含 8 个 22.5° 范围的阵元)在 100kHz 同时激励出导波模式。图 10-11(b)～图 10-11(f)给出了准轴对称模式波的周向能量分布图。尽管周向有空隙的换能器阵列激励只能激励出准轴对称模式，当减小间隙尺寸时，会减少弯曲波，从而使准轴对称模式接近轴对称波。

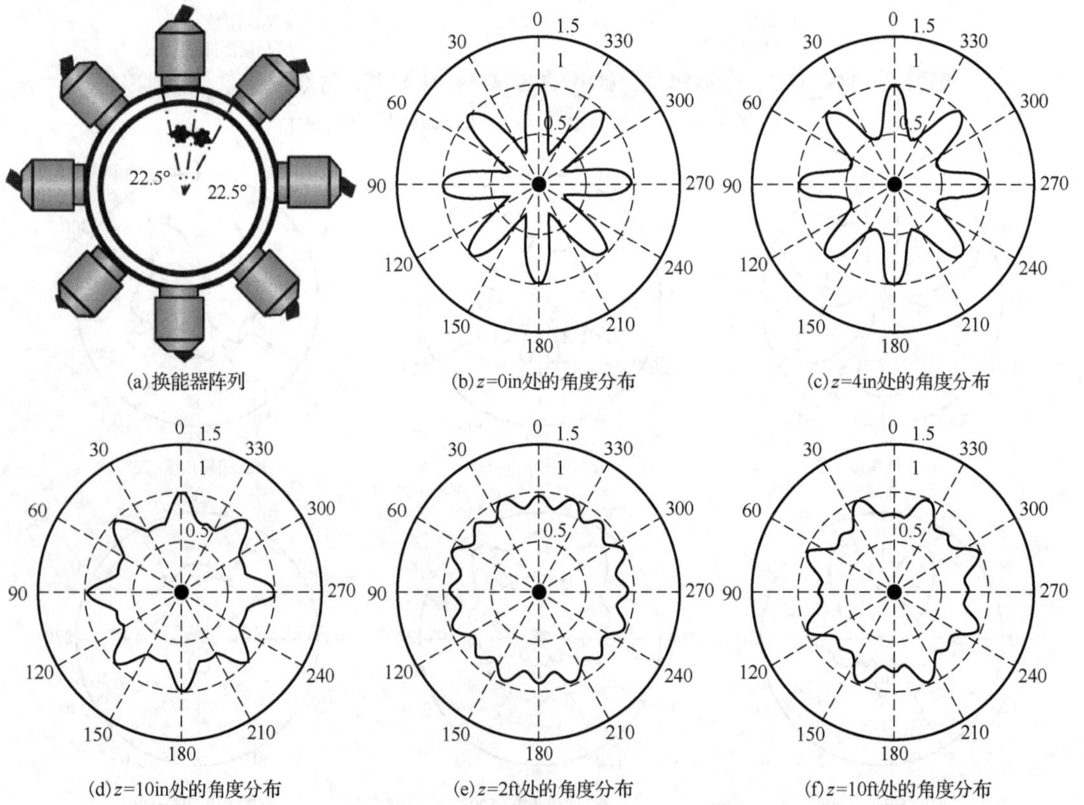

(a) 换能器阵列　(b) z=0in处的角度分布　(c) z=4in处的角度分布

(d) z=10in处的角度分布　(e) z=2ft处的角度分布　(f) z=10ft处的角度分布

图 10-11　直径 4in、标号 40 的钢管中 100 kHz 扭转波模式 $T(m,1)$ 在距离换能器不同轴向距离 z 时的角度剖面。阵列包括 8 个同时激发的阵元，每个换能器的周向长度都是 22.5°，且换能器之间的间隔是 22.5°

习　题

10-1　根据主要振动方向分类，在管道轴向传播的模式波有哪几种？这些模式的主要振动方向是什么？

10-2　什么是轴对称模式和弯曲波模式？怎样才能仅产生轴对称导波？换能器的周向加载角度对管中导波模式的激发幅度有何影响？

10-3　根据式(10.45)，实际中可以仅激发出单个弯曲波模式吗？请解释原因。

10-4　什么是规范不变性？为什么我们用规范不变性条件去计算管中的导波传播？

10-5　为什么 Gazis 可以将管道中的导波解简化成如下形式

$$\Phi = f(r)\cos(m\theta)\mathrm{e}^{\mathrm{i}(\omega t - kz)}$$
$$H_r = h_r(r)\sin(m\theta)\mathrm{e}^{\mathrm{i}(\omega t - kz)}$$
$$H_\theta = h_\theta(r)\cos(m\theta)\mathrm{e}^{\mathrm{i}(\omega t - kz)}$$
$$H_z = h_z(r)\sin(m\theta)\mathrm{e}^{\mathrm{i}(\omega t - kz)}$$

而不是以下这种形式？

$$\Phi = f(r)\mathrm{e}^{\mathrm{i}m\theta}\mathrm{e}^{\mathrm{i}(kz - \omega t)}$$
$$H_r = h_r(r)\mathrm{e}^{\mathrm{i}m\theta}\mathrm{e}^{\mathrm{i}(kz - \omega t)}$$
$$H_\theta = h_\theta(r)\mathrm{e}^{\mathrm{i}m\theta}\mathrm{e}^{\mathrm{i}(kz - \omega t)}$$
$$H_z = h_z(r)\mathrm{e}^{\mathrm{i}m\theta}\mathrm{e}^{\mathrm{i}(kz - \omega t)}$$

10-6　单个模式和一组模式的周向能量分布图区别是什么？怎样利用单个模式的周向能量分布图获得一组模式的周向能量分布图？

参 考 文 献

Auld B A, Tsao M T. 1977. A variational analysis of edge resonance in a semi-infinite plate. IEEE Transactions on Sonics & Ultrasonics, 24(5): 317-326.

Cooper R M, Naghdi P M. 1957. Propagation of nonaxially symmetric waves in elastic cylindrical shells. Journal of the Acoustical Society of America, 29(12): 1365-1373.

Ditri J J, Rose J L. 1992. Excitation of guided elastic wave modes in hollow cylinders by applied surface tractions. Journal of Applied Physics, 72(7): 2589-2597.

Gazis D C. 1959a. Three dimensional investigation of the propagation of waves in hollow circular cylinders. I. Analytical foundation. Journal of the Acoustical Society of America, 31: 568-573.

Gazis D C. 1959b. Three dimensional investigation of the propagation of waves in hollow circular cylinders. II. Numerical Results. Journal of the Acoustical Society of America, 31(5): 573-578.

Gazis D C, Mindlin R D. 1960. Extensional vibrations and waves in a circular disk and a semi-infinite plate. Journal of Applied Physics, 27(3): 541-547.

Ghosh J. 1923. Longitudinal vibrations of a hollow cylinder. Bulletin of the Calcutta Mathematical Society, 14: 31-40.

Graff K F. 1991. Wave Motion in Elastic Solids. New York: Dover.

Gridin D, Craster R V, Fong J, et al. 2003. The high-frequency asymptotic analysis of guided waves in a circular elastic annulus. Journal of Wave Motion, 38(1): 67-90.

Herrmann G, Mirsky I. 1956. Three-dimensional and shell-theory analysis of axially symmetric motions of cylinders. Annals of Japan Association for Middle East Studies, 78: 563-568.

Lamb H. 1917. On waves in an elastic plate. Proceedings of the Royal Society of London, 93(648): 114-128.

Li J, Rose J L. 2001. Excitation and Propagation of Non-axisymmetric guided waves in a Hollow Cylinder. Journal of the Acoustical Society of America, 109(2): 457-464.

Li J, Rose J L. 2002. Angular-profile tuning of guided waves in hollow cylinders using a circumferential phased array. IEEE Transactions on Ultrasonics, Ferroelectrics and Frequency Control, 49(12): 1720-1729.

Liu G, Qu J. 1998. Guided circumferential waves in a circular annulus. Journal of Applied Mechanics, 65(2): 424-430.

Lowe M J S. 1995. Matrix techniques for modeling ultrasonic waves in multilayered media. IEEE Transactions on Ultrasonics, Ferroelectrics and Frequency Control, 42(4): 525-541.

Rayleigh J. 1945. The Theory of Sound. New York: Dover.

Robinett R W. 1999. Periodic orbit theory analysis of the circular disk or annulus billiard: Nonclassical effects and the distribution of energy eigenvalues. Journal of Physics, 67(1): 67-77.

Rose J L. 2002. A baseline and vision of ultrasonic guided wave inspection potential. Transactions of the ASME, Journal of Pressure Vessel Technology, 124(3): 273-282.

Sun Z, Zhang L, Rose J L. 2005. Flexural torsional guided wave mechanics and focusing in pipe. Journal of Pressure Vessel Technology, 127(4): 471-478.

Viktorov I A. 1967. Rayleigh and Lamb Waves: Physical Theory and Applications. New York: Plenum Press.

Zemanek J J. 1970. An experimental and theoretical investigation of elastic wave propagation in a cylinder. Journal of the Acoustical Society of America, 51(1B): 265-283.

Zhang L, Gavigan B J, Rose J L. 2004. Source influence for focusing potential of guided waves in hollow cylinders by using a circumferential phased array. Proceedings of the Biennial International Pipeline Conference, 3: 2771-2781.

Zhang L, Rose J L. 2004. Guided wave particle motion in a hollow cylinder. Proceedings of QNDE, 24: 1952-1957.

Zhang L. 2005. Guided Wave Focusing Potential in Hollow Cylinders. Pennsylvania: The Pennsylvania State University.

Zhao X, Rose J L. 2004. Guided circumferential shear horizontal waves in an isotropic hollow cylinder. Journal of the Acoustical Society of America, 115(5): 1912-1916.

Zhuang W, Shah A H, Datta S K. 1997. Axisymmetric guided wave scattering by cracks in welded steel pipes. Journal of Pressure Vessel Technology, 119(4): 401-406.

第 11 章　管中周向导波

11.1　引　　言

周向导波是在圆管中沿着周向传播的导波，它的应用范围很广，如管道内检测和生产过程中的质量控制。为了方便，研究者通常用平面波近似解来研究周向传播的导波。本章从波动物理的角度说明周向导波和平面波控制方程的差异，并给出可以作平面波近似的情况。在均匀各向同性圆管中，周向导波分周向 SH 波和周向类兰姆波两种，在本章中分别简写为 CSH 波和 CLT 波。我们推导了这两种波的控制方程，并以单层环状结构和多层环状结构为例作了具体的数值分析。

管中周向导波相关的论文发表量相对少于沿轴向传播的导波。最早的研究见于参考书(Viktorov，1967)。Viktorov 在这本书里指出了在柱状结构周向和平面结构中波传播的主要差别，着重介绍了凸面和凹面上的瑞利波以及柱状曲面波导中的类兰姆波。他定义了角波数，角波数是柱状曲面波导中独特的物理现象，并推导出了一层弹性介质中类兰姆波的特征方程。受计算能力的限制，他在计算过程中作了一些近似处理。具体来讲，他对特征方程中的贝塞尔和诺伊曼函数用半收敛的德拜序列作了近似。

在 Viktorov 的参考书问世之后，尽管有些研究者重新研究了表面波问题，但仍未重视管中周向导波的传播问题。直到 20 世纪 90 年代，Qu 等(1996)以及 Liu 和 Qu(1998a)首次发表了周向类兰姆波在空心圆柱体上周向传播时的频散曲线和波结构的数值模拟结果。不久，Liu 和 Qu 利用模式本征函数分解方法(或称为模式正交分解法)，获得了 CLT 波在空心圆柱体周向的瞬态传播解。另一种重要的周向波问题是周向水平剪切波(CSH 波)。虽然这种波的解相对简单，但 CSH 波具有重要的实用价值。例如，CSH 波具有卓越的模式分离能力，它对液体负载不敏感且对黏滞性介质的敏感度较低，并且可用电磁声换能器(EMAT)激励出单一的 CSH 波模式。Zhao 和 Rose(2004)首次研究了单层环状介质中的 CSH 波传播问题。

11.2　周向导波的控制方程推导

Viktorov(1967)、Liu 和 Qu(1998a，1998b)、Zhao 和 Rose(2004)分别讨论了单层空心圆柱中的周向导波。其中，Liu 和 Qu(1998a)、Zhao 和 Rose(2004)分别详细推导了单层情况下 CLT 波和 CSH 波的特征方程和波结构。本章给出的单层情况的推导过程与这两篇文章中的类似，但作了一些修改，使其更容易推广到多层的情况。具体来说，本章提出了一种普适的边界值问题处理方法，使相位与环的边界无关，另外去掉了公式中的无量纲参数。

本章求解特征方程时使用了位移势函数法，因此该求解法仅适用于各向同性材料。另外，广义平面应变假设在推导时适用。图 11-1 是推导 CSH 波和 CLT 波特征方程时，单层圆环理论模式的示意图。特征方程的推导始于著名的纳维尔运动方程(Graff，1991)

$$(\lambda+2\mu)\nabla\Delta-2\mu\nabla\times\boldsymbol{\omega}+\rho\boldsymbol{f}=\rho\ddot{\boldsymbol{u}} \tag{11.1}$$

式中，ρ 是材料密度；λ 和 μ 是拉梅系数；$\boldsymbol{f}$ 是外力矢量；$\boldsymbol{u}$ 是位移矢量。

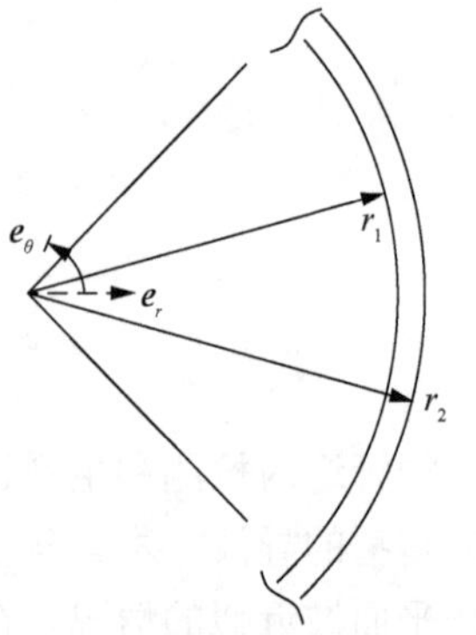

图 11-1　用于推导 CSH 波和 CLT 波控制方程的单层圆环理论模型示意图

$$\Delta = \nabla \cdot \boldsymbol{u} \tag{11.2}$$

旋转矢量

$$\boldsymbol{\omega} = \frac{1}{2}\nabla \times \boldsymbol{u} \tag{11.3}$$

需要注意的是，纳维尔运动方程(式 11.1)适用于任何曲线坐标系，而且可以方便地分解为扩张分量和旋转分量(Graff，1991)。以下推导过程中均假设外力为零。

对于周向导波传播，位移矢量可以表示为

$$\boldsymbol{u} = u_r(r,\theta,t)\boldsymbol{e}_r + u_\theta(r,\theta,t)\boldsymbol{e}_\theta + u_z(r,\theta,t)\boldsymbol{e}_z \tag{11.4}$$

从式(11.4)可以看出，由于广义平面应变假设，位移分量仅仅是 r 、θ 和 t 的函数。这并不意味着没有 z 轴方向的位移分量，而是表示 z 轴位移分量必须在整个 z 轴方向上是均一的。接下来分别介绍 CSH 波和 CLT 波在单层空心圆柱中的传播情况。

11.2.1　单层环中的周向水平剪切波

水平剪切波的质点运动是在面内，且与波传播方向垂直。对于 CSH 波，质点位移在 z 轴方向，且在 r 轴和 θ 轴方向的位移分量均为零$(u_r = u_\theta = 0)$。而且，由于符合广义平面-应变假设，z 轴方向的分量不随 z 变化，即 $\partial/\partial z = 0$ 。在这些条件下，式(11.1)可简化为

$$\mu\nabla^2 u_z = \rho\frac{\partial^2 u_z}{\partial t^2} \quad 或 \quad \nabla^2 u_z = \frac{1}{c_s^2}\frac{\partial^2 u_z}{\partial t^2} \tag{11.5}$$

需要注意的是，对 CSH 波来说，不需要用亥姆霍兹分解就可以得到运动控制方程的标量形式。式(11.5)显示了波控制方程的两种形式，由式(11.5)可知，横波体波速度值为

$$c_s = \sqrt{\frac{\mu}{\rho}} \tag{11.6}$$

假设谐波具有形式 $\mathrm{e}^{-\mathrm{i}\omega t}$，且传播方向是 θ 轴，则方程式(11.5)的解可表示为

$$u_z = \psi(r)\mathrm{e}^{\mathrm{i}(p\theta-\omega t)} \tag{11.7}$$

式中，p 是角波数(Viktorov，1967；Liu 和 Qu，1998a)。需要注意区分环向波数 k 和角波数 p。角波数 p 代表环向波数 k 与半径 R 的乘积，在半径 R 处可确定线性相速度值，p 是无量纲量。式(11.8)显示了角波数与环向波数之间的关系

$$p = kR \tag{11.8}$$

从式(11.8)可知，有两种求解特征方程的方式：第一种方式是先假设一个半径 R，然后求解在该半径 R 处特征方程的环向波数 k 的根；第二种方式是先求解特征方程的角波数 p，然后求解在任意半径处的环向波数 k。对于多层环的情况，在频率-波数域求解特征方程的根，可获得最普适的解，随后可以根据式(11.9)和式(11.10)来确定在多层结构中任意半径处的线性相速度。式(11.9)和式(11.10)最初出现在文献(Viktorov，1967)中

$$\alpha_p = \frac{\omega}{p} \tag{11.9}$$

$$c_p(R) = \alpha_p R \tag{11.10}$$

由式(11.10)可知，相速度 c_p 从环的内径到外径线性增大。这种相速度随半径增大而增大

的现象是在环厚度方向保持相位不变的必要条件，且属于波沿着曲面传播时的独特现象。需要注意，当波沿着空心柱体的轴向传播时不存在这种相速度随半径增大的现象，因为通常情况下该结构的轴向是直的。

将式(11.7)代入式(11.5)，可以得到

$$r^2\psi''+r\psi'+\left[\left(\frac{r\omega}{c_s}\right)^2-p^2\right]\psi=0 \tag{11.11}$$

式(11.11)是一个二阶常微分方程，通常可以用贝塞尔或汉克尔函数求解(Hayek，2001)。方程(11.11)的解用贝塞尔函数的形式可表示为

$$\psi(r)=A_1J_p(k_sr)+A_2Y_p(k_sr) \tag{11.12}$$

式中

$$k_s=\omega/c_s \tag{11.13}$$

是横波体波的环向波数。

为了求解式(11.12)中的未知系数，需要考虑模型的边界条件。对于单层自由环，应力自由边界条件成立，也就是说环的内表面和外表面的应力为零。对于 CSH 波，剪切应力可以表示为

$$\sigma_{rz}=\mu\frac{\partial u_z}{\partial r} \tag{11.14}$$

利用贝塞尔函数的递推关系(Abramowitz 和 Stegun，1964)

$$2\xi_\nu'(x)=\xi_{\nu-1}(x)-\xi_{\nu+1}(x),\quad \xi=J\text{ 或 }Y \tag{11.15}$$

然后根据式(11.7)和式(11.12)，式(11.14)可以写成

$$\sigma_{rz}=s(r)\mathrm{e}^{\mathrm{i}p\theta} \tag{11.16}$$

式中

$$s(r)=\mu\frac{k_s}{2}\{A_1(J_{p-1}(k_sr)-J_{p+1}(k_sr))+A_2(Y_{p-1}(k_sr)-Y_{p+1}(k_sr))\} \tag{11.17}$$

在式(11.16)和式(11.17)中忽略了时间项 $\mathrm{e}^{-\mathrm{i}\omega t}$，本章其他公式也略写了该项。

为了方便推广到多层情况，相关的应力和位移本征函数表示成式(11.18)所示的单矩阵方程，即

$$\begin{bmatrix} J_p(k_sr) & Y_p(k_sr) \\ \mu\dfrac{k_s}{2}\left(J_{p-1}(k_sr)-J_{p+1}(k_sr)\right) & \mu\dfrac{k_s}{2}\left(Y_{p-1}(k_sr)-Y_{p+1}(k_sr)\right) \end{bmatrix}\begin{Bmatrix} A_1 \\ A_2 \end{Bmatrix}=\begin{Bmatrix} \psi(r) \\ s(r) \end{Bmatrix} \tag{11.18}$$

对于单层的情况，只需要考虑式(11.18)中应力相关的分量；而对于多层的情况，需要考虑位移和应力相关的分量。

在单层情况下，需要满足应力自由边界条件

$$\sigma_{rz}\big|_{r_1,r_2}=0 \tag{11.19}$$

随后形成了如式(11.20)和式(11.21)所示的线性均匀代数方程组

$$\boldsymbol{D}(p,\omega)\boldsymbol{A}=0 \tag{11.20}$$

$$\boldsymbol{D}(p,\omega)=\begin{bmatrix} J_{p-1}(k_sr_1)-J_{p+1}(k_sr_1) & Y_{p-1}(k_sr_1)-Y_{p+1}(k_sr_1) \\ J_{p-1}(k_sr_2)-J_{p+1}(k_sr_2) & Y_{p-1}(k_sr_2)-Y_{p+1}(k_sr_2) \end{bmatrix} \tag{11.21}$$

式中，$\boldsymbol{A}=(A_1,A_2)^{\mathrm{T}}$。该方程组的非零解是方程组系数矩阵 $\boldsymbol{D}(p,\omega)$ 的行列式为零，即

$$\det\left(\boldsymbol{D}(p,\omega)\right)=0 \tag{11.22}$$

式(11.22)是单层环中 CSH 波的特征方程，该方程的本征值可组成频率-波数频散曲线。分别利用式(11.9)和式(11.23)可以求出角相速度和群速度频散曲线

$$\alpha_g = \frac{\partial \omega}{\partial p} \tag{11.23}$$

当确定了特征方程的本征值后，可以进一步解出任意模式和频率组合时，环厚度方向上的位移和应力分布情况。其中，位移场可表示为

$$u_z = \left(J_p(k_s r) - \Lambda Y_p(k_s r)\right) \mathrm{e}^{\mathrm{i}(p\theta - \omega t)} \tag{11.24}$$

式中

$$\Lambda = \frac{J_{p-1}(k_s r_1) - J_{p+1}(k_s r_1)}{Y_{p-1}(k_s r_1) - Y_{p+1}(k_s r_1)} \tag{11.25}$$

非零应力分量由式(11.26)和式(11.27)表示

$$\sigma_{rz} = \frac{k_s \mu}{2}\left\{ J_{p-1}(k_s r) - J_{p+1}(k_s r) - \Lambda\left[Y_{p-1}(k_s r) - Y_{p+1}(k_s r)\right] \right\} \mathrm{e}^{\mathrm{i}(p\theta - \omega t)} \tag{11.26}$$

$$\sigma_{\theta z} = \frac{\mu}{r}\frac{\partial u_z}{\partial \theta} = \frac{\mathrm{i}p\mu}{r}\left(J_p(k_s r) - \Lambda Y_p(k_s r)\right) \mathrm{e}^{\mathrm{i}(p\theta - \omega t)} \tag{11.27}$$

在式(11.24)、式(11.26)和式(11.27)中，常数 A_1，取值为 1，取其他也是合理的。因此，位移和应力分量的解不是唯一的，乘以任何常数都可以产生一个合理解。

11.2.2 单层环面上的周向类兰姆波

兰姆波的位移有板内和垂直面内两个方向。与 SH 波不同，兰姆波的板内位移分量是与传播方向平行的。本章标记在环面上传播的周向类兰姆波为 CLT 波。兰姆波和周向类兰姆波物理上差异巨大，但当空心柱体的内径和外径比值趋近于 1 时，环面可近似为平板，此时 CLT 和兰姆波趋于近似(Liu 和 Qu，1998a)。

利用亥姆霍兹分解可以把位移场分解为标量 $\varPhi$ 的梯度场和矢量 $\boldsymbol{H}$ 的旋度场之和，其中矢量 $\boldsymbol{H}$ 的散度为零(Morse 和 Feshbach，1953)，如式(11.28)所示

$$\boldsymbol{u} = \nabla\varPhi + \nabla\times\boldsymbol{H},\ \nabla\cdot\boldsymbol{H} = 0 \tag{11.28}$$

式中，$\nabla\cdot\boldsymbol{H} = 0$ 是保证共有 4 个分量的标量 $\varPhi$ 和矢量 $\boldsymbol{H}$ 可形成三个位移分量的必要条件。将式(11.28)代入纳维尔运动方程(式(11.1))，可得

$$\nabla[(\lambda + 2\mu)\nabla^2\varPhi - \rho\ddot{\varPhi}] + \nabla\times(-\mu\nabla\times\nabla\times\boldsymbol{H} - \rho\ddot{\boldsymbol{H}}) = 0 \tag{11.29}$$

为了得到方程(11.29)的非零解，需要

$$(\lambda + 2\mu)\nabla^2\varPhi = \rho\ddot{\varPhi} \tag{11.30}$$

且

$$-\mu\nabla\times\nabla\times\boldsymbol{H} = \rho\ddot{\boldsymbol{H}} \tag{11.31}$$

与式(11.6)类似，纵波体波的波速为

$$c_l = \sqrt{\frac{(\lambda + 2\mu)}{\rho}} \tag{11.32}$$

可以把式(11.30)和式(11.31)写成

$$\nabla^2\varPhi = \frac{1}{c_l^2}\frac{\partial^2\varPhi}{\partial t^2} \tag{11.33}$$

$$\nabla^2\boldsymbol{H} = \frac{1}{c_s^2}\frac{\partial^2\boldsymbol{H}}{\partial t^2} \tag{11.34}$$

在式(11.34)中

$$\boldsymbol{H}=H_r\boldsymbol{e}_r+H_\theta\boldsymbol{e}_\theta+H_z\boldsymbol{e}_z \tag{11.35}$$

假设满足广义平面应变以及类兰姆波传播，即

$$H_r=H_\theta=0 \tag{11.36}$$

因为

$$u_z=\frac{\partial}{\partial z}=0 \tag{11.37}$$

利用式(11.36)和式(11.37)所给出的条件，式(11.34)可简化为如式(11.38)所示的标量方程

$$\nabla^2 H_z=\frac{1}{c_s^2}\frac{\partial^2 H_z}{\partial t^2} \tag{11.38}$$

与 CSH 波的情况类似，假设式(11.33)和式(11.38)的解可分别表示为

$$\Phi=f(r)\mathrm{e}^{\mathrm{i}(p\theta-\omega t)} \tag{11.39}$$

$$H_z=h_z(r)\mathrm{e}^{\mathrm{i}(p\theta-\omega t)} \tag{11.40}$$

式中，f 和 h_z 是 r 的函数，需要进一步求解。将式(11.39)代入式(11.33)，并将式(11.40)代入式(11.38)，可以得到两个二阶偏微分方程

$$f''(r)+\frac{1}{r}f'(r)+\left[k_l^{\,2}-\left(\frac{p}{r}\right)^2\right]f(r)=0 \tag{11.41}$$

$$h_z''(r)+\frac{1}{r}h_z'(r)+\left[k_s^{\,2}-\left(\frac{p}{r}\right)^2\right]h_z(r)=0 \tag{11.42}$$

式中，k_s 的定义由式(11.13)给出，而 k_l 是纵波体波波数

$$k_l=\omega/c_l \tag{11.43}$$

式(11.41)和式(11.42)的贝塞尔函数解可分别由式(11.44)和式(11.45)表示(Hayek，2001)

$$f(r)=A_1J_p(k_lr)+A_2Y_p(k_lr) \tag{11.44}$$

$$h_z(r)=A_3J_p(k_sr)+A_4Y_p(k_sr) \tag{11.45}$$

同样，需要利用应力自由边界条件来求解式(11.44)和式(11.45)中的四个未知系数。边界条件是环内外表面上的法向和剪切应力分量都为零，其中法向和剪切应力分量分别表示为

$$\sigma_r=\lambda\left[\frac{\partial u_r}{\partial r}+\frac{1}{r}\left(u_r+\frac{\partial u_\theta}{\partial\theta}\right)\right]+2\mu\frac{\partial u_r}{\partial r} \tag{11.46}$$

$$\sigma_{r\theta}=\mu\left(\frac{1}{r}\frac{\partial u_r}{\partial\theta}+\frac{\partial u_\theta}{\partial r}-\frac{u_\theta}{r}\right) \tag{11.47}$$

式中，质点位移分量 u_r 和 u_θ 分别由式(11.48)和式(11.49)给出

$$u_r=\frac{\partial\Phi}{\partial r}+\frac{1}{r}\frac{\partial H_z}{\partial\theta} \tag{11.48}$$

$$u_\theta=\frac{1}{r}\frac{\partial\Phi}{\partial\theta}-\frac{\partial H_z}{\partial r} \tag{11.49}$$

将式(11.48)和式(11.49)代入式(11.46)和式(11.47)中，并将其整合为一个矩阵方程(11.50)，即

$$\boldsymbol{D}(p,\omega)\,\boldsymbol{A}=\begin{Bmatrix}u_r\\u_\theta\\\sigma_r\\\sigma_{r\theta}\end{Bmatrix} \tag{11.50}$$

式中

$$\boldsymbol{D}(p,\omega)=\begin{bmatrix} d_{11} & d_{12} & d_{13} & d_{14} \\ d_{21} & d_{22} & d_{23} & d_{24} \\ d_{31} & d_{32} & d_{33} & d_{34} \\ d_{41} & d_{42} & d_{43} & d_{44} \end{bmatrix} \tag{11.51}$$

且 $\boldsymbol{A}=(A_1,A_2,A_3,A_4)^{\mathrm{T}}$ 。系数矩阵 $\boldsymbol{D}(p,\omega)$ 的矩阵元分别由式(11.52)～式(11.67)给出

$$d_{11}=\frac{k_l}{2}J_{p-1}(k_l r)-\frac{k_l}{2}J_{p+1}(k_l r) \tag{11.52}$$

$$d_{12}=\frac{k_l}{2}Y_{p-1}(k_l r)-\frac{k_l}{2}Y_{p+1}(k_l r) \tag{11.53}$$

$$d_{13}=\mathrm{i}\frac{p}{r}J_p(k_s r) \tag{11.54}$$

$$d_{14}=\mathrm{i}\frac{p}{r}Y_p(k_s r) \tag{11.55}$$

$$d_{21}=\mathrm{i}\frac{p}{r}J_p(k_l r) \tag{11.56}$$

$$d_{22}=\mathrm{i}\frac{p}{r}Y_p(k_l r) \tag{11.57}$$

$$d_{23}=\frac{k_s}{2}J_{p+1}(k_s r)-\frac{k_s}{2}J_{p-1}(k_s r) \tag{11.58}$$

$$d_{24}=\frac{k_s}{2}Y_{p+1}(k_s r)-\frac{k_s}{2}Y_{p-1}(k_s r) \tag{11.59}$$

$$\begin{aligned} d_{31}=\frac{\mu}{r^2}\Bigg(&\frac{r^2\kappa^2k_l^2}{4}\big(J_{p-2}(k_l r)-2J_p(k_l r)+J_{p+2}(k_l r)\big) \\ &+\frac{rk_l(\kappa^2-2)}{2}\big(J_{p-1}(k_l r)-J_{p+1}(k_l r)\big)-p^2(\kappa^2-2)J_p(k_l r)\Bigg) \end{aligned} \tag{11.60}$$

$$\kappa=c_l/c_s$$

$$\begin{aligned} d_{32}=\frac{\mu}{r^2}\Bigg(&\frac{r^2\kappa^2k_l^2}{4}\big(Y_{p-2}(k_l r)-2Y_p(k_l r)+Y_{p+2}(k_l r)\big) \\ &+\frac{rk_l(\kappa^2-2)}{2}\big(Y_{p-1}(k_l r)-Y_{p+1}(k_l r)\big)-p^2(\kappa^2-2)Y_p(k_l r)\Bigg) \end{aligned} \tag{11.61}$$

$$d_{33}=\frac{\mu}{r^2}\Big(\mathrm{i}rpk_s\big(J_{p-1}(k_s r)-J_{p+1}(k_s r)\big)-\mathrm{i}2pJ_p(k_s r)\Big) \tag{11.62}$$

$$d_{34}=\frac{\mu}{r^2}\Big(\mathrm{i}rpk_s\big(Y_{p-1}(k_s r)-Y_{p+1}(k_s r)\big)-\mathrm{i}2pY_p(k_s r)\Big) \tag{11.63}$$

$$d_{41}=\frac{\mu}{r^2}\Big(\mathrm{i}rpk_l\big(J_{p-1}(k_l r)-J_{p+1}(k_l r)\big)-\mathrm{i}2pJ_p(k_l r)\Big) \tag{11.64}$$

$$d_{42}=\frac{\mu}{r^2}\Big(\mathrm{i}rpk_l\big(Y_{p-1}(k_l r)-Y_{p+1}(k_l r)\big)-\mathrm{i}2pY_p(k_l r)\Big) \tag{11.65}$$

$$d_{43}=\frac{\mu}{r^2}\left(-\frac{r^2k_s^2}{4}\left(J_{p-2}(k_sr)-2J_p(k_sr)+J_{p+2}(k_sr)\right)\right.$$
$$\left.+\frac{rk_s}{2}\left(J_{p-1}(k_sr)-J_{p+1}(k_sr)\right)-p^2J_p(k_sr)\right) \tag{11.66}$$

$$d_{44}=\frac{\mu}{r^2}\left(-\frac{r^2k_s^2}{4}\left(Y_{p-2}(k_sr)-2Y_p(k_sr)+Y_{p+2}(k_sr)\right)\right.$$
$$\left.+\frac{rk_s}{2}\left(Y_{p-1}(k_sr)-Y_{p+1}(k_sr)\right)-p^2Y_p(k_sr)\right) \tag{11.67}$$

与 CSH 波的情况类似，对单层环面的情况，式(11.51)中与应力相关的分量需满足边界条件，也就是说，式中第三行和第四行的值在环的内外边界面处需等于零。特征方程的本征值组成单层环面上 CLT 波的频率-波数频散曲线。分别利用式(11.9)和式(11.23)可获得角相速度和群速度频散曲线。

当确定了特征方程的本征值后，可随意设置 4 个位移幅度系数中的一个为 1，然后计算出另外 3 个位移幅度系数，随后可获得位移分量 u_r 和 u_θ 以及应力分量 σ_r 和 $\sigma_{r\theta}$。也就是说，当求出 4 个位移幅度系数的相对值 A_1～A_4 后，可通过式(11.50)和式(11.51)解出位移和应力分量。

11.3　多层环面中的周向波

从单层情况到多层的推广需要用到两种基本矩阵方法中的一种，传递矩阵法(Thomson，1950；Haskell，1953)或全局矩阵法(Knopoff，1964)。本节选用了全局矩阵法，虽然全局矩阵法计算时间较长，但它求解时稳定性更好，且不需要作很多修改就可适用于很多类型的问题(Lowe，1995)。全局矩阵法的策略是：首先求出每一层的位移和应力方程，然后应用边界条件和连续条件可以获得一个全局矩阵，这个矩阵可代表整个多层系统。全局矩阵的行列式为零就是多层结构的特征方程。

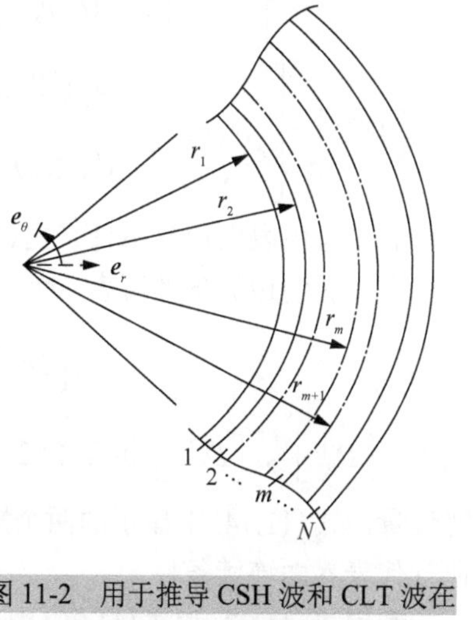

图 11-2　用于推导 CSH 波和 CLT 波在多层环面沿着轴向传播的控制方程的多层环面理论模型示意图

考虑如图 11-2 所示的多层环面模型。本节以 CSH 波在多层环面中的传播为例来介绍全局矩阵法，因为 CSH 波的情况较简单，可以更清晰地理解用全局矩阵法求解多层结构特征方程的过程。同样的求解方法也适用于 CLT 波在多层环面中的传播，区别在于 CLT 波情况下边界和连续条件的数量较多，本节稍后会讨论这些不同之处。

首先，每一层被视为单一层的情况，假设第 m 层中，纳维尔运动方程的时谐波稳态解具有式(11.68)的形式

$$u_z^{(m)}=\psi^{(m)}(r)\mathrm{e}^{\mathrm{i}(p\theta-\omega t)},\ r_m\leqslant r\leqslant r_{m+1} \tag{11.68}$$

对式(11.12)稍作修改，在第 m 层中，位移势函数 $\psi^{(m)}(r)$ 可用贝塞尔函数表达为

$$\psi^{(m)}(r)=A_1^{(m)}J_p(k_s^{(m)}r)+A_2^{(m)}Y_p(k_s^{(m)}r) \tag{11.69}$$

式中，$A_1^{(m)}$、$A_2^{(m)}$是两个第 m 层的未知系数。第 m 层的相关应力分量方程可将式(11.69)代入式(11.14)得到。

对于 CSH 波，每一层有一个位移相关的方程以及一个与应力相关的方程，因此，在 N 层环中共有 $2N$ 个方程(CLT 波的情况共有 $4N$ 个方程)。因此，需要 $2N$ 个边界/连续条件来求解系统方程组。与单层情况类似，最内层和最外层的边界条件假设为应力自由。对于多层系统，需要对层与层之间的相互关系进行描述。这里使用了层与层间的连续边界条件，即位移和应力在边界上连续。式(11.70)总结了 CSH 波传播时的边界条件和界面连续条件，式(11.71)是 CLT 波的边界条件和界面连续条件

$$\{\sigma_{rz}\}_{\text{free surface}}=0,\quad \begin{Bmatrix} u_z \\ \sigma_{rz} \end{Bmatrix}_{\substack{\text{layer } m \\ \text{interface } m+1}}=\begin{Bmatrix} u_z \\ \sigma_{rz} \end{Bmatrix}_{\substack{\text{layer } m+1 \\ \text{interface } m+1}} \tag{11.70}$$

$$\begin{Bmatrix} \sigma_r \\ \sigma_{r\theta} \end{Bmatrix}_{\text{free surface}}=0,\quad \begin{Bmatrix} u_r \\ u_\theta \\ \sigma_r \\ \sigma_\theta \end{Bmatrix}_{\substack{\text{layer } m \\ \text{interface } m+1}}=\begin{Bmatrix} u_r \\ u_\theta \\ \sigma_r \\ \sigma_\theta \end{Bmatrix}_{\substack{\text{layer } m+1 \\ \text{interface } m+1}} \tag{11.71}$$

然后，根据式(11.18)，每一层的矩阵可分为底部的矩阵 $\boldsymbol{D}_{\mathrm{B}}^{(m)}$ 和顶部的矩阵 $\boldsymbol{D}_{\mathrm{T}}^{(m)}$。CSH 波在第 m 层的底部和顶部矩阵分别在式(11.72)和式(11.73)中表示

$$\left[D_{\mathrm{B}}^{(m)}\right]=\begin{bmatrix} J_p(k_s^m r_m) & Y_p(k_s^m r_m) \\ \dfrac{\mu^m k_s^m}{2}\left(J_{p-1}(k_s^m r_m)-J_{p+1}(k_s^m r_m)\right) & \dfrac{\mu^m k_s^m}{2}\left(Y_{p-1}(k_s^m r_m)-Y_{p+1}(k_s^m r_m)\right) \end{bmatrix} \tag{11.72}$$

$$\left[D_{\mathrm{T}}^{(m)}\right]=\begin{bmatrix} J_p(k_s^m r_{m+1}) & Y_p(k_s^m r_{m+1}) \\ \dfrac{\mu^m k_s^m}{2}\left(J_{p-1}(k_s^m r_{m+1})-J_{p+1}(k_s^m r_{m+1})\right) & \dfrac{\mu^m k_s^m}{2}\left(Y_{p-1}(k_s^m r_{m+1})-Y_{p+1}(k_s^m r_{m+1})\right) \end{bmatrix} \tag{11.73}$$

对于自由表面边界条件，式(11.72)和式(11.73)的矩阵中仅第二行需要考虑，即最内层和最外层界面的边界条件可表示为

$$\left[D_{\mathrm{B}}^{(1)}\right]_2\begin{Bmatrix} A_1^{(1)} \\ A_2^{(1)} \end{Bmatrix}=\left[D_{\mathrm{T}}^{(N)}\right]_2\begin{Bmatrix} A_1^{(N)} \\ A_2^{(N)} \end{Bmatrix}=\begin{Bmatrix} 0 \\ 0 \end{Bmatrix} \tag{11.74}$$

式中，$\left[D_{\mathrm{B}}^{(1)}\right]_2$、$\left[D_{\mathrm{T}}^{(N)}\right]_2$ 的下标 2 代表仅需要考虑矩阵的第二行，这些矩阵元是与压力相关的物理量。式(11.74)中显示的两个矩阵分别组成了全局矩阵的第一行和最后一行；矩阵中的其他行代表界面连续条件。

利用式(11.72)和式(11.73)中引入的符号，界面连续条件可以表示成

$$\left[D_{\mathrm{T}}^{(m)}\right]\begin{Bmatrix} A_1^{(m)} \\ A_2^{(m)} \end{Bmatrix}=\left[D_{\mathrm{B}}^{(m+1)}\right]\begin{Bmatrix} A_1^{(m+1)} \\ A_2^{(m+1)} \end{Bmatrix} \tag{11.75}$$

或者可以写成齐次方程组

$$\left[\left[D_{\mathrm{T}}^{(m)}\right]\left[-D_{\mathrm{B}}^{(m+1)}\right]\right]\begin{Bmatrix} A_1^{(m)} \\ A_2^{(m)} \\ A_1^{(m+1)} \\ A_2^{(m+1)} \end{Bmatrix}=\begin{Bmatrix} 0 \\ 0 \end{Bmatrix} \tag{11.76}$$

把边界条件和界面连续条件都表达为齐次方程后，可以组成全局矩阵。每层的矩阵组合

在一起形成一整个大矩阵，例如，第 m 层的顶部系数矩阵和第 m+1 层底部系数矩阵在全局矩阵的同一行。式(11.77)的左边给出了 N 层系统的全局矩阵，如

$$\begin{bmatrix} \left[D_{\mathrm{B}}^{(1)}\right]_2 & 0 & 0 & 0 & 0 & 0 & 0 & 0 \\ \left[D_{\mathrm{T}}^{(1)}\right] & \left[-D_{\mathrm{B}}^{(2)}\right] & 0 & 0 & 0 & 0 & 0 & 0 \\ 0 & \ddots & \ddots & 0 & 0 & 0 & 0 & 0 \\ 0 & 0 & 0 & \left[D_{\mathrm{T}}^{(m-1)}\right] & \left[-D_{\mathrm{B}}^{(m)}\right] & 0 & 0 & 0 \\ 0 & 0 & 0 & 0 & \left[D_{\mathrm{T}}^{(m)}\right] & \left[-D_{\mathrm{B}}^{(m+1)}\right] & 0 & 0 \\ 0 & 0 & 0 & 0 & 0 & \ddots & \ddots & 0 \\ 0 & 0 & 0 & 0 & 0 & 0 & \left[D_{\mathrm{T}}^{(N-1)}\right] & \left[-D_{\mathrm{B}}^{(N)}\right] \\ 0 & 0 & 0 & 0 & 0 & 0 & 0 & \left[D_{\mathrm{T}}^{(N)}\right]_2 \end{bmatrix} \begin{Bmatrix} \boldsymbol{A}^{(1)} \\ \boldsymbol{A}^{(2)} \\ \vdots \\ \boldsymbol{A}^{(m-1)} \\ \boldsymbol{A}^{(m)} \\ \vdots \\ \boldsymbol{A}^{(N-1)} \\ \boldsymbol{A}^{(N)} \end{Bmatrix} = \begin{Bmatrix} \mathbf{0} \\ \mathbf{0} \\ \vdots \\ \mathbf{0} \\ \mathbf{0} \\ \vdots \\ \mathbf{0} \\ \mathbf{0} \end{Bmatrix} \tag{11.77}$$

式中

$$\boldsymbol{A}^{(m)} = \begin{Bmatrix} A_1^{(m)} \\ A_2^{(m)} \end{Bmatrix}, \quad \mathbf{0} = \begin{Bmatrix} 0 \\ 0 \end{Bmatrix} \tag{11.78}$$

对于在多层环面上周向传播的 CSH 波，由式(11.77)可得到一个 $2N\times2N$ 的全局矩阵。对多层系统中的 CLT 波，全局矩阵的大小是 $4N\times4N$，因为在这种情况下，每个表面有两个应力分量需满足边界条件，每一层有两个应力分量和两个位移分量需要满足层间的界面连续条件。

获得全局矩阵后，求解多层情况解的情况与单层情况类似；全局矩阵的行列式是特征方程，特征方程的根是多层结构的本征值。当确定了特征方程的本征值后，可以通过假设任意一个未知常数 $A_{1,2}^{(1)}\cdots A_{1,2}^{(N)}$ 为 1，然后求解出其他常数与该常数的相对值。

同样，在频率-角波数(ω-p)空间可计算得到角相速度和群速度，因而可确定任意半径处的线性相速度和群速度。或者可以先选定半径 R，然后求解频率-周向波数空间的解，直接得到线性相速度和群速度。

以上介绍了周向导波传播的理论推导部分，不仅讨论了单层环面上的 CSH 和 CLT 波，而且以 CSH 波为例，并将其扩展到多层环面的情况。虽然没有在本章中全面介绍 CLT 波在多层环面中的传播情况，但从单层到多层的扩展过程是类似的。

11.4　周向导波控制方程的数值解

前面介绍了单层和多层环面中 CSH 波和 CLT 波的特征方程的推导过程，具体解可以由数值计算完成。首先我们需要验证解的正确性。本书提供了多种验证方法，包括：直接比较数值计算结果和已发表的论文结果，将数值结果与极限情况即板中的波进行比较，或者对满足合适的边界和界面连续条件的本征函数进行分析。

本章假设弹性材料，并且仅考虑了实数的角波数 p。本章未考虑如消逝波或黏滞性材料对应的角波数 p 为复数的情况。读者如欲考虑这些问题，可参考(van Velsor，2009)。一些比较普遍的数值计算求根方法包括二分法、牛顿-拉弗森法、割线方法以及试位法。对于实数角波数 p，二分法非常简单且容易编程，可保证收敛，虽然会牺牲计算速度(Jaluria，1996)，总体上还是一种很实用的方法，因此本章选用二分法求解特征方程。

获得频散曲线的过程包括确定某频率范围内特征方程的根，感兴趣的频率范围依应用而

定。对本章中考虑的弹性材料来说，角频率ω以固定的增量增加，然后从频散方程中求解出对应的角波数 p；从获得的频率-角波数域(ω-p)频散曲线中，利用 11.1 节介绍的关系可获得角或线性相速度和群速度频散曲线。

为了验证 11.1 节和 11.2 节中特征方程的解析是否正确，下面给出了单层和多层弹性环中 CSH 波和 CLT 波的数值模拟例子，介绍了周向导波的某些特征。本章还对周向导波问题中解析公式数值计算的一些局限性作了分析。

11.4.1 CSH 波的数值模拟结果

为了验证 11.1 节中 CSH 波的理论推导是否正确，本节假定环面可作为平板近似，对比此情况下数值计算得到的 CSH 波频散曲线和 SH 波在平板中的频散曲线。当环面的内径与外径比值趋近于 1 时，环面上的 CSH 波解近似于平板中的解。这一结论既符合物理本质，也可从数学角度证明(Zhao 和 Rose，2004)。

图 11-3 给出了 SH 波在铁板中的频散曲线(实线)和 CSH 波在内径比值为 0.984 的铁环面中的频散曲线(点线)的对比图。数值计算中，铁的横波体波波速为 3.23 mm/μs；平板中 SH 波的解析解可见(Rose，1999)或(Graff，1991)，图 11-3 中 SH 波的频散曲线是由板波的解析解获得的。跟预期的一样，平板近似适用于内外径比值趋近于 1 的环面。从图中可以观察到，当频率和波数增加时，两组频散曲线存在略微的差异。

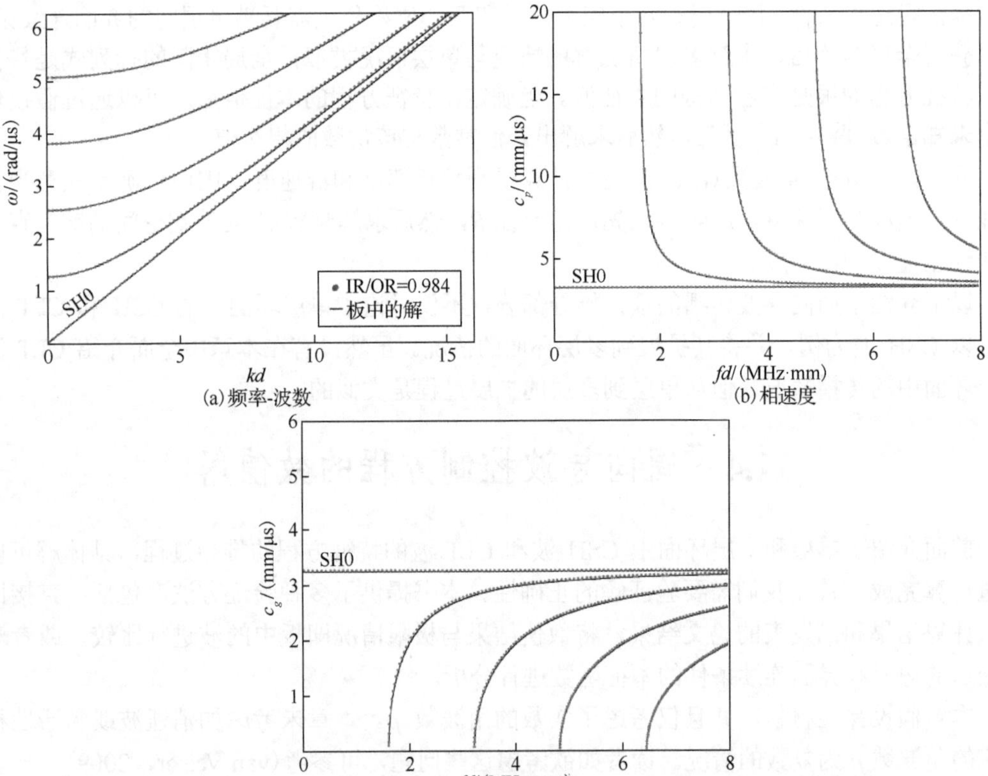

图 11-3 铁板以及内外径比值为 0.984 的环面中，SH 波和 CSH 波的频率-波数(厚度)、相速度和群速度频散曲线图。计算环向波数 k 和线性相速度和群速度用到的半径是环面的外径值

图 11-4 给出了铁板中 SH 波的频散曲线以及内外半径比为 0.5 的环面中 CSH 波频散曲线对比图。从图中可看出，随着环面的内外径比值逐渐减小，平板近似假设不再适用于环面中的 CSH 波。当内外径比值减小时，可观察到一系列有意思的现象。首先，在图中标记为 SH0 的最低阶模式的频散现象变得更显著。其次，当比值减小时，高阶模式的群速度会超过最低阶模式的群速度频散曲线。对于平板中的波或沿着管轴方向传播的波，这两个现象都不存在；因此，这两个现象是环面上 CSH 波的独特现象。另外，值得提出的是，即使在内外径比值很小的环面上，CSH 波的截止频率与平板上 SH 波的截止频率很接近。

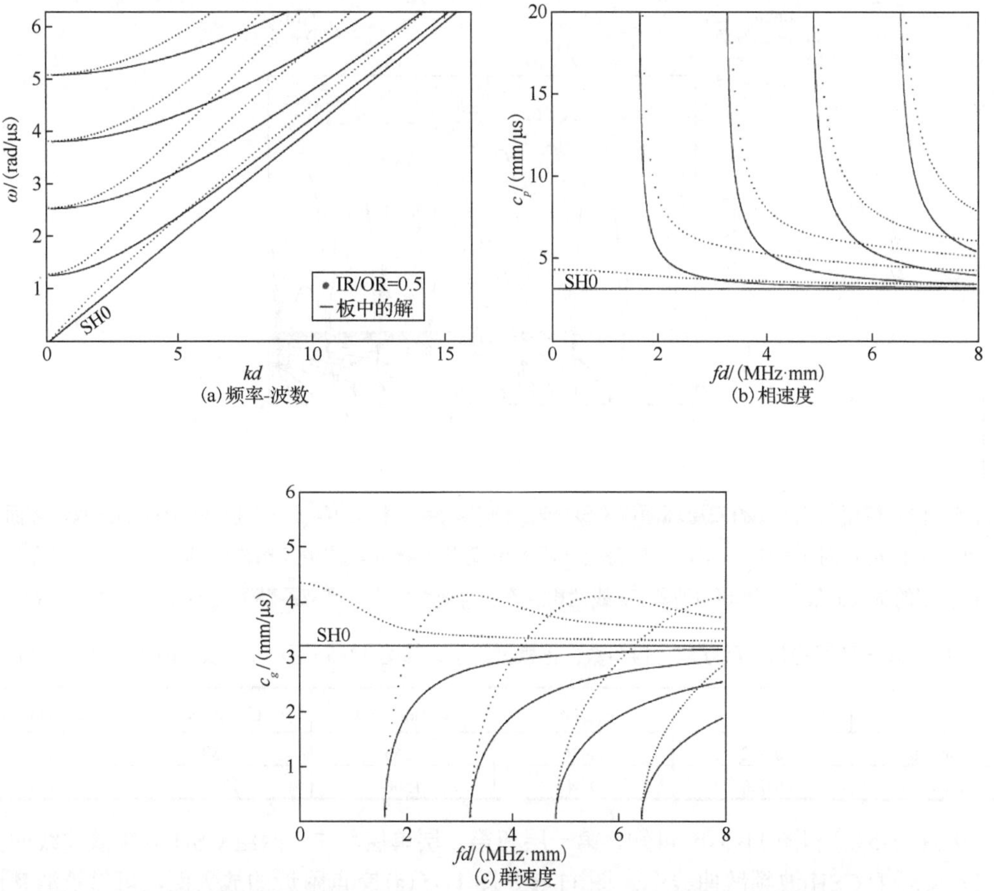

(a) 频率-波数　　(b) 相速度

(c) 群速度

图 11-4　铁板以及内外径比值为 0.5 的环面中，SH 波和 CSH 波的频率-波数(厚度)、相速度以及群速度频散曲线图。计算环向波数 *k* 和线性相速度及群速度用到的半径是环面的外径值

图 11-5 给出了多层环面中 CSH 波的频散曲线图，多层环的材料参数列在表 11-1 中。图中实线代表多层环面的频散曲线，虚线代表第一层单层环中 CSH 波的频散曲线，点线代表第二层单层环中的频散曲线。计算波数、线性相速度和群速度的半径取值是多层环的中间层半径、第一层的外径和第二层的内径。

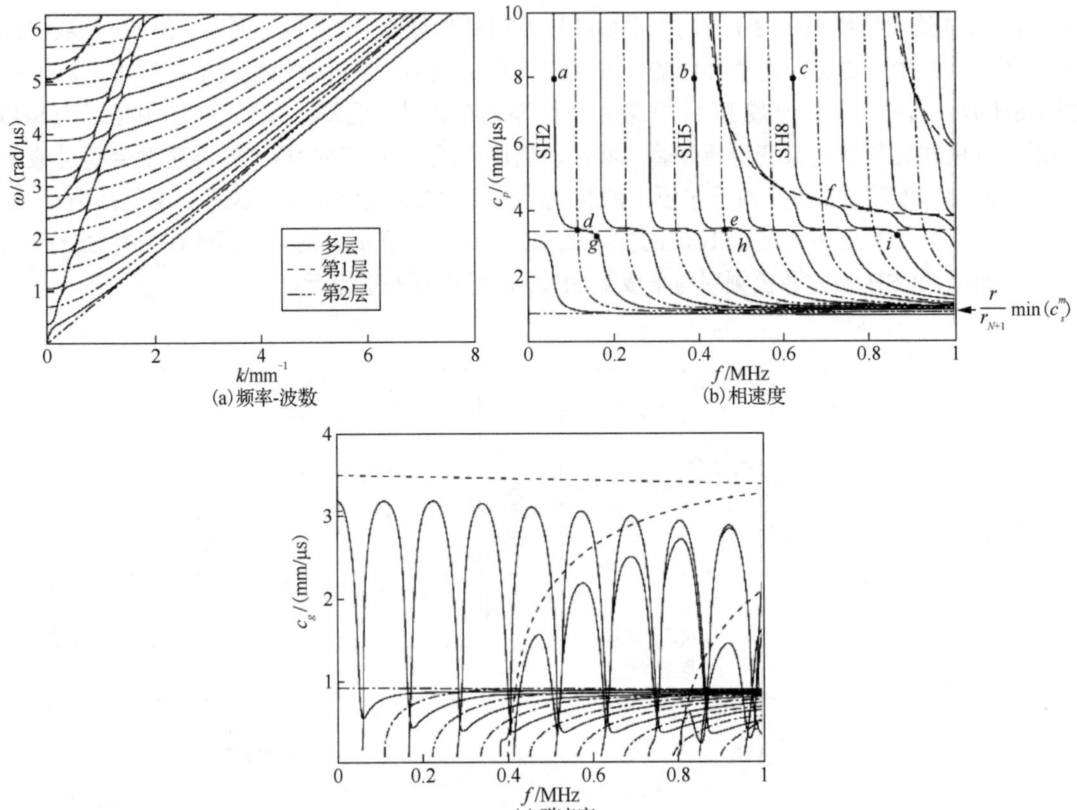

(a)频率-波数　(b)相速度

(c)群速度

图 11-5　内外径比值为 0.8 的双层环面中 CSH 波的频率-波数、相速度以及群速度频散曲线。双层环面的材料参数和几何尺寸列在表 11-1 中，其中每层介质的厚度都是 4mm。图中还给出了第一层和第二层介质单层环面情况下的频散曲线。计算环向波数 k、线性相速度和群速度的半径是双层环面交界面对应的半径 R =36 mm

表 11-1　双层环面的几何尺寸和材料参数，该模型用于计算图 11-5～图 11-7 以及图 11-10～图 11-13

	r_{inner} / m	r_{outer} / m	ρ / (kg / m^3)	C_l / (m / s)	C_s / (m / s)
Layer1	0.032	0.036	7850	5850	3230
Layer2	0.036	0.04	1500	1700	900

从图 11-5(a)和图 11-5(b)可知，第一层和第二层单层环中，两组 CSH 波频散曲线的交点也在多层环中 CSH 波频散曲线上。图 11-6 是图 11-5(a)交点附近的放大图，可以更清楚地观察到这一现象。从物理上来说，频散曲线图中的这些交点代表的是第一/二层单层环和双层环面结构中，边界条件和连续条件都满足的情况。图 11-7 给出了不同频率和波数时的模式结构图(或本征函数图)。图 11-7(d)～图 11-7(f)显示了图 11-5(b)中交点 d、e、f 处对应的模式结构图。从图中可看出，模式在交点处的显著特征是：在单层环面的内外表面上、多层环面的内外表面和交界面上的剪切应力都为零。在多层板中也观察到了类似的现象(Simonetti，2004)。另外，这些交点代表第一层单层环面的共振点。此处的共振代表在某种模式/频率组合时，质点在具有较高声阻抗的层中可达到相对较大的位移。从图 11-7(a)～图 11-7(c)和图 11-7(g)～图 11-7(i)可看出，当模式/频率的组合距离“共振点较远时，质点位移主要在第二层中。此外，从图 11-7(c)可知，共振点与群速度频散曲线的峰值重合。

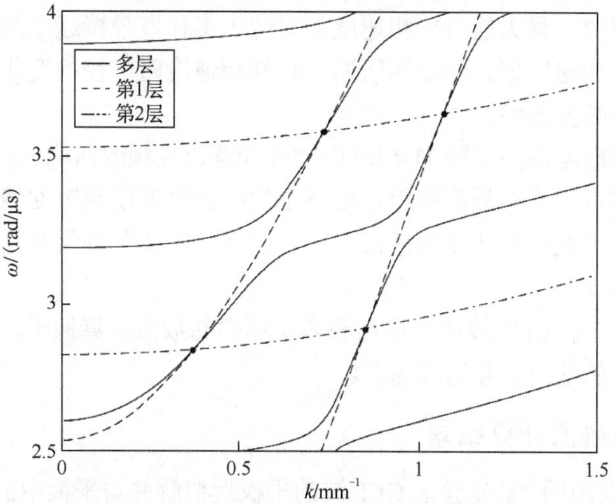

图 11-6　图 11-5(a)中的频散曲线局部放大图。黑点标出的模式是两个单层结构频散曲线的交点，同时也是双层结构的模式点

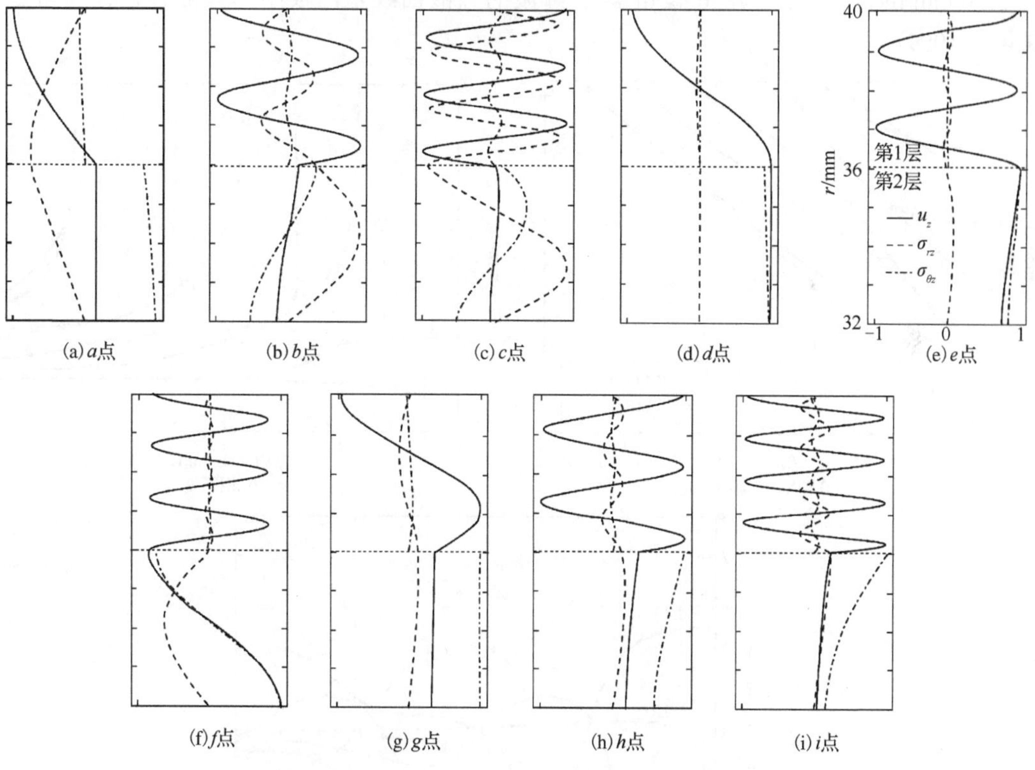

图 11-7　图 11-5(b)中标示出的点对应的波结构和应力图

从图 11-5(b)可观察到

$$\lim_{f\to\infty} c_p(r) = \frac{r}{r_{N+1}} \min(c_s^m) \tag{11.79}$$

式中，r_{N+1}是第 N 层的外半径；c_s^m是第 m 层材料的剪切波速度；r 是用于计算线性相速度频散曲线的任意半径。从式(11.79)可知，在极限情况下，所有模式的相速度都趋近于所有层中

最小的横波体波速度值，最大的可能相速度值对应于半径取最慢速层的外径时，其他半径取值具有成比例的较小相速度值。如前面所述，线性相速度随半径的变化是确保在环面厚度方向上具有不变相位的必要条件。

最后一个有趣的现象是关于图 11-5(c)中的线性群速度频散曲线。对多层环面，线性群速度频散曲线的峰值接近于具有最高声阻抗的层中的线性群速度频散曲线，对于本节给出的例子来说，是第一层中的线性群速度频散曲线。多层环中的实际峰值总是略小于单一高阻抗层中的群速度频散曲线。

11.4.2 节将介绍几个 CLT 波在单层环和多层环中的数值计算例子。最后，本章还会讨论基于周向波解析公式的数值计算局限问题。

11.4.2　CLT 波的数值计算结果

同 CSH 波的情况相同，首先验证 CLT 波的平板近似解并与平板中的解进行比较。图 11-8 给出了铁板中兰姆波的频散曲线(实线)与内外径比值为 0.984 的铁环面中 CLT 波的频散曲线(点线)的比较图。其中铁的材料参数是：横波体波波速 $c_s = 3.23$ mm/μs，纵波体波波速 $c_l = 5.96$ mm/μs，密度$\rho = 7850$ kg/m^3。兰姆波的频散曲线是由板中的频散方程计算得到的(Rose，1999)。

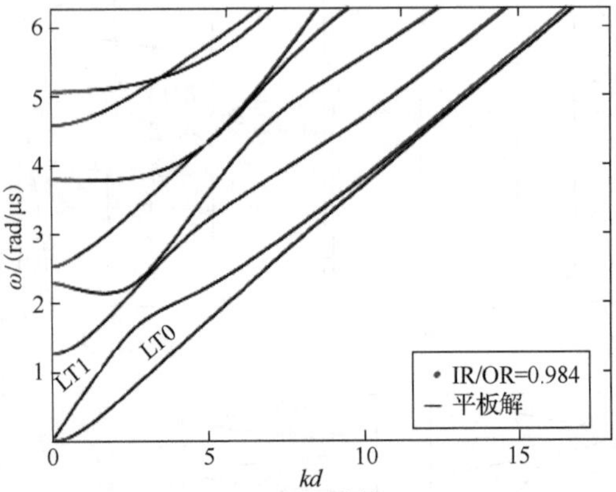

(a)频率-波数

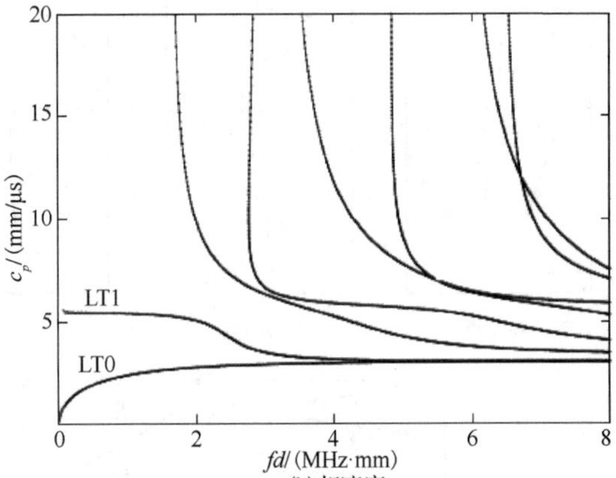

(b)相速度

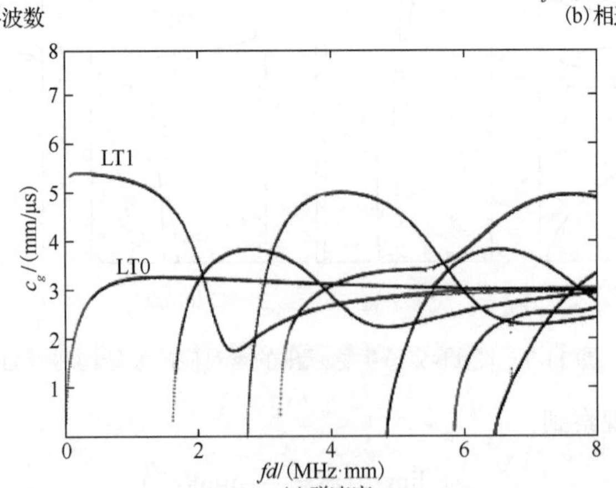

(c)群速度

图 11-8　铁板和内外径比值为 0.984 的环面中，兰姆波以及 CLT 波的频率-波数(厚度)、相速度和群速度频散曲线。计算环向波数 k、线性相速度和群速度的半径等于环面的外径值

与 CSH 波的情况类似，CLT 波在环面上的平板近似解可用平面板中的解代替，微小的差异仅出现在高频和大波数的情况。最低阶的两个模式在每组图中都用 LT0 和 LT1 标识。当环面可以用平板近似时，LT0 和 LT1 模式分别对应于平板中的最低阶反对称和对称模式 A0 和 S0。但是，当考虑到波在环面上传播时，模式不再是完美的对称或反对称模式，因此，本书中周向模式用 LT0…LT*m* 表示，其中 *m* 代表从 0 到无穷大的正整数。

从图 11-8 和图 11-9 可观测到 CLT 波的一些显著特征。首先，与板中 S0 模式对应的模式的相速度频散曲线与纵轴的交点不再等于板波波速，而是趋向于无限大相速度。在群速度频散曲线图中，当频率趋近于零时，该模式的群速度也趋近于零。

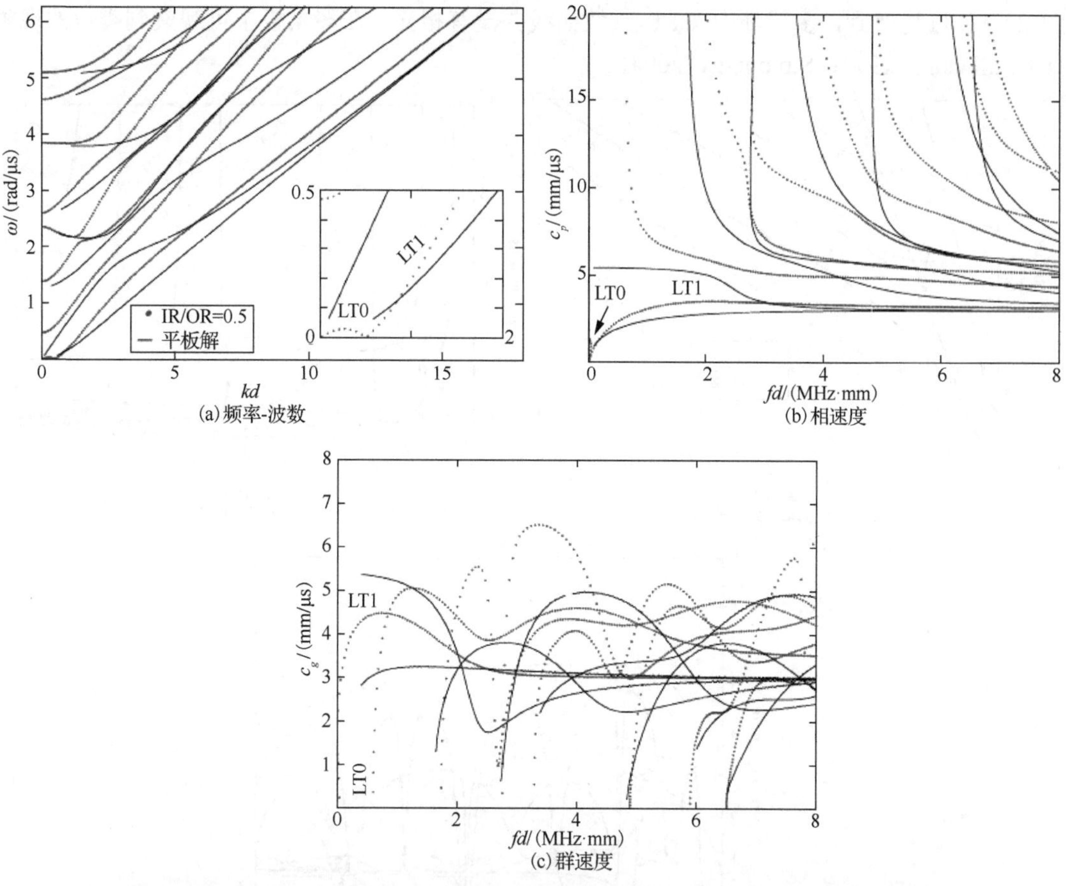

图 11-9　铁板和内外径比值为 0.5 的环面中，兰姆波以及 CLT 波的频率-波数(厚度)、相速度和群速度频散曲线。计算环向波数 *k*、线性相速度和群速度的半径等于环面的外径值

在内外径比值较小的环中，可明显观察到 CLT 波的另一个显著特征。频率-波数频散曲线图的原点处有一个新的模式，它始于原点，然后迅速到达一个峰值，之后降低并与 *kd* 轴相交于点 $(kd=1-\eta)$，其中 η 代表圆管的内外径比值。Liu 和 Qu (1998a) 对这一模式展开了详细的讨论，得出的结论是这个模式是由于环的内表面不能支持表面波而产生的。Viktorov (1967) 指出，凸面可以支持表面波的传播，而凹面不支持。因此，任何在环面内表面产生的表面波会迅速泄漏到环内，然后反射到外表面，形成新的模式。在平板中，由于板的两个表面都支持表面波，因而不存在这种模式。这个模式与 *kd* 轴相交于点 $(kd=1-\eta)$ 的原因是：在这一点处，波长等于外环面的周长，因而不存在波的传播。

基于上述讨论，与板中 A0 模式类似的 CLT 模式，在高频时相速度趋近于瑞利表面波的波速。瑞利波在环的外表面传播。从图 11-9 可看出，当环的内外径比值逐渐减小时，类似于 S0 板波的 CLT 模式与 S0 模式逐渐产生了巨大差异。这一现象说明在具有较小内外径比值的环面上不能支持对称的波位移剖面。

图 11-10 给出了 CLT 波在多层环中的频散曲线图，多层环的材料性质和几何尺寸在表 11-1 中给出。在图中，多层环中的 CLT 波频散曲线用实线表示，第一层介质的单层环中的 CLT 波频散曲线用虚线表示。为了避免图中的曲线太多不易区分，第二层介质的单层环中的 CLT 波频散曲线没在图中给出。图 11-11 给出了图 11-10 中频散曲线看似相交区域的放大图。从放大图 11-11 可观察到，多层环中 CLT 频散曲线并没有相交。在多层板中可观察到类似的现象（Überall et al，1994；Simonetti，2004）。

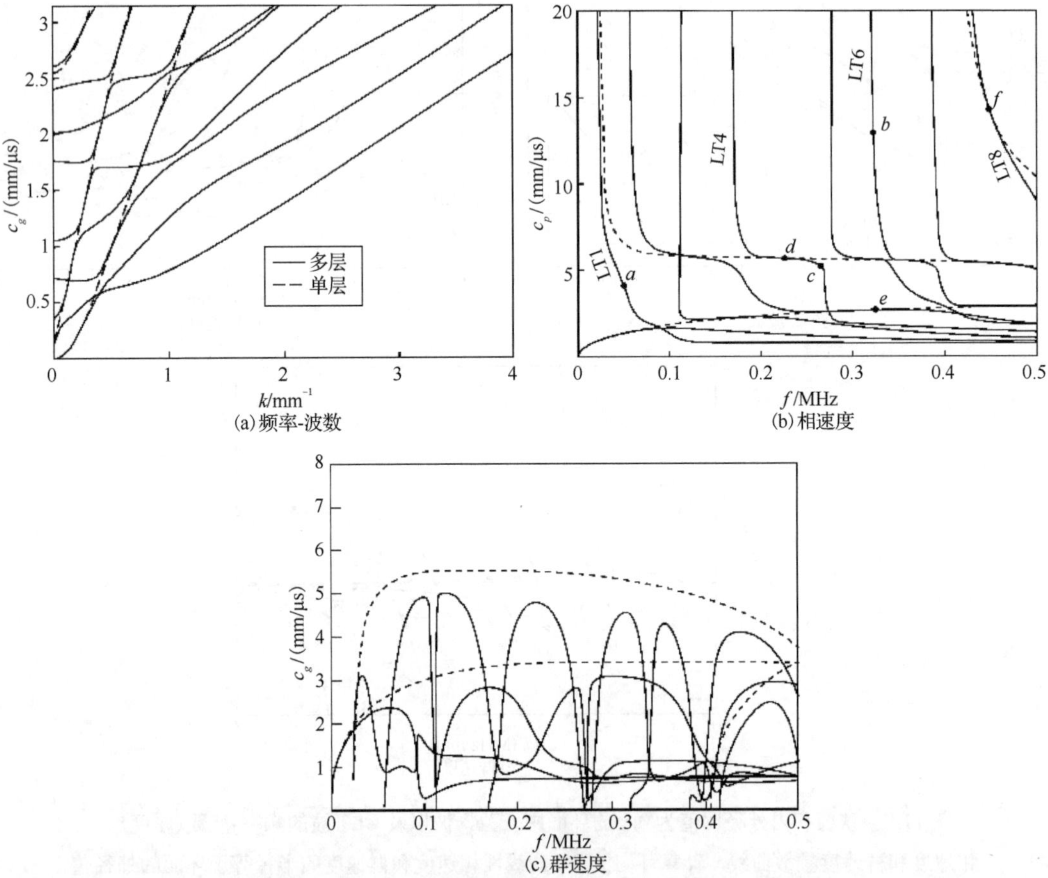

(a) 频率-波数　(b) 相速度　(c) 群速度

图 11-10　多层环中 CLT 波的频率-波数、相速度和群速度频散曲线。多层环的内外径比值为 0.8，两层环的厚度都是 4 mm，表 11-1 给出了双层环的材料参数和几何尺寸。图中还给出了 CLT 波在第一层介质单层环中的频散曲线。计算环向波数 k、线性相速度和群速度的半径等于第一层环的外径值

图 11-12 和图 11-13 分别给出了图 11-10(b) 中 a、b、c、d、e、f 点处的波结构和应力分布图。从图 11-12 可观察到，当取值点(某种模式-频率组合)远离多层环的频散曲线与具有较高声阻抗的单层环(本例子中是第一层单层环)中的频散曲线的交点时，波主要在低声阻抗的层中(本例中是第二层单层环)传播。图 11-13 中的 CLT 波与 CSH 波的情况类似，当取值点为多

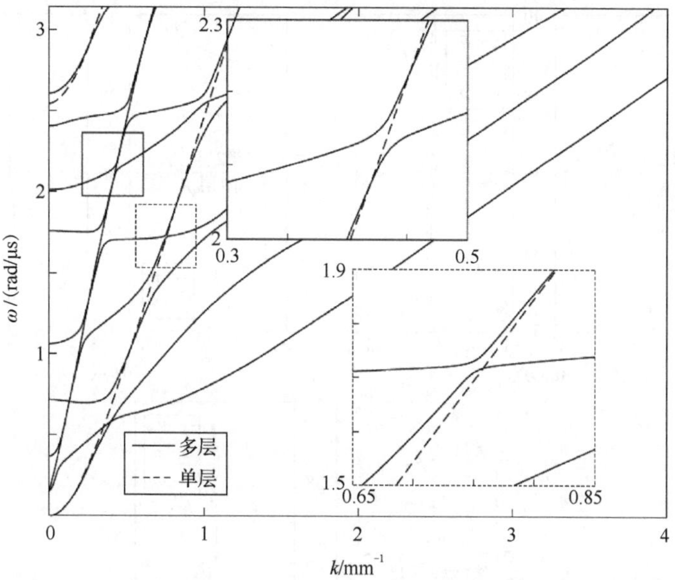

图 11-11　双环结构中 CLT 波的频率-波数频散曲线，双环的材料参数见表 11-1。放大图显示了多层环中 CLT 波的相互排斥现象

层环和高阻抗单层环的频散曲线交点时，对应于高阻抗环的共振。此外，从图 11-10(c)可看出，多层环中 CLT 波群速度频散曲线的峰值对应于共振点，虽然这些峰值仅仅是略小于且趋近于高声阻抗单层环中 CLT 波的群速度值。这些共振点对具有覆盖层金属环的无损检测有应用价值。

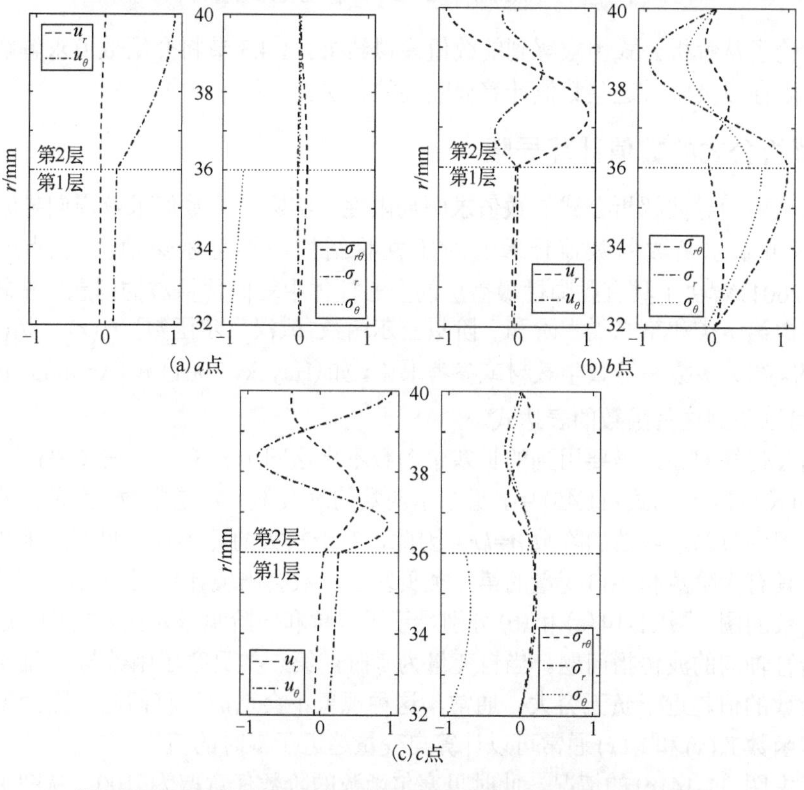

图 11-12　图 11-10(b) 中点 a、b、c 对应的波结构和应力分布图

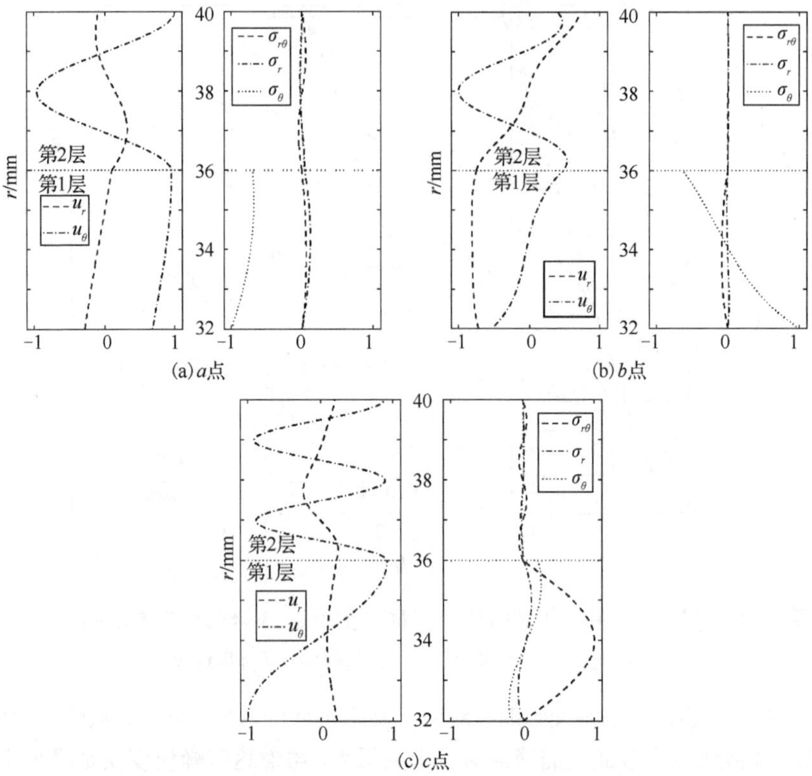

图 11-13　图 11-10(b) 中点 d、e、f 对应的波结构和应力分布图

本节讨论了从解析公式中求解到的数值模拟结果。11.4.3 节将介绍数值求解解析频散方程时遇到的局限性以及应对这些数值计算局限性的方法。

11.4.3　解析公式的数值计算局限

本节讨论周向导波解析公式的数值求解局限性。实际上，数值求解周向导波频散曲线的主要难点是贝塞尔函数的数值计算。对于柱状结构，不可避免地会用到贝塞尔函数。Barshinger(2001)解决了具有黏弹性覆盖层的空心柱体中轴向传播波的问题。在轴向公式中，特征方程是由第一类和第二类零阶和一阶贝塞尔函数(或汉克尔函数) $J_0(x)$、$J_1(x)$、$Y_0(x)$和$Y_1(x)$组成的。在大多数高等数学教材或参考书中，如(Hayek，2001)和(Abramowitz 和 Stegun，1964)，都可以找到这些函数的表达式。

对周向波传播问题，需要用到的贝塞尔函数不止这四个。例如，在 CSH 波的式(11.12)和 CLT 波的式(11.44)和式(11.45)中，贝塞尔函数的阶数不一定是整数，而是由波数和半径共同决定的，因为贝塞尔函数的阶数 $p=kr$。因此，对于较大的环半径，贝塞尔函数的阶数会非常大，此时具有大阶数和小自变量的第二类贝塞尔函数会出现计算困难问题。图 11-14 给出了贝塞尔函数的图。图 11-14(a)和(b)分别显示了零阶和一阶贝塞尔函数的图，这两个函数可用来计算沿管轴向的波传播问题。当自变量为零时，第一类贝塞尔函数与 y 轴相交，而第二类贝塞尔函数的值趋近于负无穷大。通常，这种现象不会造成计算问题，因为零阶和一阶第二类贝塞尔函数 $Y_0(x)$和$Y_1(x)$通常可以计算自变量趋近于零时的值。

现在考虑图 11-14(c)的情况，此时贝塞尔函数的阶数任意取为 100。从图中可以看出，当自变量较小时，计算第二类贝塞尔函数会出现困难。另外，对周向波来说，贝塞尔函数的自变量包含频率的乘积，计算小自变量的第二类贝塞尔函数不可避免。

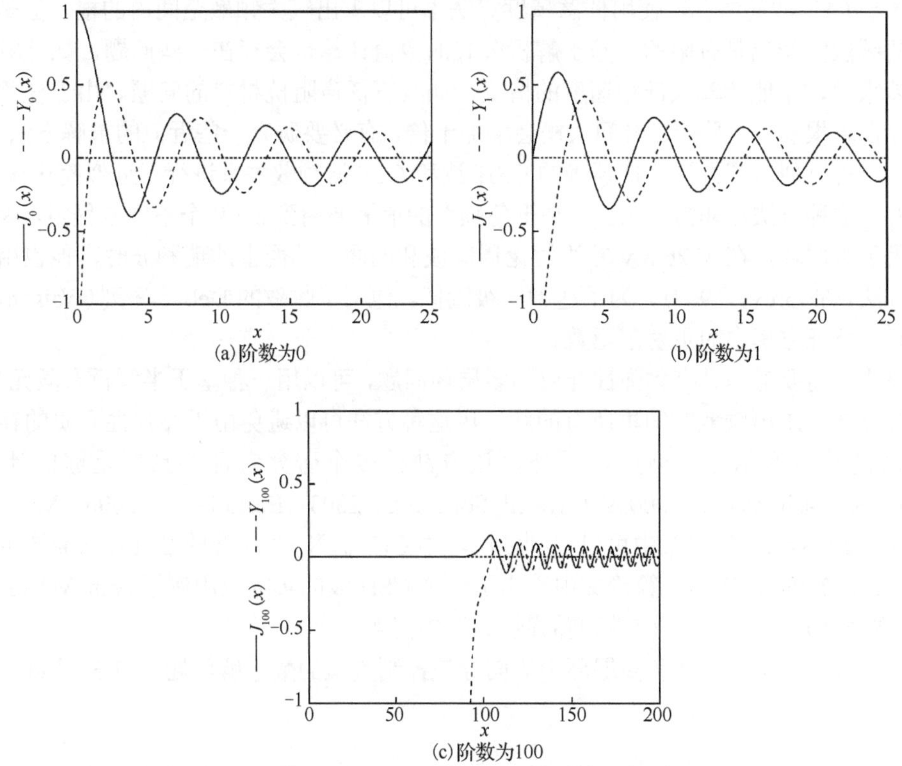

图 11-14　第一类和第二类贝塞尔函数

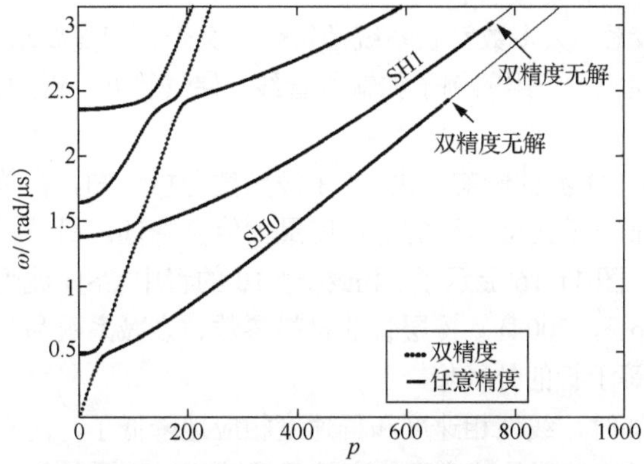

图 11-15　双层环中 CSH 波的频率-角波数频散曲线，双层环的参数如表 11-2 所示。从图中可看出，由于角波数较大(贝塞尔函数的阶数较大)，在低频时用双精度算法找不到根

图 11-15 给出了多层环中 CSH 波的频率-角波数频散曲线，多层环的材料参数和几何尺寸见表 11-2。在图中，点线的频散曲线是由双精度算法计算得到的，实线是由任意精度算法得到的。从图中可观察到，双精度算法在点 $(p,\omega)=(670,2.4)$ 附近找不到根，然后找不到 SH0 和 SH1 模式的根。图 11-15 仅给出了低于 500 kHz 的计算结果，实际上在高频时双精度算法会发生更频繁的漏根情况，尤其是在遇到大尺寸的低声阻抗层时漏根现象更严重，如高分子聚合材料或其他黏弹性介质。在计算具有大半径环中的 CLT 波时会遇到类似的计算问题。

表 11-2　计算图 11-15 的双层环模型的几何尺寸和材料参数

	r_{inner} / m	r_{outer} / m	ρ / (kg / m^3)	C_l / (m / s)	C_s / (m / s)
第 1 层	0.24765	0.254	7850	5960	3260
第 2 层	0.254	0.257	1500	1400	900

如图 11-15 所示，使用任意精度算法虽然计算效率较低，但是可以找到频散空间内的全部解。对于 CLT 波的情况，使用任意精度算法也可以求出较大频散空间内的根，但是该算法可计算的频散空间也是有限的。基于解析公式的数值计算也会存在一些问题，如计算波结构等。总体来说，不能计算太低相速度的情况，如具有低声阻抗材料的问题。由于任意精度算法依然存在求根局限，且计算时间大概会增加十倍，有必要研究一些近似的求解方法。Gridin 等介绍了一种近似求解方法，把精确的 CSH 波和 CLT 波频散关系进行了近似简化(Gridin et al，2003)。这种方法是非常复杂的，基于角频率的值需要用到 5～9 个不同方程组，因而该方法仅适用于单层环。在 Viktorov 首次讨论周向波和凹面、凸面上的瑞利波时，他也用过类似的近似方法(Viktorov，1967)。为了达到一级近似，他用半收敛的 Debye 序列(Watson，1966)近似代替了特征方程中的贝塞尔函数。

如果读者需要考虑具有黏弹性介质的多层环问题，可以用一种基于半解析有限元(SAFE)法的近似方法来求出频散空间里所有的解。用这种方法可以避免由于黏弹性介质的存在而出现的复杂高阶贝塞尔函数问题。另外，该方法被多个研究者证实具有足够的计算精度(Hayashi，Kawashima et al., 2003；Hayashi, Song et al., 2003；Bartoli et al., 2006，Mu 和 Rose，2008)。在 van Velsor 的文章中可以找到多层环中 CLT 波和 CSH 波的 SAFE 法需要用到方程(van Velsor，2009)，在另一篇论文中给出了一个 CSH 波的实际应用例子(van Velsor et al，2009)。这些研究工作考虑了弹性和黏弹性介质的问题。

以上内容总述了单层环和多层环中周向导波控制方程的数值解问题，11.5 节将给出一个应用周向导波的实际例子。

11.5　管中保护覆层对周向导波传播的影响

实际应用中，由于超声波的波长一般都较短，大多数管状系统都符合广义平面应变要求，很多结构中的周向导波都可以用环状模型来模拟。应用的例子如输气管线、储气管井、锅炉、热交换管道以及很多其他管道应用。

本节设计了一个实验来研究覆层厚度对 CSH 波的影响。由 CSH 波频散分析可知，在单层环中增加一个低声阻抗层的影响之一是：某一模式可达到的群速度最大值会降低。另外，如果低阻抗层是黏弹性介质，会引入波衰减。图 11-16 显示了 24in 标号 10 的管中 CSH 波受不同煤焦油覆层厚度的影响(Barshinger 和 Rose，2004)。覆层管的材料参数、衰减系数和几何尺寸列在表 11-3 中，计算频散曲线的半径等于管的外径值。

从图 11-16 可观察到，当覆层的厚度增加时，线性相速度和群速度相应地降低了，而衰减增大。需要注意的是，在处理黏弹性材料时，波群的速度不一定等于群速度，而是等于能量速度。在衰减达到最小值的区域内，群速度和能流速度基本相等(Bernard et al., 2001)。另外，如图 11-16(a)所示，黏弹性情况下的相速度频散曲线与等价弹性情况下的频散曲线基本符合，因而两种情况下的群速度频散曲线也基本符合。考虑到这些因素，图 11-16(b)的曲线是群速度频散曲线。

图 11-17 为图 11-16 中覆层厚度对 CSH 波的影响趋势的实验验证。本实验用 Lorentz 型电磁超声换能器(EMAT)来激发管壁中的 CSH 波。需要指出的是，EMAT 换能器固定在某个特定的波长，而不是以某个频率为中心。本研究采用了一个 EMAT 换能器来激发出 130kHz 的 SH0 模式。这个传感器的半波长大约是 0.5in，对应于 3.23mm/μs 的相速度值。

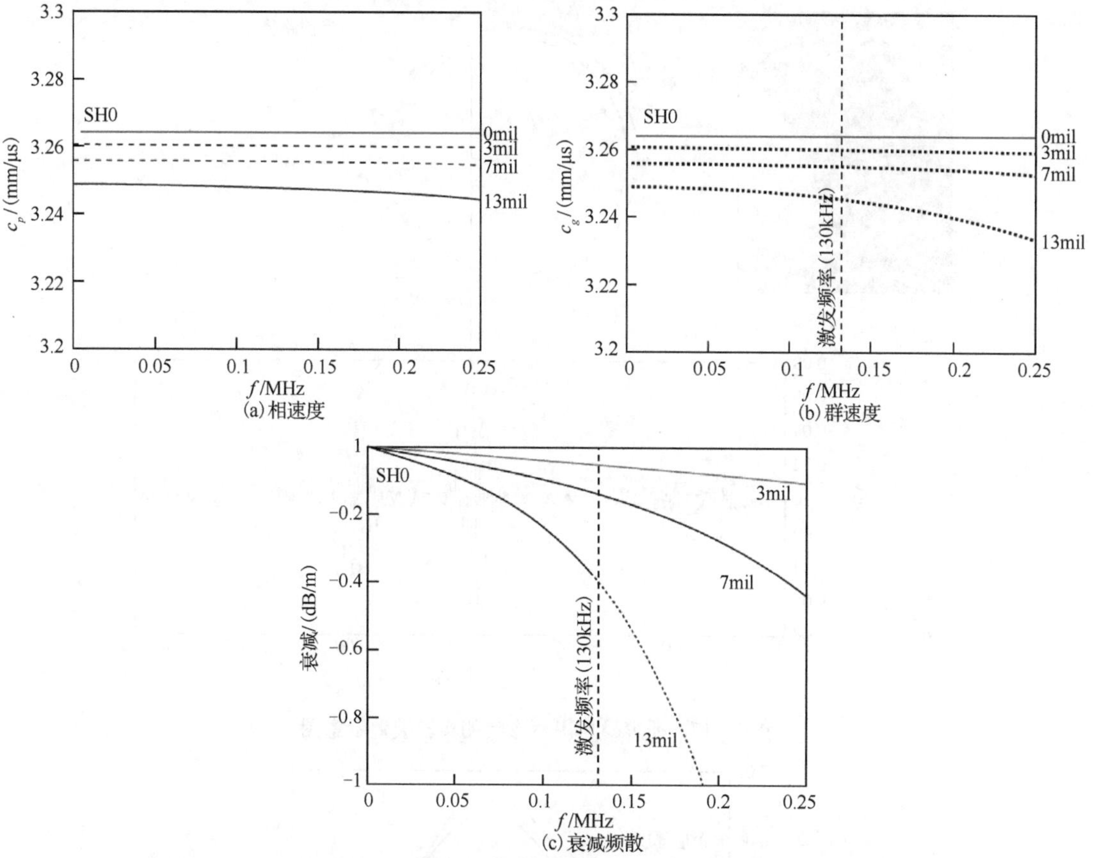

(a) 相速度　(b) 群速度　(c) 衰减频散

图 11-16　具有不同厚度覆层的管中，CSH 波的相速度、群速度和衰减频散曲线。覆层管的材料参数和几何尺寸参见表 11-3。计算线性相速度、群速度和衰减的半径是管的外径值

注：1mil=10^{-3}in≈0.0254mm

表 11-3　用于研究厚度影响的管道模型材料参数和几何尺寸。沥青 50 覆层的材料参数取值于文献(Barshinger 和 Rose，2004)

	r_{inner} / m	r_{outer} / m	ρ / (kg / m^3)	C_l / (m / s)	α_l / ω	C_s / (m / s)	α_l / ω
软钢	0.29845	0.3048	7850	5850	0	3230	0
沥青 50	0.3048	*varied*	1500	1860	0.023	750	0.24

图 11-17 中的照片为发射和接收 EMAT 换能器放置在管周向相距 2ft 的位置，分别采集了没有覆层、覆层厚度分别为 3mil、7mil 和 13mil 时的数据(注：1mil=1/1000in，约为 0.0254mm)。换能器在整个实验过程中没有被挪动过，因此任何波幅度和传播时间上的变化都是由于覆层厚度的影响。

图 11-18 给出了波包在裸管、3mil、7mil 和 13mil 厚度的覆层管中的模拟波形图。图中总结了厚度变化对波包幅度和传播时间的影响。从图中可看出，当覆层厚度增加时，传播时间变长、幅度减小。实验测量结果也显示了与理论预测结果同样的趋势。另外，当覆层厚度为 13mil 时，衰减量很大，这符合图 11-16(c)对衰减频散曲线的预测。图 11-19 总结了时间和幅度的变化情况。

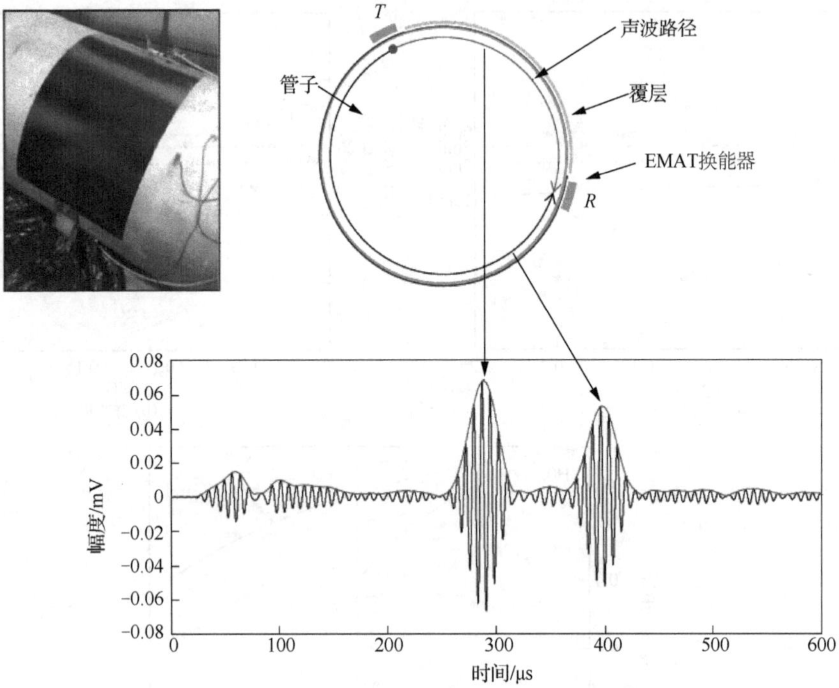

图 11-17　研究覆层厚度影响的实验装置示意图

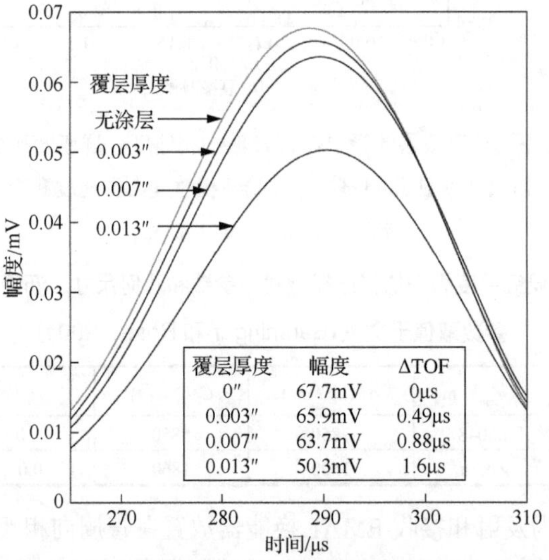

图 11-18　在具有不同覆层厚度的管中，在 $2ft$ 周向距离内传播的 CSH 波包的理论模拟波形图，显示了覆层厚度增加时，增加的传播时长和减小的幅度

基于理论模型，裸管和 13mil 覆层管中传播时间变化是 1.1μs，幅度的变化大概是 0.24dB。实际测量到的变化比理论预测值大，分别为 1.6μs 和 2.58dB。这说明实际材料参数与论文中给出的略有差异，但重要的是实验测量和理论预测的变化趋势是一致的。在实际应用中，覆层的材料参数很难精确测量，因为参数性质与温度、覆层服役年限和经历，以及不同的制造过程都关系密切。

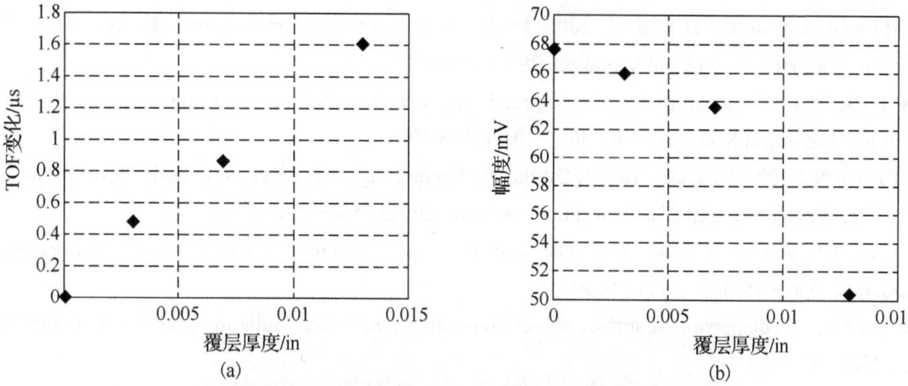

图 11-19　TOF 变化以及幅度随覆层厚度的变化关系

理论预测的覆层厚度对周向波的影响趋势可以通过实验验证。实验证明，当覆层厚度增加时，波群的传播速度降低，衰减明显变大。如图 11-16 频散曲线所示，当频率增大时，传播时长和衰减的增加量会升高，可增强检测灵敏度。

周向导波频散问题的实际应用包括管道中腐蚀缺陷的内检测、检测管道脱黏或覆层缺失、测量覆层材料性质、测量管道壁厚、检测水冷管和锅炉管的腐蚀或裂纹等。

习　题

11-1　为什么沿着环面周向传播的导波波速是半径的函数？

11-2　对于图 11-20 所示的厚壁小直径环面，如果计算线性相速度频散曲线用的半径等于环面的外径值，当计算环的内表面线性相速度频散曲线时需要如何调整？比例是多少？

11-3　与沿着空心柱体轴向传播的导波对比，周向导波特征方程的贝塞尔函数解有什么独特之处？

11-4　在什么条件下，可以将环或其他弯曲结构中的周向导波作为平板问题处理？

11-5　在平板和环中，SH0 模式的基本不同之处是什么？

11-6　平板中的 A0 模式和环中对应的模式有什么基本差异？

11-7　在 0.5in 厚、外径为 3in 的空心管中，130kHz 的周向水平剪切波在内表面上的相速度为 0.127in/μs，请问该波的角相速度为多少？该波的角波数为多少？

11-8　列举几个可用于测量管道保护层特性的周向波特征，并基于多层环中周向波的理论分析说明为什么选择这些特征。

11-9　描述一种情况：周向导波特征方程的数值解存在困难，而需要用近似解。

11-10　对于多层结构中的周向波，当集合边界和连续条件时，哪些是与 CSH 波和 CLT 波相关的应力分量？为什么？

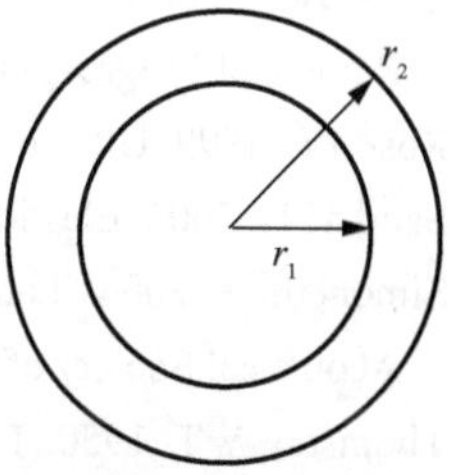

图 11-20　习题 11-2 图

参 考 文 献

Abramowitz M, Stegun I A. 1964. Handbook of Mathematical Functions with Formulas, Graphs and Mathematical Tables. New York: Dover Publications, Inc.

Barshinger J N. 2001. Guided wave propagation in pipes with viscoelastic coatings. Pennsylvania: The Pennsylvania State University.

Barshinger J N, Rose J L. 2004. Guided wave propagation in an elastic hollow cylinder coated with a viscoelastic material. IEEE Transactions on Ultrasonics, Ferroelectrics and Frequency Control, 51(11): 1547-1556.

Bartoli I, Marzani A, Lanza F D S, et al. 2006. Modeling wave propagation in dampled waveguides of arbitrary cross-section. Journal of Sound and Vibration, 295: 685-707.

Bernard A, Lowe M J S, Deschamps M. 2001. Guided wave energy velocity in absorbing and non-absorbing plates. Journal of the Acoustical Society of America, 110(1): 186-196.

Chou P C, Pagano N J. 1992. Elasticity: Tensor, Dyadic and Engineering Approaches. New York: Dover Publications, Inc.

Graff K F. 1991. Wave Motion in Elastic Solids. New York: Dover Publications, Inc.

Gridin D, Craster R V, Fong J, et al. 2003. The high-frequency asymptotic analysis of guided waves in a circular elastic annulus. Wave Motion, 38(1): 67-90.

Haskell N A. 1953. The dispersion of surface waves on multilayered media. Bulletin of the Seismological Society of America, 43(1): 17-34.

Hayashi T, Kawashima K, Sun Z, et al. 2003. Analysis of flexural mode focusing by a semi-analytical finite element method. Journal of the Acoustical Society of America, 113(3): 1241-1248.

Hayashi T, Song W J, Rose J L. 2003. Guided wave dispersion curves for a bar with an arbitrary cross-section, a rod and rail example. Ultrasonics, 41(3): 175-183.

Hayek S I. 2001. Advanced Mathematical Methods in Science and Engineering. New York: Marcel Dekker, Inc.

Jaluria Y. 1996. Computer Methods for Engineering. Bristol: Taylor & Francis, Inc.

Knopoff L. 1964. A matrix method for elastic wave problems. Bulletin of the Seismological Society of America, 54(1): 431-438.

Liu G, Qu J. 1998a. Guided circumferential waves in a circular annulus. Journal of Applied Mechanics, 65(2): 424-430.

Liu G, Qu J. 1998b. Transient wave propagation in a circular annulus subjected to transient excitation on its outer surface. Journal of the Acoustical Society of America, 104(3): 1210-1220.

Lowe M J S. 1995. Matrix techniques for modeling ultrasonic waves in multilayered media. IEEE Transactions on Ultrasonics, Ferroelectrics and Frequency Control, 42(4): 525-542.

Morse P, Feshbach H. 1953. Methods of Theoretical Physics. New York: McGraw-Hill.

Mu J, Rose J L. 2008. Guided wave propagation and mode differentiation in hollow cylinders with viscoelastic coatings. Journal of the Acoustical Society of America, 124(2): 866-874.

Qu J, Berthelot Y H, Li Z. 1996. Dispersion of Guided Circumferential Waves in a Circular Annulus. New York: Review of Progress in Quantitative NDE, American Institute of Physics.

Rose J L. 1999. Ultrasonic Waves in Solid Media. Cambridge: Cambridge University Press.

Sadd M H. 2005. Elasticity: Theory, Applications and Numerics. Burlington: Elsevier Butterworth-Heinemann.

Simonetti F. 2004. Lamb wave propagation in elastic plates coated with viscoelastic materials. Journal of the Acoustical Society of America, 115(5): 2041-2053.

Thomson W T. 1950. Transmission of elastic waves through a stratified solid medium. Journal of Applied Physics, 21(2): 89-93.

Überall H, Hosten B, Deschamps M, et al. 1994. Repulsion of phase-velocity dispersion curves and the nature of plate vibrations. Journal of the Acoustical Society of America, 96(2): 908-917.

van Velsor J K, Rose J L, Nestleroth J B. 2009. Enhanced coating disbond detection capabilities in pipe using circumferential shear horizontal guided waves. Materials Evaluation, 67(10): 1179-1189.

van Velsor J K. 2009. Circumferential guided wave in elastic and viscoelastic multilayered annuli. Pennsylvania: The Pennsylvania State University.

Viktorov I A. 1967. Rayleigh and Lamb Waves, Physical Theory and Applications. New York: Plenum Press.

Watson G N. 1966. A Treatise on the Theory of Bessel Functions. Cambridge: Cambridge University Press.

Zhao X, Rose J L. 2004. Guided circumferential shear horizontal waves in an isotropic hollow cylinder. Journal of the Acoustical Society of America, 115(5): 1912-1916.

第 12 章　层状材料中的超声导波

12.1　引　　言

很多工程材料是层状结构，如带涂层的板材、机械压合材料、黏合材料、多层复合材料、结了冰的飞机蒙皮等。为了提高导波检测的传播距离和灵敏度，我们必须对这些材料中的超声导波的传播特性有深入的了解。本章将研究各向同性多层材料中的超声导波的传播问题，各向异性材料的情况将在后面的章节进行介绍。

层状材料中的声传播特性的理论模型可以根据材料厚度和波长的关系来建立。当材料厚度远大于波长时，界面波模型可以用一个半无限空间来模拟。当两个厚度较大的材料结合在一起时，界面波传播可以用两个半无限空间模型来模拟。斯通莱(Stonely)波以及斯科尔特(Scholte)波就是界面波的经典例子。当有薄层在厚基底上时，会在薄层以及厚层界面附近产生导波。这种情况下，厚层可以用半无限空间来模拟。这类波型的一个经典例子是勒夫(Love)波。勒夫波的振动方向和水平横波类似。当所有层的厚度都与波长相当时，我们需要采用多层模型。

本章内容包括以下几部分。12.2 节是固-固界面和固-液界面之间的界面波。12.3 节是半无限空间上的单层结构中的导波。12.4 节是关于多层材料中的波，包括控制方程、边界条件、特征方程、色散曲线和波结构等内容。我们将水平横波以及瑞利-兰姆型模式分开讨论。本章同时给出一些实例来帮助读者理解。12.5 节探讨带液层的导波以及漏兰姆波等情况。

12.2　界　面　波

本节介绍两种类型的界面波：①固-固界面，斯通莱波；②固-液界面，斯科尔特波。我们给出基本的理论推导和一些例题。

12.2.1　固-固界面波：斯通莱波

考虑两个粘接在一起的半无限空间，粘接面是图 12-1 中的 $x_3=0$ 平面。符号 $\rho^{(m)}$、$\lambda^{(m)}$ 和 $\mu^{(m)}(m=1,2)$ 分别用来表示各层中材料的密度和拉梅常数。这个界面波问题的最初求解是 Stoneley 在 1924 年完成的，具体求解过程如下。

式(12.1)是各层材料中的波动方程，这里，带括号的上标表示材料所在的层标号，如第 1 层、第 2 层

$$
\begin{aligned}
&(\lambda^{(1)}+\mu^{(1)})u_{j,ji}^{(1)}+\mu^{(1)}u_{i,jj}^{(1)}=\rho^{(1)}\ddot{u}_i^{(1)},\ i,j=1,2,3\\
&(\lambda^{(2)}+\mu^{(2)})u_{j,ji}^{(2)}+\mu^{(2)}u_{i,jj}^{(2)}=\rho^{(2)}\ddot{u}_i^{(2)},\ i,j=1,2,3
\end{aligned}
\tag{12.1}
$$

求解每个半无限空间的部分波解的方法可参考本书前几章内容。这里，我们只考虑从界面开始逐步衰减的部分波，而不考虑入射到界面上的部分波，具体为材料 1 中波数为正数的部分波和材料 2 中波数为负数的部分波。部分波波数的具体描述见式(12.2)。这里，α_1、α_2、

α_3、α_4 是 x_3 方向波数和 x_1 方向波数的比值，它们可以从求解克里斯托费尔(Christoffel)方程得到

$$\alpha_3=-\sqrt{-1+\frac{\rho^{(1)}}{\mu^{(1)}}c_p^2},\quad \alpha_2=\sqrt{-1+\frac{\rho^{(1)}}{\lambda^{(1)}+2\mu^{(1)}}c_p^2},\ 材料1$$
$$\alpha_3=-\sqrt{-1+\frac{\rho^{(2)}}{\mu^{(2)}}c_p^2},\quad \alpha_4=-\sqrt{-1+\frac{\rho^{(2)}}{\lambda^{(2)}+2\mu^{(2)}}c_p^2},\ 材料2 \tag{12.2}$$

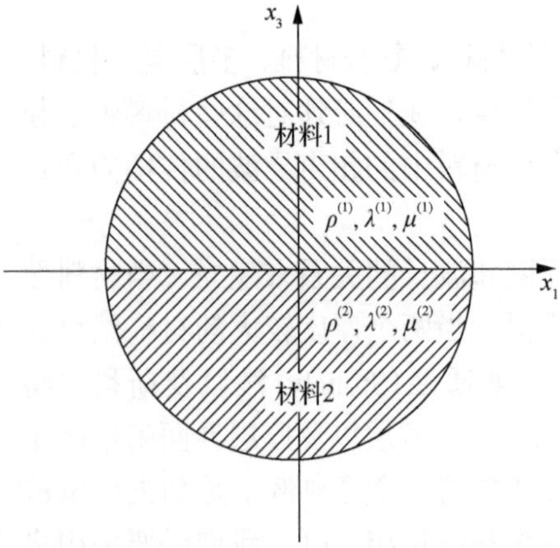

图 12-1　界面波问题求解中使用的坐标系

根据前几章的知识，每个部分波的振动分量可以描述为

$$U_{31}=\frac{-1}{\alpha_1},\quad U_{32}=\alpha_2,\quad U_{33}=\frac{-1}{\alpha_3},\quad U_{34}=\alpha_4 \tag{12.3}$$

总体的波动方程解为

$$u_1^{(1)}=\sum_{n=1}^{2}B_n\mathrm{e}^{\mathrm{i}k(x_1+\alpha_n x_3-c_p t)},\quad u_3^{(1)}=\sum_{n=1}^{2}B_nU_{3n}\mathrm{e}^{\mathrm{i}k(x_1+\alpha_n x_3-c_p t)}$$
$$u_1^{(2)}=\sum_{n=3}^{4}B_n\mathrm{e}^{\mathrm{i}k(x_1+\alpha_n x_3-c_p t)},\quad u_3^{(2)}=\sum_{n=3}^{4}B_nU_{3n}\mathrm{e}^{\mathrm{i}k(x_1+\alpha_n x_3-c_p t)} \tag{12.4}$$

根据本构方程和应力-应变关系，可得应力分布的解为

$$\sigma_{33}^{(1)}=\sum_{n=1}^{2}B_n[\lambda^{(1)}+(\lambda^{(1)}+2\mu^{(1)})\alpha_nU_{3n}](\mathrm{i}k)\mathrm{e}^{\mathrm{i}k(x_1+\alpha_n x_3-c_p t)}$$
$$\sigma_{31}^{(1)}=\sum_{n=1}^{2}B_n[\alpha_n+U_{3n}]\mu^{(1)}(\mathrm{i}k)\mathrm{e}^{\mathrm{i}k(x_1+\alpha_n x_3-c_p t)}$$
$$\sigma_{33}^{(2)}=\sum_{n=3}^{4}B_n[\lambda^{(2)}+(\lambda^{(2)}+2\mu^{(2)})\alpha_nU_{3n}](\mathrm{i}k)\mathrm{e}^{\mathrm{i}k(x_1+\alpha_n x_3-c_p t)}$$
$$\sigma_{31}^{(2)}=\sum_{n=3}^{4}B_n[\alpha_n+U_{3n}]\mu^{(2)}(\mathrm{i}k)\mathrm{e}^{\mathrm{i}k(x_1+\alpha_n x_3-c_p t)} \tag{12.5}$$

理想黏合状态下的界面条件为

$$u_1^{(1)}=u_1^{(2)},\quad u_3^{(1)}=u_3^{(2)},\quad \sigma_{33}^{(1)}=\sigma_{33}^{(2)},\quad \sigma_{31}^{(1)}=\sigma_{31}^{(2)} \tag{12.6}$$

将式(12.4)和式(12.5)代入式(12.6)，可得该边界条件问题的特征方程为

$$\begin{bmatrix} 1 & 1 & -1 & -1 \\ \frac{-1}{\alpha_1} & \alpha_2 & \frac{1}{\alpha_3} & -\alpha_4 \\ -2\mu^{(1)} & (\lambda^{(1)}+2\mu^{(1)})\alpha_2^2+\lambda^{(1)} & 2\mu^{(2)} & -[(\lambda^{(2)}+2\mu^{(2)})\alpha_4^2+\lambda^{(2)}] \\ \frac{\alpha_1^2-1}{\alpha_1}\mu^{(1)} & 2\alpha_2\mu^{(1)} & -\frac{\alpha_3^2-1}{\alpha_3}\mu^{(2)} & -2\alpha_4\mu^{(2)} \end{bmatrix}\begin{bmatrix} B_1 \\ B_2 \\ B_3 \\ B_4 \end{bmatrix}=\begin{bmatrix} 0 \\ 0 \\ 0 \\ 0 \end{bmatrix} \tag{12.7}$$

和兰姆波求解过程类似，这里的特征方程也是一个齐次线性方程组。为了能够得到 B_k 的非平凡解，系数矩阵行列式的值必须为零。代入具体的材料参数就可以得到关于相速度的超越方程。由于式(12.7)中不含频率，所以斯通莱波的相速度和频率无关。也就是说，斯通莱波是非色散波。

求解式(12.7)，我们也可以得到斯通莱波的波结构。虽然相速度和频率无关，斯通莱波的波结构还是随着频率变化的。把波结构的分布对波长进行归一化，我们可以得到归一化的波结构分布。这里，横坐标是 x_3/Λ，Λ 是波长。

实例

我们研究了钨-铝界面上的斯通莱波。钨和铝的材料参数在表 12-1 中列出。

表 12-1　钨和铝的材料参数

材料	ρ /(g/cm^3)	λ /GPa	μ /GPa
钨	19.25	199.4	158.56
铝	2.7	55.28	25.94

我们通过数值计算来求解式(12.7)。使行列式的值为零的相速度值为 2.77km/s。这个界面波的波结构分布如图 12-2 所示。先得到 $\boldsymbol{B}$ 的解，然后得到位移的解，最后利用式(12.5)得到应力分布。图 12-2(b)表明大部分应力分布于钨的一侧。

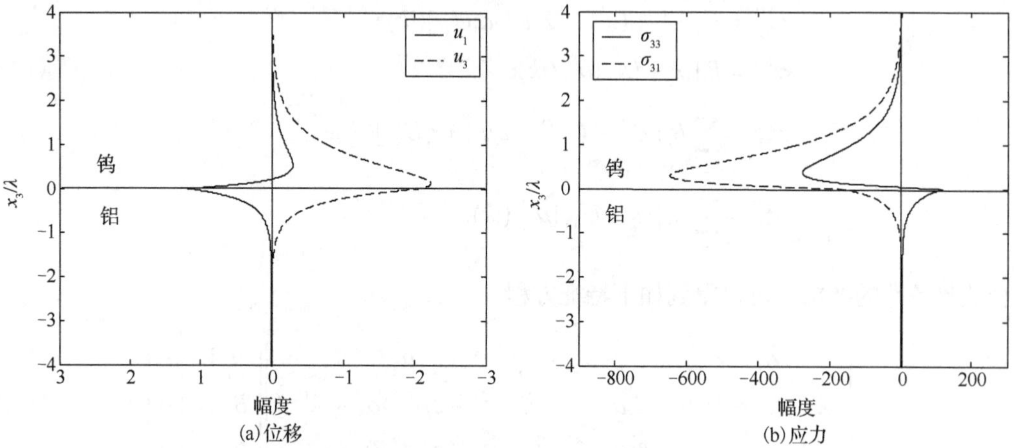

图 12-2　钨-铝界面波上的斯通莱波结构分布

有些情况下，式(12.7)没有实数解。表明这些材料的界面上不存在斯通莱波。例如，当铝和钛黏合在一起时就不存在斯通莱波界面波。具体什么材料界面存在界面波、什么材料界面不存在界面波不是本书的主要内容，读者如果对这一问题感兴趣，可以参阅(Auld，1990；Achenbach 和 Epstein，1967；Miklowitz，1978)，或作更深入的研究。

斯通莱波的激发和表面波以及兰姆波的激发类似，入射波的角度可由以下公式计算

$$\frac{C_I}{\sin\theta} = C_{\text{stoneley}}$$

12.2.2　固-液界面：肖特基波

本节研究固-液界面的导波。这一问题首先由 Scholte 研究，所以以他的名字命名。求解过程和斯通莱波类似，区别在于将第 1 层材料参数替换为液体的材料参数。液体中，$\mu^{(1)}=0$。克里斯托费尔方程简化为

$$\begin{bmatrix} \lambda-\rho c_p^2 & \lambda\alpha \\ \lambda\alpha & \lambda\alpha^2-\rho c_p^2 \end{bmatrix}\begin{Bmatrix} U_1 \\ U_3 \end{Bmatrix}=\begin{bmatrix} 0 \\ 0 \end{bmatrix} \tag{12.8}$$

该特征方程的解可以表示为

$$\alpha^2=-1+\frac{\rho}{\lambda}c_p^2 \tag{12.9}$$

液体中只存在两个部分波，相应的部分波的幅度解表示为

$$\left.\begin{Bmatrix} U_1 \\ U_3 \end{Bmatrix}\right|_{1,2}=\left.\begin{Bmatrix} 1 \\ \alpha \end{Bmatrix}\right|_{1,2} \tag{12.10}$$

不考虑入射波的情况下，界面波只由从界面向外发散的部分波组成。满足条件的部分波总共有 3 个。在液体和固体界面，只需要满足三个边界条件，而关于 u_1 位移连续性的条件不必满足。声场可以描述为

$$\begin{aligned}
& u_3^{(1)}=B_1U_{31}\mathrm{e}^{\mathrm{i}k(x_1+\alpha_1x_3-c_pt)},\quad u_3^{(2)}=\sum_{n=2}^{3}B_nU_{3n}\mathrm{e}^{\mathrm{i}k(x_1+\alpha_nx_3-c_pt)} \\
& \sigma_{33}^{(1)}=B_1[\lambda^{(1)}+(\lambda^{(1)}+2\mu^{(1)})\alpha_1U_{31}](\mathrm{i}k)\mathrm{e}^{\mathrm{i}k(x_1+\alpha_1x_3-c_pt)} \\
& \sigma_{31}^{(1)}=B_1[\alpha_1+U_{31}]\mu^{(1)}(\mathrm{i}k)\mathrm{e}^{\mathrm{i}k(x_1+\alpha_1x_3-c_pt)} \\
& \sigma_{33}^{(2)}=\sum_{n=2}^{3}B_n[\lambda^{(2)}+(\lambda^{(2)}+2\mu^{(2)})\alpha_nU_{3n}](\mathrm{i}k)\mathrm{e}^{\mathrm{i}k(x_1+\alpha_nx_3-c_pt)} \\
& \sigma_{31}^{(2)}=\sum_{n=2}^{3}B_n[\alpha_n+U_{3n}]\mu^{(2)}(\mathrm{i}k)\mathrm{e}^{\mathrm{i}k(x_1+\alpha_nx_3-c_pt)}
\end{aligned} \tag{12.11}$$

整合边界条件的要求，可以得到如下特征方程

$$\begin{bmatrix} \alpha_1 & \frac{1}{\alpha_2} & -\alpha_3 \\ (\lambda^{(1)})\alpha_1^2+\lambda^{(1)} & 2\mu^{(2)} & -[(\lambda^{(2)}+2\mu^{(2)})\alpha_3^2+\lambda^{(2)}] \\ 0 & -\frac{\alpha_2^2-1}{\alpha_2}\mu^{(2)} & -2\alpha_3\mu^{(2)} \end{bmatrix}\begin{bmatrix} B_1 \\ B_2 \\ B_3 \end{bmatrix}=\begin{bmatrix} 0 \\ 0 \\ 0 \end{bmatrix} \tag{12.12}$$

相速度的求解可以令式(12.12)中系数行列式的值为零得到，得到 B_k 的解以后可以得到波结构解。

实例

考虑铝-水界面上的肖特基波，材料参数如表 12-2 所示。

表 12-2　铝-水界面上的材料参数

材料	ρ /(g/cm^3)	λ /GPa	μ /GPa
水	1	2.25	0
铝	2.7	55.28	25.94

使用这些材料参数来求解式(12.8)～式(12.12)，我们可以得到肖特基波的相速度解为 1.496km/s。这个值小于这两种材料里面的纵波和横波的声速。相应的波结构分布如图 12-3 所示。在界面上沿 x_1 方向的位移不连续。波在水中的穿透深度大于在铝中的穿透深度。

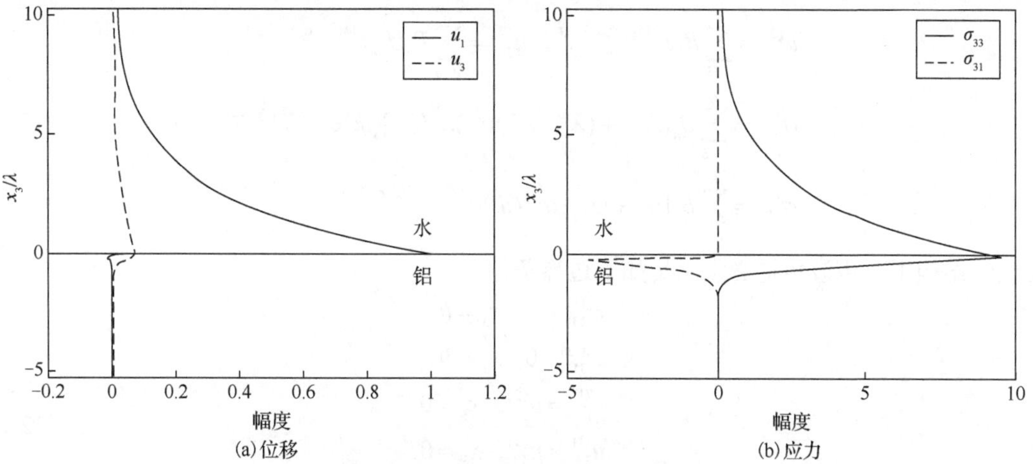

(a) 位移　　(b) 应力

图 12-3　水-铝界面上的肖特基波的波结构

12.3　半无限基底上层状材料中的声传播

根据兰姆波和水平剪切导波的研究，我们发现各向同性材料中偏振方向在 x_2 方向的部分波和偏振方向在 (x_1,x_3) 平面内的部分波完全解耦。因此，偏振方向在 (x_1,x_3) 平面内的导波模式通常称为瑞利-兰姆模式(R-L 型)，而偏振方向在 x_2 方向上的导波则称为水平剪切波模式(SH 型)。12.3.1 节和 12.3.2 节分别探讨了在半无限基底上层状材料中这两类波型模式的传播规律。

12.3.1　瑞利-兰姆型波

图 12-4 是一个半无限基底上一层材料的模型。关于这个问题的早期研究可参考文献(Sezawa，1927；Fu，1946)。单层材料的厚度为 h，两种材料的密度和拉梅常数分别为 $\rho^{(1)}$、$\lambda^{(1)}$、$\mu^{(1)}$ 和 $\rho^{(2)}$、$\lambda^{(2)}$、$\mu^{(2)}$。

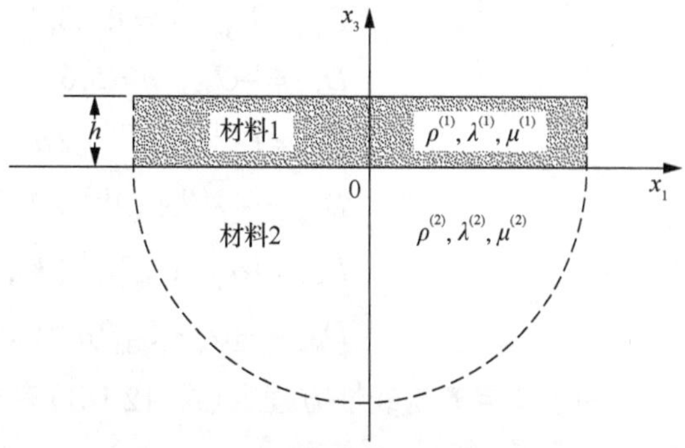

图 12-4　半无限基底上层状材料波传播研究的模型和坐标系

这种结构里的 R-L 型导波的传播规律可以通过部分波理论结合相应的边界条件来解决。在这一层材料和基底中分别有 4 个和 2 个部分波。这层材料中的位移以及应力的分量可以表达为。

$$
\begin{aligned}
&u_1^{(1)} = \sum_{n=1}^{4} B_n \mathrm{e}^{\mathrm{i}k(x_1+\alpha_n x_3 - c_p t)},\quad u_3^{(1)} = \sum_{n=1}^{4} B_n U_{3n} \mathrm{e}^{\mathrm{i}k(x_1+\alpha_n x_3 - c_p t)} \\
&\sigma_{33}^{(1)} = \sum_{n=1}^{4} B_n [\lambda^{(1)} + (\lambda^{(1)} + 2\mu^{(1)})\alpha_n U_{3n}](\mathrm{i}k) \mathrm{e}^{\mathrm{i}k(x_1+\alpha_n x_3 - c_p t)} \\
&\sigma_{31}^{(1)} = \sum_{n=1}^{4} B_n [\alpha_n + U_{3n}]\mu^{(1)}(\mathrm{i}k) \mathrm{e}^{\mathrm{i}k(x_1+\alpha_n x_3 - c_p t)}
\end{aligned}
\tag{12.13}
$$

式中，α_n 和 U_{3n} 的表达式与式(12.2)、式(12.3)中相同，半无限基底中的波场可表达为

$$
\begin{aligned}
&u_1^{(2)}=\sum_{n=5}^{6}B_n\mathrm{e}^{\mathrm{i}k(x_1+\alpha_n x_3-c_p t)},\quad u_3^{(2)}=\sum_{n=5}^{6}B_nU_{3n}\mathrm{e}^{\mathrm{i}k(x_1+\alpha_n x_3-c_p t)}\\
&\sigma_{33}^{(2)}=\sum_{n=5}^{6}B_n[\lambda^{(2)}+(\lambda^{(2)}+2\mu^{(2)})\alpha_nU_{3n}](\mathrm{i}k)\mathrm{e}^{\mathrm{i}k(x_1+\alpha_n x_3-c_p t)}\\
&\sigma_{31}^{(2)}=\sum_{n=5}^{6}B_n[\alpha_n+U_{3n}]\mu^{(1)}(\mathrm{i}k)\mathrm{e}^{\mathrm{i}k(x_1+\alpha_n x_3-c_p t)}
\end{aligned}
\tag{12.14}
$$

在这一结构中，声波传播必须满足如下边界条件

$$
\begin{aligned}
&\sigma_{33}^{(1)}=0,\ x_3=h\\
&\sigma_{31}^{(1)}=0,\ x_3=h\\
&u_1^{(1)}=u_1^{(2)},\ x_3=0\\
&u_3^{(1)}=u_3^{(2)},\ x_3=0\\
&\sigma_{33}^{(1)}=\sigma_{33}^{(2)},\ x_3=0\\
&\sigma_{31}^{(1)}=\sigma_{31}^{(2)},\ x_3=0
\end{aligned}
\tag{12.15}
$$

将式(12.13)和式(12.14)代入边界条件式(12.15)，经过整理可以得到这个问题的特征方程为

$$\boldsymbol{DB}=\boldsymbol{0} \tag{12.16}$$

式中，由于有 6 个未知量和 6 个边界条件，所以 $\boldsymbol{D}$ 是一个 6×6 的矩阵，它的非零分量为

$$
\begin{aligned}
&D_{1,n}=[\lambda^{(1)}+(\lambda^{(1)}+2\mu^{(1)})\alpha_nU_{3n}](\mathrm{i}k)\mathrm{e}^{\mathrm{i}k\alpha_n h},\ n=1,2,3,4\\
&D_{2,n}=[\alpha_n+U_{3n}]\mu^{(1)}(\mathrm{i}k)\mathrm{e}^{\mathrm{i}k\alpha_n h},\ n=1,2,3,4\\
&D_{3,n}=1,\ n=1,2,3,4\\
&D_{3,n}=-1,\ n=5,6\\
&D_{4,n}=U_{3n},\ n=1,2,3,4\\
&D_{4,n}=-U_{3n},\ n=5,6\\
&D_{5,n}=[\lambda^{(1)}+(\lambda^{(1)}+2\mu^{(1)})\alpha_nU_{3n}](\mathrm{i}k),\ n=1,2,3,4\\
&D_{5,n}=-[\lambda^{(2)}+(\lambda^{(2)}+2\mu^{(2)})\alpha_nU_{3n}](\mathrm{i}k),\ n=5,6\\
&D_{6,n}=[\alpha_n+U_{3n}]\mu^{(1)}(\mathrm{i}k),\ n=1,2,3,4\\
&D_{6,n}=-[\alpha_n+U_{3n}]\mu^{(2)}(\mathrm{i}k),\ n=5,6
\end{aligned}
\tag{12.17}
$$

为了使得齐次线性方程组(式(12.16))有非平凡解，系数行列式的值必须为零。因此

$$|\boldsymbol{D}|=0 \tag{12.18}$$

当材料参数已知时，这是一个关于波速和波数的超越方程。波速的值也可以表述为频率的函数。一般来说，这种波型是色散的。和兰姆波问题的解决方法类似，色散曲线可以由数值计算得到。对于每一个模式，我们也可以通过式(12.16)、式(12.13)和式(12.14)来计算其波结构。

实例　软性材料在硬基底上

以有机玻璃在铝基底上为例，相关材料参数列于表 12-3 中。

表 12-3　相关材料参数

材料	$\rho/(\mathrm{g/cm^3})$	λ/GPa	μ/GPa	$c_L/(\mathrm{km/s})$	$c_T/(\mathrm{km/s})$	$c_R/(\mathrm{km/s})$
有机玻璃	1.18	5.45	1.48	2.67	1.12	1.05
铝	2.7	55.28	25.94	6.3	3.1	2.89

求解式(12.13)～式(12.18)，我们可以得到这一结构中的超声导波的色散曲线，如图 12-5 所示。所有导波模式的相速度都在第一种材料的瑞利波波速及第二种材料的横波波速之间。当导波的相速度超过半无限基底的横波波速时，导波能量将快速泄漏到半无限空间中。我们目前只对非泄漏的导波感兴趣，所以具有复数相速度值的消逝波模式没有在色散曲线里显示。相速度的最小值趋近于有机玻璃层中的瑞利波波速，也就是说频率很高时，这一结构中波趋近于有机玻璃层的表面波。当频率很低时，波长很长，声波能量大量分布于铝基底上，因此导波模式趋近于铝中的表面波模式。相应地，波速也趋近于铝中的瑞利波波速。

由于相速度随频率变化，这种波型的群速度值将和相速度不同。与兰姆波的情况类似，我们可以由式(12.19)来获得这种结构中导波传播的群速度色散曲线

$$c_g = \frac{\mathrm{d}\omega}{\mathrm{d}\xi} = \frac{1}{\dfrac{\mathrm{d}\left(\dfrac{\omega}{c_p}\right)}{\mathrm{d}\omega}} = \frac{c_p^2}{c_p - \omega\dfrac{\mathrm{d}c_p}{\mathrm{d}\omega}} = \frac{c_p^2}{c_p - f\dfrac{\mathrm{d}c_p}{\mathrm{d}f}} \tag{12.19}$$

对于本实例中的结构，其群速度色散曲线如图 12-6 所示。

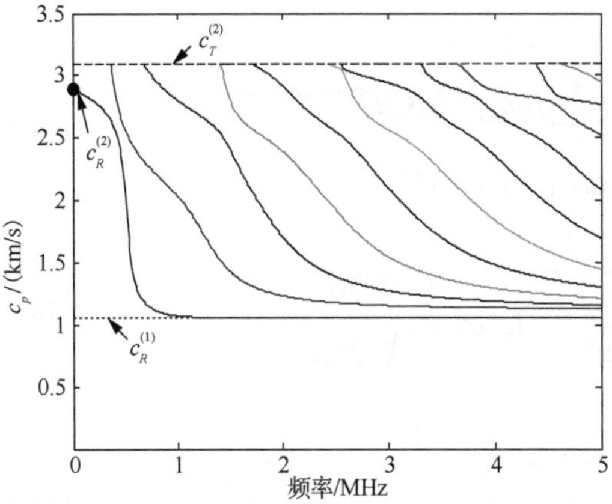

图 12-5　铝基底上有机玻璃层中的导波频散曲线。有机玻璃厚度为 1mm，材料(1)为有机玻璃，材料(2)为铝

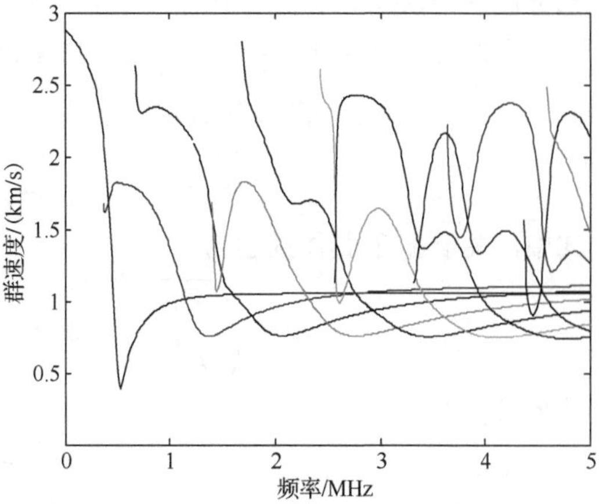

图 12-6　铝基底上有一层 1mm 厚的有机玻璃层时导波的群速度频散曲线

实例　软基底上的硬层

这里我们探讨硬层材料在软基底上的情况，如 1mm 厚的铝层在有机玻璃基底上。使用前面的推导方法，把材料参数输入数值计算程序，可以得到如图 12-7 所示的相速度色散曲线。

非常明显，这种情况下的色散曲线和前面例子有很大的不同。在这种情况下，相速度的上限是有机玻璃中的横波波速，相速度的下限是有机玻璃里面的瑞利波波速。当频率在 0.1MHz 以上时，在这种结构中不存在非泄漏的导波。当频率很高(>14MHz)时，波长很短，这时会出现一种只在铝层中传播的瑞利波。这种模式的能量集中在铝层表面，有机玻璃基底对这种波的模式没有影响。

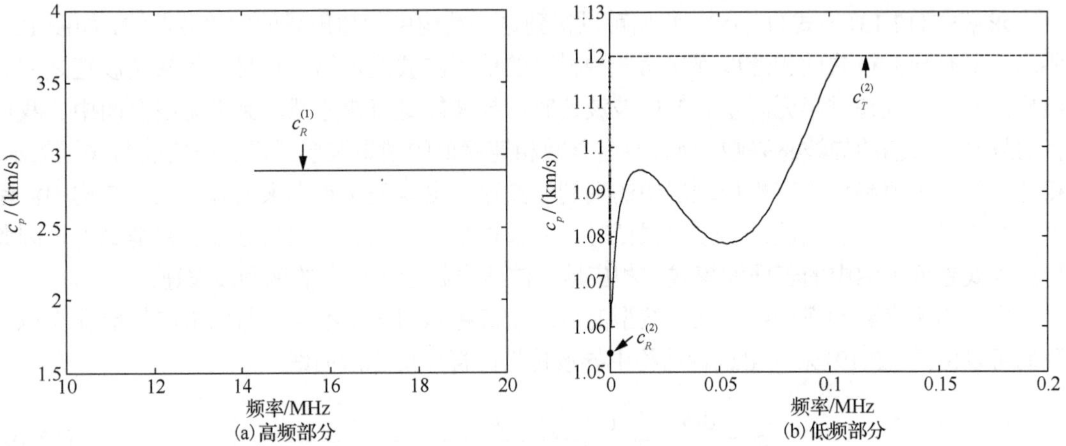

图 12-7　有机玻璃基底上一层 1mm 铝结构中非衰减的导波频散曲线

12.3.2　勒夫波

半无限基底上一层状材料中传播的偏振方向在 x_2 方向的导波称为勒夫波。根据 SH 波的部分波理论以及对半无限空间的讨论，我们知道，在上一层中有两个部分波存在，在半无限空间里面有一个部分波存在。声场的位移和应力的表达式如下

$$\begin{aligned} u_2^{(1)} &= \sum_{n=1}^{2} B_n \mathrm{e}^{\mathrm{i}k(x_1+\alpha_n x_3 - c_p t)}, \quad \sigma_{32}^{(1)} = \sum_{n=1}^{2} B_n \alpha_n \mu^{(1)}(\mathrm{i}k)\mathrm{e}^{\mathrm{i}k(x_1+\alpha_n x_3 - c_p t)} \\ u_2^{(2)} &= B_3 \mathrm{e}^{\mathrm{i}k(x_1+\alpha_3 x_3 - c_p t)}, \quad \sigma_{32}^{(3)} = B_3 \alpha_3 \mu^{(2)}(\mathrm{i}k)\mathrm{e}^{\mathrm{i}k(x_1+\alpha_3 x_3 - c_p t)} \end{aligned} \tag{12.20}$$

式中，关于 α_n 的具体描述为

$$\alpha_1 = \sqrt{\frac{\rho^{(1)} c_p^2}{\mu^{(1)}} - 1}, \quad \alpha_2 = -\sqrt{\frac{\rho^{(1)} c_p^2}{\mu^{(1)}} - 1}, \quad \alpha_3 = -\sqrt{\frac{\rho^{(2)} c_p^2}{\mu^{(2)}} - 1} \tag{12.21}$$

边界条件为

$$\begin{aligned} &\sigma_{32}^{(1)} = 0, \quad x_3 = h \\ &u_2^{(1)} = u_2^{(2)}, \quad x_3 = 0 \\ &\sigma_{32}^{(1)} = \sigma_{32}^{(2)}, \quad x_3 = 0 \end{aligned} \tag{12.22}$$

勒夫波问题的特征方程为

$$\begin{bmatrix} \alpha_1 \mu^{(1)} \mathrm{e}^{\mathrm{i}k\alpha_1 h} & \alpha_2 \mu^{(1)} \mathrm{e}^{\mathrm{i}k\alpha_1 h} & 0 \\ 1 & 1 & -1 \\ \alpha_1 \mu^{(1)} & \alpha_2 \mu^{(1)} & -\alpha_3 \mu^{(2)} \end{bmatrix} \begin{bmatrix} B_1 \\ B_2 \\ B_3 \end{bmatrix} = \begin{bmatrix} 0 \\ 0 \\ 0 \end{bmatrix} \tag{12.23}$$

这个问题的求解过程通常也需要进行数值计算。

实例

当一个 1mm 厚有机玻璃片粘接在铝基底上时，勒夫波的传播色散曲线如图 12-8 所示。非泄漏导波的相速度上限为铝的横波波速，下限为有机玻璃的横波波速。其数学表达式为

$$c_T^{(1)} < c_p < c_T^{(2)} \tag{12.24}$$

当上层材料的横波波速大于基底的横波波速时，对应的特征方程没有 c_p 的实数解。因此，

不存在非泄露的勒夫波。

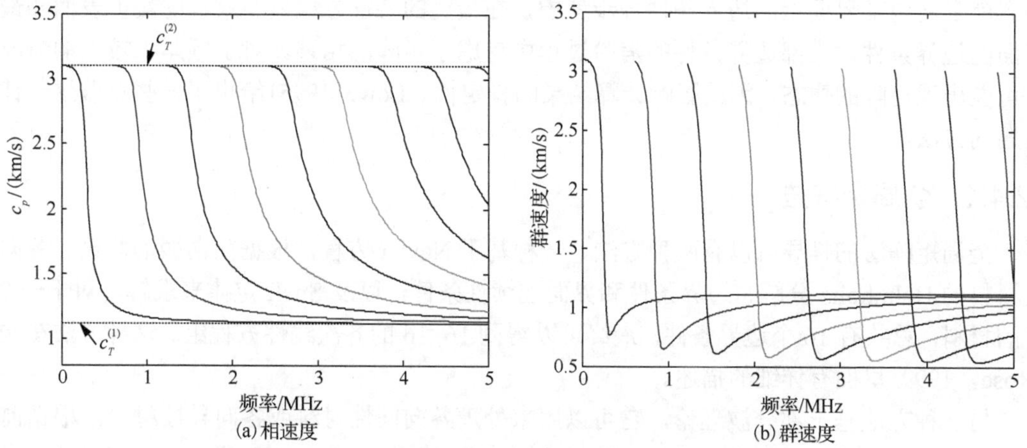

图 12-8　铝基底上 1mm 厚有机玻璃结构中的勒夫波频散曲线

12.4　多层材料中的导波

实际应用中的很多材料是多层材料，如表面带涂层的涡轮叶片、带油漆层的材料、飞机多层材料(黏合材料或者是搭接材料)、扩散结合、胶合材料，甚至是表面结冰的板材。

图 12-9 是一个多层材料的模型，每一层的厚度、密度、拉梅常数分别由 $h^{(n)}$ 、$\rho^{(n)}$ 、$\lambda^{(n)}$ 和 $\mu^{(n)}$ 表示。使用直角坐标系，波的传播方向为 x_1 方向，厚度方向为 x_3 方向， x_2 方向垂直于 (x_1,x_3) 平面。对于 R-L 型导波，偏振方向在 (x_1,x_3) 平面内，而 SH 型波的偏振方向在 x_2 方向。本节讨论两种边界条件的整合方法：一种是全局矩阵法，另一种是转移矩阵法。

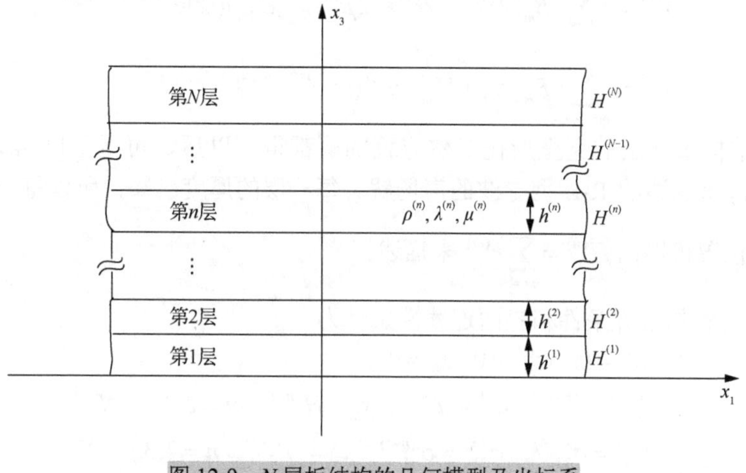

图 12-9　*N* 层板结构的几何模型及坐标系

第一种方法是全局矩阵法，该方法将所有的边界条件整合到一个特征方程中，适用于多种类型的材料，包括弹性材料、黏弹性材料、各向同性材料或者是各向异性材料。对于频厚积(*fd*)大的情况，这种方法的数值计算结果非常稳定。对于层数不多的情况，全局矩阵法有非常广泛的应用。然而，对于层数很多的情况，这种方法的困难是需要处理很大的矩阵。

第二种方法为转移矩阵法，首先由 Thomson(1950) 和 Haskell(1953) 引入。该方法的基本概念就是将内部界面上的边界条件分步考虑，在最终的特征方程里面只考虑最上表面和最下表面的边界条件。内部边界条件的消除过程中考虑了矩阵的相乘。对于频厚积较大的情况，有可能出现矩阵的病态，因此影响计算结果的稳定性。Lowe(1995) 给出了一些克服这一计算问题的方法。

12.4.1 全局矩阵法

全局矩阵法的推导可以有两种方法。一种基于 Navier 方程，根据简谐振动假设、各向同性材料的 Helmholtz 分解、边界条件和界面连续性条件，以及 Snell 定律来求解。对于一个 4 层的材料，总共有 16 个边界条件，最终可以得到 16×16 的齐次线性方程组。这种方法在文献 (Rose，1999) 里面有详细的描述。

另一种方法基于部分波理论，它可以用来处理各向同性材料或各向异性材料。根据前面所述的部分波理论，材料中的声场可以描述为部分波的线性叠加。部分波的解可以从克里斯托费尔方程得到。对于各向同性材料，克里斯托费尔方程为

$$\begin{bmatrix} (\lambda+2\mu)+\mu\alpha^2-\rho {c_p}^2 & (\lambda+\mu)\alpha \\ (\lambda+\mu)\alpha & (\lambda+2\mu)\alpha^2+\mu-\rho {c_p}^2 \end{bmatrix}\begin{Bmatrix} U_1 \\ U_3 \end{Bmatrix}=0 \tag{12.25}$$

每一层材料有各自的厚度、密度及拉梅常数，一层里声场由 4 个部分波的线性叠加来表述

$$\begin{aligned} u_1^{(n)} &= \sum_{m=4n-3}^{4n} B_m \mathrm{e}^{\mathrm{i}k(x_1+\alpha_m x_3-c_p t)} \\ u_3^{(n)} &= \sum_{m=4n-3}^{4n} B_m U_{3m} \mathrm{e}^{\mathrm{i}k(x_1+\alpha_m x_3-c_p t)} \\ \sigma_{33}^{(n)} &= \sum_{m=4n-3}^{4n} B_m[\lambda^{(n)}+(\lambda^{(n)}+2\mu^{(n)})\alpha_m U_{3m}](\mathrm{i}k)\mathrm{e}^{\mathrm{i}k(x_1+\alpha_m x_3-c_p t)} \\ \sigma_{31}^{(n)} &= \sum_{m=4n-3}^{4n} B_m[\alpha_m+U_{3m}]\mu^{(n)}(\mathrm{i}k)\mathrm{e}^{\mathrm{i}k(x_1+\alpha_m x_3-c_p t)} \end{aligned} \tag{12.26}$$

当 N 层结构每一层的克里斯托费尔方程的解都得到以后，可得到以 $4N$ 个未知量 B_m $(m=1,2,\cdots,4N)$ 来表述的 R-L 型导波的声场解。每一层的厚度已知，所以每一层上表面在全局坐标系中的位置可以由 $H^{(n)}=\sum_{m=1}^{n} h^{(m)}$ 来描述。

所有 N 层材料的边界条件和界面连续性条件为

$$\begin{aligned} &\sigma_{33}^{(1)}=0,\ \sigma_{31}^{(1)}=0,\ x_3=0 \\ &u_3^{(n)}=u_3^{(n-1)},\ u_1^{(n)}=u_1^{(n-1)},\ x_3=H^{(n-1)},\ n=2,3,\cdots,N \\ &\sigma_{33}^{(n)}=\sigma_{33}^{(n-1)},\ \sigma_{31}^{(n)}=\sigma_{31}^{(n-1)},\ x_3=H^{(n-1)},\ n=2,3,\cdots,N \\ &\sigma_{33}^{(N)}=0,\ \sigma_{31}^{(N)}=0,\ x_3=H^{(N)} \end{aligned} \tag{12.27}$$

第一行是下表面两个应力自由边界条件；第二行和第三行是界面位移和应力连续性条件，每个界面 4 个；第四行是上表面两个应力自由边界条件。因此，总共有 $2+4(N-1)+2=4N$ 个边界条件。关于边界条件描述的几个具体例子如下。

1．下表面σ_{33}应力自由边界

第一层的 4 个部分波是B_m，$m=1,2,3,4$。在下表面，$x_3=0$。因此，边界条件可以展开为

$$\begin{aligned}&[(\lambda^{(1)}+(\lambda^{(1)}+2\mu^{(1)})\alpha_1U_{31})B_1+(\lambda^{(1)}+(\lambda^{(1)}+2\mu^{(1)})\alpha_2U_{32})B_2\\&+(\lambda^{(1)}+(\lambda^{(1)}+2\mu^{(1)})\alpha_3U_{33})B_3+(\lambda^{(1)}+(\lambda^{(1)}+2\mu^{(1)})\alpha_4U_{34})B_4](\mathrm{i}k)\mathrm{e}^{\mathrm{i}k(x_1-c_pt)}\end{aligned}\tag{12.28}$$

对于行波解，$\mathrm{e}^{\mathrm{i}k(x_1-c_pt)}\neq 0$。在忽略这一通用项以后，可以得到

$$\begin{aligned}&[(\lambda^{(1)}+(\lambda^{(1)}+2\mu^{(1)})\alpha_1U_{31})B_1+(\lambda^{(1)}+(\lambda^{(1)}+2\mu^{(1)})\alpha_2U_{32})B_2\\&+(\lambda^{(1)}+(\lambda^{(1)}+2\mu^{(1)})\alpha_3U_{33})B_3+(\lambda^{(1)}+(\lambda^{(1)}+2\mu^{(1)})\alpha_4U_{34})B_4](\mathrm{i}k)=0\end{aligned}\tag{12.29}$$

2．第 n 层和第 n-1 层之间的u_1连续性

这个界面连续性条件涉及 8 个部分波，4 个来自第 n 层，4 个来自第 n-1 层。忽略通用项$\mathrm{e}^{\mathrm{i}k(x_1-c_pt)}$，最终的边界条件为

$$\begin{aligned}&\mathrm{e}^{\mathrm{i}k(\alpha_{4n-7}H^{(n-1)})}B_{4n-7}+\mathrm{e}^{\mathrm{i}k(\alpha_{4n-6}H^{(n-1)})}B_{4n-6}+\mathrm{e}^{\mathrm{i}k(\alpha_{4n-5}H^{(n-1)})}B_{4n-5}+\mathrm{e}^{\mathrm{i}k(\alpha_{4n-4}H^{(n-1)})}B_{4n-4}\\&-\mathrm{e}^{\mathrm{i}k(\alpha_{4n-3}H^{(n-1)})}B_{4n-3}-\mathrm{e}^{\mathrm{i}k(\alpha_{4n-2}H^{(n-1)})}B_{4n-2}-\mathrm{e}^{\mathrm{i}k(\alpha_{4n-1}H^{(n-1)})}B_{4n-1}-\mathrm{e}^{\mathrm{i}k(\alpha_{4n}H^{(n-1)})}B_{4n}=0\end{aligned}\tag{12.30}$$

其他边界条件和界面条件都可以根据相似的流程最终表述为B_k的方程，读者可以自行推导。

使用全局矩阵法，所有的边界条件都被整理到一个线性方程组中，这个方程组也称为特征方程组。这个特征方程组中B_m是未知量，相速度c_p和波数k是系数矩阵$\boldsymbol{D}$的参数

$$\boldsymbol{DB}=\boldsymbol{0}\tag{12.31}$$

实例　4 层结构

当$N=4$时，系数矩阵$\boldsymbol{D}$是一个 16×16 的矩阵

$$\boldsymbol{D}=\begin{bmatrix}
D_{11}&D_{12}&D_{13}&D_{14}&0&0&0&0&0&0&0&0&0&0&0&0\\
D_{21}&D_{22}&D_{23}&D_{24}&0&0&0&0&0&0&0&0&0&0&0&0\\
D_{31}&D_{32}&D_{33}&D_{34}&D_{35}&D_{36}&D_{37}&D_{38}&0&0&0&0&0&0&0&0\\
D_{41}&D_{42}&D_{43}&D_{44}&D_{45}&D_{46}&D_{47}&D_{48}&0&0&0&0&0&0&0&0\\
D_{51}&D_{52}&D_{53}&D_{54}&D_{55}&D_{56}&D_{57}&D_{58}&0&0&0&0&0&0&0&0\\
D_{61}&D_{62}&D_{63}&D_{64}&D_{65}&D_{66}&D_{67}&D_{68}&0&0&0&0&0&0&0&0\\
0&0&0&0&D_{75}&D_{76}&D_{77}&D_{78}&D_{79}&D_{7(10)}&D_{7(11)}&D_{7(12)}&0&0&0&0\\
0&0&0&0&D_{85}&D_{86}&D_{87}&D_{88}&D_{89}&D_{8(10)}&D_{8(11)}&D_{8(12)}&0&0&0&0\\
0&0&0&0&D_{95}&D_{96}&D_{97}&D_{98}&D_{99}&D_{9(10)}&D_{9(11)}&D_{9(12)}&0&0&0&0\\
0&0&0&0&D_{(10)5}&D_{(10)6}&D_{(10)7}&D_{(10)8}&D_{(10)9}&D_{(10)(10)}&D_{(10)(11)}&D_{(10)(12)}&0&0&0&0\\
0&0&0&0&0&0&0&0&D_{(11)9}&D_{(11)(10)}&D_{(11)(11)}&D_{(11)(12)}&D_{(11)(13)}&D_{(11)(14)}&D_{(11)(15)}&D_{(11)(16)}\\
0&0&0&0&0&0&0&0&D_{(12)9}&D_{(12)(10)}&D_{(12)(11)}&D_{(12)(12)}&D_{(12)(13)}&D_{(12)(14)}&D_{(12)(15)}&D_{(12)(16)}\\
0&0&0&0&0&0&0&0&D_{(13)9}&D_{(13)(10)}&D_{(13)(11)}&D_{(13)(12)}&D_{(13)(13)}&D_{(13)(14)}&D_{(13)(15)}&D_{(13)(16)}\\
0&0&0&0&0&0&0&0&D_{(14)9}&D_{(14)(10)}&D_{(14)(11)}&D_{(14)(12)}&D_{(14)(13)}&D_{(14)(14)}&D_{(14)(15)}&D_{(14)(16)}\\
0&0&0&0&0&0&0&0&0&0&0&0&D_{(15)(13)}&D_{(15)(14)}&D_{(15)(15)}&D_{(15)(16)}\\
0&0&0&0&0&0&0&0&0&0&0&0&D_{(16)(13)}&D_{(16)(14)}&D_{(16)(15)}&D_{(16)(16)}
\end{bmatrix}$$

其中，

$$\begin{aligned}&D_{1m}=[\lambda^{(1)}+(\lambda^{(1)}+2\mu^{(1)})\alpha_mU_{3m}](\mathrm{i}k),\ \ m=1,2,3,4\\&D_{1m}=0,\ \ m=5,6,\cdots,16\\&D_{2m}=(\alpha_m+U_{3m})\mu^{(1)}(\mathrm{i}k),\ \ m=1,2,3,4\\&D_{2m}=0,\ \ m=5,6,\cdots,16\end{aligned}$$

$$D_{3m}=e^{ik\alpha_m H^{(1)}},\quad m=1,2,3,4$$
$$D_{3m}=-1,\quad m=5,6,7,8$$
$$D_{3m}=0,\quad m=9,10,\cdots,16$$
$$D_{4m}=U_{3m}e^{ik\alpha_m H^{(1)}},\quad m=1,2,3,4$$
$$D_{4m}=-U_{3m},\quad m=5,6,7,8$$
$$D_{4m}=0,\quad m=9,10,\cdots,16$$
$$D_{5m}=[\lambda^{(1)}+(\lambda^{(1)}+2\mu^{(1)})\alpha_m U_{3m}](ik)e^{ik\alpha_m H^{(1)}},\quad m=1,2,3,4$$
$$D_{5m}=-[\lambda^{(2)}+(\lambda^{(2)}+2\mu^{(2)})\alpha_m U_{3m}](ik),\quad m=5,6,7,8$$
$$D_{5m}=0,\quad m=9,10,\cdots,16$$
$$D_{6m}=(\alpha_m+U_{3m})\mu^{(1)}(ik)e^{ik\alpha_m H^{(1)}},\quad m=1,2,3,4$$
$$D_{6m}=-(\alpha_m+U_{3m})\mu^{(2)}(ik),\quad m=5,6,7,8$$
$$D_{6m}=0,\quad m=9,10,\cdots,16$$
$$D_{7m}=0,\quad m=1,2,3,4$$
$$D_{7m}=e^{ik\alpha_m H^{(2)}},\quad m=5,6,7,8$$
$$D_{7m}=-1,\quad m=9,10,11,12$$
$$D_{7m}=0,\quad m=13,14,15,16$$
$$D_{8m}=0,\quad m=1,2,3,4$$
$$D_{8m}=u_{3m}e^{ik\alpha_m H^{(2)}},\quad m=5,6,7,8$$
$$D_{8m}=-u_{3m},\quad m=9,10,11,12$$
$$D_{8m}=0,\quad m=13,14,15,16$$
$$D_{9m}=0,\quad m=1,2,3,4$$
$$D_{9m}=[\lambda^{(2)}+(\lambda^{(2)}+2\mu^{(2)})\alpha_m U_{3m}](ik)e^{ik\alpha_m H^{(2)}},\quad m=5,6,7,8$$
$$D_{9m}=-[\lambda^{(3)}+(\lambda^{(3)}+2\mu^{(3)})\alpha_m U_{3m}](ik),\quad m=9,10,11,12$$
$$D_{9m}=0,\quad m=13,14,15,16$$
$$D_{10m}=0,\quad m=1,2,3,4$$
$$D_{10m}=(\alpha_m+U_{3m})\mu^{(2)}(ik)e^{ik\alpha_m H^{(2)}},\quad m=5,6,7,8$$
$$D_{10m}=-(\alpha_m+U_{3m})\mu^{(2)}(ik),\quad m=9,10,11,12$$
$$D_{10m}=0,\quad m=13,14,15,16$$
$$D_{11m}=0,\quad m=1,2,\cdots,8$$
$$D_{11m}=e^{ik\alpha_m H^{(3)}},\quad m=9,10,11,12$$
$$D_{11m}=-1,\quad m=13,14,15,16$$
$$D_{12m}=0,\quad m=1,2,\cdots,8$$
$$D_{12m}=U_{3m}e^{ik\alpha_m H^{(3)}},\quad m=9,10,11,12$$
$$D_{12m}=-U_{3m},\quad m=13,14,15,16$$
$$D_{13m}=0,\quad m=1,2,\cdots,8$$

$$
\begin{aligned}
&D_{13m}=[\lambda^{(3)}+(\lambda^{(3)}+2\mu^{(3)})\alpha_m U_{3m}](\mathrm{i}k)\mathrm{e}^{\mathrm{i}k\alpha_m H^{(3)}},\ m=9,10,11,12\\
&D_{13m}=-[\lambda^{(4)}+(\lambda^{(4)}+2\mu^{(4)})\alpha_m U_{3m}](\mathrm{i}k),\ m=13,14,15,16\\
&D_{14m}=0,\ \mathrm{m}=1,2,\cdots,8\\
&D_{14m}=(\alpha_m+U_{3m})\mu^{(3)}(\mathrm{i}k)\mathrm{e}^{\mathrm{i}k\alpha_m H^{(2)}},\ m=9,10,11,12\\
&D_{14m}=-(\alpha_m+U_{3m})\mu^{(4)}(\mathrm{i}k),\ m=13,14,15,16\\
&D_{15m}=0,\ \mathrm{m}=1,2,\cdots,12\\
&D_{15m}=[\lambda^{(4)}+(\lambda^{(4)}+2\mu^{(4)})\alpha_m U_{3m}](\mathrm{i}k)\mathrm{e}^{\mathrm{i}k\alpha_m H^{(3)}},\ m=13,14,15,16\\
&D_{16m}=0,\ \mathrm{m}=1,2,\cdots,12\\
&D_{16m}=(\alpha_m+U_{3m})\mu^{(4)}(\mathrm{i}k)\mathrm{e}^{\mathrm{i}k\alpha_m H^{(4)}},\ m=13,14,15,16
\end{aligned}
\tag{12.32}
$$

当给定系统的特征方程以后，特征矩阵的行列式为零的解对应色散曲线

$$|\boldsymbol{D}|=0 \tag{12.33}$$

把 (k,c_p) 代入特征方程，求解齐次线性方程组得到 $\boldsymbol{B}$ 的解，就得到波结构。然后通过式(12.26)得到相关声场的解。

注：在对式(12.31)进行数值求解之前，我们也可以对系数矩阵进行适当的简化。例如，因为对于有意义的导波而言 $k\neq 0$，常项 $(\mathrm{i}k)$ 可以省略。除了使用全局坐标系 (x_1,x_2,x_3) 以外，各层中的声场也可以在各自的局部坐标系中表征，这样，系数矩阵 $\boldsymbol{D}$ 又可以得到相应的简化。这一点将在转移矩阵法中进行详细说明。

12.4.2 转移矩阵法

当层数很多时，使用全局矩阵法将产生一个巨大的 $\boldsymbol{D}$ 矩阵，求解过程复杂且耗时。在这种情况下，转移矩阵法将带来很大的便利。

如图 12-10 所示，(x_1,x_2,x_3) 是全局坐标系，而 $(x_1^{(n)},x_2^{(n)},x_3^{(n)})$ 则是第 n 层的局域坐标系。当使用同一个位置作为每一层的起点时，所有的 $x_1^{(n)}$ 可以统一为一个 x_1。

使用局域坐标系，每一层中的声场可以由式(12.34)来表述。其中，上标 (n) 表示第 n 层中的材料参数

$$
\begin{aligned}
&u_1^{(n)}=\sum_{m=1}^{4}B_m^{(n)}\mathrm{e}^{\mathrm{i}k(x_1+\alpha_m^{(n)}x_3^{(n)}-c_p t)}\\
&u_3^{(n)}=\sum_{m=1}^{4}B_m^{(n)}U_{3m}^{(n)}\mathrm{e}^{\mathrm{i}k(x_1+\alpha_m^{(n)}x_3^{(n)}-c_p t)}\\
&\sigma_{33}^{(n)}=\sum_{m=1}^{4}B_m^{(n)}[\lambda^{(n)}+(\lambda^{(n)}+2\mu^{(n)})\alpha_m^{(n)}U_{3m}^{(n)}](\mathrm{i}k)\mathrm{e}^{\mathrm{i}k(x_1+\alpha_m^{(n)}x_3^{(n)}-c_p t)}\\
&\sigma_{31}^{(n)}=\sum_{m=1}^{4}B_m^{(n)}[\alpha_m^{(n)}+U_{3m}^{(n)}]\mu^{(n)}(\mathrm{i}k)\mathrm{e}^{\mathrm{i}k(x_1+\alpha_m^{(n)}x_3^{(n)}-c_p t)}
\end{aligned}
\tag{12.34}
$$

使用 $\boldsymbol{\Gamma}$ 来表示声场矢量 $\begin{bmatrix}u_1 & u_3 & \sigma_{33} & \sigma_{31}\end{bmatrix}^{\mathrm{T}}$，并忽略简谐项 $\mathrm{e}^{\mathrm{i}k(x_1-c_p t)}$ 时，式(12.34)可以用矩阵的形式表示为

$$\begin{bmatrix} u_1^{(n)} \\ u_3^{(n)} \\ \sigma_{33}^{(n)} \\ \sigma_{31}^{(n)} \end{bmatrix} = \boldsymbol{\Gamma}^{(n)} \mathrm{e}^{\mathrm{i}k(x_1 - c_p t)} \tag{12.35}$$

$$\boldsymbol{\Gamma}^{(n)} = \boldsymbol{X}^{(n)} \boldsymbol{W}^{(n)} \boldsymbol{B}^{(n)}$$

式中，$\boldsymbol{X}^{(n)}$ 是波数和相速度的函数

$$\boldsymbol{X}^{(n)} = \begin{bmatrix} X_{11}^{(n)} & X_{12}^{(n)} & X_{13}^{(n)} & X_{14}^{(n)} \\ X_{21}^{(n)} & X_{22}^{(n)} & X_{23}^{(n)} & X_{24}^{(n)} \\ X_{31}^{(n)} & X_{32}^{(n)} & X_{33}^{(n)} & X_{34}^{(n)} \\ X_{41}^{(n)} & X_{42}^{(n)} & X_{43}^{(n)} & X_{44}^{(n)} \end{bmatrix} \tag{12.36}$$

$$X_{1m}^{(n)} = 1$$

$$X_{2m}^{(n)} = U_{3m}^{(n)}$$

$$X_{3m}^{(n)} = [\lambda^{(n)} + (\lambda^{(n)} + 2\mu^{(n)}) \alpha_m^{(n)} U_{3m}^{(n)}](\mathrm{i}k)$$

$$X_{4m}^{(n)} = [\alpha_m^{(n)} + U_{3m}^{(n)}] \mu^{(n)} (\mathrm{i}k)$$

$\boldsymbol{W}^{(n)}$ 是波数、相速度以及深度位置 $x_3^{(n)}$ 的函数

$$\boldsymbol{W}^{(n)} = \begin{bmatrix} \mathrm{e}^{\mathrm{i}k(\alpha_1^{(n)} x_3^{(n)})} & 0 & 0 & 0 \\ 0 & \mathrm{e}^{\mathrm{i}k(\alpha_2^{(n)} x_3^{(n)})} & 0 & 0 \\ 0 & 0 & \mathrm{e}^{\mathrm{i}k(\alpha_3^{(n)} x_3^{(n)})} & 0 \\ 0 & 0 & 0 & \mathrm{e}^{\mathrm{i}k(\alpha_4^{(n)} x_3^{(n)})} \end{bmatrix} \tag{12.37}$$

$\boldsymbol{B}^{(n)}$ 是部分波的加权系数矢量

$$\boldsymbol{B}^{(n)} = \begin{bmatrix} B_1^{(n)} \\ B_2^{(n)} \\ B_3^{(n)} \\ B_4^{(n)} \end{bmatrix} \tag{12.38}$$

在每一层的底部，$x_3^{(n)} = 0$，$\boldsymbol{W}^{(n)}(0) = \boldsymbol{I}$，因此声场分量可简化为

$$\boldsymbol{\Gamma}^{(n)-} = \boldsymbol{X}^{(n)} \boldsymbol{B}^{(n)} \tag{12.39}$$

在每一层的顶部，声场分量可以描述为

$$\boldsymbol{\Gamma}^{(n)+} = \boldsymbol{X}^{(n)} (\boldsymbol{W}^{(n)} \big|_{h^{(n)}}) \boldsymbol{B}^{(n)} \tag{12.40}$$

因此，每一层上表面的声场可以用下表面的声场来表示，其关系为

$$\boldsymbol{\Gamma}^{(n)+} = \boldsymbol{X}^{(n)} (\boldsymbol{W}^{(n)} \big|_{h^{(n)}}) (\boldsymbol{X}^{(n)})^{-1} \boldsymbol{\Gamma}^{(n)-} = \boldsymbol{\Psi}^{(n)} \boldsymbol{\Gamma}^{(n)-} \tag{12.41}$$

式中，$\boldsymbol{\Psi}^{(n)}$ 称为第 n 层的转移矩阵，这个矩阵只是相速度和波数的函数。

连续性边界条件要求第 n 层上表面的声场分量和第 n+1 层下表面的声场分量相等

$$\boldsymbol{\Gamma}^{(n)+} = \boldsymbol{\Gamma}^{(n+1)-},\ n = 1, 2, \cdots, N-1 \tag{12.42}$$

将式(12.42)代入式(12.41)得

$$\boldsymbol{\Gamma}^{(n+1)-} = \boldsymbol{\Psi}^{(n)} \boldsymbol{\Gamma}^{(n)-} \tag{12.43}$$

当把这一关系应用到所有的 N−1 个内部界面以后，得

$$\boldsymbol{\Gamma}^{(N)+}=\boldsymbol{\Psi}^{(n)}\boldsymbol{\Gamma}^{(N)-}=\boldsymbol{\Psi}^{(n)}\boldsymbol{\Psi}^{(n-1)}\cdots\boldsymbol{\Psi}^{(1)}\boldsymbol{\Gamma}^{(1)-}=(\prod_{n=1}^{N}\boldsymbol{\Psi}^{(n)})\boldsymbol{\Gamma}^{(1)-} \tag{12.44}$$

总转移矩阵 $\boldsymbol{\Psi}=\prod_{n=1}^{N}\boldsymbol{\Psi}^{(n)}$ 的阶数和层数无关，一直是 4×4。考虑到上下表面的应力边界条件，式(12.44)可以展开来描述为

$$\begin{bmatrix} u_1^{(N)+} \\ u_3^{(N)+} \\ 0 \\ 0 \end{bmatrix}=\begin{bmatrix} \Psi_{11} & \Psi_{12} & \Psi_{13} & \Psi_{14} \\ \Psi_{21} & \Psi_{22} & \Psi_{23} & \Psi_{24} \\ \Psi_{31} & \Psi_{32} & \Psi_{33} & \Psi_{34} \\ \Psi_{41} & \Psi_{42} & \Psi_{43} & \Psi_{44} \end{bmatrix}\begin{bmatrix} u_1^{(1)-} \\ u_3^{(1)-} \\ 0 \\ 0 \end{bmatrix} \tag{12.45}$$

这个方程可以拆分为

$$\begin{bmatrix} u_1^{(N)+} \\ u_3^{(N)+} \end{bmatrix}=\begin{bmatrix} \Psi_{11} & \Psi_{12} \\ \Psi_{21} & \Psi_{22} \end{bmatrix}\begin{bmatrix} u_1^{(1)-} \\ u_3^{(1)-} \end{bmatrix} \tag{12.46}$$

$$\begin{bmatrix} 0 \\ 0 \end{bmatrix}=\begin{bmatrix} \Psi_{31} & \Psi_{32} \\ \Psi_{41} & \Psi_{42} \end{bmatrix}\begin{bmatrix} u_1^{(1)-} \\ u_3^{(1)-} \end{bmatrix} \tag{12.47}$$

式(12.47)是导波传播的特征方程组。总转移矩阵 $\boldsymbol{\Psi}$ 是波速和波数的函数。因此，搜寻满足式(12.48)条件的 (k,c_p) 对的解，就可以得到色散曲线

$$\begin{vmatrix} \Psi_{31} & \Psi_{32} \\ \Psi_{41} & \Psi_{42} \end{vmatrix}=0 \tag{12.48}$$

当得到色散曲线以后，色散曲线上每一个点所对应的声场解也就可以得到了。其流程为首先通过式(12.47)得到第一层下表面的位移分布，然后再过式(12.49)得到第一层中 4 个部分波分量系数

$$\boldsymbol{B}^{(1)}=(\boldsymbol{X}^{(1)})^{-1}\begin{bmatrix} u_1^{(1)-} \\ u_3^{(1)-} \end{bmatrix} \tag{12.49}$$

得到第一层上表面的声场解，也就是第二层下表面的声场解。以此类推，就可以得到每一层的部分波分量以及声场解。然后，整个模式的波结构可以通过全局坐标系 (x_1,x_2,x_3) 来描述。

12.4.3　实例

实际检测中存在无数多层材料的案例。这里我们举两个例子：第一个例子是探测飞机机翼上是否结冰，第二个例子是检测三层材料黏合面的黏合质量。

实例 1　飞机机翼冰层检测

飞机上的一层薄冰可能会对飞机的飞行带来很大的影响，冰层不仅增加了飞机重量，更在于它对气流的影响，因此增加了阻力，影响了升力和飞行的可控制性。结冰甚至会导致飞机失事，如 1992 年纽约拉瓜迪亚机场的一架 K-28 飞机就是因结冰而导致坠毁的。因此，有效地探测和消除冰层对飞行效率和安全性具有重大意义。

为了使用超声导波进行冰层检测，我们必须首先理解导波在有冰和无冰情况下的传播规律。飞机蒙皮的模型可以简化为一个单层铝板。图 12-10 描述了在无冰和有冰两种情况下的几何模型。铝板的厚度为 $h^{(1)}$，冰层的厚度为 $h^{(2)}$。表 12-4 列出了铝和冰的材料参数。

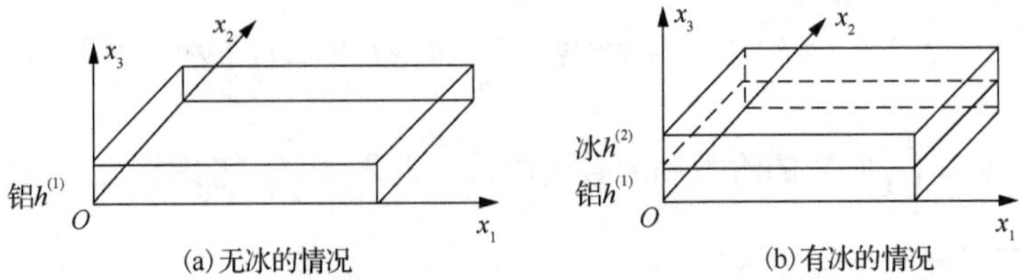

图 12-10　飞机冰层的几何模型

表 12-4　飞机结冰模型中的材料参数

材料	密度/(g/cm³)	杨氏模量/GPa	泊松比	厚度/mm
铝	2.7	70.3	0.345	1
冰	0.9	8.3	0.351	0.5

单层铝板中的导波包括兰姆波和 SH 波。当冰层凝结时，就变成了一个双层结构。这里，我们使用全局矩阵法来求解色散曲线。R-L 型波的每一层有 4 个部分波，每一个外表面有两个边界条件，界面上有 4 个连续性边界条件。

这个两层结构的 $\boldsymbol{D}$ 矩阵列于式(12.32)。这里，我们只需要把铝和冰的材料参数代入数学公式，然后通过数值计算来求解这个 8×8 的线性方程组得到色散曲线。无冰机翼和带冰机翼两种情况下的色散曲线分别在图 12-11 中画出，其中实线为无冰的情况，虚线为带冰的情况。

图 12-11 表明当有冰层凝结以后，冰层影响了铝板中导波传播的色散曲线，这一影响对于高阶导波模式尤为明显。利用这个影响，我们就可以实现对凝结冰层的检测。

当有冰层凝结时，几何模型不再关于铝板的中心线对称。因此，超声导波模式不再分成对称模式和反对称模式两类。例如，第 3 个模式在 2MHz 点的位移波结构分布如图 12-12 所示，不再具有对称性。

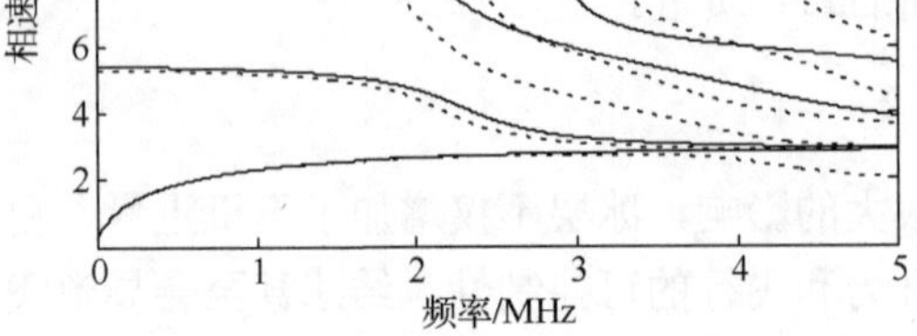

图 12-11　两种情况下机翼中超声导波频散曲线比较

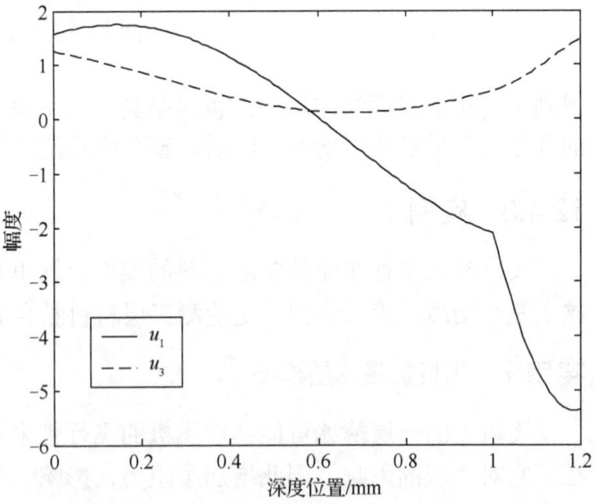

图 12-12　第三条频散曲线频率为 2MHz 的模式所对应的波结构。结果显示波结构不再具有对称或反对称特征

实例 2　扩散结合面检测

图 12-13 是一个扩散结合界面的示意图。第二层是扩散结合层，理想状态下这一层材料

和体材料具有相同的材料参数，而一个弱结合可以用密度和杨氏模量的减弱来模拟。然后，我们对比两种状态下超声导波色散曲线的变化。

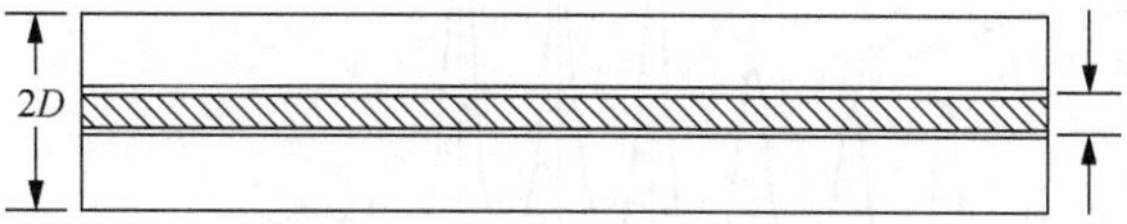

图 12-13　钛扩散结合界面示意图

图 12-14 是两组色散曲线的对比结果。结果表明，弱结合模型中大部分模式曲线左移。图 12-15 是关于波结构的对比。图 12-16 是一个实验示意图。图 12-17 分析了相关信号的频谱变化。其他更多的分析请参见文献(Rose et al., 1998)。

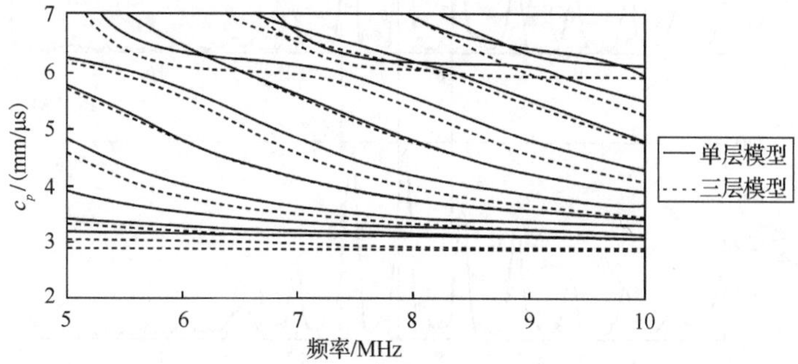

图 12-14　一个单层钛板以及一个三层结构的频散曲线对比

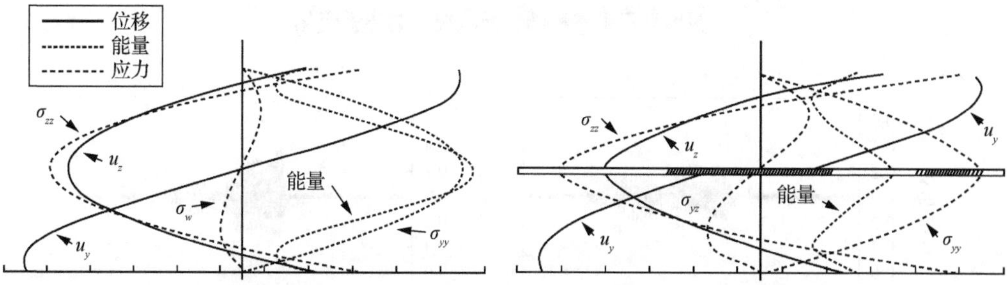

(a) 单层板模型　(b) 三层板模型

图 12-15　钛板中一个导波模式的波结构分布

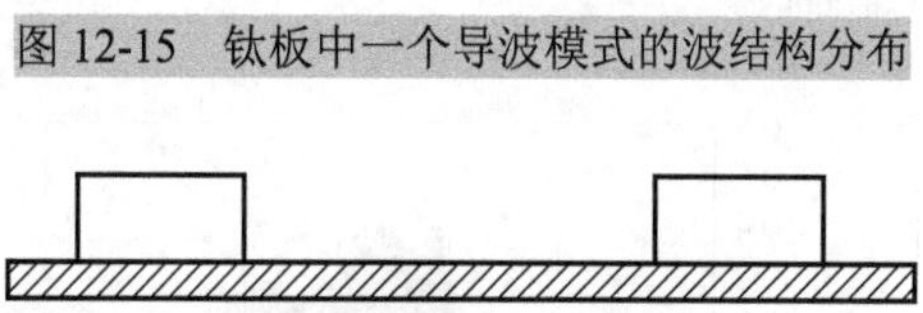

图 12-16　导波实验安排

图 12-18 表明了这个实验的另一个有趣的方面。我们观察到信号中同时有两个模式存在，其中一个模式受结合强度的影响大，另一个模式受结合强度的影响很小。如果说单一模式的绝对幅值大小还受到其他因素的影响，那么两个模式的幅度比将是结合强度健康状况的一个很好的表征量。

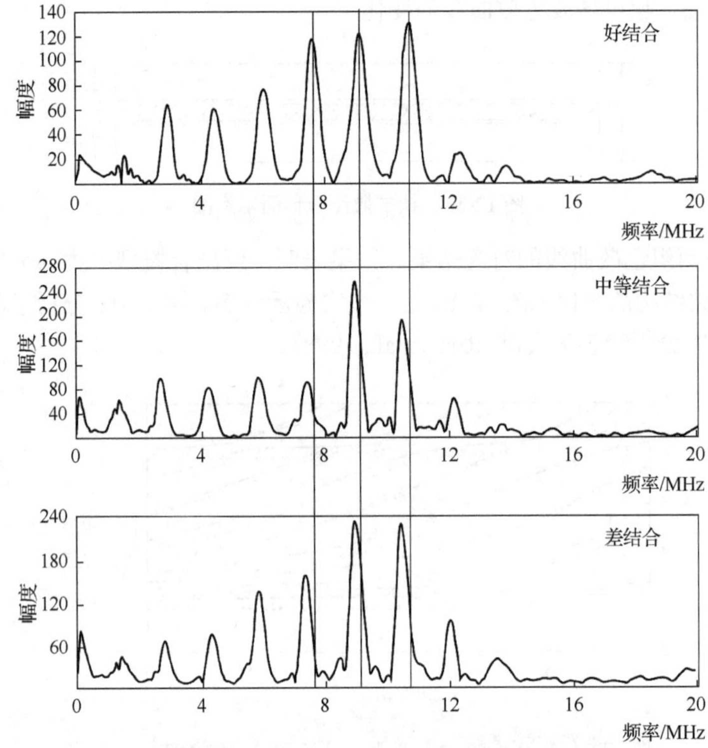

图 12-17　一个 15MHz 宽带换能器，60° 入射时得到的接收波频谱，图形显示了三种结合面状况下的频谱变化

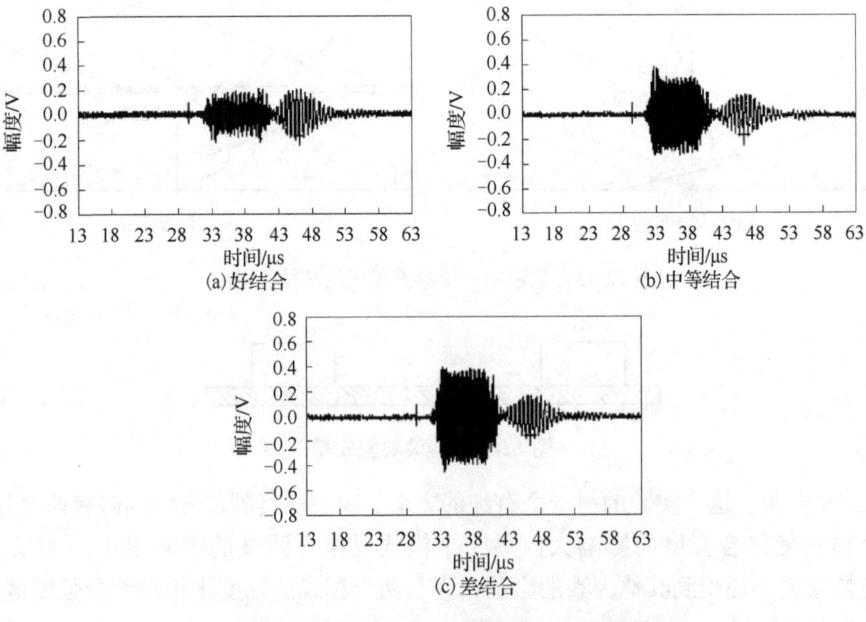

图 12-18　钛合金扩散结合样品的超声导波测量信号

12.5　带液体负载的多层结构

本节我们讨论液体负载对超声波传播的影响。我们将从两个角度来分析这一问题：第一是从体波斜入射的角度来分析，第二是从多层材料的导波传播的角度来分析。相关漏兰姆波的问题可参阅文献(Chimenti 和 Rokhlin，1990)。

12.5.1　超声波反射和透射

当超声波从液体入射到板材上时，会有反射，也会透过板材传入另一侧液体中。图 12-19 给出了这一过程的示意图。这里板材的厚度为h，密度和拉梅常数分别为$\rho^{(2)}$、$\lambda^{(2)}$和$\mu^{(2)}$。$x_3>h$的半无限空间是液体材料 1，$x_3<0$的半无限空间是液体材料 2。为了增加问题的普遍性，第二种液体材料和第一种液体材料不一定相同。液体材料分别用 1 和 3 来表示。一束平面波从材料 1 入射到板的上表面。假设入射波是纵波，入射角为θ，那么入射波可以描述为$B_I\mathrm{e}^{\mathrm{i}(k_1x_1+k_3x_3-2\pi ft)}$。可能的反射波和透射波也在图中画出。入射层中的纵波波速$C_L^{(1)}=\sqrt{\dfrac{\lambda^{(1)}}{\rho^{(1)}}}$。入射波的波矢量为$\boldsymbol{k}=k_1\hat{x}_1+k_3\hat{x}_3$，这里$k_1=\dfrac{2\pi f}{C_L^{(1)}}\sin\theta$，$k_3=\dfrac{2\pi f}{C_L^{(1)}}\cos\theta$。根据斯涅尔定律，所有部分波在$x_1$方向具有相同的波数。因此，所有部分波的相速度可以表达为$c_p=\dfrac{\omega}{k_1}=\dfrac{C_L^{(1)}}{\sin\theta}$。和导波分析相对应，所有在$x_1$方向的波矢量分量$k_1$在下面的讨论中称为$k$。

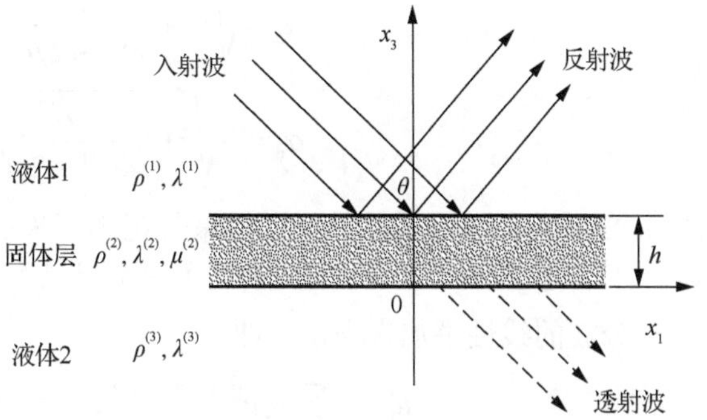

图 12-19　从液体到薄板的声波斜入射问题模型

前面所述的部分波理论可以用来描述这里固体层和液体层中的声场。

1)入射层：第 1 层

该层具有两个部分波：一个是入射波，另一个是反射波。式(12.50)描述了这两个部分波的解。入射波在x_3方向的投影沿着$-x_3$方向，因此其波数为负值

$$
\begin{aligned}
&\alpha_1=-\sqrt{-1+\frac{\rho^{(1)}}{\lambda^{(1)}}c_p^2},\ U_{31}=\alpha_1\quad \text{入射波}\\
&\alpha_2=\sqrt{-1+\frac{\rho^{(1)}}{\lambda^{(1)}}c_p^2},\ U_{32}=\alpha_2\quad \text{反射波}
\end{aligned}
\tag{12.50}
$$

第一层中的总波场是这两个部分波的叠加。假设入射波的幅度为B_1，而反射波的幅度为未知量B_2，那么总的波动声场可以表示为

$$
\begin{aligned}
&u_1^{(1)}=\sum_{n=1}^{2}B_n\mathrm{e}^{\mathrm{i}k(x_1+\alpha_{n1}x_3-c_pt)},\ u_3^{(1)}=\sum_{n=1}^{2}B_nU_{3n}\mathrm{e}^{\mathrm{i}k(x_1+\alpha_nx_3-c_pt)}\\
&\sigma_{33}^{(1)}=\sum_{n=1}^{2}B_n[\rho^{(1)}c_p^2](\mathrm{i}k)\mathrm{e}^{\mathrm{i}k(x_1+\alpha_nx_3-c_pt)},\ \sigma_{31}^{(1)}=0
\end{aligned}
\tag{12.51}
$$

2) 固体层：第 2 层

和前面几节讨论的一样，当考虑 R-L 波时，在固体层中存在 4 个部分波。相应的部分波解可以通过求解克里斯托费尔方程得到，在这里详细描述如下

$$
\begin{aligned}
\alpha_3 &= \sqrt{-1+\frac{\rho^{(2)}}{\mu^{(2)}}c_p^2}, & U_{33} &= \frac{-1}{\alpha_3} \\
\alpha_4 &= -\sqrt{-1+\frac{\rho^{(2)}}{\mu^{(2)}}c_p^2} & U_{34} &= \frac{-1}{\alpha_4} \\
\alpha_5 &= \sqrt{-1+\frac{\rho^{(2)}}{\lambda^{(2)}+2\mu^{(2)}}c_p^2}, & U_{35} &= \alpha_5 \\
\alpha_6 &= -\sqrt{-1+\frac{\rho^{(2)}}{\lambda^{(2)}+2\mu^{(2)}}c_p^2}, & U_{36} &= \alpha_6
\end{aligned} \tag{12.52}
$$

式中，部分波的编号是从第一层的编号延续下来的。部分波 3 和 4 是横波，部分波 5 和 6 是纵波。部分波 3 和 5 沿着 $+x_3$ 方向，而部分波 4 和 6 沿着 $-x_3$ 方向。位移声场和应力声场由这 4 个部分波的线性叠加来表示，即

$$
\begin{aligned}
& u_1^{(2)} = \sum_{n=3}^{6} B_n \mathrm{e}^{\mathrm{i}k(x_1+\alpha_n x_3-c_p t)}, \quad u_3^{(2)} = \sum_{n=3}^{6} B_n U_{3n} \mathrm{e}^{\mathrm{i}k(x_1+\alpha_n x_3-c_p t)} \\
& \sigma_{33}^{(2)} = \sum_{n=3}^{6} B_n[\lambda^{(2)}+(\lambda^{(2)}+2\mu^{(2)})\alpha_n U_{3n}](\mathrm{i}k)\mathrm{e}^{\mathrm{i}k(x_1+\alpha_n x_3-c_p t)} \\
& \sigma_{31}^{(2)} = \sum_{n=3}^{6} B_n[\alpha_n+U_{3n}]\mu^{(2)}(\mathrm{i}k)\mathrm{e}^{\mathrm{i}k(x_1+\alpha_n x_3-c_p t)}
\end{aligned} \tag{12.53}
$$

3) 透射层：第 3 层

在第 3 层中只有一个部分波存在，它沿着 $-x_3$ 方向传播。因此，这一层中的声场可以用式(12.54)来表示

$$
u_1^{(3)} = B_7 \mathrm{e}^{\mathrm{i}k(x_1+\alpha_7 x_3-c_p t)}, \quad u_3^{(3)} = B_7 U_{37} \mathrm{e}^{\mathrm{i}k(x_1+\alpha_7 x_3-c_p t)} \tag{12.54}
$$

式中

$$
\alpha_7 = -\sqrt{-1+\frac{\rho^{(3)}}{\lambda^{(3)}}c_p^2}
$$

负数的原因是声波沿着 $-x_3$ 方向。根据部分波分析，液体中 $U_{37}=\alpha_7$。

这一层里面的声场的应力分布如下

$$
\sigma_{33}^{(3)} = B_7[\rho^{(3)}c_p^2](\mathrm{i}k)\mathrm{e}^{\mathrm{i}k(x_1+\alpha_7 x_3-c_p t)}, \quad \sigma_{31}^{(3)} = 0 \tag{12.55}
$$

4) 边界条件

这个问题里面的边界条件是在固-液界面上的连续性条件

$$
\begin{aligned}
&\text{BC1:} && u_3^{(2)} - u_3^{(1)} = 0, \ x_3 = h \\
&\text{BC2:} && u_3^{(2)} - u_3^{(2)} = 0, \ x_3 = 0 \\
&\text{BC3:} && \sigma_{33}^{(2)} - \sigma_{33}^{(1)} = 0, \ x_3 = h \\
&\text{BC4:} && \sigma_{31}^{(2)} = 0, \ x_3 = h \\
&\text{BC5:} && \sigma_{33}^{(2)} - \sigma_{33}^{(3)} = 0, \ x_3 = 0 \\
&\text{BC6:} && \sigma_{31}^{(2)} = 0, \ x_3 = 0
\end{aligned} \tag{12.56}
$$

将声场解代入边界条件，我们得到

$$\begin{bmatrix} -U_{32}e^{ik\alpha_2 h} & U_{33}e^{ik\alpha_3 h} & U_{34}e^{ik\alpha_4 h} & U_{35}e^{ik\alpha_5 h} & U_{36}e^{ik\alpha_6 h} & 0 \\ 0 & U_{33} & U_{34} & U_{35} & U_{36} & -U_{37} \\ -\rho^{(1)}c_p^2 e^{ik\alpha_2 h} & [-2\mu^{(2)}]e^{ik\alpha_3 h} & [-2\mu^{(2)}]e^{ik\alpha_4 h} & [\rho^{(2)}c_p^2-2\mu^{(2)}]e^{ik\alpha_5 h} & [\rho^{(2)}c_p^2-2\mu^{(2)}]e^{ik\alpha_6 h} & 0 \\ 0 & [\alpha_3+U_{33}]\mu^{(2)}e^{ik\alpha_3 h} & [\alpha_4+U_{34}]\mu^{(2)}e^{ik\alpha_4 h} & [\alpha_5+U_{35}]\mu^{(2)}e^{ik\alpha_5 h} & [\alpha_3+U_{36}]\mu^{(2)}e^{ik\alpha_6 h} & 0 \\ 0 & -2\mu^{(2)} & -2\mu^{(2)} & \rho^{(2)}c_p^2-2\mu^{(2)} & \rho^{(2)}c_p^2-2\mu^{(2)} & -\rho^{(3)}c_p^2 \\ 0 & [\alpha_3+U_{33}]\mu^{(2)} & [\alpha_4+U_{34}]\mu^{(2)} & [\alpha_5+U_{35}]\mu^{(2)} & [\alpha_6+U_{36}]\mu^{(2)} & 0 \end{bmatrix} \begin{bmatrix} B_2 \\ B_3 \\ B_4 \\ B_5 \\ B_6 \\ B_7 \end{bmatrix} = \begin{bmatrix} B_1 U_{31} e^{ik\alpha_1 h} \\ 0 \\ B_1 - \rho^{(1)}c_p^2 e^{ik\alpha_1 h} \\ 0 \\ 0 \\ 0 \end{bmatrix} \tag{12.57}$$

当入射波幅度 B_1 已知时，我们可以通过求解线性方程组得到反射波、透射波以及固体层中的声波解。进而，我们可以根据式(12.58)得到反射率和透射率分别为

$$R = \frac{B_2}{B_1},\ T = \frac{B_7}{B_1} \tag{12.58}$$

实例 I

下面我们来讨论浸在水中的铝板的情况，相关的材料参数列于表 12-5 中。

表 12-5　浸在水中的铝板的相关材料参数和几何参数

	材料	λ /GPa	μ /GPa	ρ /(g/cm³)	h /mm
液体 1	水	2.19	0	1	—
固体	铝	55.27	25.95	2.7	1
液体 2	水	2.19	0	1	—

在 0° 角入射时，$\theta = 0°$。图 12-20 给出了相应不同频率下的反射率和透射率的数值计算结果。

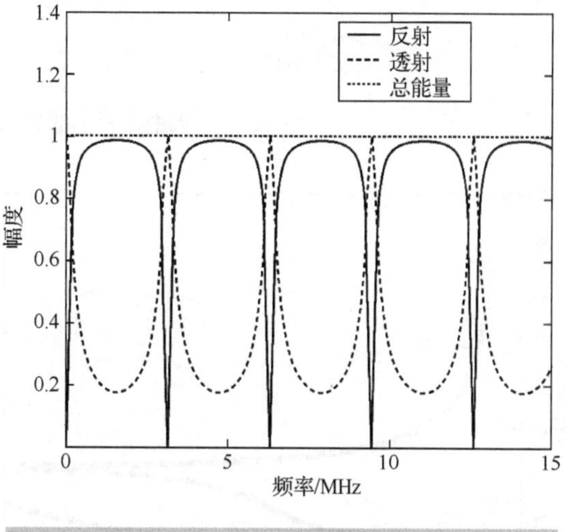

图 12-20　当入射角为 0° 时，从水中到 1mm 厚铝板的声波反射率和投射与频率的关系

在直入射的情况下，入射波只有 x_3 振动分量，因此铝板和第 3 层液体中也只有纵波分量。这个问题也可以通过一维模型来解释。当声波入射到铝板上的时候，会在铝板内部有多次反射。由于水中的声阻抗低于铝中的声阻抗，当声波从铝到水的界面反射时会有半波损失，也就是说会有 π 相位延迟。所以第一次反射波和第二次反射波之间的相位差为

$$\Delta\phi = \frac{2hf}{C_L^{(2)}} 2\pi + \pi$$

当相差 $(2n+1)\pi$ 时，多次反射回波相消干涉。这种情况所对应的频率为 $f = \dfrac{nC_L^{(2)}}{2h}$。铝中的纵波声速为 6.3mm/μs。因此，和最小反射相对应的频率为 $f = 3.15n$ MHz，$n = 0,1,2,\cdots$。在这些频率点透射波 TT 和 TRRT 之间的相位差为

$$\Delta\phi = \frac{2hf}{C_L^{(2)}} 2\pi + 2\pi = \frac{2h}{C_L^{(2)}} \frac{nC_L^{(2)}}{2h} 2\pi + 2\pi = 2\pi(n+1)$$

这些多次透射波之间的相位差会导致相长干涉。也就是说，当铝板厚度为$2h = n\lambda$时透射最强。由于铝板中没有存储能量，所以反射波和透射波的能量总和为入射波的总能量。

至此，我们讨论了声波直入射的情况。当频率对应于铝板的厚度共振频率时，透射声波能量达到最强。其他频率下，透射系数小于最大透射率。

当入射角和表面不垂直时，会同时有纵波和横波产生，透射和反射现象的分析会更加复杂。尽管直观的描述会很复杂，这个问题的数值解还是可以通过求解式(12.57)得到。图12-21显示了在不同入射角和频率下的反射系数和透射系数的分布。很有意思的是，反射系数同时受到入射角和频率的影响。在某些(f,θ)组合时，反射系数为0，透射系数为1。图12-21同时表明，在很多情况下，声波的大部分能量被反射到第一层液体中。尽管能量分配比较复杂，对于平面简谐波入射的情况，反射和透射过程还是满足能量守恒原理$|R|^2 + |T|^2 = 1$。

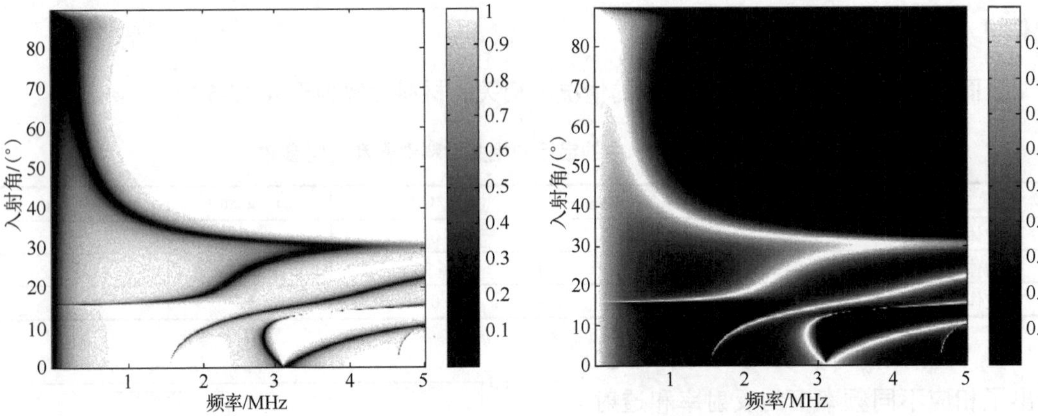

(a) 反射系数　　(b) 透射系数

图12-21　水中铝板上的斜入射体波的反射和透射系数

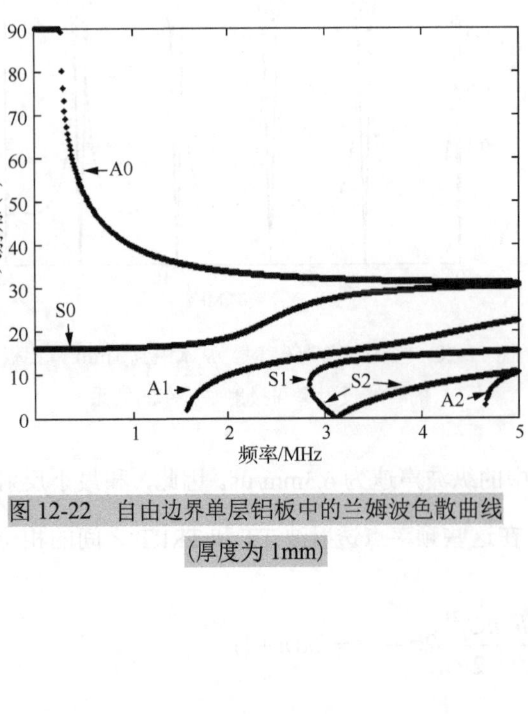

图12-22　自由边界单层铝板中的兰姆波色散曲线（厚度为1mm）

图12-21所示的反射和透射系数的分布图和铝板中的兰姆波色散曲线相关。因为式(12.57)的系数矩阵的一部分和单层铝板中兰姆波的特征方程完全一样。为了证明这一点，我们在图12-22中画出了通过$\theta = \arcsin\left(\dfrac{C_L^{(1)}}{c_p}\right)$变换得到的单层铝板中以入射角和频率为关系的色散曲线。

比较图12-22和图12-21，我们可以发现色散曲线和反射率为零所对应的曲线完全一致。当我们把这两幅图画在一起的时候得到图12-23。这一关联可以得到一个非常重要的应用，也就是通过测量反射率和投射率来得到导波的频散曲线。

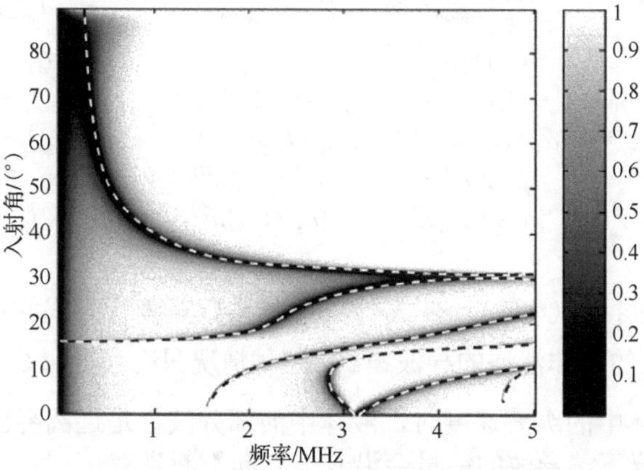

图 12-23　1mm 厚铝板的频散曲线和体波透射率分布图比较

实例 2

前一个例子说明了导波色散曲线和体波透射率之间的关系。本例探讨水中有机玻璃板的入射问题。有机玻璃厚度为 1mm，材料参数为 $\rho^{(2)}=1.18\ \mathrm{g/cm^3}$，$\lambda^{(2)}=5.45\ \mathrm{GPa}$ 和 $\mu^{(2)}=1.48\ \mathrm{GPa}$。反射率谱的结果显示在图 12-24 中。

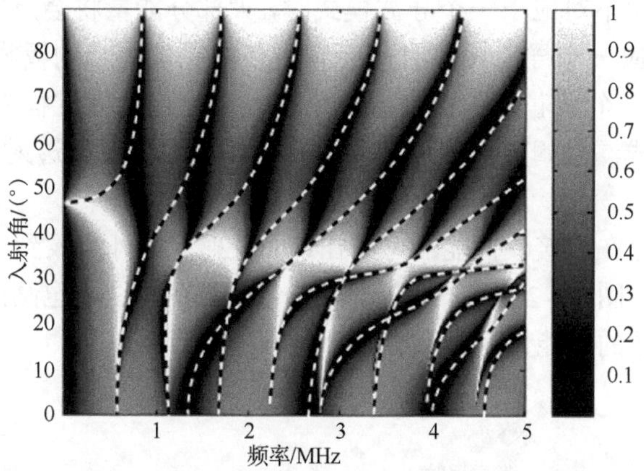

图 12-24　声波从水中入射到有机玻璃板时的反射系数(板厚 1mm)

在这种情况下，反射率谱和自由边界板的色散曲线不同。其主要原因是有机玻璃中的波速和水中的波速相差不大，因此水对有机玻璃的负载作用影响了导波的传播。

12.5.2　漏导波的传播

当有液体负载时，超声导波的传播规律会和自由边界条件下的传播不同。当液体的密度和固体材料的密度相当时，差别更明显。因此，有必要研究有液体负载时的超声导波的传播问题。特别是有从固体到液体的能量泄漏的情况。

漏导波的理论建模和多层材料中的声传播问题类似。部分波理论推导过程和 12.5.1 节介绍的一样，当没有入射波时，导波的传播满足

$$\begin{bmatrix} -U_{32}\mathrm{e}^{\mathrm{i}k\alpha_2 h} & U_{33}\mathrm{e}^{\mathrm{i}k\alpha_3 h} & U_{34}\mathrm{e}^{\mathrm{i}k\alpha_4 h} & U_{35}\mathrm{e}^{\mathrm{i}k\alpha_5 h} & U_{36}\mathrm{e}^{\mathrm{i}k\alpha_6 h} & 0 \\ 0 & U_{33} & U_{34} & U_{35} & U_{36} & -U_{37} \\ -\rho^{(1)}c_p^2\mathrm{e}^{\mathrm{i}k\alpha_2 h} & [-2\mu^{(2)}]\mathrm{e}^{\mathrm{i}k\alpha_3 h} & [-2\mu^{(2)}]\mathrm{e}^{\mathrm{i}k\alpha_4 h} & [\rho^{(2)}c_p^2-2\mu^{(2)}]\mathrm{e}^{\mathrm{i}k\alpha_5 h} & [\rho^{(2)}c_p^2-2\mu^{(2)}]\mathrm{e}^{\mathrm{i}k\alpha_6 h} & 0 \\ 0 & [\alpha_3+U_{33}]\mu^{(2)}\mathrm{e}^{\mathrm{i}k\alpha_3 h} & [\alpha_4+U_{34}]\mu^{(2)}\mathrm{e}^{\mathrm{i}k\alpha_4 h} & [\alpha_5+U_{35}]\mu^{(2)}\mathrm{e}^{\mathrm{i}k\alpha_5 h} & [\alpha_3+U_{36}]\mu^{(2)}\mathrm{e}^{\mathrm{i}k\alpha_6 h} & 0 \\ 0 & -2\mu^{(2)} & -2\mu^{(2)} & \rho^{(2)}c_p^2-2\mu^{(2)} & \rho^{(2)}c_p^2-2\mu^{(2)} & -\rho^{(3)}c_p^2 \\ 0 & [\alpha_3+U_{33}]\mu^{(2)} & [\alpha_4+U_{34}]\mu^{(2)} & [\alpha_5+U_{35}]\mu^{(2)} & [\alpha_6+U_{36}]\mu^{(2)} & 0 \end{bmatrix} \begin{bmatrix} B_2 \\ B_3 \\ B_4 \\ B_5 \\ B_6 \\ B_7 \end{bmatrix} = \begin{bmatrix} 0 \\ 0 \\ 0 \\ 0 \\ 0 \\ 0 \end{bmatrix} \tag{12.59}$$

色散曲线可以通过搜寻(f,k)，使式(12.59)的系数矩阵行列式的值为零。当频率为正数时，k值的实数解对应的是非泄漏的导波模式。这种情况只有当$c_p < C_L^{(1)}$和$c_p < C_L^{(3)}$时可实现。当导波相速度大于液体中的纵波速度时，液体中的部分波会是远离界面的行波，将能量带到无穷远处。在这种情况下，导波的能量会沿着x_1方向不断衰减。

式(12.59)的普通解可以表示为

$$u(x_1,x_3,t) = A_o F(x_3)\mathrm{e}^{\mathrm{i}(kx_1-\omega t)} = A_o F(x_3)\mathrm{e}^{\mathrm{i}k'x_1-\mathrm{i}\omega t}\mathrm{e}^{-k''x_1} \tag{12.60}$$

式中，k'是波数的实部，k''是波数的虚部。

12.5.3　非镜面反射和透射

当入射波不是连续的简谐平面波时，波的反射和透射现象会更加复杂。通常情况下，当入射波的频率和入射角不对应于一个导波模式时，大部分能量将会反射回入射介质中。当入射角和频率的组合对应一个导波模式时，会有更多的能量耦合到板材中，进而透射到下层液体中，同时激发出一个沿着板传播的导波模式。在导波传播过程中，能量会进一步泄漏到两边的液体中，形成漏兰姆波。这种现象也称为非镜面反射和透射，其示意图如图12-25所示。

由于漏兰姆波的存在，接收换能器可以在镜面反射区以外接收到反射信号，这个声场称为非镜面反射和透射。图12-26是一个反射波能量示意图，图中也画出了在镜面反射和非镜面反射之间可能会出现的低能量区。

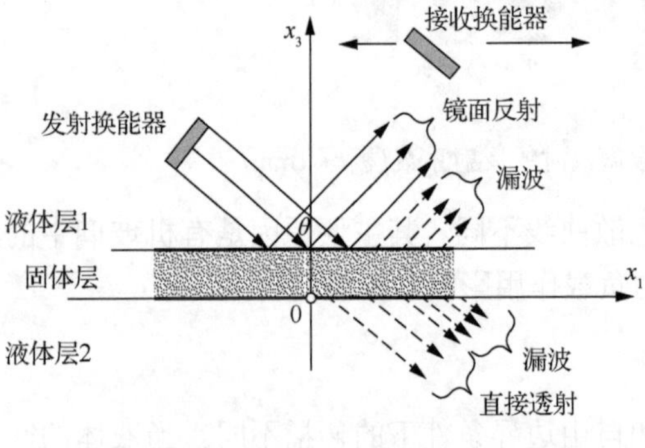

图12-25　非镜面反射和透射示意图

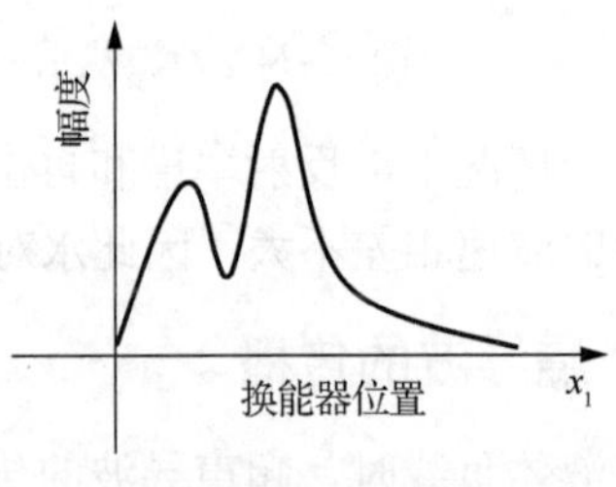

图12-26　非镜面反射能量分布示意图

习　题

12-1　研究固-固界面波时，使用的边界条件是什么？

12-2　斯通莱波是色散的吗？斯科尔特波是色散的吗？请给出一个简单的物理解释。

12-3　如何考虑在两个固体半无限空间之间的一个薄板结构中的导波传播？考虑 R-L 波时有多少个边界条件？考虑 SH 波时有多少个边界条件？

12-4　请描述当斯通莱波特征方程的解为复数时，所对应的界面波的传播规律。

12-5　根据本章所描述的推导过程，编程并画出一个半无限空间和一个薄板黏合材料中导波的色散曲线。两种情况：一种是半无限空间中的体波声速大于薄层中的声速，另一种为半无限空间中的体波声速小于薄层中的声速。

12-6　在推导一个半无限空间上两薄层材料中的 R-L 型导波时共需要多少个部分波？多少个边界条件？请列出所有的边界条件。

12-7　在一个半无限空间上的一薄层结构里，当薄层的体波声速小于半无限空间中的体波声速时，R-L 型导波的相速度的截止频率是多少？

12-8　一个半无限空间上有一个软薄层时，相速度色散曲线的高频极限是多少？

12-9　画图表示勒夫波的相速度最大值是半无限空间里的横波声速，给出简要的物理解释。

12-10　给出一个推导半无限空间上两薄层材料结构里导波的推导过程。

12-11　一个 10 层固体板结构里 R-L 型导波的推导过程中使用的特征方程是多少阶？

12-12　一个自由表面 10 层结构，当第五层是液体时，推导 R-L 型导波的过程中使用的特征方程是多少阶？

12-13　当所涉及的波型为 SH 型时，重新考虑习题 12-10、习题 12-11 和习题 12-12。

12-14　如何设计一个实验在一个三层结构中激发导波，使得能量大部分集中在其中的一层里面？给出基本思路描述。

12-15　如何根据波结构信息来对一个四层结构中的缺陷进行定位？

12-16　编程求解一个两层材料中 SH 波的色散曲线，通过相速度色散曲线计算群速度色散曲线，并求解一个特定模式点的波结构。

参考文献

Achenbach J D, Epstein H I. 1967. Dynamic interaction of a layer and a half space. Journal of the Engineering Mechanics Division, 5: 27-42.

Auld B A. 1990. Acoustic Fields and Waves in Solids. Malabar, Florida: Krieger Publishing Company.

Chimenti D E. 1997. Guided waves in plates and their use in material characterization. Applied Mechanics Reviews, 50(5): 247-284.

Chimenti D E, Rokhlin S I. 1990. Relationship between leaky Lamb modes and reflection coefficient zeroes for a fluid-coupled elastic layer. Journal of the Acoustical Society of America, 88(3): 1603-1611.

Fu C Y. 1946. Studies on seismic waves: II. Rayleigh waves in a superficial layer. Geophysics, 11(1/4): 10-23.

Gao H. 2007. Ultrasonic guided wave mechanics for composite material structural health monitoring. Pennsylvania: The Pennsylvania State University.

Gao H, Ali S, Lopez B. 2010. Efficient delaminating detection in multilayered composites using ultrasonic guided wave EMATs. NDT&E International, 43: 316-322.

Gao H, Rose J L. 2010. Goodness dispersion curves for ultrasonic guided wave based SHM: A sample problem in corrosion monitoring. The Aeronautical Journal, The Aeronautical Journal, 114 (1151): 797-804.

Haskell N A. 1953. The dispersion of surface waves on multilayered media// Lauderback G D, Benioff H, Macelwane J B. Bulletin of the seismological Society of America. Berkely: University of California Press.

Lowe M J S. 1995. Matrix techniques for modeling ultrasonic waves in multilayered media. IEEE Transactions on Ultrasonics Ferrerolectrics and Frequency Control, 42(4): 525-542.

Miklowitz J. 1978. The Theory of elastic Waves and Waveguides. New York: North-Holland.

Nayfeh A H. 1995. Wave Propagation in Layered Anisotropic Media. New York: Elsevier

Rose J L. 1999. Ultrasonic Waves in Solid Media. Cambridge: Cambridge University Press.

Rose J L, Zhu W, Zaidi M. 1998. Ultrasonic NDE of titanium diffusion bonding with guided waves. Materials Evaluation, 4(56): 535-539.

Sezawa K. 1927. Dispersion of Elastic Waves Propagated on Surface of Stratified Bodies and Curved Surfaces. Tokyo: Bull. Earthquake Res. Inst.

Stoneley R. 1924. Elastic waves at the surface of separation of two solids. Proceedings of the Royal Society of London, 106(738): 416-428.

Thomson W T. 1950. Transmission of elastic waves through a stratified solid medium. Journal of Applied Physics 21(2): 89-93.

USAir Flight 405. 2012. The Free Encyclopedia. Retrieved from. http://en.wikipedia.org/w/index.php?title= USAir _Flight _405&oldid=529743357.

第 13 章　导波激发源的影响

13.1　引　　言

在频散曲线的计算过程中，我们使用了平面简谐波假设，也就是时间上是连续波，空间上是无限大平面波。在实际应用中，激发源通常在时间上是瞬态，空间上是有限大小。本章我们以板中的导波为例，考虑有限激发源对波激发的影响。

固体中的超声波可以由很多激发机制产生，如压电传感器、电磁超声传感器(EMAT)、磁致伸缩传感器、机械冲击、激光超声等。压电传感器包括直入射或经过楔块斜入射。电磁超声和激光超声可以在材料表面直接激发声波，而不需要通过耦合剂。压电陶瓷片传感器也可以直接贴到结构表面来进行监测。多个激发源探头可以用来增强超声导波的模式选择能力。超声相控阵技术可用来实现波束偏转控制、波束聚焦，以及导波的模式选择。每一种激发机制都有特定的参数选择，如探头的尺寸、激发信号等。本章我们将具体分析几个例子，其他的留给读者自行练习。

13.2　积分变换法

从稳态问题到瞬态问题求解的一个重要过程就是对多个模式积分。很多积分变换方法可用于求解偏微分方程。本节介绍傅里叶变换方法。

图 13-1 是固体中的超声波激发的基本物理模型，考虑在 x_1 方向的激发源。

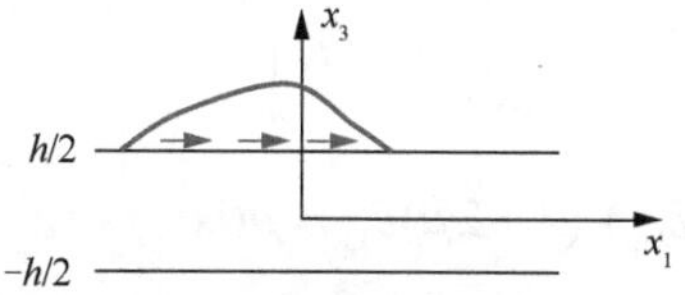

图 13-1　一个板中沿着 x_1 方向剪切力激发声波的理论模型

我们回顾一下，各向同性板中传播的兰姆波，当圆频率为 ω 时，相应的波动方程可以表示为

$$
\begin{aligned}
&\frac{\partial^2 \phi}{\partial x_1^2}+\frac{\partial^2 \phi}{\partial x_3^2}+\frac{\omega^2}{c_L^2}\phi=0\\
&\frac{\partial^2 \psi}{\partial x_1^2}+\frac{\partial^2 \psi}{\partial x_3^2}+\frac{\omega^2}{c_T^2}\psi=0
\end{aligned}
\tag{13.1}
$$

式中，ϕ 是标量势；ψ 是矢量势的第二个分量；c_L 和 c_T 分别是纵波和横波的波速

上表面沿着 x_1 方向的加载可以表示成 $\tau(x_1)$，加载力的分布是 x_1 的函数。

任意函数 $f(x_1)$ 的傅里叶变换和傅里叶逆变换可以表示为

$$\tilde{f}(k)=\int_{-\infty}^{+\infty} f(x_1)\mathrm{e}^{-\mathrm{i}kx_1}\mathrm{d}x_1$$
$$f(x_1)=\frac{1}{2\pi}\int_{-\infty}^{+\infty}\tilde{f}(\xi)\mathrm{e}^{\mathrm{i}\xi x_1}\mathrm{d}\xi \tag{13.2}$$

式中，k 是相应的波数。

对式(13.1)以 x_1 为变量作傅里叶变换，我们就可以得到以波数为变量的方程

$$\frac{\partial^2\tilde{\phi}}{\partial x_3^2}+p^2\tilde{\phi}=0$$
$$\frac{\partial^2\tilde{\psi}}{\partial x_3^2}+q^2\tilde{\psi}=0 \tag{13.3}$$

式中，

$$p^2=\frac{\omega^2}{c_L^2}-k^2,\ q^2=\frac{\omega^2}{c_T^2}-k^2 \tag{13.4}$$

式(13.3)的一般解可以表达为

$$\tilde{\phi}=A_1\sin(px_3)+A_2\cos(px_3),\quad \tilde{\psi}=B_1\sin(qx_3)+B_2\cos(qx_3) \tag{13.5}$$

式中，A_1、A_2、B_1 和 B_2 是 4 个未知加权系数。

根据位移和势之间的关系 $\boldsymbol{u}=\nabla\phi+\nabla\times\boldsymbol{\Psi}$，位移分量可以表示为

$$\tilde{u}_1=\mathrm{i}k\tilde{\phi}+\frac{\mathrm{d}\tilde{\psi}}{\mathrm{d}x_3},\quad \tilde{u}_3=\frac{\mathrm{d}\tilde{\phi}}{\mathrm{d}x_3}-\mathrm{i}\xi\tilde{\psi} \tag{13.6}$$

根据应变-位移关系和本构方程，我们可以得到应力分布

$$\tilde{\sigma}_{31}=\mu\tilde{\gamma}_{31}=\mu\left(\frac{\mathrm{d}\tilde{u}_1}{\mathrm{d}x_3}+\mathrm{i}k\tilde{u}_3\right)$$
$$\tilde{\sigma}_{33}=\mu\tilde{\varepsilon}_{11}+(\lambda+2\mu)\tilde{\varepsilon}_{33}=\mu(\mathrm{i}k\tilde{u}_1)+(\lambda+2\mu)\frac{\mathrm{d}\tilde{u}_3}{\mathrm{d}x_3} \tag{13.7}$$

式中，ε_{11}、ε_{33} 和 γ_{31} 是应变分量；λ 和 μ 是材料的拉梅常数。对激发源的分布进行傅里叶变换，以波数为变量的激发函数可以表示为

$$\tilde{\tau}(k)=\int_{-\infty}^{+\infty}\tau(x_1)\mathrm{e}^{-\mathrm{i}kx_1}\mathrm{d}x_1,\quad x_3=h/2 \tag{13.8}$$

单层材料中兰姆波的解可以分解为对称部分和反对称部分。在波数域内，这一结论仍然成立。这一分解的图形解释见图 13-2。上表面的加载可以分解为两个部分，一个部分上、下表面对称，另外一个部分上、下表面反对称。对于对称性加载，整个系统都关于 $x_3=0$ 面对称。因此，可以推测所激发出的波型为对称波模式。同样，对于反对称加载，所激发出的波型为反对称模式。

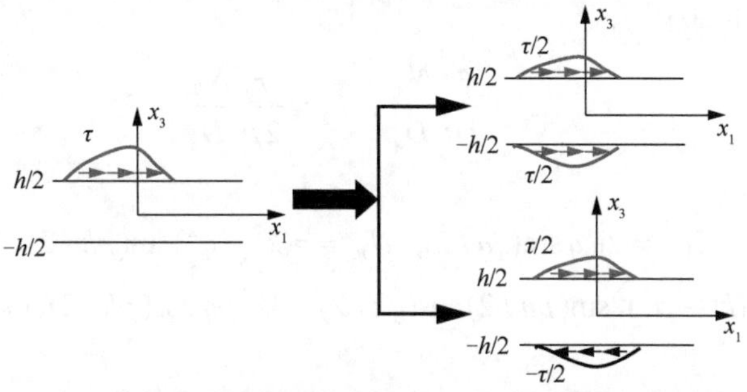

图 13-2　由上边界激发到对称模式和反对称模式的模型分解

1) 对称模式的解

为了使声场关于 $x_3=0$ 平面对称，位移分量 u_1 必须是关于 x_3 的对称函数，而位移分量 u_3 则必须是关于 x_3 的反对称函数。因此，一般解可以表达为

$$\begin{aligned}\tilde{u}_1 &= \mathrm{i}kA_2\cos(px_3)+qB_1\cos(qx_3)\\ \tilde{u}_3 &= pA_2\sin(px_3)-\mathrm{i}kB_1\sin(qx_3)\end{aligned} \tag{13.9}$$

其边界条件为

$$\sigma_{31}\Big|_{x_3=\pm h/2}=\frac{\tilde{\tau}}{2},\quad \sigma_{33}\Big|_{x_3=\pm h/2}=0 \tag{13.10}$$

当我们考虑对称性以后，这四个边界条件将变成两组等同的方程

$$\begin{bmatrix}-2\mathrm{i}kp\sin(ph/2) & (k^2-q^2)\sin(qh/2)\\ (k^2-q^2)\cos(ph/2) & 2\mathrm{i}kq\cos(ph/2)\end{bmatrix}\begin{bmatrix}A_2\\ B_1\end{bmatrix}=\begin{bmatrix}\tilde{\tau}/(2\mu)\\ 0\end{bmatrix} \tag{13.11}$$

利用高斯消元法，A_2 和 B_1 的解可以表达为

$$A_2=\frac{\tilde{\tau}}{2\mu}\frac{N_{A_2}}{D_S},\quad B_1=\frac{\tilde{\tau}}{2\mu}\frac{N_{B_1}}{D_S} \tag{13.12}$$

式中，

$$\begin{aligned}&N_{A_2}=2\mathrm{i}kq\cos(qh/2),\quad N_{B_1}=(k^2-q^2)\cos(ph/2)\\ &D_S=(k^2-q^2)^2\cos(ph/2)\sin(qh/2)+4k^2pq\sin(ph/2)\cos(qh/2)\end{aligned} \tag{13.13}$$

2) 反对称模式的解

对于反对称模式，位移分量 u_1 必须关于 x_3 反对称，而位移分量 u_3 关于 x_3 对称。因此，波动方程的一般解可以表达为

$$\begin{aligned}\tilde{u}_1 &= \mathrm{i}kA_1\sin(px_3)-qB_2\sin(qx_3)\\ \tilde{u}_3 &= pA_1\cos(px_3)-\mathrm{i}kB_2\cos(qx_3)\end{aligned} \tag{13.14}$$

其边界条件为

$$\sigma_{31}\Big|_{x_3=h/2}=\frac{\tilde{\tau}}{2},\quad \sigma_{31}\Big|_{x_3=-h/2}=-\frac{\tilde{\tau}}{2},\quad \sigma_{33}\Big|_{x_3=\pm h/2}=0 \tag{13.15}$$

当考虑系统对称性以后，这四个边界条件会变成两组等同的方程

$$\begin{bmatrix}2\mathrm{i}kp\cos(ph/2) & (k^2-q^2)\cos(qh/2)\\ (k^2-q^2)\sin(ph/2) & 2\mathrm{i}kq\sin(ph/2)\end{bmatrix}\begin{bmatrix}A_1\\ B_2\end{bmatrix}=\begin{bmatrix}\tilde{\tau}/(2\mu)\\ 0\end{bmatrix} \tag{13.16}$$

这个线性系统的解可以表达为

$$A_1=\frac{\tilde{\tau}}{2\mu}\frac{N_{A_1}}{D_A},\ B_2=\frac{\tilde{\tau}}{2\mu}\frac{N_{B_2}}{D_A} \tag{13.17}$$

式中，

$$\begin{gathered}N_{A_1}=2\mathrm{i}kq\sin(qh/2),\ N_{B_2}=-(k^2-q^2)\sin(ph/2)\\ D_A=(k^2-q^2)^2\sin(ph/2)\cos(qh/2)+4k^2pq\cos(ph/2)\sin(qh/2)\end{gathered} \tag{13.18}$$

3) 空间域的解

整个问题的解可以表达为对称模式和反对称模式的解的线性组合。以位移分量u_1为例，具体表达式为

$$\begin{aligned}\tilde{u}_1&=ikA_2\cos(px_3)+qB_1\cos(qx_3)+\mathrm{i}kA_1\sin(px_3)-qB_2\sin(qx_3)\\&=\tilde{\tau}\frac{1}{2\mu}\left[\mathrm{i}k\frac{N_{A_2}}{D_s}\cos(px_3)+q\frac{N_{B_1}}{D_s}\cos(qx_3)+\mathrm{i}k\frac{N_{A_1}}{D_A}\sin(px_3)-q\frac{N_{B_2}}{D_A}\sin(qx_3)\right]\end{aligned} \tag{13.19}$$

式中，$\tilde{\tau}$和激发源的分布有关，其他项和结构的特征有关。

空间域的解可以通过式(13.20)对$\tilde{u}_1$进行傅里叶逆变换得到

$$u_1(x_1,x_3)=\frac{1}{2\pi}\int_{-\infty}^{+\infty}\tilde{u}_1(k,x_3)\mathrm{e}^{\mathrm{i}kx_1}\mathrm{d}k \tag{13.20}$$

注意，当$D_S=0$或$D_A=0$时，式(13.20)中的积分可能是奇异的。对比式(13.13)和式(13.18)，我们发现积分的奇异点和自由边界条件下的导波模相对应。考虑到奇异性，我们可以使用留数定理来对式(13.20)进行积分

$$\mathrm{res}(f(z))=\frac{1}{2\pi\mathrm{i}}\int_{\Gamma}f(z)\mathrm{d}z \tag{13.21}$$

根据式(13.21)，积分的值和式(13.22)等价

$$u_1(x_1,x_3)=(\mathrm{i})\sum_{k=k_A^n,k_S^n}\mathrm{res}(\tilde{u}_1(k,x_3)\mathrm{e}^{\mathrm{i}kx_1}) \tag{13.22}$$

式中，k_A和k_S分别是满足$D_A=0$和$D_S=0$的k的解。关于这个数值求解过程我们已经在前面讨论单层板中的导波频散曲线时作过详细的讨论。

13.3　正交模式分解法

积分变换法的研究表明，分布式源激发出的导波和自由边界条件下的导波模式有关。本节将用正交分解法把声波场表示为导波模式的组合。在详细讨论正交分解之前，有几点说明。

正交模式分解法和数学教材里的特征值展开法类似。频散曲线上的每一个点是导波波动方程的一个特征值，与每一个点对应的波结构是本征函数。正交模式分解法的有效性可以从两个方面来考虑：完备性和本征函数的正交性。这两个方面在文献(Auld，1990)里以互易原理为基础作了详细的讨论，这里我们只给出概述。

板中兰姆波的解包括所有模式的集合。通过频散曲线的求解，我们已经得到所有频率为正数，波数为正数的解的集合。这些波沿着 x_1 方向向右传播。每个向右传播的模式(f,k)都有一个向左传播的模式$(f,-k)$与之对应。在复空间内搜索频散方程的解时，我们也会得到ξ为

纯虚数或复数的解。由于这些模式的能量随着 x_1 方向呈指数级衰减，这些模式称为非传播模式或消逝波模式。通常，消逝波的传播距离在毫米量级以内。在无损检测和结构健康监测的应用中，我们对传播模式更感兴趣。

证明模式的正交性对于使用正交模式分解法非常重要。Auld(1990)使用互易原理证明了无损耗材料中导波模式的正交性，他使用的例子是压电材料，具体的数学描述如下

$$\nabla\cdot[-\boldsymbol{v}_{\mathrm{II}}^{*}\cdot\boldsymbol{\sigma}_{\mathrm{I}}-\boldsymbol{v}_{\mathrm{I}}\cdot\boldsymbol{\sigma}_{\mathrm{II}}^{*}]=-\frac{\partial}{\partial t}\left([\boldsymbol{v}_{\mathrm{II}}^{*}\quad\boldsymbol{\sigma}_{\mathrm{II}}^{*}]\begin{bmatrix}\rho & 0\\ 0 & :s:\end{bmatrix}\begin{bmatrix}\boldsymbol{v}_{\mathrm{I}}\\ \boldsymbol{\sigma}_{\mathrm{I}}\end{bmatrix}\right)+(\boldsymbol{v}_{\mathrm{II}}^{*}\cdot\boldsymbol{F}_{\mathrm{I}}+\boldsymbol{v}_{\mathrm{I}}\cdot\boldsymbol{F}_{\mathrm{II}}^{*})\tag{13.23}$$

式中，下标Ⅰ和Ⅱ表示两个模式的解。另外，当两个模式频率都是 ω 时，以下关系成立

$$\begin{aligned}&\boldsymbol{v}_{\mathrm{I}}=\boldsymbol{v}_m(x_3)\exp[\mathrm{i}(k_m x_1-\omega t)]\\&\boldsymbol{v}_{\mathrm{II}}=\boldsymbol{v}_n(x_3)\exp[\mathrm{i}(k_n x_1-\omega t)]\\&\boldsymbol{\sigma}_{\mathrm{I}}=\boldsymbol{\sigma}_m(x_3)\exp[\mathrm{i}(k_m x_1-\omega t)]\\&\boldsymbol{\sigma}_{\mathrm{II}}=\boldsymbol{\sigma}_n(x_3)\exp[\mathrm{i}(k_n x_1-\omega t)]\\&\boldsymbol{F}_{\mathrm{I}}=0\\&\boldsymbol{F}_{\mathrm{II}}=0\end{aligned}\tag{13.24}$$

因此，互易原理可以简化为

$$\nabla\cdot[-\boldsymbol{v}_{\mathrm{II}}^{*}\cdot\boldsymbol{\sigma}_{\mathrm{I}}-\boldsymbol{v}_{\mathrm{I}}\cdot\boldsymbol{\sigma}_{\mathrm{II}}^{*}]=0\tag{13.25}$$

将式(13.25)沿着波导的厚度方向积分，可以得到

$$\mathrm{i}(k_m-k_n)4P_{mn}=\{-\boldsymbol{v}_n^{*}\cdot\boldsymbol{\sigma}_m-\boldsymbol{v}_m\cdot\boldsymbol{\sigma}_n^{*}\}\cdot\hat{x}_3\Big|_{x_3=0}^{x_3=H}\tag{13.26}$$

式中

$$P_{mn}=\frac{1}{4}\int_0^H\{-\boldsymbol{v}_n^{*}\cdot\boldsymbol{\sigma}_m-\boldsymbol{v}_m\cdot\boldsymbol{\sigma}_n^{*}\}\cdot\hat{x}_1\mathrm{d}x_3\tag{13.27}$$

以上波型模式满足应力自由边界条件：$\boldsymbol{\sigma}_m=0$ 和 $\boldsymbol{\sigma}_n^{*}=0$。因此，式(13.26)的右方为 0。对于传播模式 m 和 n，$\xi_m\neq\xi_n$，有

$$P_{mn}=0,\ \ m\neq n\tag{13.28}$$

这个方程表明两个导波模式关于式(13.27)正交。当两个模式一样时，$m=n$，式(13.27)变成

$$P_{mm}=\frac{1}{2}\int_0^H(-\boldsymbol{v}_m^{*}\cdot\boldsymbol{\sigma}_m)\cdot\hat{x}_1\mathrm{d}x_3\tag{13.29}$$

这等同于复坡印亭矢量的定义

13.3.1　简谐波激发时的正交模式分解

证明了导波模式的正交性，我们现在可以使用正交模式分解法将任意激发源激发出的波表示为导波模式的线性组合。由于式(13.29)中只有 $\boldsymbol{v}$ 和 $\boldsymbol{\sigma}\cdot\hat{x}_1$，我们可以将这些量分解为导波模式的线性组合

$$\begin{aligned}&\boldsymbol{v}(x_1,x_3)=\sum_n a_n(x_1)\boldsymbol{v}_n(x_3)\\&\boldsymbol{\sigma}(x_1,x_3)\cdot\hat{x}_1=\sum_n a_n(x_1)\boldsymbol{\sigma}_n(x_3)\cdot\hat{x}_1\end{aligned}\tag{13.30}$$

式中，$a_n(x_1)$ 是系数函数，由具体的激发函数来决定；忽略了和时间相关的通项 $\exp(-\mathrm{i}\omega t)$。这里有两个重要说明。

(1)速度场和应力场使用相同的展开系数。

(2)展开系数 a_n 是 x_1 的函数，这是由于激发源的影响，在不同的 x_1 位置模式的组成会有变化。

剩下的工作的重点是求解系数函数 $a_n(x_1)$。假设互易原理中未知模式为模式 I，已知模式为模式 II，模式 II 对应下标为 n

$$\begin{aligned}&\boldsymbol{v}_{\mathrm{II}}=\boldsymbol{v}_n(x_3)\mathrm{e}^{\mathrm{i}(k_n x_1)}\\&\boldsymbol{\sigma}_{\mathrm{II}}=\boldsymbol{\sigma}_n(x_3)\mathrm{e}^{\mathrm{i}(k_n x_1)}\\&\boldsymbol{F}_{\mathrm{II}}=0\end{aligned}\tag{13.31}$$

当我们把式(13.30)和式(13.31)代入互易原理的表达式(13.23)，并对整个方程在板厚方向积分，可得到

$$4P_{nn}\left(\frac{\partial}{\partial x_1}-\mathrm{i}k_n\right)a_n(x_1)=f_{sn}(x_1)+f_{vn}(x_1)\tag{13.32}$$

式中，P_{nn} 是沿着 x_1 方向的总能流；f_{sn} 是表面激发源；f_{vn} 是体源。通常，激发源都是 x_1 的函数。面源和体源的具体表达式分别为

$$f_{sn}(x_1)=\{\boldsymbol{v}_n^*(x_3)\cdot\boldsymbol{\sigma}(x_1,x_3)+\boldsymbol{v}(x_1,x_3)\cdot\boldsymbol{\sigma}_n^*\}\cdot\hat{x}_3\Big|_{x_3=0}^{H}\tag{13.33}$$

$$f_{vn}(x_1)=\int_0^H\boldsymbol{v}_n^*(x_3)\cdot\boldsymbol{\sigma}(x_1,x_3)\mathrm{d}x_3\tag{13.34}$$

通常，面源可以表示为上下表面质点的运动速度 $\boldsymbol{v}(x_1)$ 或者上下表面牵引力 $\boldsymbol{\sigma}(x_1)$。然而，正交模式是在表面应力为零的情况下求得的，因此式(13.33)中只有关于指定质点速率的面源的项永远为零，只有指定表面力的面源是有效的。

式(13.32)是关于 $a_n(x_1)$ 的偏微分方程，我们可以用积分方法来求解。假设加载源的区域在 $[L_2,L_1]$ 区间，在源区以左，向 $+x_1$ 方向传播的波的幅度为零。向右传播的波的分量的表达式为

$$\begin{aligned}&a_n(x_1)=0,\ x_1\leqslant L_1\\&a_n(x_1)=\exp(\mathrm{i}k_n x_1)\int_{L_1}^{x_1}\frac{f_{sn}(\eta)+f_{vn}(\eta)}{4P_{nn}}\exp(-\mathrm{i}k_n\eta)\mathrm{d}\eta,\ L_1\leqslant x_1\leqslant L_2\\&a_n(x_1)=\exp(\mathrm{i}k_n x_1)\int_{L_1}^{L_2}\frac{f_{sn}(\eta)+f_{vn}(\eta)}{4P_{nn}}\exp(-\mathrm{i}k_n\eta)\mathrm{d}\eta,\ x_1\geqslant L_2\end{aligned}\tag{13.35}$$

在源区范围以外，$a_n(x_1)$ 是关于变量 x_1 的简谐函数，即

$$|a_n(x_1)|=\left|\int_{L_1}^{L_2}\frac{f_{sn}(\eta)+f_{vn}(\eta)}{4P_{nn}}\exp(-\mathrm{i}k_n\eta)\mathrm{d}\eta\right|\tag{13.36}$$

这表明在源区以外，给定模式的波的幅度是一个常数

类似地，对于向左传播的波，$n<0$，解可以表示为

$$\begin{aligned}&a_{-n}(x_1)=0,\ x_1\geqslant L_2\\&a_{-n}(x_1)=\exp(\mathrm{i}k_{-n}x_1)\int_{L_2}^{x_1}\frac{f_{s(-n)}(\eta)+f_{v(-n)}(\eta)}{4P_{-n-n}}\exp(-\mathrm{i}k_{-n}\eta)\mathrm{d}\eta,\ L_1\leqslant x_1\leqslant L_2\\&a_{-n}(x_1)=\exp(\mathrm{i}k_{-n}x_1)\int_{L_2}^{L_1}\frac{f_{s-n}(\eta)+f_{v-n}(\eta)}{4P_{-n-n}}\exp(-\mathrm{i}k_{-n}\eta)\mathrm{d}\eta,\ x_1\leqslant L_1\end{aligned}\tag{13.37}$$

整个声场的解是左行波和右行波的解的总和。严格意义上，声场的完整解需要包含行波模式和消逝波模式。然而，消逝波的波数为虚数或复数。因此，消逝波在传播过程中能量会不断衰减。波的传播距离也就是一个波长或更短。因此，在实际应用中，消逝波可以不予考

虑。正交模式分解法是求解导波激发问题的一般方法。由于正交模式分解法直接和波传播的模式相联系，它的物理图像比积分变换法更清晰、直接。以下我们讨论几个具体例子。

实例　**粘贴在材料表面的压电片**

如图 13-1 所示，只有上表面的剪切应力源

$$
\begin{aligned}
f_{sn}(x_1) &= \left|\{\boldsymbol{v}_n^*(x_3)\cdot\boldsymbol{\sigma}(x_1,x_3)\}\cdot\hat{x}_3\right|_{x_3=0}^{H} = v_{n1}^*(x_3)\boldsymbol{\sigma}_{31}(x_3)\Big|_{x_3=H} \\
f_{vn}(x_1) &= \int_0^H \boldsymbol{v}_n^*(x_3)\cdot\boldsymbol{\sigma}(x_1,x_3)\mathrm{d}x_3 = 0
\end{aligned}
\tag{13.38}
$$

这种情况下，在源区右侧，模式 n 的系数函数可以表示为

$$
a_n(x_1) = \frac{v_{n1}^*}{4P_{nn}}\left[\int_{L_1}^{L_2}\tau(\eta)\exp(-\mathrm{i}k_n\eta)\mathrm{d}\eta\right]\exp(\mathrm{i}k_n x_1) \tag{13.39}
$$

式中，v_{n1}^* 是模式 n 在上表面位置沿着 x_1 方向的振动速度的共轭复数；P_{nn} 是 x_1 方向的能流在整个厚度方向的积分。因此，式(13.39)右端第一部分和模式解相关，中括号里面的第二部分和激发源的分布有关，第三部分是简谐部分。由于激发源在 $[L_1,L_2]$ 区间，所以

$$
\int_{L_1}^{L_2}\tau(\eta)\exp(-\mathrm{i}k_n\eta)\mathrm{d}\eta = \int_{-\infty}^{+\infty}\tau(\eta)\exp(-\mathrm{i}k_n\eta)\mathrm{d}\eta \tag{13.40}
$$

这是激发源的傅里叶变换在波数 k_n 处的值。根据以上推导，导波激发问题可以分解为两个主要部分：其一是给定结构中导波传播模式的特性，其二是激发源的分布谱，也称源影响。

面源激发的情况下，导波模式在表面的质点运动速度是影响激发效率的关键因素。兰姆波的激发可以定义两个激发效率函数。剪切力激发时，激发效率函数可定义为 $|v_1|$，垂直力激发时，激发效率函数可定义为 $|v_3|$。1mm 厚铝板中的模式激发效率函数如图 13-3 所示，每个模式有它对应的激发效率。剪切力激发时，在低频区域 S0 模式的激发效率大于 A0 模式。然而，当垂直力激发时，S0 模式的激发效率明显低于 A0 模式。

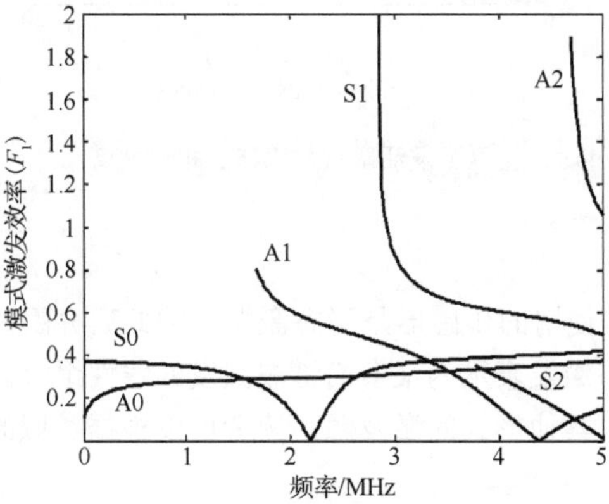

(a) 沿着 x_1 方向的剪切力

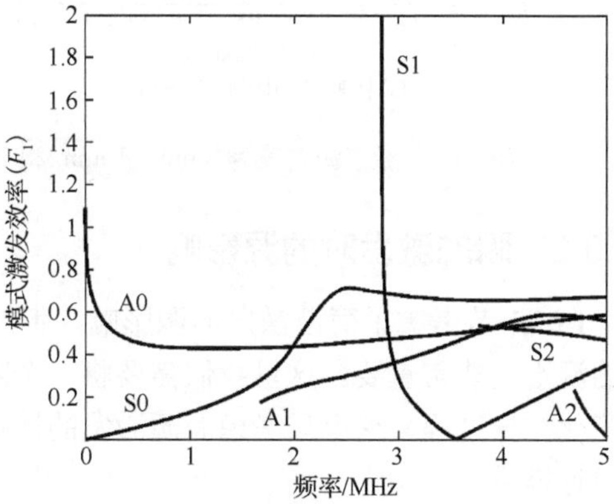

(b) 沿着 x_3 方向的垂直力

图 13-3　兰姆波激发效率曲线

根据式(13.39)和式(13.40)，激发源的傅里叶变换决定了波数分布谱。当我们考虑均匀分布在一定宽度里的垂直力时，波数谱如图 13-4 所示。当波数增加时，强度呈周期性变化。强度为零的点对应波数为 $2\pi/w$ 整数倍的情况，这里 w 是传感器在 x_1 方向的宽度。

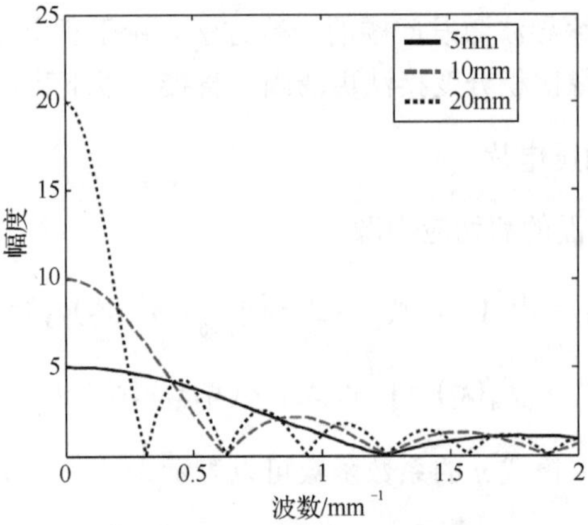

图 13-4　激发源宽度为 5mm、10mm 和 20mm 时，垂直激发活塞状传感器的波数谱

频率给定，波数谱可以通过 $c_p = \dfrac{\omega}{k}$ 转换为相速度谱。图 13-5 是频率为 1MHz 时三种不同的激发源宽度所对应的相速度谱。对于活塞型激发源，高相速度值所对应的幅值较大。在实际应用中使用的导波模式的相速度通常在 20km/s 以下，缩小范围的相速度谱如图 13-5(b)所示。

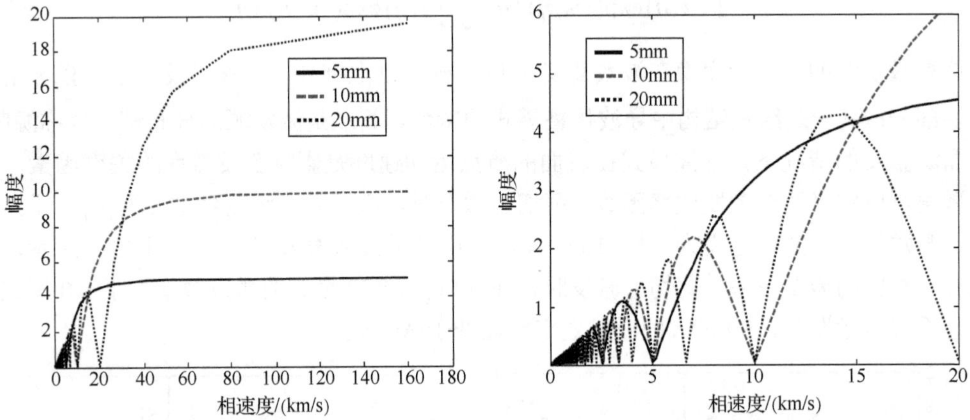

(a) 相速度范围为0~180km/s　　(b) 相速度范围为0~20km/s

图 13-5　激发源宽度为 5mm、10mm 和 20mm 时，垂直激发活塞状传感器的相速度谱

13.3.2　瞬态激发时的源影响

13.3.1 节考虑了简谐激发的源影响，但通常使用的传感器是瞬态激发，因此研究瞬态激发的源影响非常重要。这里我们需要将一个瞬态激发表示为很多简谐波激发的线性组合。为了简化推导过程，这里只考虑面源激发的情形，其他形式的激发源，读者可以根据类似的方法自行推导。

$$\boldsymbol{F}(x_1,\omega) = \int_{-\infty}^{+\infty} \boldsymbol{F}(x_1,t)\mathrm{e}^{-\mathrm{i}\omega t}\mathrm{d}t \tag{13.41}$$

式中，$\boldsymbol{F}$ 是一个面源的矢量描述，它有三个方向的分量。使用式(13.33)，每个频率的波的正交模式分解表达式为

$$a_n(\omega) = \mathrm{e}^{\mathrm{i}\xi_n x_1}\int_{L_1}^{L_2} \frac{F_n(x_1,\omega)}{4P_{nn}}\mathrm{e}^{-\mathrm{i}\xi_n \eta}\mathrm{d}\eta \tag{13.42}$$

式中

$$\boldsymbol{F}_n(x_1,\omega)=\sum_{m=1}^{3}v_{nm}^{*}\boldsymbol{F}_m(x_1,\omega)$$

整个波场的解可以表示为所有分量的线性组合

$$\boldsymbol{U}(x_1,x_3,t)=\frac{1}{2\pi}\int_{-\infty}^{+\infty}\sum_n a_n(\omega)\boldsymbol{U}_n(x_3)\mathrm{e}^{\mathrm{i}(\xi_n x_1+\omega t)}\mathrm{d}\omega \tag{13.43}$$

将式(13.42)代入式(13.43)，可以得到

$$\begin{aligned}\boldsymbol{U}(x_1,x_3,t)&=\frac{1}{2\pi}\int_{-\infty}^{+\infty}\sum_n a_n(\omega)\boldsymbol{U}_n(x_3)\mathrm{e}^{\mathrm{i}(\omega t)}\mathrm{d}\omega\\&=\frac{1}{2\pi}\sum_n\left\{\left[\int_{-\infty}^{+\infty}(\mathrm{e}^{\mathrm{i}\xi_n x_1}\int_{L_1}^{L_2}\boldsymbol{F}(x_1,\omega)\mathrm{e}^{-\mathrm{i}\xi_n\eta}d\eta)\mathrm{e}^{\mathrm{i}\omega t}\mathrm{d}\omega\right]\frac{\boldsymbol{U}_n(x_3)}{4P_{nn}}\right\}\\&=\frac{1}{2\pi}\sum_n\left\{\left[\int_{-\infty}^{+\infty}(\int_{-\infty}^{+\infty}\boldsymbol{F}_n(x_1,\omega)\mathrm{e}^{-\mathrm{i}\xi_n\eta}\mathrm{d}\eta)\mathrm{e}^{\mathrm{i}\omega t}\mathrm{d}\omega\right]\frac{\boldsymbol{U}_n(x_3)}{4P_{nn}}\mathrm{e}^{\mathrm{i}(\xi_n x_1)}\right\}\\&=\frac{1}{2\pi}\sum_n\left\{\left[\int_{-\infty}^{+\infty}(\int_{-\infty}^{+\infty}(\int_{-\infty}^{+\infty}\boldsymbol{F}(x_1,t)\mathrm{e}^{-\omega t}\mathrm{d}t)\mathrm{e}^{-\mathrm{i}\xi_n\eta}\mathrm{d}\eta)\mathrm{e}^{\mathrm{i}\omega t}\mathrm{d}\omega\right]\frac{\boldsymbol{U}_n(x_3)}{4P_{nn}}\mathrm{e}^{\mathrm{i}(\xi_n x_1)}\right\}\\&=\frac{1}{2\pi}\sum_n\left\{\left[\int_{-\infty}^{+\infty}(\int_{-\infty}^{+\infty}\int_{-\infty}^{+\infty}\boldsymbol{F}(x_1,t)\mathrm{e}^{-(\omega t+\xi_n\eta)}\mathrm{d}t\mathrm{d}\eta)\mathrm{e}^{\mathrm{i}\omega t}\mathrm{d}\omega\right]\frac{\boldsymbol{U}_n(x_3)}{4P_{nn}}\mathrm{e}^{\mathrm{i}(\xi_n x_1)}\right\}\\&=\frac{1}{2\pi}\sum_n\left\{\left[\int_{-\infty}^{+\infty}(\tilde{\boldsymbol{F}}(\xi,\omega))\mathrm{e}^{\mathrm{i}\omega t}\mathrm{d}\omega\right]\delta(\xi=\xi_n)\frac{\boldsymbol{U}_n(x_3)}{4P_{nn}}\mathrm{e}^{\mathrm{i}(\xi_n x_1)}\right\}\end{aligned} \tag{13.44}$$

除了相速度谱以外，无损检测中常用的瞬态激发源还包括频率分布谱。常用的激发信号有方波、尖峰脉冲波、脉冲串以及带函数窗口的激发波形。关于这些信号的频谱分析在其他信号处理相关的书籍里面有详细的介绍，这里我们讨论几个例子。

1．源影响谱

源影响谱是超声导波激发源的特性，它包含空间和时间两方面的信息。在无损检测中通常使用相速度和频率频散曲线，因此我们也将源影响谱表述为频率和相速度空间的分布图。

2．源影响谱的参数分析

梳状换能器可以有选择性地激发波长和换能器周期相同的导波模式，它们在无损检测中很常见。用二维傅里叶变换可得到梳状换能器的二维源影响谱。梳状换能器的设计参数包括激发方向、梳指数目、梳指周期等。脉冲串激发源可以用以下参数来表征：中心频率、激发周期数和窗函数等。我们将讨论这些设计参数对源影响谱的影响。

激发源分布和其具体物理效应以及场分布有关。细致的分析需要由多物理模型综合分析。这里我们给出三种简化的激发力的分布模型：模型一是在换能器边沿的剪切激发，模型二是在换能器边沿的垂直激发，模型三是均匀分布的垂直激发，如图 13-6 所示。这里我们会重点讨论第三种模型，其他的留给读者自己推导。

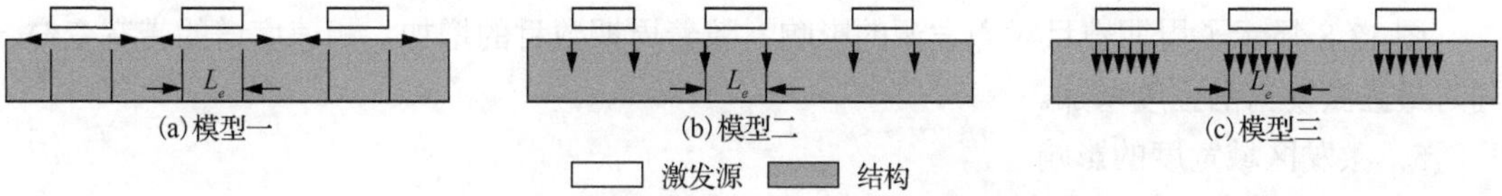

图 13-6　梳状换能器的激发源分布模型

3．激发源周期的影响

考虑均匀分布的垂直激发，6 个激发元，3 种不同周期所对应的源影响谱如图 13-7 所示。最强激发位置对应频率位于激发频谱中心，波长和激发源周期相同的点。如果这个点正好和频散曲线重叠，那么所对应的模式将会被有效激发。当频率为 1MHz，梳状周期为 2.2mm 时，最强激发模式为 A0 模式。当梳状周期为 5mm 时，最强激发模式为 S0 模式。当梳状周期为 8mm 时，最佳激发点不落在任何一个模式上，因此不能有效地激发导波。当梳状周期增加时，相速度域上的带宽随之增加。频率谱的带宽受到激发信号的影响。对于均匀的活塞式激发，当梳状周期增加时，所对应的总的激发强度也增加。

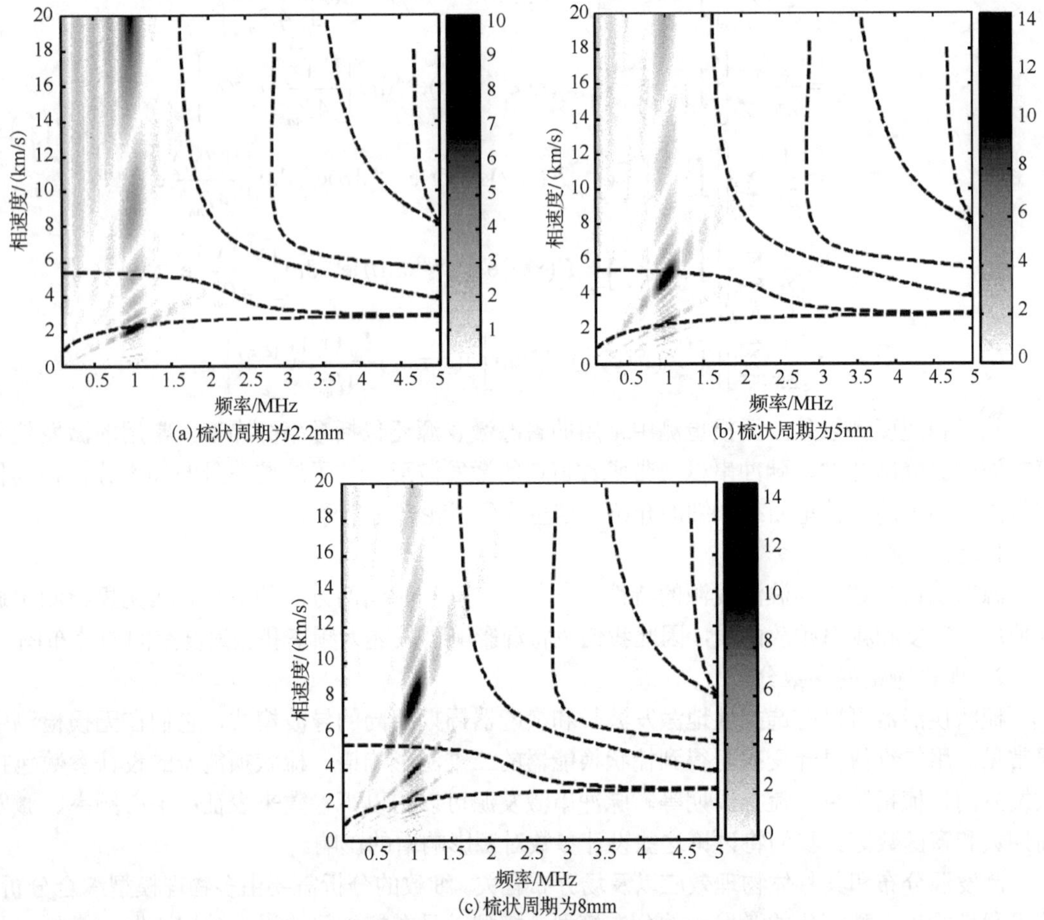

(a) 梳状周期为2.2mm (b) 梳状周期为5mm

(c) 梳状周期为8mm

图 13-7　梳状换能器的源影响谱

4．梳状换能器周期数目的影响

图 13-8 显示了周期数目对激发源的影响。随着周期数目的增加，相速度谱的带宽变窄，同时最强激发谱的强度增加。

5．激发区域宽度的影响

图 13-9 显示了当我们保持梳状周期为 2.2mm，周期数为 6 时改变激发元的宽度对源影响谱的影响。当梳指宽度为 1.1mm 时，所得到的激发谱的强度最大。当指宽增加到 1.7mm 时，

激发谱在(1MHz，2.2km/s)的强度反而减小。因此，当指宽为周期的一半时，所得的激发谱的强度最大。图 13-9 也表明当指宽增加时，相速度高的地方强度不断增强。

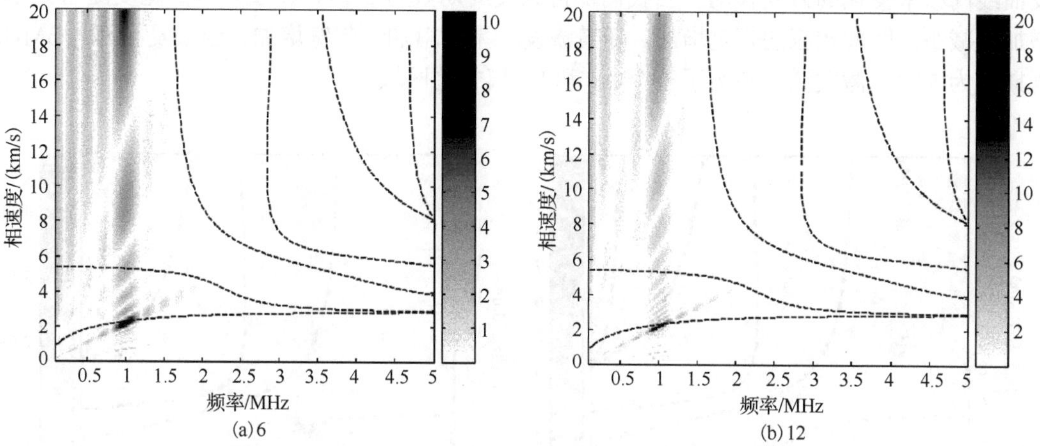

图 13-8　梳状换能器周期数为 6 和 12 时的源影响谱。对应的梳状周期为 2.2mm

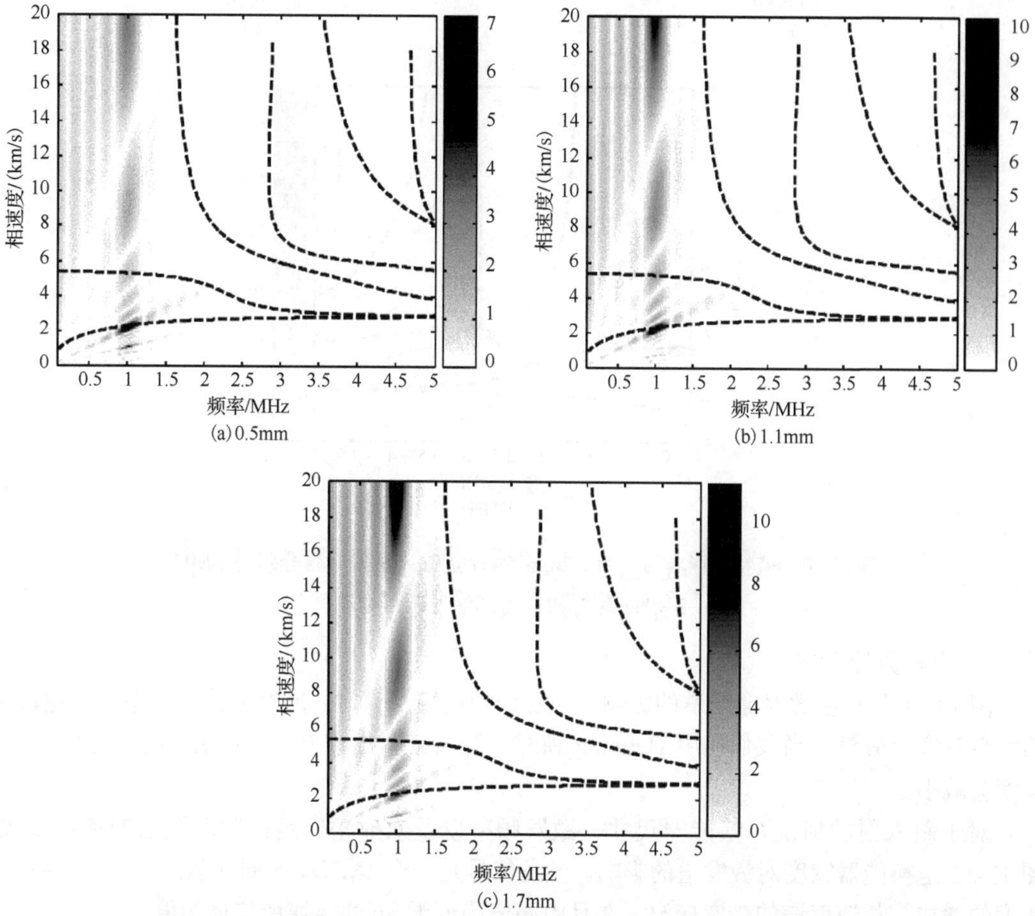

图 13-9　当保持周期 2.2mm，改变指宽为 0.5mm、1.1mm、1.7mm 时激发谱的分布

6．中心频率的影响

图 13-10 显示了激发频率对梳状换能器的二维激发谱的影响。激发源的最强区域沿着激发曲线向频率变化的方向移动。当我们保持激发周期数为 5 时，激发信号的宽度随着频率的增加而减小，因此相应的带宽增加。随着激发频率的增加，带宽增加。当激发频率为 3MHz，周期数为 5 时，激发源谱覆盖了整个 A1 和 S1 模式的区域。

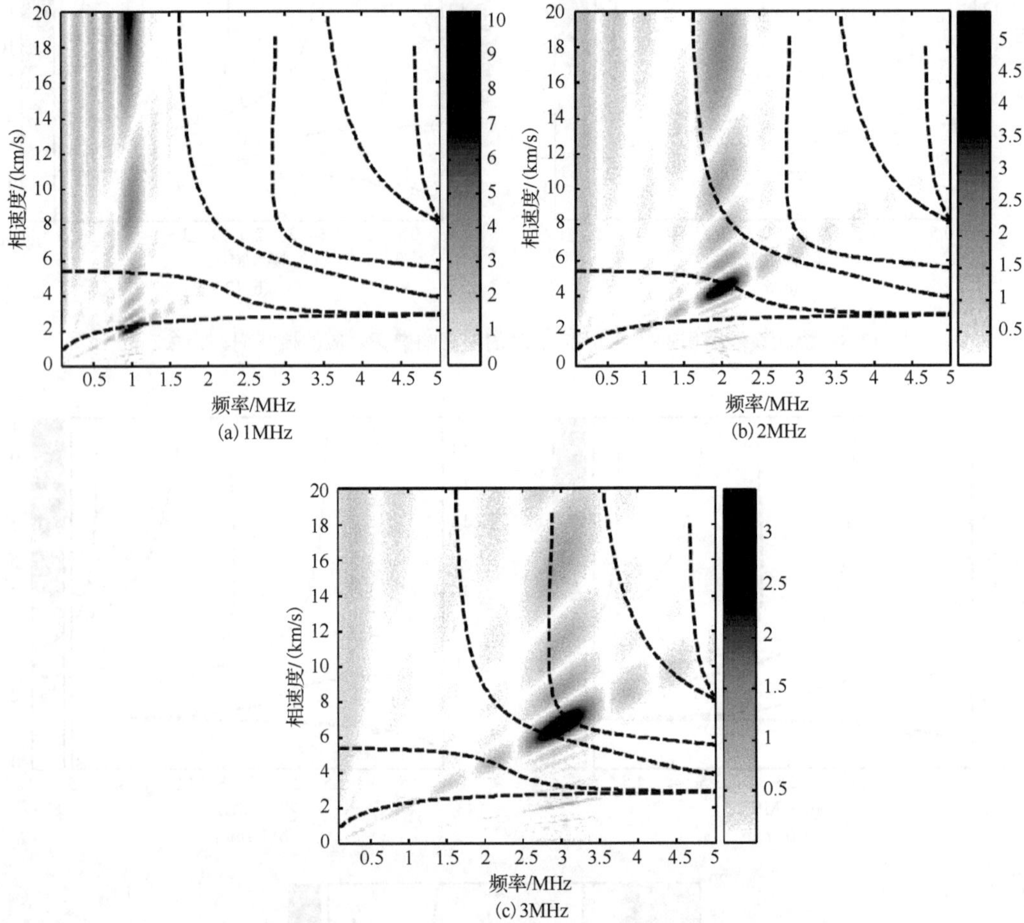

(a) 1MHz　(b) 2MHz　(c) 3MHz

图 13-10　梳状换能器周期为 2.2mm，4 个周期，激发频率分别为 1 MHz、2 MHz 及 3 MHz 时的激发源影响谱

7．窗函数的影响

图 13-11 是窗函数对激发谱的影响。当我们使用矩形窗时，所对应的主频率的带宽较窄。然而会有多个旁瓣。当我们使用 Hanning 窗时，旁瓣会明显减少，但是主瓣的带宽会增加，强度会减小。

对于斜入射的情况，换能器尺寸、激发频率以及入射角度是控制激发谱的重要参数。图 13-12 是换能器宽度对激发谱的影响。激发信号是一个 1MHz，5 周期脉冲串。随着换能器宽度的增加，相速度谱的带宽变窄，并且中心值趋近于 Snell 定律所描述的值。

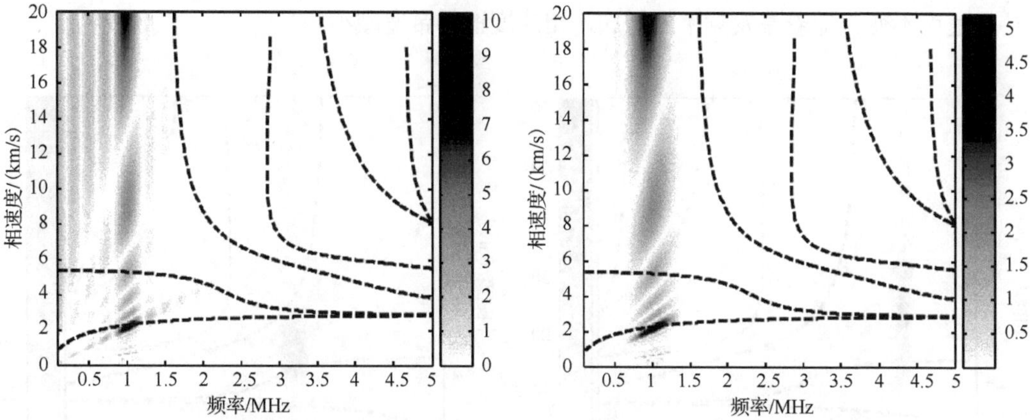

(a)矩形窗函数　　(b) Hanning窗函数

图 13-11　窗函数对激发谱的影响

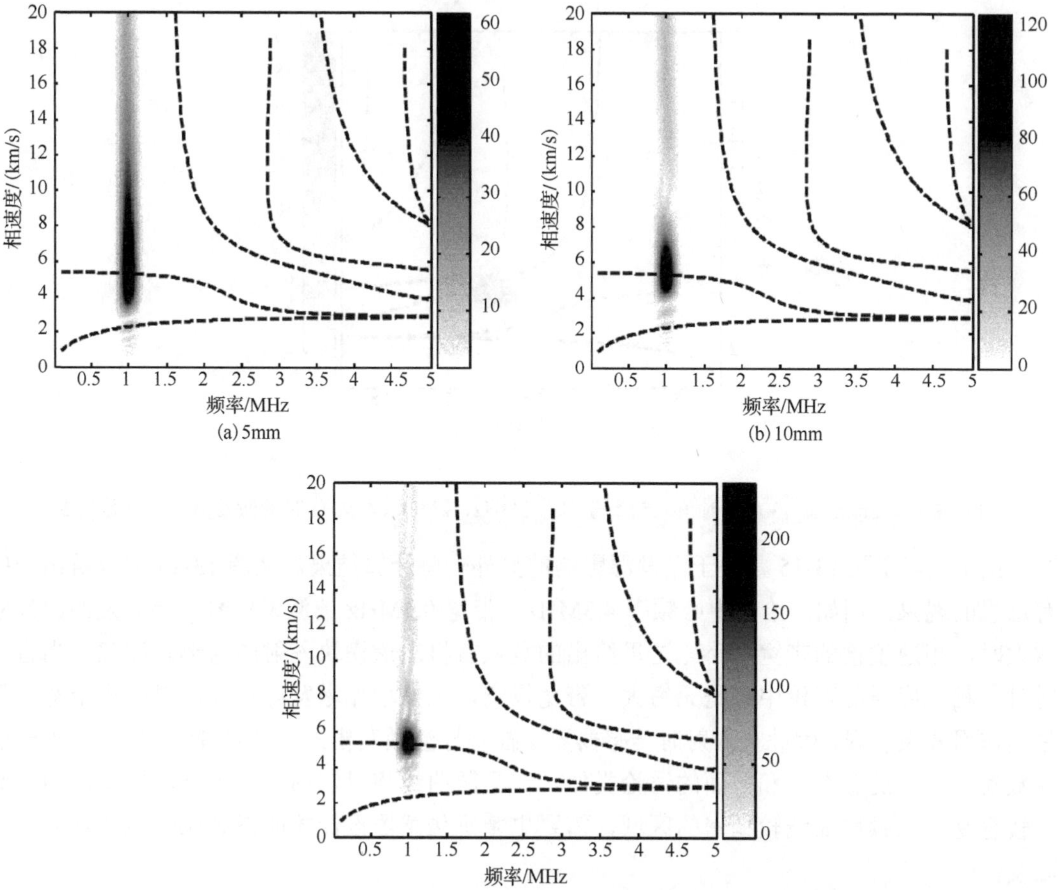

(a) 5mm　　(b) 10mm　　(c) 20mm

图 13-12　30° 入射角时 5mm、10mm、20mm 传感器宽度所对应的激发谱

图 13-13 所示为激发频率对激发谱的影响。激发源的高强度点随着频率的增加而移动，且保持相速度不变。随着激发频率的增加，相速度谱的带宽减小。

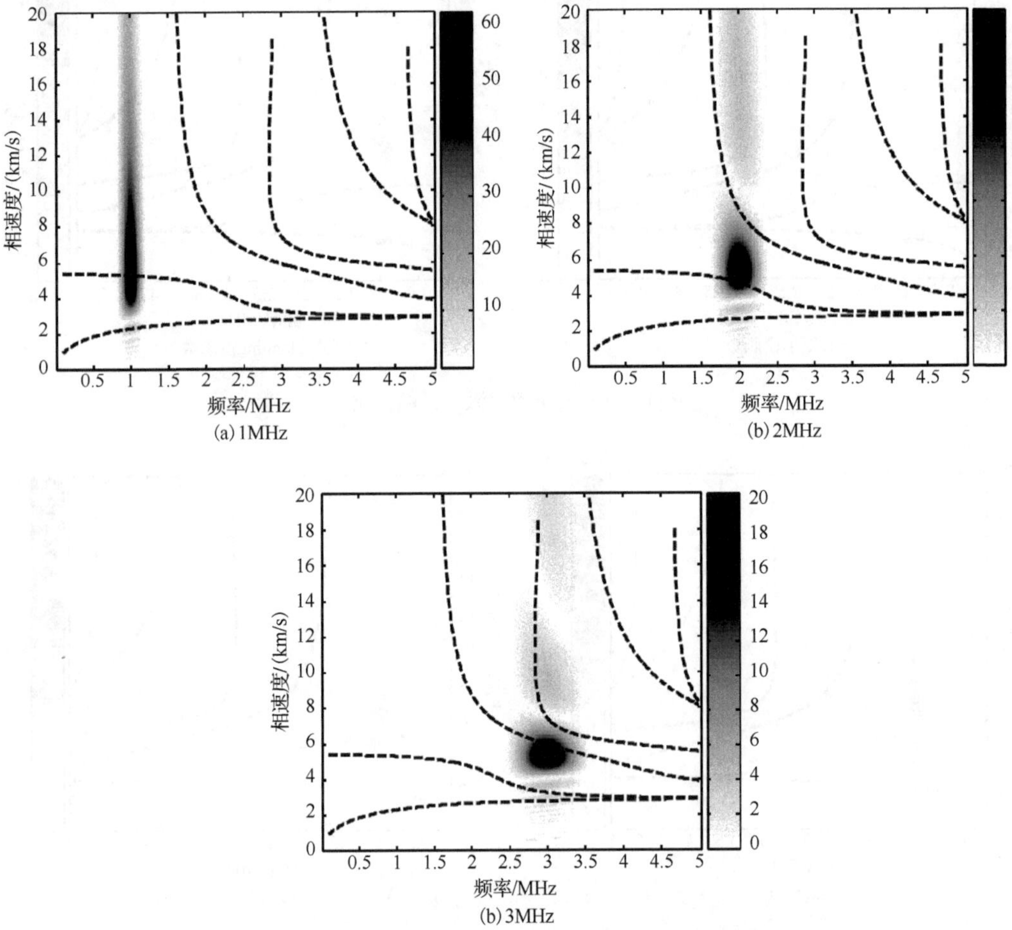

图 13-13　5mm 宽，30° 入射角，频率分别为 1MHz、2MHz、3MHz 时的激发谱，周期数为 5

图 13-14 和图 13-15 是关于激发源影响的另外一些计算结果。从图 13-14 可以看出一些有意思的现象，例如，给定中心频率 4.3MHz、带宽 0.6MHz 的激发信号，当激发源的尺寸增大时，相速度谱的带宽减小。这里给出的是从有机玻璃楔块入射的情形。注意，当直入射时，相速度谱的理论中心是无穷大，带宽很宽，虽然增加激发源尺寸可以减小带宽，但是其作用效果有限，因此直入射时传感器无法控制导波激发模式。图 13-15 给出了另外一些参数对激发谱的影响。和前面的讨论类似，在频散曲线相对较稀疏的区域，模式控制相对比较容易；在频散曲线较稠密的区域，需要更精确传感器设计才能得到比较纯的导波模式激发。

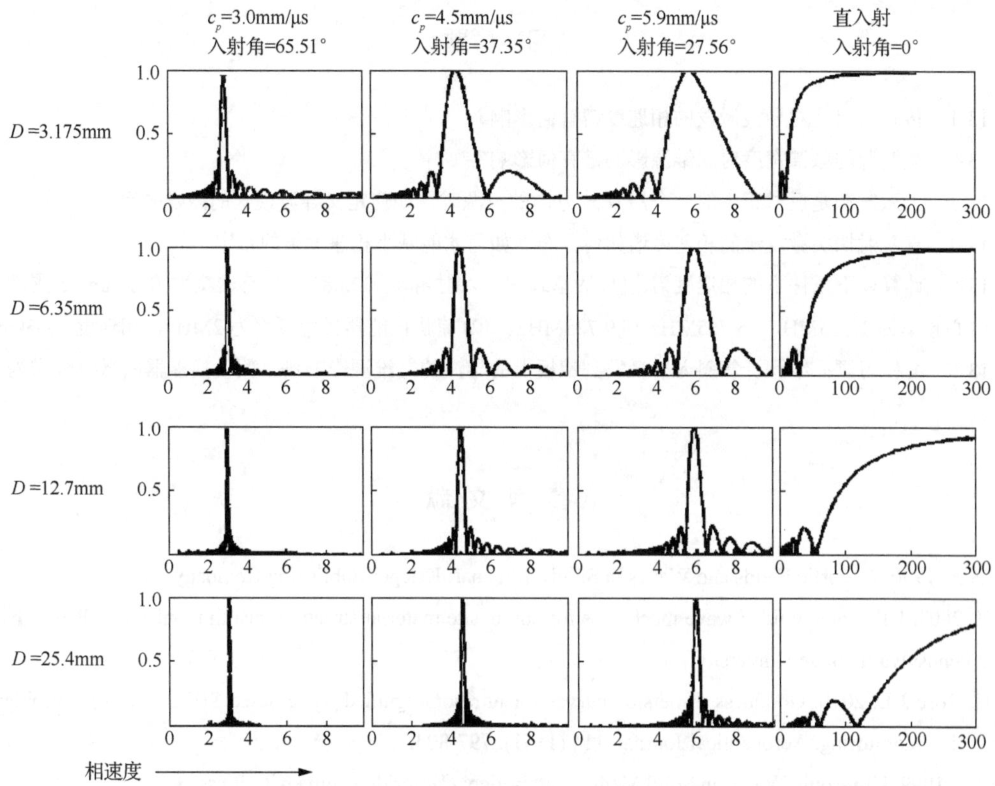

图 13-14　当激发波形为 4.3MHz、频带宽度为 0.6MHz 时，相速度谱与入射角和换能器直径之间的关系

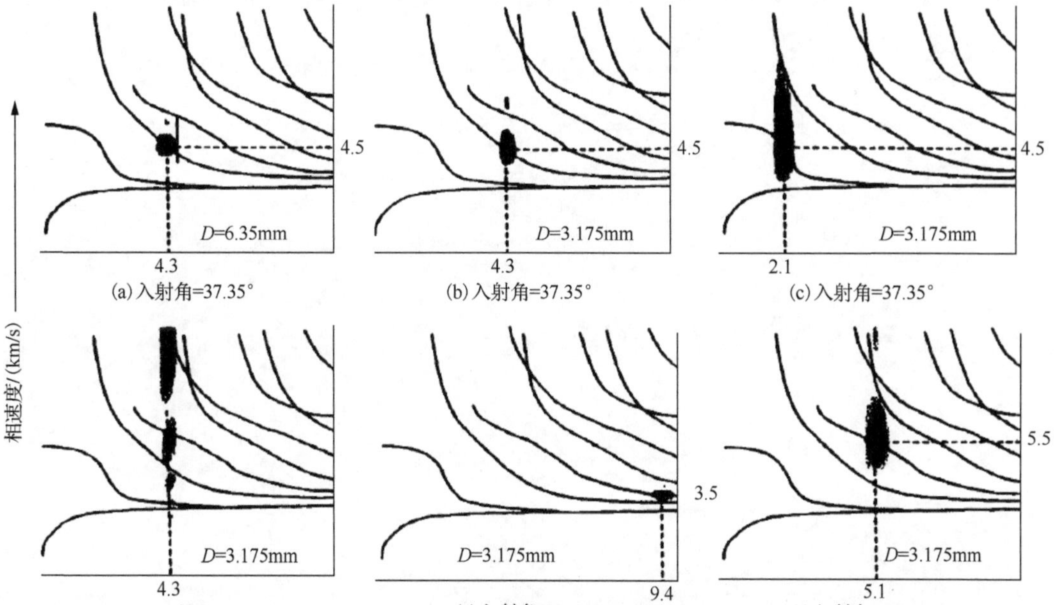

图 13-15　对于相同的换能器，当换能器尺寸、入射角以及频率变化时的激发谱变化，频带宽度保持在 0.6MHz

习　题

13-1　传感器尺寸对导波激发的相速度谱有何影响？

13-2　激发源的频谱宽度对二维源影响谱有何影响？

13-3　当激发源是板材正中的一个沿着 x_1 方向的点源时，如何定义导波模式的激发效率？

13-4　直入射探头激发源的相速度谱如何分布？如何才能减小相速度谱的带宽？

13-5　计算以下条件下的相速度谱。(1) 活塞式探头入射角 α =32.68°，传感器宽度 D=2mm，5 周期脉冲串，中心频率为 1.725MHz、5.765MHz 和 9.725MHz。(2) 梳状换能器目标频率为 2MHz，相速度 c_p=5km/s。

13-6　编程习题：编程计算斜入射激发到铝板上的导波的二维源影响谱，假设换能器的激发分布为二次曲线。

参 考 文 献

Auld B A. 1990. Acoustic Fields and Waves in Solids. Malabar: Krieger Publishing Company.

Gao H. 2007. Ultrasonic guided wave mechanics for composite material structural health monitoring. Pennsylvania: The Pennsylvania State University.

Gao H, Rose J L. 2010. Goodness dispersion curves for ultrasonic guided wave based SHM: A sample problem in corrosion monitoring. Aeronautical Journal, 114 (1151): 797-804.

Rose J L. 1999. Ultrasonic Waves in Solid Media. Cambridge: Cambridge University Press.

第 14 章 水平剪切波

14.1 引 言

剪切波的许多传播特性使其在超声无损检测中十分有价值。以前，纵向剪切波模式应用广泛，主要是因为这些模式容易用压电换能器激发。随着电磁超声技术的发展，水平剪切波也可以较容易地激发。水平剪切波在前面的章节中已经作了一些描述，本章在此基础上作进一步研究。

14.2 频 散 曲 线

平板中除了存在兰姆波模式，还有水平剪切波(SH 波)。术语“水平剪切”的含义是：一个平面内由任何 SH 波模式产生的粒子振动平行于板层的表面。图 14-1 描述了水平剪切波的传播情况，图中声波传播方向为x_1，粒子的位移方向为x_3。SH 波群中的任一模式均可看成体剪切波在上下表面反射的叠加结果，其极化方向为x_3，波矢量位于(x_1, x_2)平面内并且在上下表面满足自由边界条件。有几种方法来推导 SH 模式的频散方程，包括亥姆霍兹势函数、部分波分析以及横向共振(Auld，1990)。因为 SH 波物理属性相对简单，求解该问题最直接的方法就是直接处理运动的位移方程，本章采用这种方法，更详细的内容可参考文献(Achenbach，1984)。

对任何各向同性介质，粒子位移场必须满足运动的 Navier 位移方程

$$\mu\nabla^2\boldsymbol{u}+(\lambda+\mu)\nabla\nabla\cdot\boldsymbol{u}=\rho\frac{\partial^2\boldsymbol{u}}{\partial t^2} \tag{14.1}$$

对于 SH 模式，我们认为粒子位移矢量仅有x_3方向的分量，即$u_1(x,t)=u_2(x,t)=0$。并且对于x_3位移分量，初始形式变化设定为

$$u_3(x_1,x_2,t)=f(x_2)\mathrm{e}^{\mathrm{i}(kx_1-\omega t)} \tag{14.2}$$

式中，k 是模式的波数($qhk=\omega/c_p=2\pi/\lambda$)；$\omega$ 是圆频率。请注意u_3与x_3无关，因此波阵面在x_3方向无限延伸。选择此形式的解是因为它能表示沿着x_3坐标方向的波动(因为其在指数项中)并且在x_3方向为$f(x_2)$的固定分布。通常，真实的物理位移矢量场为等式(14.2)右边项的实数部分。如果仅粒子位移场的x_3分量非零并且u_3独立于x_3，那么式(14.1)可以简化为

$$\frac{\partial^2 u_3}{\partial x_1^2}+\frac{\partial^2 u_3}{\partial x_2^2}=\frac{1}{c_T^2}\frac{\partial^2 u_3}{\partial t^2} \tag{14.3}$$

式中，$c_T^2=\mu/\rho$。将设定解[式(14.2)]代入式(14.3)，得到

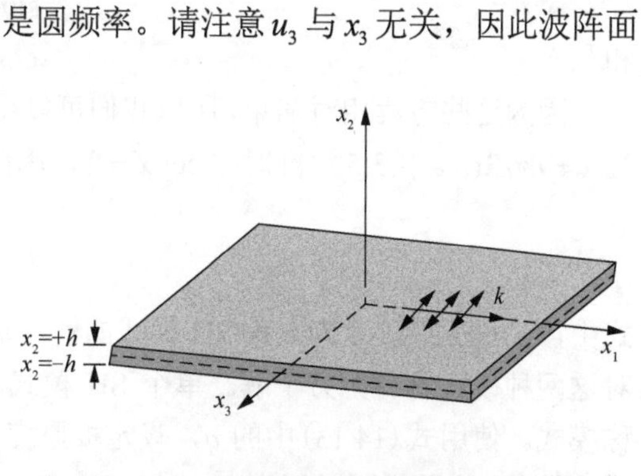

图 14-1 SH 波传播模型，波的传播方向为x_1，质点振动方向为x_3

$$\frac{\partial^2 f(x_2)}{\partial x_2^2}+(\frac{\omega^2}{c_T^2}-k^2)f(x_2)=0 \tag{14.4}$$

本方程有如下通解

$$f(x_2)=A\sin(qx_2)+B\cos(qx_2) \tag{14.5}$$

q 定义为

$$q=\sqrt{\frac{\omega^2}{c_T^2}-k^2} \tag{14.6}$$

A 和 B 为任意常数。因此位移场的通用形式可以写为

$$u_3(x_1,x_2,t)=[A\sin(qx_2)+B\cos(qx_2)]\mathrm{e}^{\mathrm{i}(kx_1-\omega t)} \tag{14.7}$$

根据三角函数性质，将总位移场式(14.7)分离为对称和反对称分量(根据 x_2)。总位移场中表示对称和反对称运动的项分别为 $\cos(qx_2)$ 和 $\sin(qx_2)$，并且可以表示为

$$u_3^s\left(x_1,x_2,t\right)=B\cos\left(qx_2\right)\mathrm{e}^{\mathrm{i}(kx_1-\omega t)}$$

$$u_3^a\left(x_1,x_2,t\right)=A\sin\left(qx_2\right)\mathrm{e}^{\mathrm{i}(kx_1-\omega t)} \tag{14.8}$$

上标 s 和 a 分别表示对称和反对称模式。

在传播层的上下表面($x_2=\pm h$)将这两种模式的边界条件设定为自由牵引边界

$$\sigma_{22}\left(x_1,x_2,t\right)\Big|_{x_2=\pm h}=\tau_{12}\left(x_1,x_2,t\right)\Big|_{x_2=\pm h}=\tau_{23}\left(x_1,x_2,t\right)\Big|_{x_2=\pm h}=0$$

对于式(14.8)中任一类型的位移场，应力 σ_{22} 和 τ_{12} 均不存在。因此，仅留下的重要边界条件为

$$\tau_{23}\left(x_1,x_2,t\right)\Big|_{x_2=\pm h}=0 \tag{14.9}$$

式(14.8)中这两种位移场相应的应变场仅有两个非零成分，即 $\varepsilon_{13}=(\partial u_3/\partial x_1)/2$ 和 $\varepsilon_{23}=(\partial u_3/\partial x_2)/2$。牵引力成分 τ_{23} 因此可以写为

$$\tau_{23}=2\mu\varepsilon_{23}=\frac{\partial u_3}{\partial x_2} \tag{14.10}$$

选取何种形式取决于采用式(14.8)中对称还是反对称位移场。计算 τ_{23} 可以得到

$$\tau_{23}(x_1,x_2,t)-\begin{cases}-\mu Aq\sin(qx_2)\mathrm{e}^{\mathrm{i}(kx_1-\omega t)}, & \text{对称模式}\\ \mu Bq\cos(qx_2)\mathrm{e}^{\mathrm{i}(kx_1-\omega t)}, & \text{反对称模式}\end{cases} \tag{14.11}$$

最后代入边界条件(14.9)，可以得到由对称和反对称位移产生的牵引力的频散方程

$$\sin(qh)=0 \tag{14.12a}$$

和

$$\cos(qh)=0 \tag{14.12b}$$

因为这些方程相对简单，所以我们可以得到显式解。当 $x=n\pi(n\in\{0,2,4,\cdots\})$ 时，$\sin x=0$；当 $x=n\pi/2(n\in\{1,3,5,\cdots\})$ 时，$\cos x=0$，因此式(14.12a)和式(14.12b)的解可以写为

$$qh=\frac{n\pi}{2} \tag{14.13}$$

式中，$n\in\{0,2,4,\cdots\}$ 为对称 SH 模式的解，$n\in\{1,3,5,\cdots\}$ 为反对称情况的解。因此，频散方程对这两种模式均有无穷个解。单个 SH 模式由整数 n 来确定，偶数为对称模式，奇数为反对称模式。使用式(14.13)中的 q，设定板厚度 d=2h，提取式(14.8)的实数部分，对称和反对称模式的 SH 位移场可以写为

$$u_3^s\left(x_1,x_2,t\right)=B\cos\left(n\pi x_2/d\right)\cos\left(kx_1-\omega t\right)$$

$$u_3^a(x_1,x_2,t)=A\sin(n\pi x_2/d)\cos(kx_1-\omega t)$$

请注意，因为正弦和余弦项中的变量与频率和波数无关，所以 SH 模式在板厚度方向的场变化不会随着波模的频散曲线而变化，这一点和兰姆波是截然不同的，后者的场实际上是频散曲线位置的函数。

14.3　相速度和截止频率

我们得到了频散方程的显式解，因此我们也可以得到由整数 n 决定的任一模式的相速度 fd 曲线的显式解。

使用式(14.6)中定义的 q、式(14.13)和波数 $k=\omega/(cp)$，频散方程可以写为

$$\frac{\omega^2}{c_T^2}-\frac{\omega^2}{c_p^2}=\left(\frac{n\pi}{2h}\right)^2 \tag{14.14a}$$

该方程可以较容易地解出包含频厚积 fd(其中 $d=2h,\omega=2\pi f$)形式的相速度 c_p，其结果为

$$c_p(fd)=\pm 2c_T\left\{\frac{fd}{\sqrt{4(fd)^2-n^2c_T^2}}\right\} \tag{14.14b}$$

当 $n=0$ (对应为零阶对称 SH 模式)时，$c_p=c_T$，该波不发生频散并以剪切波速度 c_T 传播。所有其他 SH 模式($n\neq 0$ 的情况)均发生频散。图 14-2 给出了厚度频率范围 0～15MHz·mm 内的第一组 8 个 SH 模式的相速度频散曲线。偶数(实线)标示曲线对称模式，奇数(虚线)则标示反对称模式。

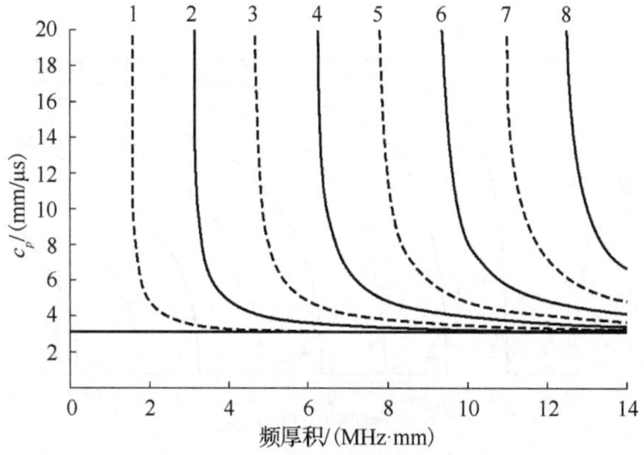

图 14-2　铝板中 SH 模式的相速度频散曲线(c_T=3.1mm/μs，实线为对称模式，虚线为反对称模式)

SH 模式的截止频率可以通过将式(14.14b)中的分母置零来得到。这对应着无限大的相速度和零群速度。第 n 次截止频率因此可以写为

$$(fd)_n=\frac{nc_T}{2} \tag{14.15}$$

同样地，偶数 n 表示对称模式，奇数 n 表示反对称模式。

14.4 群　速　度

有了频散方程的显式解，我们可以得到任何给定 SH 模式的群速度显式表达解。从如下频散方程

$$\frac{\omega^2}{c_T^2}-k^2=\left(\frac{n\pi}{2h}\right)^2 \tag{14.16}$$

对等式两边进行微分(对任何 n，RHS 为常数)，其结果为

$$\frac{2\omega \mathrm{d}\omega}{c_T^2}-2k\mathrm{d}k=0 \tag{14.17}$$

解此方程求得 $\mathrm{d}\omega/\mathrm{d}k$ (群速度)为

$$\frac{\mathrm{d}\omega}{\mathrm{d}k}=\frac{kc_T^2}{\omega}=\frac{c_T^2}{c_p} \tag{14.18}$$

根据式(14.16)求解 k，并将结果代入式(14.18)简化后得到

$$c_{\mathrm{g}}(fd)=c_T\sqrt{1-\frac{(n/2)^2}{\left(fd/c_T\right)^2}},\quad fd\geqslant(fd)_n \tag{14.19}$$

从上述群速度的表达式中可以看出，在截止频率式(14.15)处，任何模式的群速度均为零。当 fd 接近无穷大时，对于任意给定的 n，任何 SH 模式的群速度接近体剪切波速度 c_T。

图 14-3 剪切波速度 $c_T=3.1\mathrm{mm/s}$ 的铝板层中第一组 8 个 SH 模式的群速度曲线。与图 14-2 相同，实线(偶数 n)表示对称模式，虚线(奇数 n)表示反对称模式。

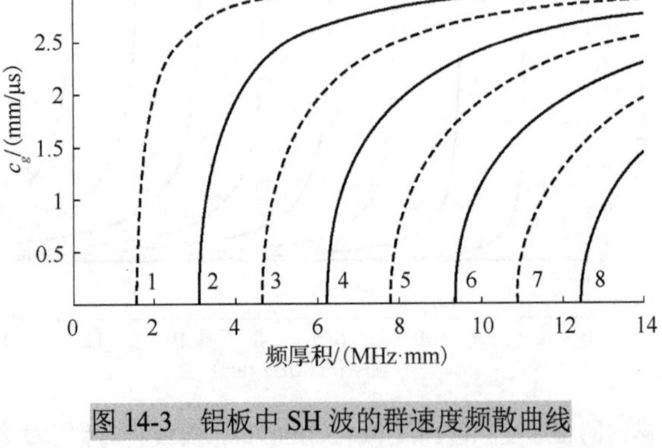

图 14-3　铝板中 SH 波的群速度频散曲线

14.5 主 要 结 论

为了便于查阅，SH 模式在平板层中传播的主要结论在此进行小结。首先回顾基本定义横波波速，设定波的极化方向为 x_3，传播方向为 x_1，则有如下方程，n=0,2,4,⋯时为对称 SH 模式的解；n=1,3,5,⋯时为反对称情况的解。

频散函数

$$\sin(qh)=0\text{，}\quad \text{对称模式}$$
$$\cos(qh)=0\text{，}\quad \text{反对称模式}$$

截止频率
$$(fd)_n=\frac{nc_T}{2}$$

相速度
$$c_p(fd)=2c_T\left\{\frac{fd}{\sqrt{4(fd)^2-n^2c_T^2}}\right\}$$

群速度
$$c_g(fd)=c_T\sqrt{1-\frac{(n/2)^2}{(fd/c_T)^2}}$$

位移
$$u_3(x_1,x_2,t)=\begin{cases}B\cos(n\pi x_2/d)\mathrm{e}^{\mathrm{i}(kx_1-\omega t)}, & \text{对称模式}\\ A\cos(n\pi x_2/d)\mathrm{e}^{\mathrm{i}(kx_1-\omega t)}, & \text{反对称模式}\end{cases}$$

应力
$$\tau_{23}(x_1,x_2,t)=\begin{cases}-B\mu q\sin(n\pi x_2/d)\mathrm{e}^{\mathrm{i}(kx_1-\omega t)}, & \text{对称模式}\\ A\mu q\cos(n\pi x_2/d)\mathrm{e}^{\mathrm{i}(kx_1-\omega t)}, & \text{反对称模式}\end{cases}$$

$$\tau_{12}(x_1,x_2,t)=\begin{cases}-\mathrm{i}k\mu B cos(n\pi x_2/d)\mathrm{e}^{\mathrm{i}(kx_1-\omega t)}, & \text{对称模式}\\ \mathrm{i}k\mu A\sin(n\pi x_2/d)\mathrm{e}^{\mathrm{i}(kx_1-\omega t)}, & \text{反对称模式}\end{cases}$$

习　题

14-1　请计算厚度为 1mm 铝板中水平剪切波的截止频率。

14-2　请画出厚度为 1mm 铝板中水平剪切波的相速度和群速度曲线。

14-3　请探讨在某个结构中既能产生竖向剪切波又能产生水平剪切波的方法。

14-4　请定义在铝板中产生水平剪切波的可激发性，请给出在铝板中产生水平剪切波的条件。

14-5　是否所有的水平剪切波均不频散？请解释原因。

14-6　请描述非频散(n=0) SH 板模式中的位移场。

14-7　为什么 SH 模式的相速度不可以比体剪切波速度 c_T 小?

14-8　相对于瑞利-兰姆类导波，请列举几种利于 SH 类导波检测的应用。

14-9　n=0 的 SH 模式的波结构是否随频率而变化？其他模式呢？请解释原因。

14-10　请画出 n=1,2,3，$c_p=10,5,3.2\text{mm/s}$ 时 SH 模式位移场的波结构，并将这些波结构和 n=0 模式时的情况进行对比。

参 考 文 献

Achenbach J D. 1984. Wave Propagation in Elastic Solids. New York: North-Holland.

Auld B A. 1990. Acoustic Fields and Waves in Solids. 2nd ed. Malabar: Kreiger.

Malvern L E. 1969. Introduction to the Mechanics of a Continuous Medium. Englewood Cliffs: Prentice-Hall.

第 15 章　各向异性介质中的导波

15.1　引　　言

在过去的几十年里，随着复合材料应用的不断推广，各向异性材料中的弹性波传播的研究受到越来越多的关注。复合材料强度高，密度低；相同的强度，重量比普通金属材料小。另外，复合材料可根据应用的需要来设计，将材料强度高的方向和应力大的方向对应起来。理解导波的传播规律是用导波对各向异性材料进行无损检测的基础。由于复合材料的各向异性，它对静态和动态载荷的响应也比各向同性材料复杂，声波传播特性也更为复杂，如声速随方向的变化、相速度和群速度方向的区别、三种不同的体波声速等。尽管各向异性材料中的声传播更为复杂，导波模式、频散曲线、波结构等概念还是相同的。读者也可参照(Auld，1990；Nayfeh，1995；Datta et al., 1988)等文献获取更多信息。

15.2　相速度频散曲线

各向异性层状材料中的导波频散方程的推导过程以前面章节中的部分波方法为理论基础。图 15-1 为各向异性板及其坐标系示意图。各向异性材料中导波传播问题需要两套坐标系：一套是定义材料参数的坐标系 (x,y,z)，另一套是描述波传播及振动的坐标系 (x_1,x_2,x_3)。假设波沿着 x_1 方向传播。对于图 15-1 所示的情形，这两套坐标系重合，因此材料参数可以不经过坐标转换直接在振动坐标系中使用。

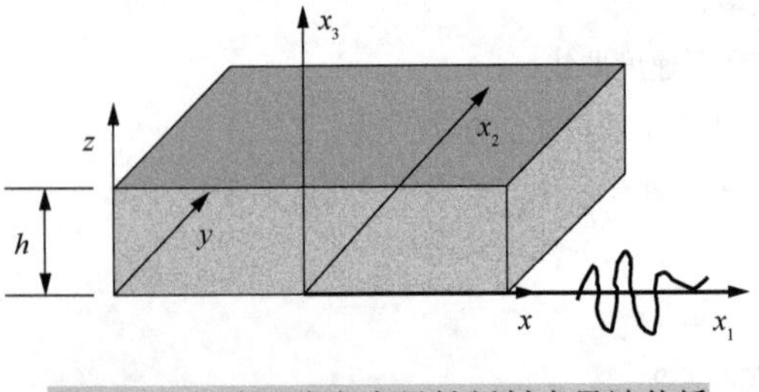

图 15-1　用来研究各向异性板材中导波传播的坐标系示意图

各向异性材料中的声波控制方程、应力-应变方程、应变-位移关系分别为

$$\rho \frac{\partial^2 u_i}{\partial t^2} = c_{ijkl} \frac{\partial^2 u_l}{\partial x_j \partial x_k} \tag{15.1}$$

$$\sigma_{ij} = c_{ijkl} s_{kl} \tag{15.2}$$

$$s_{kl} = \frac{1}{2}\left(\frac{\partial u_l}{\partial x_k} + \frac{\partial u_k}{\partial x_l} \right) \tag{15.3}$$

式中，u_i 是位移矢量的分量；s_{kl} 是应变张量的分量；σ_{ij} 是应力张量的分量。部分波理论假设在无限大介质传播的部分波具有如下形式

$$\begin{aligned} u_1 &= U_1 \mathrm{e}^{\mathrm{i}k(x_1+\alpha x_3-c_p t)} \\ u_2 &= U_2 \mathrm{e}^{\mathrm{i}k(x_1+\alpha x_3-c_p t)} \\ u_3 &= U_3 \mathrm{e}^{\mathrm{i}k(x_1+\alpha x_3-c_p t)} \end{aligned} \tag{15.4}$$

将式(15.4)代入式(15.1)，我们可以得到克里斯托费尔方程

$$\begin{bmatrix} A_{11} & A_{12} & A_{13} \\ A_{12} & A_{22} & A_{23} \\ A_{13} & A_{23} & A_{33} \end{bmatrix}\begin{bmatrix} U_1 \\ U_2 \\ U_3 \end{bmatrix}=\begin{bmatrix} 0 \\ 0 \\ 0 \end{bmatrix} \tag{15.5}$$

式中，矩阵 $\boldsymbol{A}$ 的各分量的具体表达式如下

$$\begin{aligned} &A_{11}=C_{11}+2C_{15}\alpha+C_{55}\alpha^2-\rho c_p^2,\ A_{12}=C_{16}+(C_{14}+C_{56})\alpha+C_{45}\alpha^2 \\ &A_{13}=C_{15}+(C_{13}+C_{55})\alpha+C_{35}\alpha^2,\ A_{22}=C_{66}+2C_{46}\alpha+C_{44}\alpha^2-\rho c_p^2 \\ &A_{23}=C_{56}+(C_{36}+C_{45})\alpha+C_{34}\alpha^2,\ A_{33}=C_{55}+2C_{35}\alpha+C_{33}\alpha^2-\rho c_p^2 \end{aligned} \tag{15.6}$$

这是针对三斜晶系的各向异性材料的一个普遍的表达式。当矩阵 $\boldsymbol{A}$ 的所有项都不为零时，三个方向的位移互相耦合。也就是说，各向异性材料中可能不存在独立的纯纵波模式和纯横波模式，而是准纵波或准横波模式。

和各向同性材料中克里斯托费尔方程的处理方法一样，为了得到$[U_1\ \ U_2\ \ U_3]$的非平凡解，需要 $\boldsymbol{A}$ 矩阵的行列式值为零。$\boldsymbol{A}$ 矩阵的行列式值在 c_p 已知的情况下是关于 α 的 6 次多项式。因此，在各向异性材料中，我们得到 6 个部分波的解。在各向同性材料中，我们同样得到 6 个部分波解，只不过它们分解为 4 个 R-L 型的部分波和 2 个 SH 型的部分波。α 的具体解析表达式非常复杂，这里不详细给出。当 α 的解得到以后，通过解齐次线性方程组，可以得$[U_1\ \ U_2\ \ U_3]$的解。

当所有的部分波解都得到以后，板材中的声场可以描述为这 6 个部分波的线性组合

$$u_l=\left[\sum_{m=1}^{6}B_m U_{lm}\exp(\mathrm{i}k(\alpha_m x_3)\right]\exp(\mathrm{i}(kx_1-\omega t)),\ l=1,2,3 \tag{15.7}$$

式中，α_m 是从 $|\boldsymbol{A}|=0$ 得到的 6 个解；U_{lm} 是与之相对应的$[U_1\ U_2\ U_3]$的解；B_m 是 6 个未知加权系数，这个加权系数的解可以由边界条件问题求解得到。

自由应力边界条件下的数学表达式如下

$$\sigma_{3l}=0,\ l=1,2,3,\ \ \text{在}\ x_3=0\ \text{和}\ x_3=h\ \text{的位置} \tag{15.8}$$

解这个边界条件问题，我们还需要使用式(15.2)和式(15.3)，将应力表示成部分波的解

$$\sigma_I=\left[\sum_{m=1}^{6}M_{Im}B_m\exp(\mathrm{i}k\alpha_m x_3)\right](\mathrm{i}k)\exp(\mathrm{i}(kx_1-\omega t)),\ I=1,2,\cdots,6 \tag{15.9}$$

M_{Im} 的具体表达式如下

$$\begin{aligned} M_{1m}&=C_{11}U_{1m}+C_{13}U_{3m}\alpha_m+C_{14}U_{2m}\alpha_m+C_{15}(U_{1m}\alpha_m+U_{3m})+C_{16}U_{2m} \\ M_{2m}&=C_{12}U_{1m}+C_{23}U_{3m}\alpha_m+C_{24}U_{2m}\alpha_m+C_{25}(U_{1m}\alpha_m+U_{3m})+C_{26}U_{2m} \\ M_{3m}&=C_{13}U_{1m}+C_{33}U_{3m}\alpha_m+C_{34}U_{2m}\alpha_m+C_{35}(U_{1m}\alpha_m+U_{3m})+C_{36}U_{2m} \\ M_{4m}&=C_{14}U_{1m}+C_{34}U_{3m}\alpha_m+C_{44}U_{2m}\alpha_m+C_{45}(U_{1m}\alpha_m+U_{3m})+C_{46}U_{2m} \\ M_{5m}&=C_{15}U_{1m}+C_{35}U_{3m}\alpha_m+C_{45}U_{2m}\alpha_m+C_{55}(U_{1m}\alpha_m+U_{3m})+C_{56}U_{2m} \\ M_{6m}&=C_{16}U_{1m}+C_{35}U_{3m}\alpha_m+C_{46}U_{2m}\alpha_m+C_{56}(U_{1m}\alpha_m+U_{3m})+C_{66}U_{2m} \end{aligned} \tag{15.10}$$

将σ_3、σ_4、σ_5，也就是σ_{33}、σ_{32}、σ_{31}的表达式代入式(15.8)所示的边界条件，我们得到

$$\begin{bmatrix} M_{31} & M_{32} & M_{33} & M_{34} & M_{35} & M_{36} \\ M_{41} & M_{42} & M_{43} & M_{44} & M_{45} & M_{46} \\ M_{51} & M_{52} & M_{53} & M_{54} & M_{55} & M_{56} \\ M_{31}\exp(\mathrm{i}k\alpha_1 h) & M_{32}\exp(\mathrm{i}k\alpha_2 h) & M_{33}\exp(\mathrm{i}k\alpha_3 h) & M_{34}\exp(\mathrm{i}k\alpha_4 h) & M_{35}\exp(\mathrm{i}k\alpha_5 h) & M_{36}\exp(\mathrm{i}k\alpha_6 h) \\ M_{41}\exp(\mathrm{i}k\alpha_1 h) & M_{42}\exp(\mathrm{i}k\alpha_2 h) & M_{43}\exp(\mathrm{i}k\alpha_3 h) & M_{44}\exp(\mathrm{i}k\alpha_4 h) & M_{45}\exp(\mathrm{i}k\alpha_5 h) & M_{46}\exp(\mathrm{i}k\alpha_6 h) \\ M_{51}\exp(\mathrm{i}k\alpha_1 h) & M_{52}\exp(\mathrm{i}k\alpha_2 h) & M_{53}\exp(\mathrm{i}k\alpha_3 h) & M_{54}\exp(\mathrm{i}k\alpha_4 h) & M_{55}\exp(\mathrm{i}k\alpha_5 h) & M_{56}\exp(\mathrm{i}k\alpha_6 h) \end{bmatrix} \begin{bmatrix} B_1 \\ B_2 \\ B_3 \\ B_4 \\ B_5 \\ B_6 \end{bmatrix} = \begin{bmatrix} 0 \\ 0 \\ 0 \\ 0 \\ 0 \\ 0 \end{bmatrix} \tag{15.11}$$

通过求解系数矩阵的行列式的值为零的方程来得到频散曲线，求解过程一般需要数值计算。

实例　单向复合材料中沿着纤维方向传播的波

单向纤维增强复合材料通常可以用一个均匀各向异性介质来描述。纤维增强复合材料中的碳纤维或者玻璃纤维的直径通常在微米量级，当波长远大于这个纤维直径时，单层复合材料可视为均匀介质。当纤维在基体材料中随机分布时，在和纤维长度方向垂直的平面内，材料的力学特性可视为各向同性。因此，一层单向复合材料通常用一个横向各向同性模型来描述。其材料弹性参数矩阵为

$$\boldsymbol{C} = \begin{bmatrix} C_{11} & C_{13} & C_{13} & 0 & 0 & 0 \\ C_{13} & C_{33} & C_{23} & 0 & 0 & 0 \\ C_{13} & C_{23} & C_{33} & 0 & 0 & 0 \\ 0 & 0 & 0 & \frac{1}{2}(C_{33}-C_{13}) & 0 & 0 \\ 0 & 0 & 0 & 0 & C_{55} & 0 \\ 0 & 0 & 0 & 0 & 0 & C_{55} \end{bmatrix} \tag{15.12}$$

这里，我们考虑 IM7/977-3 材料，表 15-1 列出了它的基本力学参数。据此，我们可以得到弹性刚度常数矩阵(Hahn 和 Tsai，1980)

$$\boldsymbol{C} = \begin{bmatrix} 178.2 & 8.347 & 8.347 & 0 & 0 & 0 \\ 8.347 & 14.44 & 8.119 & 0 & 0 & 0 \\ 8.347 & 8.119 & 14.44 & 0 & 0 & 0 \\ 0 & 0 & 0 & 3.161 & 0 & 0 \\ 0 & 0 & 0 & 0 & 6.1 & 0 \\ 0 & 0 & 0 & 0 & 0 & 6.1 \end{bmatrix} \tag{15.13}$$

表 15-1　IM7/977-3 复合材料的力学参数

密度/(g/cm^3)	E_1 /GPa	E_2/GPa	G_{12}/GPa	G_{23}/GPa	ν_{12}	ν_{23}
1.608	172	9.8	6.1	3.2	0.37	0.55

当我们考虑这个材料的对称性以后，式(15.5)的一般克里斯托费尔方程可以简化成

$$\begin{bmatrix} A_{11} & 0 & A_{13} \\ 0 & A_{22} & 0 \\ A_{13} & 0 & A_{33} \end{bmatrix} \begin{bmatrix} U_1 \\ U_2 \\ U_3 \end{bmatrix} = \begin{bmatrix} 0 \\ 0 \\ 0 \end{bmatrix} \tag{15.14}$$

A 矩阵中的非零项为

$$A_{11}=C_{11}+C_{55}\alpha^2-\rho c_p^2,\ A_{13}=(C_{13}+C_{55})\alpha$$
$$A_{22}=C_{66}+C_{44}\alpha^2-\rho c_p^2,\ A_{33}=C_{55}+C_{33}\alpha^2-\rho c_p^2 \tag{15.15}$$

因此，式(15.14)可以分解成两个克里斯托费尔方程，其中之一只用在(x_1，x_3)平面内的位移，另一个只有沿着x_2方向的位移。这说明，沿着纤维方向传播的导波可以分解为兰姆波模式和SH波模式两种。通过数值计算，它们的频散曲线分别在图15-2和图15-3中画出。

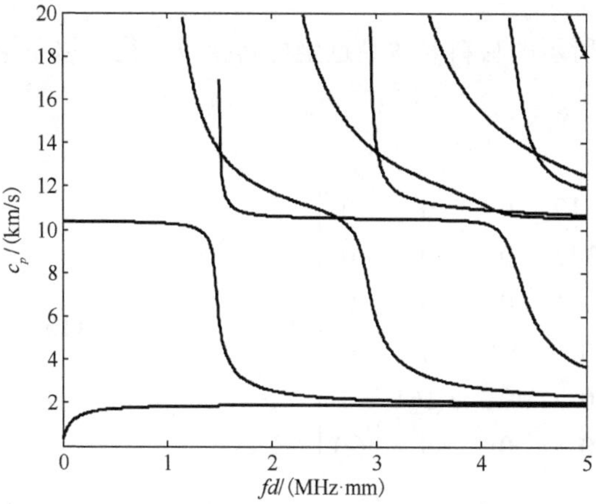

图 15-2　单层 IM7/977-3 复合材料中的兰姆波频散曲线

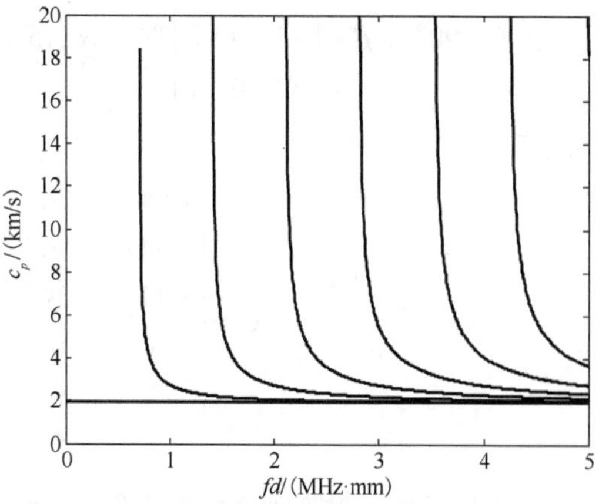

图 15-3　单层 IM7/977-3 复合材料中的 SH 波频散曲线

15.3　传播方向对导波的影响

导波的传播不一定沿着x轴方向，而是可以沿着图15-1的(x,y)平面内的任意方向。本节我们将建立一个假设传播方向x_1和材料的主轴方向x的夹角为θ的通用模型，如图15-4所示。

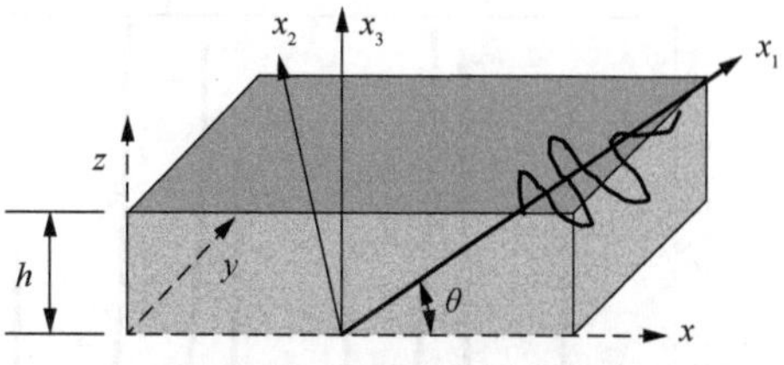

图 15-4　各向异性材料中沿着任意方向传播的超声导波的模型示意图

我们可以用两种方法来研究沿着x_1方向的导波。第一种方法是仍然在(x,y,z)坐标系中建立模型。使用这种方法，平面波声场的位移不再独立于y，而是沿着θ方向。因此，位移的一般表达式为$u_l=U_l\mathrm{e}^{\mathrm{i}k(\cos(\theta)x+\sin(\theta)y+\alpha z-c_pt)}$，而材料参数仍然和15.2节中的描述相同。第二种方法是在(x_1,x_2,x_3)坐标系里建模。这样，平面波的解和x_2无关，整个理论推导过程和15.2节相同。区别在于，我们需要在(x_1,x_2,x_3)坐标系中表达材料的力学参数。因此，需要对材料参数进行坐标转换。密度是一个标量，无须进行转换。而弹性刚度常数是一个4维张量，我们可以用式(15.16)所示的方法进行转换

$$c_{mnop}=\beta_{mi}\beta_{nj}\beta_{ok}\beta_{pl}c'_{ijkl} \tag{15.16}$$

式中，β_{ij} 是转换矩阵 $\boldsymbol{\beta}$ 的分量

$$\beta = \begin{bmatrix} \cos\theta & \sin\theta & 0 \\ -\sin\theta & \cos\theta & 0 \\ 0 & 0 & 1 \end{bmatrix} \tag{15.17}$$

当我们得到 (x_1, x_2, x_3) 坐标系里的材料参数以后，就可以计算频散曲线。得到各个方向上传播的波的频散曲线以后，就可以来分析声波传播随方向的变化关系。

实例Ⅰ　波沿着 90° 方向传播

当 $\theta = 90^\circ$，$\boldsymbol{\beta} = \begin{bmatrix} 0 & 1 & 0 \\ -1 & 0 & 0 \\ 0 & 0 & 1 \end{bmatrix}$ 时。式(15.13)所示的材料参数经过坐标转换以后得到以下刚度矩阵

$$\boldsymbol{C} = \begin{bmatrix} 14.44 & 8.347 & 8.119 & 0 & 0 & 0 \\ 8.347 & 178.2 & 8.347 & 0 & 0 & 0 \\ 8.119 & 8.347 & 14.44 & 0 & 0 & 0 \\ 0 & 0 & 0 & 6.1 & 0 & 0 \\ 0 & 0 & 0 & 0 & 3.161 & 0 \\ 0 & 0 & 0 & 0 & 0 & 6.1 \end{bmatrix} \tag{15.18}$$

在这一坐标系里，以下刚度矩阵的分量仍然为零

$$C_{16}, C_{14}, C_{56}, C_{45}, C_{36}, C_{34} \tag{15.19}$$

因此，式(15.6)中，$A_{12} = 0$，$A_{23} = 0$。兰姆型波和 SH 型波还是解耦的，它们的频散曲线分别如图 15-5 和图 15-6 所示。

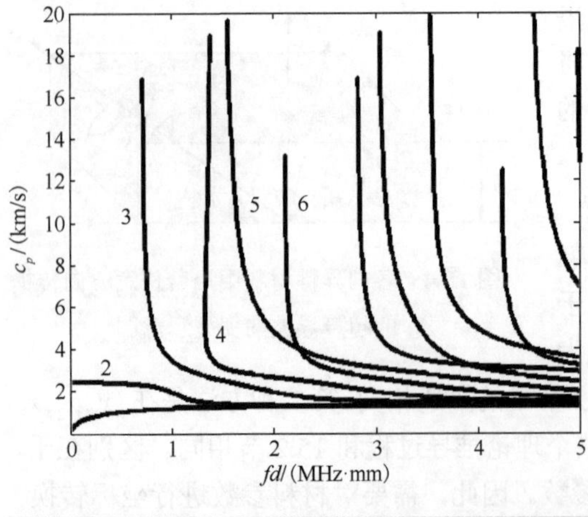

图 15-5　沿着 90° 方向传播的 Lamb 型波的频散曲线

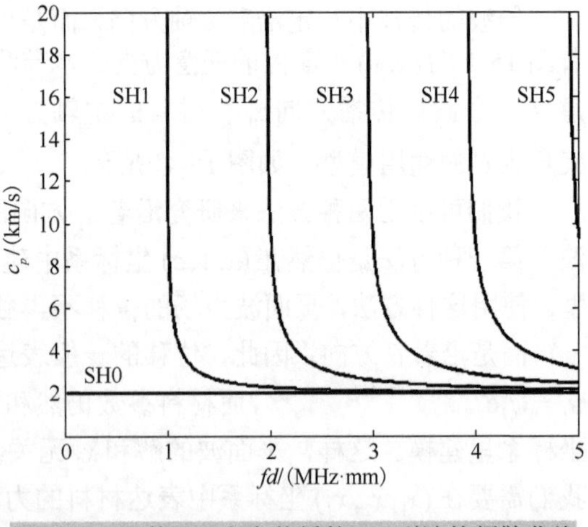

图 15-6　沿着 90° 方向传播的 SH 型波的频散曲线

将这些频散曲线与图 15-2 和图 15-3 中的频散曲线相比较，我们发现沿着不同方向传播的波的频散曲线有很明显的区别。因此，在各向异性材料中导波的传播也是各向异性的。

实例 2　沿着 45° 方向传播的波

当 $\theta=45°$ 时，$\boldsymbol{\beta}=\begin{bmatrix}\frac{\sqrt{2}}{2} & \frac{\sqrt{2}}{2} & 0\\ -\frac{\sqrt{2}}{2} & \frac{\sqrt{2}}{2} & 0\\ 0 & 0 & 1\end{bmatrix}$，转换以后的刚度常数如下

$$\boldsymbol{C}=\begin{bmatrix}58.43 & 46.23 & 8.233 & 0 & 0 & -40.93\\ 46.23 & 58.43 & 8.233 & 0 & 0 & -40.93\\ 8.233 & 8.233 & 14.44 & 0 & 0 & -0.1143\\ 0 & 0 & 0 & 4.631 & -1.469 & 0\\ 0 & 0 & 0 & -1.469 & 4.631 & 0\\ -40.93 & -40.93 & -0.1143 & 0 & 0 & 43.98\end{bmatrix} \tag{15.20}$$

因此，使用式(15.16)可计算得到式(15.18)所给出的材料刚度矩阵。

当我们把这个刚度常数代入式(15.5)和式(15.6)时，得到一个和三个方向的位移都相关的克里斯托费尔方程。因此，对于 45° 方向传播的波，兰姆型波和 SH 型波不再解耦。所有的模式在一个频散曲线中画出，如图 15-7 所示。

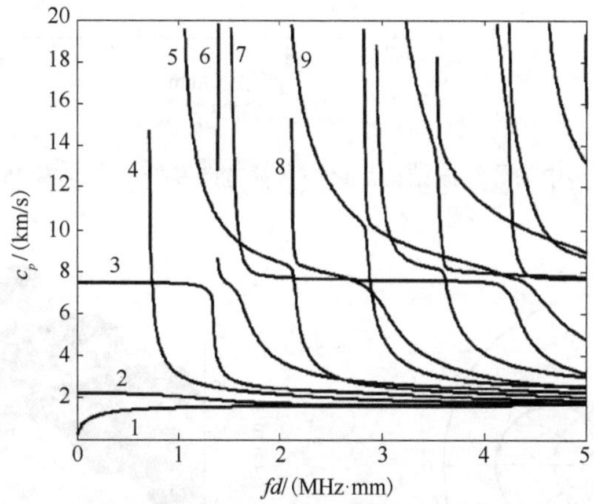

图 15-7　在一个单向纤维增强复合材料中，沿着 45° 方向传播的超声导波的频散曲线

波结构的解具有三个方向的位移分量。例如，当频率为 500kHz 时，三个模式的波结构分布在图 15-8 中给出。这三个模式在 x_1 方向的位移都和在 x_2 方向的位移相当。如果我们定义 x_1 和 x_2 为平面内位移，x_3 为平面外位移，那么模式 2 和模式 3 以平面内位移为主，而模式 1 以平面外位移为主。这和频率较低时，各向同性材料中 SH0 和 S0 模式以平面内位移为主，而 A0 模式以平面外位移为主相类似。

图 15-9 是一个当模式和频率固定时，频散曲线中相速度和传播方向之间关系的例子。由于频散曲线和传播方向相关，我们也可以将不同方向上频散曲线绘制到同一个图中，这样就形成了如图 15-10 所示的频散曲面。

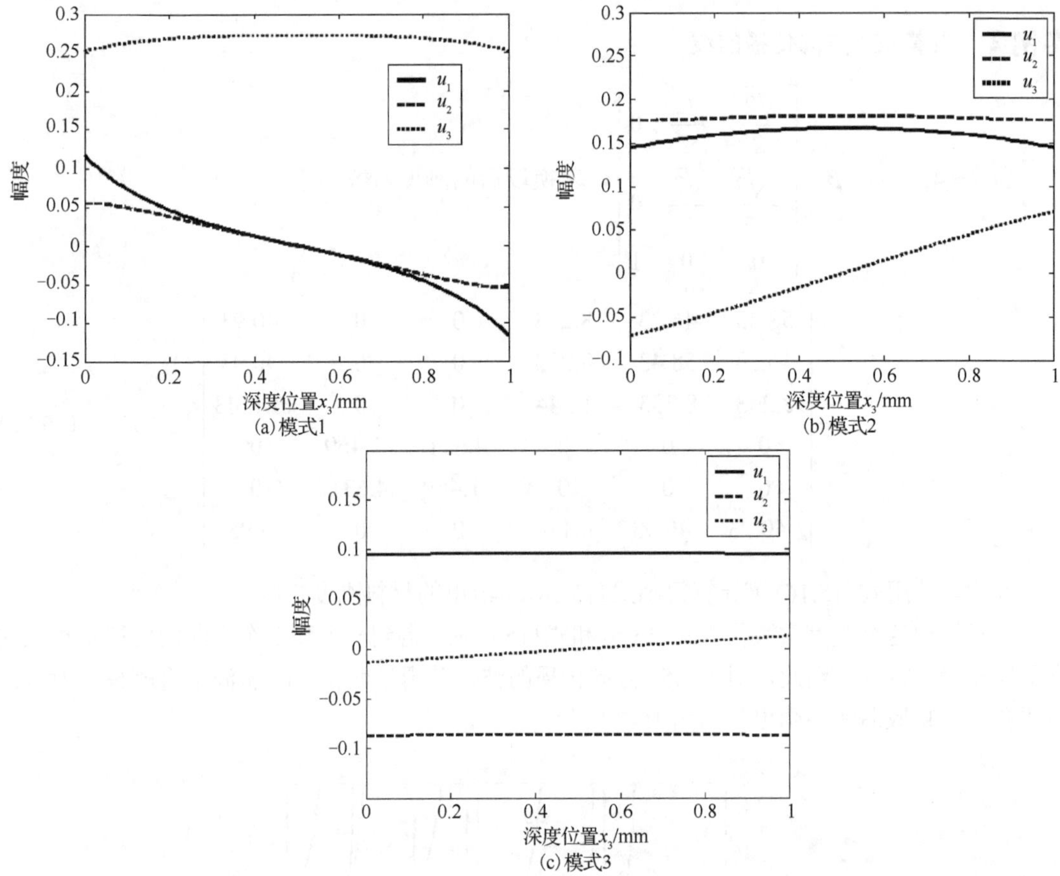

图 15-8　各向异性材料中的导波波结构。声波传播方向和纤维方向成 45° 角，频率为 500kHz

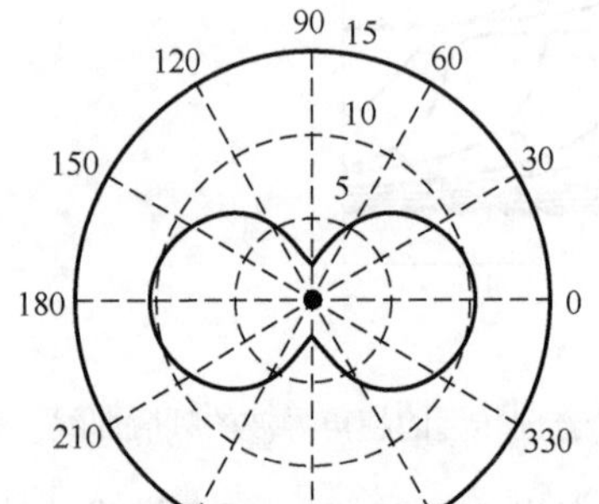

图 15-9　对于一个给定的模式和频率，导波相速度随传播方向的变化关系在极坐标中的分布

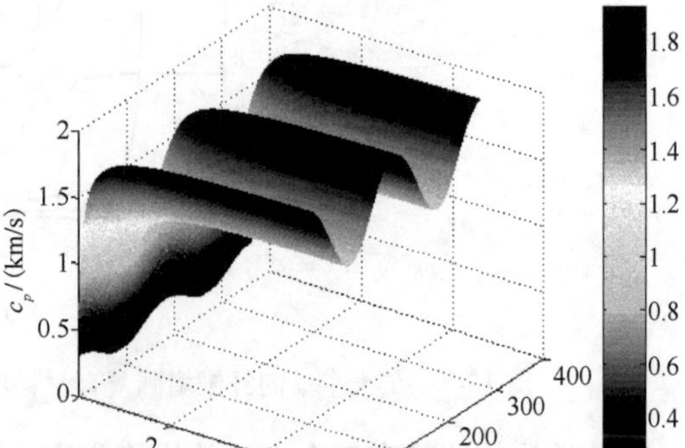

图 15-10　频散曲面的三维显示。相速度表示成频率和传播方向之间的关系

15.4 波束偏转

各向异性介质中超声导波传播的另外一个特性是某些模式的能量传播方向和波矢量方向存在一个夹角，也称为偏转角。对于一个特定的模式，偏转角的大小可以由两种不同的方法

来计算得到：第一种是通过波结构来计算，第二种是通过慢度面来计算。和各向同性材料相同，一个特定的声波模式的波结构可以在得到频散曲线以后通过数值计算得到，该模式的能流

$$\boldsymbol{P}=\frac{-\boldsymbol{v}^{*}\cdot\boldsymbol{\sigma}}{2} \tag{15.21}$$

这是在声场中一个特定的点的能流矢量。当我们将能流矢量沿着厚度方向在板材的区域内积分时，我们可以得到沿着 x_1 和 x_2 方向的能流的总和。然后，偏转角 $\varPhi$ 可以由式(15.22)来定义。当然，这里假设波矢量的方向在 x_1 方向

$$\tan\varPhi=\frac{\int_0^H P_{x_2}\,\mathrm{d}x_3}{\int_0^H P_{x_1}\,\mathrm{d}x_3} \tag{15.22}$$

偏转角的另外一种定义方法和相速度曲线随着传播方向变化相关。每一个模式的慢度可以定义为相速度的倒数，具体见式(15.23)

$$\text{Slowness}=\frac{1}{c_p} \tag{15.23}$$

对于一个给定的频率和模式指数，相速度是传播波矢量方向的函数。因此，慢度也随着波矢量方向而变化。图 15-11 通过慢度分布图表明了相速度、能流方向以及偏转角之间的关系。图中曲线为慢度随波矢量方向(θ)的变化关系。虚线为慢度曲线在某一点的切线，与这个切线相垂直的方向为能流方向。能流方向和波矢量方向的夹角定义为偏转角。

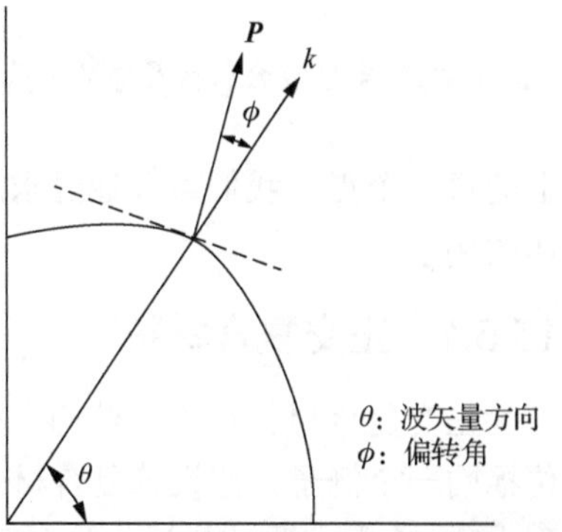

图 15-11　慢度曲线以及偏转角示意图

15.5　多层复合材料中的导波传播

常用的纤维增强复合材料通常是由好多层复合材料黏合成的多层结构，每一层的纤维方向根据需要的力学特性经过特定的工程设计来决定。因此，我们可以结合各向异性材料和多层材料中的声传播知识来研究多层复合材料中的超声导波传播特性。图 15-12 是多层复合材料及相应的坐标系的示意图。图中画出了一个 5 层结构，每一层的厚度用 $h^{(n)}$ 表示。波的传播方向为 (x_1,x_2,x_3) 坐标系里的 x_1 方向。每一层的材料参数在其局部坐标系中定义，然后旋转变换到全局坐标系。

根据前面的讨论，每一层的声场可以描述为 6 个部分波的线性组合

$$\begin{aligned}u_l^{(n)}&=\left[\sum_{m=6(n-1)+1}^{6n}B_mU_{lm}\exp(\mathrm{i}k(\alpha_m x_3)\right]\exp(\mathrm{i}(kx_1-\omega t)),\ \ l=1,2,3\\ \sigma_I^{(n)}&=\left[(\mathrm{i}k)\sum_{m=6(n-1)+1}^{6n}M_{lm}B_m\exp(\mathrm{i}k\alpha_m x_3)\right]\exp(\mathrm{i}(kx_1-\omega t))\end{aligned} \tag{15.24}$$

根据第 12 章的讨论，相应的应力自由边界条件和界面连续性条件如下

$$
\begin{aligned}
&\sigma_{3l}^{(1)}=0,\ l=1,2,3,\ x_3=0\\
&u_l^{(n)}=u_l^{(n-1)},\ l=1,2,3,\ x_3=H^{(n-1)},\ n=2,3,\cdots,N\\
&\sigma_{3l}^{(n)}=\sigma_{3l}^{(n-1)},\ l=1,2,3,\ x_3=H^{(n-1)},\ n=2,3,\cdots,N\\
&\sigma_{3l}^{(N)}=0,\ l=1,2,3,\ x_3=H^{(N)}
\end{aligned}
\tag{15.25}
$$

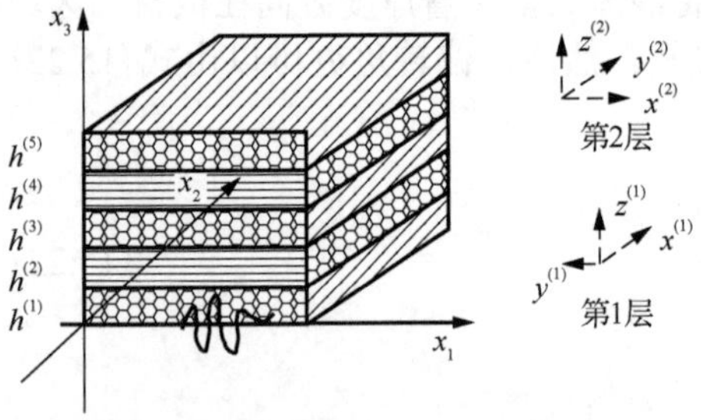

图 15-12　多层复合材料及坐标系示意图

将部分波解代入边界条件可以得到全局矩阵，也就是描述导波传播的特征方程。简略表达如下

$$\boldsymbol{D}\cdot\boldsymbol{B}=\boldsymbol{0} \tag{15.26}$$

式中，$\boldsymbol{D}$ 是一个 $6N\times 6N$ 的矩阵；未知量 $\boldsymbol{B}$ 是一个 $6N$ 矢量。矩阵 $\boldsymbol{D}$ 的具体表达式在这里不作详细说明，读者可参照各向同性层状材料的相同方法进行推导。

当得到一个具体问题的特征方程以后，我们可以通过数值解得到相应的频散曲线。对于频散曲线上的每一个点，我们可以通过求解齐次线性方程组的方法得到波结构。以下我们给出几个具体的例子。

15.5.1　正交复合材料

正交复合材料在工程结构中有着很广泛的应用，这里我们来研究超声导波在这种材料中传播的一个例子。假设该复合材料是一个 8 层的材料，每一层的材料参数见表 15-1。层叠序列为$[(0/90)_s]_2$，具体描述为[0/90/90/0/0/90/90/0]。每一层的厚度为 0.2mm，总厚度为 1.6mm。

我们可以证明在正交复合材料中当波的传播方向为 0° 或 90° 时兰姆波和 SH 波仍然是解耦的。该结构在第 4 层和第 5 层之间也存在一个关于厚度的对称面。因此，导波模式也可以分成对称模式和反对称模式两种。

当波沿着 0° 方向传播时，兰姆型波和 SH 型波的频散曲线分别在图 15-13 和图 15-14 中给出。

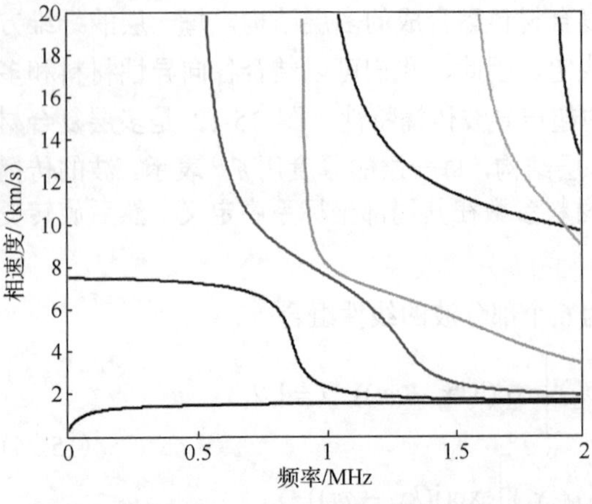

图 15-13　正交$[(0/90)_s]_2$叠加序列复合材料中沿着 0° 方向传播的兰姆型导波的频散曲线

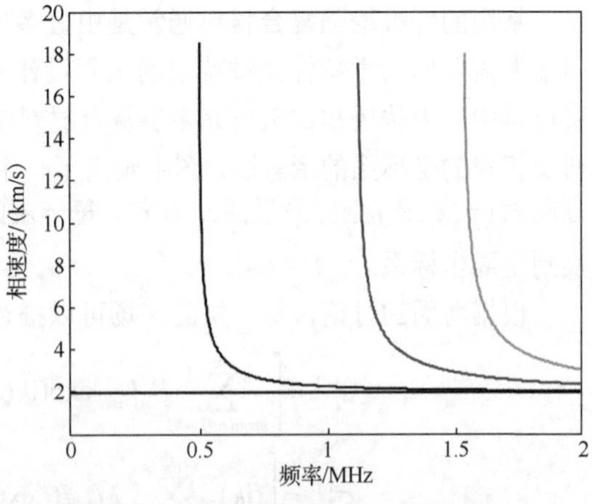

图 15-14　正交$[(0/90)_s]_2$叠加序列复合材料中沿着 0° 方向传播的 SH 型导波的频散曲线

当波沿着 45° 方向传播时，两种类型的波不解耦，整个频散曲线如图 15-15 所示。

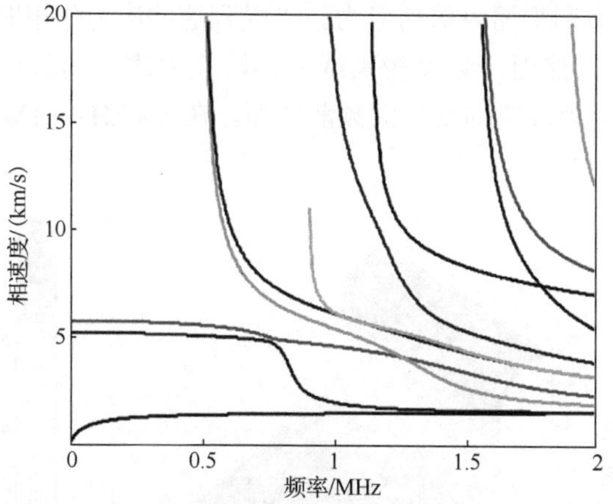

图 15-15　正交[(0/90)$_s$]$_2$ 叠加序列复合材料中沿着 45° 方向传播的导波频散曲线

15.5.2　准各向同性复合材料板

本节我们来研究一个叠加顺序为[(0/45/90/−45)$_s$]$_2$ 的准各向同性复合材料。假设所用的材料仍然是 IM7/977-3，材料参数见表 15-1。注意到，这个材料中没有完全解耦的兰姆型波和 SH 型波。因此，所有的导波模式在一张图上显示。图 15-16 显示了声波传播方向为 0°、45° 以及 90° 三个不同方向的频散曲线。

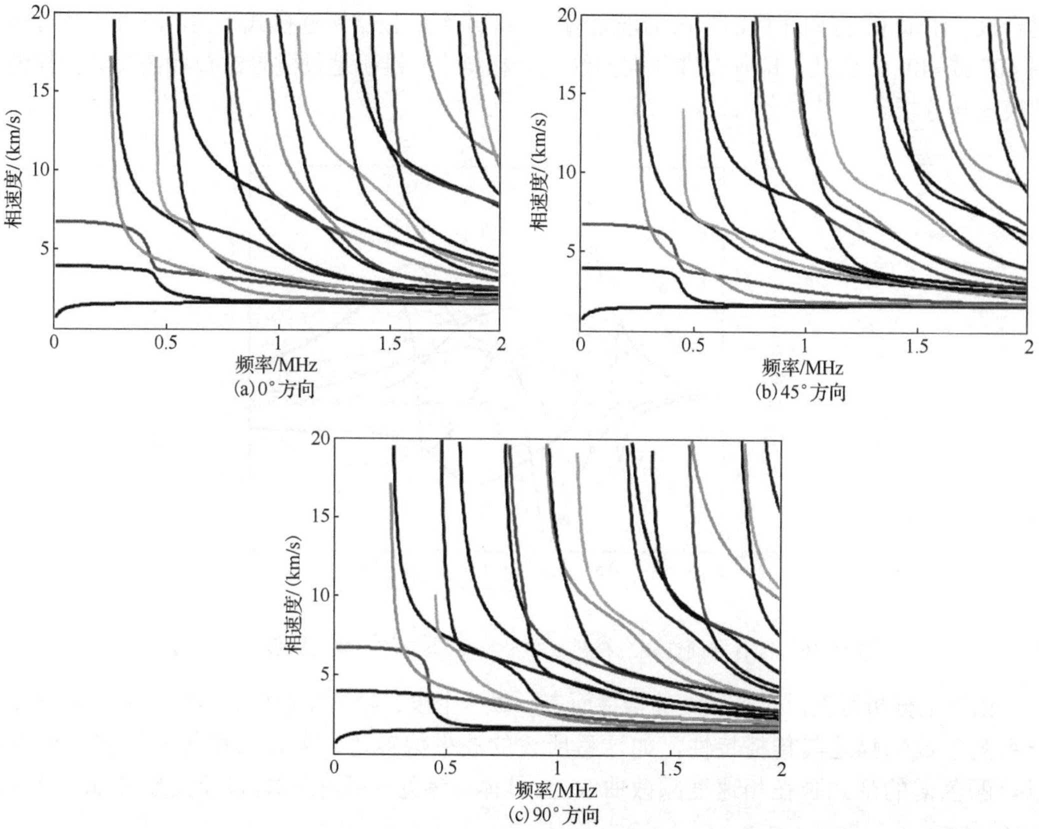

图 15-16　[(0/45/90/−45])$_s$]$_2$ 准各向同性复合材料中沿着 0°、45° 以及 90° 三个方向的频散曲线

当频率很小时，第二个和第三个模式的频散曲线基本和方向无关。这两个模式的波结构分别对应于平面内拉应力和平面内剪切应力。当受到这些应力作用时，准各向同性复合材料表现出准各向同性特性。然而，频率较高或者高阶模式表现出很明显的各向异性。例如，图 15-17 就是模式 3 随频率和方向变化的频散曲面。在 500kHz～1MHz 频率区间，相速度随方向变化明显。

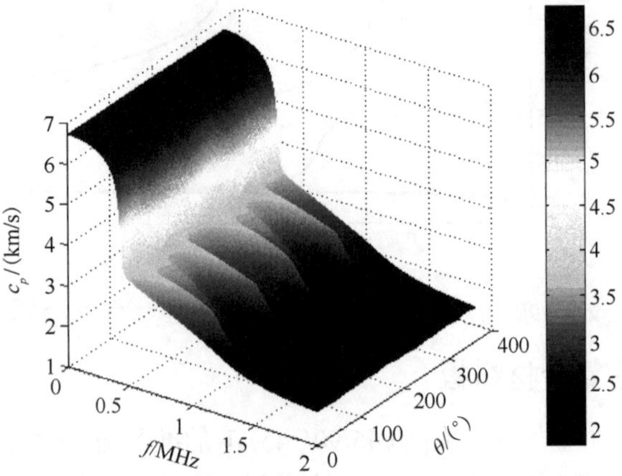

图 15-17　准各向同性复合材料中模式 3 相速度随频率和方向变化曲线

在准各向同性复合材料中也可能存在比较大的波束偏转。图 15-18 画出了$[(0/45/90/-45)_s]_2$复合板中沿着 0° 方向传播的导波的波束偏转频散曲线。根据所选模式不同，波束偏转可能达到 40° 或−40° 。因此，即使在准各向同性复合材料中，准确地预测导波传播需要进行仔细的波束偏转分析。

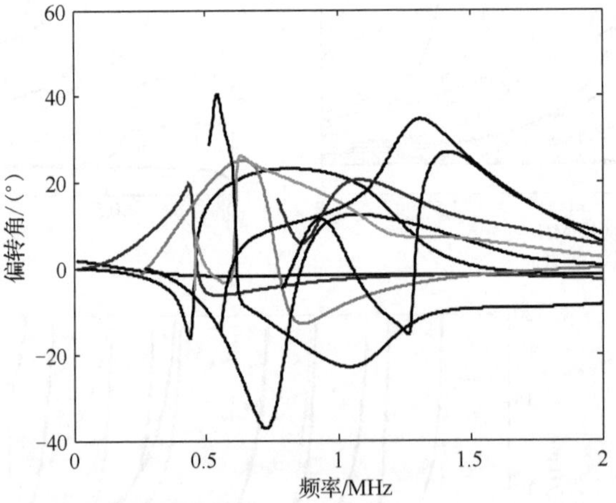

图 15-18　准各向同性复合材料板中沿着 0° 方向的导波波束偏转频散曲线

由以上分析可见，对于导波的传播而言，每一个模式除了相速度、群速度外，还需要有一系列参数来描述其传播特性，如这里所述的波束偏转角、激发效率等。这些参数也可以以颜色谱的形式画在相速度频散曲线上。具体可参见本书附录 D，以及文献（Gao 和 Rose，2010）。

习　题

15-1　推导单向复合材料板中的 R-L 型波沿对称轴方向传播的导波的频散曲线。

15-2　设计一个解决多层复合材料中导波传播问题的通用流程。

15-3　从相速度频散曲线如何推导群速度频散曲线?

15-4　推导各向异性半无限空间中瑞利波波速随传播方向的关系。

15-5　用一个均匀各向异性模型来模拟一层复合材料的基本假设是什么?

15-6　用一个均匀各向异性板来模拟一个多层复合材料的局限性是什么?

15-7　描述波束偏转角、波矢量和能流方向之间的关系。如何从相速度信息推导波束偏转角?

15-8　简要描述如何通过实验来得到各向异性板材的频散曲线。

15-9　(1)用复合材料力学方法证明准各向同性复合材料在受到纯面内拉力作用时的力学响应是各向同性的。(2)解释为何准各向同性复合材料中第三个导波模式在低频时的特征是各向同性的。

15-10　用两种方法计算一个复合材料例子中导波传播的波束偏转角和波矢量之间的关系。

15-11　对于正交复合材料，如何说明当波沿着 0° 或 90° 方向传播时，R-L 型导波和 SH 型导波模式是解耦的?

参 考 文 献

Auld B A. 1990. Acoustic Fields and Waves in Solids. Malabar: Krieger Publishing Company.

Datta S K, Shah A K, Bratton R L, et al. 1988. Wave propagation in laminated composite plates. Journal of the Acoustical Society of America, 83(6): 2020-2026.

Gao H. 2007. Ultrasonic guided wave mechanics for composite material structural health monitoring. Pennsylvania: The Pennsylvania State University.

Gao H, Rose J L. 2010. Goodness dispersion curves for ultrasonic guided wave based SHM: A sample problem in corrosion monitoring. The Aeronautical Journal of the Royal Aeronautical Society, 114 (1151): 797-804.

Hahn H T, Tsai S W. 1980. Introduction to Composite Materials. Lancaster, Pennsylvania: Technomic Publishing Company, Inc.

Nayfeh A H. 1995. Wave Propagation in Layered Anisotropic Media. New York: Elsevier.

Rose J L. 1999. Ultrasonic Waves in Solid Media. Cambridge: Cambridge University Press.

第 16 章 管道中的导波相控阵

16.1 引 言

超声相控阵技术受益于现代电子技术的发展，最早的超声相控阵在 20 世纪 70 年代用于医疗行业，在 80 年代用于材料测量。现在，超声体波相控阵已经广泛应用于无损检测。利用动态聚焦、角度扫描和电子扫描，大幅提高了检测可靠性。超声相控阵可以通过两种方法来实现。一种是实时相控阵，多个通道同时发射，同时接收。另一种是合成孔径聚焦，使用一个阵元发射，其他阵元接收，然后通过时分多路遍历发射阵元，再通过信号处理加入延时达到聚焦的目的。

导波相控阵的聚焦法比体波复杂很多，直到 20 世纪 90 年代才开始有导波相控阵的研究。2002 年 Li 和 Rose 的研究表明，知道单一激发源激发出导波的周向分布以后，我们可以通过多个激发源加不同的幅度和延时来实现管道中导波的聚焦。聚焦技术可以缩小波束的范围、增强聚焦点波幅的强度，从而提高缺陷的周向定位能力和穿透能力。Sun 及其同事在此基础上将导波相控阵技术拓展到扭曲波。

时间反转聚焦技术(Ing 和 Fink，1998)利用了互易原理的基本理论，用一个激发源激发，在不同位置采集接收信号，最后将接收信号时间反转以后加载到位于接收端位置的激发源上。利用这项技术可以在初始的激发源位置实现能量聚焦。这项技术的优势在于无须复杂的计算，但是需要激发源可以发出任意波形。该技术的另一个好处是对结构的几何形状和材料没有要求，可以是非均匀材料、人体以及管道弯头等复杂的波导结构。该技术的主要技术难点是如何提高信噪比。

实时聚焦技术需要设备具有多通道同时激发的能力。当激发源数目增加时，仪器的价格也相应地提高。合成孔径聚焦通过后期信号处理来实现延时和聚焦。合成孔径聚焦的优点是对设备通道数的要求不高。导波合成孔径聚焦和体波合成孔径聚焦有一些区别，导波的情况需要考虑波的频散。其缺点是信噪比可能不够高，有时候多个反射体的信号也会互相干扰。本章接下来会详细介绍管道中导波的实时聚焦(Li 和 Rose，2002)以及合成孔径聚焦(Hayashi 和 Murace，2005)。读者也可参考文献(Wilcox，2003；Giurgiutiu 和 Bao，2004；Hayashi 和 Murase，2005；Mu et al., 2010)。

16.2 导波相控阵聚焦理论

管道中的导波可以用正交分解法分成各种导波模式的组合。管道中的导波模式可以用一个二维正交系统(m,n)来表述，其中，m 是周向指数，n 是模式指数(Ditri 和 Rose，1992；Li 和 Rose，2002)

$$\boldsymbol{v}_n^m \mathrm{e}^{\mathrm{i}(\omega t - k_n^m z)} = \sum_{\xi = r,\theta,z} R_{n\xi}^m(r)\theta_\xi^m(m\theta)\mathrm{e}^{\mathrm{i}(\omega t - k_n^m z)}\boldsymbol{e}_\xi \tag{16.1}$$

式中，ω 和 k 分别是圆频率和波数；$\boldsymbol{v}_n^m$ 是质点振动分布函数，它不随轴向位置以及时间变化。质点位移可以分解为图 16-1 所示的柱坐标系中的三个分量，其单位矢量分别为 $\boldsymbol{e}_r$、$\boldsymbol{e}_\theta$ 和 $\boldsymbol{e}_z$。函数 $R_{n\xi}^m(r)$ 表示 (m,n) 模式在 α 方向上的位移随径向的分布。$\Theta_\xi^n(m\theta)$ 是 (m,n) 模式在 ξ 方向上（$\xi=r,\theta,z$）位移随角度的分布（$\cos(m\theta)$ 或 $\sin(m\theta)$）。$m=0$ 为轴对称导波模式、纵波或扭转波；$m>0$ 为弯曲波模式。导波在空心圆柱体中的传播模式可以通过求解边界条件问题得到（Gazis，1959）。

纵波轴对称模式 $(m=0)$ 和弯曲波模式 $(m>0)$ 可写成 $L(m,n)$。导波相速度曲线与管道的直径以及壁厚有关。相同 n 值的模式统称一个模式组合。同一组合里，轴对称模式具有最小的相速度值。相速度值随着 m 值的增大而增大。随着频率的增加，相同组合模式之间的相速度差距减小，这一现象可以从图 16-2 中明显看出，这一规律也适用于扭曲波模式。图 16-3 是直径为 16in、标号 30 的管子的扭曲波模式相速度曲线图。

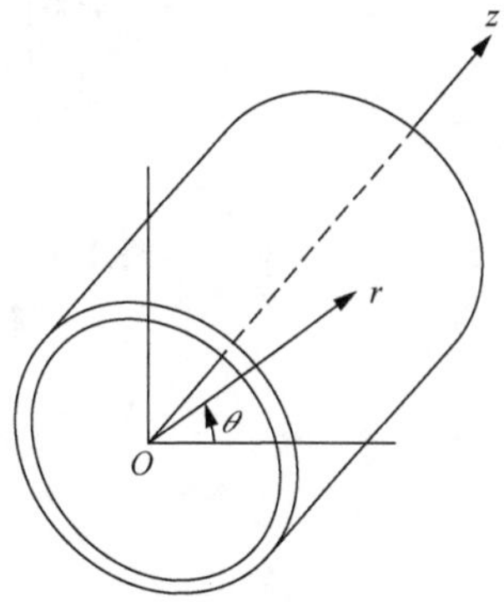

图 16-1　圆柱坐标系示意图

对于如图 16-4 所示的空心圆柱体外表面上垂直加载的情况，加载的函数可以描述为

$$\boldsymbol{T}\cdot\boldsymbol{n}=\begin{cases}-p_1(\theta)p_2(z)\boldsymbol{e}_{\xi 0}, & |z|\leqslant L,\ |\theta|\leqslant\alpha,\ r=b\\ 0, & |z|>L \text{或}\ |\theta|>\alpha\ \text{或}\ r\neq b\end{cases}\tag{16.2}$$

式中，$\boldsymbol{n}$ 是与表面垂直的单位矢量。换能器的轴向分布区域为 $|z|\leqslant L$，周向分布区域为 $|\theta|\leqslant\alpha$。圆柱的内壁半径和外壁半径分别为 a 和 b。假设作用力只在 r 方向。函数 $p_1(\theta)$ 和 $p_2(z)$ 描述了载荷在 θ 和 z 方向的分布。

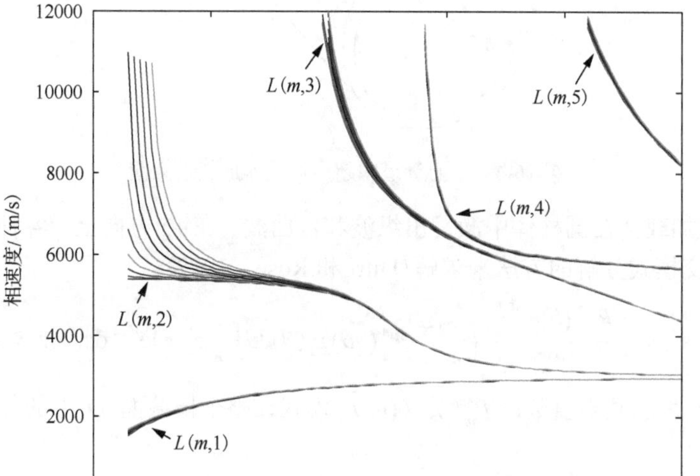

图 16-2　直径 16in、标号 30 的钢管中传播的纵向导波的相速度频散曲线，包含轴对称模式 m=0 以及弯曲波模式(m=1,2,3,…)

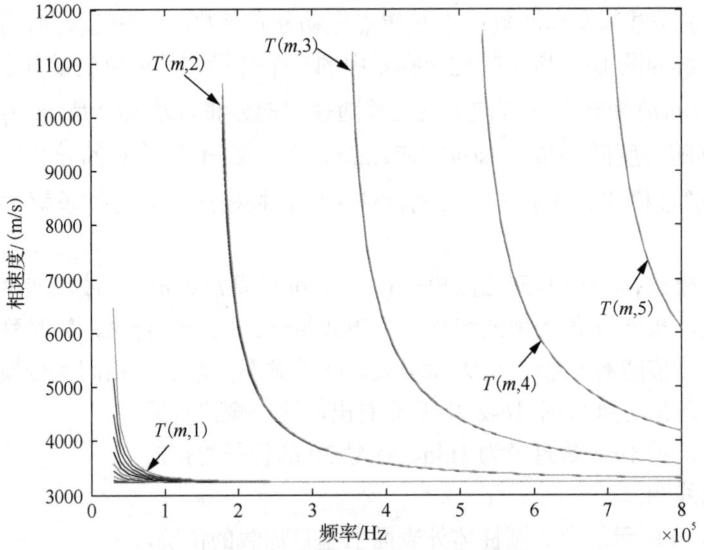

图 16-3　直径 16in、标号 30 的管子中的扭曲波频散曲线 $T(m,n)$，包括轴对称模式 m=0 以及弯曲波模式 (m = 1,2,3,⋯)

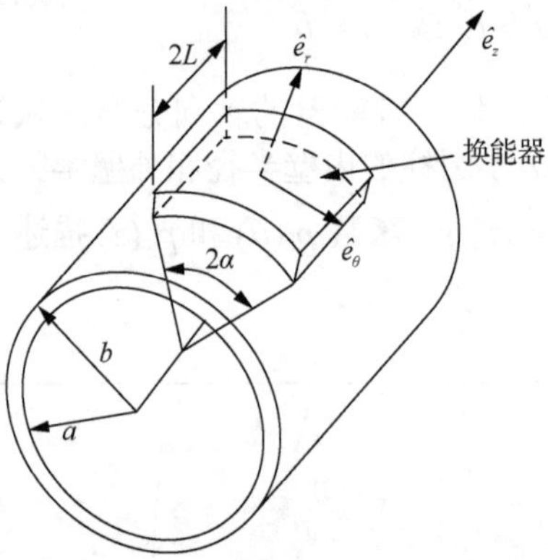

图 16-4　空心管道中超声换能器加载示意图

这样的部分加载会在圆柱体中激发出纵波和弯曲波。在 +z 方向上，各种模式的能量强度 A_{+n}^{M} 可以通过正交模式分解的方法来求解(Ditri 和 Rose，1992)。

$$A_{+n}^{m}=-\frac{R_{n\xi_0}^{m*}(b)\mathrm{e}^{-\mathrm{i}k_n^m z}}{4P_{nn}^{mm}}\int_{-\alpha}^{-\alpha+2\pi}\Theta_{\xi_0}^{m}(n\theta)p_1(\theta)\mathrm{d}\theta\int_{-\infty}^{\infty}p_2(z)\mathrm{e}^{\mathrm{i}k_n^m z}\mathrm{d}z,\quad z\geqslant L \tag{16.3}$$

式中，上角标 * 表示共轭复数；P_{nn}^{mm} 是 $L(m,n)$ 模式在整个横截面 D 上的能流，其定义可用式(16.4)来描述

$$P_{nn}^{mm}=-\frac{1}{4}\int_0^{2\pi}\int_a^b(\boldsymbol{V}_n^{m*}\cdot\boldsymbol{T}_n^m+\boldsymbol{V}_n^m\cdot\boldsymbol{T}_n^{m*})\cdot\boldsymbol{e}_\xi\mathrm{d}r\mathrm{d}\theta \tag{16.4}$$

式中，$\boldsymbol{V}_n^m$ 和 $\boldsymbol{T}_n^m$ 分别是 $L(m,n)$ 模式的质点速度矢量和应力张量。

从式(16.3)可以看出，模式的幅度与以下三部分有关：$\dfrac{R_{n\xi_0}^{m*}(b)\mathrm{e}^{-\mathrm{i}k_n^m z}}{4P_{nn}^{mm}}$，$\int_{-\alpha}^{-\alpha+2\pi}\Theta_{\xi_0}^{m}(m\theta)p_1(\theta)\mathrm{d}\theta$，$\int_{-\infty}^{\infty}p_2(z)\mathrm{e}^{\mathrm{i}k_n^m z}\mathrm{d}z$。$R_{n\xi_0}^{m}(b)$ 是 $L(m,n)$ 模式波结构的径向分量在管道外壁 r=b 处的值。这一项存在

是因为式 16.2 中所加载的表面力是在径向。如果载荷是加载在θ或z方向，则相应的方程变成$R_{nr}^{m}(b)$，$R_{n\theta}^{m}(b)$或$R_{nz}^{m}(b)$。$\dfrac{R_{n\xi_0}^{m*}(b)}{4P_{nn}^{mm}}$是$L(m,n)$模式波结构在外表面的值与总能流的比值。$R_{n\xi_0}^{m}(b)$与$P_{nn}^{mm}$的比值越大，$L(m,n)$模式越容易被激发，其幅度值越高。例如，扭曲波在$r$方向上的位移为零，所以它们不会被垂直载荷激发。第二项$\int_{-\alpha}^{-\alpha+2\pi}\Theta_{\xi_0}^{m}(m\theta)p_1(\theta)\mathrm{d}\theta$是$L(m,n)$模式波结构与载荷的内积在圆周方向上的积分。这一项表征了载荷分布与波结构分布的相似度。相似度越高，该模式被激发的幅度越大。当载荷为周向均匀分布时，$p_1(\theta)=1$，$0\leqslant\theta<2\pi$，只有$m=0$模式积分的结果不为零。因此，轴对称激发源只激发轴对称导波模式。类似地，$\int_{-\infty}^{\infty}p_2(z)\mathrm{e}^{\mathrm{i}k_n^m z}\mathrm{d}z$表示激发源在$z$方向的分布与$L(m,n)$模式在$z$方向的分布的相似度。相似度越高，被激发的幅度越高。

总而言之，式(16.3)描述了激发源与模式分布的相似度。相似度越高，被激发的可能性越大。图 16-5 为直径 16in、标号 30 的碳钢管上，载荷为分布在 45° 范围内的频率为 50kHz 的垂直加载时，计算得到的各个模式的幅度分布。最初的几个模式有较强的幅度，高阶模式的幅度减小。

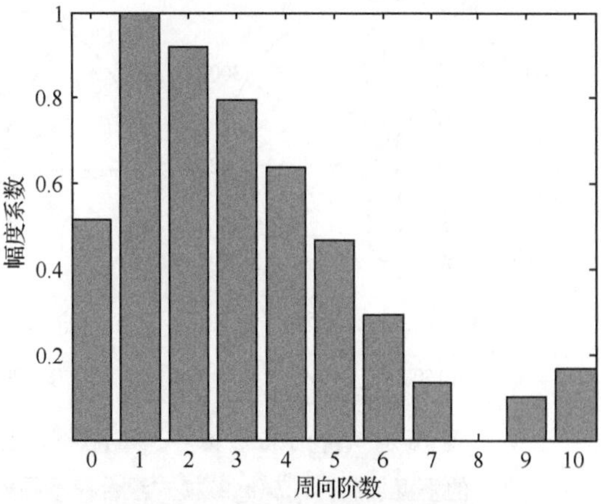

图 16-5　直径 16in、标号 30 的碳钢管上，载荷为分布在 45° 范围内的频率为 50 kHz 的垂直加载时，$L(m,2)$模式组合归一化以后的幅度分布

把每个模式的幅度、相位以及波结构都考虑到，然后把每个模式的波动解相加，我们就可以得到整个激发波形。以速度分布$\boldsymbol{v}(r,\theta,z)$为例，其表达式如下

$$\boldsymbol{v}(r,\theta,z)=\sum_{\gamma\in(\mathrm{TUL})}\sum_{n=1}^{\infty}\sum_{m=0}^{\infty}\left\{A_{+n\gamma}^{m}[R_{n\xi}^{m}(r)\Theta_{\xi}^{m}(m\theta)\hat{\boldsymbol{e}}_{\xi}]\mathrm{e}^{\mathrm{i}\omega t}\right\}\tag{16.5}$$

可以通过一个极坐标分布图来表示管子轴向某一截面内振动位移随角度的变化关系。由于整个波形是多个模式的线性组合，而每个模式之间的相速度存在一些区别，叠加以后波形的角度分布也会随着位置变化。

以一个直径 16in、标号 30 的碳钢管中 50kH 的$L(m,2)$模式组合为例，图 16-6 显示了当激发源在 45° 分布时，几个径向位置的角度分布图。当位置靠近激发源时能量集中在上部(图 16-6(a))，然后能量随着距离的增加而分散(图 16-6(b)～图 16-6(f))。

图 16-7 是与图 16-6 相同的管子尺寸和激发条件下，将管壁展开以后的二维能量分布图。横坐标表示轴向位置，纵坐标是周向角度，激发源 0° 附近。图 16-6 所示的几个位置也在图 16-7 中用竖线标注出来了。图 16-7 所示的结果和图 16-6 吻合。很有意思的是，我们发现在 46ft 处，波的能量在管子的底部(180°)集中。这一现象称为自然聚焦。自然聚焦点是多个模式的相长干涉在管道中形成的能量集中点。自然聚焦点和管子的形状、激发源的频率以及分布有关。

图 16-8 是管道中导波相控阵示意图。相控阵的激发由一个多通道延时系统来完成。每一个通道激发一个超声传感器。当所有传感器的激发相位相同时，整个分布接近整圆，激发出来的波接近轴对称波形。

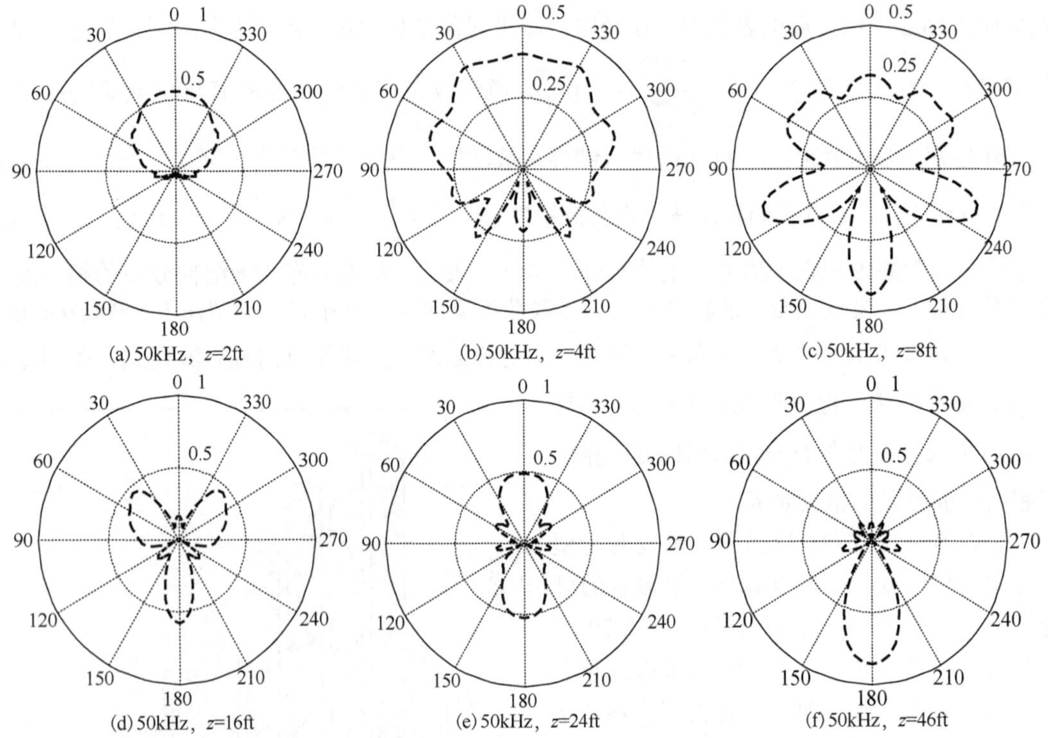

(a) 50kHz，z=2ft　(b) 50kHz，z=4ft　(c) 50kHz，z=8ft

(d) 50kHz，z=16ft　(e) 50kHz，z=24ft　(f) 50kHz，z=46ft

图 16-6　直径 16in、标号 30 的碳钢管上，载荷为分布在 45° 范围内的频率为 50 kHz 的垂直加载时，$L(m,2)$ 模式组合在不同轴向位置上的周向分布图(译者注：外壁分布)

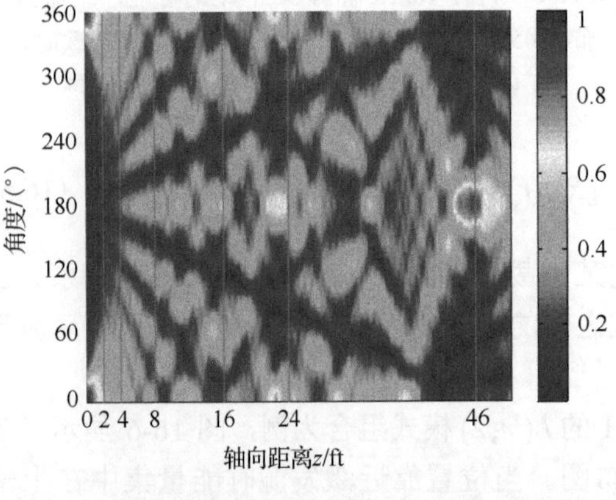

图 16-7　直径 16in、标号 30 的碳钢管上，载荷为分布在 45° 范围内的频率为 50 kHz 的垂直加载时，$L(m,2)$ 模式组合随轴向和周向的分布图

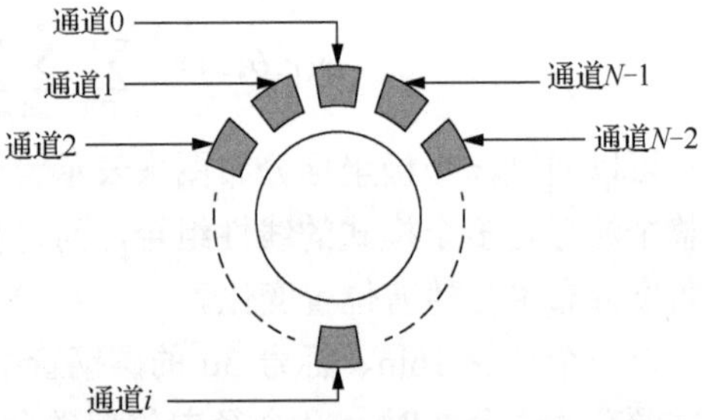

图 16-8　周向分布的多通道相控阵示意图

根据以上推导，第一个激发源激发出来的波在轴向位置 L 处的周向分布 $H(\theta)$ 可表示为

$$H(\theta)=\boldsymbol{v}(r=b,\theta,z=\xi_0) \tag{16.6}$$

假设每一个激发源激发出的波的分布函数相同，仅位置变化，那么第 i 个激发源激发出的波的角度分布可以表示为 $H(\theta-\theta_i)$，这里 θ_i 是激发源的角度位置，θ 是目标聚焦位置。在位置 L 处的总角度分布是所有激发源激发出的波形的线性叠加。式(16.7)是叠加的卷积表达式

$$G(\theta)=\sum_{i=0}^{N-1}A(\theta_i)H(\theta-\theta_i)=A\otimes H \tag{16.7}$$

式中，$A(\theta_i)$ 是一个复数加权函数，复数的值是激发幅度，复数的相位受通道 i 的延时影响。延时和相位之间的关系可以表示为

$$t_i=-\phi_i/(2\pi f) \tag{16.8}$$

式中，f 是频率；ϕ_i 是相位，ϕ_i 的范围为-2π～0；t_i 是加载到通道 i 的时间延迟，总为正数。式(16.7)表明总角度分布是每个单位源的角度分布与源的分布的卷积。因此，给定激发源的分布可以通过数学计算得到。对于一个反演问题，我们知道目标角度分布 $G(\theta)$，那么激发源的加权函数可以通过解卷积得到。其数学表达为

$$A(\theta)=G\otimes^{-1}H \tag{16.9}$$

$$A(\theta)=\mathrm{FFT}^{-1}[G(\omega)/H(\omega)] \tag{16.10}$$

式中，$\otimes$ 和 $\otimes^{-1}$ 分别是卷积和解卷积的数学表达。

假设我们的目标是让能量聚焦到角度为 0° 的点，那么目标函数的角度分布为一个脉冲分布，经过傅里叶变换，在频域的分布函数为一个均匀分布函数。因此，为了将导波能量聚焦到预先选定的位置，激发源的幅度和延时可以通过如下公式来计算

$$A(\theta)=1\otimes^{-1}H \tag{16.11}$$

$$A(\theta)=\mathrm{FFT}^{-1}[1/H(\omega)] \tag{16.12}$$

尽管式(16.12)是针对聚焦到 0° 角的情况，适当改变幅度和延时，聚焦点可以调整到其他角度。

除此以外，当我们改变目标聚焦函数到其他角度时，最终得到的实际能量分布也会随着目标函数的角度改变。例如，预定目标是聚焦到 90° 的位置，那么实际的能量分布则会是图 16-9(b)旋转 90° 的情形。利用这个技术，我们可以根据聚焦回波的位置来判定缺陷的周向位置。如果聚焦点宽度足够窄，那么该技术也可以用于缺陷的周向长度定量。

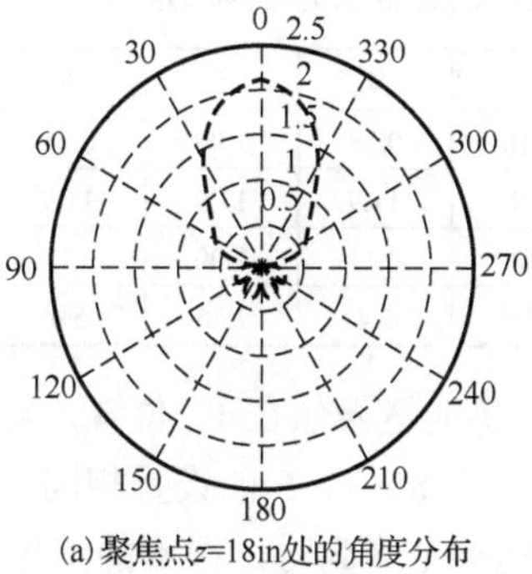

(a) 聚焦点z=18in处的角度分布

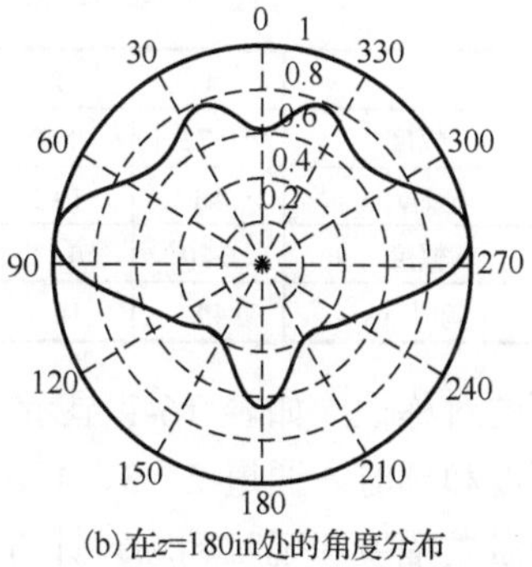

(b) 在z=180in处的角度分布

图 16-9　导波相控阵聚焦结果示例。16in、标号 80 的管子，激发模式为 35kHz，$T(m,1)$ 模式组

16.3 数 值 计 算

我们以一个直径 16in 标号 30 的管道为例来解释 8 通道相控阵系统的工作原理，每个通道控制管道上的一个 45° 区域，激发源的轴向长度为 20mm，传感器的激发方向沿着 r 方向，激发频率为 50 kHz，激发的主要模式组合为 $L(m,2)$。

假设我们的主要目标是将波形的能量聚焦在图 16-6 所对应的每个轴向位置的 0° 角位置。激发源的幅度和延时可以通过式(16.8)和式(16.12)计算得到。图 16-10 为相应的聚焦结果。与图 16-10(e)和图 16-10(f)对应的幅度和延时列在表 16-1 中。

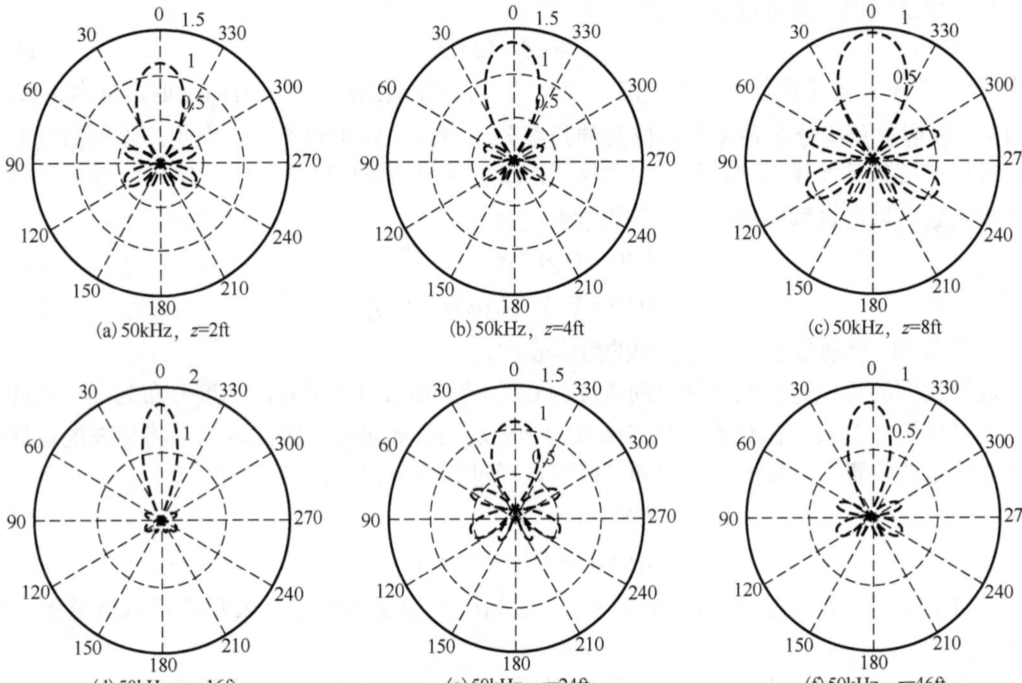

(a) 50kHz，z=2ft　(b) 50kHz，z=4ft　(c) 50kHz，z=8ft

(d) 50kHz，z=16ft　(e) 50kHz，z=24ft　(f) 50kHz，z=46ft

图 16-10　$L(m,2)$ 模式组合在不同位置的聚焦结果。管道：直径 16in、标号 30 的碳钢管，激发频率为 50 kHz

表 16-1　图 16-10(e)和(f)所对应的激发源的幅度和延时

通道		1	2	3	4	5	6	7	8
图 16-10(e)	幅度	0.72	0.40	0.16	0.28	1.00	0.28	0.16	0.40
	延时/μs	4.1	19.2	6.9	11.9	17.9	11.9	6.9	19.2
图 16-10(f)	幅度	0.20	0.11	0.09	0.11	1.00	0.11	0.09	0.11
	延时/μs	4.8	14.0	17.5	5.4	12.5	5.4	17.5	14.0

由于激发源的对称性，如表 16-1 显示，为了将能量聚焦在 0° 位置，对称位置上的激发源具有相同的幅度和延时。通道 2、3、4 分别和通道 8、7、6 的设置相同。不难想象，当我们把所有通道的激发幅度和延时朝顺时针方向顺延一个序列时，得到的结果就会聚焦在 45° 方向上。依次顺延，我们就可以将能量聚焦到周向的 8 个位置上，从而实现周向扫描。同时，聚焦结果也存在一些旁瓣。旁瓣的幅度与主瓣的幅度都和频率以及聚焦距离有关，因此需要通过数值计算的方法来对模式选择进行优化。

导波相控阵的一个主要技术参数是在周向上的聚焦宽度。和体波相控阵类似，导波相控阵中激发源的数量也是一个非常重要的指标。图 16-11 是 4 通道、8 通道及 16 通道的计算结果。在这里，管子直径为 16in，标号 30，扭曲波 $T(m,1)$，频率为 40kHz。结果显示激发源通道数越多，聚焦波束越窄。聚焦波束的能量下降 6dB 所对应的宽度和每个通道的宽度相当。

对于无损检测而言，聚焦宽度越窄，分辨率越高。另外，扫描整个管道所需要的聚焦法则数量会增加，相应的检测时间也会增加。

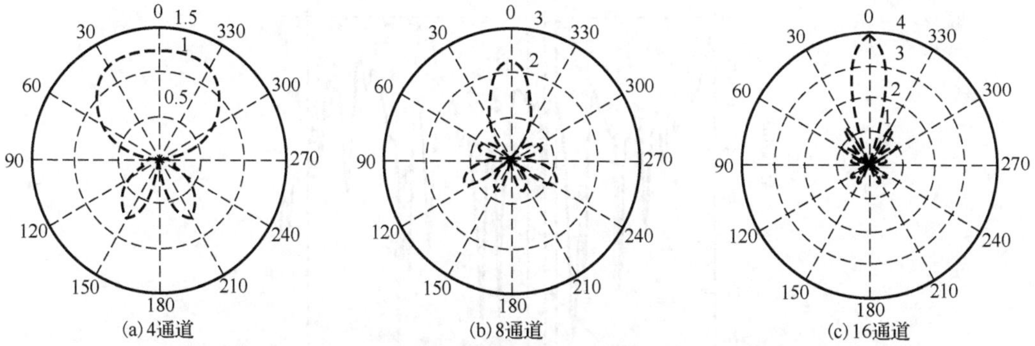

图 16-11 使用不同通道数得到的相控阵聚焦角度分布。管道尺寸：直径 16in，标号 30，波的模式 $T(m,1)$，频率为 40 kHz

对聚焦深度的研究具有同样重要的意义。以直径 16in、标号 30 的管道为例，图 16-12 显示了当通道数目为 4、8 或 16 时，波形幅度随轴向距离的变化关系。这里，所有的设计目的都是将能量聚焦在 3.35m(11ft)距离 0° 角方向。横坐标为距离，纵坐标为用 $L(0,2)$ 模式的幅度归一化以后的幅度的 dB 值。$L(0,2)$ 模式的幅度为 0 dB。从图中我们可以看出，当通道数增加时，聚焦强度增加，聚焦范围缩小。扫描步长也需要相应地变小，以便覆盖整个管子的区域。

图 16-13 是相控阵聚焦的计算流程示意图。从控制方程的分离变数开始，频散曲线可以通过求解控制方程的边界条件问题得到。给定激发源所激发出的波形可以表示为所有模式的线性叠加。为了将能量聚焦到某一个位置，每个通道的激发幅度和延时可以通过解卷积算法得到。

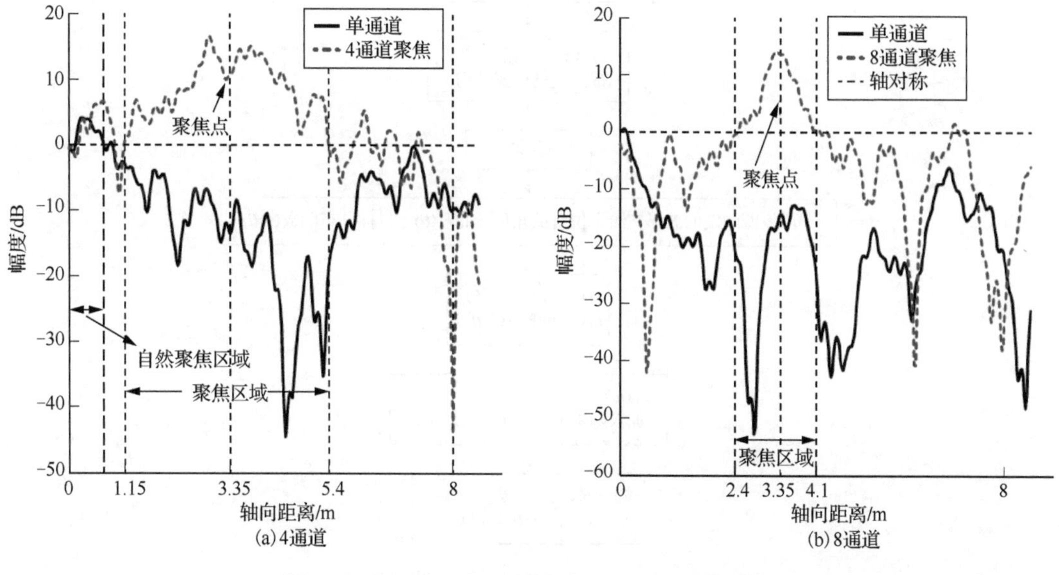

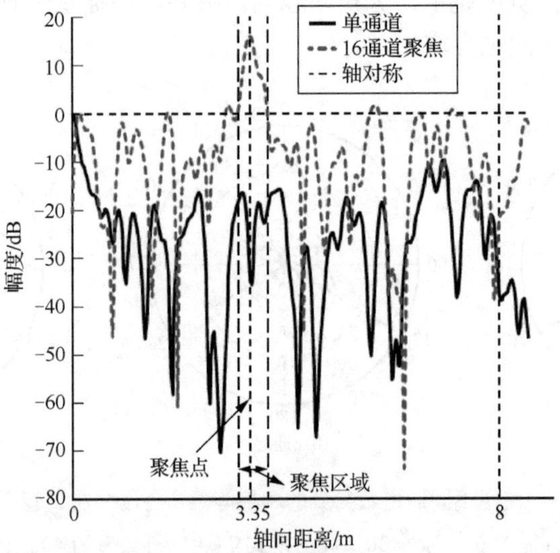

(c) 16通道

图 16-12　不同通道数对聚焦区域的影响。计算参数：$L(m,2)$ 波，50kHz，聚焦距离 3.35m，管道直径 16in，标号 30

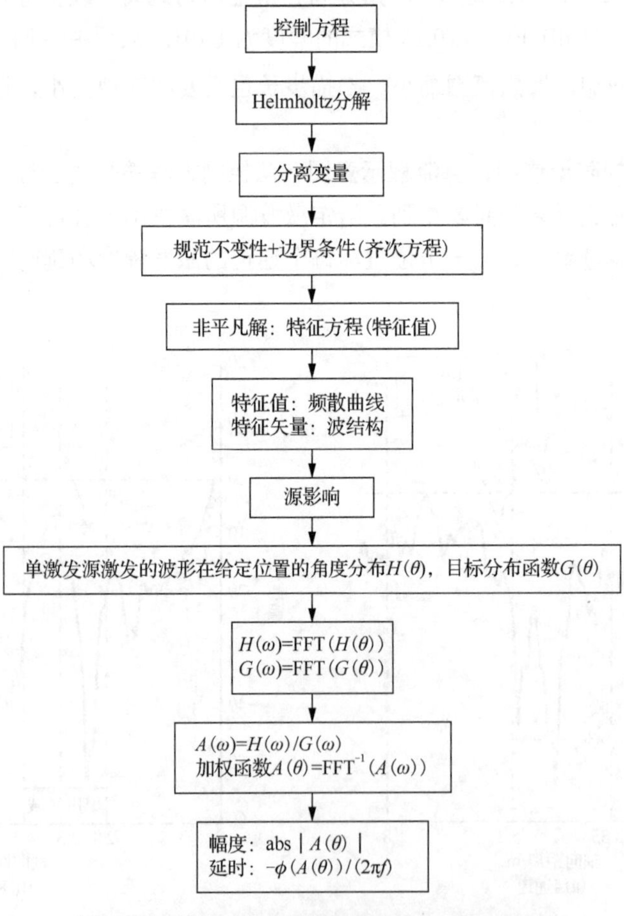

图 16-13　管道中导波相控阵技术的流程示意图

16.4　导波聚焦的有限元模拟

有限元方法功能强大，使用相对简单、灵活，适用于复杂结构中的超声波模拟。该方法也可以用来验证理论计算，清楚地呈现物理图像。这里我们采用的 ABAQUS 软件是商用有限元软件之一。有限元划分要满足收敛条件。我们采用单元尺寸小于波长的 1/8，瞬态分析的时间步长也要仔细考虑，它受到波动周期和声波通过每一个单位元的传播时间影响。图 16-14 是一个 4 通道扭曲波的例子，管子的直径为 16in，标号 30。目标聚焦位置为 3.35m(11ft)处。每一个激发源的幅度和延时由前面所述的流程得到。图 16-14(a)验证了目标聚焦结果，图 16-14(b)为有限元计算结果与理论计算结果的比较。其中虚线为理论结果，实线为有限元结果，两个结果吻合得非常好。

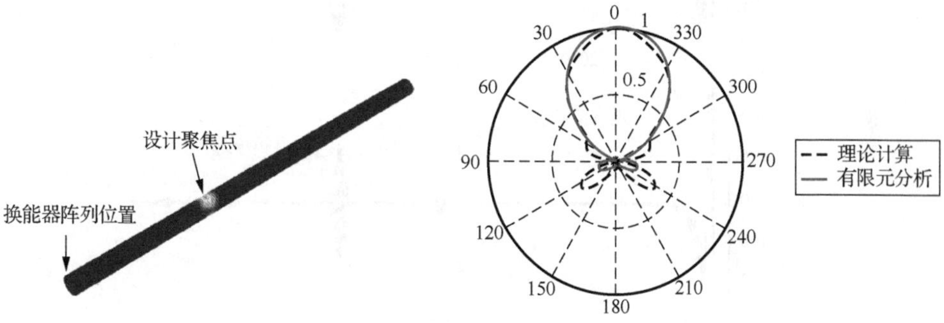

(a)　　(b)

图 16-14　扭曲波 $T(m,1)$ 模式聚焦结果。管子：直径 16in，标号 30，导波频率 35kHz，聚焦位置 3.35m，通道数 4

图 16-15(a)是在同一管子中 8 通道相控阵激发的纵波的数值模拟结果，聚焦位置还是 3.35m(11ft)。结果显示了很好的聚焦效果。图 16-15(b)是理论计算和数值模拟结果的对比。数值模拟得到的角度分布略宽于理论计算结果。数值模拟结果也表明，8 通道相控阵得到的聚焦波束比 4 通道相控阵更窄。聚焦波束的宽度通常和每个通道的激发宽度相当，通道数越多，通常聚焦波束越窄。

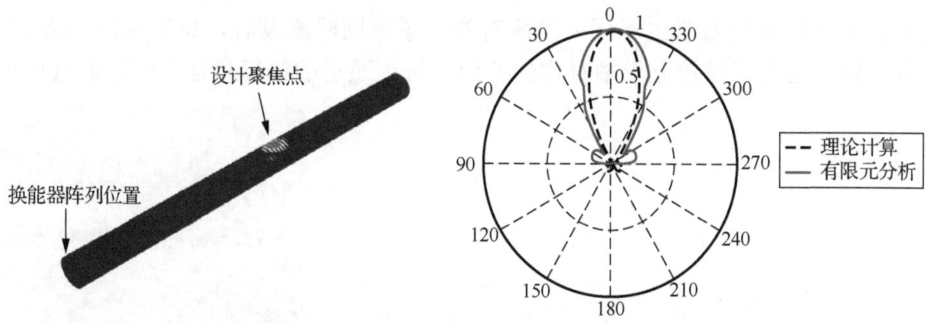

(a)　　(b)

图 16-15　纵波 $L(m,2)$ 模式的聚焦结果。管子：直径 16in，标号 30，导波频率 35kHz，聚焦位置 3.35m，通道数 8

16.5　实时聚焦实验

实时聚焦技术能增强导波在管道中的穿透距离和灵敏度。图 16-16 所示的实验表明聚焦以后反射回波的信号有明显增强。

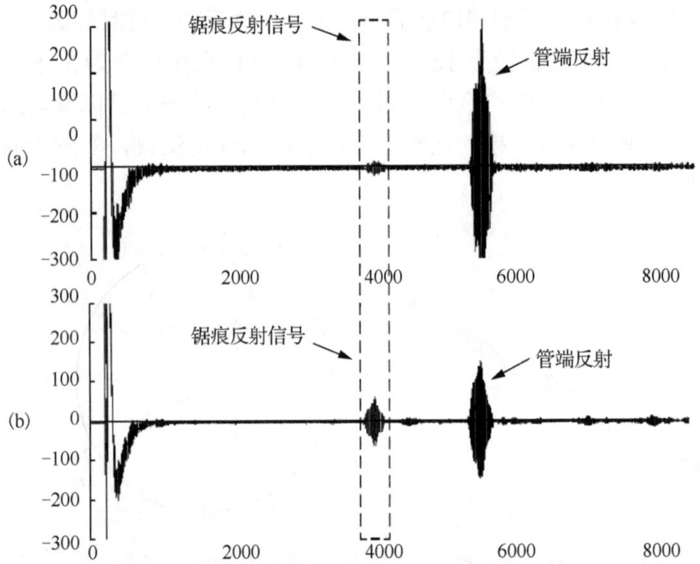

图 16-16　直径 16in、标号 30 的钢管，在 z=240in 处有一个 3.6%截面面积的锯痕。(a) 55 kHz 轴对称模式 $T(0,1)$ 的发射波形；(b) $T(m,1)$ 模式组合，聚焦在锯痕位置。每个激发源覆盖周向 90° 范围

导波相控阵实时聚焦的操作方法是将能量聚焦在周向和轴向的一系列点上。聚焦以后能量增强，可以探测到更小的缺陷以及更长的穿透距离。现在我们来讨论波束聚焦、周向扫描和全管扫描。

图 16-17 是一个导波检测管中管的示意图。管子直径为 20in，标号 40s，管子长度为 80ft。模拟穿过路基的管道(Mu 和 Rose，2008)。图 16-18 是一个多通道导波相控阵探头示意图。系统包括绕在管子外壁的传感器阵列，每个通道可以是每 1/4 或每 1/8 周长。根据管子直径不同可能需要的传感器数量也不同。当所有的传感器同时激发时，每个传感器之间的距离越小，所得到的结果就越接近于轴对称的波形。每个通道的幅度和延时可以通过计算机软

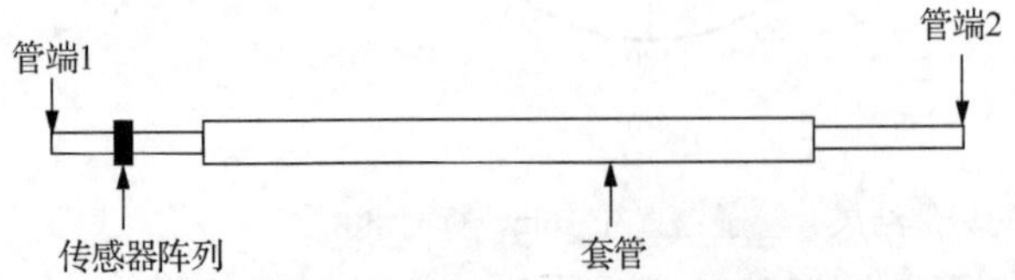

图 16-17　导波检测管中管的示意图。管子直径为 20in、标号 40s

图 16-18　导波相控阵传感器阵列探头

件输入来控制波形聚焦点的位置。每个激发源可能包括沿着轴向的多个传感器。也可以使用多个传感器环来模拟梳状传感器，从而达到模式控制和激发波的方向控制的效果。导波可能沿着向前或向后两个方向传播。因此，缺陷位置的判断就会有两种可能。为了解决这一问题，我们可以用两个换能器环，在每个环上加载不同的延时，通过波形的相长干涉和相消干涉使波沿着一个方向传播。

现在我们来考虑一个 4 通道相控阵的例子。理论上，4 通道相控阵的聚焦点可以覆盖周向 90° 范围。为了保证检测的全覆盖，我们在每个轴向位置采用 8 个聚焦法则，聚焦法则的计算如前所述。传感器的位置距离管端 4ft9in。使用的导波模式为纵波 $L(m,2)$ 模式和扭曲波 $T(m,1)$ 模式。图 16-19 是扭曲波 $T(m,1)$ 模式聚焦在距离管端 20ft9in 位置时的波形，每一个波形对应一个聚焦角度。这里管端 1 为位置 0 点。聚焦区域为图中两条竖线之间的区域。当角度为 270° 时，聚焦区域的反射回波幅度最大。缺陷的轴向位置可以通过最大回波的到达时间来计算。同时我们注意到在聚集角度为 0° 时，在聚焦区域前面有一个比较大的反射回波，这是另一个缺陷的回波信号。由于实际能量分布区域大于聚焦区域，所以该缺陷的信号也显示在回波信号中。

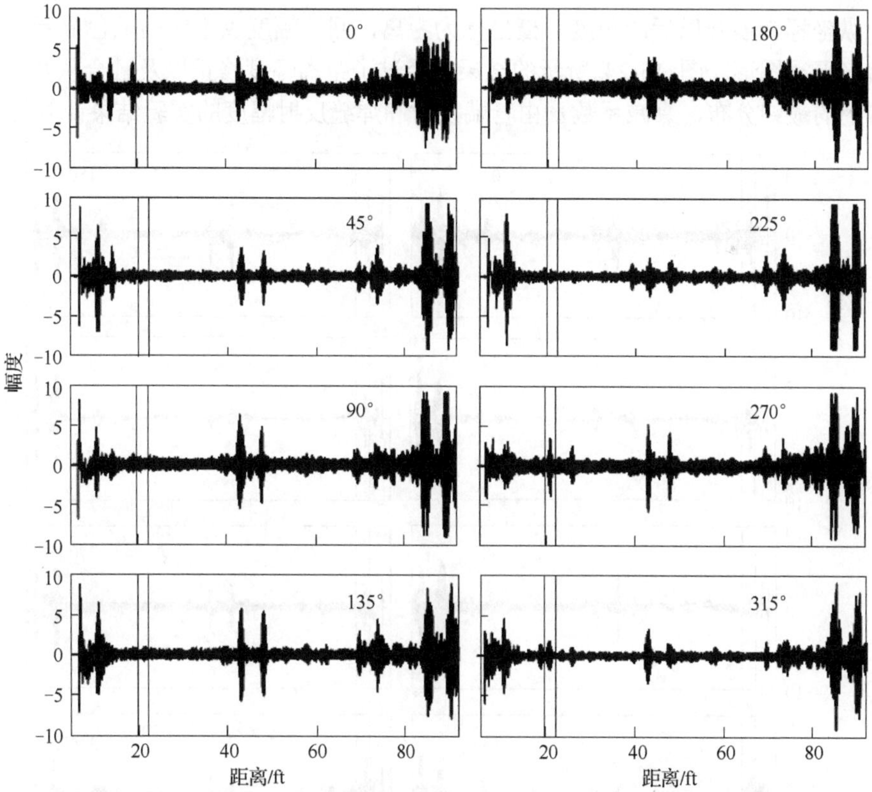

图 16-19　扭曲波 $T(m,1)$ 模式的反射回波。聚焦点位于轴向 20ft9in 处，周向 8 个不同角度。两条竖线之间为聚焦区域，探测到一个缺陷在 270° 区域

图 16-20 是每一个聚焦角度上的最大反射波幅度的极坐标表示。由此可见，当能量聚焦在 270° 时，得到的反射幅度最大。模式转换及其他噪声产生的回波不会超过聚焦点的最大反射回波。通过这个分布图也可以看出缺陷是轴对称的还是非轴对称的。非轴对称缺

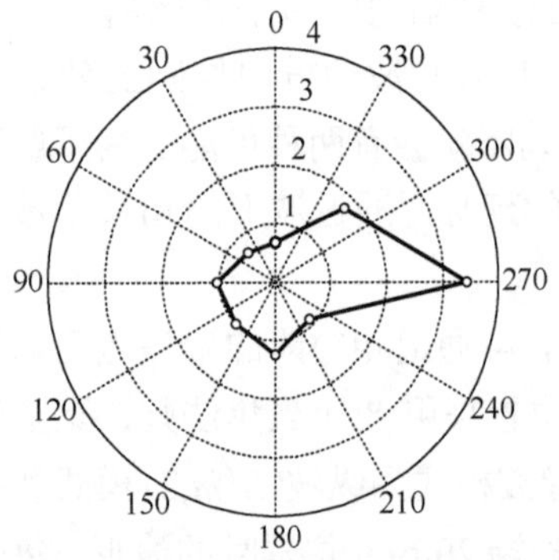

图 16-20　缺陷的周向回波幅度分布。轴向位置 20ft，周向位置 270° 时回波最大(幅度单位：mV)

陷的回波分布是非轴对称的，而轴对称的几何体(如焊缝)的反射波分布会是轴对称的。这样我们就可以很容易地区分焊缝和其他缺陷了。

我们使用隔板来支撑外面的套管。图 16-21 显示了聚焦点在支撑隔板附近时的波形，隔板覆盖 360°。因此，隔板的回波在每个角度都有出现。图 16-22 是隔板回波随角度的分布图。隔板回波的信号比图 16-20 中缺陷回波的信号强。可能的解释为：①聚焦宽度内有多个隔板；②隔板离激发源的位置比缺陷离激发源的距离短。

图 16-23 是 $L(m,2)$ 模式当聚焦距离设在管子另一端时，41ft11in 处的一个焊缝的回波分布图。焊缝回波近似于轴对称分布，因此，可以将焊缝与缺陷以及隔板等其他反射体区分开来。

将不同聚焦位置的角度分布图综合起来，我们就可以得到如图 16-24 所示的二维展开图形。图中纵坐标为展开以后的角度，横坐标为距离，回波幅度以不同的颜色显示。我们使用二维插值来平滑图形。图 16-24 所示的结果是经过了距离幅度修正以及融合从两个管端的测量结果得到的最终分布，衰减系数 α 由管端反射和焊缝反射幅度的实验结果计算得到。

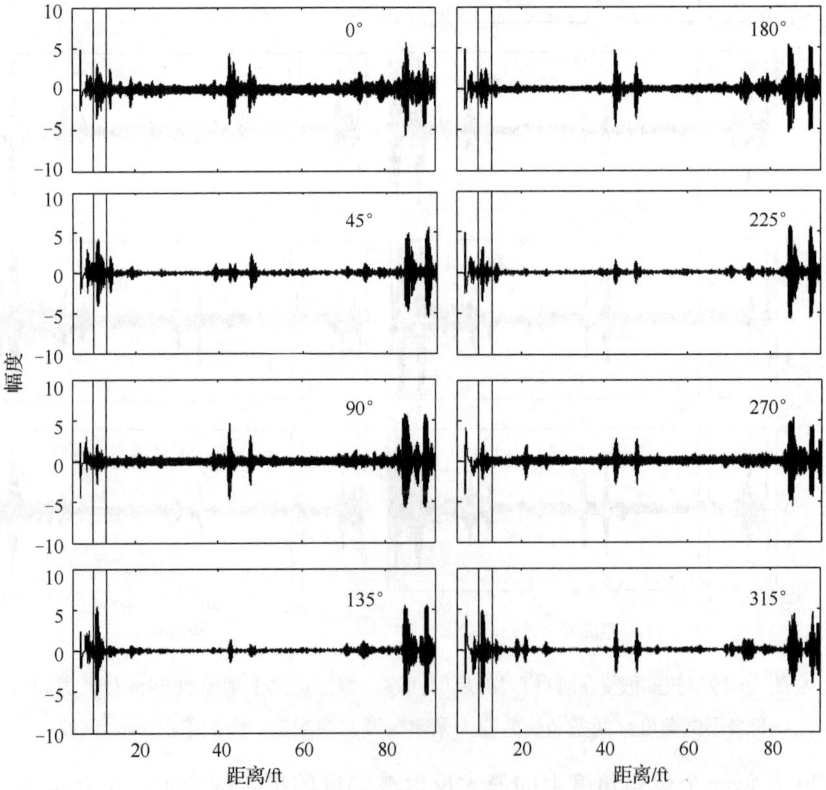

图 16-21　聚焦点设定在距管端 12.75ft 处，8 个不同角度所得到的信号

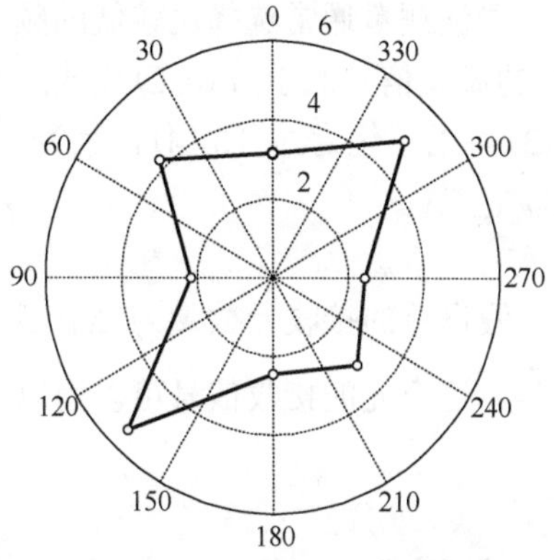

图 16-22　距离管端 11ft 处隔板的回波角度分布

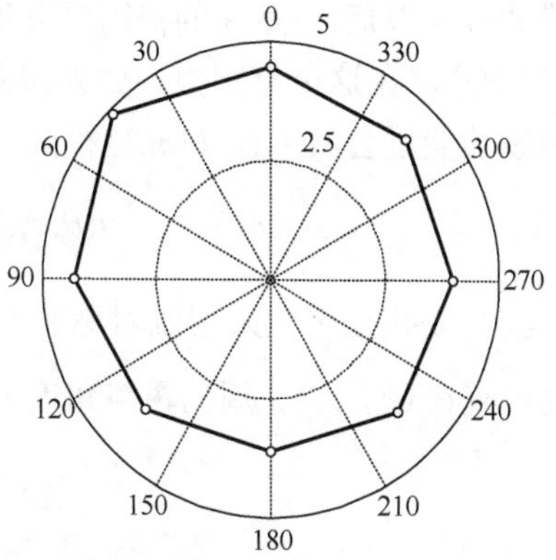

图 16-23　在 41ft11in 处的焊缝回波的角度分布

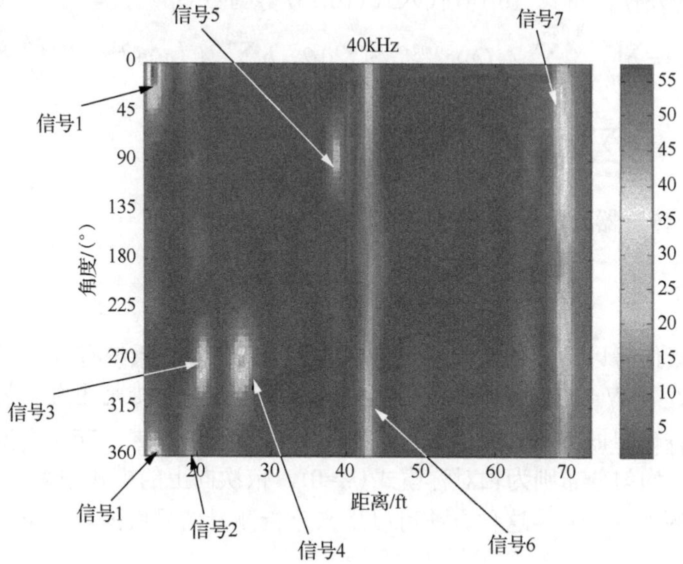

图 16-24　相控阵扫描结果

图 16-24 中标注了几个回波信号，从图中可以明显地看出回波信号 1～5 是缺陷信号，回波信号 6 是焊缝信号，回波信号 7 是隔板信号，因为它幅度大而且分布不均匀。

16.6　导波合成孔径聚焦

缺陷通常不是轴对称分布的，所以即使激发波形轴对称分布，回波通常既有轴对称模式也有弯曲波(非轴对称)模式。这些模式所包含的信息可以帮助对缺陷进行定位和定量。基于正交模式分解以及时间反转原理的合成孔径聚焦方法可以实现缺陷成像。

空心圆柱体中的导波模式可以通过式(16.1)来描述，缺陷回波的信号可以描述为一系列模式的叠加。例如，位移随 θ、z 和 t 的变化为

$$u(\theta,z,t)=\sum_{n=1}^{+\infty}\sum_{m=-\infty}^{+\infty}A_{mn}(\omega)\mathrm{e}^{\mathrm{i}(m\theta+k_n^m z+\omega t)} \tag{16.13}$$

式中，A_{mn} 是$(m，n)$模式回波的幅度，理论上 m、n 分别是一个无穷序列，而实际上，当

测量模式选定以后，m、n 的范围可以得到简化。例如，导波测量通常选择比较低的频率范围（≤100 kHz），在这个范围内，如果扭曲波模式 $T(0,1)$ 的激发信号低于 $T(m,2)$ 模式的截止频率，回波的能量会集中在 $T(m,1)$ 模式。因此，式(16.13)可以简化为式(16.14)，因为 $m=1$

$$u(\theta,z,t)=\sum_{m=-\infty}^{+\infty}A_m(\omega)\mathrm{e}^{\mathrm{i}(m\theta+k_m z+\omega t)} \tag{16.14}$$

导波合成孔径聚焦采用轴对称激发，多通道接收。假设总的接收元数量为 N，那么第 i 个元的位置在 (θ_i, z_R)，周向覆盖角度为 $\theta_i-\dfrac{\pi}{N}\sim\theta_i+\dfrac{\pi}{N}$。这个元的接收信号可以用以下积分来表示

$$u_R(\theta_i,t)=\int_{\theta_i-\frac{\pi}{N}}^{\theta_i+\frac{\pi}{N}}u(\theta,z=z_R,t)b\mathrm{d}\theta \tag{16.15}$$

式中，b 是管道的外径。将式(16.14)代入式(16.15)得到

$$\begin{aligned}u_R(\theta_i,t)&=b\int_{\theta_i-\frac{\pi}{N}}^{\theta_i+\frac{\pi}{N}}\sum_{m=-\infty}^{+\infty}A_m(\omega)\mathrm{e}^{\mathrm{i}(m\theta+k_m z_R+\omega t)}\mathrm{d}\theta=b\sum_{m=-\infty}^{+\infty}A_m(\omega)\mathrm{e}^{\mathrm{i}(nk_m z_R+\omega t)}\int_{\theta_i-\frac{\pi}{N}}^{\theta_i+\frac{\pi}{N}}\mathrm{e}^{\mathrm{i}m\theta}\mathrm{d}\theta\\&=b\sum_{m=-\infty}^{+\infty}A_m(\omega)\frac{2\pi}{N}\mathrm{Sa}\left(\frac{m}{N}\right)\mathrm{e}^{\mathrm{i}(m\theta_i+k_m z_R+\omega t)}\end{aligned} \tag{16.16}$$

式中，$\dfrac{2\pi}{N}$ 是每个传感器元的覆盖角度范围。函数 $\mathrm{Sa}(x)$ 定义为

$$\mathrm{Sa}(x)=\frac{\sin(\pi x)}{\pi x} \tag{16.17}$$

得到每个元的测量信号以后，将它们按照角度位置排序。整个系统有 N 个这样的接收信号，$u_R(\theta_i,t)\ (i=0,1,2,\cdots,N-1)$。这样就得到一个二维分布图，一维是角度，另一维是时间。将这个二维分布进行傅里叶变换。时间维度的傅里叶变换为圆频率，而角度维度的傅里叶变换为角度分布频率。均匀分布则为轴对称模式(m=0)，依次向上的模式则为($m=1,2,\cdots$)。因此，可以得到模式的幅度 $A_m(\omega)$。这种方法可以用来分析测量信号中的每一个回波，如缺陷、焊缝以及管端等。

根据式(16.16)和图 16-25，分解以后的模式幅度与接收信号 $\boldsymbol{u}_R(\theta_i, t)$ 之间的关系可以表示为

$$\boldsymbol{A}(m,\omega)=\boldsymbol{A}_m(\omega)=\frac{\text{2D FFT}[\boldsymbol{u}_R(\theta_i,t)]}{b\dfrac{2\pi}{N}\mathrm{Sa}\left(\dfrac{m}{N}\right)\mathrm{e}^{\mathrm{i}k_m z_R}},\quad m=0,\ 1,\ 2,\ \cdots,N-1 \tag{16.18}$$

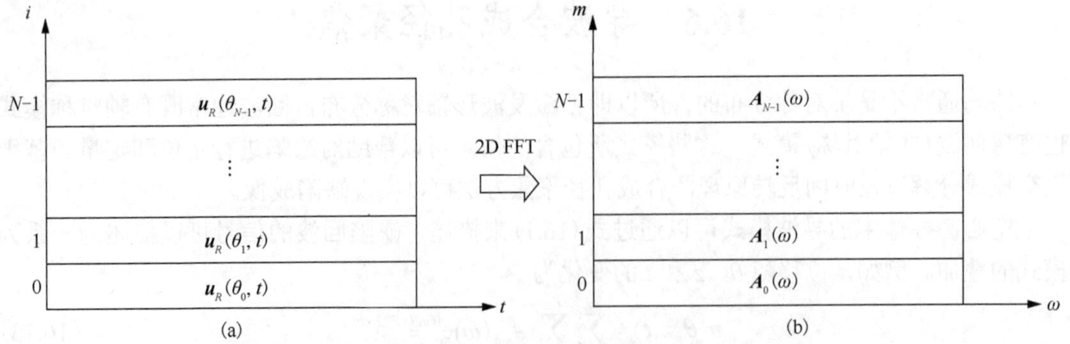

图 16-25　使用二维傅里叶变换方法进行管道回波模式的分解

假设传感器的位置在 $z_R=0$，式(16.18)可进一步简化为

$$\boldsymbol{A}(m,\omega)=\boldsymbol{A}_m(\omega)=\frac{\text{2D FFT}[\boldsymbol{u}_R(\theta_i,t)]}{b\dfrac{2\pi}{N}\text{Sa}\left(\dfrac{m}{N}\right)},\quad m=0,\ 1,\ 2,\ \cdots,\ N-1 \tag{16.19}$$

变换以后的导波模式 $\boldsymbol{A}(m,\omega)$ 只有 N 个值，$m=0,1,2,\cdots,N-1$。由于具有对称性，$m=(N/2)+1,\cdots,N-1$ 时 $\boldsymbol{A}(m,\omega)$ 对应于 $m=-(N/2)+1,\cdots,-1$ 的弯曲波模式。虽然式(16.14)的导波模式 $m\in(-\infty,\infty)$，但是合成孔径聚焦方法能分辨的模式数量受到传感器元数量的限制。能得到的弯曲波模式为

$$m=-\frac{N}{2}+1,\cdots,-1,0,1,\cdots,\frac{N}{2} \tag{16.20}$$

其他模式($m<-N/2+1$ 和 $m>N/2$)的分量不能通过计算得到。因此，合成孔径聚焦成像的质量和接收元的数量 N 有很大的关系。数量越大，成像效果以及缺陷定量效果越好。

$\boldsymbol{A}(m,\omega)$ 是一个二维矩阵，当管道的尺寸和材料参数已知时，$T(m,1)$ 模式每个频率 ω 所对应的波数 k_m 可以通过频散曲线计算得到。将模式分布 $\boldsymbol{A}(m,\omega)$ 与传播项 $\mathrm{e}^{\mathrm{i}(k_m z+m\theta)}$ 相乘，然后把所有的模式叠加起来，就可以得到回波源 $u_s(\theta,z)$ 随 θ、z 的分布图

$$u_s(\theta,z)=\sum_{\omega=\omega_1}^{\omega_l}\sum_{m=-\frac{N}{2}+1}^{\frac{N}{2}+1}\boldsymbol{A}(m,\omega)\mathrm{e}^{\mathrm{i}(k_m z+m\theta)} \tag{16.21}$$

式中，$\omega_1,\omega_2,\cdots,\omega_l$ 是频带宽度内的频率采样点。该方法的角度分辨率与每个接收元的角度范围 $2\pi/N$ 有关，轴向分辨率与激发信号的脉冲宽度有关。

16.7　合成孔径聚焦实验

图 16-26 是对一个直径 8in 标号 40 的管道进行合成孔径聚焦测量的实验。管道长度为 40ft，9ft 处有一个锯痕，15ft 处有一组孔，20ft 处有一个焊缝。锯痕在 140° 附近，深度为壁厚的 50%。8 通道扭曲波相控阵传感器阵列安装在管子的一端，激发模式为 $T(0,1)$，接收元数目为 8。用合成聚焦的方法可得 $T(m,1)$ 模式 $m=-3,-2,\cdots,4$。材料参数：$\rho=7860\ \text{kg/m}^3$，$c_L=5850$ m/s，$c_S=3230$ m/s。

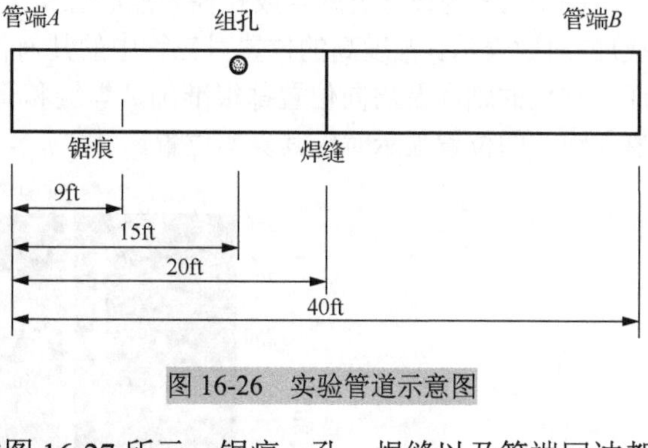

图 16-26　实验管道示意图

接收元 1～8 的角度位置分别为 0°、45°、90°、135°、180°、225°、270°、315°。通道 1 的周向位置和锯痕差不多。首先在管端 A 采集数据。激发模式为 40kHz，$T(0,1)$ 模式。每个通道得到的波形如图 16-27 所示。锯痕、孔、焊缝以及管端回波都在图上标注了。焊缝信号在 8 个通道上都有显示。锯痕只在某些通道上显示，并且每个通道的幅度不一样，这表明缺陷的分布是非轴对称的。由于导波并非直线传播以及模式之间的干涉效应，锯痕的最大反射波出现在通道 6(225°)，而并非 0°。类似地，组孔的最大回波出现在通道 2(45°)而真实位置在 225°。因此，接收信号所在的周向位置不能直接作为缺陷的位置。

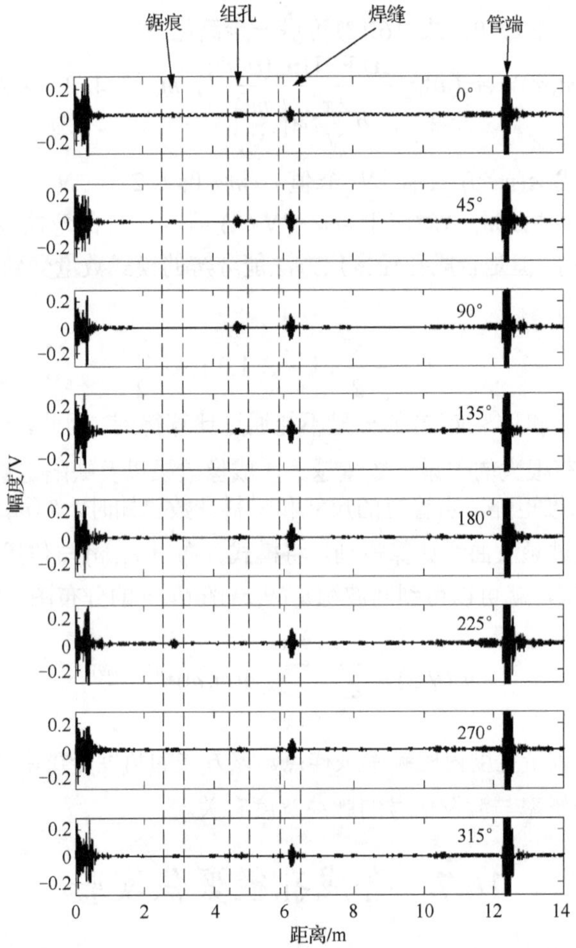

图 16-27　8 通道接收信号。激发波形：扭曲波模式，40kH。管子：直径 8in，标号 40

图 16-28 为该管道的合成孔径聚焦成像结果。成像的量为 $u_s(\theta,z)$ 的波形包络（希尔伯特变换）的对数表示。幅度高的位置对应管中的几何特征。锯痕和组孔很清楚地显示出非轴对称特征，它们的轴向及周向位置都很准确，焊缝和管端显示出轴对称特征，通过信号处理以后锯痕和组孔的位置显示对应其真实位置。

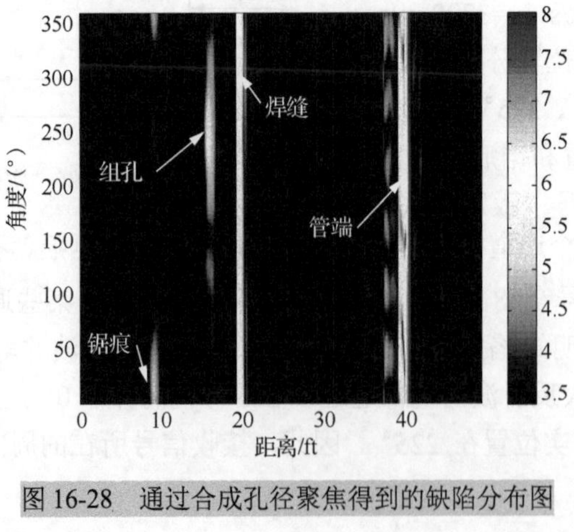

图 16-28　通过合成孔径聚焦得到的缺陷分布图

小结

本章介绍了导波多通道聚焦和合成孔径聚焦技术的理论及应用。实时聚焦从物理上将波形能量聚焦到管道中设定的位置。合成孔径聚焦的激发源不聚焦，但是通过对多通道接收信号的处理来得到反射回波模式组合的能量及相位分布，从而得到反射源的分布。实时聚焦可以在聚焦位置得到更强的能量和检测灵敏度。由于需要通过不同的聚焦法则扫描来覆盖整个管道，所以相对比较费时。合成孔径聚焦时，可以通过单个轴对称波的发射来得到反射源的分布。两种方法各有优点，因此可以在实际应用中根据需要选择合适的方法。

习　题

16-1　实时聚焦的焦点能量幅度的影响因素有哪些？

16-2　在导波实时聚焦中，哪些因素会影响旁瓣的大小？

16-3　如何使用导波聚焦技术来估计缺陷的周向大小？

16-4　实时导波聚焦和合成孔径聚焦技术的轴向分辨率分别是什么？

16-5　导波聚焦的焦点离探头的长度最大可以是多少(简述主要影响因素)？

16-6　根据应用，如何选择实时聚焦还是合成孔径聚焦？

16-7　在导波聚焦中选择 8 通道或 4 通道的设备各有什么优缺点？

16-8　列举几个用相控阵进行导波检测的优点和缺点。

16-9　在实际应用中使用实时聚焦与合成聚焦相比其优缺点分别是什么？

16-10　找到并说明图 16-7 中的自然聚焦位置。

16-11　若想移动聚焦位置，可采用哪些方法？

16-12　如何将本章介绍的聚焦概念使用到板中导波的聚焦？

16-13　从图 16-24 能否进行缺陷的周向长度定量？

16-14　图 16-28 中显示的锯痕缺陷的大致长度是多少？

参 考 文 献

Ditri J J, Rose J L. 1992. Excitation of guided elastic wave modes in hollow cylinders by applied surface tractions. Journal of Applied Physics, 72(7): 2589-2597.

Gazis D C. 1959. Three dimensional investigation of the propagation of waves in hollow circular cylinders. I. Analytical foundation. Journal of the Acoustical Society of America, 31(5): 568-573.

Giurgiutiu V, Bao J. 2004. Embedded-ultrasonics structural radar for in-situ structural health monitoring of thin-wall structures. Structural Health Monitoring, 3(2): 121-140.

Hayashi T, Murase M. 2005. Defect imaging with guided waves in a pipe. Journal of the Acoustical Society of America, 117(1): 2134-2140.

Ing R K, Fink M. 1998. Time-reversed Lamb waves. IEEE Transactions on Ultrasonics, Ferroelectrics and Frequency Control, 45(4): 1032-1043.

Li J, Rose J L. 2001. Excitation and Propagation of Non-axisymmetric guided waves in a Hollow Cylinder. Journal of the Acoustical Society of America, 109(2): 457-464.

Li J, Rose J L. 2002. Angular-profile tuning of guided waves in hollow cylinders using a circumferential phased array. IEEE Transactions on Ultrasonics, Ferroelectrics and Frequency Control, 49(12): 1720-1810.

Mu J, Zhang L, Hua J, et al. 2010. Pipe testing with ultrasonic guided wave synthetic focusing techniques. Materials Evaluation, 68(10): 1171-1176.

Mu J, Rose J L. 2008. Long range pipe imaging with a guided wave focal scan. Materials Evaluation, 66(6): 663-666.

Sun Z, Zhang L, Gavigan B J, et al. 2003. Ultrasonic flexural torsional guided wave pipe inspection potential. ASME Proceedings of Pressure Vessel and Piping Division Conference: 29-34.

Wilcox P D. 2003. A rapid signal processing technique to remove the effect of dispersion from guided wave signals. IEEE Transactions on Ultrasonics, Ferroelectrics and Frequency Control, 50(4): 419.

第 17 章　黏弹性介质中的导波

17.1　引　　言

黏弹性导致的衰减问题是超声无损检测的一个研究热点。本章介绍黏弹性的基本概念和它对导波传播的影响。弹性理论假设在发生形变过程中应力是应变的线性函数，形变过程没有能量损耗。这种假设适用于大多数金属、陶瓷等材料。聚合物、复合材料等其他材料在形变过程中会损耗较多的能量，这类材料称为黏弹性材料。黏弹性材料中的应力是应变和应变对时间导数的函数。黏弹性材料中有一类是线性黏弹性材料，它们的应力和应变及其时间导数之间是线性关系。

17.2 节讨论几种黏弹性模型，包括迈克斯韦(Maxwell)、凯尔文-沃伊特(Kelvin-Voight)和滞回(Hysteresis)模型。在 20 世纪早期，黏弹性模型被用于地球物理来描述地震波在地壳层的传播。具体历史可参考文献(Sivaselvan 和 Reinhorn，2000)。描述各向同性黏弹性材料并求解其频散曲线除了需要知道纵波和横波波速、材料密度，我们还需要知道纵波和横波衰减值。17.3 节讨论这些特性的测量方法。17.4 节讨论材料黏弹性系数增大时导波频散曲线和传播特性的变化。17.5 节讨论正交各向异性黏弹性板中水平剪切波的问题。17.6 节简述黏弹性层兰姆波的问题。17.7 节探讨层叠复合材料中导波模式受黏弹性的影响。17.8 节讨论带黏弹性涂层的管中导波。

如果我们的目标是让导波的传播距离尽量长，就需要选择衰减小的导波模式。我们发现在大部分情况下，导波的衰减随着频率的增加而增加，然而在频散曲线上某些特定的区域下也会出现随着频率增加衰减减小的情况。导波模式的衰减研究还必须以波型模式、频率为参数。另外，黏弹性通常也是温度的函数。

17.2　黏弹性模型

17.2.1　黏弹性材料模型

弹性效应通常由胡克定律来描述，而黏滞效应则由牛顿定律来描述。一维问题情况下，它们也称为弹簧模型和阻尼模型，数值表达式如下：

胡克定律
$$\sigma=C\varepsilon \tag{17.1}$$

牛顿定律
$$\sigma=\eta\frac{\mathrm{d}\varepsilon}{\mathrm{d}t} \tag{17.2}$$

黏弹性材料的本构关系通常可以用两种方式来表示：一个是弹簧和阻尼器串联的迈克斯韦模型；另一个是弹簧和阻尼器并联的凯尔文-沃伊特模型。这两种模型的示意图见图 17-1。

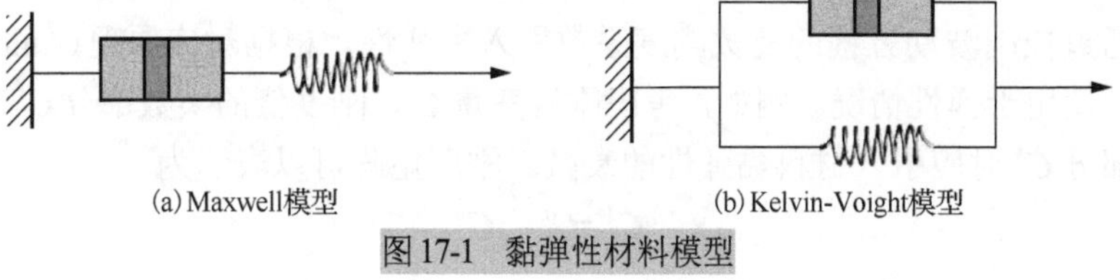

(a) Maxwell模型　　(b) Kelvin-Voight模型

图 17-1　黏弹性材料模型

17.2.2 凯尔文-沃伊特模型

图 17-1(b)所示的凯尔文-沃伊特模型中阻尼器和弹簧并联，这两个元件的应变相等并且总应力为分应力之和

$$\sigma=\sigma_1+\sigma_2=C\varepsilon+\eta\frac{\mathrm{d}\varepsilon}{\mathrm{d}t} \tag{17.3}$$

简谐波解可以用式(17.4)描述

$$\varepsilon=\widehat{\varepsilon}\mathrm{e}^{\mathrm{i}\omega t},\quad \sigma=\widehat{\sigma}\mathrm{e}^{\mathrm{i}\omega t} \tag{17.4}$$

$$\widehat{\sigma}=C\widehat{\varepsilon}+\mathrm{i}\omega\eta\widehat{\varepsilon}=\left(C+\mathrm{i}\omega\eta\right)\widehat{\varepsilon} \tag{17.5}$$

因此，黏弹性材料的本构关系仍然可以用和弹性理论类似的方法来表示，不同的是刚度常数是复数，实部为弹性刚度常数，虚部表示耗散的能量，和频率相关。

Auld(1990)将一维对应原理推广到三维波动力学，如式(17.6)所示，刚度矩阵 $\boldsymbol{C}$ 的基本元素为复数形式，并且与频率相关

$$\sigma_{ij}=C_{ijkl}\varepsilon_{kl} \tag{17.6}$$

17.2.3 迈克斯韦模型

如图 17-1(a)所示，在迈克斯韦模型中弹簧和阻尼串联，总应变为两个分应变的和，如式(17.7)所示

$$\varepsilon=\varepsilon_1+\varepsilon_2 \tag{17.7}$$

对时间求导，可以得到

$$\dot{\varepsilon}=\dot{\varepsilon}_1+\dot{\varepsilon}_2 \tag{17.8}$$

使用式(17.1)和式(17.2)的关系，应力-应变关系可以表示为

$$\dot{\varepsilon}=\frac{\dot{\sigma}}{C}+\frac{\sigma}{\eta} \tag{17.9}$$

所有场变量可以表示成对时间的谐波方程，因此可以写成式(17.4)。

将这些表达式代入式(17.9)，有

$$\widehat{\sigma}=\widehat{C}\widehat{\varepsilon}=(\widehat{C}_1+\widehat{C}_2)\widehat{\varepsilon} \tag{17.10}$$

$$\widehat{C}_1=\frac{C\omega^2}{C\eta^2+\omega^2} \tag{17.11}$$

$$\widehat{C}_2=\frac{C^2\omega\eta}{C\eta^2+\omega^2} \tag{17.12}$$

17.2.4 滞回模型和凯尔文-沃伊特模型的其他细节

滞回模型用复数刚度系数表达迟滞形变应力-应变关系的动态属性。Lake(1999)描述了基本模型，其中每个复数刚度系数分别由实部和虚部给出。在这个模型中，刚度系数中对应黏弹性系数的虚部和频率无关。这与 Kelvin-Voight 模型形成对比，此模型中黏弹性刚度与频率相关。更多关于黏弹性固体的综述参考文献可以查看文献(Lake，1999)或(Haddad，1995)。这两个模型通过控制波动方程的复数刚度系数引入黏弹性。根据对应原理(Auld，1990)，同样的控制方程适用于弹性情况。例如，考虑刚度变量 $\boldsymbol{C}^*$，刚度值的实数部分 $\boldsymbol{C}'$ 对应存储的能量，而复数部分 $\boldsymbol{C}''$ 对应引入材料黏弹性的衰减。刚度矩阵可以表示为

$$\boldsymbol{C}^*=\boldsymbol{C}'-\mathrm{i}\boldsymbol{C}'' \tag{17.13}$$

滞回模型假设 $\boldsymbol{C}''$ 和频率无关，运用损耗因子 η，方程可以改写为

$$\boldsymbol{C}^*=\boldsymbol{C}'-\mathrm{i}\boldsymbol{\eta} \tag{17.14}$$

Kelvin-Voight 模型假设 $\boldsymbol{C}''$ 是频率的线性函数。$\boldsymbol{\eta}$ 在参考频率 f_0 处测得，其关系为

$$\boldsymbol{C}^*=\boldsymbol{C}'-\mathrm{i}\frac{f}{f_0}\boldsymbol{\eta} \tag{17.15}$$

当频率为特征频率 f_0 时，这两个模型结果相同。当频率 f 不是特征频率时，结果不同。Kelvin-Voight 模型在频率低于 f_0 时衰减小，而高于 f_0 时衰减增大。我们运用实数频率来求解导波模式的控制方程，因此每个解为复数波数 k^*。我们可以根据复数波数计算相速度和衰减

$$k^*=k'+\mathrm{i}k'' \tag{17.16}$$

把复数相速度写为

$$c_p^*(\omega)=\left(\frac{1}{c_p(\omega)}-\mathrm{i}\frac{\alpha(\omega)}{\omega}\right)^{-1} \tag{17.17}$$

根据式(17.16)得到实数相速度 c_p

$$c_p(\omega)=\left(\frac{k'}{\omega}\right)^{-1} \tag{17.18}$$

和衰减系数 α

$$\alpha(\omega)=-\omega\,\mathrm{Im}\left\{\frac{1}{c^*(\omega)}\right\}=-k'' \tag{17.19}$$

式中，这两个变量均为圆频率 ω 的函数。α 的单位是 neper/m。当传播距离为一个波长时，幅度衰减 1/e，那么衰减因子就是 1。奈培(neper)和分贝的转换公式为

$$1\text{neper}=20\log_{10}(\mathrm{e})\text{dB}=8.69\text{dB}$$

因为求解复数的导数容易引起歧义，所以不能直接使用前面章节得到的群速度方程。我们需要计算能量速度来找出导波能量的传播速度。对于衰减较小的模式，仅使用相速度的实数部分来计算群速度可以得到较好的近似结果。关于如何计算能量速度的更多信息请参考第 9 章，或参考文献(Bartoli，2006)。

17.3　测量黏弹性参数

精确的材料属性输入对导波模拟和实验设计至关重要。求解黏弹性材料中的导波模式时需要用到复数材料属性。材料弹性参数的测量方法相对成熟，常见材料的弹性参数可以在文献中方便地查到。但黏弹性材料的属性却并不广为人知。因此，有必要通过实验来测量材料的衰减属性。读者可参考以下相关文献，了解具体内容：Barshinger 和 Rose(2004)将样品置于水槽中，用两个纵波换能器来测量体纵波和剪切波黏弹性；Baudouin 和 Hosten(1996)、Castaings 等(2000)采用水浸法，通过改变发射换能器、样品和接收换能器之间的角度来测量复合板的各向异性衰减；van Velsor(2009)使用脉冲回波反射系数来定征材料衰减属性，此方法被用来测量输气管线的涂层属性。

对黏弹性材料建模时，需要重点考虑材料衰减随频率的变化关系。如果我们假设复合材料刚度系数与频率无关，数值计算会容易很多。(Baudouin 和 Hosten，1996；Chan 和 Cawley，1998；Barshinger 和 Rose，2004)等文献的结果证实了这个假设对于聚合物在 0.3～5 MHz 频率范围内是正确的。这种材料中的体波纵波和横波的衰减随频率线性变化。

17.4　黏弹各向同性板

基于对应理论，可将复数刚度常数矩阵代入控制方程来分析黏弹性介质中的超声导波。部分波理论、克里斯托费尔方程、全局矩阵法、转移矩阵法等方法在黏弹性介质中仍然适用。Chan 和 Cawley (1998) 研究了黏弹性系数增强时板中导波的传播。他们发现随着衰减的增大，相速度频散曲线和衰减曲线都发生改变。衰减系数通常随着频率的增大而增大，但也存在一些区域衰减随频率增加而减小。这些相反趋势的区域通常波结构为纵波主导。由于横波的衰减系数通常是纵波衰减系数的 3～10 倍，当导波波结构是纵波部分主导时，衰减系数会低于横波部分主导的模式。因此，在实际应用中我们应该使用这些模式以提高有效检测距离。

17.5　黏弹正交各向异性板

17.5.1　问题界定和求解

现在我们来推导一个黏弹正交各向异性板中的导波传播规律。假设板在直角坐标系内的区域为 $(|z|\leqslant d/2,\ |x|<\infty,\ |y|<\infty)$，在板上表面 $x|\leqslant b$ 的范围内加载剪切应力载荷 $p(x)e^{i\omega t}$，下表面为自由边界，ω 是振动的圆频率。对于 SH 波，控制方程为(为了推导简洁，省去了时间因子 $e^{i\omega t}$)

$$C_{66}(\omega)\frac{\partial^2 u_y}{\partial x^2}+C_{44}(\omega)\frac{\partial^2 u_y}{\partial z^2}+\rho\omega^2 u_y=0 \tag{17.20}$$

$$C_{kl}(\omega)=C_{kl}^r(\omega)+iC_{kl}^i(\omega) \tag{17.21}$$

式中，$u_y=u_y(x,z)$ (Auld，1990)。

边界条件为

$$\sigma_{yz}=p(x)e^{i\omega t},\ \text{当}z=d/2,\ |x|\leqslant b\text{时} \tag{17.22a}$$

$$\sigma_{yz}=0,\ \text{当}z=d/2,\ |x|>b\text{时} \tag{17.22b}$$

$$\sigma_{yz}=0,\ \text{当}z=-d/2,\ |x|\geqslant 0\text{时} \tag{17.22c}$$

引入无量纲变量

$$\zeta=z/d,\ \xi=x/d,\ a=b/d \tag{17.23}$$

对于式(17.18)沿 x 轴作傅里叶变换，并满足边界条件式(17.20) (Achenbach, 1984)，我们可以得到如下形式的位移场

$$u_y(\xi,\zeta,\omega)=\frac{d}{2\pi C_{44}(\omega)}\int_{-\infty}^{\infty}\left[\frac{\sinh(\lambda\zeta)}{\lambda\cosh(\lambda/2)}+\frac{\cosh(\lambda\zeta)}{\lambda\sinh(\lambda/2)}\right]T(\alpha)e^{-i\alpha\xi}d\alpha \tag{17.24a}$$

式中，

$$\lambda^2=(C_{66}(\omega)\alpha^2-s^2)C_{44}^{-1}(\omega),\ s^2=\rho(\omega d)^2 \tag{17.24b}$$

$$T(\alpha)=\frac{1}{2}\int_{-a}^{a}\rho(\gamma)e^{i\alpha\gamma}d\gamma \tag{17.24c}$$

式(17.24a)的解和弹性情况相同，积分时需要考虑被积函数的极点。解的对称部分的极点[式(17.24a)的第一项]为

$$\alpha_n=\sqrt{\{s^2-C_{44}(\omega)(2\pi n)^2\}C_{66}^{-1}(\omega)},\ n=0,1,2,\cdots \tag{17.25a}$$

对于反对称部分[式(17.24a)的第二项]极点为

$$\beta_n=\sqrt{\{s^2-C_{44}(\omega)[\pi(2n+1)^2]\}C_{66}^{-1}(\omega)},\ n=0,1,2,\cdots \tag{17.25b}$$

在弹性固体中，对于每个特定的 ω，我们可以从式(18.25)中得到有限数量的实数极点和无限多个沿坐标轴方向对称的虚数极点。对于黏弹性情况，α_n 和 β_n 通常为复数，虚部是衰减系数。对式(17.24a)运用留数定理可以得到

$$u_y(\xi,\zeta,\omega)=-\frac{\mathrm{i}d}{C_{66}(\omega)}\times\left\{\frac{T(\alpha_0)}{2\alpha_0}\mathrm{e}^{-\mathrm{i}\alpha_0\xi}+\sum_{n=1}^{\infty}\left[\frac{\cos(2\pi n\zeta)}{\cos(\pi n)}\frac{T(\alpha_n)}{2\alpha_n}\mathrm{e}^{-\mathrm{i}\alpha_n\xi}+\frac{\sin[\pi(2n-1)\zeta]}{\cos[\pi(n-1)]}\frac{T(\beta_n)}{2\beta_n}\mathrm{e}^{-\mathrm{i}\beta_n\xi}\right]\right\} \tag{17.26}$$

式中，$|\xi|>b$。式(17.26)在以下极点求和，ξ 为正的半边时波数虚部为负，ξ 为负的半边时波数虚部为正。

17.5.2 节讨论当 $p(x)=1$ 时的计算结果，考虑两种黏弹性固体的情况。第一种为 Voight 固体，其弹性模量由 Coquin(1964)和 Auld(1990)给出

$$C_{kl}(\omega)=C_{kl}^r+\mathrm{i}\omega C_{kl}^i \tag{17.27}$$

对于第二种情况，刚度的实部和虚部均与频率无关。这两种假设可以描述材料在相当宽频率范围内的响应。

17.5.2 数值计算结果

根据 Deschamps 和 Hosten(1992)提供的实验数据，假设黏弹性材料参数为

$$C_{44}^r=6.15,\quad C_{44}^i=0.02,\quad C_{66}^r=3.32,\quad C_{66}^i=0.009,\quad \rho=1.5\mathrm{g/cm^3},\quad a=1.5$$

单位为 GPa。计算得到的相速度频散曲线见图 17-2。图 17-3 描述了当弹性模数独立于频率时的相速度曲线。在图 17-3(b)中，相速度频散曲线和弹性板的频散曲线重叠。

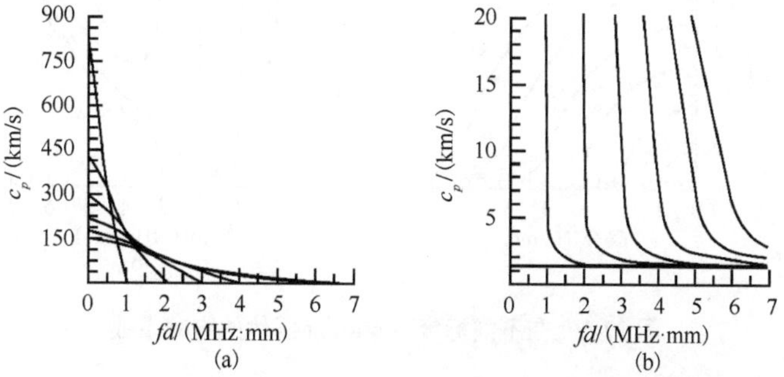

图 17-2　不同标度下的一种 Voight 黏弹性固体相速度曲线

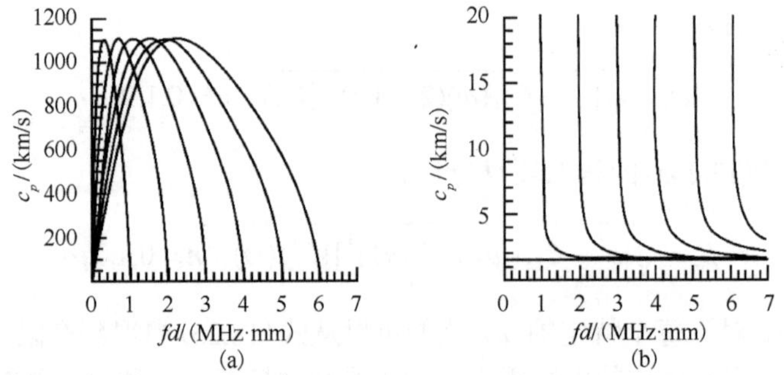

图 17-3　在不同标度下复数模数独立于频率时黏弹性固体的相速度曲线

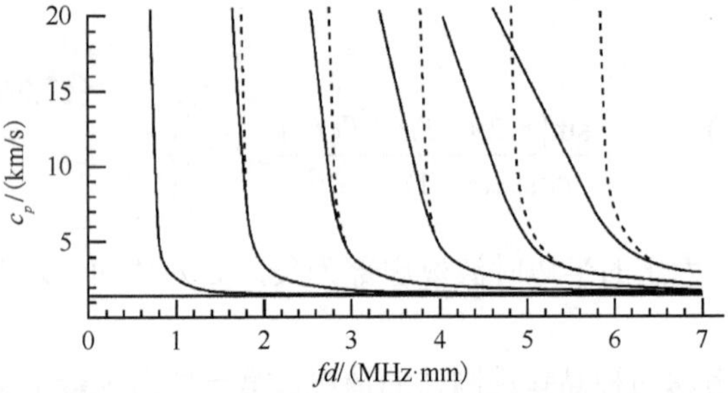

图 17-4　Voight 模型(实线)和弹性固体(虚线)的相速度曲线，注意到前两个模式的曲线重叠

图 17-4 给出了黏滞效应的特性，曲线显示了从 Voight 材料(实线)到弹性材料(虚线)的相速度变化。黏弹和弹性情况的前两个模式互相重叠。

我们用式(17.25)来表示波场，可以把波数分解为 α_n 和 β_n，即 $k = k_{\mathrm{Re}} + \mathrm{i}k_{\mathrm{Im}}$。式(17.26)的每一项因此可以写为

$$u_y \sim A\mathrm{e}^{\mathrm{i}k\xi} = A\mathrm{e}^{\mathrm{i}k_{\mathrm{Re}}\xi}\mathrm{e}^{-k_{\mathrm{Im}}\xi}$$

式中，$\mathrm{i}k_{\mathrm{Re}}\xi$ 为典型的弹性材料中的波传播项；$\mathrm{i}k_{\mathrm{Im}}\xi$ 引入了随距离 ξ 增大的衰减。推导出的 Voight 固体和黏弹性材料中的衰减系数分别见图 17-5 和图 17-6。图 17-6 显示弹性常数取决于频率的显著效应：相速度和衰减系数对弹性模数的变化十分灵敏。在实际激发 SH 波时，换能器辐射的能量 $E(f)$ 在频域内展开——假定能量服从高斯分布。因此，对于任何激发频率 f_0，存在一个频率延展区 $(f_0 - 3\sigma,\ f_0 + 3\sigma)$，其中 σ 为标准差。为了对实际情况进行模拟，我们需要表达出任何频率由此产生的幅度

$$\overline{u}_y(\xi,\zeta,f_0) = \int_{f_0-3\sigma}^{f_0+3\sigma} u_y(\xi,\zeta,2\pi f)E(f)\mathrm{d}f \tag{17.28}$$

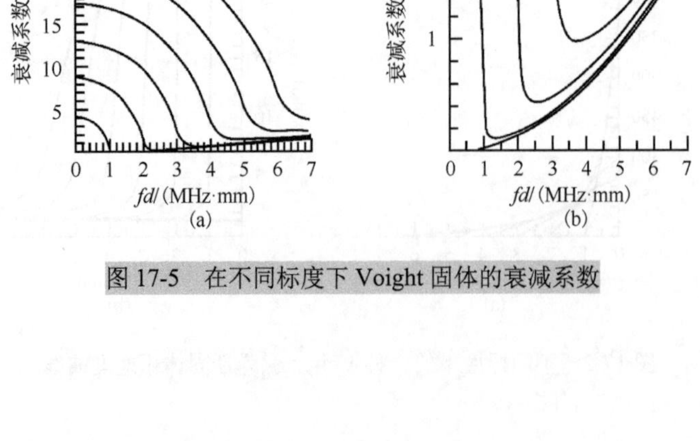

图 17-5　在不同标度下 Voight 固体的衰减系数

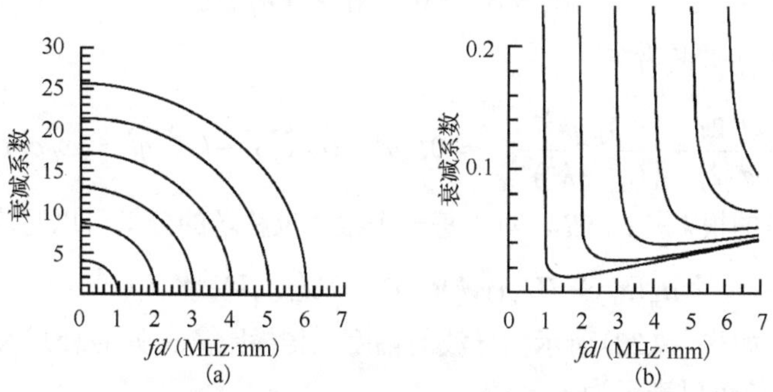

图 17-6 在不同标度下复数弹性模数独立于频率时某种黏弹性固体的衰减系数

图 17-7 给出了由此产生的频域内的无量纲模数 $M=|\bar{u}_y(\xi,d/2,f)|$（图 17-7 对应的计算参数为 $d=1,x=7,\ a=1.5,\sigma=0.03$），本图中的峰值频率为对应图 17-2(弹性固体)中相速度曲线的截止频率。对于黏弹性固体(拥有频率无关的模数)，黏滞使峰更加平缓；对于 Voight 材料，没有这种关系，因为 $C_{kl}(\omega)$ 随频率而增大。

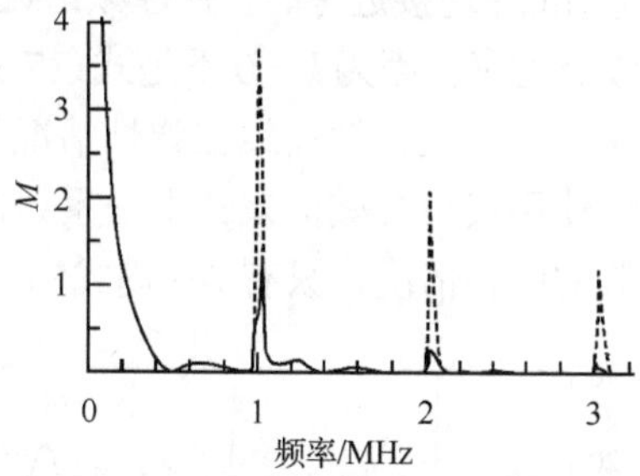

图 17-7 某个独立黏弹性材料的频率-弹性模数(实线)和弹性材料(虚线)的幅频关系

本节我们主要探讨了 SH 导波的黏弹效应，其结果总结如下。当刚度矩阵的虚部较小时，黏弹性材料的相速度频散曲线接近于弹性材料的频散曲线。在激发源为活塞式分布、弹性材料的情况下，截止频率处的激发最强，与其他频率比较有显著的峰值。当材料为黏弹性时，这个对比减弱。

这个效应已被用于粉末冶金制备过程中的检测，可以通过实验选择一个低衰减的模式来进行检测。

17.6 黏弹性介质层中的兰姆波

本节讨论兰姆波在黏弹性材料中的传播。假设 x 为传播方向，厚度为 d。对于黏弹情况，我们可以使用复数波数和波速度。波数的实部为波的传播，虚部为波的衰减。根据 Kelvin-Voight 模型方程，假设体波衰减随频率线性变化，因此可以分别为纵波和横波体波定义两个衰减参数(每个单位频率)η_L 和 η_T。复数波数和体波速度可以表示为(Chimenti 和 Nayfeh，1989)

$$
\begin{aligned}
&k_L^* = \omega/c_L + \mathrm{i}\eta_L\omega/(2\pi),\quad k_T^* = \omega/c_T + \mathrm{i}\eta_T\omega/(2\pi)\\
&c_L^* = \omega/k_L^*,\quad c_T^* = \omega/k_T^*
\end{aligned}
\tag{17.29}
$$

和之前一样，c_L 和 c_T 分别为对应的弹性材料中的纵波和横波波速。

波传播问题的解析解可以用和弹性材料相同的方法得到：根据式(17.29)，用复数波数和速度代替实数波数和体波速度。应力自由边界条件为

$$\sigma_x = \sigma_{xy} = 0, \text{ 当} y = \pm d/2 \text{时} \tag{17.30}$$

可得复数瑞利-兰姆波频散方程

$$\frac{\tan(qd/2)}{\tan(pd/2)} + \left\{ \frac{4pqk^2}{(q^2-k^2)^2} \right\}^{\pm 1} = 0,\ p^2 = (\omega/c_L^*)^2 - k^2,\ q^2 = (\omega/c_T^*)^2 - k^2 \tag{17.31}$$

现在考虑式(17.31)的根$k = \alpha + \mathrm{i}\beta$。对于每一个根，位移场的分量可以写成

$$u_m(x,y) = U_m(y,k)\mathrm{e}^{\mathrm{i}(kx-\omega t)} = U_m(y,k)\mathrm{e}^{\mathrm{i}(\alpha x-\omega t)}\mathrm{e}^{-\beta x} \tag{17.32}$$

式中，m 取 x，y。如式(17.32)所示，导波的幅度在传播距离 x 处的衰减为 $\mathrm{e}^{-\beta x}$。然后对于恰当的 k 值，相速度值可以表示为 $c_p=\omega/\alpha$。

因为式(17.31)自身为复数形式，所以没有复共轭根，这会破坏频谱对坐标系统的对称性。当 η_L 和 η_T 均接近零时，弹性频谱近似为黏弹性材料的情况。截止频率的概念对黏弹性材料而言没有意义，因为$k=0$不是式(17.31)在$\omega>0$时的根。如图 17-8 所示，黏弹性材料情况下的相速度和衰减频散曲线在弹性情况下的频谱的截止频率附近有最大的曲率。因此，我们可以通过使用极小衰减值来产生一系列低衰减远距离传播的导波。图 17-8 和图 17-9 给出了黏弹性材料的两种情况，只有 A0 模式的衰减随频率线性变化。

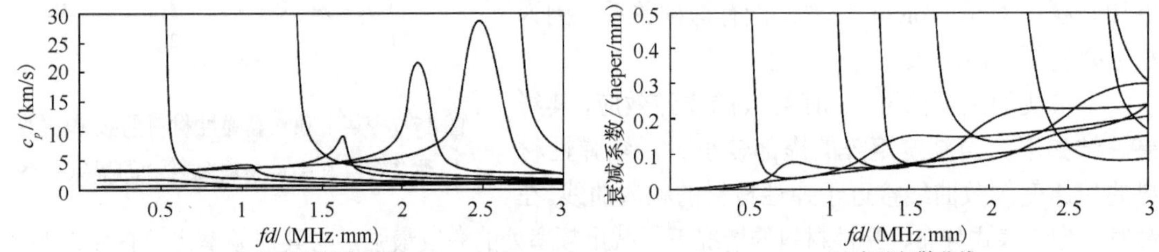

(a) 相速度频散曲线　　(b) 衰减频散曲线

图 17-8　黏弹板中相速度和衰减频散曲线，$\eta_L = 0.02$neper/(MHz·mm)，$\eta_T = 0.07$neper/(MHz·mm)；c_L=2.7km/s，c_T=1.1km/s

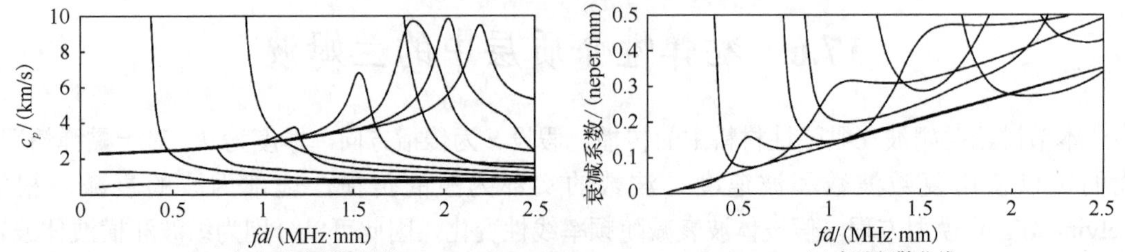

(a) 相速度频散曲线　　(b) 衰减频散曲线

图 17-9　黏弹板中的相速度和衰减频散曲线，η_L= 0.1neper/(MHz·mm)，η_T=0.2neper/(MHz·mm)；c_L=1.8km/s，c_r= 0.8km/s

17.7　黏弹复合板

本节用第 9 章中描述的半解析有限元(SAFE)方法求解导波方程。使用 SAFE 方法解决复数刚度矩阵问题，计算时间不会明显增加。而基于矩阵的方法则需要在复数域内求解(实部和虚部两个维度)，计算工作更加繁重，并且可能会导致解的遗漏，所以 SAFE 求解黏弹性问题时优于矩阵法。

表 17-1 是计算时所用的黏弹复合板的材料参数。复合材料为 IM7/977-3，准各向同性层叠序列[(0/45/90/−45)$_s$]$_2$，16 层的总厚度为 3.2 mm。本节结果来自文献(Gao，2007)。

表 17-1　模拟中用到的黏弹复合板层属性。测量频率为 2MHz，密度是 1.6 g/cm^3

刚度分量	C_{11}	C_{12}	C_{13}	C_{22}	C_{23}	C_{33}	C_{44}	C_{55}	C_{66}
实部/GPa	178	8.35	8.35	14.4	8.12	14.4	3.16	6.10	6.10
虚部/GPa	8.23	0.65	0.60	0.34	0.25	0.65	0.24	0.28	0.25

图 17-10 为此板用滞回模型计算得到的频散曲线。图 17-11 为此板用 Kelvin-Voight 模型得到的频散曲线。这两个图仅提供了衰减小于 1neper/mm 的模式。尽管这两种图的相速度频散曲线非常相似，它们的衰减曲线却大不相同。对比图 17-10(b)和图 17-11(b)，我们验证了 17.2.4 节的结论，在频率低于特征频率时，Kelvin-Voight 模型得到的衰减较低。两种模型对给定模式衰减系数随频率变化趋势相同。在本章剩余部分考虑黏弹性材料时，我们使用滞回模型。

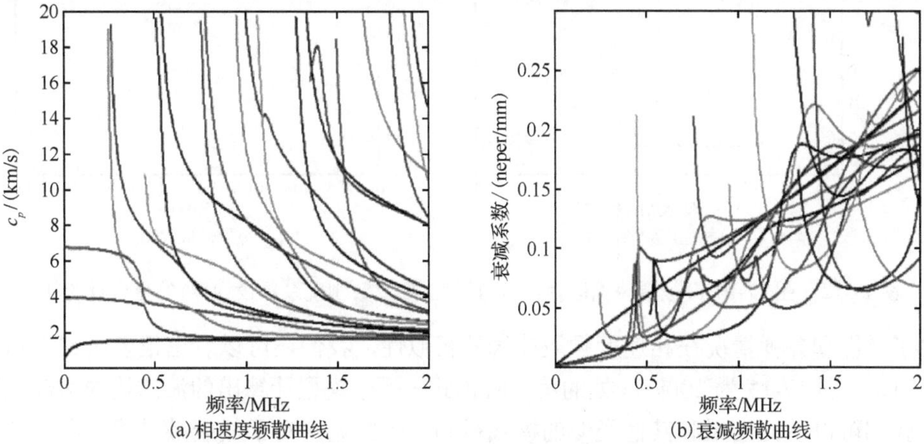

图 17-10　由 Hysteretic 模型得到的相速度和衰减频散曲线

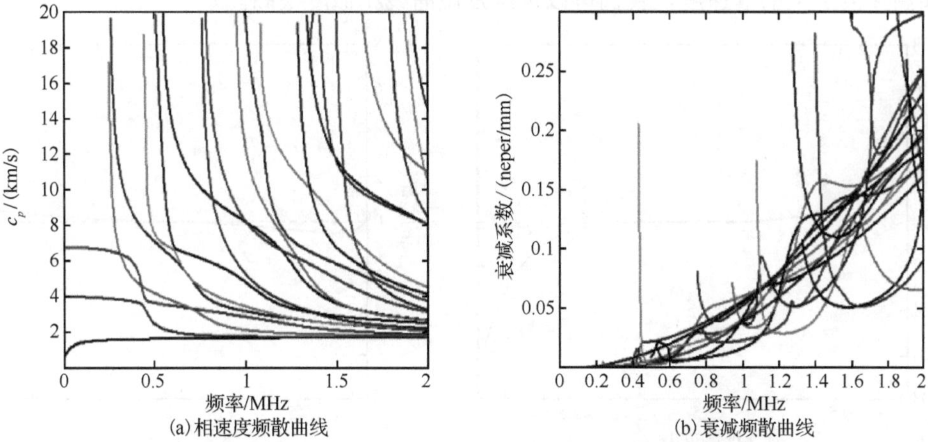

图 17-11　Kelvin-Voight 模型的相速度和衰减频散曲线

图 17-12 为弹性(虚线)和滞回黏弹(实线)模型的相速度频散曲线，其中图 17-12(a)为全部频散曲线，图 17-12(b)为相互作用区域的放大曲线。我们发现本黏弹复合板的相速度曲线和弹性情况下非常相似，并且在许多地方这两条曲线重叠。这对衰减较小的结构来说通常是

正确的。实际上，在我们继续本节的分析中，发现弹性情况和弱衰减复合材料有很多共性。弹性和黏弹板的频散曲线最主要的一个差别是相近模式的相互作用。如图 17-12 所示，对于弹性情况，相近模式间互相排斥。然而对于黏弹情况，我们发现会出现模式交叉。区别何种模式似乎仅有理论差别，而没有实际区别，但是单个模式的波结构是需要重点考虑的对象。诚然，在模式相互作用区域辨认每种模式为何种模式时，研究人员经常会查看波结构的连续性来对模式进行排序。如果和其他类似相速度的解相比，某个特定模式的解在交叉点附近的频率处波结构相近，那么我们认为它们在同一条曲线上。

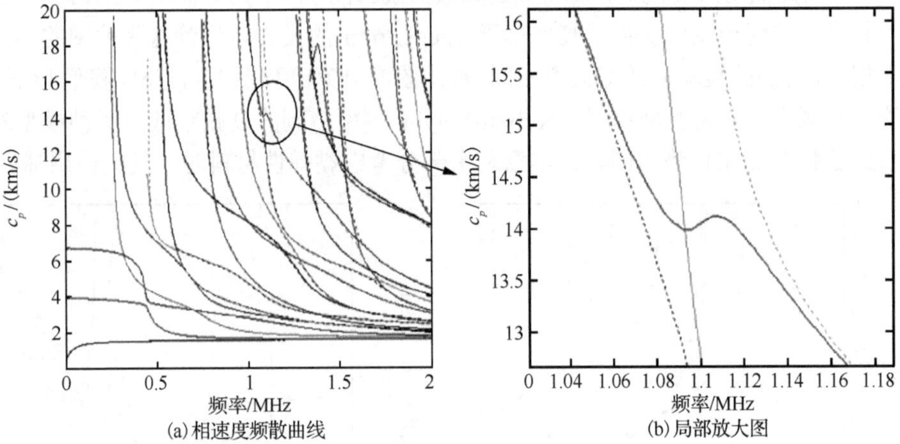

图 17-12　图 17-10(a) 被覆盖相同弹性材料属性(如复数刚度系数设为零)的复合板的结果

除了弹性和黏弹情况在相速度频散曲线的相似性，我们还可以看出很多区域有相似的波结构。例如，图 17-13 为 200kHz 处的第一阶模式。两个模型计算出的波结构的实部几乎完全相同。我们可以从此结果和其他类似的模式得到如下结论：对于低衰减模式，用弹性模型得到的波结构可作为黏弹性材料波结构的近似。接下来我们对比导波模式的速度。图 17-14 为弹性和黏弹情况下的群速度，我们可以再次发现曲线相似度很高。

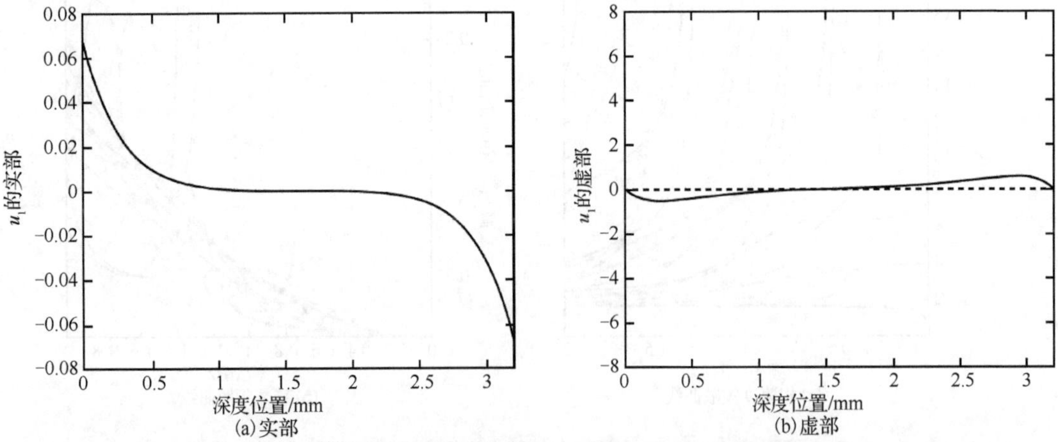

图 17-13　弹性(虚线)和黏弹(实线)模型在 200kHz 处的第一个模式的面内位移 u_1 的实部和虚部分量

对于低衰减区域，通常群速度和能量速度具有良好的一致性(Bernard et al., 2001)。从图 17-14 可以清楚地看出群速度在这两种情况下非常相似，发生差别的位置处于模式相互作用区域，如频率 1.1MHz 和群速度 2.5km/s 附近。在这些模式相互作用区域，有必要计算能量速度来获取能量的传播速度。需要注意的是，使用 SAFE 方法来计算能量速度时，有必要使用比求解频散曲线和波结构时更小的单元来获取相同的精度。这是因为能量速度是应力及位移导数的函数（Bartoli et al., 2006）。

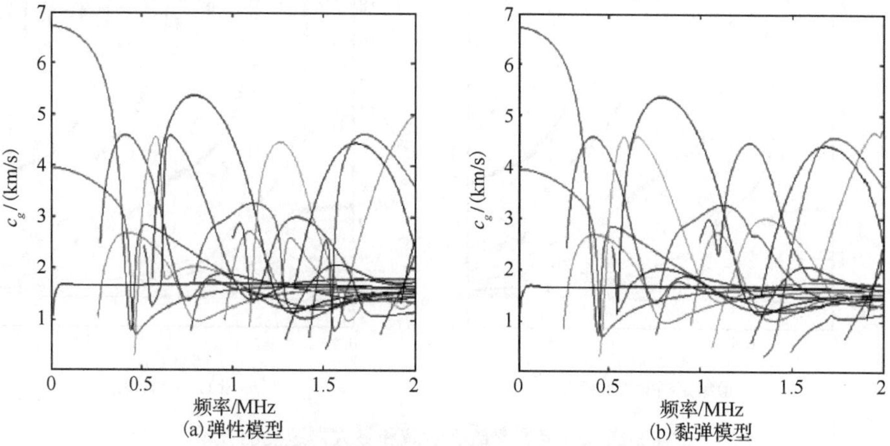

图 17-14　弹性和黏弹模型的能量速度频散曲线

图 17-15 为弹性和黏弹性模型的波束偏转角频散曲线对比。弹性和黏弹性模型对大多数模式的结果相同。然而，在模式相互作用区域，这两个模型的结果相差很大。其中一个模式相互作用区域发生在接近 0.5MHz 处，其中模式 2 和模式 3 相互作用。在这个区域，我们发现黏弹性模型对这两种模式均有较小的偏转角。在模式相互作用区域并不总是这种情形，如模式 5 频率 1.5MHz。

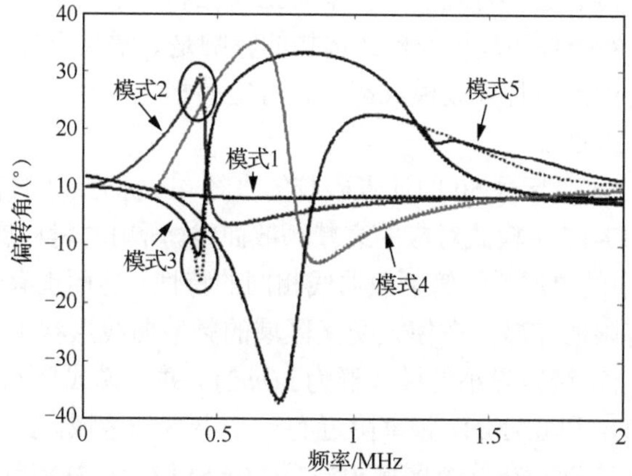

图 17-15　弹性(虚线)和黏弹性(实线)模型的倾斜角频散曲线。
椭圆内为 0.5 MHz 附近的一个模式相互作用区域

这里有个有趣的问题：对于给定的频率，什么模式有小的衰减？在有限频率范围内的导波检测中，这些模式可能是我们想要使用的模式。另外一个问题是：哪种模式最先到达，或最快传播到接收位置？对于黏弹(弹性)情况，这些模式将是能量(群)速度最快的模式。当由源的影响产生的多种模式被激发出来时，用最先到达传感器的模式来实施检测将会简化信号处理过程。

图 17-16 强调了黏弹板内对于一个给定频率下的最小衰减和最大群速度的模式。相同的模式往往同时符合这两个特征。这对导波检测是很有意义的，因为如果选择了给定频率下最大的群速度的模式，我们因此也选择了相对低衰减的模式。

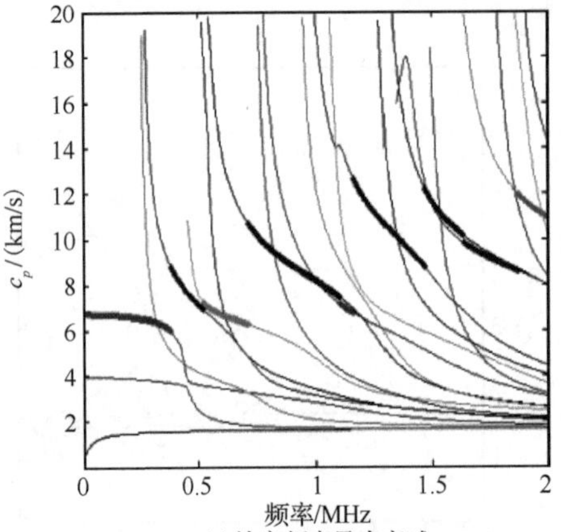

(a)给定频率最小衰减

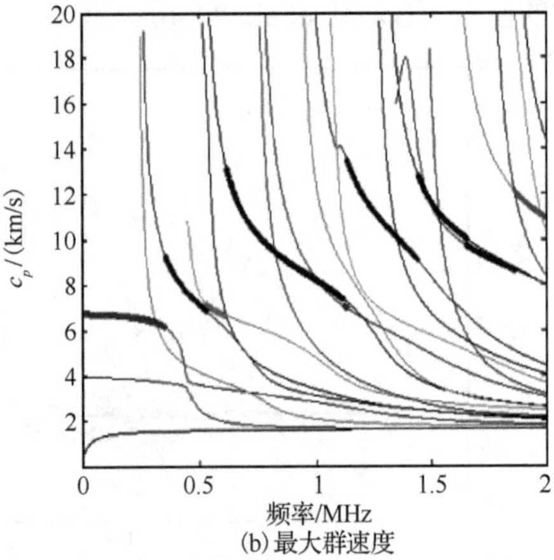

(b)最大群速度

图 17-16　给定频率最小衰减和最大群速度的波模

总之，对于弹性板和低衰减复合板这两种情况，许多导波模式特征是类似的，尤其是相速度、群速度、偏转角的频散曲线非常相似。然而，在相互作用区域，这些变量有较大差别。在这些区域，有必要考虑黏弹模式的解来获得所有模式属性的正确结果。

17.8　黏弹涂层的管

许多管道需要涂上覆盖层(黏弹性材料)来防止腐蚀和其他损坏。涂层的存在会影响导波的传播，因此理解涂层对传播距离以及模式选择的影响是非常重要的。同样可用 SAFE 方法计算频散曲线。涂层管中的每种导波模式都会有特定的相速度和衰减。涂层管中聚焦的计算方法类似于裸管(Mu，2008)。

图 17-17 为涂有 0.2in 厚标号 50 的沥青砂胶的直径 4in 标号 40 的管中导波模式相速度频散曲线。图 17-18 为图 17-17 中模式对应的衰减频散曲线。所用的材料属性见表 17-2。图 17-17 显示了许多与第 10 章中的单层弹性管频散曲线相同的特性。然而也有一些差别，最为显著的差别是模式均有一些有限的衰减，在模式交叉区域的频散曲线形状也发生变化。从图 17-18 可以发现，在大多数频率，衰减最小的模式群为 $L(m,2)$，并且模式群 $L(m,1)$、$L(m,4)$ 和 $T(m,1)$ 分别在 0.3MHz、0.5MHz 和 0.7MHz 频率附近有一个小衰减区域。图 17-17 中一个尤其有趣的一个区域是 0.9MHz 附近，在这个区域模式群 $L(m,5)$ 和 $L(m,3)$ 随频率发生单调变化(相速度随频率增大而增大)。这可以从标识 A 和 B 看出来，在这两个区域可以看到非常大的衰减。实际上，这些模式的衰减大于 100dB/m。但是我们发现在区域 A 的另外两个模式 $L(m,6)$ 和 $T(m,4)$ 有较小的衰减，分别为 60dB/m 和 85dB/m。

表 17-2　用于计算的涂层管材料属性

材料	c_L/(mm/μs)	(α_L/ω)/(μs/mm)	c_T/(mm/μs)	(α_T/ω)/(μs/mm)	ρ/(g/cm^3)
钢	5.85	—	3.23	—	7.86
50 号沥青砂胶	1.86	0.023	0.75	0.24	1.5

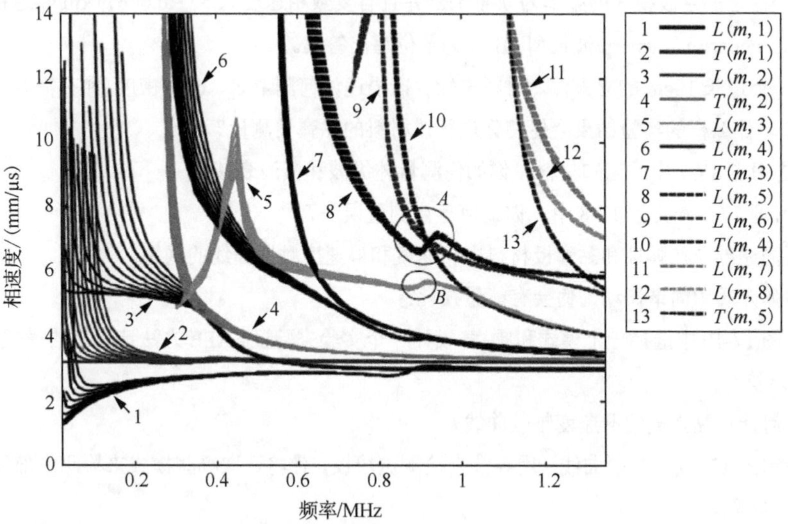

图 17-17　周向顺序 n 从 0 到 10 的涂层钢管中的模式的相速度频散曲线。圈出来的区域 A 和 B 表示随频率单调变化的模式 $L(m,5)$ 和 $L(m,3)$

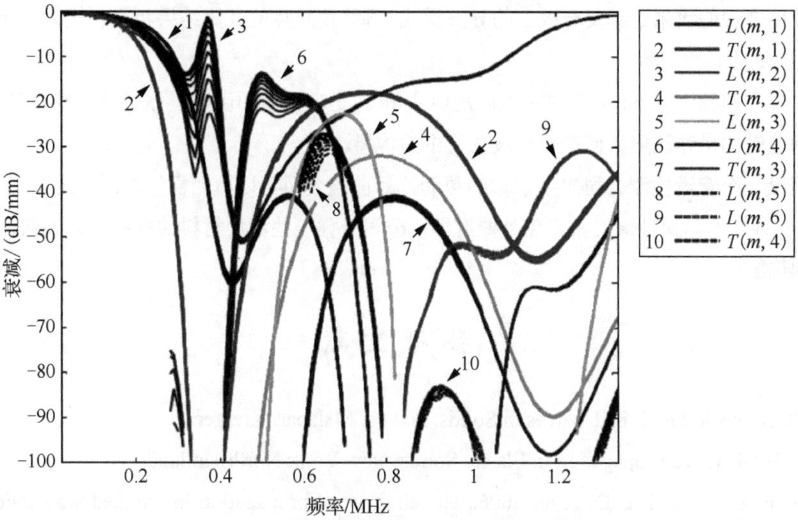

图 17-18　图 17-17 中导波模式的衰减频散曲线

习　题

17-1　列举几个需要考虑材料黏弹特性的导波应用。

17-2　你会选择全局矩阵法还是 SAFE 方法来计算黏弹板的频散曲线？为什么？

17-3　使用全局矩阵法分析黏弹性材料的困难有哪些？SAFE 方法呢？

17-4　设计一个实验来判断一未知材料是滞回模型还是 Kelvin-Voight 模型。

17-5　假设某各向同性的黏弹板有如下材料属性：c_L=1.8km/s，c_T=0.75km/s，α_L/ω=0.03s/km，α_T/ω=0.24s/km。1MHz 体纵波和横波的衰减(dB/m)是多少？0.5MHz 呢？请不通过计算预测 2MHz 处的情况并给出解释，然后计算 2MHz 处的情况来验证你的答案。

17-6　一个特定的导波模式的频率为 0.4MHz 并且有复数相速度(1.57+i0.0467) km/s，这种模式的衰减是多少？分别用以 neper/m、neperp/波长和 dB/m 为单位写出答案。

17-7　有一个边长 10cm 的立方体，材料未知。请描述如何测量 c_L、c_T和密度(如有需要可以将此立方体进行任意切割)。什么样的实验结果会促使你进行该材料的黏弹性测量？

17-8　考虑习题 17-7 中的未知材料，你如何测量体纵波和横波衰减？

17-9　在习题 17-7 和习题 17-8 中，你如何量化测量误差？

17-10　请描述导波在弹性和黏弹板材料中相速度和群速度频散曲线的区别。

17-11　黏弹介质中简谐振动为何会有能量损耗?

17-12　从图 17-10 中选择一个模式和频率，设计一个实验来验证 SAFE 方法计算出的模式的速度和衰减。如何量化测量误差？

17-13　如何计算黏弹板的群速度频散曲线？

17-14　考虑图 17-10 的频散曲线，用导波来检测这块板，你将选取哪些模式来检测内部气孔？选取哪些模式来检测表面缺陷？

17-15　对于上面的板相关问题，和激发弹性板的导波模式相比，你需要对激发技术作哪些相应的改变？请选择一特定模式(频率和相速度)并给出两种以上可行的激发方法。

17-16　对于黏弹板中传播的导波，当频率给定时，为什么通常速度快的模式衰减小？

17-17　使用弹性假设来计算复合板中的导波模式。哪些模式点的计算结果将会有较为明显的误差？哪些模式点是可以接受的？

17-18　如果在习题 17-7 和习题 17-8 中你发现 c_L 和 c_T 是方向角的函数，你的答案将有何变化？

17-19　阐述管的黏弹涂层如何影响导波在管中的传播。

17-20　假设一个管道检测公司来寻求你的帮助，目前该公司可以检测裸管的距离上限为 100ft(30m)，管道将会涂上一种新的黏弹性涂层来避免外壁腐蚀。公司给你一些涂层材料的样品，你如何估计涂上涂层以后导波的检测距离？

参 考 文 献

Auld B A. 1990. Acoustic Fields and Waves in Solids. 2nd ed. Malabar: Kreiger.

Achenbach J D. 1984. Wave Propagation in Elastic Solids. New York: North-Holland.

Bartoli I, Marzani A, Scalea F L D, et al. 2006. Modeling wave propagation in damped waveguides of arbitrary cross-section. Journal of Sound and Vibration, 295(3-5): 685-707.

Barshinger J N, Rose J L. 2004. Guided wave propagation in an elastic hollow cylinder coated with a viscoelastic material. IEEE Transactions on Ultrasonics, Ferroelectrics and Frequency Control, 51(11): 1547-1556.

Baudouin S, Hosten B. 1996. Immersion ultrasonic method to measure elastic constants and anisotropic attenuation in polymer-matrix and fiber-reinforced composite materials. Ultrasonics, 34(2-5): 379-382.

Bernard A, Lowe M J S, Deschamps M. 2001. Guided wave energy velocity in absorbing and non-absorbing plates. Journal of the Acoustical Society of America, 110(1): 186-196.

Bouc R. 1967. Forced vibration of mechanical systems with hysteresis. Proceedings of the Fourth Conference on Nonlinear Oscillation, Prague: 315.

Castaings M, Hosten B, Kundu T, et al. 2000. Inversion of ultrasonic, plane-wave transmission data in composite plates to infer viscoelastic material properties. NDT and E International, 33(6): 377-392.

Chan C W, Cawley P. 1998. Lamb waves in highly attenuative plastic plates. Journal of the Acoustical Society of America, 104(2): 874-881.

Chervinko O P, Savchenkov I K. 1986. Harmonic viscoelastic waves in a layer and in an infinite cylinder. Soviet Applied Mechanics, 22(12): 1136-1141.

Chimenti D E, Nayfeh A H. 1989. Ultrasonic leaky waves in a solid plate separating a fluid and vacuum. Journal of the Acoustical Society of America, 85(2): 555-560.

Coquin G A. 1964. Attenuation of guided waves in isotropic viscoelastic materials. Journal of the Acoustical Society of America, 36(6): 1074-1080.

Deschamps M, Hosten B. 1992. The effects of viscoelasticity on the reflection and transmission of ultrasonic waves by an orthotropic plate. Journal of the Acoustical Society of America, 91(1): 2007-2015.

Eder J E, Rose J L. 1995. Composite cure evaluation using obliquely incident ultrasonic guided waves// Thompson D O, Chimenti D E. Review of Progress in Quantitative Nondestructive Evaluation. New York: Plenum.

Gao H. 2007. Ultrasonic guided wave mechanics for composite material structural health monitoring. Pennsylvania: The Pennsylvania State University.

Haddad Y M. 1995. Viscoelasticity of Engineering Materials. London: Chapman and Hall.

Lake R S. 1999. Viscoelastic Solids. Boca Raton: CRC Press.

Lowe M J S. 1995. Matrix techniques for modeling ultrasonic waves in multilayered media. IEEE. Transactions on Ultrasonics, Ferroelectrics and Frequency Control, 42(4): 525-542.

Mu J. 2008. Guided wave propagation and focusing in viscoelastic multilayered hollow cylinders. Pennsylvania: The Pennsylvania State University.

Mu J, Rose J L. 2008. Guided wave propagation and mode differentiation in hollow cylinders with viscoelastic coatings. Journal of the Acoustical Society of America, 124(2): 866-874.

Rokhlin S I, Lewis D K, Graff K F, et al. 1986. Real-time study of frequency dependence of attenuation and velocity of ultrasonic guided waves during the curing reaction of epoxy resin. Journal of the Acoustical Society of America, 79(79): 1786-1793.

Sivaselvan M, Reinhorn A. 2000. Hysteretic models for deteriorating inelastic structures. Journal of Engineering. Mechanics, 126(6): 633-640.

Tamm K, Weiss O. 1961. Wellenausbreitung in unbegrenzten Scheiben und in Scheibenstreifen. Acustica, 11(1): 8-17.

van Velsor J. 2009. Circumferential guided waves in elastic and viscoelastic multilayered annuli. Pennsylvanics: The Pennsylvania State University.

Weiss O. 1959. Uber die Schallausbreitung in verlustbehafteten Median mit komplexem Schubund kompressionsmodul. Acoustica, 9(12): 387-399.

Wen Y K. 1976. Method for random vibration of hysteretic systems. Journal of Engineering Mechanics Division, ASCE, 102(2): 249-263.

第18章 超声振动

18.1 引 言

超声振动是结构在超声频率的振动现象，它是超声导波的延伸。导波在无限大空间中会沿着特定方向一直传播。然而在实际应用中，导波会在波导的端面反射。如果激发源的时间足够长，能量足够大，随着时间的增加，多次回波之间互相干涉会形成振动。波导的几何尺寸会影响振动的分布和共振频率。本章具体讨论板材、管材等波导结构中的超声振动。低频振动问题通常假设振动在厚度方向均匀分布。而在超声波频率的振动，这一假设不一定成立。振动会在厚度方向也有一个分布，这个分布与导波模式的波结构直接相关。文献(Borigo et al., 2011)和(Rose et al., 2012)中阐明，该振动分布是一些导波模式的组合。经过进一步研究，超声振动将来也有可能用于无损检测。

如图 18-1 所示，在一个宽度为 L、长度无限大的板中传播的波可以表示成沿着$+x$和$-x$两个方向的波的叠加。应力场可表示成

$$\boldsymbol{\sigma}(x,z)=\sum_{\mu=1}^{\infty}\alpha_{\mu}\bar{\boldsymbol{\sigma}}_{\mu}(z)\mathrm{e}^{\mathrm{i}(k_{\mu}x-\omega t)}+\sum_{\mu=1}^{\infty}\alpha'_{\mu}\bar{\boldsymbol{\sigma}}_{\mu}(z)\mathrm{e}^{\mathrm{i}(k_{\mu}(x-L)-\omega t)} \tag{18.1}$$

式中，μ 是导波模式；α 和 α' 是每个模式的幅度系数；k 是波数；L 是板的宽度；ω 是圆频率；$\bar{\boldsymbol{\sigma}}_{\mu}$ 是每个模式的应力分布。

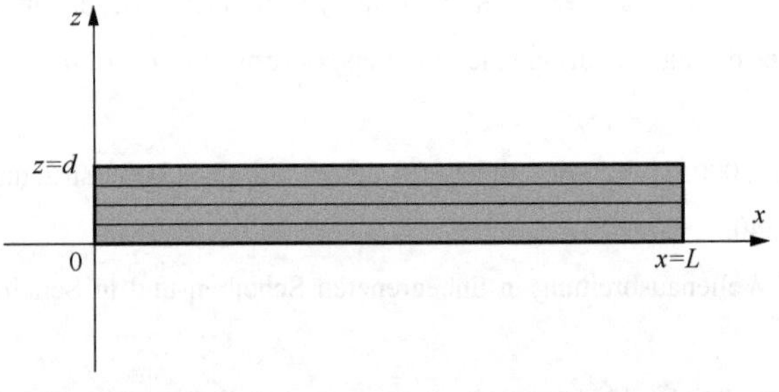

图 18-1 将波导沿着厚度方向划分有限元的模式示例

我们可以使用半解析有限元(SAFE)方法来求解这个波导结构中导波的频散曲线和波结构(Gavric，1995)。将结构在 x 方向划分成 N 个节点，每个节点有 3 个自由度。

然后我们考虑每个端点的边界条件，可能是自由边界条件、简单支撑或钳制边界条件。以自由边界条件为例，其数学表达式为

$$\begin{cases}\sigma_{xx}(x=0,z)=\sigma_{xx}(x=L,z)=0\\ \sigma_{xz}(x=0,z)=\sigma_{xz}(x=L,z)=0\\ \sigma_{xy}(x=0,z)=\sigma_{xy}(x=L,z)=0\end{cases} \tag{18.2}$$

将所有节点的解代入边界条件以后，可以得到

$$\begin{bmatrix} \sigma_{xx}^{1}(z_1) & \cdots & \sigma_{xx}^{3N}(z_1) & \sigma_{xx}^{1}(z_1)\mathrm{e}^{-\mathrm{i}k_1L} & \cdots & \sigma_{xx}^{3N}(z_1)\mathrm{e}^{-\mathrm{i}k_{3N}L} \\ \sigma_{xz}^{1}(z_1) & \cdots & \sigma_{xz}^{3N}(z_1) & \sigma_{xz}^{1}(z_1)\mathrm{e}^{-\mathrm{i}k_1L} & \cdots & \sigma_{xz}^{3N}(z_1)\mathrm{e}^{-\mathrm{i}k_{3N}L} \\ \vdots & & \vdots & \vdots & & \vdots \\ \sigma_{xy}^{1}(z_N) & \cdots & \sigma_{xy}^{3N}(z_N) & \sigma_{xy}^{1}(z_N)\mathrm{e}^{-\mathrm{i}k_1L} & \cdots & \sigma_{xy}^{3N}(z_N)\mathrm{e}^{-\mathrm{i}k_{3N}L} \\ \sigma_{xx}^{1}(z_1)\mathrm{e}^{\mathrm{i}k_1L} & \cdots & \sigma_{xx}^{3N}(z_1)\mathrm{e}^{\mathrm{i}k_{3N}L} & \sigma_{xx}^{1}(z_1) & \cdots & \sigma_{xx}^{3N}(z_1) \\ \sigma_{xz}^{1}(z_1)\mathrm{e}^{\mathrm{i}k_1L} & \cdots & \sigma_{xz}^{3N}(z_1)\mathrm{e}^{\mathrm{i}k_{3N}L} & \sigma_{xz}^{1}(z_1) & \cdots & \sigma_{xz}^{3N}(z_1) \\ \vdots & & \vdots & \vdots & & \vdots \\ \sigma_{xy}^{1}(z_N)\mathrm{e}^{\mathrm{i}k_1L} & \cdots & \sigma_{xy}^{3N}(z_N)\mathrm{e}^{\mathrm{i}k_{3N}L} & \sigma_{xy}^{1}(z_N) & \cdots & \sigma_{xy}^{3N}(z_N) \end{bmatrix} \begin{Bmatrix} \alpha_1 \\ \alpha_2 \\ \alpha_3 \\ \vdots \\ \alpha_{6N} \end{Bmatrix} = \begin{Bmatrix} 0 \\ 0 \\ 0 \\ \vdots \\ 0 \end{Bmatrix} \tag{18.3}$$

式中，$\{\alpha\}$是未知量，频率是系数矩阵中的一个变量。式(18.3)的简化形式如下

$$[\Lambda]\{\alpha\} = \{0\} \tag{18.4}$$

为了得到该方程的非平凡解，系数矩阵$\boldsymbol{\Lambda}$的行列式的值为0

$$|\boldsymbol{\Lambda}| = 0 \tag{18.5}$$

求解这个关于频率的方程就可以得到共振频率。将共振频率的解代入式(18.3)，然后求解该方程就可以得到幅度矢量$\boldsymbol{\alpha}$来表征共振频率下的振动模式。用N点来表征这个结构，当代入ω的解以后，行列式$\boldsymbol{\Lambda}$的秩为$6N$。当这种情况出现时，归零空间无解。为了应对这种情况，我们可以构建一个伪特征值问题，即

$$\boldsymbol{\Lambda\alpha} - \lambda\boldsymbol{\alpha} = 0,\ \ \lambda=0 \tag{18.6}$$

$$\boldsymbol{\lambda} = \begin{Bmatrix} \lambda_1 \\ \lambda_2 \\ \vdots \\ \lambda_{6N} \end{Bmatrix},\ \ \boldsymbol{\Phi}=\begin{bmatrix} \alpha_1^{(1)} & \alpha_1^{(2)} & \cdots & \alpha_1^{(6N)} \\ \alpha_2^{(1)} & \alpha_2^{(2)} & \cdots & \alpha_2^{(6N)} \\ \vdots & \vdots & & \vdots \\ \alpha_{6N}^{(1)} & \alpha_{6N}^{(2)} & \cdots & \alpha_{6N}^{(6N)} \end{bmatrix} = [\boldsymbol{\alpha}^{(1)}\ \ \boldsymbol{\alpha}^{(2)}\ \ \cdots\ \ \boldsymbol{\alpha}^{(6N)}] \tag{18.7}$$

当λ等于0时，式(18.6)和式(18.4)等同。然后我们求解这个特征值问题。只要特征值接近于0，式(18.6)就和式(18.4)接近。选取最小的特征值，相应的特征矢量则为振动模式的解

$$\lambda_{\min} = \min(\boldsymbol{\lambda}) \approx 0 \tag{18.8}$$

$$\boldsymbol{\alpha} = \boldsymbol{\alpha}(\lambda_{\min}) = \begin{Bmatrix} \alpha_1 \\ \alpha_2 \\ \alpha_3 \\ \vdots \\ \alpha_{6N} \end{Bmatrix} \tag{18.9}$$

这些解可用来重构整个振动问题在共振频率上的应力-位移分布

$$\boldsymbol{\sigma}(x,z) = \sum_{\mu=1}^{3N} \alpha_\mu \bar{\boldsymbol{\sigma}}_\mu(z)\mathrm{e}^{\mathrm{i}(k_\mu x-\omega t)} + \sum_{\mu=3N+1}^{6N} \alpha_\mu \bar{\boldsymbol{\sigma}}_\mu(z)\mathrm{e}^{\mathrm{i}(k_\mu (x-L)-\omega t)} \tag{18.10}$$

$$\boldsymbol{u}(x,z) = \sum_{\mu=1}^{3N} \alpha_\mu \bar{\boldsymbol{u}}_\mu(z)\mathrm{e}^{\mathrm{i}(k_\mu x-\omega t)} + \sum_{\mu=3N+1}^{6N} \alpha_\mu \bar{\boldsymbol{u}}_\mu(z)\mathrm{e}^{\mathrm{i}(k_\mu (x-L)-\omega t)} \tag{18.11}$$

图 18-2 是导波在一个矩形截面铝棒中的振动问题的示意图。对这个结构的导波振动分析结果如图 18-3 和图 18-4 所示，在表 18-1 中，FEM_lim 是用很细的网格划分得到的结果。FEM_mesh 是用和 2D SAFE 方法类似的网格划分。GW Vib 是本章的方法。%error 是 GW Vib 方法的解和 FEM_lim 的解比较。

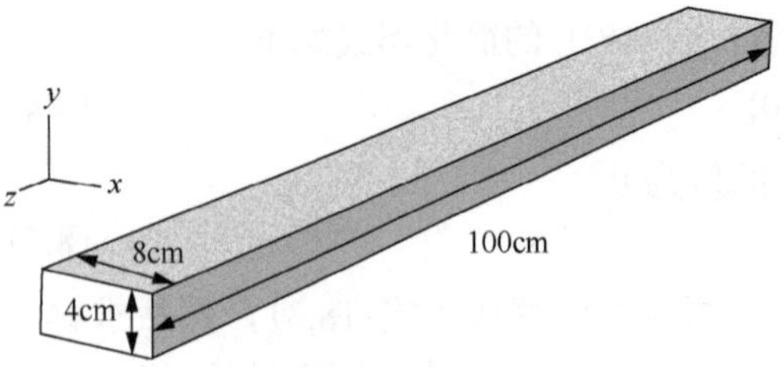

图 18-2　矩形截面棒结构

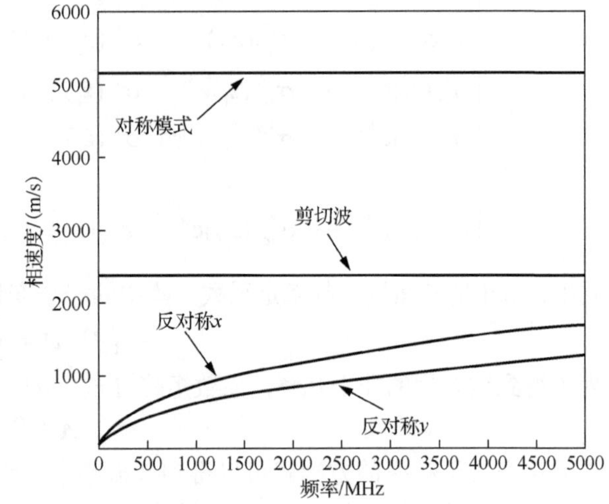

图 18-3　棒状结构的频散曲线

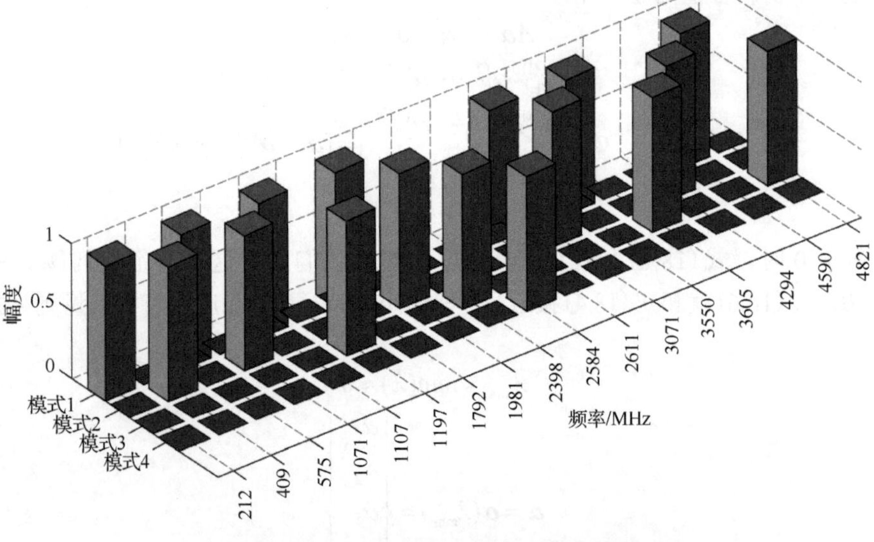

图 18-4　与共振频率对应的各个导波模式的幅度解

表 18-1　棒结构中共振频率的导波振动分析结果与有限元特征值求解方法得到的结果比较

稳态振动		振动频率				导波幅度				
模式类型	振动模式阶数	FEM_lim	FEM_mesh	导波振动	误差/%	GW1 (A_y)	GW2 (A_x)	GW3 (SH)	GW4 (S)	是否符合
弯曲波	1_y	211	209	212	0.47	1	0.01	0.01	0	是
弯曲波	1_k	408	405	409	0.25	0	1	0	0	是
弯曲波	2_y	573	569	575	0.35	1	0	0	0	是
弯曲波	2_x	1069	1062	1071	0.19	0.01	1	0	0	是

续表

稳态振动		振动频率				导波幅度				
模式类型	振动模式阶数	FEM_lim	FEM_mesh	导波振动	误差/%	GW1 (A_y)	GW2 (A_x)	GW3 (SH)	GW4 (S)	是否符合
弯曲波	3_y	1103	1097	1107	0.36	1	0	0.01	0	是
扭转波	1	1189	1167	1197	0.67	0	0.02	1	0	是
弯曲波	4_y	1785	1774	1792	0.39	1	0.03	0.01	0	是
弯曲波	3_x	1976	1965	1981	0.25	0	1	0	0	是
扭转波	2	2382	2337	2398	0.67	0.01	0.01	1	0.01	是
压缩波	1	2583	2583	2584	0.04	0	0	0	1	是
弯曲波	5_y	2602	2586	2611	0.35	1	0	0	0	是
弯曲波	4_x	3063	3047	3071	0.26	0	1	0	0	是
弯曲波	6_y	3536	3513	3550	0.40	1	0	0	0	是
扭转波	3	3581	3516	3605	0.67	0.01	0.01	1	0	是
弯曲波	5_x	4281	4260	4294	0.30	0.01	1	0.01	0.01	是
弯曲波	7_y	4573	4548	4590	0.37	1	0	0	0	是
扭转波	4	4788	4694	4821	0.69	0	0.01	1	0	是

18.2　超声共振的实际应用展望

近几十年来，一些研究工作试图用一个激发源和一个接收元，通过对接收信号的特征分析对整个结构进行监测。这种方法已有不少应用，特别是当大量结构具有相同的材料和几何形状时，可以通过这种方法结合统计分析来判定结构的好坏。由于缺乏波动力学的理论基础，这种方法初看像是一个奇迹。这里我们试图以超声导波和超声振动来对该方法进行理论解释。我们将该方法称为超声模式分析技术(UMAT)。表 18-2 将超声振动分析、导波分析及 UMAT 方法对超声导波进行对比。简言之，UMAT 技术可以快速简便地探测到中小尺寸的缺陷。

表 18-2　振动分析、导波分析以及 UMAT 方法的简单比较(阴影区域表示优势)

	可检测缺陷大小	激发源位置	检测速度
振动模式分析	大	一个	快
瞬态超声导波	小	多个	慢
UMAT	小到中	一个	快

18.2.1　UMAT 概念示例

图 18-5 是 UMAT 概念的一个示例，图 18-5(a)是超声振动分布，一个传感器激发，一个传感器接收。激发源的激发时间为 1500 周期。起初是瞬态波的传播，然后达到稳态振动，当激发源停止后，稳态被打破，会出现一个“尾波”。根据位置不同，尾波的幅度在一段时间内可能比稳态更强，最后能量逐渐衰减到 0。

该方法能否成功取决于很多因素。首先是激发源模式的选择，理想状况时选择对缺陷最敏感的激发模式。读者可以参照附录 D 进行模式选择。然而在振动问题中，反射波的模式和激发波的模式未必相同。因此，模式选择优化不一定能够实现，我们有必要采用可调模式的激发源，其中之一是环形阵列。使用环形阵列，我们可以调节激发频率和相速度。

当然，如果在一个位置激发和接收不能完全表征结构中的缺陷，我们可以考虑在多个位置进行信号采集，如一个 3in×3in 的网格或 4in×4in 的网格等。在实验室环境下，我们也可以使用激光测振仪进行高密度振动扫描。当然，它在实际应用中具有一定的局限性。

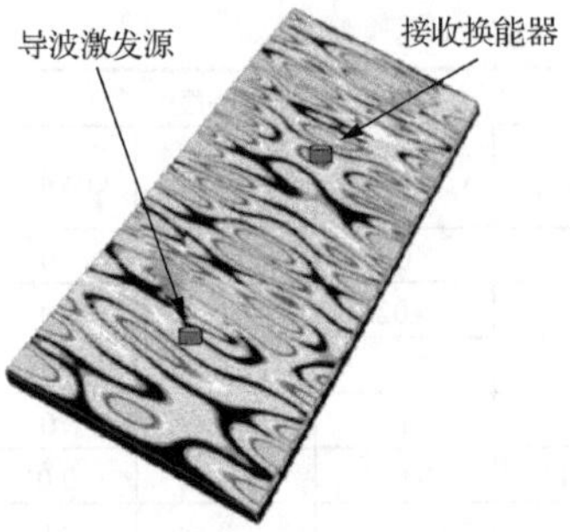

(a) UMAT 概念

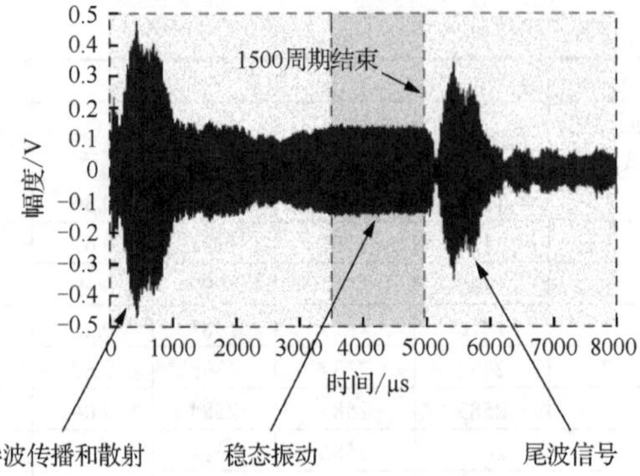

(b) 300kHz 1500 周期导波激发得到的信号

图 18-5　超声振动概念示例

超声振动共振频率之间的距离一般相对较小，共振频率的变化通常不能作为是否存在缺陷的依据，模式振动分布有时可以作为探测缺陷的依据。

图 18-6 是这一激发源的一个示意图。接收元可以在结构上的任意位置。如果缺陷的大概位置已知，将接收元安装在缺陷位置附近会有很大的帮助。图 18-7 和图 18-8 是两组有限元模拟结果。图 18-7 显示了当激发频率固定在 200kHz 时，改变激发源的时间延迟得到的不同的振动模式分布图。

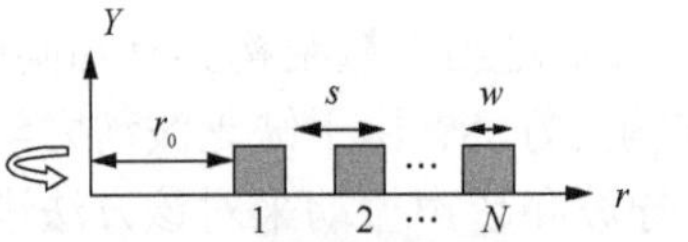

(a) 环状换能器示意图

N-激发元数目，w-宽度，s-周期，r_0-内半径

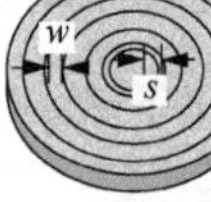

(b) 三维示意图

FEM 模拟示例参数

单元	内半径/mm	外半径/mm
1	2.625	5.250
2	7.875	10.500
3	13.125	15.175
4	18.375	21.000

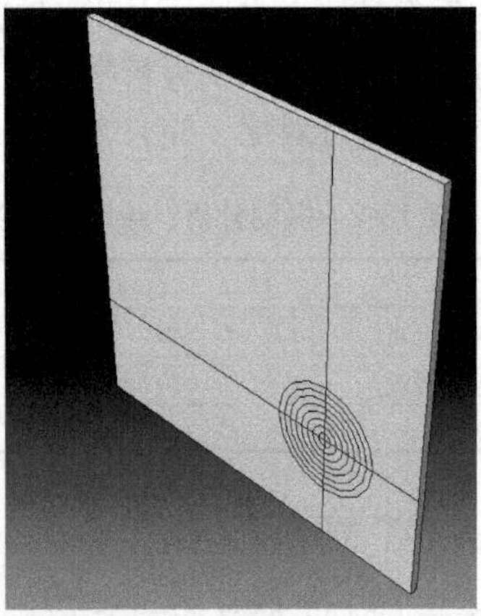

(c) FEM 模拟示例：板长0.15m，宽0.15m，厚3mm

图 18-6　环形阵列在一个平板中激发超声振动(接收换能器可以放在平板上的任意位置)

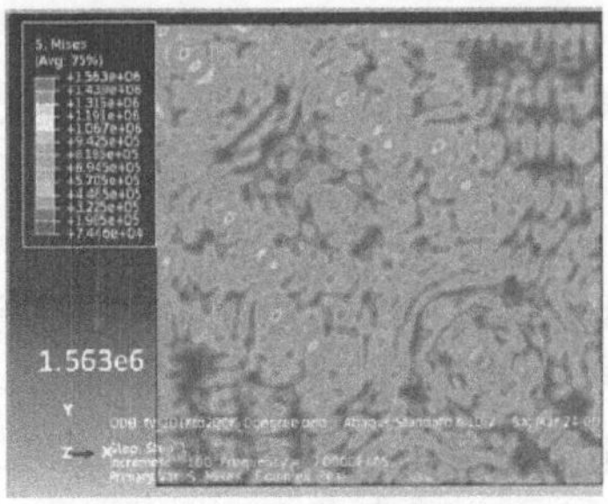

(a) 频率：200kHz；相位延迟：0°

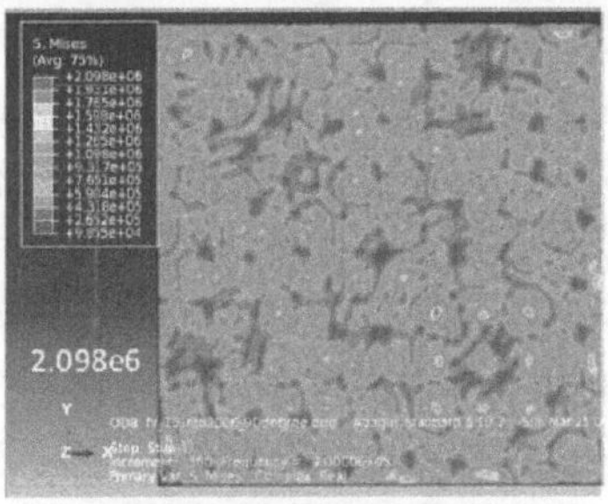

(b) 频率：200kHz；相位延迟：90°

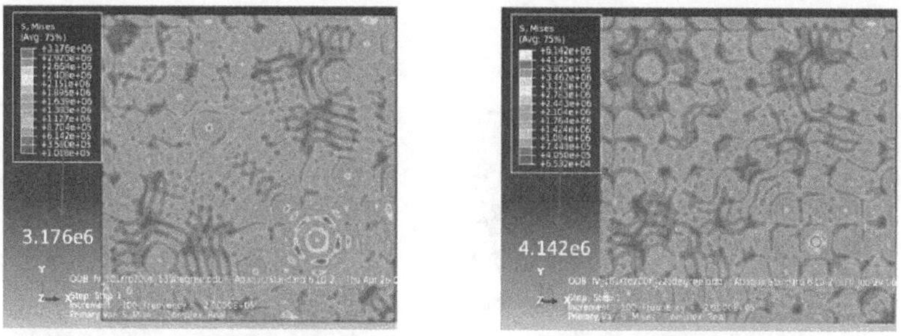

(c) 频率：200kHz；相位延迟：135°　　　　(d) 频率：200kHz；相位延迟：235°

图 18-7　环形阵列激发出的振动分布(固定频率，改变时间延迟)

假如环形阵列的每个激发元之间没有时间延迟，那么激发出的波形会是一个固定波长，当改变激发频率时，我们可以得到频散曲线上的其他导波模式，这一改变的数值模拟结果如图 18-8 所示。

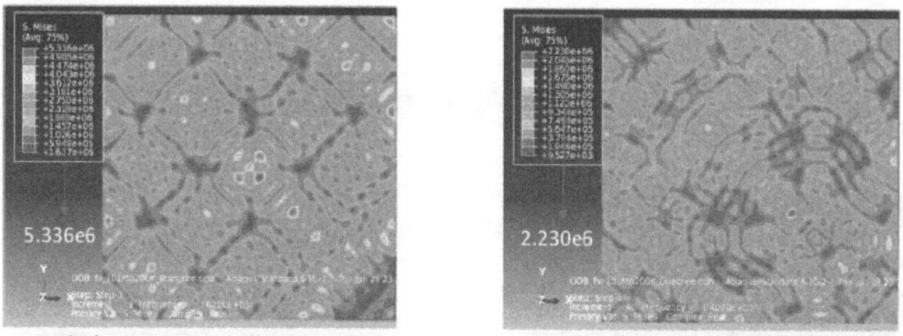

(a) 频率：101kHz；相位延迟：0°　　　　(b) 频率：140kHz；相位延迟：0°

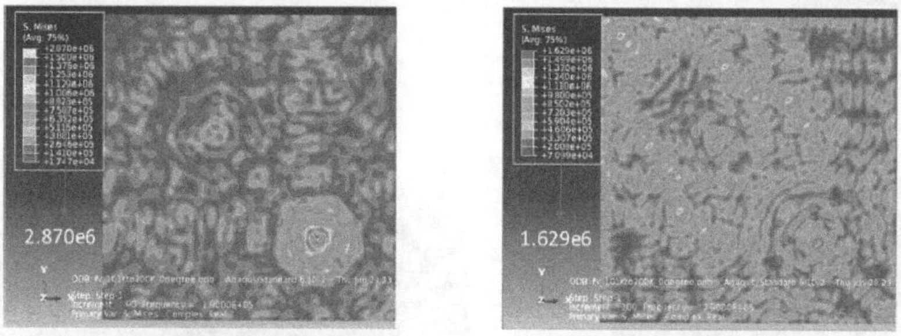

(c) 频率：190kHz；相位延迟：0°　　　　(d) 频率：200kHz；相位延迟：0°

图 18-8　环形阵列激发出的振动分布(固定时间延迟，改变激发频率)

18.2.2 UMAT 实际应用

图 18-9 是对导波模式进行频率和相位调制的实验装置图。激发源为环形阵列，接收元为一系列超声压电片。振动幅度可表示为随频率和相位变化的二维图形。图 18-10 是一个复合材料发动机叶片的检测案例。为了消除边界条件对振动结果的影响，实验中采用了自由悬挂的方法。之后将环形阵列激发源和几个接收元安装在叶片上。在加缺陷以前，测量了几组参考信号，确认信号的稳定性。然后用一个铁锤在叶片上产生了一个冲击缺陷。通过实验记录接收传感器的振动幅度随频率和相位的关系。然后将这个二维图形和冲击以前的二维图形进行比较。图 18-11 是频率变化范围在 20～210kHz、相差变化范围在 0°～360° 时得到的 4775

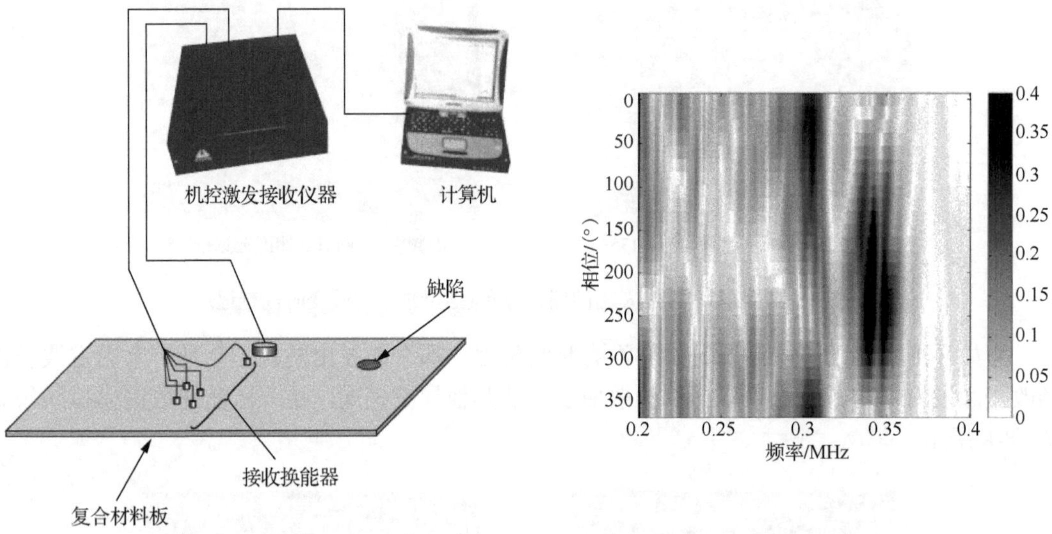

图 18-9　超声振动测试装置及振动频率随频率、相位调制二维分布图

图 18-10　UMAT 实验示例：一个空气推动船的复合材料发动机叶片

组不同的加载设置时的数据。如图 18-11 所示，可将图中变化最明显的区域放大，然后用区域内的参数选择一个算法。另一种方法是选取一个频率和相位点的数据，如表 18-3 所示。两种方法都可以明显地看出冲击前后的变化。

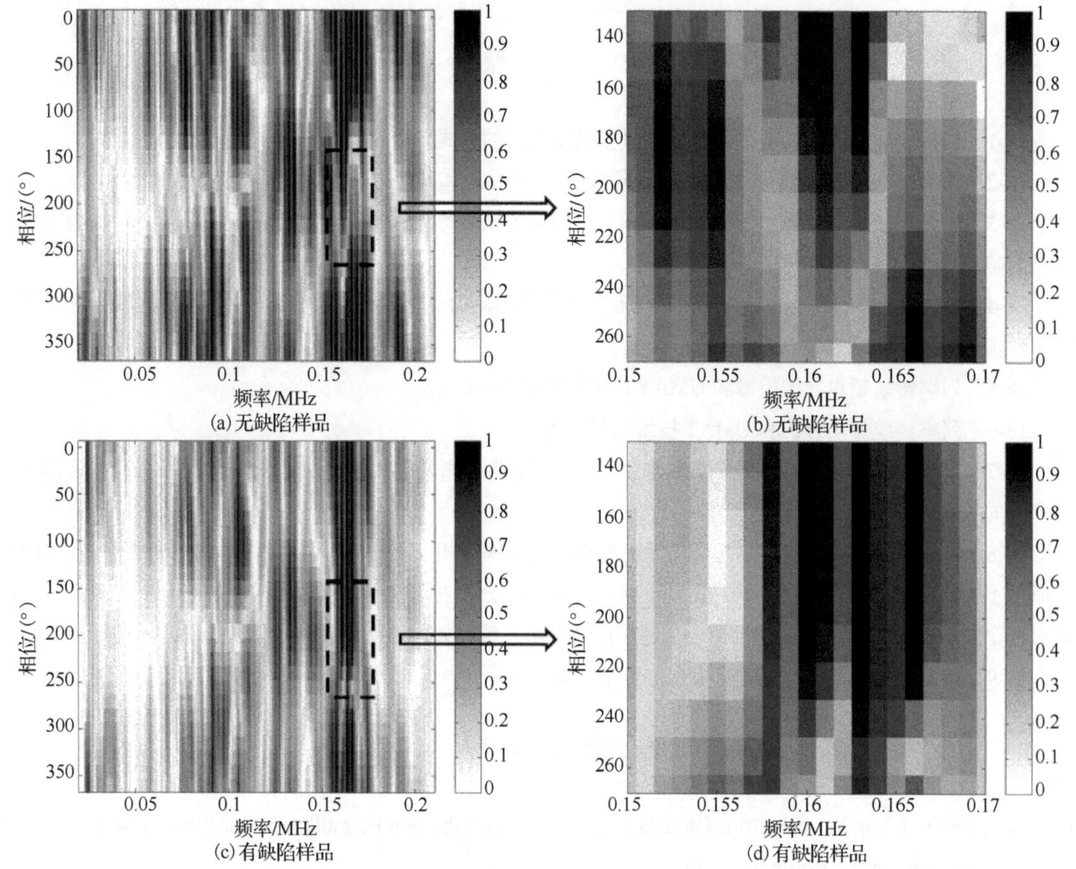

图 18-11 UMAT 实验结果示例

表 18-3 对分层缺陷最敏感的 10 个加载设置

频率/MHz	0.1	0.128	0.165	0.1	0.099	0.167	0.128	0.167	0.099	0.168
相位延迟/(°)	90	240	150	105	135	135	225	150	255	135

至此，多种模式识别的方法可以用来对测量数据进行分析，然后判断是否有缺陷。具体方法并不唯一，可使用整个频率、相位空间，也可只使用某些点。

小结

本章我们介绍了超声振动的基本概念。从导波传播与稳态振动的联系出发来阐述超声振动的理论基础，给出了利用超声振动探测缺陷的示例。环形阵列式传感器是激发超声振动的一种很好的工具。传感器的设计基于超声导波的基本原理，通过加载方式的优化可以提高对特定类型缺陷的灵敏度。UMAT 是介于传统的振动分析和瞬态超声导波之间的一种方法。其探测灵敏度高于传统振动分析。其检测速度和覆盖率高于超声导波瞬态检测，安装换能器所需的区域也更小。

习　题

18-1　当超声导波入射到被测波导边缘时会发生怎样的模式转换？

18-2　请给出几个 UMAT 可能的应用，同时描述 UMAT 和其他方法相比的优缺点。

18-3　假如你使用一个固定的发射探头和一个固定的接收探头来实现 UMAT，哪些因素会对检测区域大小有影响？

18-4　结构边缘的边界条件是使用 UMAT 技术进行检测的一个重要影响因素，你可以采用什么方法在实验中保证边界条件的可重复性？

18-5　列举传统超声导波检测和 UMAT 技术的异同点。

18-6　列举传统振动分析和 UMAT 技术的异同点。

18-7　为什么环形阵列传感器在 UMAT 技术中有优势？列举几个其他的传感器，并分析用它们实现 UMAT 技术时的优点和缺点。

18-8　参考图 18-7 和图 18-8，超声振动的振动模式频率很相近，因此使用振动频率的测量并不是很有效。然而，不同的振动频率有明显不同的振动分布，因此振动分布对于使用超声振动检测缺陷会很有效。据此，针对一个复杂的零件，你将如何设计一个超声振动检测系统？如何选择激发频率和激发源的相位延迟？

18-9　讨论如何利用超声振动来实现对整个机翼除冰。

参 考 文 献

Borigo C, Yan F, Liang Y, et al. 2011. Ultrasonic Guided Wave Vibration Formulation. Quantitative Nondestructive Evaluation Conference, Burlington: 225.

Gavric L. 1995. Computation of propagative waves in free rail using a finite element technique. Journal of Sound Vibration, 185(3): 531-543.

Liew K M, Hung K C, Lim M K. 1993. A continuum three-dimensional vibration analysis of thick rectangular plates. International Journal of Solids & Structures, 30(24): 3357-3379.

Rose J L,Yan F, Liang Y, et al. 2012. Ultrasonic vibration method for damage detection in composite aircraft components. IMAC XXX Conference, Jacksonville.

Salas K I, Cesnik C E S. 2010. Guided wave structural health monitoring using CLoVER transducers in composite materials. Smart Materials and Structures, 19(1): 427-437.

Srinivas S, Rao C V, Rao A K. 1970. An exact analysis for vibration of simply-supported homogeneous and laminated thick rectangular plates. Journal of Sound Vibration,12(2): 187-199.

Wilcox P D. 2003. Omni-directional guided wave transducer arrays for the rapid inspection of large areas of plate structures. IEEE Transactions on Ultrasonics, Ferroelectrics and Frequency Control, 50(6): 699-709.

Yan F, Rose J L. 2009. Time delay comb transducers for aircraft inspection. The Aeronautical Journal, 113(1144): 417-427.

第 19 章　导波阵列换能器

19.1　引　　言

前面的章节说明了成功地使用超声导波，我们首先需要清楚地了解目标缺陷的类型和特征，然后选择合适的导波模式以提高对缺陷的灵敏度，减小对环境噪声的灵敏度，以及增加穿透能力。合理的传感器设计可以实现模式选择和控制。不合理的传感器设计则会带来其他导波模式，增加干扰信号。

第 13 章详细描述了用正交模式分解方法来分析激发源的影响，引入了频率相速度谱的概念，并以斜入射探头为例分析了各种激发参数(入射角、激发源宽度、波束分布)对导波的影响。在某些情况下，单一激发元的传感器不能满足导波模式选择的要求。本章中我们介绍一些阵列式传感器，以便更好地控制导波模式选择的自由度和纯度。

19.2　理论分析模型

正交模式分解和积分变化方法是解决阵列传感器激发导波的两种主要理论方法。由面源激发出导波的模式的分布最终都归结为

$$A_{\pm v}(x)=\frac{\mathrm{e}^{\pm ik_v x}}{4P_{vv}}\tilde{\tilde{v}}_{\pm v}\left(\frac{b}{2}\right)\cdot\int_{-\infty}^{\infty}\mathrm{e}^{\pm ik_v\eta}\overline{t}(\eta)\,\mathrm{d}\eta \tag{19.1}$$

式中，$A_v(x)$ 是导波模式 v 的幅度随着位置的变化关系；P_{vv} 是在传播方向上的能流经过时间平均以后的值；k_v 是模式 v 的波数；$\tilde{v}_v(b/2)$ 是模式 v 归一化以后的表面振动速度；$\overline{t}(\eta)$ 是加载在 η 区域上的表面载荷。这个表达式可以进一步归纳成

$$A_{\pm v}(x)=GFE_v\mathrm{e}^{\mp ik_v x} \tag{19.2}$$

假设面载荷在 y 方向，并且分布为 $p(\eta)$，则

$$\overline{t}(\eta)=\rho\cdot p(\eta)\hat{e}_y \tag{19.3}$$

然后我们分别定义式(19.2)中的三项，结果如下

$$G=\frac{\rho}{4} \tag{19.4a}$$

$$E_v\equiv\frac{\tilde{v}_{\pm v_y}(b/2)}{P_{vv}} \tag{19.4b}$$

$$F\equiv\int_{-\infty}^{\infty}\mathrm{e}^{\pm ik_v\eta}p(\eta)\mathrm{d}\eta \tag{19.4c}$$

式中，ρ 是激发幅度变量；G 和 ρ 相关，由于它对后续分析的影响很小，将忽略对这一项的具体分析；E_v 是模式 v 的可激发性函数，它体现了所选择的模式与激发源之间的兼容性；F 是激发源分布函数 $p(\eta)$ 的傅里叶变换，它是波数的分布谱。然后根据波数与波长及相速度之间的关系，也可以将波数的分布谱转化为波长或相速度的分布函数。

19.2.1　线性梳状换能器

最常用的一种换能器是线性梳状换能器，它由一组激发源以一定的间隔平行排列而成。不难想象，激发元排列的周期对应导波波长。下面我们来分析梳状换能器的激发频谱。只要每个激发元的长度远大于它的宽度，我们就可以假设每个激发元的长度为无限大，即 $z=\pm\infty$，因此可以用二维模型来分析。如图 19-1 所示，假设换能器有 N 个激发元，激发元的周期是 s，激发元的宽度是 w。为了简化分析，我们考虑在每个激发元的载荷均匀分布，可用一个方波来表示 $\prod_a(x)$

$$\prod_a(x)=\begin{cases}1, & -a\leqslant x\leqslant a\\ 0, & x<-a \text{ 或 } x>a\end{cases} \tag{19.5}$$

整个激发源的分布为

$$f^{\text{comb}}(x)=\sum_{n=0}^{N-1}\prod_{w/2}(x-ns) \tag{19.6}$$

式中，s 为单位元周期；w 为单位元有效激发宽度；N 为单位元数目

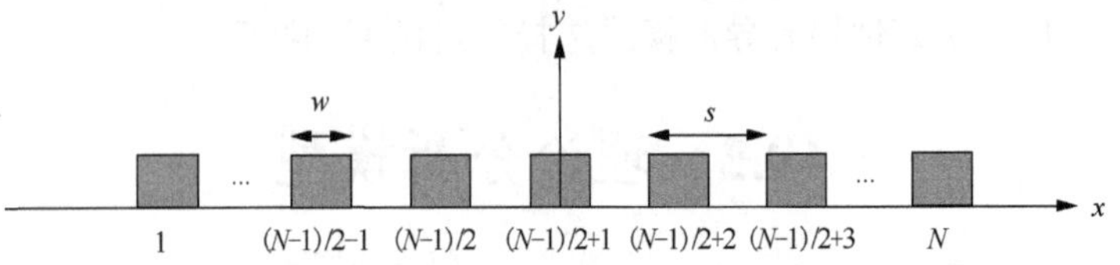

图 19-1　梳状换能器的几何分布示意图

对式(19.6)中的每一个激发元分布进行傅里叶变换，我们可以得到式(19.7)所示的波数谱

$$F_h^{\text{comb}}(k)=w\cdot\text{sinc}\left(\frac{kw}{2}\right) \tag{19.7}$$

式中，sinc(x)是一个 sinc 函数，sinc$(x)=\sin(x)/x$。考虑所有的激发元，整个波数谱可以表达为

$$F^{\text{comb}}(k)=w\cdot\text{sinc}\left(\frac{kw}{2}\right)\cdot\frac{\sin(ksN/2)}{\sin(ks/2)}\cdot e^{i\frac{ks}{2}(N-1)} \tag{19.8}$$

波数谱是一个复函数。这里我们先重点关心波数谱的强度分布。因此，我们取波数的绝对值，并且进行归一化。图 19-2 和图 19-3 是一个有 5 个激发元的梳状换能器对应的波数和波长分布谱，这里 $w=s/2$。

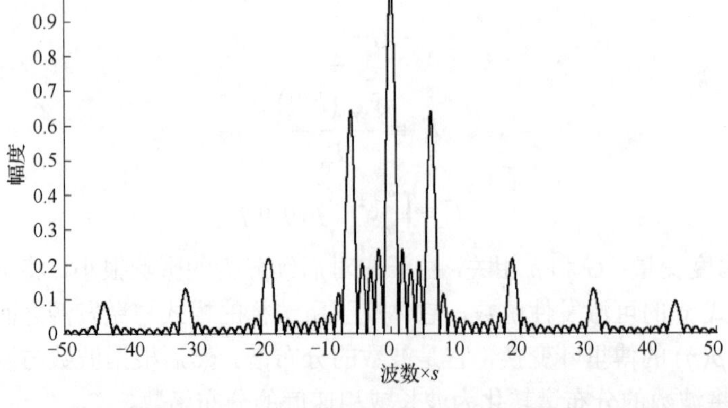

图 19-2　当宽度/周期比 $w=s/2$ 时，一个 5 个激发元的梳状换能器的波数谱

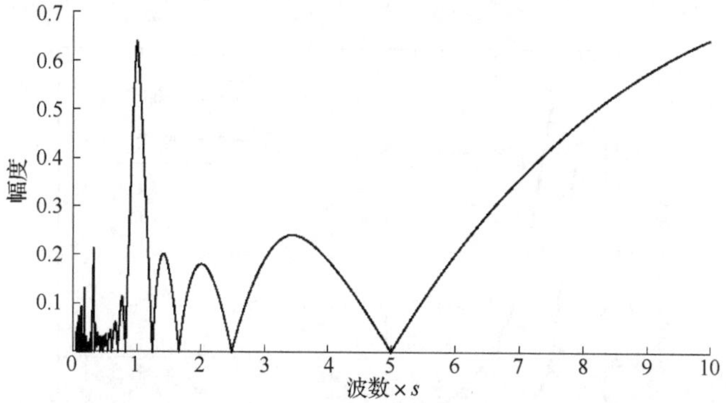

图 19-3　当宽度/周期比 $w = s/2$ 时，一个 5 个激发元的梳状换能器的波长谱

注意到图 19-2 中，波数谱关于 $k=0$ 对称。这说明从梳状换能器激发出来的导波沿着$+x$和$-x$方向的传播是对称的。另外，在 $k = 0$（也就是 $\lambda \to \infty$）时，这种梳状换能器的激发强度最大。这种激发对应于体波垂直入射的情况以及导波消逝波。它对导波行波问题的影响不大。最有应用价值的一个峰值位于 $\lambda=1s$。此时，激发源周期与目标模式的波长相等。另外我们发现，当选定激发源的周期时，波长谱上还会有其他峰值，这些峰值有可能激发其他干扰模式。

激发源谱的另一个有用的表示方法是将激发谱和频散曲线叠加显示。如图 19-4 所示，这样我们就可以直观地表明激发源设计与导波模式之间的关系。这一表现方法的缺点是受到相速度谱范围限制波数谱的信息有时不能完全体现。

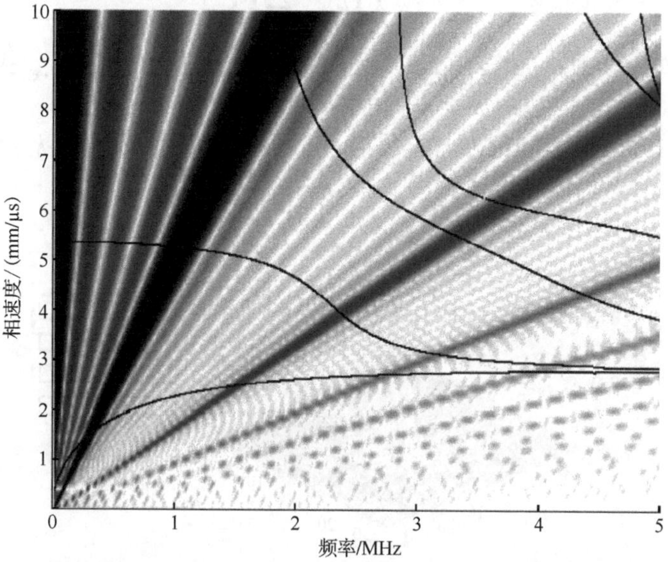

图 19-4　一个梳状换能器的相速度谱示例。周期 $s = 5$ mm，激发元宽度 $w = 2.5$ mm，激发元数量 $N=5$。1mm 厚铝板的频散曲线也画在这个图中作为对照

从式(19.8)我们还可以研究其他参数与激发谱之间的关系。例如，如图 19-5 所示，增加激发元的数目，波数谱的峰值变得更强，分布更窄，但是对峰值的位置和数目没有影响。因此，增加激发元数量可以提高模式的选择性。当保持周期相同时，增加或减小激发元的宽度会减弱激发效率。

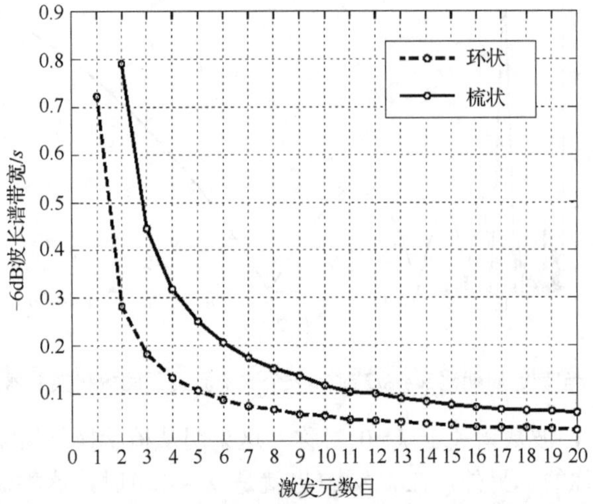

图 19-5　梳状换能器和环状换能器的阵元数目对激发波长带宽的影响

当激发元的长度减小到和宽度在一个数量级时，就有必要考虑长度对激发谱的影响。另外，波的传播方向也不再是单纯沿 x 轴方向。对于这种情况，我们需要进行二维建模，然后通过二维傅里叶变换得到二维相速度谱，即

$$f^{\text{2Dcomb}}(x,z)=\prod_{L/2}(z)\sum_{n=0}^{N-1}\prod_{w/2}(x-ns) \tag{19.9}$$

$$F^{\text{2Dcomb}}\left(kx,ky\right)=wL\cdot\sin c\left(\frac{k_z L}{2}\right)\cdot\sin c\left(\frac{k_x w}{2}\right)\cdot\frac{\sin\left(k_x sN/2\right)}{\sin\left(k_x s/2\right)}\cdot \mathrm{e}^{\mathrm{i}\frac{ks}{2}(N-1)} \tag{19.10}$$

图 19-6 和图 19-7 分别是当 $L=10w$ 和 $L=3w$ 时梳状换能器的 k_x-k_z 域的分布谱。

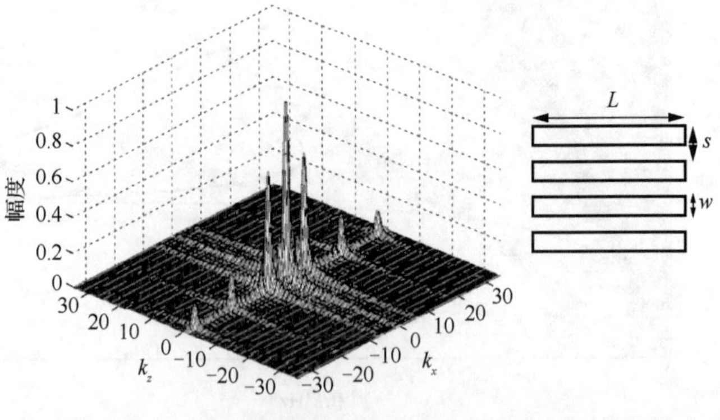

图 19-6　一个 4 元梳状换能器的二维波数分布谱。$w=s/2$，$L=10w$

梳状换能器的激发元长度较大时，波主要集中在 x 轴方向。当激发元长度缩短时，会增加 z 轴方向的激发，同时在 x 轴方向的激发也会有一个角度分布。

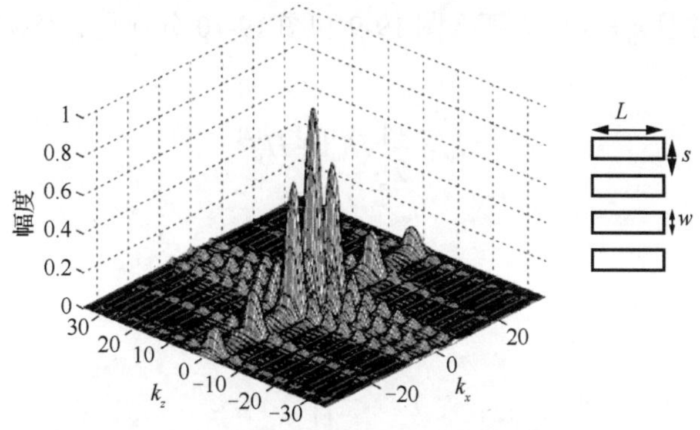

图 19-7　一个 4 元梳状换能器的二维波数分布谱。$w=s/2$，$L=3w$

19.2.2　环状换能器

环状换能器是另一种常用的阵列换能器结构，它由一系列同心圆组成，激发出的波长和换能器元的周期有关。环状换能器可以向周围各个方向发送波，因此可以覆盖二维平面，可用于导波 CT、相控阵以及时间反转导波

$$f^{\text{ann}}(r)=\sum_{n=0}^{N-1}\left[\prod\nolimits_{w/2}(r-ns-r_0)\right] \tag{19.11}$$

$$\prod\nolimits_a(r)=\begin{cases}1, & 0\leqslant r\leqslant a\\ 0, & r>a\end{cases} \tag{19.12}$$

环状换能器可用式(19.11)和式(19.12)来描述。其几何描述如图 19-8 所示，使用柱坐标系，w 和 s 是激发元的宽度和周期，r_0 是最里面一个环的内半径。

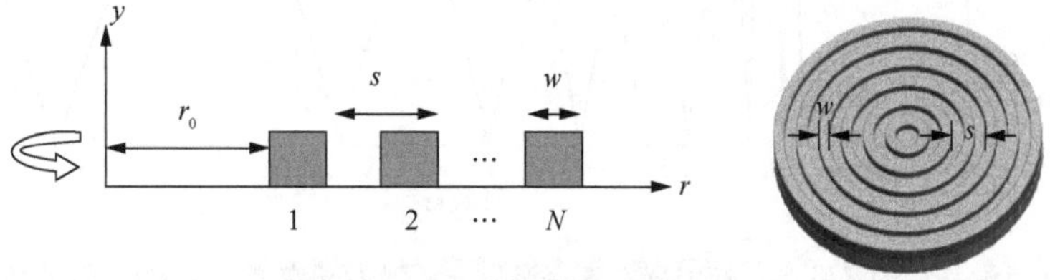

图 19-8　环状换能器的几何描述

环状换能器的载荷分布在(x,z)平面内。用二维傅里叶变换可得到波数的分布谱。考虑激发源的对称性，在柱坐标系内可用式(19.14)所示的 0 阶汉克尔变换表示

$$F^{\text{ann}}(k_x,k_z)=\int_{-\infty}^{\infty}\int_{-\infty}^{\infty}f^{\text{ann}}(x,z)\mathrm{e}^{-\mathrm{i}(k_x x+k_z z)}\mathrm{d}x\mathrm{d}z \tag{19.13}$$

$$F^{\text{ann}}(k_r)=\int_0^{\infty}f^{\text{ann}}(r)rJ_0(k_r r)\mathrm{d}r \tag{19.14}$$

将激发函数代入式(19.14)，我们可以得到式(19.15)。式(19.15)中，$k=k_r$；$J_1(x)$ 是 1 阶第一类贝塞尔函数；$\alpha_n=r_0+sn$，是每个激发元的内半径

$$F^{\text{ann}}(k_r)=\frac{1}{k}\sum_{n=0}^{N-1}\{(\alpha_n+w)J_1\left[(\alpha_n+w)k-\alpha_n J_1[\alpha_n k]\right]\} \tag{19.15}$$

环状换能器的激发谱在各个方向上是相同的。假设一个换能器有 5 个激发元，每个激发

元的宽度 $w = s/2$，并且 $r_0 = s/2$，那么图 19-9 和图 19-10 分别是这个换能器的波数谱和波长谱

$$J_v = \frac{1}{2}\left[H_v^{(1)} + H_v^{(2)}\right] \tag{19.16}$$

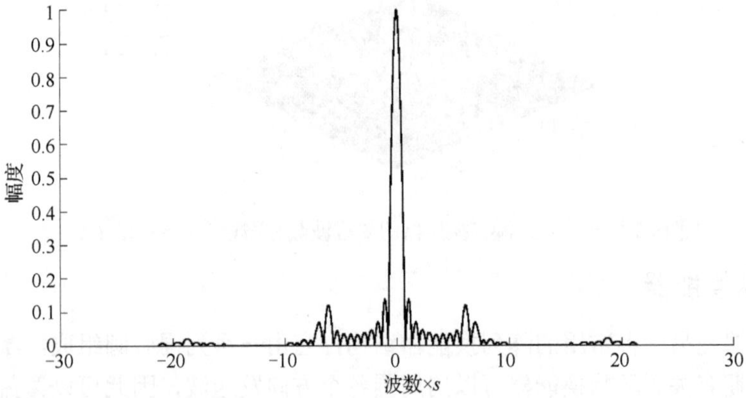

图 19-9　波数域的激发谱。换能器有 5 个激发元，激发元宽度 $w = s/2$，内半径 $r_0 = s/2$

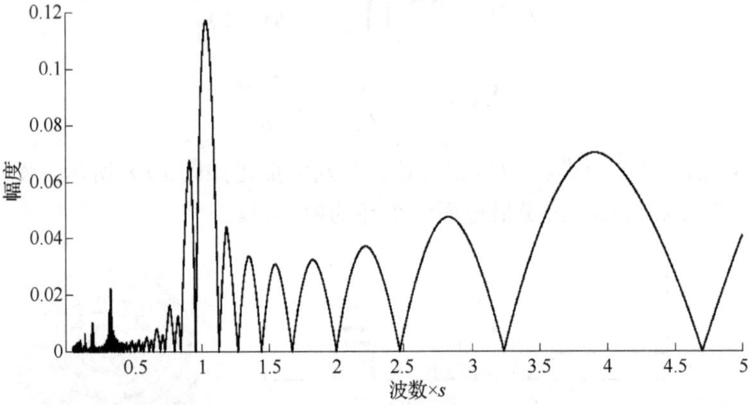

图 19-10　波长域的激发谱。换能器有 5 个激发元，激发元宽度 $w = s/2$，内半径 $r_0 = s/2$

环状换能器会激发出两个波包，一个是起初向外传播的波包，另一个是起初向内传播的波包。它们的谱分别由式(19.17a)和式(19.17b)表示

$$F_{\mathrm{O}}^{\mathrm{ann}}(k) = \frac{1}{k}\sum_{n=0}^{N-1}\{(\alpha_n + w)H_1^{(1)}[(\alpha_n + w)k] - \alpha_n H_1^{(1)}[\alpha_n k]\} \tag{19.17a}$$

$$F_{\mathrm{I}}^{\mathrm{ann}}(k) = \frac{1}{k}\sum_{n=0}^{N-1}\{(\alpha_n + w)H_1^{(2)}[(\alpha_n + w)k] - \alpha_n H_1^{(2)}[\alpha_n k]\} \tag{19.17b}$$

这一结论以汉克尔函数是柱坐标内的亥姆霍兹方程的解为理论基础。关于这两个函数的进一步研究可以帮助我们来优化两个波包之间的干涉结果，而换能器的内半径则是影响波包干涉的一个重要参数。简单起见，在以下讨论中我们仅讨论内半径 $r_0 = w$ 的情况，其他参数，如激发元周期、宽度与周期的比值以及周期数等对环状换能器激发谱的影响与对梳状换能器激发谱的影响类似。

从图 19-11 中我们注意到，谱峰是一个双峰而不是一个单峰，产生这种现象的主要原因是向外传播的波和向内传播的波之间的干涉。其结果是谱峰和激发源的周期相似但不完全相

等。通常我们可以忽略这个影响，但是当需要进行精确的模式选择时则不能忽略这一变化。通过对这一现象的仔细研究，我们得到了激发波长与激发元周期的修正系数与激发元数目与内半径之间的关系。图 19-12 是在不同的激发元数目和内半径条件下，激发波长与激发元周期之间的修正系数 $\alpha = s / \lambda_{\text{peak}}$ 。图 19-13 是在这些激发元数目与内半径条件下，波长 $\lambda = s$ 时的能量与最大能量的比值，这个比值以 dB 形式表现。由此可以看出，在某些情况下，如果不考虑这个影响，很可能导致目标模式的能量大大减小。

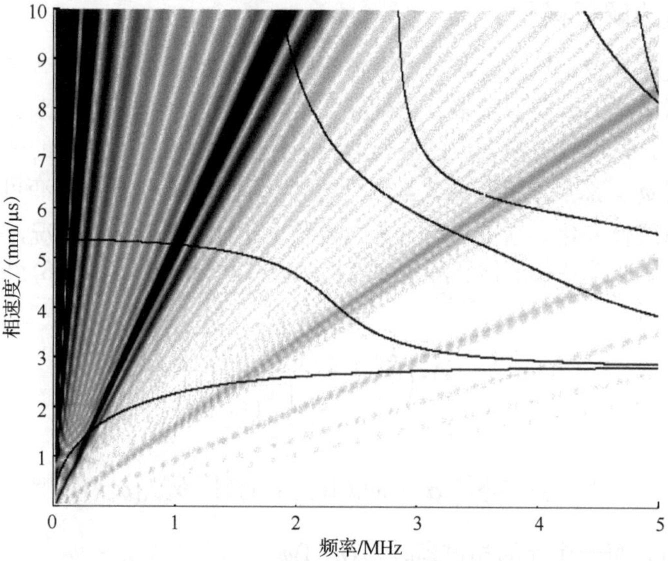

图 19-11　一个 5 个激发元的环状换能器的激发谱。激发元周期 $s = 5\text{mm}$，宽度 $w=2.5\text{mm}$，内半径 $r_0 = 2.5\text{mm}$，这里暗的部分代表更强的激发。1mm 厚铝板的频散曲线也画在图中作为对照

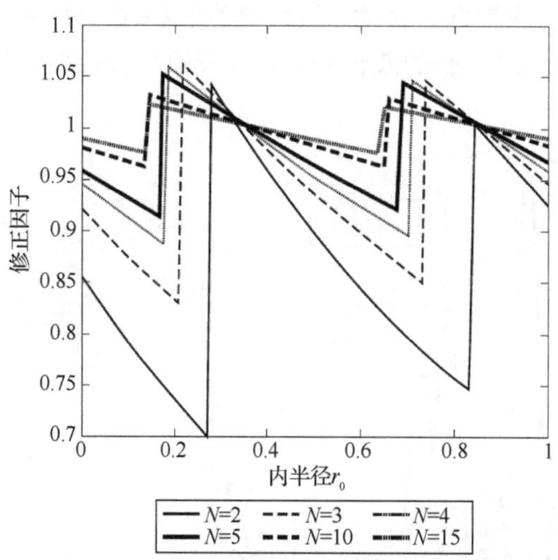

图 19-12　激发波长与换能器周期之间的修正系数 $\alpha=s/\lambda_{\text{peak}}$。$N$ 和 r_0 分别是周期数和内半径

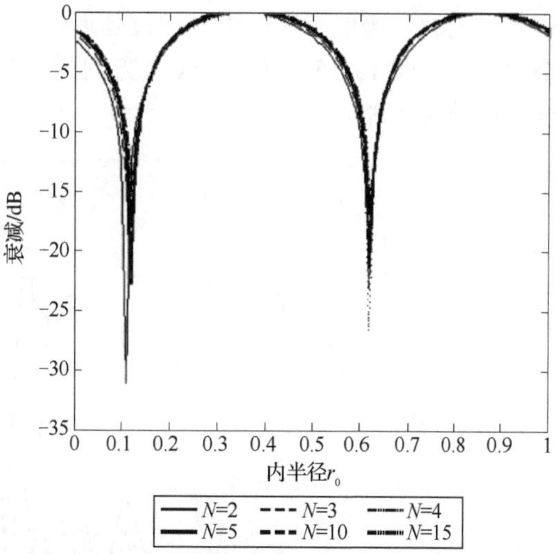

图 19-13　波长 $\lambda= s$ 时的能量与最大能量的比值计算结果。计算参数：激发元数目 N，内半径 r_0

19.3　相控阵换能器

当硬件有足够多的独立通道时，可以分别控制阵列换能器中每个激发元的幅度和相位。因此，不改变激发元的位置，也可以通过调整激发信号来优化激发谱。本节我们分析梳状换能器和环状换能器的相控阵。

19.3.1　相控阵的解析模型

使用独立通道来激发和接收时，每个激发元的激发时间可以提前或者延迟。由它激发出的波也相应地提前或者推迟。类似于多普勒效应，相位控制的效果相当于改变这个激发元与其他激发元之间的距离，从而改变激发波的波长。为了分析每个激发元相位的影响，我们对每个元引入一个相位延时 φ_n，然后激发表达式里面会增加一项 $e^{-\mathrm{i}\varphi n}$。延迟的分布可以是任意函数，可以是线性变化或非线性变化。这里我们只考虑激发元延时线性变化的情况，假设每一个激发元比前一个延迟相位 φ，梳状换能器和环状换能器的波数谱分别由式(19.18)和式(19.19)给出

$$F^{\mathrm{comb}}(k)=w\cdot\sin\mathrm{c}\left(\frac{kw}{2}\right)\cdot\frac{\sin\left[\dfrac{1}{2}N(ks-\varphi)\right]}{\sin\left[\dfrac{1}{2}\left(ks-\varphi\right)\right]}\cdot\mathrm{e}^{\mathrm{i}\frac{ks-\varphi}{2}(N-1)}\tag{19.18}$$

$$F^{\mathrm{ann}}(k)=\frac{1}{k}\sum_{n=0}^{N-1}\left\{(\alpha_n+w)J_1\left[(\alpha_n+w)k\right]-\alpha_nJ_1[\alpha_nk]\right\}\mathrm{e}^{-\mathrm{i}n\varphi}\tag{19.19}$$

式中，$\alpha_n=r_0+sn$，每一个元的相位延时为 $(n-1)\varphi$。

19.3.2　相控阵激发示例

图 19-14 是一个 5 个激发元的梳状换能器在激发相位延迟为 90° 时的波数谱与没有相位延迟时的波数谱的对比。引入相位延迟后，整个分布谱向右移动，波数谱关于 $k=0$ 的对称性不存在了。图 19-15 为右行波(+x 方向)和左行波(−x 方向)的波长谱。右行波的波长减小，左行波的波长增加。

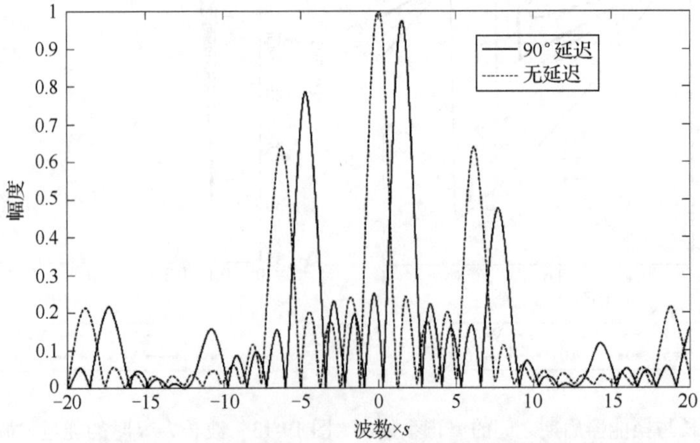

图 19-14　激发源的波数谱。计算条件：5 个激发元，激发元宽度与周期比 $w=s/2$，90° 相位延迟。虚线为没有显示时的波数谱

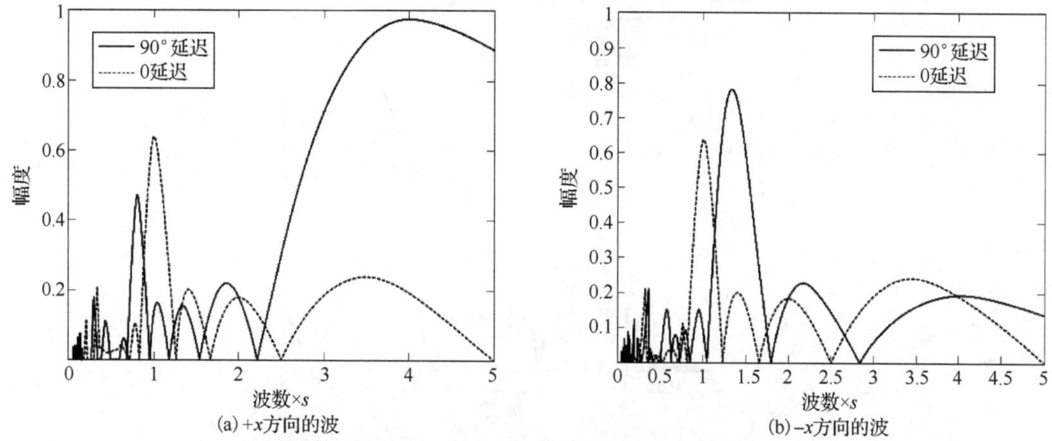

图 19-15　激发源的波长谱。计算条件：5 个激发元，激发元宽度与周期比 $w=s/2$，90° 相位延迟。虚线为没有显示时的波长谱

图 19-16 是环状阵列相控阵波数谱的一个例子。波数谱关于 $k=0$ 的对称性仍然存在。虽然向外传播的波与向内传播的波与梳状换能器中的左行波和右行波类似，然而向内传播的波最终经过圆心以后还是变成向外传播并且和一开始向外传播的波发生干涉。因此，当加了相位延迟以后两者叠加以后的效果使波数谱变得更加复杂，如图 19-17 所示。

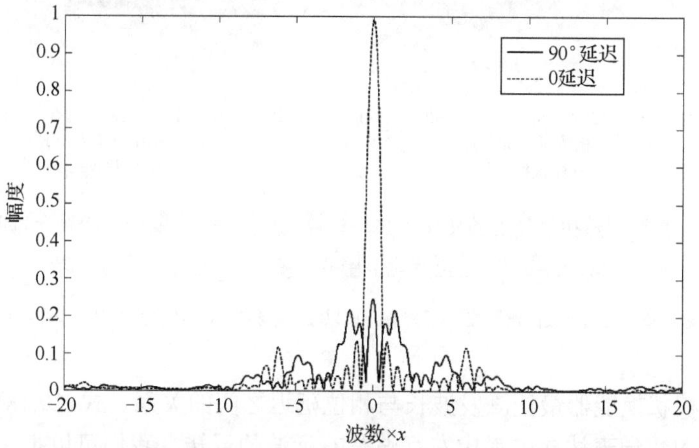

图 19-16　环状阵列换能器的波数谱图。计算条件：5 个激发元，激发元宽度 $w=s/2$，内半径 $r_0=s/2$，相位延迟 90°。虚线为没有相位延迟时的谱图

当环状换能器的内半径较大时，向内传播的波经过圆心以后与向外传播的波两个波包可能在时间上分开而不发生干涉。在这种情况下，两个波包的波数谱图可以分别考虑，使用的延时也可以非线性增加。这种情况在本章不再详细叙述，留给读者进一步研究。

图 19-18 是波长谱图随相位延迟的变化关系。计算条件：5 个激发元，激发元宽度 $w=s/2$，内半径 $r_0=s/2$。相位变化范围是 0～360°；幅度以灰度表示。图 19-18(a) 为梳状换能器，图 19-18(b) 为环状换能器。梳状换能器的左行波的谱图和右行波的谱图按 180° 对称，所以没有在这里单独显示。环状换能器的谱图显示了外行波与内行波的干涉结果。

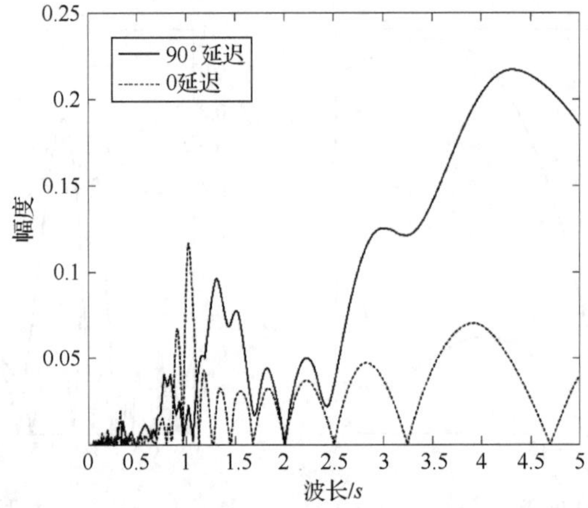

图 19-17　环状阵列换能器的波长谱图。计算条件：5 个激发元，激发元宽度 $w=s/2$，内半径 $r_0=s/2$，相位延迟 90°。虚线为没有相位延迟时的谱图

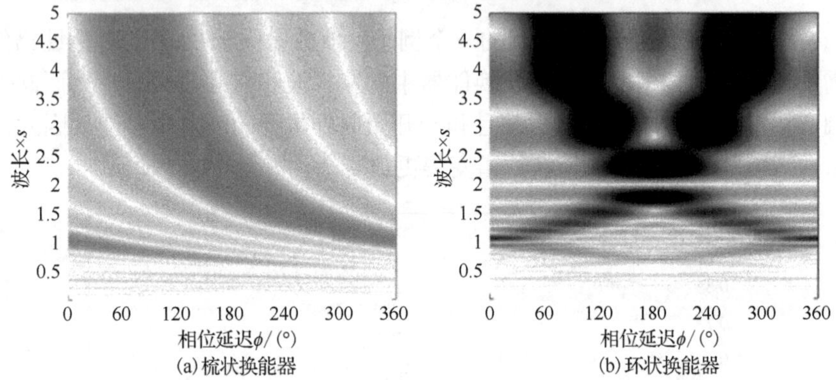

图 19-18　波长谱图随相位延迟的变化关系。计算条件：5 个激发元，激发元宽度 $w=s/2$，内半径 $r_0=s/2$。相位变化范围 0°～360°。幅度以灰度表示

注：梳状换能器的左行波的谱图是右行波的谱图按 180° 对称，所以没有单独显示，环状换能器的谱图显示了外行波与内行波的干涉结果

进一步分析梳状换能器最佳激发波长与相位延迟之间的关系。式(19.18)为当延时线性增加时，激发谱图的数学表达式。考虑左行波是右行波的反转，我们可以把两个方向的行波谱用一个公式表达，即

$$\left|F_{\pm}^{\text{comb}}(k)\right| = w\cdot \sin\text{c}\left(\frac{kw}{2}\right)\cdot\frac{\sin\left[\frac{1}{2}N(ks\mp\varphi)\right]}{\sin\left[\frac{1}{2}(ks\mp\varphi)\right]} \tag{19.20}$$

式中，F_+ 表示右行波；F_- 表示左行波。当 $\frac{1}{2}(ks\mp\varphi)=m\pi$ 时，公式中分子最大，因此激发能量最强，这里 m 是整数。利用相位与周期及时间之间的关系，相位延迟可以转化为时间延迟

$$\tau_{\pm}=\pm\frac{1}{f}\left(\frac{s}{\lambda}-m\right) \tag{19.21}$$

式中，$\tau_{\pm}$ 是右行波(+)和左行波(−)的最佳时间延迟；f 是频率；λ 是波长；整数 m 对应图 19-15 中的各个峰值位置。图 19-19 是将时间延迟以及频率曲线和频散曲线画到一起的一个例子，虚线表示左行波，点线表示右行波，实线是一个 2mm 厚铝板的频散曲线。

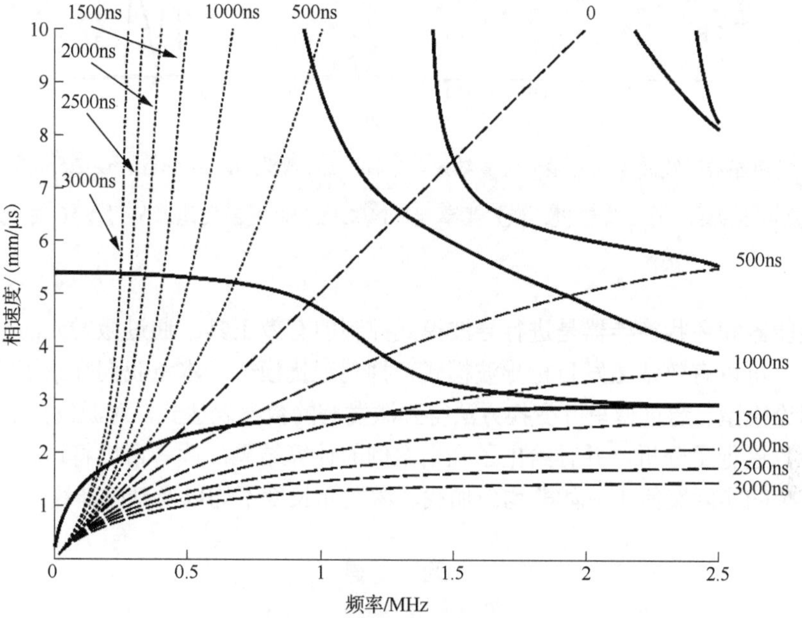

图 19-19　一个梳状换能器的最佳激发相速度与频率的关系。
计算条件：激发元周期为 5mm，时间延迟 0～3000ns

图 19-20 和图 19-21 是环状换能器的激发波形在两个条件下的有限元计算结果对比。计算条件如下：8 个激发元，$s = 5\text{mm}$，$w = 2.5\text{mm}$，$r_0 = 2.5\text{mm}$，1mm 厚铝板，激发频率为 1.14MHz。图 19-20 是没有延时的情况，S0 波激发能量强，A0 波能量弱；图 19-21 是延时为 329ns(相位 135°)的情况，S0 波激发能量明显削弱，A0 波能量增强。这个结果很明显地说明了相控阵在模式选择和模式控制中的作用。另外，由于 A0 模式的传播速度低于 S0 模式，图 19-21 中的内行波和外行波之间的时间差比图 19-20 所示的 S0 模式的时间差大。

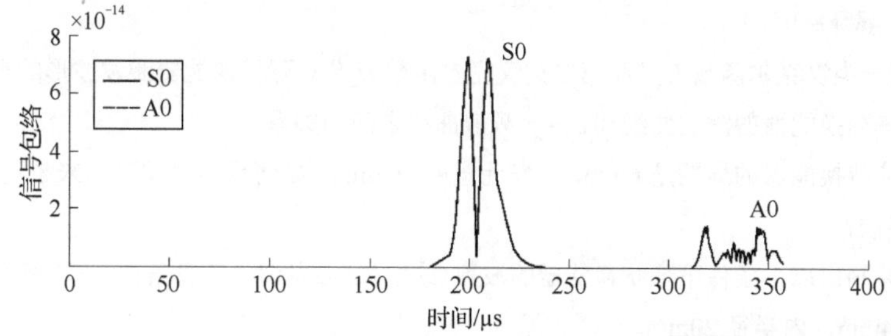

图 19-20　环状换能器激发波形的有限元计算结果。条件：8 个激发元，$s = 5\text{mm}$，$w = 2.5\text{mm}$，$r_0 = 2.5\text{mm}$，没有时间延迟，1 mm 厚铝板，激发频率为 1.14MHz。S0 波激发能量强，A0 波能量弱

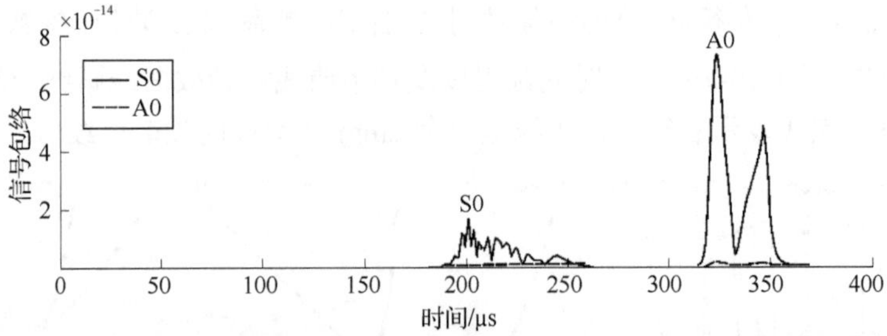

图 19-21　环状换能器激发波形的有限元计算结果。条件：8 个激发元，s=5mm，w=2.5mm，$r_0=2.5$mm，时间延迟 329ns，1mm 厚铝板，激发频率为 1.14MHz。S0 波激发能量削弱，A0 波能量增强

小结

梳状换能器和环状换能器是进行导波模式控制的有效工具。通过激发元的分布以及信号延迟的设计，可以有效地激发目标导波模式，抑制干扰模式。本章我们介绍了阵列式换能器激发谱的理论模型。通过傅里叶变换方法得到激发谱的数学表达式，对激发元的宽度、周期、周期数等参数进行了分析，并且给出了几个案例的计算结果。读者可以将这种理论方法应用到其他更复杂的实际案例中，如非均匀加载、激发元长度不均以及延时非线性增加等情况。

习　题

19-1　简述环状换能器和梳状换能器相比的优点和缺点。

19-2　提出并解释至少两个环状换能器比梳状换能器更合适的导波应用。

19-3　解释傅里叶变换和汉克尔变换的相似点和区别。

19-4　在频率远低于第一截止频率时，厚度方向振动的传感器更容易激发 A0 模式还是 S0 模式？

19-5　不考虑相位延迟，设计一个梳状换能器和一个环状换能器来有效地激发相速度为 5500 m/s，频率为 320 kHz 的导波。

19-6　如何设计梳状换能器及环状换能器来减小波长幅度谱的谱峰宽度？什么因素最为关键？

19-7　为什么环状换能器相控阵的激发谱比梳状换能器相控阵的激发谱复杂？

19-8　使用正延迟时(波传播方向前面的激发元比最后面激发元后激发)，梳状换能器所激发的波的波长会增大还是减小？解释原因。

19-9　解释第一类汉克尔函数 $H_\nu^{(1)}$ 和第二类汉克尔函数 $H_\nu^{(2)}$ 对环状换能器激发波形的重要性。

19-10　描述阵列换能器的激发曲线和 c_p - f 频散曲线之间的关系。

19-11　一个梳状换能器的周期是 6mm，激发元宽度为 3mm，如何设定时间延迟来激发相速度 3200 m/s、频率 250 kHz 的导波？

19-12　计算并画出以下条件下环状换能器的波数(或波长)激发谱。计算条件：5 个激发元，每个激发元宽度 2mm，周期 4mm，内半径 20mm。

19-13　计算并画出以下条件下梳状换能器的波数(或波长)激发谱。计算条件：4 个激发元，每个激发元宽度 2mm，周期 4mm。

19-14　解释环状换能器的内半径对激发谱的影响。

19-15　考虑每个激发元的幅度调制时，重新推导环状相控阵换能器的激发谱。

19-16　解释本章图 19-20 和图 19-21 中波形双峰的原因。

19-17　梳状换能器的什么参数决定了激发导波的指向性？

19-18　模仿二维梳状换能器的理论推导，计算以下模型的激发源谱，参数为 k_x 和 k_y。激发条件：4×4 格点，每个格点上有一个边长 5mm 的正方形激发元，每个激发元之间的距离为 10mm。

参考文献

Rose J L. 1999. Ultrasonic Waves in Solid Media. Cambridge : Cambridge University Press .

第 20 章　非线性导波介绍

20.1　引　言

到目前为止，本书讨论的都是线性超声波。线性超声波的接收信号的频率和激励信号的频率相同，而非线性超声波中目标接收信号的频率和激发波的频率不同。本书考虑弱非线性材料。在这类材料中，材料声波非线性与基波幅度相比是微小量，可以使用微扰方法来求解。体波非线性现象中的高次谐波问题的研究已经有四十余年的历史，然而波导中的非线性声学现象研究还处于起步阶段。高次谐波对材料的微观结构极其敏感。错位、晶相析出以及微孔隙、微裂纹等材料微观结构对高次谐波的幅度有明显影响，而对单次谐波则几乎没有影响。本章将对非线性超声波作系统的介绍。

检测微小缺陷的能力对保证结构健康具有非常重要的意义。周期性无损检测以及连续在线结构健康检测可以用来跟踪缺陷产生和发展状况，从而预测结构的剩余寿命。大量研究表明，非线性系统对缺陷的产生和发展过程能够进行有效的跟踪和监测(Dace et al., 1991；Farrar et al., 2007；Worden et al., 2007)。通常，线性声学方法可以检测到尺度与波长相当的缺陷。在理想的检测条件和模式选择的情况下，导波可以检测到尺度比基波波长小很多的缺陷。例如，Alleyne 和 Cawley(1992)的研究可以检测到尺度为波长 1/40 的缺陷。当然，导波检测的首要目的是大范围的结构健康监测，所以通常检测用的导波波长比体波波长要大很多。非线性超声一个重要的优点是其对材料微观结构具有极其出色的灵敏度。声波在非线性介质中传播时与材料微观结构，如位错、晶相析出、微孔隙、微裂纹等相互作用并耦合引起声波畸变，这是非线性谐波产生的物理原因。令人印象深刻的是，朗道和栗弗席兹在他们经典的弹性力学教科书里就对非简谐振动进行了探讨。

在经典弹性力学分析中，非线性谐波的产生(通常二次谐波最为显著)源自非线性波动方程的高阶项，而求解线性化的波动方程只能得到基波解而并不含高阶谐波项。这就表明高次谐波产生在数学上有两个条件，其一保留波动方程高阶项，其二有限幅度的基波激励；在满足这两个条件的情况下，相对应的位移场梯度就能足够大从而产生较为显著的非线性谐波。材料的非线性与微观结构紧密相关，这就使得非线性超声在一定程度上能够表征材料的微观结构。大量研究表明，非线性谐波在超声无损检测和结构健康监测中具有重要的应用价值。在本章中，我们将对体波的非线性产生进行简单回顾，我们会用更大的篇幅对导波非线性原理和应用进行详细介绍。非线性超声有一个重要的优点，在满足一定的条件下，高次谐波产生的幅度在传播过程中累积增长。非线性超声导波兼具导波大范围快速扫查和非线性超声纳米级灵敏度的优点，在金属材料和复合材料构件早期检测和预警中具有广泛的应用前景和极其重要的应用价值。

20.2　弱非线性材料中的体波

我们首先考虑无限大均匀各向同性弹性介质中一维弹性波的传播。如第 3 章所述，力学

方程为

$$\sigma_{,x} = \rho u_{,tt} \tag{20.1}$$

$$\sigma = E\varepsilon \tag{20.2}$$

$$\varepsilon = u_{,x} \tag{20.3}$$

式中，变量σ、ε和 u 分别为应力、应变以及位移；ρ 和 E 为质量密度和杨氏模量；逗号后面的 x 和 t 分别表示对空间或时间求导。

将场方程结合起来，就得到以位移场为变量的 Navier 方程

$$u_{,tt} = c^2 u_{,xx} \tag{20.4}$$

波动方程的简谐波解为

$$u = A_1 \sin(kx - \omega t) + B_1 \cos(kx - \omega t) \tag{20.5}$$

式中，$c^2 = E/\rho$ 是纵波速度的平方，$\omega = ck$ 是角频率，k 是波数。对于线性问题，激发波形的频率和激发源的频率相同。然而，对于非线性问题，应力-应变之间的关系为

$$\sigma = E\varepsilon\left(1 + \frac{1}{2}\beta\varepsilon\right) \tag{20.6}$$

式中，β 是材料的声非线性参数。由于材料的非线性，一维波动方程也变成非线性

$$u_{,tt} = c^2\left(1 + \beta u_{,x}\right)u_{,xx} \tag{20.7}$$

现在，基波简谐解为

$$u_1 = A_1 \sin(kx - \omega t) \tag{20.8}$$

需要增加一个高次谐波的微扰项

$$u_2 = \frac{\beta}{8}(A_1 k)^2 x \cos 2(kx - \omega t) \tag{20.9}$$

Truell 等(1969)给出的总的位移解 $u = u_1 + u_2$。二次谐波的幅值为

$$A_2 = \frac{\beta}{8}(A_1 k)^2 x \tag{20.10}$$

很明显二次谐波的幅度随着传播距离而增加。

20.3　二次谐波的测量

式(20.10)表明，非线性声学参数β 直接和幅度比值 A_2/A_1^2 相关。为了准确地测量 β，我们需要用特殊的仪器来产生尽量纯的简谐波，从而减小仪器和测试系统本身非线性对测量结果的影响。通常，我们使用多周期的正弦波来激发，以得到窄带的激发频谱。在接收端采用放大器来增强信号。虽然材料非线性产生仍是微小量，但我们可以通过后续信号处理将高次谐波幅值在频域准确测量出来。

图 20-1 是纵波在硼硅酸盐样品中非线性激励的频谱图。在图 20-1(a)中，为了显示高阶谐波的幅值，基波的幅度超出了显示范围。图 20-1(b)中，我们把所有频率的幅度归一化以后用 dB 尺度显示。注意到奇数阶谐波的幅度大于偶数阶谐波。在这个例子里，我们采用的硼硅酸盐样品是一个直径 38mm、长度 50mm 的圆柱体，激励信号为中心频率为 7MHz, 40 个周期的简谐脉冲串。硼硅酸盐是一种非线性参数很小的玻璃材料，被广泛应用在系统非线性标定的实验中。另外一种镍基合金材料在 7MHz 激发时的频谱如图 20-2 所示。

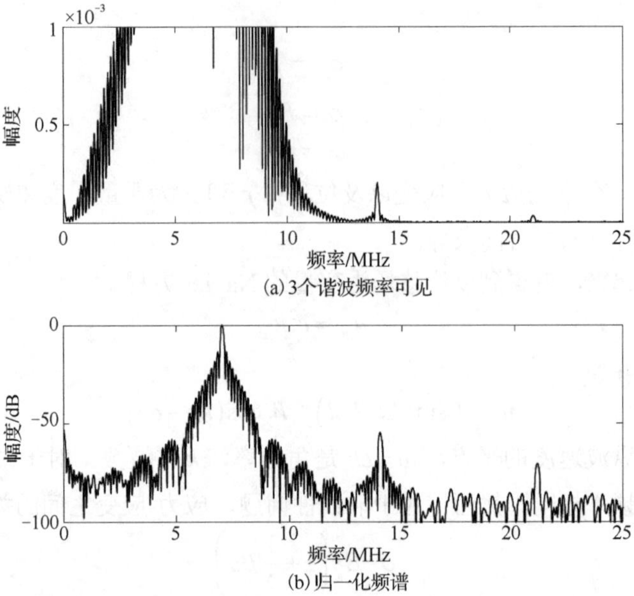

(a) 3个谐波频率可见

(b) 归一化频谱

图 20-1　硼硅酸盐样品在 7MHz 中心频率 40 周期脉冲串激发下的响应

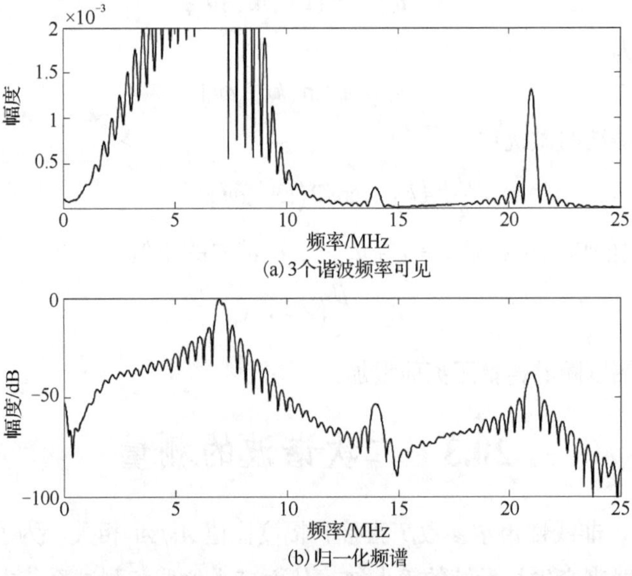

(a) 3个谐波频率可见

(b) 归一化频谱

图 20-2　617 合金样品在 7MHz 中心频率，40 周期脉冲串激发下的频率响应

式(20.10)表明二次谐波的幅度与基波幅度的平方呈线性关系。图 20-3 给出的是硼硅酸盐实验中测得的相对非线性声学参数结果，该结果印证了以上结论。式(20.10)也表明二次谐波的幅度随距离的增加而累积增长。图 20-4 也证明了这一点。当然，二次谐波的幅度和基波相比还是微小量。非线性声学实验的一个难点在于超声传感器的测量受到压电材料特性以及耦合剂的影响。耦合剂对超声传播和系统非线性的影响和频率有关。Dace 等(1991，1992)和 Sun 等(2006)给出了校准耦合剂对声学非线性测量影响的实验方法。

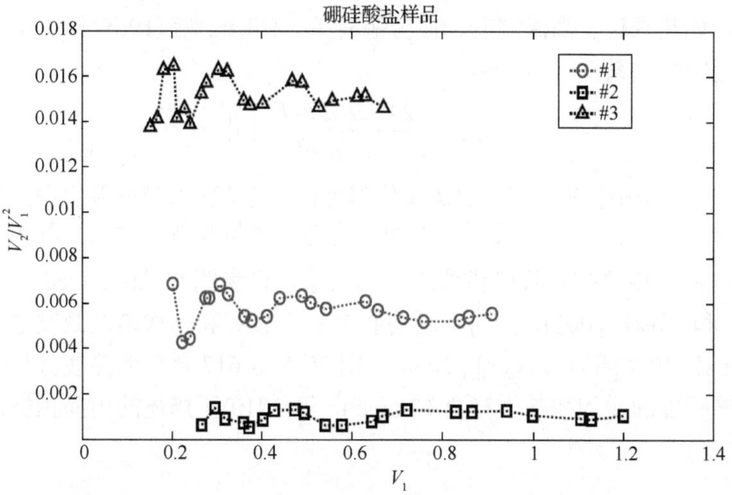

图 20-3　三个不同的硼硅酸盐样品的非线性参数(V_2/V_1^2)随基波幅度(单位：V)的变化关系。非线性参数的数值很小而且其变化范围随着基波幅度的增加而减小

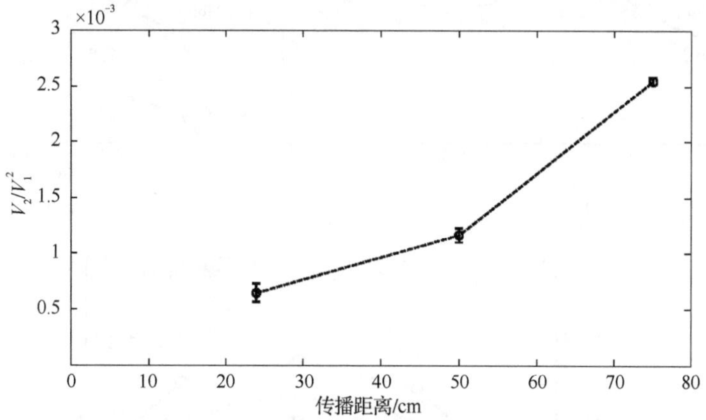

图 20-4　硼硅酸盐中二次谐波的非线性参数随传播距离的变化关系

20.4　二次谐波和微结构的关系

在非线性超声无损检测技术的应用中，通常测量不同于基频的其他频率波形的幅度。Jhang(2009)综述了评价微结构损伤的一系列技术，其中对非线性声学技术作了重点介绍。引用文献(Cantrell，2004)中的一段话：“在有限幅度超声中，我们通常测量由一个纯正弦波与材料的非线性相互作用产生的谐波的幅度。非线性高阶谐波是由基波与晶格的非谐性(原子之间的高阶势能)或者缺陷、微结构以及其他晶格错位相互耦合产生的。”值得注意的是，胡克定律中应力和应变间的线性关系是原子间相互作用力的一阶近似，而杨氏模量是原子间作用力随相对距离变化曲线的斜率的宏观体现。经典弹性力学是含有成百万原子、众多杂质以及缺陷的材料的一种简化力学分析方法。因此，考虑二次以上的相互作用能，虽然并不是在任何时候都有必要，但都是合适的。

如式(20.10)所示，二次谐波的幅值与非线性声学参数正相关。非线性声学参数与材料的

微观结构变化，如热老化、高温蠕变、疲劳等有关。Hikata 等(1965)给出了非线性声学参数与错位单极子之间的关系

$$\beta_{mp}=\frac{24}{5}\frac{\Omega \Lambda L^4 R^3 E_1^2}{\mu^3 \boldsymbol{b}^2}|\sigma|$$

式中，σ是应变；b是柏格斯矢量；Λ是错位密度；Ω是从剪切应变到纵向应变的转换系数；R是 Schmid 系数；L是错位环的长度；E_1和μ是弹性模量和剪切模量。若想了解更多关于非线性声学参数与疲劳裂纹初始阶段错位之间的关系，请参照文献(Cantrell，2004；Cantrell，2009；Cantrell 和 Yost，2001)。另外，还有很多关于疲劳和高次谐波激发之间的实验研究的文献，如(Na et al., 1996)和(Kim et al., 2006)。图 20-5 是 617 合金的热疲劳与二次谐波之间的关系。二次谐波幅度的增加和减小符合 Chomette 等(2010)所描述的由晶相析出所引起的微结构的演变关系。

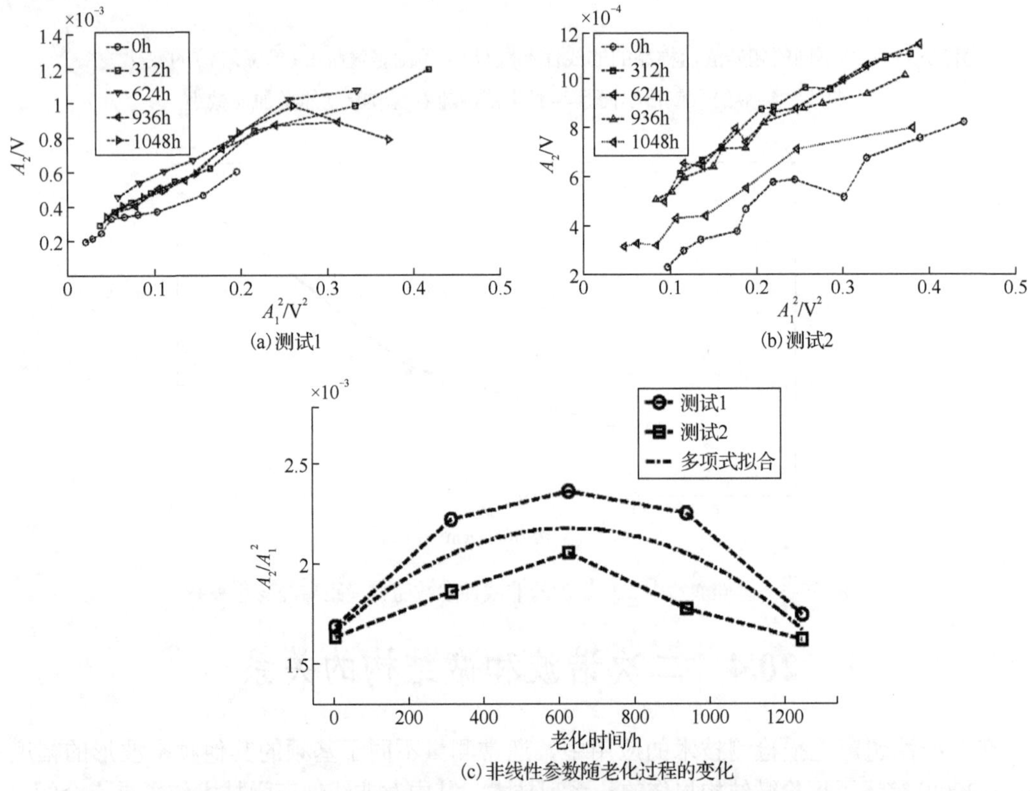

图 20-5　热老化对 617 合金的二次谐波幅度的影响。二次谐波幅度与基波幅度平方之间的关系

20.5　弱非线性波动方程

现在我们将注意力转移到三维系统中的导波非线性问题。目标是通过连续体力学的应力-应变分析来解决波导中非线性导波传播的边界条件问题。然后在 20.6 节，我们以板材中的兰姆波和水平剪切波为例对非线性边值问题进行求解，并讨论主要的理论及实验结果。

式(20.4)适用于线性弹性材料中的微小位移。本节中，我们不对 Navier 方程进行线性简化，而是使用高阶应变能来重新定义材料中的波动力学方程。在参考坐标系下，连续介质中

的应变用格林-拉格朗日(Green-Lagrange)应变张量描述，应力由第一和第二 Piola-Kirchhoff 应力张量来描述。

Green-Lagrange 应变张量 $\boldsymbol{E}$ 和参考坐标系下位移矢量 $\boldsymbol{u}$ 之间的关系为

$$\boldsymbol{E}=\frac{1}{2}(\boldsymbol{H}+\boldsymbol{H}^{\mathrm{T}}+\boldsymbol{H}^{\mathrm{T}}\boldsymbol{H}) \tag{20.11}$$

式中，$\boldsymbol{H}$ 是位移矢量的梯度

$$\boldsymbol{H}=\nabla\boldsymbol{u} \tag{20.12}$$

超弹性材料的应力-应变关系可以从应变能量函数(W)得到

$$\widetilde{\boldsymbol{T}}=\frac{\partial W(\boldsymbol{E})}{\partial\boldsymbol{E}} \tag{20.13}$$

这里需要指出的是，$\widetilde{\boldsymbol{T}}$ 是第二 Piola-Kirchhoff 应力张量。非线性超弹性材料的三阶应变能函数可以根据(Landau 和 Lifshitz，1986)的表达式得到

$$W=\frac{\lambda}{2}(\mathrm{tr}[\boldsymbol{E}])^2+\mu\mathrm{tr}[\boldsymbol{E}^2]+\frac{C}{3}(\mathrm{tr}[\boldsymbol{E}])^3+B\mathrm{tr}[\boldsymbol{E}]\mathrm{tr}[\boldsymbol{E}^2]+\frac{A}{3}\mathrm{tr}[\boldsymbol{E}^3]+\cdots \tag{20.14}$$

式中，λ 和 μ 是拉梅常数；A、B、C 是三阶弹性参数；tr[ ]是方括号内张量的迹。这个应变能量函数最近也被 Norris(1998)等很多作者引用。Norris(1998)和 Cantrell(2004)也在此基础上给出了应力和应变的关系

$$\widetilde{\boldsymbol{T}}=\lambda\mathrm{tr}[\boldsymbol{E}]\boldsymbol{I}+2\mu\boldsymbol{E}+C(\mathrm{tr}[\boldsymbol{E}^2])\boldsymbol{I}+B\mathrm{tr}[\boldsymbol{E}^2]\boldsymbol{I}+2B\mathrm{tr}[\boldsymbol{E}]\boldsymbol{E}+A\boldsymbol{E}^2 \tag{20.15}$$

式中，$\boldsymbol{I}$ 是单位张量。

大变形分析中，运动方程是以第一 Piola-Kirchhoff 应力张量，而不是第二 Piola-Kirchhoff 的形式给出的。第一 Piola-Kirchhoff 应力张量具有非对称的特性，在参考坐标系中它被用来描述作用在变形体上的力。第一和第二 Piola-Kirchhoff 应力张量的转换关系如下

$$\boldsymbol{F}=\boldsymbol{I}+\boldsymbol{H} \tag{20.16}$$

$$\boldsymbol{T}_o=\boldsymbol{F}\widetilde{\boldsymbol{T}} \tag{20.17}$$

一阶 Piola-Kirchhoff 应力可以按位移梯度分解为线性和非线性部分

$$\boldsymbol{T}_o=\boldsymbol{T}_o^L+\boldsymbol{T}_o^{NL} \tag{20.18}$$

$$\boldsymbol{T}_o^L=\lambda\mathrm{tr}[\boldsymbol{H}]\boldsymbol{I}+\mu(\boldsymbol{H}+\boldsymbol{H}^{\mathrm{T}}) \tag{20.19}$$

$$\begin{aligned}\boldsymbol{T}_o^{NL}=&\left(\frac{\lambda}{2}\mathrm{tr}[\boldsymbol{H}^{\mathrm{T}}\boldsymbol{H}]+C(\mathrm{tr}[\boldsymbol{H}])^2\right)\boldsymbol{I}+B\mathrm{tr}[\boldsymbol{H}]\boldsymbol{H}^{\mathrm{T}}+\frac{A}{4}\boldsymbol{H}^{\mathrm{T}}\boldsymbol{H}^{\mathrm{T}}+\frac{B}{2}\mathrm{tr}[\boldsymbol{H}^2+\boldsymbol{H}^{\mathrm{T}}\boldsymbol{H}]\boldsymbol{I}\\&+(\lambda+B)\mathrm{tr}[\boldsymbol{H}]\boldsymbol{H}+\left(\mu+\frac{A}{4}\right)(\boldsymbol{H}^2+\boldsymbol{H}^{\mathrm{T}}\boldsymbol{H}+\boldsymbol{H}\boldsymbol{H}^{\mathrm{T}})+O[\boldsymbol{H}^3]\end{aligned} \tag{20.20}$$

这里我们忽略了二次以上的项。现在，波动方程可以写为

$$\nabla\cdot\boldsymbol{T}_o+\rho_o\boldsymbol{b}=\rho_o\ddot{\boldsymbol{u}} \tag{20.21}$$

式中，ρ_o 是参考坐标系中的质量密度；$\boldsymbol{b}$ 是体作用力；位移矢量上边的点表示对时间求导。Gol'dberg(1960)第一次给出了这个非线性波动方程。为了使用微扰方法求解，式(20.21)可以改写为

$$(\lambda+\mu)\nabla(\nabla\cdot\boldsymbol{u})+\mu\nabla^2\boldsymbol{u}+\nabla\cdot\boldsymbol{T}_o^{NL}=\rho_o\ddot{\boldsymbol{u}} \tag{20.22}$$

假设体作用力 $\boldsymbol{b}$ 为零，考虑板的上下表面为自由边界

$$\boldsymbol{T}_o\cdot\boldsymbol{n}=0,\ \ y=\pm h \tag{20.23}$$

式中，$\boldsymbol{n}$ 是与平面垂直的单位矢量(图 20-6)。

考虑弱非线性波动情况，非线性波动方程的解可以分解为基波解和微扰解

$$\boldsymbol{u}=\boldsymbol{u}^{(1)}+\boldsymbol{u}^{(2)} \tag{20.24}$$

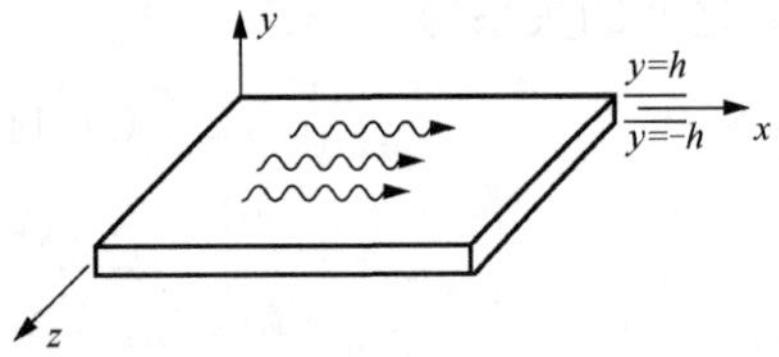

图 20-6　板中沿着 x 方向的导波传播模型

式中

$$\boldsymbol{u}^{(1)} \gg \boldsymbol{u}^{(2)} \tag{20.25}$$

这样，我们就可以得到两个独立的边界条件问题。线性近似方程为

$$(\lambda+\mu)\nabla\left(\nabla\cdot\boldsymbol{u}^{(1)}\right)+\mu\nabla^2\boldsymbol{u}^{(1)}-\rho_o\ddot{\boldsymbol{u}}^{(1)}=0 \tag{20.26}$$

$$\boldsymbol{T}_o^{L(1)}\cdot\boldsymbol{n}_y=0 \tag{20.27}$$

这是齐次方程，其结果分别是第 6 章和第 14 章所描述的瑞利-兰姆解和水平横波解。

微扰项的方程为

$$(\lambda+\mu)\nabla\left(\nabla\cdot\boldsymbol{u}^{(2)}\right)+\mu\nabla^2\boldsymbol{u}^{(2)}-\rho_o\ddot{\boldsymbol{u}}^{(2)}=-\boldsymbol{f}^{(1,1)} \tag{20.28}$$

$$\boldsymbol{T}_o^{L(2)}\cdot\boldsymbol{n}_y=-\boldsymbol{T}_o^{NL(1,1)}\cdot\boldsymbol{n}_y \tag{20.29}$$

该方程描述的是外力作用下波导中的声场。偏微分方程和边界条件都是非齐次方程。体作用力 $\boldsymbol{f}^{(1,1)}=\nabla\cdot\boldsymbol{T}_0^{NL(1,1)}$ 和面驱动力 $\boldsymbol{T}_0^{NL(1,1)}$ 的表达式由基波解代入式(2.20)得到。Auld 的经典应力波教程中给出了式(20.26)和式(20.27)的求解过程。微扰项波动方程可以通过正交模式分解的方法进行求解。

如 de Lima 和 Hamilton(2003)所述，两个传播模式(ω_a,k_a)和(ω_b,k_b)在传播过程中混叠，可以发生自相互作用和互相互作用而产生频率为$2\omega_a$、$2\omega_b$、$\omega_a-\omega_b$、$\omega_a+\omega_b$的高阶谐波。二次谐波是上述基波混叠的一种特殊情况。根据 Auld(1973)二次谐波位移场的正交模式分解为

$$\boldsymbol{u}^{(2)}(x,y,t)=\frac{1}{2}\sum_{m=1}^{\infty}A_m(x)\boldsymbol{u}_m(y)\mathrm{e}^{-\mathrm{i}2\omega t}+c.c. \tag{20.30}$$

式中，$c.c.$是复共轭函数。波结构可以改写为

$$\boldsymbol{v}_m(y)=\dot{\boldsymbol{u}}_m(y) \tag{20.31}$$

$$\boldsymbol{T}_m=\lambda\mathrm{tr}[\nabla\boldsymbol{u}_m(y)]\boldsymbol{I}+\mu(\nabla\boldsymbol{u}_m(y)+\nabla^{\mathrm{T}}\boldsymbol{u}_m(y)) \tag{20.32}$$

每个正交模式 m 的幅值 $A_m(x)$ 可以由下式得到

$$4P_{mn}\left(\frac{\mathrm{d}}{\mathrm{d}x}-ik_n^*\right)A_m(x)=(f_n^{\mathrm{surf}}+f_n^{\mathrm{vol}})\mathrm{e}^{\mathrm{i}2kx},\ \ m=1,2,\cdots \tag{20.33}$$

式中

$$P_{mn}=-\frac{1}{4}\int_{-h}^{h}\left(\frac{\boldsymbol{v}_n^*}{2}\cdot\frac{\boldsymbol{T}_m}{2}+\frac{\boldsymbol{v}_m}{2}\cdot\frac{\boldsymbol{T}_n^*}{2}\right)\cdot\boldsymbol{n}_x\mathrm{d}y \tag{20.34}$$

$$f_n^{\mathrm{surf}}=-\frac{1}{2}(\boldsymbol{v}_n^*\cdot\boldsymbol{T}_o^{NL(1,1)})\cdot\boldsymbol{n}_y\Big|_{-h}^{h} \tag{20.35}$$

$$f_n^{\mathrm{vol}}=\frac{1}{2}\int_{-h}^{h}\boldsymbol{v}_n^*\cdot\boldsymbol{f}^{(1,1)}\mathrm{d}y \tag{20.36}$$

$$A_m=\frac{f_n^{\mathrm{surf}}+f_n^{\mathrm{vol}}}{4P_{mn}}\begin{cases}\dfrac{i}{k_n^*-2k}(\mathrm{e}^{\mathrm{i}2kx}-\mathrm{e}^{\mathrm{i}k_n^*x}), & k_n^*\neq 2k\\ x\mathrm{e}^{\mathrm{i}2kx}, & k_n^*=2k\end{cases} \tag{20.37}$$

依据模式之间的正交性，有如下关系

$$P_{mn}=0,\ \ k_m\neq k_n^* \tag{20.38}$$

式中，P_{mn} 为导波传播方向的复数能流；f_n^{surf} 是非线性面驱动力；f_n^{vol} 为非线性体力；A_m 为高阶谐波声场的模式幅度。

20.6　板中高次谐波的产生

前面几章的结果表明，在自由边界条件下，板中的导波可以分解为瑞利-兰姆波和 SH 波两类。每类分别有无限多个频散模式可以在板中传播较长的距离。根据式(20.37)，一个导波模式能否产生显著的高次谐波需要具备以下两个条件：①相位匹配；②从基波场到高阶谐波场的非零能流耦合。符合这两个条件的高阶谐波，其幅度在传播过程中累积增长。

具体到二次谐波的产生，基波与二次谐波相位匹配，即频率是两倍时，只有 $k_n^*=2k$ 时，二次谐波的能量才不为零。因此，两个模式的相速度必须相同。另外，基波场到二次谐波场具有非零的非线性能流，即 $f_n^{\text{surf}}+f_n^{\text{vol}}\neq 0$。我们还在 20.6.3 节讨论了群速度匹配的条件。最后 20.6.4 节给出了一些 R-L 波和 SH 的实验结果。

20.6.1　相位匹配

如图 20-6 所示，板的厚度为 $2h$，波沿着 x 方向传播。R-L 频散关系可表示为如下形式：

对称模式

$$\frac{\tan(qh)}{\tan(ph)}=\frac{-4k^2pq}{(q^2-k^2)^2} \tag{20.39}$$

反对称模式

$$\frac{\tan qh}{\tan ph}=\frac{(q^2-k^2)^2}{-4k^2pq} \tag{20.40}$$

式中

$$p^2=\left(\frac{\omega}{c_L}\right)^2-k^2,\ \ q^2=\left(\frac{\omega}{c_T}\right)^2-k^2,\ \ k=\frac{\omega}{c} \tag{20.41}$$

为了让基波 (ω,k) 产生 m 次谐波，$(m\omega,mk)$ 必须也满足频散方程。另外，谐波必须和基波匹配

$$p\xrightarrow{\text{得到}}2p,\ \ q\xrightarrow{\text{得到}}2q$$

将这些值代入式(20.39)的右边

$$\frac{-4k^2pq}{(q^2-k^2)^2}=\frac{-4(2k)^2(2p)(2q)}{[(2q)^2-(2k)^2]^2} \tag{20.42}$$

(ω,k) 和 $(2\omega,2k)$ 满足相同的频散曲线。分析 R-L 和 SH 模式的频散曲线，我们就可以找到满足条件的所有的基波-二次谐波组合。其结果列在表 20-1 里。Chillara (2012) 分析了所有的情况，这里我们举一个例子说明。

R-L 模式的频散关系为

$$\frac{\tan(qh)}{\tan(ph)}=\frac{\tan(2qh)}{\tan(2ph)}=\frac{-4k^2pq}{(q^2-k^2)^2} \tag{20.43}$$

也可以重写为

$$\sin(qh)\cos(ph)\cos(2qh)\sin(2ph)=\cos(qh)\sin(ph)\sin(2qh)\cos(2ph) \tag{20.44}$$

使用三角函数关系

$$\sin(2u)=2\sin u\cos u,\ 2\cos^2\frac{u}{2}=1+\cos u$$

式(20.44)可以重写为

$$\sin(qh)\sin(ph)[\cos(2ph)-\cos(2qh)]=0 \tag{20.45}$$

该方程有三个不同的解

(i) $$\sin(qh)=0\to qh=n\pi \tag{20.46}$$

(ii) $$\sin(ph)=0\to ph=n\pi \tag{20.47}$$

(iii) $$\cos(2ph)=\cos(2qh)\to qh\pm ph=n\pi \tag{20.48}$$

式中，n 是一个整数。考虑第一种情况，有以下结论。

(i) 这里 $qh=np$ 和 $ph\neq n\pi$，根据式(20.43)

$$\tan(qh)=0=-4k^2pq \tag{20.49}$$

有三种可能性：

第一种可能为 $$k=0\xrightarrow{\text{得到}}\text{模式截止} \tag{20.50}$$

第二种可能为 $$p=0\xrightarrow{\text{得到}}\left(\frac{\omega}{c_L}\right)^2-\left(\frac{\omega}{c}\right)^2=0\xrightarrow{\text{得到}}c=c_L \tag{20.51}$$

将 $c=c_L$ 代入 qh 的表达式，我们可以得到可以产生具有累积效应的二次谐波的频率

$$qh=\sqrt{\left(\frac{\omega}{c_T}\right)^2-\left(\frac{\omega}{c_L}\right)^2}\,h=n\pi\xrightarrow{\text{得到}}\omega=\frac{n\pi c_T c_L}{h\sqrt{c_L^2-c_T^2}} \tag{20.52}$$

第三种可能为 $$\text{(i.c)}\ \ q=0 \tag{20.53}$$

我们将板材中符合相位匹配的导波模式总结并列在表 20-1 中，二次谐波可以在以下条件下产生。

表 20-1　相位匹配

基波模式	二次谐波	角频率ω	相速度	说明
R-L 对称	R-L 对称	$\frac{n\pi c_L c_T}{h\sqrt{c_L^2-c_T^2}}$	c_L	—
		—	c_T	—
		$\frac{\sqrt{2}n\pi c_L c_T}{h\sqrt{2c_T^2-c_L^2}}$	$\sqrt{2}c_T$	条件 $\sqrt{2}c_T\geqslant c_L$
		—	—	对称/反对称交点
	R-L 反对称	$\frac{\sqrt{2}(2n+1)\pi c_T}{2h}$	$\sqrt{2}c_T$	—
		$\frac{(2n+1)\pi c_L c_T}{2h\sqrt{c_L^2-c_T^2}}$	c_T	—
R-L 反对称	R-L 反对称	—	—	—
	R-L 对称	$\frac{\sqrt{2}(2n+1)\pi c_L c_T}{2h\sqrt{2c_T^2-c_L^2}}$	$\sqrt{2}c_T$	条件 $\sqrt{2}c_T\geqslant c_L$
SH	R-L 对称	—	$>c_L$	对称/反对称交点
		$\frac{n\pi c_L c_T}{2h\sqrt{c_L^2-c_T^2}}$	c_L	—
		—	c_L	—
	R-L 反对称	$\frac{n\pi\sqrt{2}c_T}{2h}$	$\sqrt{2}c_T$	—

(1) 在 R-L 对称模式和反对称模式的交点。
(2) 相速度的值与纵波速度相等。
(3) 相速度的值与横波速度相当。
(4) 相速度的值为横波速的 $\sqrt{2}$ 倍。
虽然截止频率处也可以产生二次谐波，但是一般不具有实际应用价值。

20.6.2 非线性能流

板材中非线性能流分析的理论基础是基波与高次谐波声场的对称性。我们首先对方程的对称性进行定义：波结构关于 y 轴对称的模式称为 S，关于 y 轴反对称的模式称为 A。具有相同对称性的方程相乘/除得到的新方程为对称方程 S，而具有相反对称性的方程相乘/除得到的新方程为反对称方程 A。在表 20-2 中我们给出的是 R-L 以及 SH 模式的位移和位移的梯度场的对称特性。将位移及位移梯度场代入第二 Piola-Kirchhoff 应力张量非线性部分的表达式 $T_O^{NL(1,1)}$ 及其旋度 $\nabla \cdot T_O^{NL(1,1)}$ 中，我们可以得到非线性应力张量及其旋度的对称特性。我们将所有结果列在表 20-3 中。这些基本矩阵和矢量的对称性可用来判断并分析 f_n^{surf} 和 f_n^{vol} 是否为零。非线性能流分析结果表明，板材中的 R-L 或 SH 导波模式(包括对称或反对称模式)产生的具有累积效应的二次谐波均为对称 R-L 模式。具有累积效应的 SH 或者反对称模式的 R-L 二次谐波场不存在。关于非线性功率流对称性分析的详细过程请参考文献(Chillara，2012；Müller et al., 2010；Srivastava 和 Lanza，2009；de Lima 和 Hamilton，2003；Deng，2003)。

表 20-2　各模式位移矢量以及位移梯度张量的对称性

模式	位移 $\boldsymbol{u}$	位移梯度 $\boldsymbol{H}$
RL_S	$\begin{Bmatrix} S \\ A \\ 0 \end{Bmatrix}$	$\begin{bmatrix} S & A & 0 \\ A & S & 0 \\ 0 & 0 & 0 \end{bmatrix}$
RL_A	$\begin{Bmatrix} A \\ S \\ 0 \end{Bmatrix}$	$\begin{bmatrix} A & S & 0 \\ S & A & 0 \\ 0 & 0 & 0 \end{bmatrix}$
SH_S	$\begin{Bmatrix} 0 \\ 0 \\ S \end{Bmatrix}$	$\begin{bmatrix} 0 & 0 & 0 \\ 0 & 0 & 0 \\ S & A & 0 \end{bmatrix}$
SH_A	$\begin{Bmatrix} 0 \\ 0 \\ A \end{Bmatrix}$	$\begin{bmatrix} 0 & 0 & 0 \\ 0 & 0 & 0 \\ A & S & 0 \end{bmatrix}$

表 20-3　R-L 和 SH 的能流分析，f_n^{surf} 是非线性面驱动力，f_n^{vol} 为非线性体力，A_m 高阶

基波模式	$T_o^{NL(1,1)}$	$\nabla \cdot T_o^{NL(1,1)}$	f_n^{surf}	f_n^{vol}	二次谐波模式
RL_S	$\begin{bmatrix} S & A & 0 \\ A & S & 0 \\ 0 & 0 & 0 \end{bmatrix}$	$\begin{Bmatrix} S \\ A \\ 0 \end{Bmatrix}$	=0	=0	SH_S
			=0	=0	SH_A
			≠0	≠0	RL_S
			=0	=0	RL_A
RL_A	$\begin{bmatrix} S & A & 0 \\ A & S & 0 \\ 0 & 0 & 0 \end{bmatrix}$	$\begin{Bmatrix} S \\ A \\ 0 \end{Bmatrix}$	=0	=0	SH_S
			=0	=0	SH_A
			≠0	≠0	RL_S
			=0	=0	RL_A

续表

基波模式	$T_o^{NL(1,1)}$	$\nabla \cdot T_o^{NL(1,1)}$	f_n^{surf}	f_n^{vol}	二次谐波模式
SH_S	$\begin{bmatrix} S & A & 0 \\ A & S & 0 \\ 0 & 0 & S \end{bmatrix}$	$\begin{Bmatrix} S \\ A \\ 0 \end{Bmatrix}$	$=0$	$=0$	SH_S
			$=0$	$=0$	SH_A
			$\neq 0$	$\neq 0$	RL_S
			$=0$	$=0$	RL_A
SH_A	$\begin{bmatrix} S & A & 0 \\ A & S & 0 \\ 0 & 0 & S \end{bmatrix}$	$\begin{Bmatrix} S \\ A \\ 0 \end{Bmatrix}$	$=0$	$=0$	SH_S
			$=0$	$=0$	SH_A
			$\neq 0$	$\neq 0$	RL_S
			$=0$	$=0$	RL_A

如果不经过详细的数学推导，我们可能会对 SH 波基模产生对称 R-L 模式的二次谐波的物理现象感到意外。数学推导表明，这种现象的原因是这两个模式之间通过式(20.20)中的 $\boldsymbol{H}^{\mathrm{T}}\boldsymbol{H}$ 以及 $\boldsymbol{H}\boldsymbol{H}^{\mathrm{T}}$ 项发生能流耦合。这些二次项由于几何非线性(式(20.11))以及材料非线性(式(20.15))显示在位移梯度的表达式中。20.6.4 节会给出这一结论的实验佐证。

20.6.3　群速度匹配

根据式(20.37)，要产生内共振，从而产生具有累积效应的高次谐波，基波和高阶谐波的相速度必须相同，且非线性能流不为零。从实际应用角度来看，Müller 等（2010）提出基波和高阶谐波的群速度也需要匹配。如果群速度不匹配，那么在传播过程中谐波包络和基波包络会分开。当传播距离增加时，谐波的能流会减弱。当内共振条件满足时，大部分情况群速度匹配的条件也满足(Matsuda 和 Biwa，2011)。例如，当 R-L 对称模式 $c_p = c_L$ 产生对称 R-L 模式的二次谐波时，群速度为

$$c_g = \frac{c_L[(c_T / c_L)^2 + 8P]}{1 + 8P} \tag{20.54}$$

$$P = \frac{1 - (c_T / c_L)^2}{[2 - (c_T / c_L)^2]^2}$$

另外，对于 $\sqrt{2}c_T < c_L$ 的材料，基波为 R-L 模式产生 R-L 谐波时群速度 $c_g = c_T/\sqrt{2}$。Matsuda 和 Biwa(2011)给出了更详细的推导和示例。

20.6.4　实验结果示例

本节以 6061-T6 铝板（$\rho = 2700\text{kg/m}^3$，$c_L = 6300\text{m/s}$，$c_T = 3100\text{m/s}$）为例来演示板材中二次谐波的激励与传播。第一组实验以斜入射超声换能器来激发 S1 以及 A1 模式的 R-L 导波。第二组实验以磁致伸缩换能器来激发 SH2 模式的水平剪切导波模式。

1. R-L 模式的基波

图 20-7 显示了 R-L 模式与 S2 模式之间的能流耦合分布叠加在频散曲线上的分布图。每个模式对应的能流耦合值由式(20.35)及式(20.36)计算得到，图中能流耦合的值以颜色坐标表示。同时，图中以圆圈画出了二次谐波所对应的对称模式的频散曲线。对照基波频散曲线和二次谐波频散曲线，我们就可直接从图上找到符合相速度匹配要求的模式点。当 fd = 3.56MHz·mm 时，非线性能流耦合相对较大，相速度和群速度也得到匹配，因此，这个模式是一个 S1-S2 的内共振模式，我们选择这个点作为实验中的激发模式。我们将图 20-7 称为

（R-L）-S2 内共振图。这里 R-L 指的是基波模式为 R-L，S2 指的是二次谐波为 S2 模式。当然，我们也可以画出和图 20-7 类似的 R-L 到反对称模式的内共振图。不过计算结果会显示能流耦合为零。同时我们注意到，由于铝材的 $\sqrt{2}c_T < c_L$，所以同步的 Lame′ 模式 $c_p = \sqrt{2}c_T$ 并不存在。

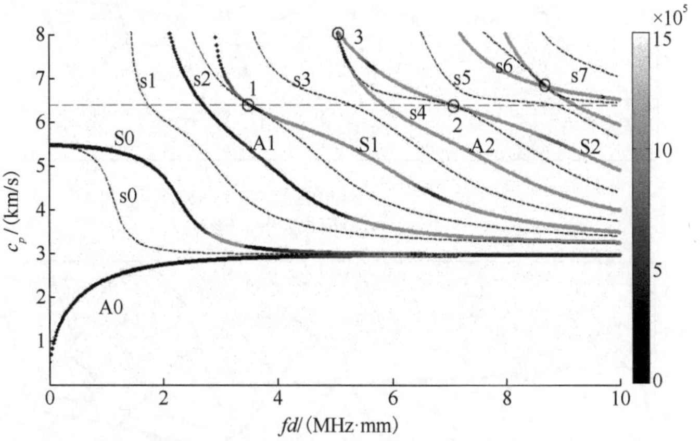

图 20-7　叠加在 R-L 模式的频散曲线上的 R-L 模式与二次谐波 S2 模式之间的能流强度图。同时 (2*fd*) 所对应的频散曲线也在图中以空心圆显示

图 20-8 是这里所选的 S1 基波模式的波结构。该模式表面位移主要是平面内分量，垂直于表面的分量很小，用斜入射换能器很难有效激发和接收该模式，因此我们用横波探头来接收。铝板的厚度为 2mm。为了接收稳定的 S1 模式，我们在远场范围内进行接收，接收距离为 50～300mm。我们用短时傅里叶变换来分析波形随时间变化的频谱。根据时间和群速度之间的关系，可以得到如图 20-9(a)所示的群速度和频率分布谱。波形模式的群速度曲线也显示在图中以便对比。S1 基波模式和 S2 二次谐波模式相位同步。很明显，接收信号中频率为 1.78MHz 的基波 S1 模式占主导。由于源影响，A1 和 A0 模式也被激发出来。实验结果还显示 S2 模式在 3.56MHz 处也有一个峰值。图 20-10 是中心频率为 1.78MHz(目标 S1 模式)以及 3.56MHz(S2 二次谐波)的幅度和时间关系。为了将两个波形同时显示，我们对 S2 模式的幅度进行了 50 倍的放大显示。图 20-11 表明二次谐波的相对非线性参数在 50～300mm 范围内随着距离的增加而增加。该结果有力地证明了理论预测。

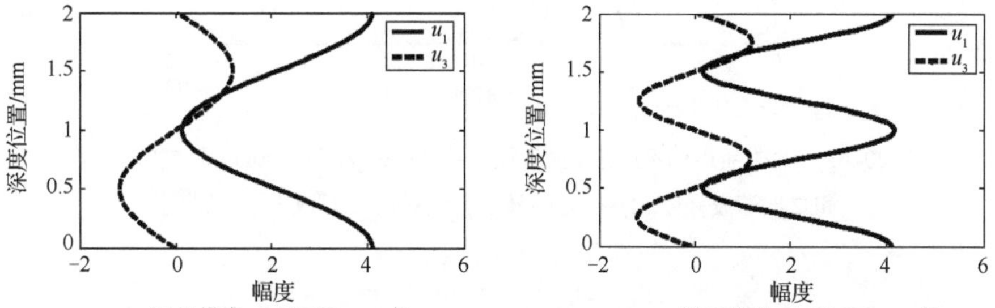

(a) S1模式，1.78MHz·mm点　　(b) S2模式，3.56MHz·mm点

图 20-8　R-L 模式波结构

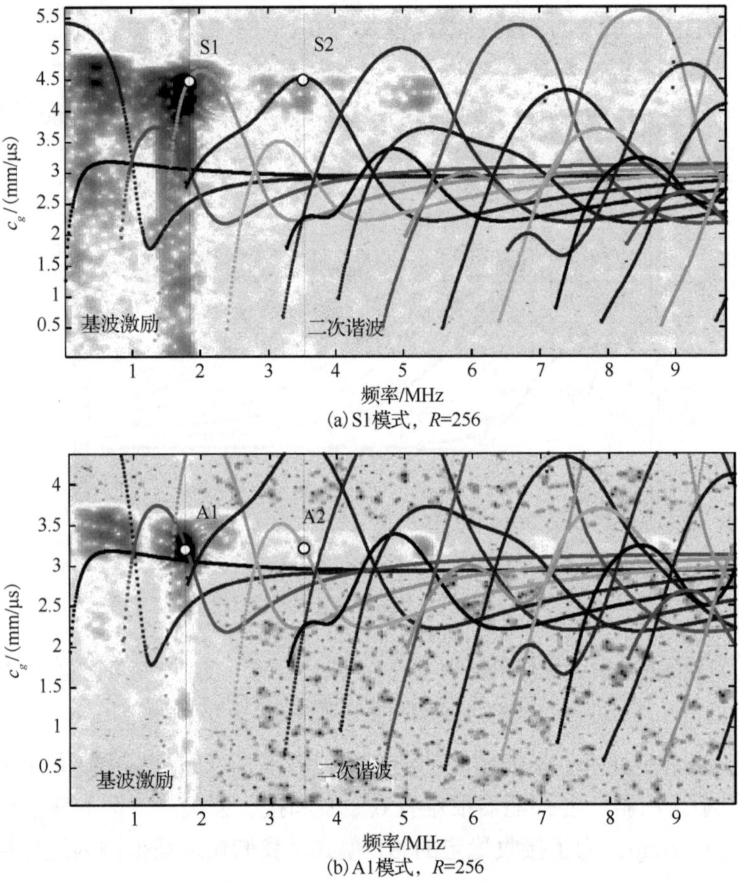

图 20-9　R-L 模式基波的频率-群速度谱图，传播距离为 100mm

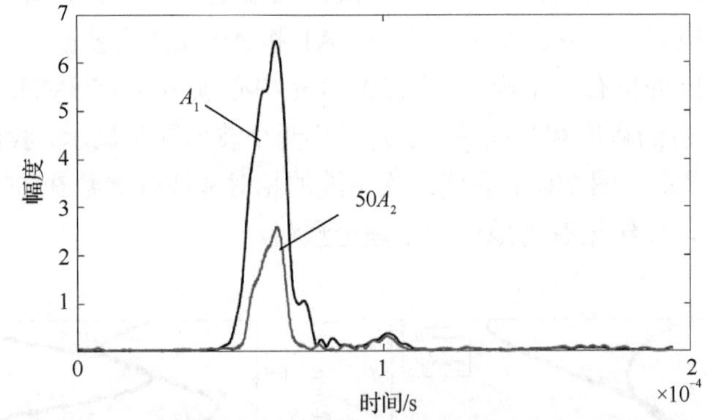

图 20-10　基波为(R-L)-S1 模式时从频谱图(图 20-9(a))得到的基波幅度(A_1)和二次谐波幅度(A_2)。为了显示幅度对比，A_2 放大 50 倍显示

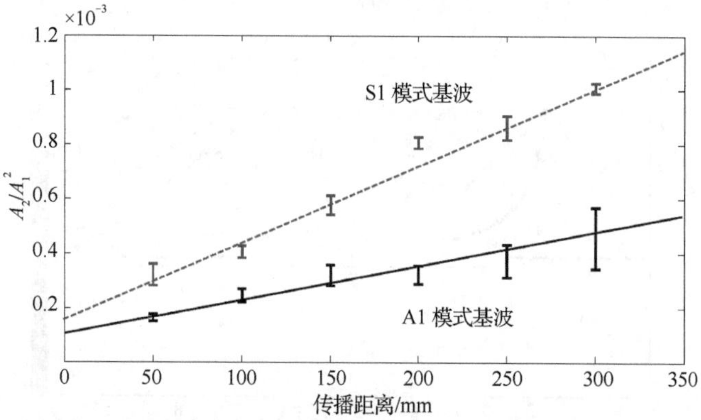

图 20-11　非线性参数 A_2/A_1^2 随着传播距离变化的定量描述对于内共振情况（基波 S1 到二次谐波 S2 模式）增加量明显较大

第二个关于 R-L 非线性产生的例子，我们选择频厚积 fd = 3.56 MHz·mm 的 A1 基波模式进行激励。在 A1 模式激励下产生的二次谐波为 A2 模式。我们注意到 A1-A2 模式对并不严格符合相速度匹配这个条件，但两个模式的相速度很接近。另外，我们也注意到 A1 和 A2 模式都有较大的垂直于平面的位移分量，所以该模式对可以用模块传感器有效激励并接收。图 20-9(b)显示即使是基波和二次谐波组合并不严格满足相速度匹配的条件，我们仍能够在实验中观察到二次及更高阶谐波的产生与传播。Müller 等(2010)深入讨论了近似相速度匹配的基波-高阶谐波对非线性声学现象，他们的结果与我们的实验观察一致，即近似相位匹配的基波-二次谐波对可以产生二次谐波，但二次谐波的幅度随传播距离按照“拍”的规律变化，而“拍”的周期与相位匹配的偏差相关。另外，大部分实验中都会激励出多种基波模式，这些模式在一定的传播距离内耦合在一起发生自相干和互相干作用。本章我们并没有涉及 R-L 及 SH 模式导波互相干非线性产生的分析，感兴趣的读者可以参阅文献(Srivastava 和 Lanza，2009；Liu et al., 2012, Chillara, 2012)。

2．基波为 SH 波

图 20-12 给出了 SH 模式到 S2 模式的能流分布和 SH 模式的频散曲线。如表 20-1 所示，SH2 基波和 R-L-S2 二次谐波在 fd= 3.56MHz·mm 处发生内共振。实验使用的板厚为 6.35mm，基波的频率为 0.5606 MHz，二次谐波的频率为 1.1212MHz。使用磁致伸缩换能器来激发 SH2 模式，该换能器由以下几部分组成。首先用环氧树脂将一个铁钴合金片粘在铝板表面，然后将一个周期为 10mm 的激励线圈放在铁钴合金片上方，最后放上永磁铁。磁场和线圈的方向决定了激发波的偏振方向。接收端也是一个磁致伸缩换能器，目标是接收 SH 和 R-L 两种模式。因此，我们先接收 SH 波，然后将偏置磁场旋转 90° 来接收 R-L 波。磁致伸缩换能器不需要使用耦合剂。因此，在进行非线性标定之后，磁致伸缩换能器与压电换能器相比，其优点之一是消除了耦合剂的影响。

图 20-13 是接收信号的短时傅里叶变化结果。同时 SH 波和 R-L 波群速度频散曲线也显示在图中以便对比。实验结果证实在波传播过程中产生了 fd =7.12MHz·mm 的(R-L)-S2 模式。图 20-14 显示了在 100～300mm 范围内，二次谐波幅度随着距离增长的关系。

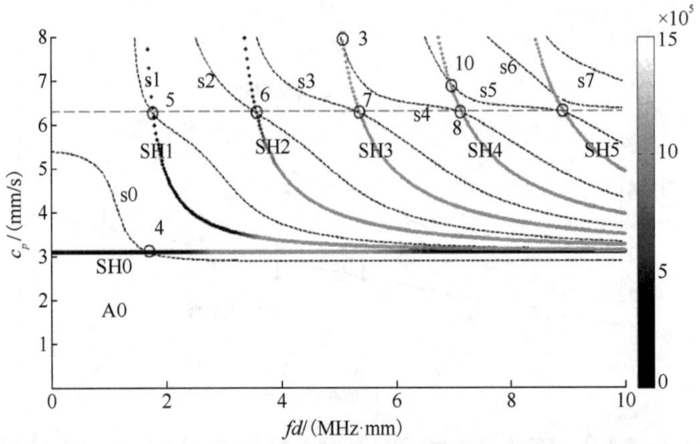

图 20-12　叠加在 SH 模式的频散曲线上的 SH 模式与二次谐波 S2 模式之间的能流强度图。同时 (2*fd*) 所对应的 R-L 模式频散曲线在图中以空心圆显示

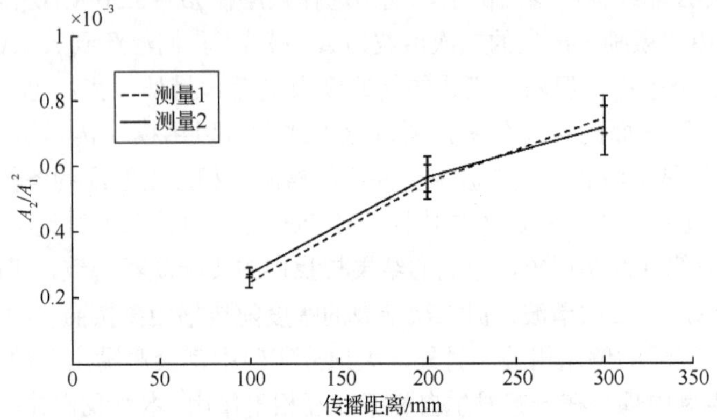

图 20-13　非线性参数 (A_2/A_1^2) 随着传播距离的增加而增加

20.7　非线性超声导波的应用

非线性超声导波兼具导波大范围快速扫查和非线性超声纳米级灵敏度的优点，为金属和复合材料构件的早期检测和预警提供了有效手段，是无损检测领域最近的研究热点。然而由于导波频散多模式的特性，高背景噪声下幅度可测的导波非线性产生的初始激励条件极为苛刻，是非线性超声导波无损检测和结构健康监测产业化应用亟待攻克的业界难题。通过一系列的努力，我们现在已经可以对非线性超声基波激励模式进行智能化筛选 (Liu et al.,2012)。我们预期，非线性导波将会被越来越广泛地应用到材质测定、无损检测以及实时结构健康监测中。对非线性导波感兴趣的读者可以参阅文献(de Lima 和 Hamilton, 2003；Deng et al., 2005；Bermes et al., 2007；Pruell et al., 2007；Lee et al., 2008；Pruell et al., 2009；Srivastava 和 Lanza, 2009；Matlack et al., 2011；Liu et al., 2012)。另外，导波声弹性力学也被广泛应用于预应力测定，相关文献包括(Nucera 和 Lanza，2011a，2011b)。

习　题

20-1　根据式(20.20)解释非线性波动方程为什么要考虑材料非线性和几何非线性。

20-2　根据瑞利-兰姆频散曲线找出 S2 二次谐波模式和 S1 基波模式所对应的点，并比较群速度值。

20-3　试证明基波为对称水平剪切波时，二阶声波场非对称 R-L 模式所得到的非线性能流为零。从位移梯度开始，使用式(20.20)和式(20.37)进行 SH 波模式基波和 R-L 反对称模式二次谐波的对应性分析。显示两个模式之间的能流为零。

20-4　根据相速度匹配和非零非线性能流两个条件，试推导对称水平剪切波为基波模式时，具有累积性增长特性的二次谐波的模式种类。

20-5　试比较非线性超声导波与线性导波技术的优缺点。

20-6　试分析非线性导波检测中，激励信号采用长周期脉冲串信号的原因。

20-7　试分析非线性导波检测中需要基波与谐波场相速度匹配的原因。

20-8　列举非线性超声导波可能的应用，并说明检测缺陷的类型及非线性导波在该应用中的优点。

参 考 文 献

Alleyne D N, Cawley P. 1992. The interaction of Lamb waves with defects. IEEE Transactions on Ultrasonics, Ferroelectrics, and Freguency Control, 39(3): 381-397.

Auld B A. 1973. Acoustic Fields and Waves in Solids. London: Wiley.

Bermes C, Kim J Y, Qu J, et al. 2007. Experimental characterization of material nonlinearity using Lamb waves. Applied Physics Letters, 90(2): 2067-2073.

Cantrell J H. 2004. Fundamentals and applications of nonlinear ultrasonic nondestructive evaluation//Kundu T. Ultrasonic Nondestructive Evaluation: Engineering and biological material characterization. Boca Raton: CRC Press: 363-433.

Cantrell J H. 2009. Nondestructive evaluation of metal fatigue using nonlinear acoustics. Review of Progress in Quantitative Nondestructive Evaluation, 28: 19-32.

Cantrell J H, Yost W T. 2001. Nonlinear ultrasonic characterization of fatigue microstructures. International Journal of Fatigue, 23(1): 487-490.

Chillara V. 2012. Higher harmonic guided waves in isotropic weakly non-linear elastic plates. Pennsylvania: The Pennsylvania State University.

Chomette S, Gentzbittel J M, Viguier B. 2010. Creep behavior of as received, aged and cold worked inconel 617 at 850oC and 950oC. Journal of Nuclear Materials, 399(2-3): 266-274.

Dace G E, Thompson R B, Buck O. 1992. Measurement of the acoustic harmonic generation for materials characterization using contact transducers// Thompson D O, Chimenti D E. Review of Progress in Quantitative Nondestructive Evaluation. New York: Plenum Press: 2069-2076.

Dace G E, Thompson R B, Brashe L J H. 1991. Nonlinear acoustics, a technique to determine microstructural changes in materials//Thompson D O, Chimenti D E. Review of Progress in Quantitative Nondestructive Evaluation. New York: Plenum Press: 1685-1692.

de Lima W J N, Hamilton M F. 2003. Finite-amplitude waves in isotropic elastic plates. Journal of Sound & Vibration, 265(4): 819-839.

Deng M. 2000. Cumulative second-harmonic generation of generalized Lamb-wave propagation in a solid waveguide. Journal of Physics D Applied Physics, 33(3):207-215.

Deng M. 2003. Analysis of second-harmonic generation of Lamb modes using a modal analysis approach. Journal of Applied Physics, 94(6): 4152-4159.

Deng M, Wang P, Lv X. 2005. Experimental observation of cumulative second-harmonic generation of Lamb-wave propagation in an elastic plate. Journal of Physics D Applied Physics, 38(2): 344-353.

Farrar C R, Worden K, Todd M D, et al. 2007. Nonlinear System Identification for Damage Detection. Los Alamos National Laboratory.

Gol'dberg Z A. 1960. Interaction of plane longitudinal and transverse elastic waves. Soviet Physics: Acoustics, 6: 306-310.

Hikata A, Chick B B, Elbaum C. 1965. Dislocation contribution to the second harmonic generation of ultrasonic waves. Journal of Applide Physics, 36(1): 229-236.

Jhang K Y. 2009. Nonlinear techniques for nondestructive assessment of micro damage in material. Internatlonal Jaurnal of Precision Engineering & Manufacturing, 10(1): 123-135.

Kim J Y, Jacobs L J, Qu J, et al. 2006. Experimental characterization of fatigue damage in a nickel-base superalloy using nonlinear ultrasonic waves. Journal of the Acoustical Society of America, 120(3): 1266-1273.

Landau L D, Lifshitz E M. 1986. Theory of Elasticity. New York: Pergamo.

Lee T H, Choi I H, Jhang K Y. 2008. The nonlinearity of guided wave in an elastic plate. Modem Physics. Letters B, 22(11): 1135-1140.

Liu Y, Chillara V, Lissenden C J. 2013. On selection of fundamental modes for generation of optimal internally resonant second harmonics in plate. Sound and Vibration 332(19): 4517-4528.

Malvern L E. 1969. Introduction to the Mechanics of a Continuous Medium. Prentice-Hall: Upper Saddle Rive.

Matlack K H, Kim J Y, Jacobs L J, et al. 2011.Experimental characterization of efficient second harmonic generation of Lamb waves in a nonlinear elastic isotropic plate. Journal of Applied Physics, 109(1):2141.

Matsuda N, Biwa S. 2011. Phase and group velocity matching for cumulative harmonic generation in Lamb waves. Journal of Applide Physics, 109: 094903.

Müller M F, Kim J Y, Qu J, et al. 2010. Characteristics of second harmonic generation of Lamb waves in nonlinear elastic plates. Journal of the Acoustical Society of America, 127(4): 2141-2152.

Na J K, Cantrell J H, Yost W T. 1996. Linear and nonlinear properties of fatigued 410Cb stainless steel. Rev. Prog. Quant. Nondestr. Eval., 15: 1479-1488.

Norris A N. 1998. Finite-amplitude waves in solids// Hamilton M F, Blackstock D T. Nonlinear Acoustics. San Diego: Academic Press: 263-277.

Nucera C, Lanza D S F. 2011a. Monitoring load levels in multi-wire strands by nonlinear ultrasonic waves. Structural Health Monitoring, 10(6): 617-629.

Nucera C, Lanza D S F. 2011b. Nonlinear guided waves: Theoretical considerations and applications to thermal stress measurement in continuous welded rails// Chang F K. Structural Health Monitoring 2011. Lancaster: Destech Publications: 2521-2528.

Pruell C, Kim J Y, Qu J, et al. 2007. Evaluation of plasticity driven material damage using Lamb waves. Applied physics Letters, 91(23): 231911.

Pruell C, Kim J Y, Qu J, et al. 2009. A nonlinear-guided wave technique for evaluating plasticity-driven material damage in a metal plate. NDT&E International, 42(3): 199-203.

Srivastava A, Lanza D S F. 2009. On the existence of antisymmetric or symmetric Lamb waves at nonlinear higher harmonics. Journal of Sound Vibration, 323(3): 932-943.

Sun L, Kulkarni S S, Achenbach J D, et al. 2006. Technique to minimize couplant-effect in acoustic nonlinearity measurements. Journal of the Acoustical Society of America, 120(5): 2500-2505.

Truell R, Elbaum C, Chick B B. 1969. Ultrasonic Methods in Solid State Physics. New York: Academic Press.

Worden K, Farrar C R, Manson G, et al. 2007. The fundamental axioms of structural health monitoring. Proceedings Machematical Physical & Engineering Sciences, 463(2082): 1639-1664.

第 21 章 导波成像方法

21.1 引 言

成像方法是 A-扫描信号的延伸，它可以更直观地显示缺陷的位置和大小，随着技术的发展将会有越来越多的应用。本章我们讨论几种成像方法在导波技术中的应用，包括一发一收式导波成像、缺陷边界轨迹图、导波计算层析成像法、板材中导波相控阵成像以及管道中导波成像。

21.2 一发一收式导波成像方法

一发一收式导波成像通常用两个距离固定的探头经过扫描成像，探头距离为 1～8in（2.5～20cm）。这种技术源于 Vary 等（1987）发明的声学-超声方法。他们用两个超声直探头，通过探测声波的幅度来判断被检区域的好坏。Rose 等（1994）的研究表明声学-超声方法的本质为超声导波。根据源影响分析，该方法激发出的波为相速度较大区域的模式。此后，斜入射探头以及梳状探头经常被用来进行导波扫描成像，以提高模式的选择和控制能力。

图 21-1（a）是用空气耦合超声导波来检测正交各向异性板材中的分层缺陷的实验装置图，通过探头频率和角度的选择来提高导波对分层缺陷的灵敏度在前面章节和附录 D 中都有具体的描述。图 21-1（b）显示的是导波扫描的结果和直探头 C 扫描结果的比较。导波扫描结果的分辨率不如 C 扫描，但其优势是速度快。

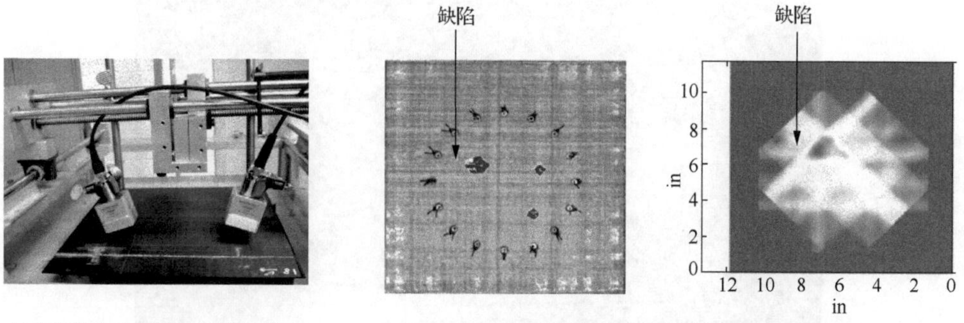

（a）空气耦合超声导波扫描装置图 （b）导波扫描结果（右）和直探头C扫描结果（左）比较

图 21-1 垂直正交各向异性复合板中的空气耦合超声导波扫描成像结果

第二个例子摘自文献（Yan et al., 2010）。图 21-2 为美国铝业提供的 23 层复合结构样品示意图。多层材料的无损检测问题在第 12 章有具体的描述。我们用半解析有限元方法来计算导波频散曲线和波结构。导波模式选择的标准是有较大的面内振动位移，同时具有较大的界面剪切应力。然后用有限元模拟来验证导波与缺陷之间的相互作用，并且将导波测量结果与体波测量结果进行比较，结果证实导波可以探测到埋藏在多层材料中的分层缺陷。

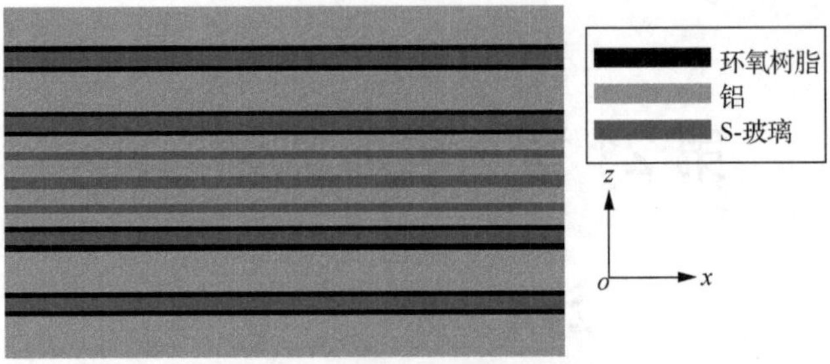

图 21-2　23 层材料的叠加序列

所选的模式为相速度 5km/s，频率 450kHz，传感器之间的距离如图 21-3 所示。

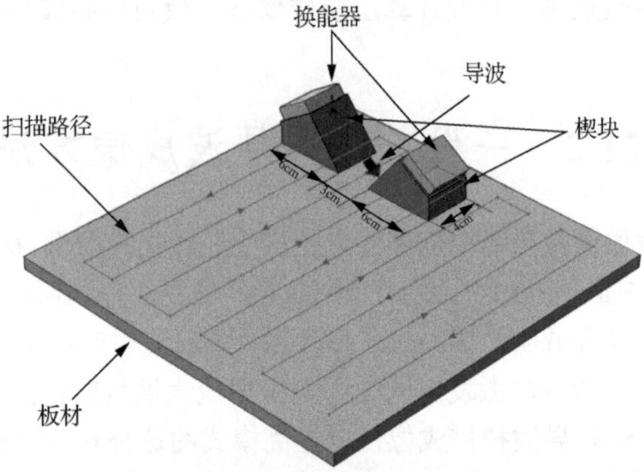

图 21-3　导波扫描示意图

图 21-4 为在板的上表面扫描时缺陷位置附近的结果。由于缺陷位置以及所选择模式波结构的对称性，传感器在板的下表面扫描所得到的结果和这个结果几乎完全一致。

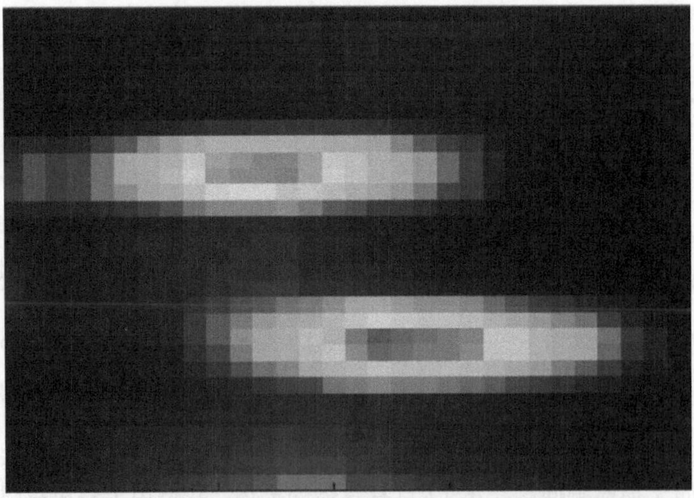

图 21-4　导波传感器在多层复合板材样品上表面扫描的结果

第三个例子是关于飞机蒙皮的钛合金补丁的检测。修复过程大致为对铝蒙皮的缺陷位置修磨以后，填上环氧树脂，然后像贴创可贴一样贴上钛合金板。这个问题比较复杂，因为每种修复的情况都有所不同，所以需要预先对粘接好坏的情况建立一个数据库，进行学习和模式识别。

图 21-5 是用于这个项目的电磁超声换能器装置。换能器采用弯曲线圈，激发出的导波以面内位移为主，对弱粘接有较高的灵敏度。文献(Puthillath 和 Rose，2010)对模式选择有具体的描述。图 21-6 为使用编码器的扫描结果。这些区域的黏合健康状况还有待对导波信号的特征进行进一步分析。图 21-7 是对信号特征进行模式识别的一个例子，特征 3 可以识别出所有黏合不好的区域，同时有很多误报。因此，需要建立一个多特征的模式识别模型。关于模式识别的更多信息请参考文献(Duda et al., 2007)。最终，我们可以得到如图 21-8 所示的模式识别结果。然后根据分布概率来判断整个修复补丁好坏。在图 21-8 中，黑圈里面的区域为坏信号比较集中的区域。因为大部分区域以好信号为主，整个补丁的质量还可以接受。圈出的区域可以作为在用过程中的重点监控区域，以观察在若干次飞行以后坏区是否扩大。

图 21-5　可用于飞机蒙皮钛合金补丁粘接检测的手持式 EMAT 一发一收探头装置

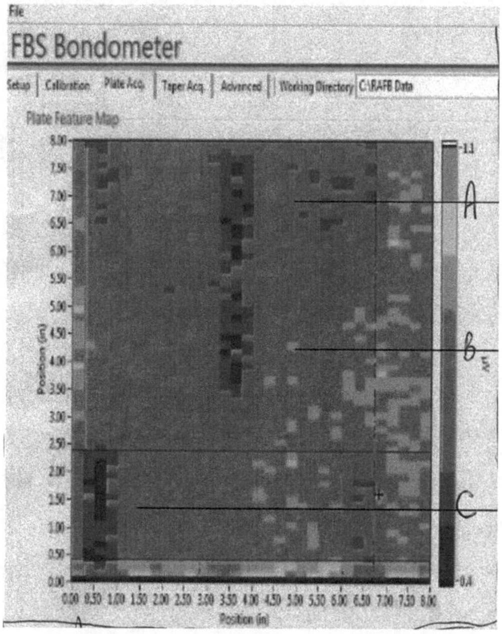

图 21-6　使用导波扫描对黏合结构进行完整性分析

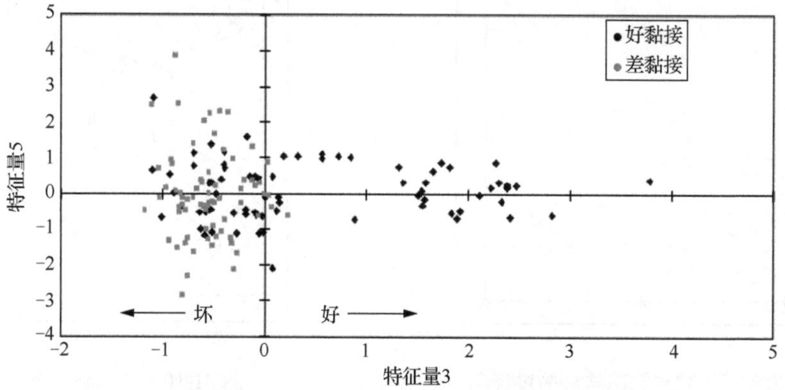

图 21-7　二维特征量分布图(Duda et al., 2007)

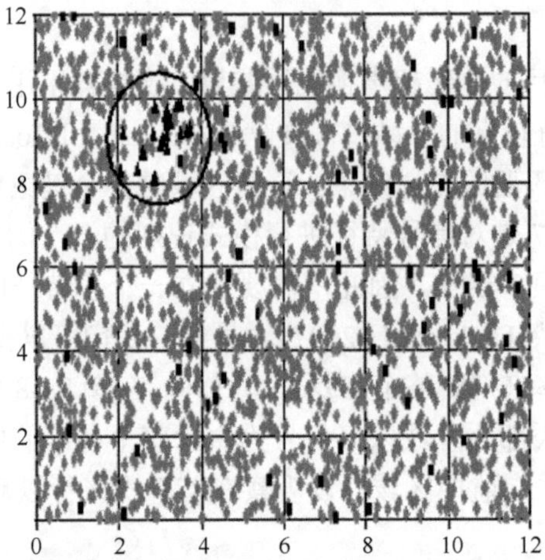

图 21-8　模式识别分析结果分布图［好粘接(灰色)，坏粘接(黑色)］

21.3　缺陷轨迹分布图

当缺陷的面积相对较大时，可以通过超声导波的反射时间来得到缺陷边界的分布轨迹，这是一种简单而有效的方法。图 21-9 显示当传感器在一个位置发射时可能得到的缺陷对声波的散射结果。如果换能器只向一个方向发射导波，那么我们需要将换能器的角度以一定的步长(如 5°)旋转以覆盖整个检测区域。然后我们取所有反射回波中回波到达时间最短的信号，作为缺陷与换能器的最短距离。通常采用非频散导波模式，导波的传播距离可以较大。如果使用环状换能器，声波朝 360° 方向同时发射。回波到达时间最短的信号为缺陷与换能器之间的最短距离。由于不知道缺陷的方向，当材料中的导波是各向同性时，以换能器所在位置为圆心、该距离为半径画圆，缺陷的边缘就在这个圆弧上。当我们改变换能器的位置以后，可以得到如图 21-10 所示的一系列圆弧。这些圆弧的交点的连线基本上就是缺陷区域，而中点的连线可作为缺陷边界的轨迹。具体过程见参考文献(Song et al., 2003)。

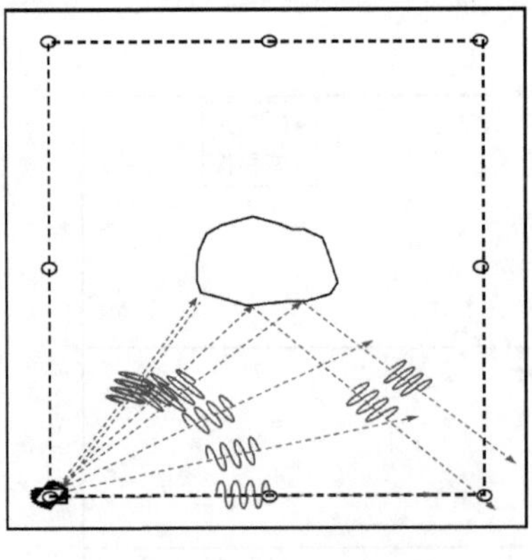

图 21-9　建立缺陷轨迹的过程

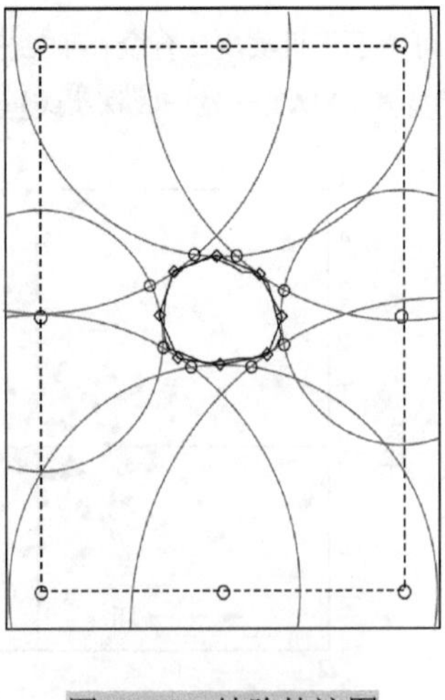

图 21-10　缺陷轨迹图

21.4　透射导波二维层析成像

透射导波二维层析成像在结构健康监测研究领域近年来很受关注。早期的工作可参考文献(Malyarenko 和 Hinders，2000；Jansen et al., 1994；Nagata et al., 1995；Prasad et al., 2004；Gao et al., 2005a；Bian 和 Rose，2005)。透射导波二维层析成像的算法很多，这里我们重点介绍 RAPID(缺陷成像的概率分布)方法，它适用于复杂结构中的缺陷检测和定位。相关内容摘自文献(Gao et al., 2005b；Hay et al., 2006)。成像的基本原理见图 21-11，图中的一系列小黑圈表示换能器的安装位置。在这个例子里换能器的分布按矩形规则排列，该算法也适用于任意排列的换能器阵列。连接小黑圈的椭圆表示一对换能器的主要检测范围。很多导波信号特性可作为成像的参数，常用特性有信号幅度、飞行时间、SDC(信号差别因子)等。不同模式的能量比也可以作为检测的特征量。这里我们以 SDC 为例来说明成像的过程。

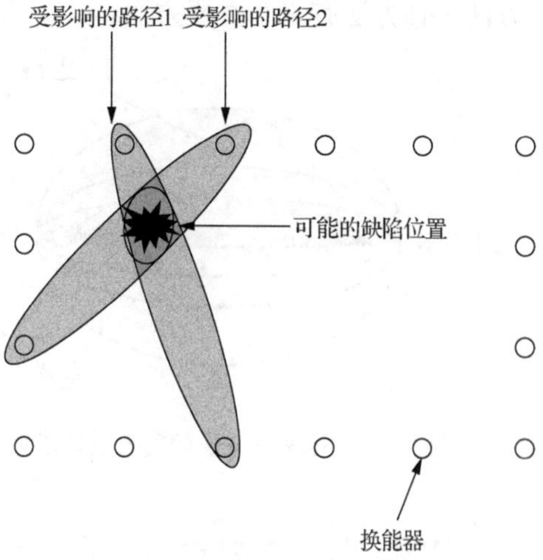

图 21-11　导波层析成像的基本原理

复杂结构中的导波信号通常非常复杂。从单一状态下的导波信号很难判断缺陷是否存在。然而，通过对比目前状态与初始状态的信号可以得到缺陷的起始和生长过程。我们定义初始状态的信号为 s_j，目前状态的信号为 s_k，它们的相关性参数为 ρ，则

$$\rho=\frac{\mathrm{Cov}(s_j,s_k)}{\sigma_{s_j}\sigma_{s_k}} \tag{21.1}$$

协方差定义为

$$\mathrm{Cov}(s_j,s_k)=\frac{\sum_i^N[s_j(t_i)-\overline{s}_j][s_k(t_i)-\overline{s}_k]}{N} \tag{21.2}$$

标准方差 σ_{s_j} 和 σ_{s_k} 定义为

$$\sigma_{s_j}=\sqrt{\sum_i^N(s_j(t_i)-\overline{s}_j)^2},\quad \sigma_{s_j}=\sqrt{\sum_i^N(s_k(t_i)-\overline{s}_k)^2} \tag{21.3}$$

然后，我们定义信号差参数为

$$\mathrm{SDC}=1-\rho \tag{21.4}$$

超声导波在发射和接收换能器之间的传播路径决定了这一对换能器的有效覆盖区域。如图 21-11 所示，当所选的信号为最先到达的波形模式时，信号的变化可归因于直达传播路径以及周围区域的结构变化。透射导波二维层析成像通常需要很多个导波路径来覆盖整个检测区域。在检测模式下，可以由一对换能器在不同方向和位置扫描来实现。在监测模式下，则需要由多个换能器组成一个阵列来覆盖整个检测区域。大多数二维层析成像算法包括一个反演过程。整个被测区域划分为一系列小区域，假设每个区域的物理量均匀。然后根据多个导波路径上测到的信号特征量来进行反演。若信号特征量为某一导波模式的飞行时间，则对应的每个格点上的物理量是群速度。若信号特征量为某一导波模式的相速度飞行时间的变化量，

则对应的物理量是相速度变化量。如果提取的信号特征量为信号幅度，则对应的物理量为信号衰减。如果提取的信号特征量为 SDC，则对应的物理量为区域内材料参数变化的一个抽象特征。

大部分二维层析成像算法需要换能器阵列从多个方向上覆盖整个被测区域。换能器的数目越多，对被测区域的覆盖越有效，但系统的成本也会越高。为了优化系统成本和检测能力，通常需要对被测区域的换能器阵列的排布进行优化设计。

下面我们介绍的 RAPID 方法，它是使用稀疏阵列来完成复杂结构检测的一种非常有效的方法，该方法有三个主要方面。

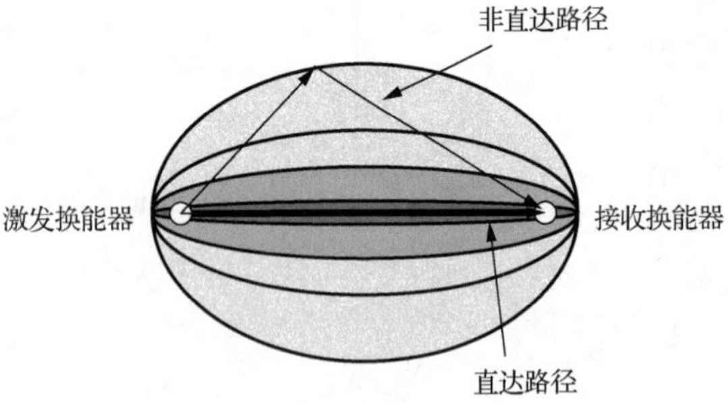

图 21-12　RAPID 方法的基本原理示意图

(1) 复杂系统中的超声导波通常很难分析和控制其导波模式。该方法不需要对超声导波的波形模式进行特殊控制和分析。我们取最先到达的信号的 SDC 值作为测量特征量。

(2) 该方法考虑换能器直达路径以及直达路径周围的椭圆区域对信号特征量的影响。其物理解释为，假如波传播的直达路径上发生变化会对测量信号产生影响；波传播的直达路径的周边发生变化，也会通过声波的散射对接收信号产生影响。其原理如图 21-12 所示。

(3) 通过每一个传播路径上的信号变化量来计算作用区域的缺陷概率。直接利用多个传播路径的线性叠加来作为最终区域的缺陷分布特征，不需要进行复杂的反演计算。

RAPID 方法的数学表达式如下。假设总共有 N 个发射-接收换能器组合，A_k 是第 k 个换能器组合的信号的 SDC。(x_{1k}, y_{1k}) 为发射换能器的位置，(x_{2k}, y_{2k}) 为接收换能器的位置，(x, y) 为格点的位置。R 是格点到发射换能器和接收换能器的距离之和与发射换能器和接收换能器的直达距离的比值。这里我们引入一个参数 β 来表示每个换能器对的作用范围，在作用范围内缺陷概率随着 R 的增加而减小。在作用范围外，与这对换能器对相关的缺陷概率为 0。假如我们设定 β 为 1.05，在直达路径上的点 $R=1$，$p_k(x, y) = Ak$；当 $R=\beta$ 时，$p_k(x, y) = 0$

$$P(x,y)=\sum_{k=1}^{N} p_k(x,y) = \sum_{k=1}^{N} A_k\left(\frac{-1}{\beta-1}R(x,y,x_{1k},y_{1k},x_{2k},y_{2k})+\frac{\beta}{\beta-1}\right) \tag{21.5}$$

式中
$$R(x,y,x_{1k},y_{1k},x_{2k},y_{2k})=\frac{\sqrt{(x-x_{1k})^2+(y-y_{1k})^2}+\sqrt{(x-x_{2k})^2+(y-y_{2k})^2}}{\sqrt{(x_{1k}-x_{2k})^2+(y_{1k}-y_{2k})^2}} \tag{21.6}$$

图 21-13 是 RAPID 方法在飞机机翼复杂结构中的一组实验结果。结果非常清楚地检测到一个铆钉周围的 1～6mm 长的锯痕缺陷的发生和生长过程。这种结果验证了这种监测方法的灵敏度和对缺陷的定位能力。通常的无损检测方法很难在这么大的覆盖范围内分辨出缺陷。

另外一个例子是复合材料中的冲击缺陷。如图 21-14 所示，RAPID 方法成功地检测到冲击缺陷，并且得到准确的缺陷定位。van Velsor 等(2007) 和 Breon 等(2010) 也介绍了用 RAPID 方法对管道以及管道弯头的腐蚀检测。当然，该方法在实际应用中还得考虑环境因素的影响。关于这方面的研究可参考文献(Clarke 等, 2009，Croxford 等, 2010；Lu 和 Michaels，2009)。

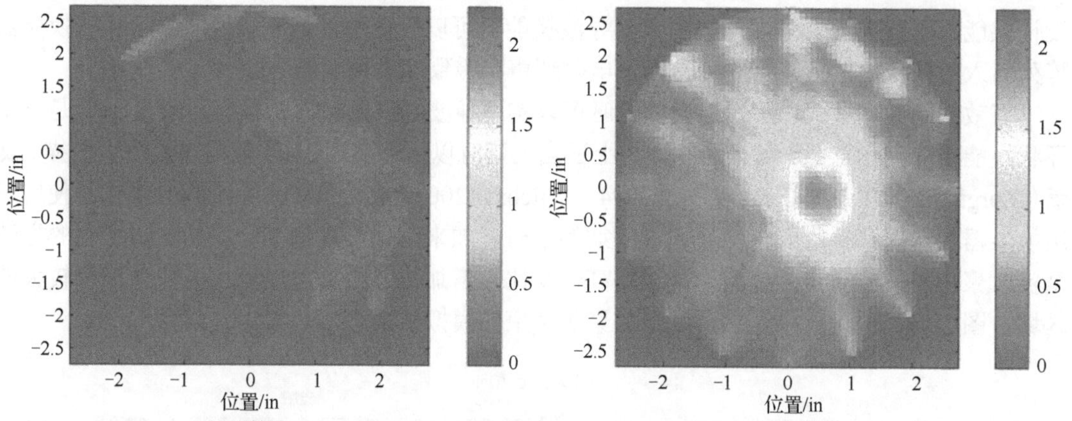

(a)无缺陷　　(b)有缺陷

图 21-13　导波成像实例：飞机机翼蒙皮结构中的模拟缺陷检测和定位结果

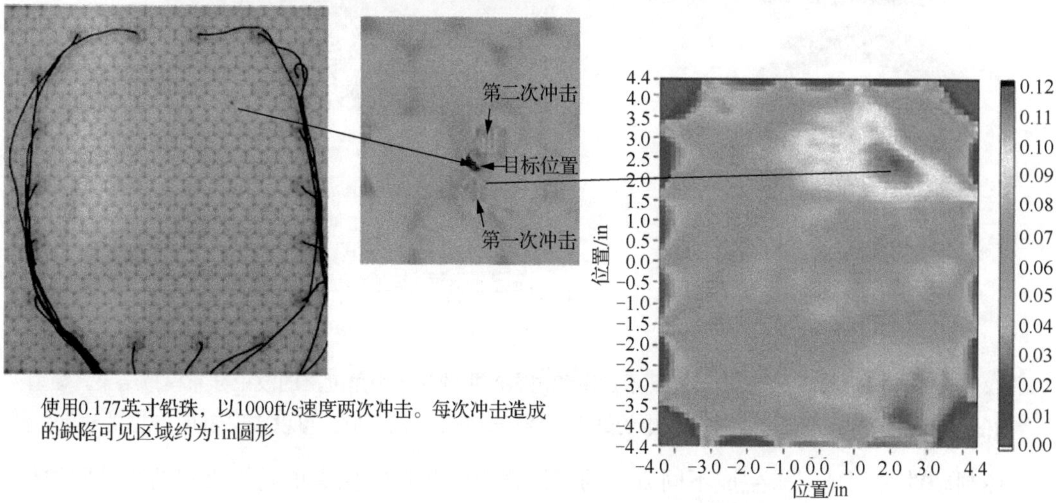

图 21-14　复合材料中的冲击缺陷以及导波 CT 检测结果

21.5　板材中的导波相控阵

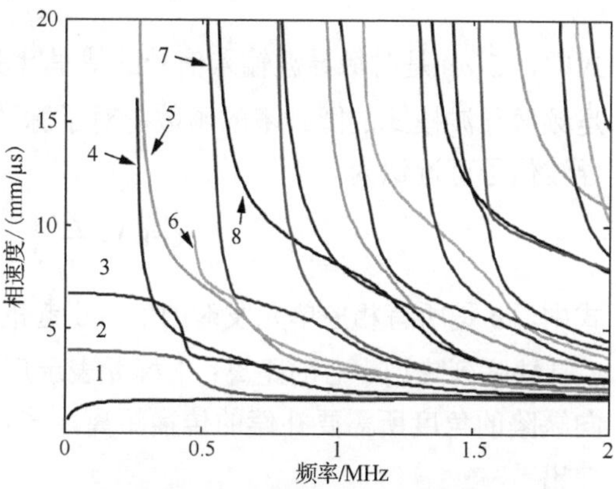

图 21-15　一个 16 层准各向同性复合材料板中沿 0° 方向传播的导波频散曲线

板材中的导波相控阵方法的基本原理与体波相控阵类似。使用激发元的相位和幅度调制来实现激发波的角度扫描和聚焦。多个激发元可以按一定的规律排列或以不规则形状排列。在进行相控阵设计之前，需要先分析可能的导波模式。图 21-15 为一个复合材料板中导波的频散曲线。为了很好地实现相控阵，我们需要选择合适的激发模式。通常选择单一激发模式，这样可以避免其他模式的波在成像时发生干扰。导波经缺陷反射或散射以后也可能发生模式转换而产生多个模式。如果各模式回波的速度不同，成像时也会产生干扰。在模式选择和设计换能器时需要综合考虑这些因素。导波换能器可以有多种，如环状换能器、环状换能器阵列斜入射楔块上的换能器阵列，以及电磁超声、磁致伸缩换能器等。

有效控制导波模式以后，适当的延时可以实现导波的声束扫描和聚焦。图 21-16 是一个环状换能器阵列示意图。每个换能器加上适当的延时以后可实现 360° 范围内的声束扫描。文献(Giurgiutiu，2005；Purekar et al., 1994；Wilcox，2003；Fromme et al., 2006)描述了使用遍历换能器的发射和接收元，然后通过后期的延时叠加来实现波束扫描。我们这里所用的方法是实时聚焦。实时聚焦的好处是可以提高信噪比，增加传播距离，以及可以快速扫描较大的区域。图 21-16(b)是一个聚焦角度上的聚焦声束的模拟结果。

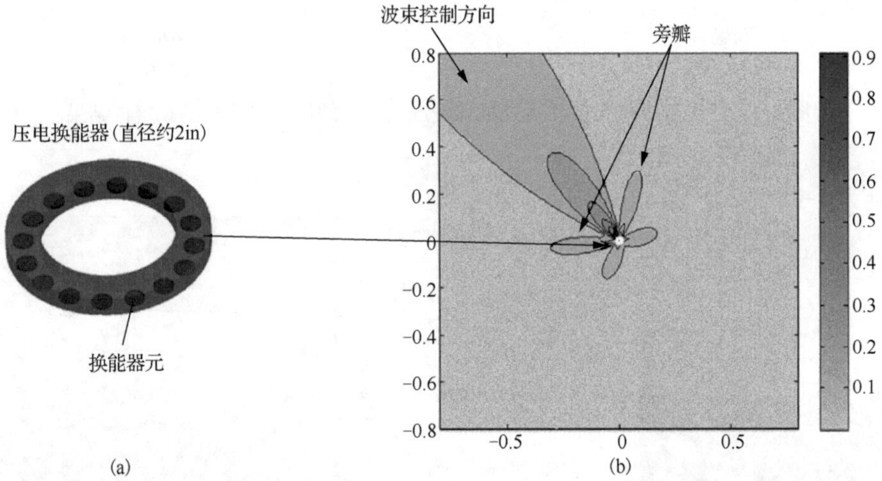

图 21-16　一个环状相控阵换能器阵列示意图和由它产生的在一个角度上的波束分布模拟结果。模型考虑的条件是 16 个换能器在一个铝板中的结果。通过改变不同的延时，可以实现 360° 范围的波束扫描

控制硬件时间延迟来生成不同方向的导波声束。相控阵探头单元接收到的脉冲回波信号和接收阵列接收到的透射信号的合成可以采用逆传播波数域信号合成的方法来完成，而无须采用传统的时域延迟积分求和的方法。这里列举一个板结构中考虑导波频散和发散的示例，某个阵列单元远场处任一点的时间信号可以近似为

$$s'(t)=\frac{1}{\sqrt{x}}\int_{-\infty}^{\infty}S(\omega)\mathrm{e}^{-\mathrm{i}k(\omega)x}\mathrm{d}\omega \tag{21.7}$$

式中，$S(\omega)$是时域导波输入信号的傅里叶变换；x 是到阵列单元的距离；k 是波数，波数 k 是频散导波模式的圆频率的函数。对于脉冲回波模式，由位于阵列远场处的缺陷引起的反射导波信号可近似为

$$G_n(t)=\frac{\gamma\delta}{r_d}\int_{-\infty}^{\infty}S(\omega)\mathrm{e}^{-\mathrm{i}k(\omega)2r_d}\mathrm{e}^{\mathrm{i}k(\omega)d_n}\mathrm{d}\omega \tag{21.8}$$

式中，δ 是所有相控单元发射的信号引起的相长干涉而产生的信号放大系数；γ 是反射系数；r_d 是缺陷到阵列中心的距离；下标 n 表示反射信号由第 n 个阵列单元接收到；d 是控制声束指向缺陷的角度所需要补偿的传播距离，式(21.8)描述的信号的波数域合成可以用以下方程来导出

$$\sum_n B_n G_n(t) = \frac{\gamma \delta N}{r_d} \int_{-\infty}^{\infty} S(\omega) \mathrm{e}^{-\mathrm{i}k(\omega)2r_d} \mathrm{d}\omega \tag{21.9}$$

式中，N 是阵列单元的个数；B_n 是逆传播项

$$B_n = \mathrm{e}^{-\mathrm{i}k(\omega)d_n} \tag{21.10}$$

如上式所示，导波模式的频散关系包含在逆传播过程中，因此可以把可能会降低缺陷的检测分辨率的频散效应从波数域信号中去除。另外值得一提的是式(21.9)可以用 FFT 来处理，因此波数域信号合成也较为快速。高级的解卷积方法可以和波数域信号合成相结合来抑制由相控阵的旁瓣效应引起的伪像(Yan，2008)。

图 21-17 所示为一个 1mm 厚 4ft×4ft 的铝板上环状布置的 16 元换能器阵列得到的实验结果。这里导波相控阵使用的是脉冲回模式式。所对应的缺陷也分别在图中给出了，显示了很好的缺陷探测和定位效果。

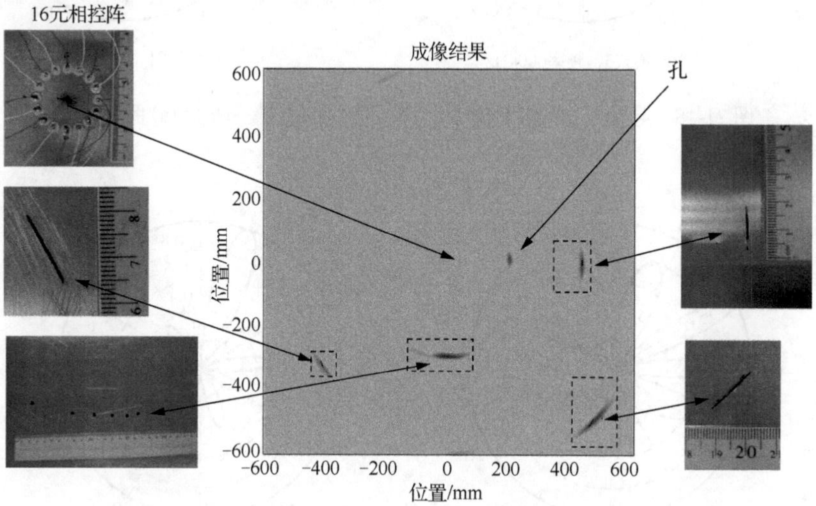

图 21-17　使用波数域逆传播信号合成的方法得到的导波相控阵的成像结果。16 个换能器元在一个铝板的中央，结果有效地探测到所有缺陷

相控阵系统也可用于各向异性多层复合板或其他板状结构。格林函数方法可以用来研究复合板状结构中的导波(Yan 和 Rose，2010)。尽管激励点源本身被认为是对称的，由点源垂直作用于复合板引起的导波场是非对称的。图 21-18(a)和图 21-18(b)分别给出了格林函数计算出的 600kHz 的模式 3 和 160kHz 的模式 1 的幅度相角关系。模式 3 比模式 1 的幅度变化更为剧烈。复合板中的圆形相控阵的指向性关系可以表示为

$$p(\phi) = \sum_n \alpha_g(\phi) \exp\{-\mathrm{i}R[\Phi_g(\phi)\cos(\psi_n - \phi) - \Phi_g(\phi_0)\cos(\psi_n - \phi_0)]\} \tag{21.11}$$

式中，$\alpha_g(\phi)$ 表示导波幅度的角度相关系数；$\Phi_g(\phi)$ 是相位变化相应的角度相关系数；R 是相控阵的阵列半径；ψ_n 是相控阵单元的角度位置；ϕ_0 是声束控制角。图 21-19 给出了 600kHz 的模式 3 和 160kHz 的模式 1 的指向性示意图。从图 21-19(a)可以看出，尽管声束控制指向为 113°，相控阵输出的最强声束却处于接近 150° 的方向，即表明声束控制失败了。这是因为在 113° 方向上，模式 3 的幅度为其最小值，如图 21-18(a)所示，其他方向上激发声波形成了强大的旁瓣。相比之下，模式 1 的声束控制指向了 110°，并且这个方向是模式 1 的最小幅度方向，却展示

了很好的声束指向性控制能力。这是因为幅度模式 1 的幅度变化远没有模式 3 的剧烈，所以选取不同方向上幅度变化较小的声模式可以保证良好的各个方向的导波声束控制。知道指向性曲线对于开发信号处理和缺陷成像算法也显得尤为重要。

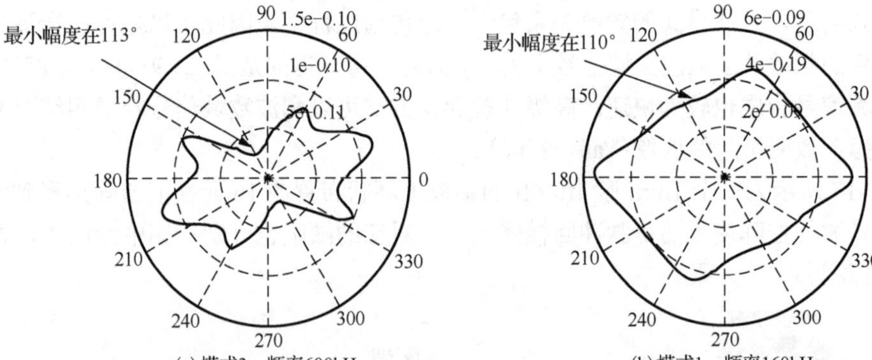

(a) 模式3，频率600kHz　(b) 模式1，频率160kHz

图 21-18　导播能量角度分布图。(b) 图显示的能量分布比 (a) 图的均匀

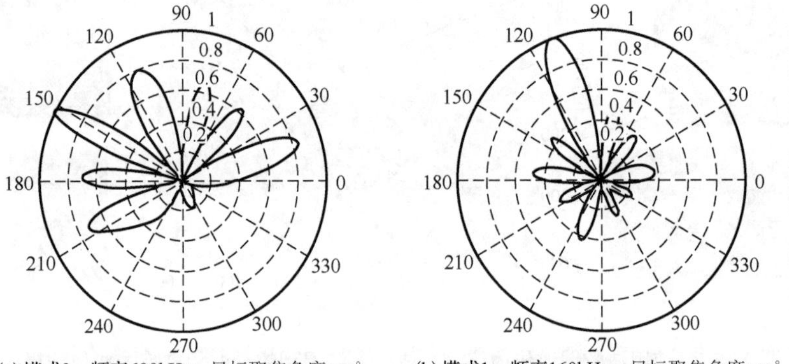

(a) 模式3，频率600kHz，目标聚焦角度113°　(b) 模式1，频率160kHz，目标聚焦角度110°

图 21-19　导播能量角度分布图。(b) 图显示的能量分布的指向性比 (a) 图强

21.6　长距离超声导波管检测图

长距离超声导波信号可以有多种图形显示。图 21-20 是一个检测结果示例。图 21-20(a) 是用快速频率分析方法得到的时频分布图，此图显示了 20～85kHz 频率范围内的扫描结果，反映了不同频率对缺陷的灵敏度。在这种情况下，我们可以看到，22kHz 频率可以发现所有三个缺陷。事实上，采用 22kHz 单个频率，图 21-20(b) 所示的 RF 波形包络可以清楚地发现这三个缺陷。图 21-20(c) 是通过合成孔径聚焦方法并且将计算结果按管道的周向展平以后得到的二维图形。在管轴向和周向的正确位置发现了三个缺陷。前两个缺陷之间的信号为焊缝信号。缺陷 3 实际上是三个位于同一周向位置的独立缺陷。最后一个信号是管末端回波和模式转换后的信号。更多细节请查看文献(Mu 和 Rose，2008)。

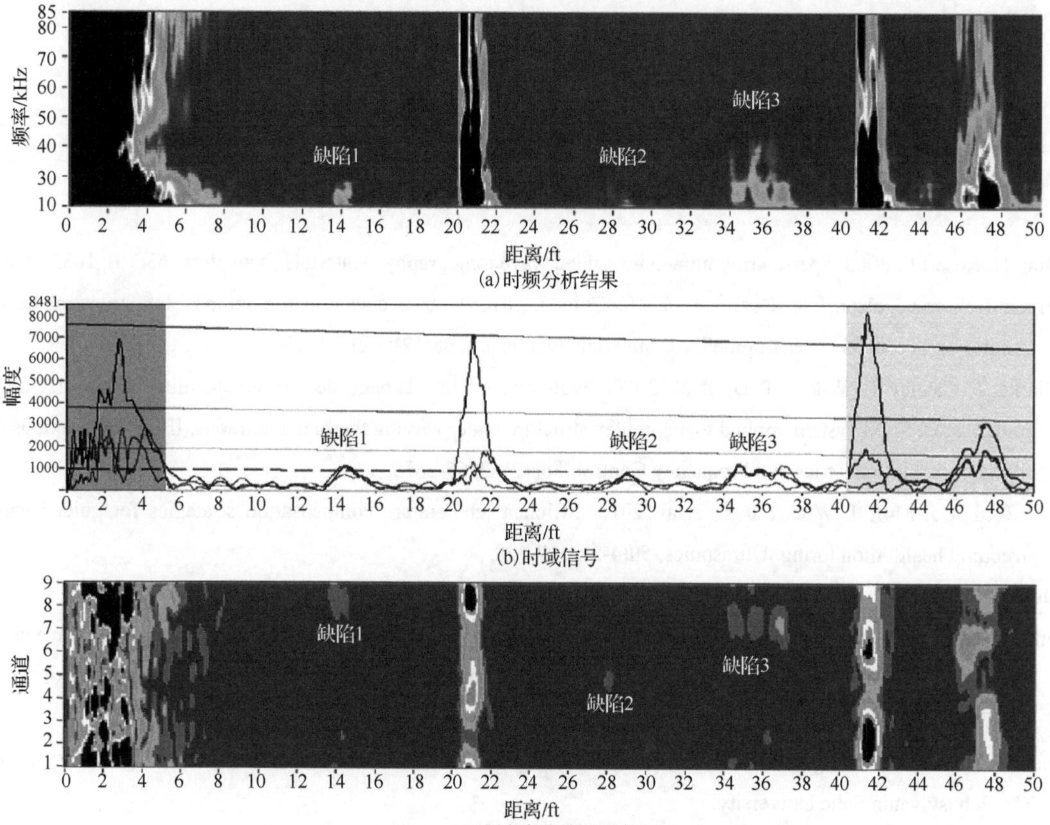

图 21-20　长距离导波信号示例

习　题

21-1　怎样选择模式和频率并运用缺陷边界轨迹图来评估撞击船体带来的损害？

21-2　对于导波扫描，如何用成像方法检测飞机上搭接接头处的薄弱区域？

21-3　管线检测的导波成像技术有哪些？你能不能想出其他方法？

21-4　你可能会在什么时候将相控阵技术和计算层析成像技术结合使用？

21-5　穿透能力在检测和成像中是非常关键的，而通常我们又希望在大面积区域内尽可能少地布置检测探头，如何增强机翼或管道检测的穿透能力？

21-6　你如何设计环状相控阵单元及其延时来实现模式控制和相控阵扫描？

21-7　哪些导波参数会影响到声波-超声实验结果？

21-8　请列出一些能够用于计算层析成像的导波物理特性。

21-9　在相控阵实验中如何处理波束偏转效应、旁瓣效应以及相速度为发射角函数的情况？

21-10　稀疏阵列的优缺点有哪些？如何确定稀疏阵列需要使用的最少单元数？

21-11　多缺陷的计算层析成像可能会引发一些问题，如何改善成像效果？

21-12　使用 SDC 方法的优缺点有哪些？

21-13　除了 RAPID 方法，你可以想出其他基于概率的成像技术吗？请解释。

21-14　涂层、土壤、绝缘层等会对管道导波成像技术造成哪些影响？

21-15　根据图 21-14，用导波层析成像能否同时检测到多个缺陷？

21-16　图 21-20 中显示了对缺陷 3 的很好的轴向分辨率，这个效果是如何达到的？

21-17　参考图 21-20 中的时域信号，我们还可以选择什么频率来取得类似的检测效果？

参考文献

Bian H, Rose J L. 2005. Sparse array ultrasonic guided wave tomography. Materials Evaluation, 63(10): 1035-1038.

Breon L J, van Velsor J K, Rose J L. 2010. Guided wave damage detection tomography for structural health monitoring in critical zones of pipelines. Materials Evaluation, 65(12): 1215-1219.

Clarke T, Cawley P, Wilcox P D, et al. 2009. Evaluation of the damage detection capability of a sparse-array guided-wave SHM system applied to a complex structure under varying thermal conditions. IEEE Transactions on Ultrasonics, Ferroelectrics and Frequency Control, 56(12): 2666-2678.

Croxford A J, Moll J, Wilcox P D, et al. 2010. Efficient temperature compensation strategies for guided wave structural health monitoring. Ultrasonics, 50(4-5): 517-528.

Duda R O, Hart P E, Stork D G. 2007. Pattern Classification. 2nd ed. New York: Wiley India Pvt. Limited.

Fromme P, Wilcox P D, Lowe M J S, et al. 2006. On the development and testing of a guided ultrasonic wave array for structural integrity monitoring. IEEE Transactions on Ultrasonics, Ferroelectrics and Frequency Control, 53(4): 777-785.

Gao H. 2007. Ultrasonic guided wave mechanics for composite material structural health monitoring. Pennsylvania: The Pennsylvania State University.

Gao H, Shi Y, Rose J L. 2005a. Guided wave tomography on an aircraft wing with leave in place sensors. Review of Quantitative Nondestructive Evaluation, 24: 1788-1794.

Gao H, Rose J L, Yan F, et al. 2005b. Ultrasonic guided wave tomography in structural health monitoring of an aging aircraft wing. ASNT Fall Conference, Columbus, Conference Proceedings: 412-415.

Giurgiutiu V. 2005. Tuned Lamb wave excitation and detection with piezoelectric wafer active sensors for structural health monitoring. Journal of Intelligent Material Systems & Structures, 16(4): 291-305.

Hay T R, Royer R L, Gao H, et al. 2006. A comparison of embedded sensor Lamb wave ultrasonic tomography approaches for material loss detection. Smart Materials and Structures, 15(4): 946-951.

Jansen D P, Hutchins D A, Mottram J T. 1994. Lamb wave tomography of advanced composite laminates containing damage. Ultrasonics, 32(2): 83-89.

Lu Y H, Michaels J E. 2009. Feature extraction and sensor fusion for ultrasonic structural health monitoring under changing environmental conditions. IEEE Sensors Journal, 9(11): 1462-1471.

Malyarenko E V, Hinders M K. 2000. Fan beam and double crosshole Lamb wave tomography for mapping flaws in aging aircraft structures. Journal of the Acoustical Society of America, 108(4): 1631-1639.

Mu J, Rose J L. 2008. Long range pipe imaging with a guided wave focal scan. Materials Evaluation, 66(6): 663-666.

Nagata Y, Huang J, Achenbach J D, et al. 1995. Lamb wave tomography using laser-based ultrasonics. Review of Progress in QNDE, 14: 561.

Prasad S M, Balasubramaniam K, Krishnamurthy C V. 2004. Structural health monitoring of composite structures using Lamb wave tomography. Smart Materials & Structures, 13: N73-N79.

Purekar A S, Pines D J, Sundararaman S, et al. 1994. Directional piezoelectric phased array filters for detecting damage in isotropic plates. Smart Materials & Structures, 13: 838-850.

Puthillath P, Rose J L. 2010. Ultrasonic guided wave inspection of a titanium repair patch bonded to an aluminum aircraft skin. International Journal of Adhesion & Adhesives, 30(7): 566-573.

Rose J L, Ditri J, Pilarski A. 1994. Wave mechanics in acousto-ultrasonic nondestructive evaluation. Journal of Acoustic Emission, 12(1/2): 23-26.

Song W J, Rose J L, Whitesel H. 2003. An ultrasonic guided wave technique for damage testing in a ship hull. Materials Evaluation, 61(1): 94-98.

van Velsor J K, Gao H, Rose J L. 2007. Guided wave tomographic imaging of defects in pipe using a probabilistic reconstruction algorithm. Insight, 49(9): 532-537.

Vary A. 1987. The Acousto-Ultrasonic Approach. Cleveland: NASA Technical Memorandum, Lewis Research Center.

Wilcox P D. 2003. Omni-directional guided wave transducer arrays for the rapid inspection of large areas of plate structures. IEEE Transactions on Ultrasonics, Ferroelectrics and Frequency Control, 50(6): 699-709.

Yan F. 2008. Ultrasonic guided wave phased array for isotropic and anisotropic plates. Pennsy lvania: The Pennsylvania State University.

Yan F, Rose J L. 2010. Defect detection using a new ultrasonic guided wave modal analysis technique (UMAT). Proceedings of the SPIE, San Diego, 7650: 76500R

Yan F, Xue Q K, Rose J L, et al. 2010. Ultrasonic guided wave mode and frequency selction for multilayer hybrid laminates. Materials Evaluation, 68(2): 169-175.

附录A 超声无损检测原理、分析和显示技术

A.1 引 言

让我们来重温一下在超声 NDE 中广泛应用的一些基本概念，这些概念是对波传播和超声无损检测的补充。首先定义一些基本的超声场参数，如近场和发散角等，其次介绍仪器装置和显示技术，以及超声换能器的轴向和横向分辨力等概念。(Krautkramer J 和 Krautkramer H，1990) 是有关常规超声的一本很好的参考书，读者可参阅。

波速是扰动在某给定材料中的传播速度，其大小与材质、结构以及激励形式有关。对于波速有许多不同的表述。在超声 NDE 中最常用的波速是体纵波波速。一般认为纵波波速正比于弹性模量与密度之比的平方根；另一个常用的速度是体横波波速，它正比于剪切弹性模量与密度之比的平方根。这些速度都称为体波速。体波不需要边界来维持，而导波的传播需要有边界。

介质中的质点速度也是一个很有用的参数。注意，对于一种给定介质，其最大波速可能比最大质点速度大上千倍。当波传播到某一指定质点时，质点便开始运动，质点在其平衡位置附近的运动速度称为质点速度。

在介质中产生的体波存在两种质点运动的基本模式。对于纵波，质点速度方向与波矢量方向一致；对于横波或剪切波，质点速度矢量与波矢量方向成 90° 角。剪切波有时也分成垂直剪切波或水平剪切波，这取决于在研究中所采用的坐标系。应该指出，所有各种波的运动实际上都是纵波和横波质点速度分量的叠加。

衰减可以是由介质内部的摩擦或能量吸收而产生的，也可以是当球面或柱面波传播时由几何形状的原因而产生的。频散也会造成波形的扩散，导致幅度衰减。

散射既可导致幅度减小又可以导致脉冲扩散。散射是由于换能器发射波与小障碍物（与波长相比很小）相互作用而产生的。在超声分析中应用了许多散射分析的近似方法，最简单的散射理论利用了惠更斯（Huygens）原理以及在障碍物整个表面上球面散射的积分，并认为接收换能器附近的一点散射信号的衰减与传播的距离 r 成反比。进一步的理论包括模式转化、能量分配以及相位和幅度衰减等。

在一些介质中可以激励出界面波，如想象一束声波斜入射到气-固界面（表面波）、液-固界面（Scholte 波）或者固-固界面（Stonely 波），注意表面波的穿透深度近似等于其波长的 1.5 倍。如果弯曲表面的曲率半径大于 1.5 倍的波长，表面波可以沿弯曲表面传播，这一部分内容已经在第 7 章和第 9 章介绍了。

把压电元件置于材料表面，向压电元件施加适当的随时间变化的脉冲电压值，则在材料内部会激励出超声波。压电元件将电能转换成机械能，即广为人知的（逆）压电效应。在压电元件与被测材料间使用适当的耦合剂可以使超声波更有效地从换能器传入试件中，图 A-1 给出了体波检测的基本原理。

良好的声波透射是进行信号分析的前提。检测仪上记录到的回波信号可以在换能器发射之前放大，也可以在接收换能器之后放大。通常使用的超声波频率为40kHz～500MHz，尽管最近在混凝土的超声检测中应用了低于40kHz的亚超声波，而在声显微镜技术中经常使用大于500MHz的超声波。注意，人耳能听到的声波频率上限是接近20kHz。

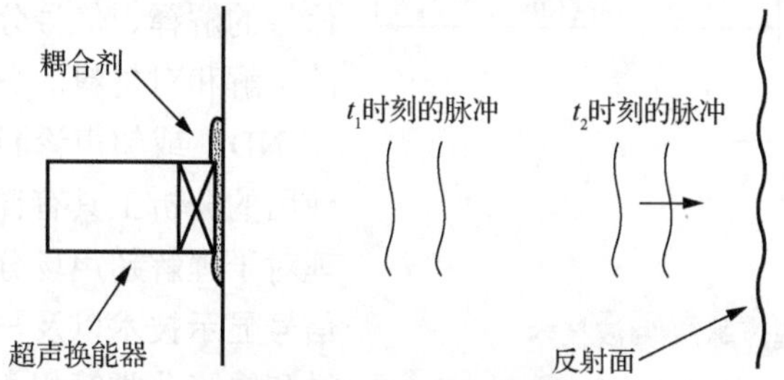

图A-1　超声检测基本原理

材料中的波长可以作为输入频率f和波速c的函数来进行计算。声速是材料和结构的特性

$$c = f\lambda \tag{A.1}$$

例如，对一个1.5MHz的换能器，在波速$c = 1500\text{m/s}$的水中，波长计算如下

$$\lambda = \frac{c}{f} = \frac{1500}{1.5 \times 10^6} = 1000 \times 10^{-6} = 0.001\text{m} = 1\text{mm}$$

在钢中，$c = 6000\text{m/s}$，对于同样的1.5MHz换能器，$\lambda = 4\text{mm}$。

脉冲回波超声技术常用于NDE中。通常，入射波可以是连续波（CW），也可以是脉冲波，如图A-2所示。注意到出于脉冲波频带的原因，在脉冲波情况下λ是一个近似值。如果是窄带脉冲，则会有很多（20个或更多）周期。此时波长λ可以近似计算为$\lambda=c/f$。对于$3/2$～3个周期的高阻尼脉冲，它是一个宽频带脉冲，因而，λ值在整个脉冲阶段都在变化，其平均值非常接近利用脉冲的中心频率计算出的值。

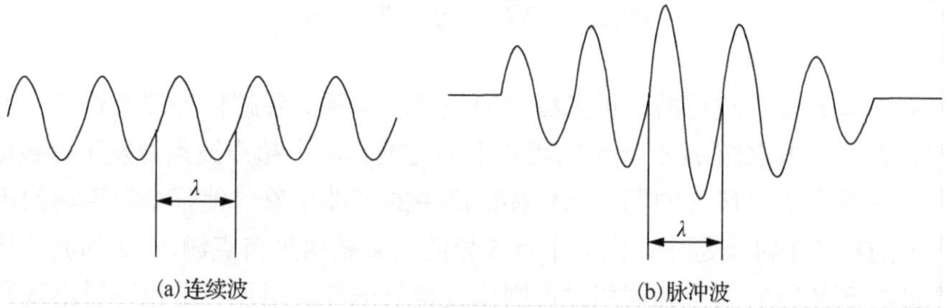

图A-2　基本超声波形

图A-3是脉冲回波实验的一个简单例子。脉冲回波采用接触式超声测量，其结果显示在阴极射线管（CRT）上，同时给出了幅度随时间变化的曲线。时间可以通过示波器显示得到，记为t_1，试件的厚度d可以由式$d = ct_1/2$计算。

关于这一原理的几个概念简要介绍如下：反射系数是超声物理学中的一个基本概念，一平面波遇到两种介质的交界面时被分为两部分：一部分发生反射，而另一部分透过界面。斜入射到界面上的超声波会发生反射和折射。临界角分析以及波型转换对分析此问题非常有用。

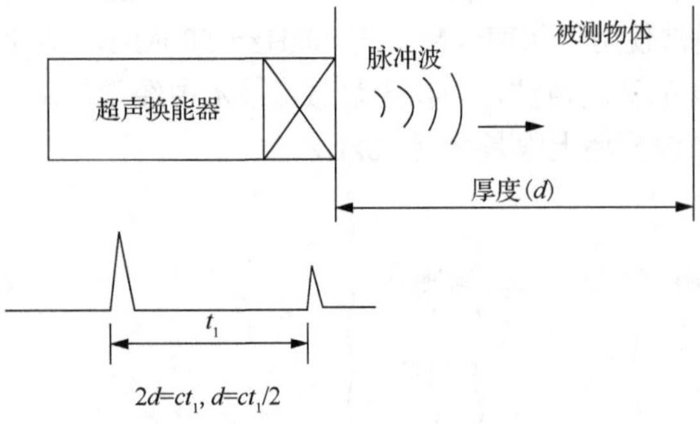

图 A-3　基本超声脉冲-回波技术

深入理解超声场在超声无损检测和诊断超声学领域非常关键。许多问题，包括近场和远场分析、超声波束的发散角以及声压在整个声场中的分布，在换能器的设计分析、信号的解释、信号分析处理，以及在对缺陷的了解和对材料的分类中都非常有用。尽管在 NDT 或超声诊断中无须对超声场分析所使用的分析工具有详细了解，但这些基本原理对于理解超声场分析、换能器、仪器选择、信号显示技术以及与分辨率、图像质量的改进和缺陷分类等相关的问题均很有帮助。对超声场分析的理解也使我们能够设计和改进相关实验，进而改进数据采集及信号分析过程。

现在我们回忆 Huygens 原理及其在超声场分析和散射理论中所起的作用。平面波阵面实质上可以近似认为是沿直线分布的点源发出的无数个球面波的组合。Huygens 原理说明：介质中的一个有限散射体可以由置于该物体表面上的无数个点源所代替。这样我们就可以通过把所有点源对声场的贡献进行叠加来研究该表面反射波的传播特征。这个叠加过程可以由积分来代替，并考虑由散射体表面上的微元产生的微分压力函数的作用。另一种方法是将散射体以有限个点源代替，逐点叠加以得到整个解。如果分析中选择的波长大于在散射体表面建立的有限单元的最大长度，则这种方法是可以接受的。Huygens 原理的概念可以扩展到固体介质中波的运动分析。然而，任意形状的散射体表面反射的横波和纵波的模式转换和能量分配使问题变得更加困难。关于这一问题的研究可以参阅文献(Hueter 和 Bolt，1955；Kinsler et al., 1982；Pain，1993；Pierce，1989)。

A.2　波 的 干 涉

波的干涉是理解超声波传播中很多概念的关键，本章简要解释导致相长和相消干涉的波形叠加过程。首先，考虑图 A-4 所示的相长干涉问题。两个超声波点源发生器被固定在点 1 和点 2，两个波场向所要研究的同一点传播而产生的干涉现象，使整个超声场的声压发生了变化。在图示的相长干涉问题中，空间中点 3 处的结果是由来自点源 1、2 的波直接叠加构成的。当两个波在到达所研究点为同相时，则构成相长干涉。相长干涉也可以出现在声场的许多其他点上。当点 1、3 的距离和点 2、3 的距离相差为波长的整数倍时，在点 3 会产生相长干涉。

图 A-5 给出了相消干涉问题。这种情况下，两个波到达点 4 时为反向，相差半个波长。这种情况的最终结果是总的相消干涉。对于空间任意点 5 上出现的部分干涉在图 A-6 中予以说明。

波形叠加干涉现象在本书中多次用来解释各种物理问题。叠加现象对于理解频域分析、波束聚焦以及多元换能器的设计等问题都有非常重要的意义。

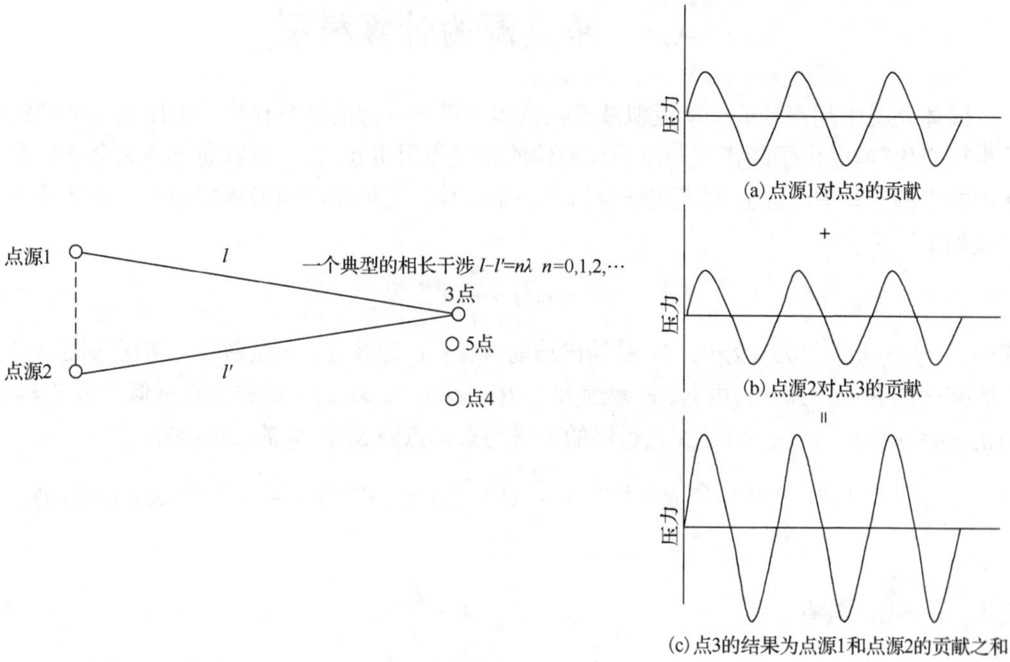

图 A-4　相长干涉实例

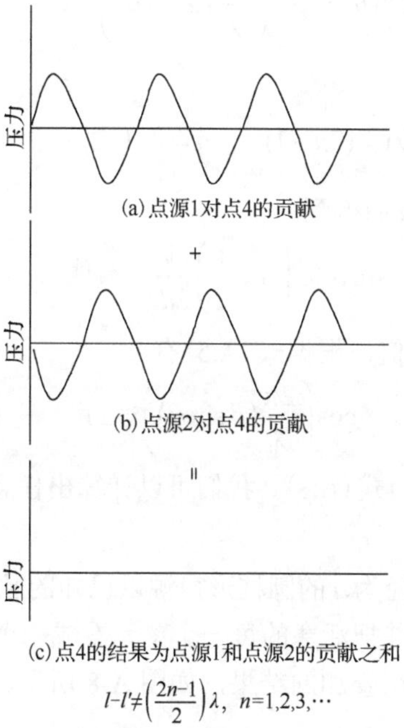

图 A-5　相消干涉实例

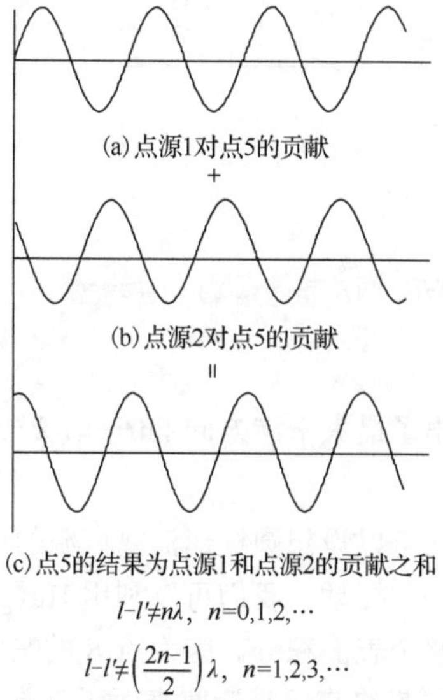

图 A-6　一个部分干涉的例子

A.3　单点源的计算模型

固体介质中超声场的一阶近似基于在液体中单一点源的计算模型。由压电元件激励引起的声压变化(或是由于超声波与小的反射体的相互作用引起的)，可以通过将大家熟知的在液体中的点源解与Huygens原理相结合的方法来计算。液体中的点源激发出一个球形压力场，形式如下

$$p(r,t)=\frac{A_0}{r}\mathrm{e}^{\mathrm{i}(kr-\omega t)} \tag{A.2}$$

式中，$A_0=\rho c U_0$；$\omega=2\pi f$；U_0是输出波的波幅；c是波速；ρ是密度。考虑在图A-7中给出的某一点B的声压，其中r_1、r_2都远大于$d(r_1>>d,\ r_2>>d)$，这样就有近似关系$\delta_1\approx\delta_2\approx\delta$和$d\sin\theta=r_2-r=r-r_1=\delta$。$B$点最终的声压为来自点源$S_1$和$S_2$的波的叠加

$$p_B=\frac{A_0}{r_1}\mathrm{e}^{\mathrm{i}(kr-k\delta-\omega t)}+\frac{A_0}{r_2}\mathrm{e}^{\mathrm{i}(kr-k\delta-\omega t)}\approx\frac{A_0}{r}\mathrm{e}^{\mathrm{i}(kr-\omega t)}(\mathrm{e}^{\mathrm{i}k\delta}+\mathrm{e}^{-\mathrm{i}k\delta})=\frac{2A_0}{r}\mathrm{e}^{\mathrm{i}(kr-\omega t)}\cos(kd\sin\theta) \tag{A.3}$$

式中，$r>>d$，且有

$$k=\frac{2\pi}{\lambda} \tag{A.4}$$

参数δ控制着干涉条纹，由式(A.3)我们可以找到一些节点，在这些节点上声压几乎为零，即达到最大干涉。节线出现在

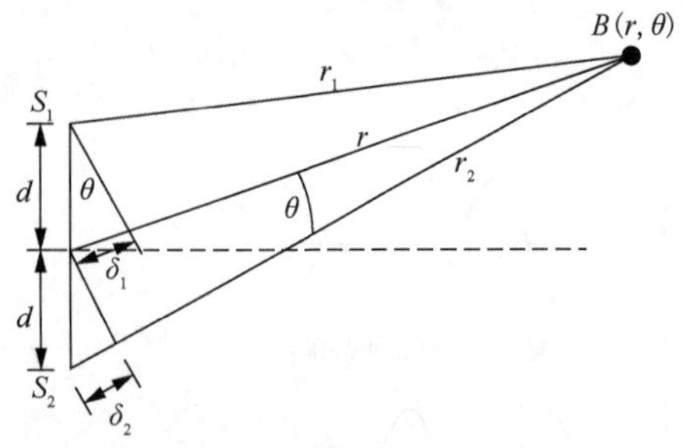

图A-7　两个相等点源的远场干涉

$$\cos(kd\sin\theta)=\cos\left(\frac{2\pi}{\lambda}(d\sin\theta)\right)=0 \tag{A.5}$$

从而导致

$$\frac{2n}{\lambda}(d\sin\theta)=(2n+1)\frac{\pi}{2},\quad n=0,1,2,\cdots \tag{A.6}$$

由式(A.6)，我们得到

$$\sin\theta_n=\left(n+\frac{1}{2}\right)\frac{\lambda}{2d}\quad\text{节线} \tag{A.7}$$

由干涉的最大值，根据式(A.5)有

$$\cos\left(\frac{2\pi}{\lambda}(d\sin\theta)\right)=\pm1 \tag{A.8}$$

这便给出了最大干涉方向$\sin\theta_n=n\lambda/d(n=1,2,3,\cdots)$。由式(A.3)，我们可以计算出任意方向的幅度。

现在可以设想圆柱形活塞声源的声场。假定一半径为a的圆柱形声源以已知的脉冲串位移函数均匀振动。我们可以利用Huygens原理研究，并把活塞的每一个单元看成一个点源，之后在整个表面积分。因为点B的幅度是所有点源作用叠加的结果，如图A-8所示。我们认为点B的最终声压是活塞表面所有单元作用的结果。

反射源所形成的声场可以通过在声源整个表面的点源积分来推导。这里说的积分过程实际上是在超声换能器表面上所有点源贡献的叠加过程。图A-8给出一圆柱状声源的几何表示。为了得到由压电元件或反射源引起的声场变化，可以采取一种数值近似解法。反射源可以分解为面积近似相等的有限个单元，如图A-9所示。

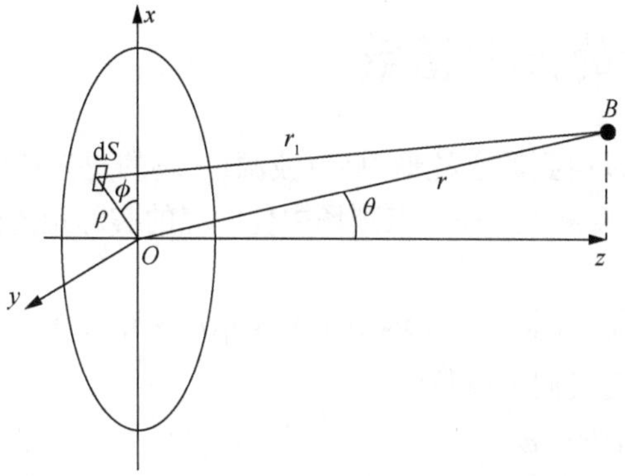

图 A-8　用于研究光滑圆柱形活塞声源的坐标系

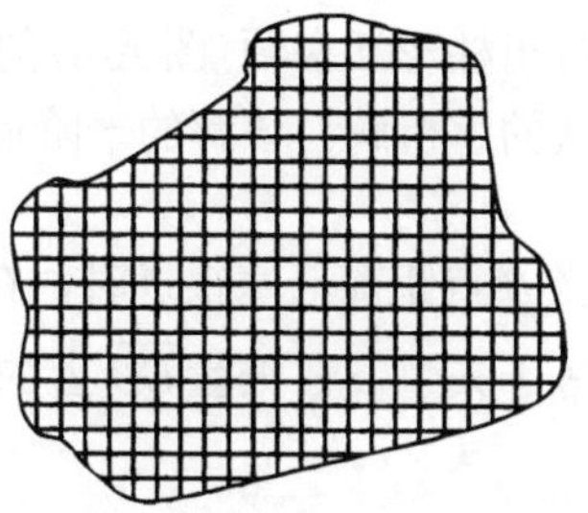

图 A-9　场计算时的有限元网格

由任意形状传感元件或反射单元产生的声压变化可以通过将反射表面每一个有限单元的独立解(空间所求的点)叠加来计算。幅度变化可由众知的点源流体解计算。而相位的变化必须以三维几何的观点来考虑。注意，随着有限单元尺寸的减小，相应的声压函数解更接近于由严格的数学积分得到的精确解。可以通过选择合适的单元尺寸(小于在场分析问题中所考虑的波长)，从而得到合理的结果并收敛于真实解。事实上，通常的数值近似方法要求波长 λ 大于有限单元中最大的线性尺寸 l。对于波长大于换能器的最大直径的情况，得到的声场就成为简单的为大家熟知的液体中点源球面波解。

为了演示这一数值求解过程，我们简单地考虑如图 A-10 所示的例子。欲得到由图示压电元件(仅包含 4 个单元)作用于三维空间中 B 点的解，其计算过程如下：所得到的解应由 4 个球面波解叠加组成。由压电单元到 B 点的距离可以利用三角关系来计算，得到 x_1、x_2、x_3 和 x_4 的值。于是令点源解中 B 点的值等于 x_1、x_2、x_3 和 x_4 就可以计算适当的衰减。注意到点 B 的解由 4 个解叠加组成，每个解在幅度和到达时间上稍有不同，$p(x,y,z)=P_1+P_2+P_3+P_4$。把每个时间位置的单独解叠加在一起即得到所求解。尽管这里所给的解是在连续波激励的情况下得到的，但通过 Fourier 级数和 Fourier 变换可以很容易地得到脉冲激励的解。

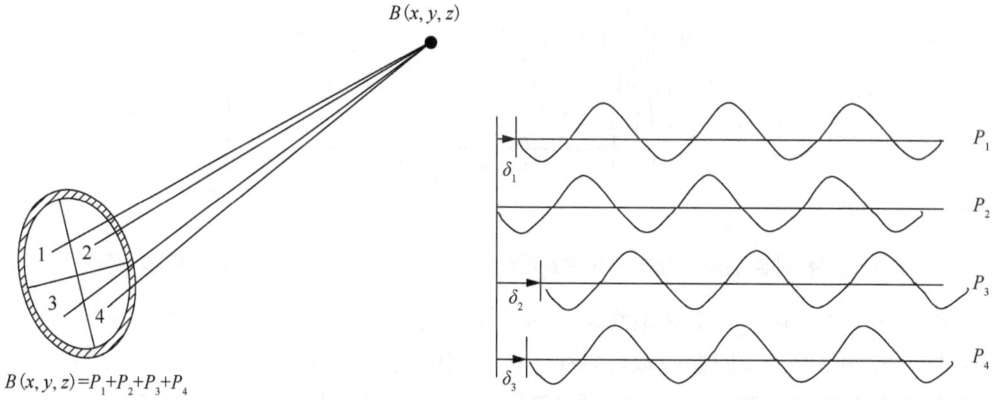

图 A-10　有限元数值分析

A.4　柱形单元的方向函数

采用导出柱形活塞源(图 A-8)的坐标系，可以得到源于柱形单元(波源)声场的更为精确的封闭形式的解析解。该解的一阶近似涉及圆盘源表面上任一点到场中任一点的实际距离的表述。

考虑当 B 点距离活塞很远时，在这种情况下，活塞半径 b 远小于 r 和 r_1($r \gg b$, $r_1 \gg b$)，差值近似等于矢量 $\bar{\rho}$ 在矢量 $\overline{OB}$ 上的投影值，因而我们可以得到

$$r - r_1 = \rho \sin\theta \cos\varphi \tag{A.9}$$

场中点 B 的压力(图 A-8)可以通过把活塞表面划分为无限个单元 $\mathrm{d}S$ 来得到。当 r_1 和 r 与活塞半径相比很大时，由单元 $\mathrm{d}S$ 在点 B 产生的压力可以写成

$$\mathrm{d}p = \frac{A_0 \mathrm{d}S}{r_1} \mathrm{e}^{\mathrm{i}(kr_1 - \omega t)} \tag{A.10}$$

将式(A.9)代入式(A.10)，我们可以得到如下近似表达式(在极坐标下)

$$\mathrm{d}p = \frac{A_0}{r} \mathrm{e}^{\mathrm{i}(kr-\omega t)} \mathrm{e}^{-\mathrm{i}k\rho\sin\theta\cos\phi} \rho \mathrm{d}\rho \mathrm{d}\phi \tag{A.11}$$

总压力为

$$p = \frac{A_0}{r} \mathrm{e}^{\mathrm{i}(kr-\omega t)} \int_0^b \int_0^{2\pi} \mathrm{e}^{-\mathrm{i}k\rho\sin\theta\cos\phi} \rho \mathrm{d}\rho \mathrm{d}\phi = 2\pi \frac{A_0}{r} \mathrm{e}^{\mathrm{i}(kr-\omega t)} \int_0^b J_0(k\rho\sin\theta)\rho d\rho = \pi b^2 \frac{A_0}{r} \mathrm{e}^{\mathrm{i}(kr-\omega t)} \left(\frac{2J_1(kb\sin\theta)}{kb\sin\theta} \right) \tag{A.12}$$

远场压力分布的一些数值结果由图 A-11 给出。

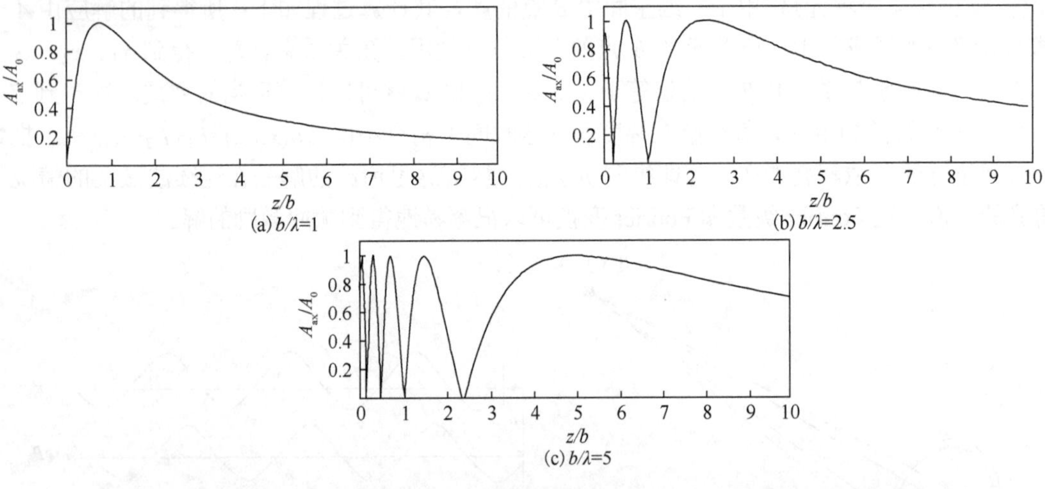

图 A-11　沿轴向的压力分布，其中 b 是活塞半径，λ 为波长，z 是距活塞的轴向距离

在声场分析中，这种近似和最终误差的详细研究可参阅文献(Rose 和 Meyer，1975)。其他多点源或线源振子的指向性函数可以在一些文献中查到，如(Hueter 和 Bolt，1955)。

活塞源产生的近场轴向压力的幅度分布可描述如下(Kinsler et al., 1982；Pierce，1989)

$$A_{\mathrm{ax}} = 2A_0 \left| \sin\left\{ \frac{1}{2} kz \left[\sqrt{1 + \left(\frac{6}{z} \right)^2} - 1 \right] \right\} \right| \tag{A.13}$$

式中，A_{ax} 表示轴向幅度；z 是到活塞中心的轴向距离。对于 $z/b \gg 1$，有

$$\sqrt{1+\left(\frac{b}{z}\right)^2}\approx 1+\frac{1}{2}\left(\frac{b}{z}\right)^2 \tag{A.14}$$

在式(A.11)中，如果$z/b\gg kb$，则我们可以相信：与活塞半径和波长相比，距观测点的距离是很大的。在这种情况下，压力分布的渐近轴向幅值为

$$A_{ax}=\frac{1}{4}A_0\cdot\frac{b}{z}\cdot kb \tag{A.15}$$

由式(A.13)可知，近场轴向压力分布有很强的干涉现象，这种效应发生在

$$\pi\frac{z}{\lambda}\left[\sqrt{1-\left(\frac{b}{z}\right)^2}-1\right]=\begin{cases}(\pi/2)(2n+1), & \text{对于最小值}\\ \pi n, & \text{对于最大值}\end{cases} \tag{A.16}$$

式中，$n=0, 1, 2, \cdots$。在第一个最大值点(与$n=0$相联系)，若z大于这个值，由式(A.15)，压力随$1/r$单调减小。因而第一个最大值为近场和远场的分界线。图A-11给出了由式(A.13)计算出的近场压力分布幅值。

A.5 超声场的描述

超声场中的声压变化可以用不同的方法给出，尽管压力分布是三维的，但实际上我们多用二维描述。尽管在各类文献中使用和介绍了很多改进的技术，但有两种主要技术在场分析问题中是最有用的。

(1)轴向压力分布图——画出换能器中心线上超声波的最大压力与轴向坐标的关系，其中轴向坐标以换能器的中心线为原点。最大压力值是整个幅值与时间分布曲线中，穿过坐标轴z时其峰-峰幅度值。图A-11给出了实例曲线。

(2)极坐标衍射型分布图——作出超声波最大压力与极角θ的关系。当我们考虑由坐标原点以任意角θ发出的射线时，可测得在该角度沿径向的最大压力，如图A-12所示。这种表示法常常产生压力的旁瓣，其由在超声波形的叠加过程中发生的相长和相消干涉现象所致。

超声换能器的特性是由点源的干涉所导致。在连续波激励时，在接近声源处有一个区域，这里场强变化非常大(称这一区域为近场)。越过这一区域后，场强平缓降低(称这一区域为远场)。有很多种方法可以表示超声场，这里只提供了轴向和横向的压力分布图，以试图解释近场参数和散射角以及基于这两种分布曲线的计算结果。

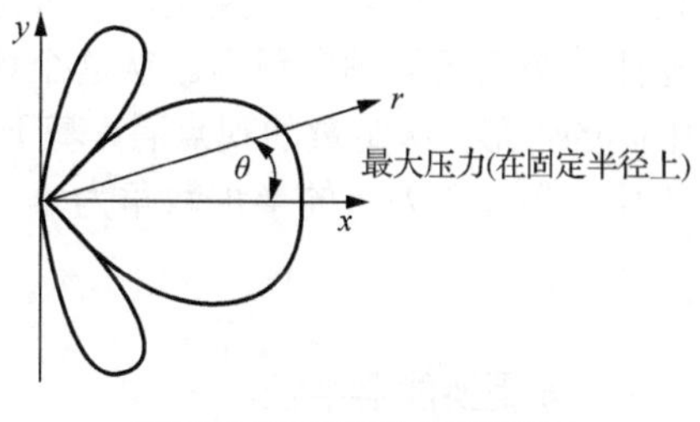

图A-12 极坐标衍射图形

极坐标表示法是另外一种有用的方法，这种衍射表示法为我们提供了有关波束发散角的信息，更重要的是可以很容易地观察到旁瓣信息和零压力点。在图A-12中，中心线压力($z=z_0$，$\theta=0$点的压力)被任意设为单位1。在这个图中，发散角的值可以很容易地测量，如零压力点、最大压力点下降6dB处等。注意，随着频率和传感器半径的变化，衍射图样也发生变化。根据经验可以得到如下观测结果：增大f或b会减小发散角，而增加旁瓣的数量(图A-13)。

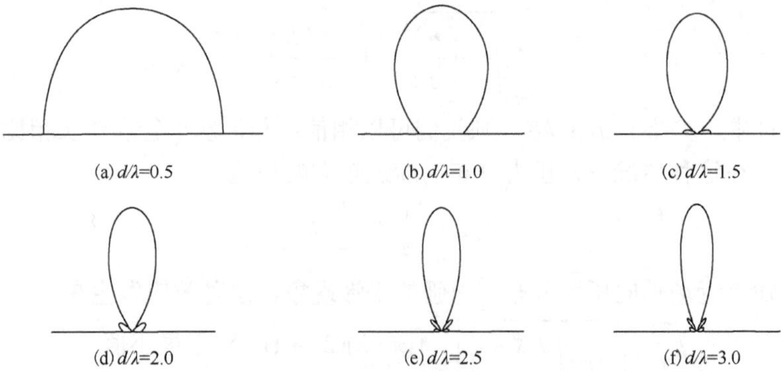

图 A-13　不同 d/λ 的圆活塞(源)上的极坐标压力分布(d 为直径，λ 为波长)

A.6 近场计算

一个连续波型的换能器，其近场长度常常定义为换能器(声源)轴线上的一特定点到换能器的距离。该特定点是场强振荡区域和场强平缓衰减区域的分界线。该点的位置是最后一个声压极大值点。如本附录前述，最远一个极大点的位置为

$$z = \frac{b^2}{\lambda} - \frac{\lambda}{4} = \frac{D^2 - \lambda^2}{4\lambda} \tag{A.17}$$

这在图 A-11 中可以很容易地观察到。通常可以假设：与 D^2 相比，λ^2 可以忽略不计，这种情况下近场位置可由下式给出

$$N = \frac{D^2}{4\lambda} \tag{A.18}$$

A.7 扩散角的计算

经常使用的声场特征之一是波束扩散角，这一特征可用来描述波束的相对强度分布。基础教材中对超声场都有定义，即限定与换能器有同样直径的柱状区域——由换能器表面向外延伸一个近场的轴向距离。从这个意义上说，超声场经常被认为(定性)是顶点在换能器表面中心的锥形；从定量的观点看，基于用于连续波远场研究的贝塞尔(Bessel)函数的第一个零点计算，到零压力点的半扩散角为

$$\sin\alpha = \frac{0.6\lambda}{b} \tag{A.19}$$

式中，b 是换能器半径。

A.8 超声波束的控制

可以通过改变换能器的几何形状、大小和激励频率来控制超声场的变化。有关换能器的设计和波束的控制这类问题在许多书中都可以查到。现在，通过研究近场公式

$$N = \frac{D^2}{4\lambda} = \frac{D^2 f}{4c} \tag{A.20}$$

以及用于确定扩散角 α 的式(A.19)可以估算出波束控制的基本要素。

我们通常希望扩散角小一些，研究式(A.19)可知，可以利用小波长(高频率)和大换能器半径

b 来达到这一目的。然而，用这种方法带来的问题是近场急剧增加。在很多应用领域，人们希望避开相长和相消干涉变化很剧烈的区域，因此需要减小近场区域，而这需要减小换能器直径(半径)和频率。所以在特定的应用领域，为了波束控制的需要，必须寻求换能器设计和选择的折中。

研究图 A-14 给出的简化图形可以定性地理解近场和波束扩散角之间的关系。很显然，随着 N 的增加，α' 减小(其中 α' 是简单的由传感器直径到近场点的夹角)。注意：α' 与 α 是不同的，α 用于定量研究，而 α' 用于定性研究。

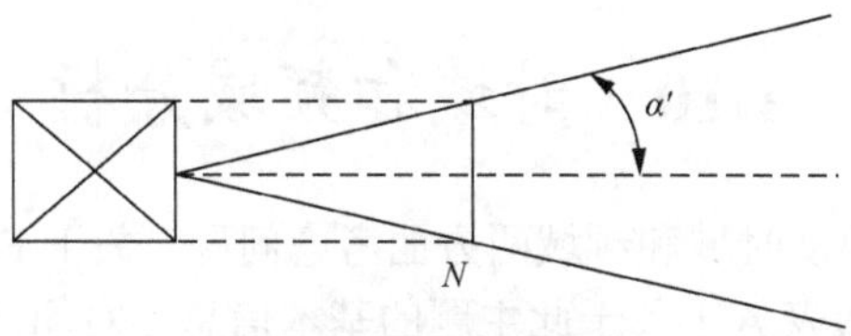

图 A-14 超声波束控制

A.9 求解超声场技术中应注意的问题

现在我们把两种求解技术作为一个练习进行详细比较以说明指向性函数的价值和作用。对于每一项技术，当波为连续波激发，且 b/λ 为 10～40 时，将会产生横向声场分布。在近似和精确(有限元)公式之间进行比较，可以确定所引进误差的类型和大小。在几个轴向距离处计算出这些分布，如图 A-15 所示的结果表明，有两类误差是必须考虑的：沿中心线 z 信号幅值的变化和在某一 z 处的横向分布。

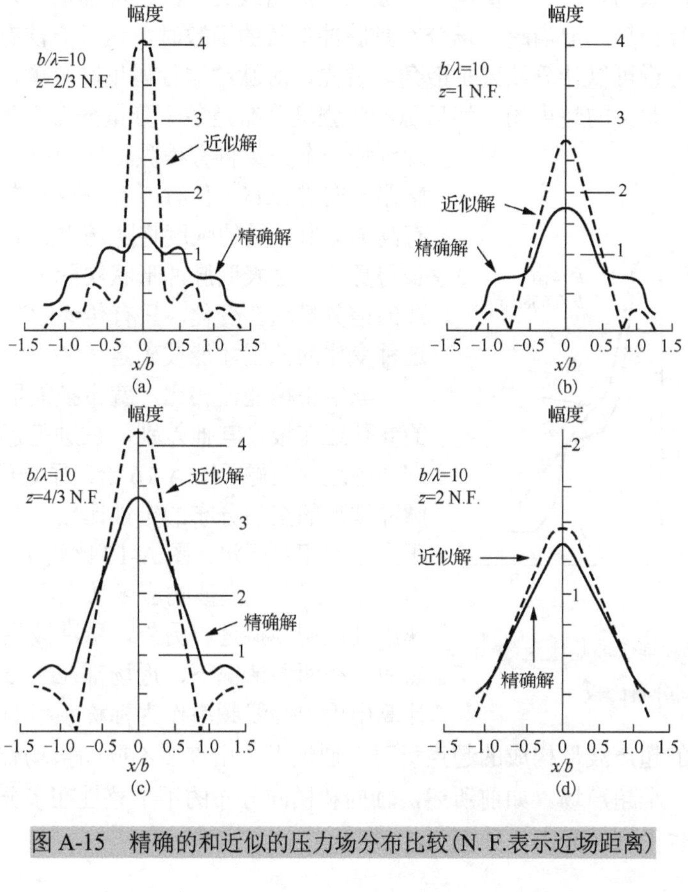

图 A-15 精确的和近似的压力场分布比较(N. F.表示近场距离)

在达到近似为两倍近场距离以前幅值误差不能被忽略(注意：在 $b/\lambda=40$ 和 $b=0.259$in 的情况下可以得到相同的结果，只是相对压力幅度是在 $b/\lambda=10$ 的情况下的 1/5)。如果一个信号是在两倍近场距离以内获得的，而另一个则是在远场获得的，那么使用近似公式就会带来不容忽视的误差。如果我们考虑横向分布，就会发现，尽管轴向强度的分布误差要到两个近场长度以后才降到一个可以接受的值，横向分布的形状在一个近场长度左右已经收敛到接近精确解。在一个近场以内，近似解都不合理。

A.10　时域和频域分析

在超声分析中，有必要从时域和频域两方面考虑问题。关于 Fourier 变换的原理和概念可参考本书正文的例子。参考表 A-1 关于此主题的基本信息，对超声波理解很有帮助。

表 A-1　超声波中时域和频域要点

时域	频域	时域	频域
连续波 RF 信号	频域上尖峰	3/2～2 RF 周期高斯包络	宽频
5～20 RF 周期高斯包络	窄频，猝发信号	狄拉克 δ 尖峰	白噪声或平坦频率响应

A.11　脉冲超声场效应

到目前为止，我们仅讨论了连续波源及其产生的声场。然而，多数超声波的实际应用是与脉冲换能器相联系的。在许多情况下，波束扩散角或者脉冲换能器的近场距离可以利用连续波源的公式进行计算。但当超声场分布是脉冲形状的函数时，这种方法有些问题。

利用傅里叶分析可以计算波束扩散角。首先，对脉冲进行傅里叶分解，这些连续波分量都会产生各自传统意义的超声场，然后脉冲的强度分布是各个分量分布之和。然而，必须注意到每一个分量将有稍微不同的压力分布，尽管沿传感器轴向进行归一化时所有分量具有同样的幅度，具有高 D/λ 值分量的强度将随场点远离换能器轴向时增长得更快。这表明脉冲形状实际上正在改变，因为脉冲的谱分量正在变化，只有传递脉冲的谱分量已知时，这种变化的范围才能被确定。

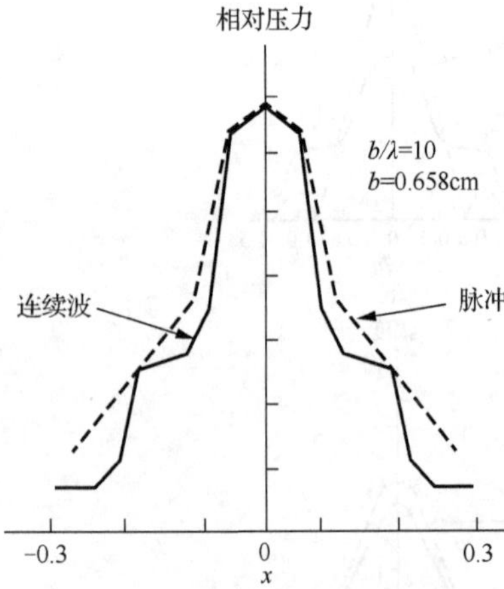

图 A-16　脉冲和连续波响应函数的空间分布比较

与窄带换能器相比，宽带换能器激发出的超声场的参数还有很多其他差别，在进行超声场研究时要仔细考虑这些问题。图 A-16 给出了连续波型与典型超声脉冲波形的空间分布的定性比较。对于脉冲波型，其压力分布相对平滑。图 A-17 比较了两种情况的轴向压力分布。图中连续波响应函数在小于 3.0in 的范围内表现出几次剧烈振荡。另外，脉冲波型具有光滑分布。然而，在两种情况下，近场都在 2.75in 处，接近于在计算中用中心线频率作为标称频率的理论结果。

由任意形状的超声波形构成的超声场可以通过考虑由许多不同超声场叠加来计算，每一个频率成分对应一个超声场。如前所述，轴向和横向分布的不平整性在多分量叠加以后变得光滑。衍射图样也得到了光滑，如图 A-18 所示。

我们计算了 6 个不同超声波响应函数的轴向压力分布，结果在图 A-19(a) 和图 A-19(b) 中给出。对于每一种情况，D/λ 都选为接近 20 的值，中心线标称频率为 2.25MHz。当振荡数减小时，近场的振荡也减小；当振荡数增加时，结果近似于连续波的情况。

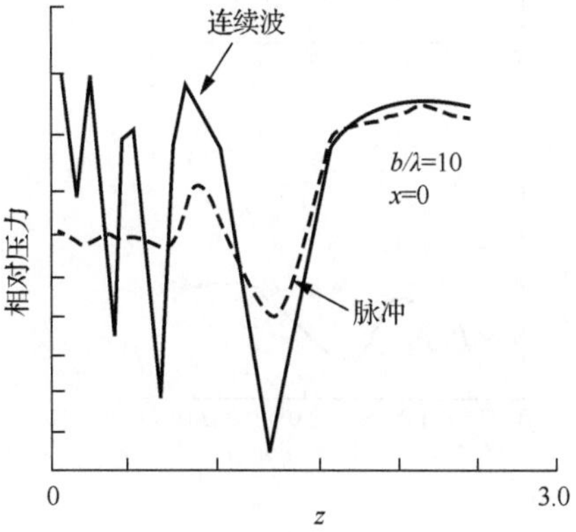

图 A-17　脉冲和连续波响应函数的轴向压力分布比较

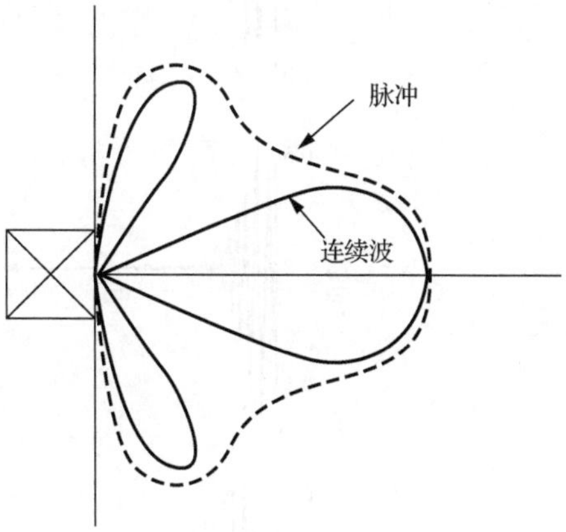

图 A-18　脉冲对衍射图形的影响

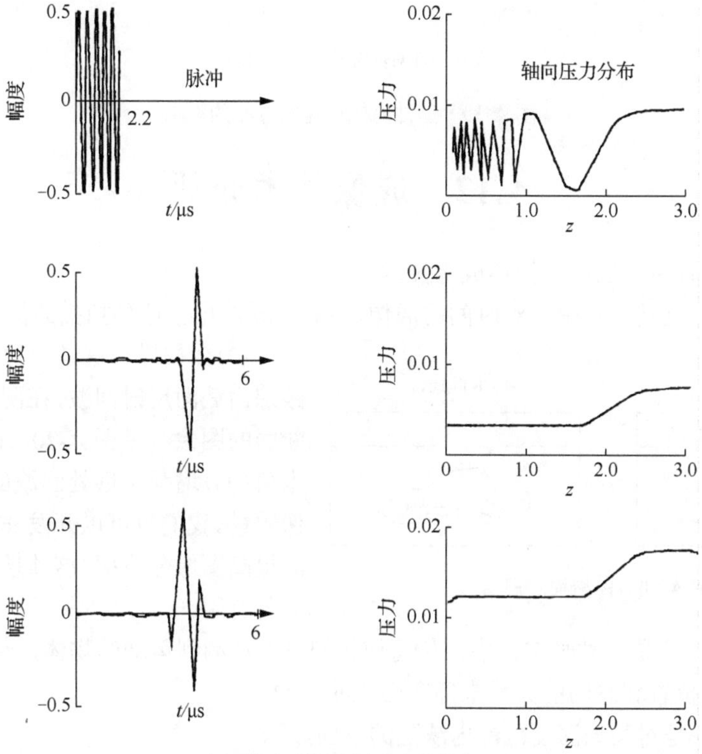

(a) A脉冲对轴向压力分布的影响

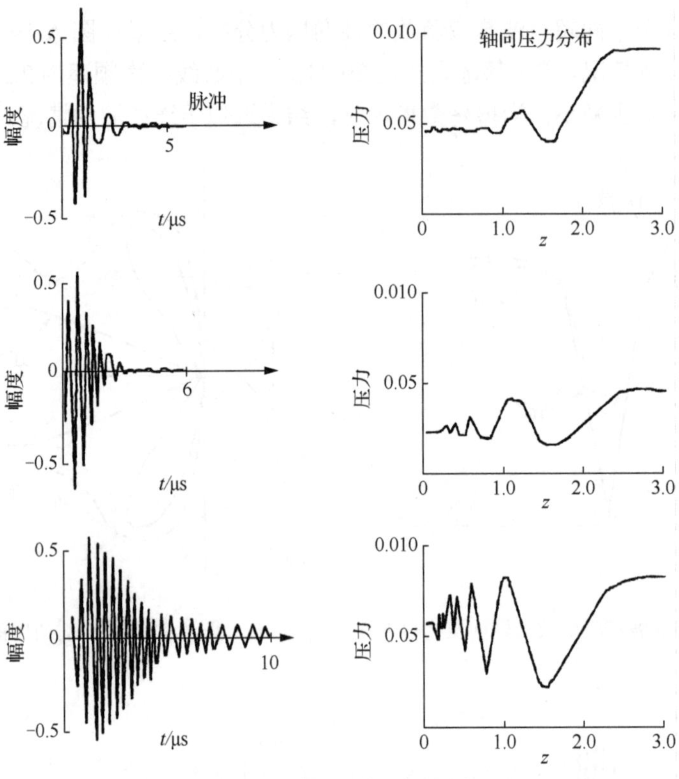

(b) B脉冲对轴向压力分布的影响

图 A-19　脉冲对轴向压力分布的影响

A.12　成像技术介绍

以下给出四种主要的超声扫描成像技术。

(1) A 扫描，这是一种幅度对时间的成像，图 A-19 给出了这种扫描的例子。

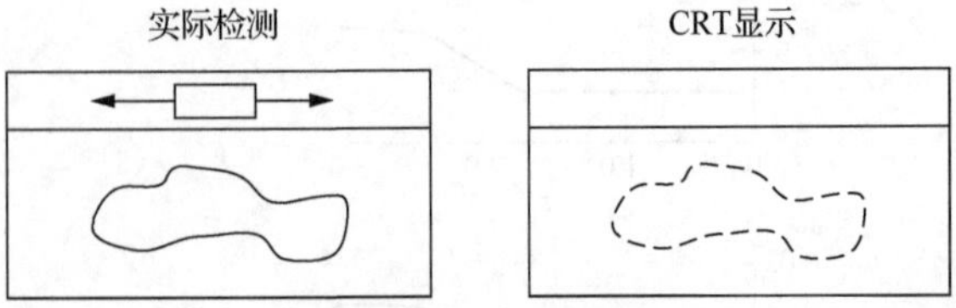

图 A-20　B 扫描原理

(2) B 扫描，这是一种亮度模式，通过跟踪由截面反射回波，在阴极射线管上呈现断面的图像，见图 A-20。时间增益补偿技术(TCG)增强了远处回波的幅度，改善了图像质量。我们也可以开发非线性放大函数从而提高图像分辨率。这项技术在超声诊断中尤其有用。

(3) M 扫描，这是一种时空扫描，从而使我们可以观测到运动的物体，包括体内的运动，通过画出回波的位置和时间的关系来确定心肌的运动。

(4) C 扫描，是对某一深度范围内缺陷的平面显示。

图 A-21 给出了一个 C 扫描结果的例子，两个有机玻璃板粘接在一起：白色区域表示粘接很好的区域，而黑色区域表示粘接不好的区域。在这种情况下，中间回波的大小就非常有意义。注意，可以通过在不同抑制水平，如 4dB、6dB、8dB，得到 C 扫描的灰度图。

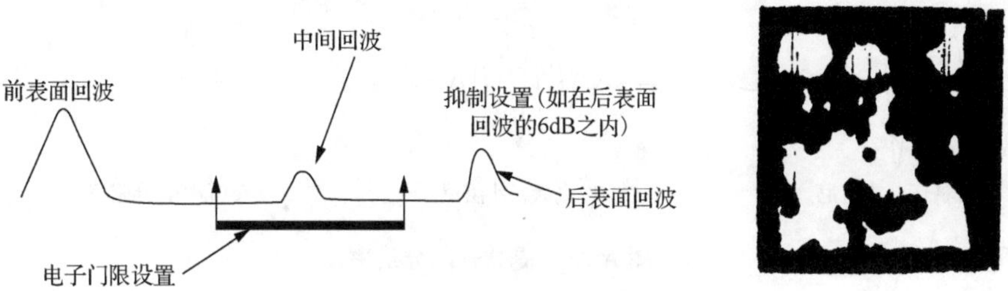

图 A-21　C 扫描检测

A.13　超声波幅度减小的原因

现在我们列出可以使超声波幅度减小的几种可能的原因。

(1) 在两种介质交界面上的反射可以减小波形幅度。

(2) 由柱状、板状结构或分层介质引起的几何弥散效应可以使波形幅度减小，这种效应实际上是反射因子效应的叠加。

(3) 超声波束的扩散可以导致其在幅度上减小(A.5 部分有详细介绍)。由缺陷造成的散射也包括在波束扩散引起的幅度减小中，因为超声波由一个散射源或外部物体或介质内部缺陷反射会出现附加的波束扩散。

(4) 由球面波或柱面波传播的衰减可以造成幅度减小，这种衰减是非吸收的和非频散的，它仅仅是几何衰减造成的。

(5) 由吸收机理引起的衰减，包括内摩擦和内散射，也会引起幅度减小。

(6) 硬件电子电路处理过程(如滤波、放大等)也会引起幅度减小。

A.14　分辨率和穿透原理

超声波的分辨率和穿透能力取决于介质内激励出声波的波长。波长越大或频率越低通常在介质中穿透得越远而导致吸收越少，波长越小或频率越高超声波通常在介质中衰减得越快，但其分辨率得到了提高。现在，我们定义超声换能器轴向和横向分辨率。

A.14.1　轴向分辨率

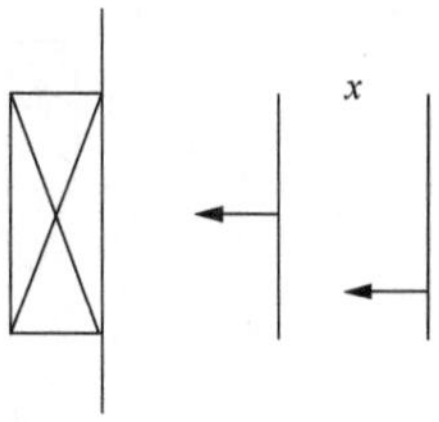

图 A-22　轴向分辨率的定义

在换能器轴向上能够分辨出的两个反射点之间的最小距离称为换能器的轴向分辨率，见图 A-22。例如，入射回波和反射回波叠加导致不可能测量轴向间隔之前的最小距离，即轴向分辨率。轴向分辨率的公式可以导出为脉冲宽度的函数。轴向分辨率为换能器分开在轴向两个相邻的反射点的能力，减少脉冲宽度可以提高轴向分辨率。图 A-23 显示了高频高阻尼换能器有最好的轴向分辨率。

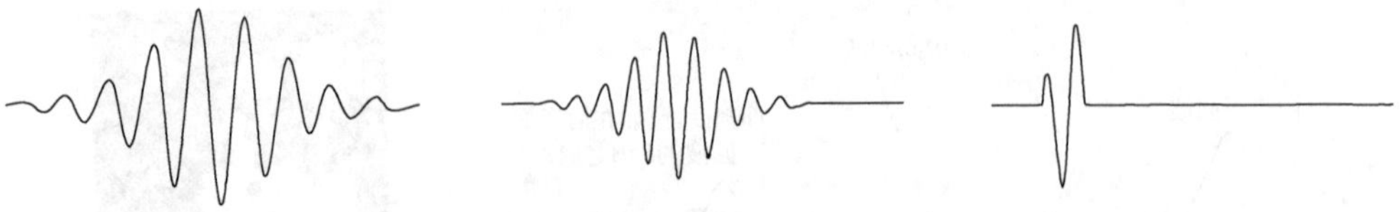

(a) 低频，小阻尼　(b) 高频，小阻尼　(c) 高频，高阻尼

图 A-23　提高轴向分辨率

A.14.2　横向分辨率

横向分辨率的定义为在结构内部一些特殊点分辨出两个横向反射点源的能力。很显然，应该使用尽可能窄的超声波束。在图 A-24 中给出了在特定半径情况下，压力对角度的两个极坐标分布图样。利用大直径、高频或聚焦换能器可以获得窄波束。因为超声波束的扩散，横向分辨率随深度而改变，在轴向距离等于超声换能器的近场点或焦点时可获得最好的横向分辨率。

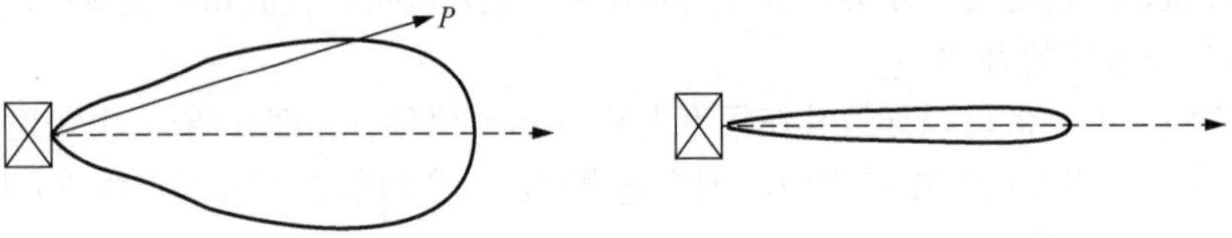

(a) 低横向分辨能力　(b) 高横向分辨能力

图 A-24　横向分辨能力的改进

A.15　相控阵和波束聚焦

超声体波相控阵使用简单而且检测速度快。超声分析中的几乎所有东西都可以与波的干涉现象相联系。让我们来看聚焦的两个例子，一个是机械聚焦，一个是电子聚焦。如图 A-25 所示，对于机械聚焦方法，液体中的波速比透镜材料中的波速小，否则聚焦不会发生。考虑 Huygens 原理，棱镜外边缘与棱镜中心的波进入液体介质的时间不同，但是现在换能器上所有点的波同时到达 P 点。

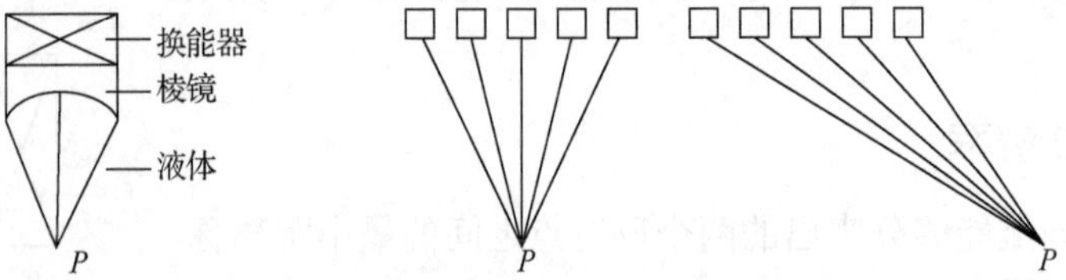

(a) 机械聚焦　(b) 电子聚焦

图 A-25　超声体波聚焦可能性

使用梳状换能器进行电子聚焦，其中每一个单元激发信号独立于其他单元。先给外部单元脉冲，然后以一定的时延向中心移动，波束将在点 P 处聚焦。要将波束聚焦或引导到结构的其他位置，则可通过在传感器的元件上施加适当的聚焦法则来实现。

习 题

A-1 用图示说明当波由一点传播到另一点时典型波形近似的定性变化。表明(1)仅频散；(2)仅有随频率的衰减；(3)频散和衰减同时。

A-2 根据 Huygens 原理如何区分平面反射体和立体反射体？如何确定它们的大小？

A-3 计算直径为 1in，激励频率为 2.25MHz 换能器在钢中和水中的波长。

A-4 分别计算直径 1in，频率 2.25MHz 换能器在钢和水中的近场和发散角。

A-5 如何在固体介质中对超声聚焦?

A-6 在利用有限元进行声场计算时，如何确定网格大小?

A-7 如何计算任意形状的换能器的指向性函数?

A-8 解释脉冲函数对轴向压力分布的平滑作用。

A-9 计算作为脉冲宽度对轴向分辨率的影响。

A-10 利用 Bessel 函数的零点来计算柱状活塞波源的波束扩散角。

A-11 根据参考文献列出几种不同形状换能器的指向性函数。

A-12 绘制液体中连续波激励、窄带激励和宽带激励下的横向压力分布示意图。

A-13 绘制对应表 A-1 中的时域和频域的分布示意图。

A-14 超声体波分析中使用的理想波形是什么？为什么？

A-15 绘制一个相控阵示意图，将波束控制在与加载面法向成 45° 角的方向。

参 考 文 献

Hueter T F, Bolt R H. 1955. Sonics Techniques for the Use of Sound and Ultrasound in Engineering and Science. New York: Wiley.

Krautkramer J, Krautkramer H. 1990. Ultrasonic Testing of Materials. 4th ed. New York: Springer-Verlag.

Kinsler L E, Frey A R, Coppens A B, et al. 1982. Fundamentals of Acoustics. New York: Wiley.

Pain H J. 1993. The Physics of Vibrations and Waves. New York: Wiley.

Pierce A D. 1989. Acoustics: An Introduction to its Physical Principles and Applications. Woodbury: Acoustical Society of America.

Rose J L, Meyer P A. 1975. Model for ultrasonic field analysis in solids. Journal of the Acoustical Society of America, 57(3): 598-605.

附录B 弹性理论的基本公式和概念

B.1 引 言

弹性理论的基本原理是研究波在固体介质中传播的基础。为便于参考，本附录简要回顾一些公式及概念。更多内容可参考其他弹性理论教材，如(Chou 和 Pagano，1992；Sokolnikoff，1956；Timoshenko 和 Goodier，1987)。

B.2 术 语

主要物理量符号和名称如表 B-1 所示。

表 B-1 物理量符号和名称

符号	名称	符号	名称
$\boldsymbol{A}$	传递矩阵	u_i	x_i 方向上的形变
$\boldsymbol{F}$	体作用力	E	杨氏模量
$\boldsymbol{T}$	面作用力	K	体积模量
u_i	位移分量	U	应变能/单位体积
ε_{ij}	应变张量的分量	μ, G	剪切模量
ϕ	应变不变量(膨胀应变)	σ_{ij}或τ_{ij}	应力张量的分量
ρ	密度	θ	应力不变量
ν	泊松比	τ	应力矩阵
δ_{ij}	Kronecher张量的分量$=\begin{cases}1, & i=j\\0, & i\neq j\end{cases}$	λ	Lamé常数$=\dfrac{2\mu\nu}{1-2\nu}$

置换张量的分量

$$\in_{ijk}=\begin{cases}+1, & \text{当}i、j、k\text{为}1、2、3\text{的偶数次置换}\\-1, & \text{当}i、j、k\text{为}1、2、3\text{的奇数次置换}\\0, & \text{当}i、j、k\text{中至少有两个指标相同}\end{cases}$$

应变张量的分量为

$$\varepsilon_{ij}=\frac{1}{2}\left(\frac{\partial u_i}{\partial x_j}+\frac{\partial u_j}{\partial x_i}\right)=\varepsilon_{ji}$$

转动张量的分量为

$$-\omega_k=\omega_{ij}=-\omega_{ji}=\frac{1}{2}\left(\frac{\partial u_i}{\partial x_j}+\frac{\partial u_j}{\partial x_i}\right)$$

应变不变量

$$\phi=\varepsilon_{ii}=\frac{\partial u_i}{\partial x_i}=\varepsilon_{11}+\varepsilon_{22}+\varepsilon_{33}$$

笛卡儿坐标矢量运算因子

梯度　　$\nabla=\dfrac{\partial}{\partial x}\hat{i}+\dfrac{\partial}{\partial y}\hat{j}+\dfrac{\partial}{\partial z}\hat{k}$

拉氏算子　　$\nabla^2=\dfrac{\partial^2}{\partial x^2}+\dfrac{\partial^2}{\partial y^2}+\dfrac{\partial^2}{\partial z^2}$

柱面坐标矢量运算符

梯度　　$\nabla=\dfrac{\partial}{\partial r}\hat{e}_r+\dfrac{1}{r}\dfrac{\partial}{\partial\theta}\hat{e}_\theta+\dfrac{\partial}{\partial z}\hat{e}_z$

拉氏算子　　$\nabla^2=\dfrac{\partial^2}{\partial r^2}+\dfrac{1}{r}\dfrac{\partial}{\partial r}+\dfrac{1}{r^2}\dfrac{\partial^2}{\partial\theta^2}+\dfrac{\partial^2}{\partial z^2}$

在柱面坐标系中，u_r、u_θ 和 u_z 分别表示 r、θ 和 z 方向的变形，则应变张量分量为

$$\varepsilon_{rr}=\frac{\partial u_r}{\partial r}$$

$$\varepsilon_{\theta\theta}=\frac{1}{r}\frac{\partial u_\theta}{\partial\theta}+\frac{u_r}{r}$$

$$\varepsilon_{zz}=\frac{\partial u_z}{\partial z}$$

$$\varepsilon_{r\theta}=\frac{1}{2}\left(\frac{1}{r}\frac{\partial u_r}{\partial\theta}+\frac{\partial u_\theta}{\partial r}-\frac{u_\theta}{r}\right)$$

$$\varepsilon_{rz}=\frac{1}{2}\left(\frac{\partial u_r}{\partial r}+\frac{\partial u_r}{\partial z}\right)$$

$$\varepsilon_{\theta z}=\frac{1}{2}\left(\frac{\partial u_\theta}{\partial z}+\frac{1}{r}\frac{\partial u_z}{\partial\theta}\right)$$

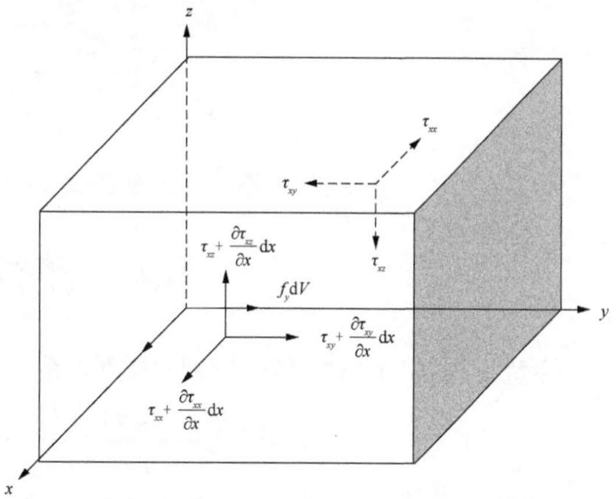

图 B-1　体积单元(表面用与之垂直的坐标轴表示，在正面的应力为正，在反面的应力为负)

应力张量 $\boldsymbol{\tau}$ 是对称张量，可写为(图 B-1)

$$\boldsymbol{\tau}=\boldsymbol{\tau}^{\mathrm{T}}=\begin{bmatrix}\tau_{11}&\tau_{12}&\tau_{13}\\\tau_{21}&\tau_{22}&\tau_{23}\\\tau_{31}&\tau_{32}&\tau_{33}\end{bmatrix}$$

注意，在笛卡儿坐标系中，$\tau_{11}=\tau_{xx}$（下标 1、2、3 分别对应坐标轴 x、y、z)，应变张量也是对称张量，且可写为

$$\boldsymbol{\varepsilon}=\begin{bmatrix}\varepsilon_{11}&\varepsilon_{12}&\varepsilon_{13}\\\varepsilon_{21}&\varepsilon_{22}&\varepsilon_{23}\\\varepsilon_{31}&\varepsilon_{32}&\varepsilon_{33}\end{bmatrix}$$

最后注意，点乘 $\overline{a}\cdot\overline{b}=a_ib_i$；叉乘 $\overline{a}\times\overline{b}=\overline{c}\left(C_i=\epsilon_{ijk}a_jb_k\right)$。

B.3　应力、应变和本构方程

考虑作用于一微单元上的应力，如图 B-1 所示。面力与应力间的关系为 $T_i=\tau_{ij}n_j$（图 B-2），各向同性介质的广义应力-应变关系为

$$\tau_{ij}=\lambda\delta_{ij}\phi+2\mu\varepsilon_{ij}=\frac{E\nu\phi}{(1+\nu)(1-2\nu)}\delta_{ij}+\frac{E}{1+\nu}\varepsilon_{ij}$$

式中，$\tau_{ij}=C_{ijkl}\varepsilon_{kl}$（胡克定律)，且应变不变量 $\phi=\varepsilon_{11}+\varepsilon_{22}+\varepsilon_{33}$。通过应变关系我们有

$$\varepsilon_{ij}=\frac{\lambda}{2\mu(3\lambda+2\mu)}\delta_{ij}\theta+\frac{1}{2\mu}\tau_{ij}=\frac{1+\nu}{E}\tau_{ij}-\frac{\nu}{E}\theta\delta_{ij}$$

式中，$\theta=\tau_{11}+\tau_{22}+\tau_{33}$是应力不变量，且$\tau_{ik}=2G\varepsilon_{ik}+\lambda\theta\delta_{ik}$。弹性平衡方程可写为

$$\frac{\partial\tau_{ij}}{\partial x_j}+F_i=0$$

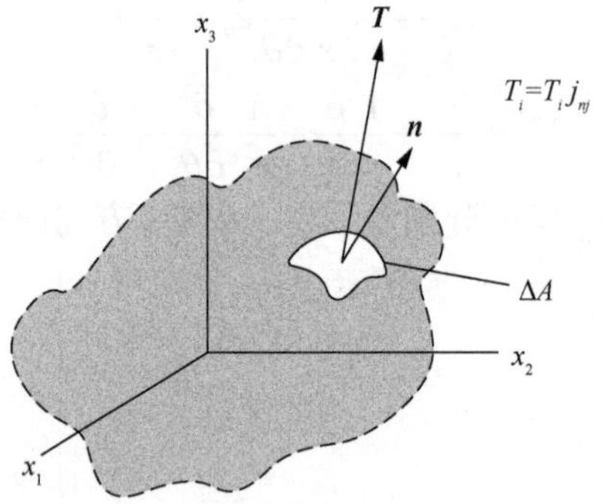

图 B-2　表面微单元（$\boldsymbol{n}$ 是微面ΔA 的法向单位矢量，$\boldsymbol{T}$ 与 $\boldsymbol{n}$ 不同向）

B.4　弹性常数间的关系

注意下列各向同性材料的弹性常数关系

$$E=\frac{\mu(3\lambda+2\mu)}{\lambda+\mu}=\frac{\lambda(1+\nu)(1-2\nu)}{\nu}$$

$$\mu=\frac{E}{2(1+\nu)},\quad \lambda=\frac{\nu E}{(1+\nu)(1-2\nu)},\quad \nu=\frac{\lambda}{2(\lambda+\mu)}$$

应变能为

$$U=\frac{1}{2}(\lambda+2\mu)\left[\varepsilon_{xx}^2+\varepsilon_{yy}^2+\varepsilon_{zz}^2\right]+2\mu\left[\varepsilon_{yx}^2+\varepsilon_{xx}^2+\varepsilon_{yz}^2\right]+\lambda\left[\varepsilon_{xx}\varepsilon_{yy}+\varepsilon_{zz}\varepsilon_{xx}+\varepsilon_{zz}\varepsilon_{yy}\right]$$

用应力表示为

$$U=\frac{1}{2E}\left(\tau_{xx}^2+\tau_{yy}^2+\tau_{zz}^2\right)-\frac{\nu}{E}\left(\tau_{xx}\tau_{yy}+\tau_{yy}\tau_{zz}+\tau_{xx}\tau_{zz}\right)+\frac{1}{2\mu}\left(\tau_{xy}^2+\tau_{xz}^2+\tau_{yxS}^2\right)$$

B.5　矢量和张量变换

我们现在简要回顾在旋转坐标系中的矢量和张量变换的特点。考虑 $\boldsymbol{A}$ 为两个不同坐标系（有′和无′）之间方向余弦的正交矩阵。

对一阶张量 x 旋转以后的分量有 $x_i'=a_{ij}x_j$，$a_{ij}=\cos\left(x_i',\ x_j\right)$。注意，$i$ 是一个自由下标，而 j 在方程右边出现两次意味着按爱因斯坦(Einstein)求和约定求和。在矢量符号表示法中，$\boldsymbol{x}'=\boldsymbol{A}\boldsymbol{x}$，其中

$$
\boldsymbol{A}=\begin{array}{c} \\ x' \\ y' \\ z' \end{array}\begin{array}{c} \begin{matrix} x & y & z \end{matrix} \\ \begin{bmatrix} a_{11} & a_{12} & a_{13} \\ a_{21} & a_{22} & a_{23} \\ a_{31} & a_{32} & a_{33} \end{bmatrix} \end{array}
$$

必要时可写成 $\boldsymbol{x}_i = a_{ji}\boldsymbol{x}'_j$。对二阶张量 $\boldsymbol{\tau}$ 旋转以后的分量有 $\boldsymbol{\tau}'_{ik} = a_{ij}a_{kl}\boldsymbol{\tau}_{jl}$，或以类似的变换写成矩阵形式 $\boldsymbol{\tau}' = \boldsymbol{A}\boldsymbol{\tau}\boldsymbol{A}^{-1}$。

B.6　主应力和主应变

现考虑用于主应力、主应变计算的特征值问题。主应力由下式给出

$$\left|\tau_{ij} - \tau\delta_{ij}\right| = 0$$

且特征矢量为[A_j]，由下式给出　$\left[\tau_{ij} - \tau\delta_{ij}\right]\left[A_j\right] = 0$

主应变可由行列式得出　$\left|\varepsilon_{ij} - \varepsilon\delta_{ij}\right| = 0$

且特征矢量[A_j]，由下式给出　$\left[\varepsilon_{ij} - \varepsilon\delta_{ij}\right]\left[\boldsymbol{A}_j\right] = 0$

B.7　应变-位移方程

下面我们推导应变-位移方程

$$\boldsymbol{\varepsilon} = [\underbrace{\varepsilon_x \quad \varepsilon_y \quad \varepsilon_z}_{\text{正应变}} \quad \underbrace{\gamma_{yz} \quad \gamma_{xz} \quad \gamma_{xy}}_{\text{工程剪切应变}}]^{\mathrm{T}}$$

对于无穷小变形，考虑二维单元的平动与变形，如图 B-3 所示，注意

$$\varepsilon_x = \frac{A'B' - AB}{AB} = \frac{A'B' - \mathrm{d}x}{\mathrm{d}x}, \quad \varepsilon_y = \frac{A'D' - AB}{AD} = \frac{A'D' - \mathrm{d}y}{\mathrm{d}y}$$

$$\gamma_{xy} = \frac{\pi}{2} - \beta = \theta - \lambda \quad \text{（逆时针方向为正）} \tag{B.1}$$

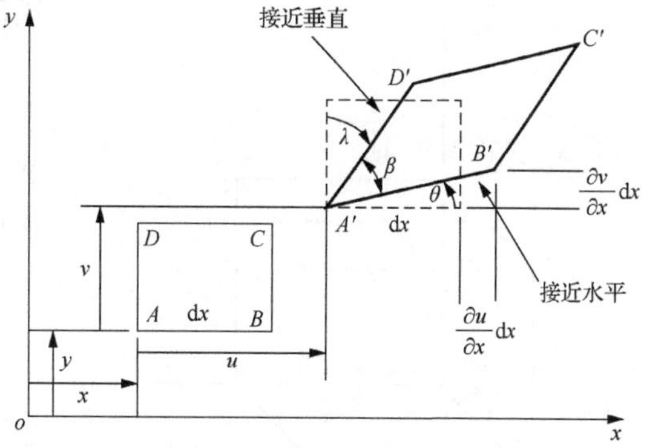

图 B-3　弹性微元体上的应变

点 B 表示为 $u + \dfrac{\partial u}{\partial x}\mathrm{d}x$，$v + \dfrac{\partial v}{\partial x}\mathrm{d}x$

点 D 表示为 $u + \dfrac{\partial u}{\partial y}\mathrm{d}y$，$v + \dfrac{\partial v}{\partial y}\mathrm{d}y$

因而，为解出 ε_x 需要 $A'B'$，由式(B.1)有

$$(A'B')^2 = [\mathrm{d}x(1+\varepsilon_x)]^2$$

另有　$$(A'B')^2 = \left(\mathrm{d}x + \frac{\partial u}{\partial x}\mathrm{d}x\right)^2 + \left(\frac{\partial v}{\partial x}\mathrm{d}x\right)^2$$

故有

$$\varepsilon_x^2 + 2\varepsilon_x + 1 = 1 + 2\frac{\partial u}{\partial x} + \left(\frac{\partial u}{\partial x}\right)^2 + \left(\frac{\partial v}{\partial x}\right)^2$$

对小应变及小位移，注意到　$\left(\dfrac{\partial u}{\partial x}\right)^2 \to 0$，$\left(\dfrac{\partial v}{\partial x}\right)^2 \to 0$

且二阶项为 0，则
$$\varepsilon_x = \frac{\partial u}{\partial x}$$
同样
$$\varepsilon_y = \frac{\partial v}{\partial x},\quad \varepsilon_z = \frac{\partial w}{\partial x}$$
现在考虑工程剪切应变
$$\tan\theta \approx \theta = \frac{\dfrac{\partial v}{\partial x}\mathrm{d}x}{\mathrm{d}x + \left(\dfrac{\partial u}{\partial x}\right)\mathrm{d}x} = \frac{\dfrac{\partial v}{\partial x}\mathrm{d}x}{\mathrm{d}x\left(1 + \dfrac{\partial u}{\partial x}\right)}$$
式中，$\partial u / \partial x$ 与单位 1 相比很小，因而
$$\theta = \frac{\partial v}{\partial x}$$
同样
$$\lambda = \frac{-\partial u}{\partial y} = -\tan\lambda = \frac{\dfrac{\partial u}{\partial y}\mathrm{d}y}{\mathrm{d}y\left(1 + \dfrac{\partial v}{\partial y}\right)}$$
则
$$\gamma_{xy} = \theta - \lambda = \frac{\partial u}{\partial y} + \frac{\partial v}{\partial x}$$
这就是著名的弹性理论中的应变-位移方程，注意线性近似和小应变假设。

B.8　波动控制方程推导

借助弹性理论，现在考虑推导 Navier 波动控制方程。单元体的每一面上的应力如图 B-4 所示。该图表示一个立方体(由三组互相平行的面组成六个面)。在(x，y，z)坐标系中，当物体静止时应力的和为 0 或等于 ma(按牛顿第二定律)。从 x 方向看过去，我们有 $\tau_{xy} = \tau_{yx}$，$\tau_{yz} = \tau_{zy}$ 等。注意 $\sigma_x = \sigma_{xx}$。对于静态情况，有
$$\sigma_x + \frac{\partial \sigma_x}{\partial x}\mathrm{d}x - \sigma_x - \tau_{yx} + \frac{\partial \sigma_{yx}}{\partial y}\mathrm{d}y - \tau_{zx} + \tau_{zx} + \frac{\partial \sigma_{zx}}{\partial z}\mathrm{d}z + f_x \mathrm{d}V = 0$$

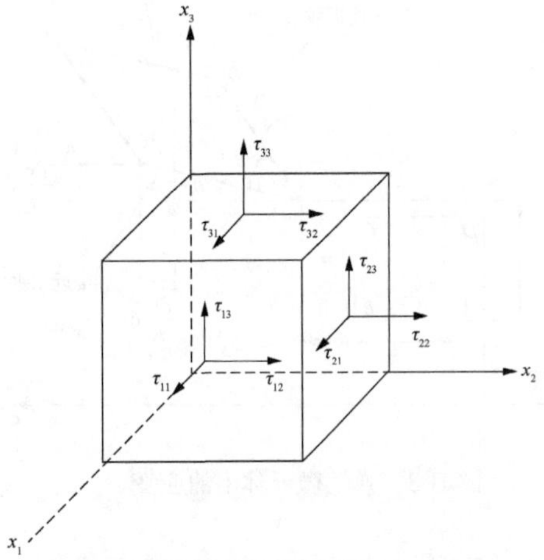

图 B-4　用于推导平衡方程和三维波动方程的微元

因而
$$\frac{\partial \sigma}{\partial x} + \frac{\partial \tau_{xy}}{\partial y} + \frac{\partial \tau_{xz}}{\partial z} + f_x = 0[x,\ y,\ z]$$
式中，[x，y，z]代表为得到三个方程而需要进行的循环交换，这些就是弹性理论的平衡方程。

假定有一自由下标 i 和自动求和下标 j，有
$$\sigma_{ij.j} = 0,\quad \sigma_{11.1} + \sigma_{12.2} + \sigma_{13.3} = 0$$
也可用 x、y、z 代替 1、2、3，即可表示为
$$\frac{\partial \tau_{xx}}{\partial x} + \frac{\partial \tau_{xy}}{\partial y} + \frac{\partial \tau_{xz}}{\partial z} = 0$$
当物体运动时，有 $F = ma$，则 $\sigma_{ij.j} = \rho \ddot{u}$，而 i,j=1,2,3。

B.9　各向异性弹性常数

考虑下面关于各向异性弹性常数的广义线弹性本构方程：$\sigma_{ij}=C_{ijkl}\varepsilon_{kl}$，$C_{ijkl}$ 项是一个 4 阶张量，有 $3^4=81$ 个分量。但由于其具有对称性，只需 21 个系数用于描述一般的各向异性体。应力-应变也是对称的，C_{ijkl} 的 4 个下标可缩减为如下 2 个。

对张量标记	11	22	33	23，32	31，13	12，21
用缩写矩阵标记	1	2	3	4	5	6

考虑用简单矩阵相乘，$\boldsymbol{\tau}=\boldsymbol{C\varepsilon}$，其中，$\boldsymbol{\tau}$ 是 6×1 矩阵，$\boldsymbol{C}$ 是 6×6 矩阵，$\boldsymbol{\varepsilon}$ 是 6×1 矩阵。

$$
\begin{bmatrix}\tau_{11}\\ \tau_{22}\\ \tau_{33}\\ \tau_{12}\\ \tau_{23}\\ \tau_{13}\end{bmatrix}=\begin{bmatrix}C_{11} & C_{12} & \cdots & C_{16}\\ C_{21} & C_{22} & & C_{26}\\ \vdots & \vdots & & \vdots\\ C_{61} & \cdots & & C_{66}\end{bmatrix}\begin{bmatrix}\varepsilon_{11}\\ \varepsilon_{22}\\ \varepsilon_{33}\\ \varepsilon_{12}\\ \varepsilon_{23}\\ \varepsilon_{13}\end{bmatrix}
$$

各种类型材料的弹性常数数目列于表 B-2 中。

表 B-2　各种类型材料的弹性常数数目

类型	常数数目/个	类型	常数数目/个
三斜晶系材料	21	三角晶系材料	7
单斜晶系材料	13	六方晶系材料或横观各向同性材料	5
正交各向异性材料	9	立方晶系材料	3
正方晶系材料	7 或 6	各向同性材料	2

针对几种所选各向异性材料，我们可以总结出其弹性常系数刚度矩阵。有关各向异性更详细的论述见文献(Auld，1990)或(Pollard，1977)。

三斜晶系：21 个常数

$$
\boldsymbol{C}=\begin{bmatrix}C_{11} & C_{12} & C_{13} & C_{14} & C_{15} & C_{16}\\ & C_{22} & C_{23} & C_{24} & C_{25} & C_{26}\\ & & C_{33} & C_{34} & C_{35} & C_{36}\\ & & & C_{44} & C_{45} & C_{46}\\ & \text{对称} & & & C_{55} & C_{56}\\ & & & & & C_{66}\end{bmatrix}
$$

单斜晶系：13 个常数(标准方向)

$$
\boldsymbol{C}=\begin{bmatrix}C_{11} & C_{12} & C_{13} & 0 & C_{15} & 0\\ & C_{22} & C_{23} & 0 & C_{25} & 0\\ & & C_{33} & 0 & C_{35} & 0\\ & & & C_{44} & 0 & C_{46}\\ & \text{对称} & & & C_{55} & 0\\ & & & & & C_{66}\end{bmatrix}
$$

正交各向异性：9 个常数

$$\boldsymbol{C}=\begin{bmatrix} C_{11} & C_{12} & C_{13} & 0 & 0 & 0 \\ & C_{22} & C_{23} & 0 & 0 & 0 \\ & & C_{33} & 0 & 0 & 0 \\ & & & C_{44} & 0 & 0 \\ & \text{对称} & & & C_{55} & 0 \\ & & & & & C_{66} \end{bmatrix}$$

正方晶系材料：7 个常数

$$\boldsymbol{C}=\begin{bmatrix} C_{11} & C_{12} & C_{13} & 0 & 0 & C_{16} \\ & C_{11} & C_{13} & 0 & 0 & -C_{16} \\ & & C_{33} & 0 & 0 & 0 \\ & & & C_{44} & 0 & 0 \\ & & \text{对称} & & C_{44} & 0 \\ & & & & & C_{66} \end{bmatrix}$$

6 个常数

$$\boldsymbol{C}=\begin{bmatrix} C_{11} & C_{12} & C_{13} & 0 & 0 & 0 \\ & C_{11} & C_{13} & 0 & 0 & 0 \\ & & C_{33} & 0 & 0 & 0 \\ & & & C_{44} & 0 & 0 \\ & & \text{对称} & & C_{44} & 0 \\ & & & & & C_{66} \end{bmatrix}$$

三角晶系材料：7 个常数

$$\boldsymbol{C}=\begin{bmatrix} C_{11} & C_{12} & C_{13} & C_{14} & -C_{25} & 0 \\ & C_{11} & C_{13} & -C_{14} & C_{25} & 0 \\ & & C_{33} & 0 & 0 & 0 \\ & & & C_{44} & 0 & C_{25} \\ & & \text{对称} & & C_{44} & C_{14} \\ & & & & & \frac{1}{2}(C_{11}-C_{12}) \end{bmatrix}$$

六方晶系材料或横观各向同性材料：5 个常数

$$\boldsymbol{C}=\begin{bmatrix} C_{11} & C_{12} & C_{13} & 0 & 0 & 0 \\ & C_{11} & C_{13} & 0 & 0 & 0 \\ & & C_{33} & 0 & 0 & 0 \\ & & & C_{44} & 0 & 0 \\ & \text{对称} & & & C_{44} & 0 \\ & & & & & \frac{1}{2}(C_{11}-C_{12}) \end{bmatrix}$$

立方晶系材料：3 个常数

$$C = \begin{bmatrix} C_{11} & C_{12} & C_{12} & 0 & 0 & 0 \\ & C_{11} & C_{12} & 0 & 0 & 0 \\ & & C_{11} & 0 & 0 & 0 \\ & & & C_{44} & 0 & 0 \\ & & \text{对称} & & C_{44} & 0 \\ & & & & & C_{44} \end{bmatrix}$$

各向同性材料：2 个常数

$$C = \begin{bmatrix} C_{11} & C_{12} & C_{12} & 0 & 0 & 0 \\ & C_{11} & C_{12} & 0 & 0 & 0 \\ & & C_{11} & 0 & 0 & 0 \\ & & & \frac{1}{2}(C_{11}-C_{12}) & 0 & 0 \\ & \text{对称} & & & \frac{1}{2}(C_{11}-C_{12}) & 0 \\ & & & & & \frac{1}{2}(C_{11}-C_{12}) \end{bmatrix}$$

各向异性因子 A 常用于评价各向异性程度

$$A = \frac{2C_{44}}{C_{11}-C_{12}}$$

若材料为各向同性，则 $A=1$。

许多等效弹性模量理论在波的传播与强度研究中都可将一非均匀多层复合材料简化为单一均匀各向异性层，更多细节见第 17 章。

习　题

B-1　在笛卡儿坐标系中展开运动方程

$$\sigma_{ij,j} = \rho \ddot{u}_i$$

参 考 文 献

Auld B A. 1990. Acoustic Fields and Waves in Solids. 2nd ed. Malabar: Kreiger.

Chou P C, Pagano N J. 1992. Elasticity: Tensor, Dyadic and Engineering Approaches. New York: Dover.

Pollard H F. 1977. Sound Waves in Solids. London: Pion Ltd.

Sokolnikoff I S. 1956. Mathematical Theory of Elasticity. New York: McGraw-Hill.

Timoshenko S P, Goodier J N. 1987. Theory of Elasticity. 3rd ed. New York: McGraw-Hill

附录C　导波信号处理

C.1　引　　言

导波研究中通常会用到一些信号处理概念，包括时域分析和频域分析，如傅里叶变换、用解析包络的希尔伯特变换、短时快速傅里叶变换、频谱图以及小波变换等。此外，我们还可以用二维快速傅里叶变换得到部分相速度频散曲线。可利用这些变换技术成像观察图像的改变或其他特征，可提供结构损伤的信息。

本附录简单回顾一些可用于研究导波的物理特性的转换技术，这些技术可用于构建部分频散曲线，识别传播模式，并提供超声导波模式的物理解释。这些转换方法包括：快速傅里叶变换(FFT)、短时快速傅里叶变换(STFFT)、二维快速傅里叶变换(2DFFT)、小波变换(WT)。

快速傅里叶变换可用来提取频率和幅度信息，同时它是短时快速傅里叶变换和二维快速傅里叶变换的基础。FFT、STFFT 和 WT 都是作用在单个波形上。FFT 可提取传播模式的频率信息，但不能确定某些频率发生的时刻。小波变换不仅能提供频率信息，还能分析出频率发生的时段。STFFT 和小波变换可实现相应群速度频散曲线的部分构建。2DFFT 需要采集多个相邻空间点的波形，因此可提供相位信息，实现相速度频散曲线的部分构建。

C.2　快速傅里叶变换

快速傅里叶变换是离散傅里叶变换的一种特殊算法，它可以减少离散傅里叶变换的计算时间。离散傅里叶变换是

$$F(\Omega_k)=\sum_{i=1}^{N} f(t_i)\mathrm{e}^{-\mathrm{j}\frac{2\pi}{N}\Omega_{k-1}t_{i-1}}$$

式中，t 是时间；Ω 是频率；$k=1,2,\cdots,N$；$i=1,2,\cdots,N$。快速傅里叶变换的典型算法是调用具有如下输入变量的子程序：

Freal(i)——输入函数的实部(如波形)；

Fimag(i)——输入函数的虚部(如实函数的虚部为 0)；

N 个点——通常是 2 的幂，$N=2^n$，其中 n =整数，$i=1,2,\cdots,N$。

例如：

FFT Freal( )，Fimag( )，N

若输入函数仅有 M 个点，当 M 不是 2 的幂时，需要把从 M+1 点到 N 点的函数值设为零，其中 N 是 2 的幂且 $N>M$，即

$$f(1),f(2),\cdots,f(M),f(M+1),f(M+2),\cdots,f(N)=f(1),f(2),\cdots,f(M),0,0,\cdots,0$$

$$f(M+1),f(M+2),\cdots,f(N)=\text{" Zero padding零填充(补零)"}$$

子程序返回傅里叶变换的实部形成 Freal( )阵列，返回虚部形成 Fimag( )阵列。

图 C-1 给出了一个代表性的波形，图 C-2 显示了该波形的傅里叶变换。

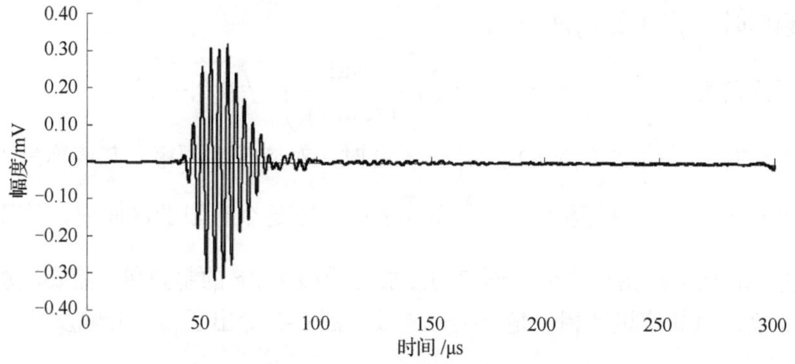

图 C-1　快速傅里叶变换的示范波形

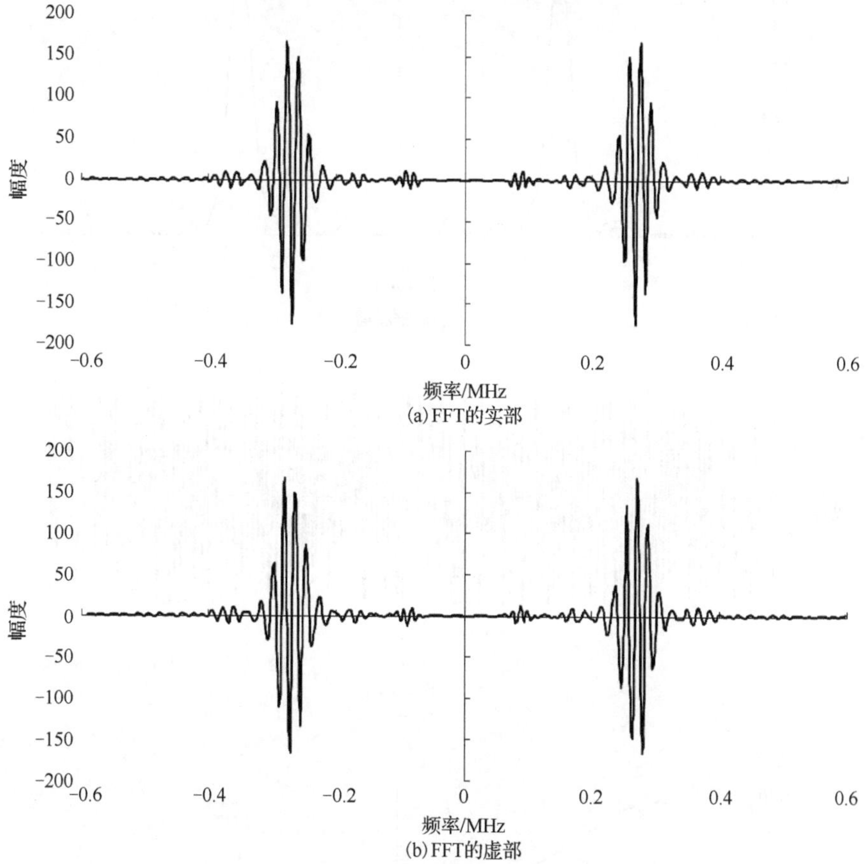

图 C-2　图 C-1 中信号的快速傅里叶变换结果

快速傅里叶变换将正频率的值返回为$1\sim(N/2)+1$的数组元素，负频率的值返回为$(N/2)+2\sim N$的数组元素。频域的取样率等于时域频率取样率f_{samp}除以N，即

$$\Delta f=\frac{f_{\text{samp}}}{N}\quad 或\quad \Delta f=\frac{1}{\Delta t N}$$

式中，Δt是时间取样率。

傅里叶幅度谱$S(j)$可由下式求得

$$S(j)=\sqrt{\text{Freal}(j)^2+\text{Fimag}(j)^2},\quad j=1,2,\cdots,N$$

当仅考虑正频率时，$j=1,2,\cdots,N/2+1$。

傅里叶相位角为 $$\theta(j)=\arctan\left(\frac{\text{Fimag}(j)}{\text{Freal}(j)}\right),\quad j=1,2,\cdots,N$$

当仅考虑正频率时，$j=1,2,\cdots,N/2+1$。当 $j=1$ 时，对应于零频率，其值称为“直流分量”，这种情况下没有虚部。未展开相位在 $-\dfrac{\pi}{2}$ 和 $\dfrac{\pi}{2}$ 之间。在这个有限的区间内，计算机可求解反正切函数。展开的相位是指在相位不连续的点加上或减去 2π 的整数倍。需要注意实函数的幅度谱是对称函数，而其傅里叶相位是一个奇函数。图 C-3 给出了傅里叶幅度谱，以及展开和

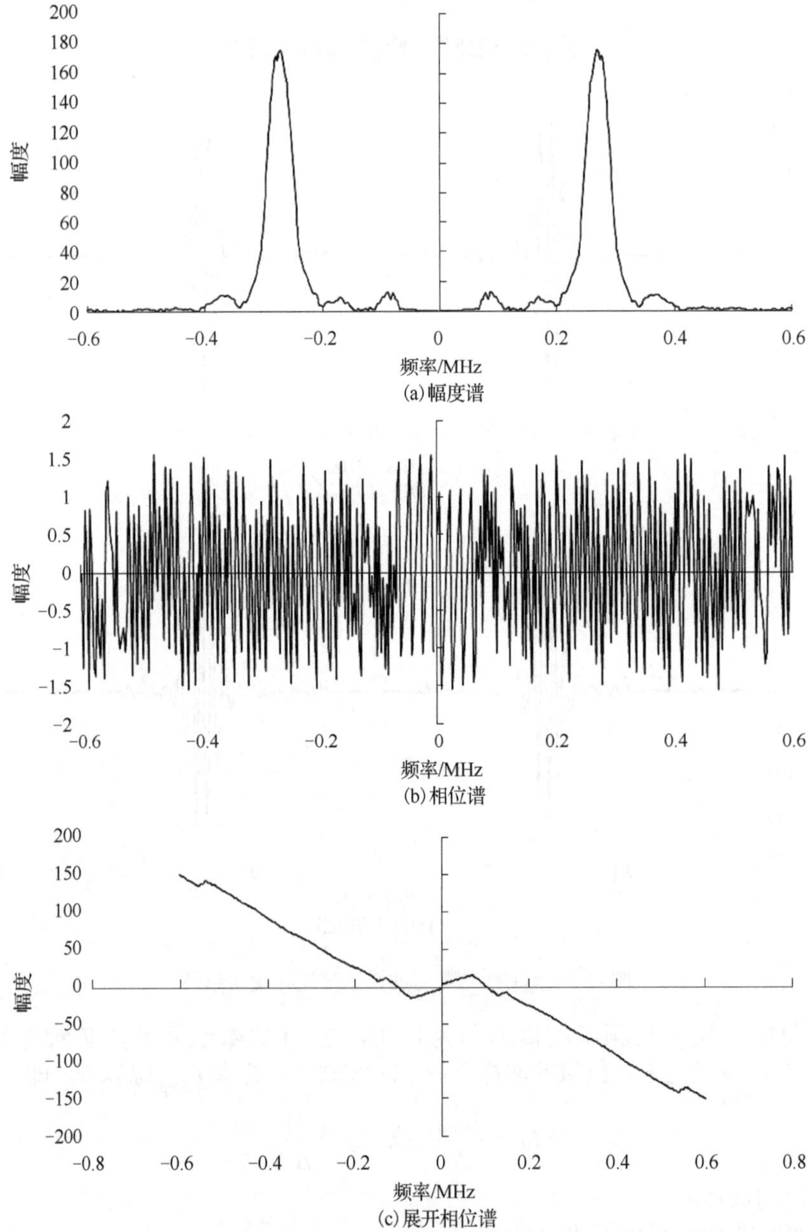

图 C-3 傅里叶幅度谱、展开和未展开的傅里叶相位谱

未展开的傅里叶相位谱。在计算点数相同时，高采样率会降低频域采样率，而低采样率会提高频域采样率。例如，当计算的值是频域幅度谱的某个特征量时，需保证幅度谱具有足够的精度。图 C-4 就是一个例子。一个较好的经验法则是：按照预期峰值频率的 10 倍采样。如图 C-4(a)所示，比 10 倍峰值频率更高的采样率会造成过采样。

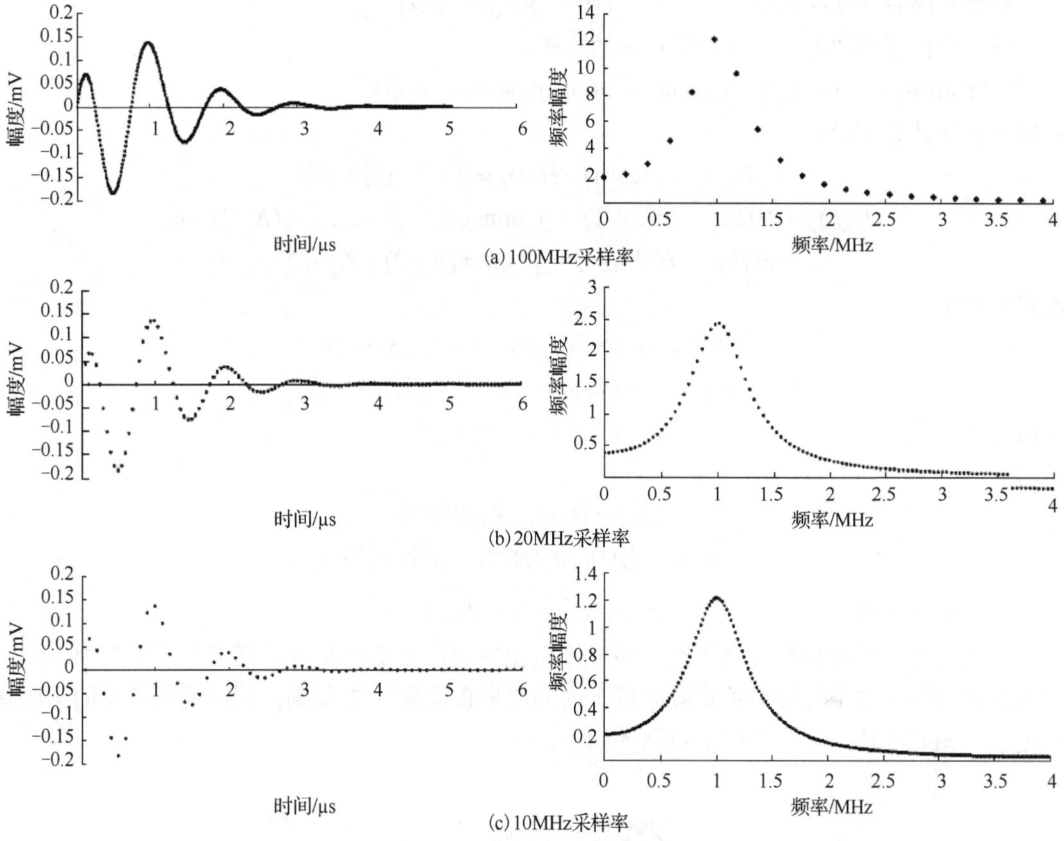

图 C-4 1MHz(峰值频率)波形

快速傅里叶逆变换以如下方式实现

$$\mathrm{Freal}(j) \to \left(\frac{1}{N}\right)\mathrm{Freal}(j)$$

$$\mathrm{Fimag}(j) \to \left(-\frac{1}{N}\right)\mathrm{Fimag}(j),\quad j=1,2,\cdots,N$$

$$\mathrm{FFTFreal}(\ ),\ \mathrm{Fimag}(\ ),\ N$$

也就是说，将 FFT 共轭后的实部和虚部分别除以 N，然后调用正向 FFT 的子程序。注意，正向和逆向 FFT 调用了相同的 FFT 程序。

用 MATLAB①实现的例子可参考 http://www.mathworks.com/help/techdoc/ref/fft.html，Lab View②用户可在 http://zone.ni.com/devzone/cda/tut/p/id/4541 找到优秀的教程。

① MATLAB 是 The MathWorks, Inc.的商标，Natick, Mass. U.S.A.

② LabView 是 National Instruments, Inc.的商标，Austin, Texas. U.S.A.

C.2.1　FFT 应用例子：解析包络

解析信号的定义是　　$a(t)=u(t)+\mathrm{j}h(t)$

式中，$u(t)$ 是实部和虚部；$h(t)$ 是 $u(t)$ 的希尔伯特变换。举例来说，$u(t)$ 可以是一个超声波形。

解析包络 $e(t)$ 可定义为　　$e(t)=\sqrt{u^2(t)+h^2(t)}$

以下给出了获得波形 $u(t)$ 解析包络的步骤。

FFT ureal( )，uimag( )，Nureal( ) = $u(t)$, uimag( ) = 零数组

用以下方法计算 $H(k)$

$$H(1)_R=\mathrm{ureal}(1);\ H(1)_I=0 \qquad \text{直流分量}$$

$$H(k)_R+H(k)_I=2\mathrm{ureal}(k)\ +\mathrm{j}2\mathrm{uimag}(k),\ k=2,3,\cdots,(N/2)+1$$

$$H(k)_R+H(k)_I=0+\mathrm{j}0,\ k=(N/2)+2,\cdots,N$$

设置为逆 FFT

$$H(k)_R\to\mathrm{ureal}(k)/N,\ k=1,2,3,\cdots,N$$

$$H(k)_I\to\mathrm{uimag}(k)/N,\ k=1,2,3,\cdots,N$$

获得逆 FFT 值　　FFT $H(\,)_R$, $H(\,)_I$, N

然后

$$u(t)=H_R(t),\ \text{初始波形}$$

$$h(t)=H_I(t),\ u(t)\text{的希尔伯特变换}$$

则解析包络为　　$e(t)=\sqrt{H_R^2(t)+H_I^2(t)}$

输入波形的直流分量保持不变。负频率范围对应的波形能量转移到了正频率范围内。由于谱的对称性，这个转移可由正频率范围内的能量直接乘以 2 得到，因而解析信号的频谱是单侧的。图 C-5 给出了一个解析包络的例子。

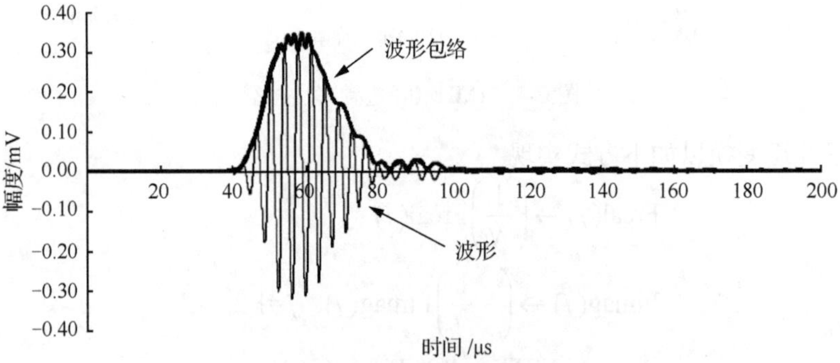

图 C-5　波形包络示例

C.2.2　FFT 应用例子：模式识别的特征

傅里叶幅度谱可用作模式识别的特征。图 C-6 举例给出了在幅度谱上的各种特征量。

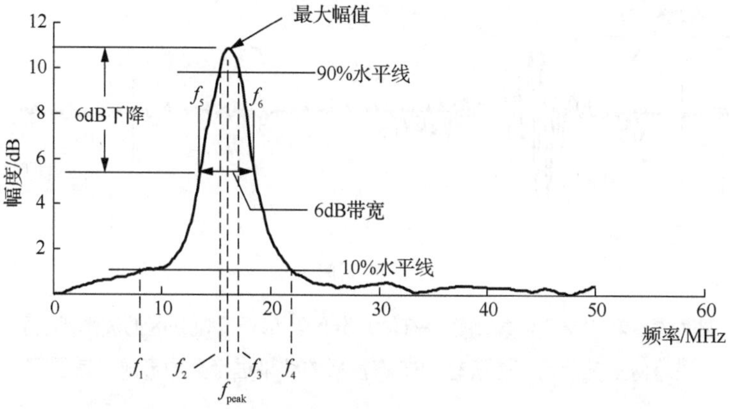

f_{peak}-最大幅度谱值对应的频率；6dB带宽：$f_6 \to f_5$上升沿-$f_1 \to f_2$；下降沿-$f_3 \to f_4$

图 C-6 傅里叶谱的各种特征

C.2.3 离散傅里叶变换的特征

线性 $$af_1(i)+bf_2(i) \Leftrightarrow aF_1(k)+bF_2(k),\ F(k)=\mathrm{FFT}(f(i))$$

时间反转 $$f(-i) \Leftrightarrow F^*(k),\ *=\text{共轭}$$

时移 $$f(i-i_0) \Leftrightarrow \mathrm{e}^{-\mathrm{j}\frac{2\pi}{N}ki_0}F(k)$$

卷积 $$\sum_{i=0}^{N-1} f(i)g(n-i),\ \ n=0,1,\cdots,N \Leftrightarrow F(k)G(k)$$

函数乘法 $$x(i)y(i) \Leftrightarrow \frac{1}{N}\sum_{m=0}^{N-1} X(m)Y(k-m),\ \ k=0,1,\cdots,N$$

$$X(m)=\mathrm{FFT}[x(i)],\ \ Y(k)=\mathrm{FFT}[y(i)]$$

C.3 短时快速傅里叶变换

短时快速傅里叶变换(STFFT)是一种信号的时间-频率分析方法。音乐中知道哪个音调(频率)发生在哪个时间点很重要。导波技术中，了解不同时刻的频率分布也很重要，可用于识别波的模式。短时快速傅里叶变换通过对信号用窗函数积分计算得到。图 C-7 说明了这一概念。对取的每个窗口计算其快速傅里叶变换，因而可见每个时间窗口的频率信息。相邻窗口是相互交叠的，每次移动量称为步长。图 C-8 定义了步长和其他 STFFT 的相关术语。

使用窗函数有两个重要作用。首先，如果不使用窗函数，而是采用矩形窗逐段划分，会出现伪频率成分。泄漏的伪频率成分在原始信号中不存在。图 C-9 以一个频率为 2.5MHz 的线性调频信号为例说明了这一问题。其次，窗口长度决定了时间和频率的分辨率。长的窗口长度会产生低时间分辨率和高频率分辨率，反之，短的窗口长度会形成高时间分辨率和低频率分辨率。

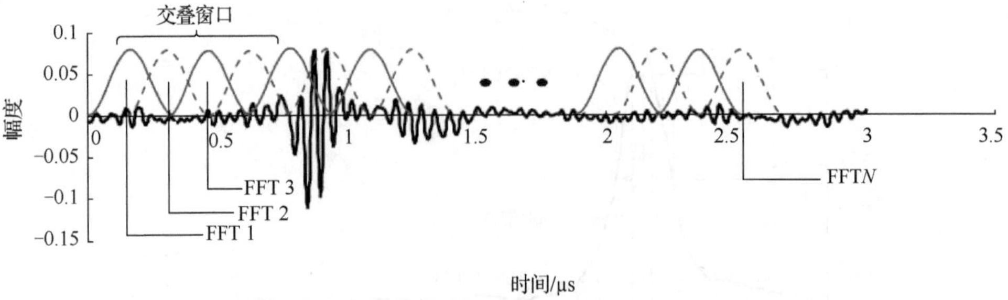

图 C-7　利用交叠的窗函数进行波形分区。每个窗口分区的波形都进行快速傅里叶变换，将所有 FFT 变换后的结果进行叠加形成“谱图”

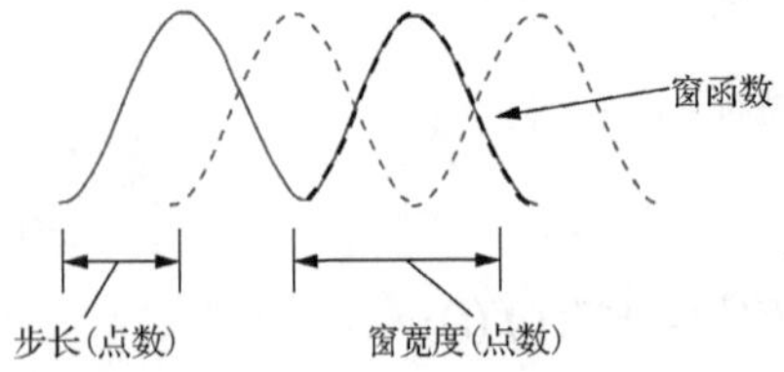

图 C-8　短时傅里叶变换中的术语定义

短时快速傅里叶变换的分析结果是一种称为“谱图”的图像显示。图 C-10 和图 C-11 分别显示了一个线性调频信号和一个频率阶变(5MHz、10MHz、15MHz 和 20MHz)信号的谱图。这两个例子可帮助读者更好地理解谱图。与图 C-11 中的高时间分辨率和低频率分辨率信号相比，图 C-12 显示出了低时间分辨率和高频率分辨率。两图的对比显示了窗口长度的影响，较短的窗口长度(如 32 个点)会形成较好的时间分辨率和较差的频率分辨率，而较长的窗口(如 128 个点)可提供较高的频率分辨率和较差的时间分辨率。

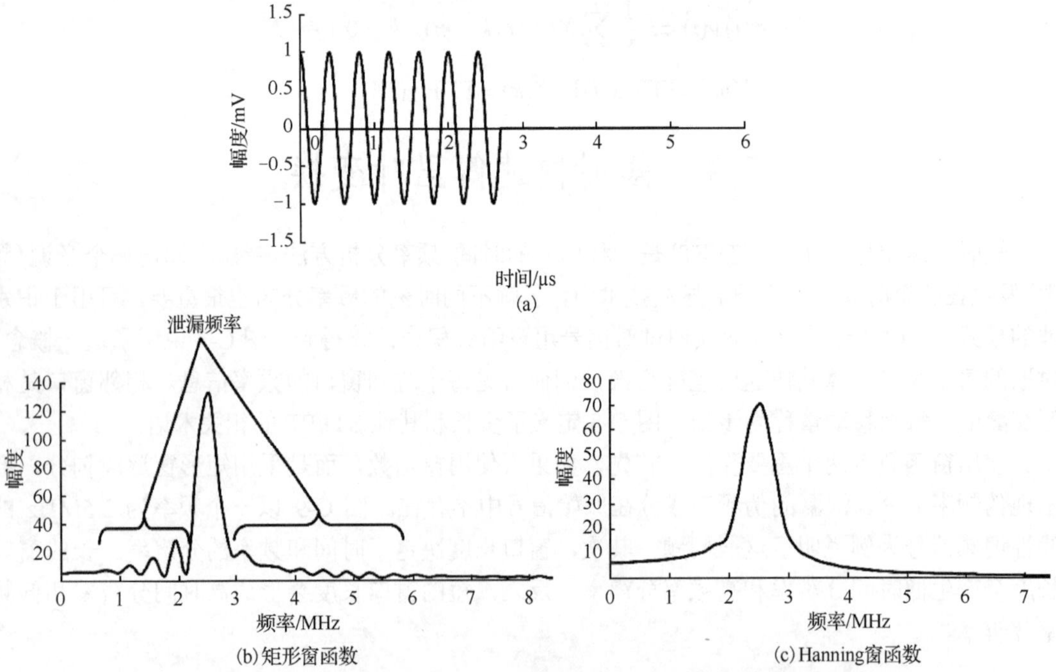

图 C-9　因取窗造成的“伪泄漏”或“假频率成分”，这些频率是真实信号中不存在的

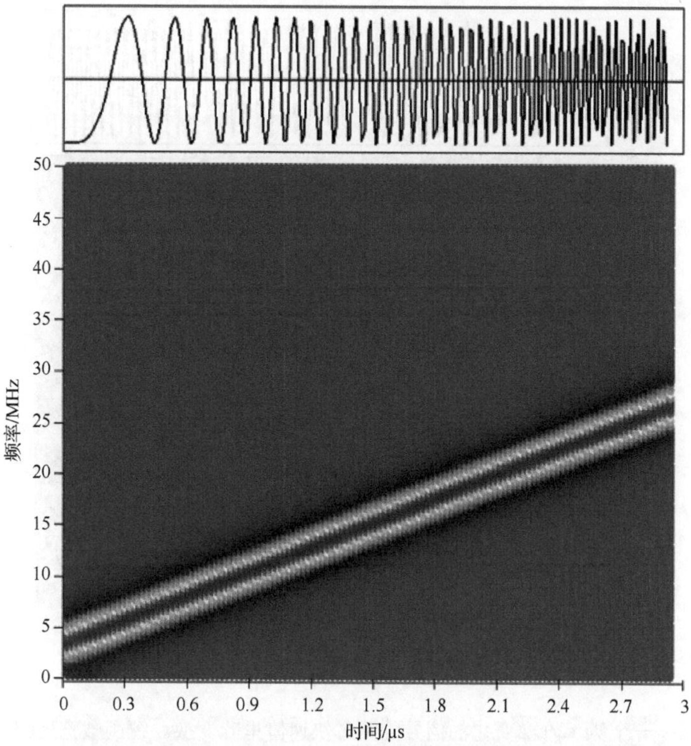

图 C-10　一个啁啾(Chirp)信号的短时傅里叶变换显示了频率变化

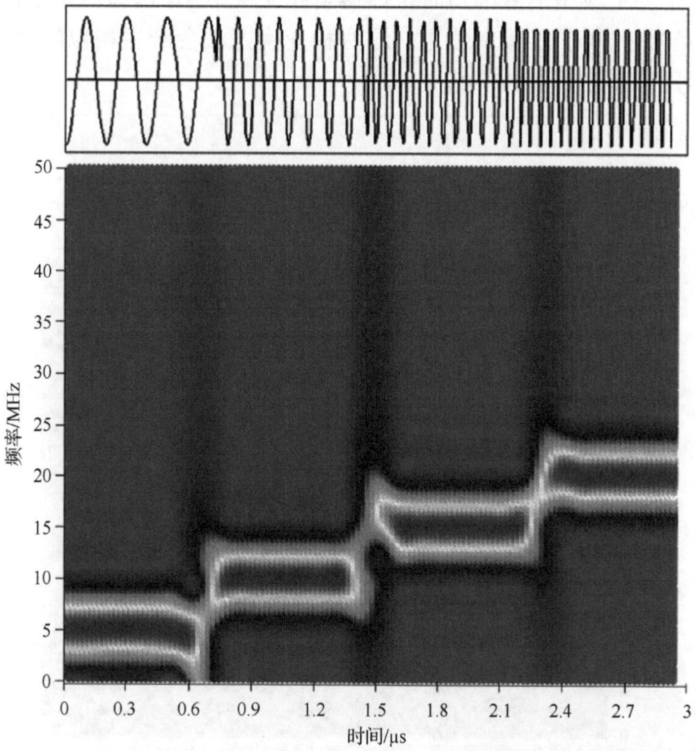

图 C-11　一个频率阶梯变化的信号的短时快速傅里叶变换。窗函数宽度=32 点，频率分辨率较低，时间分辨率较高

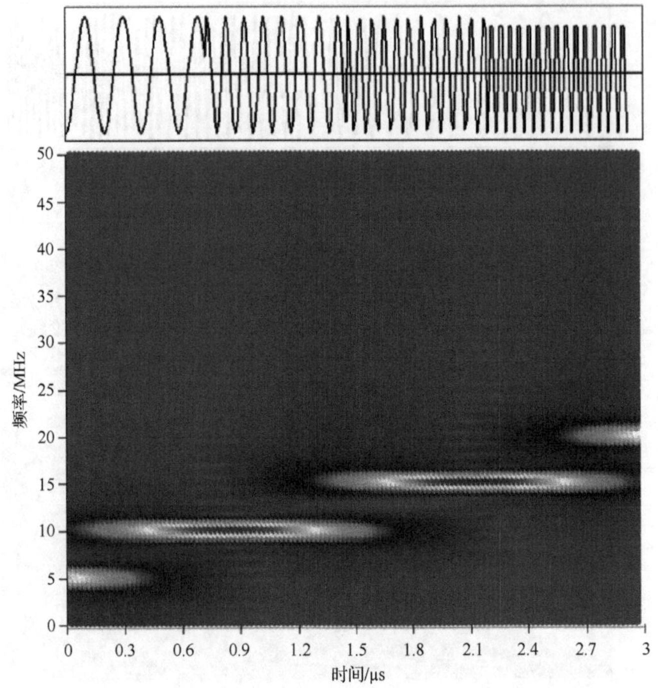

图 C-12　一个频率阶梯变化的信号的短时快速傅里叶变换。窗函数宽度=128 点，频率分辨率较高，时间分辨率较低

图 C-13 显示了一个典型信号的短时快速傅里叶变换结果。因短时快速傅里叶变换和小波变换都可以提取信号中的时间/频率信息，这两种变换方法会产生相似的分解效果。图 C-14 对比了同一个信号的 STFFT 和 WT 结果。

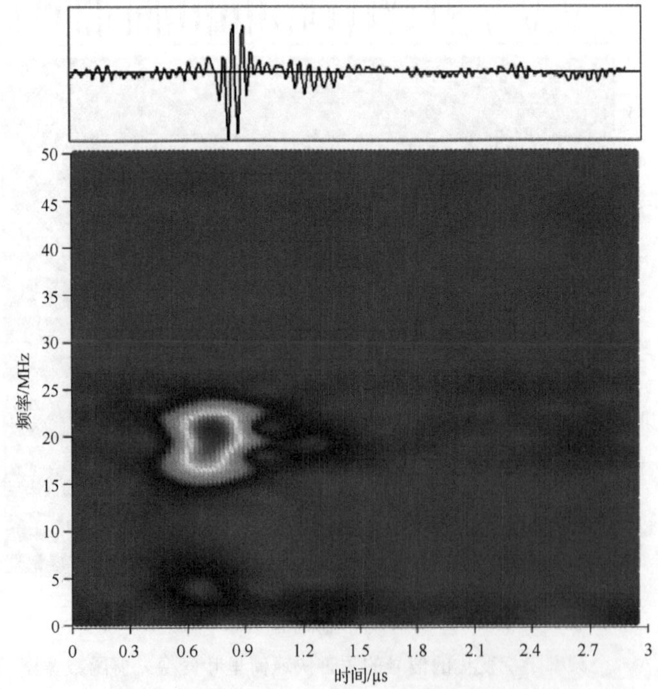

图 C-13　图 C-7 所示信号的短时快速傅里叶变换

短时快速傅里叶变换(和小波变换)可用来证明理论推导出的频散曲线并识别传播模式。在C.5小波变换章节列举了一个例子。

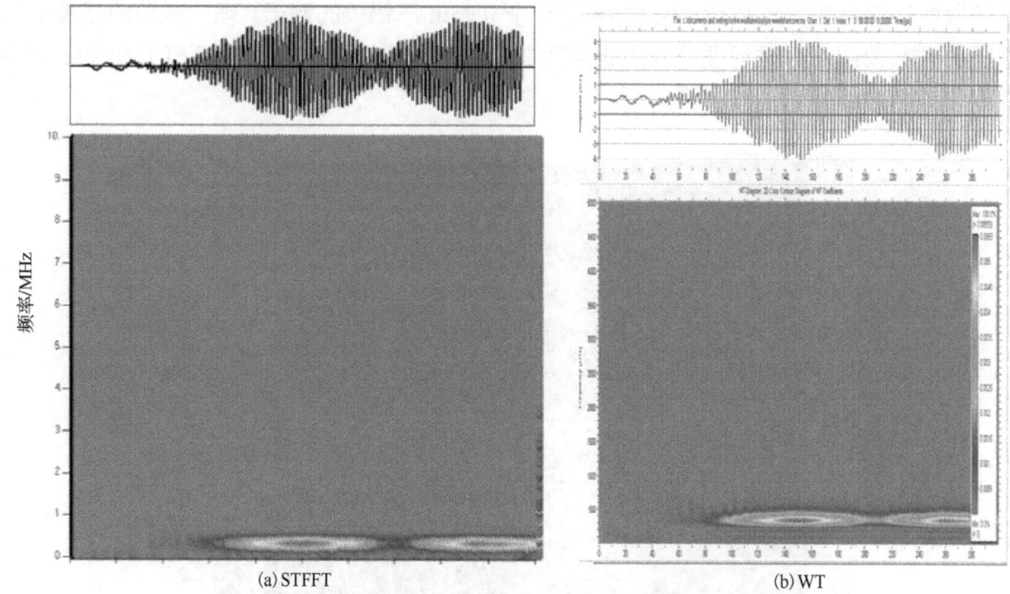

图C-14　同一信号的短时快速傅里叶变换和小波变换对比

实例　利用短时快速傅里叶变换获得频散曲线

换能器以某一频率激发时，仅产生一个有限的频段，只有和群速度频散曲线对应的一些模式可以传播。其他物理条件会限制模式的可激发性。图C-15显示了这一概念。因此，通过

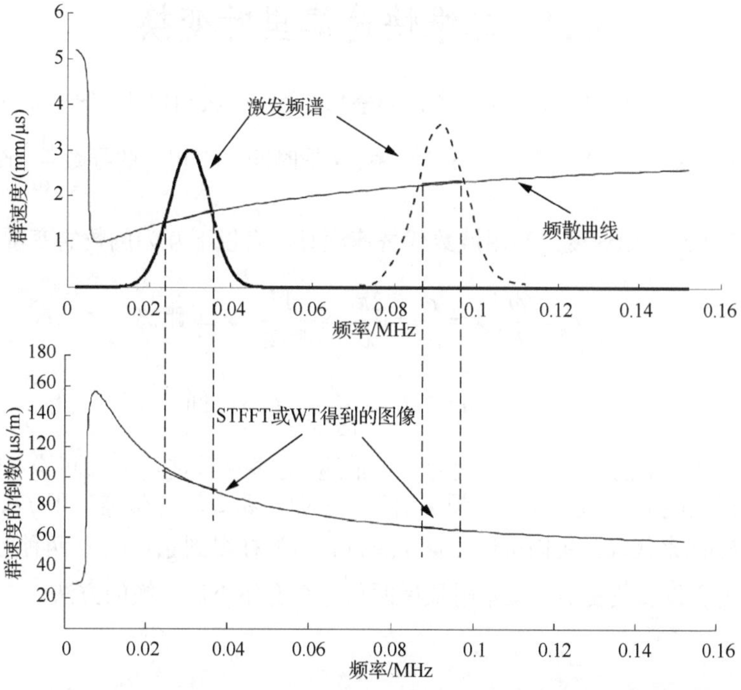

图C-15　因换能器带宽和激励的物理限制，仅有有限的模式会被激发出来

短时快速傅里叶变换或小波变换仅能获得部分群速度频散曲线。通过扫频可以获得群速度频散曲线的更多部分。对每一个激发频率产生的STFFT图像进行叠加，可获得增强的图像，与理论频散曲线进行更好的比较。图C-16是一个0.75in厚铝板的例子。理论频散曲线覆盖在实验测得的频散曲线上，进行理论和实验频散曲线对比。通过这种方法，STFFT和WT可协助验证理论频散曲线并识别导波模式。

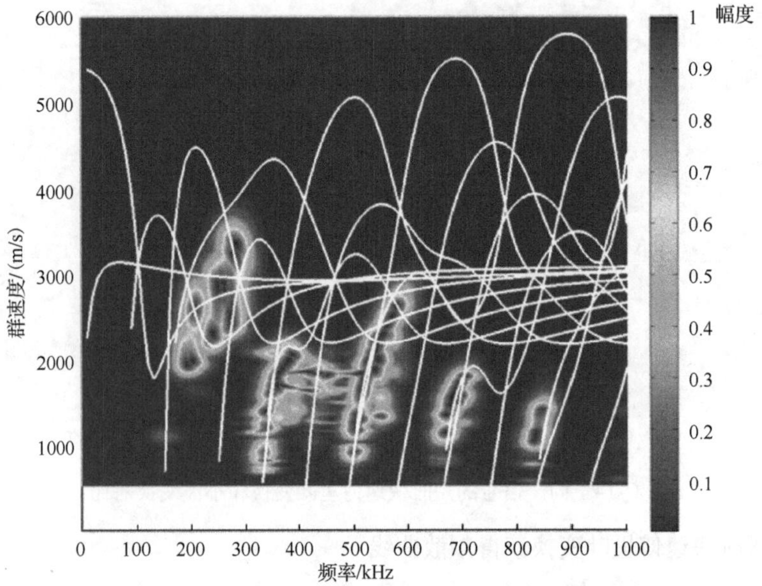

图C-16　在3/4in的铝板中，频扫的STFFT获得的频散曲线与理论频散曲线对比

C.4　二维快速傅里叶变换

导波成分随着距离和时间(或者波速和频率)改变。这从相位 $\phi = kx - \omega t$ 的表达式可看出来，其中，k 是波数，x 是传播距离，ω 是频率，t 是时间。将相位的导数 $\frac{\mathrm{d}\phi}{\mathrm{d}t}$ 设为零，存在关系 $\frac{\mathrm{d}x}{\mathrm{d}t} = \frac{\omega}{k}$，其中 c_p 为相速度。当用波数代替速度时，有以下互为倒数的变量。

因
$$c_p = \frac{\omega}{k},\ k = \frac{\omega}{c_p} = \frac{2\pi}{\lambda} \Rightarrow \frac{1}{\text{距离}},\ x \Rightarrow \text{距离}$$

而且
$$\omega=2\pi f \Rightarrow \frac{1}{\text{时间}},\ t \Rightarrow \text{时间}$$

频散曲线仅是复杂的导波传播过程的一种描述，这些曲线能用来预测给定频率的速度值。谱的分布为“相速度谱”(分布)或“频率谱”。在时间-距离域，传播可用 $f(x,t)$ 代表。频散曲线也可用 $g(k,w)$ 来代表。我们可以测量 $f(x,t)$，但怎样得到 $g(k,w)$？两种可行的方法是二维快速傅里叶变换和小波变换。在本附录后面部分会介绍小波变换的方法。

函数 $f(x,t)$ 的二维快速傅里叶变换可定义为

$$g(k,\omega)=\iint f(x,t)\mathrm{e}^{-\mathrm{j}(kx+\omega t)}\mathrm{d}t\mathrm{d}x$$

上式也可改写为

$$g(k,\omega)=\int h(x,\omega)\mathrm{e}^{-\mathrm{j}kx}\mathrm{d}x$$

式中

$$h(x,\omega)=\int f(x,t)\mathrm{e}^{-\mathrm{j}\omega t}\mathrm{d}t$$

对于离散的情况

$$G(k_m,\omega_n)=\sum_{p=0}^{N-1}\sum_{q=0}^{M-1}F(x_q,t_q)\mathrm{e}^{-2\pi\mathrm{j}(k_m x_p+f_n t_q)}$$

或者

$$G(k_m,\omega_n)=\sum_{p=0}^{N-1}H(x_q,\omega_n)\mathrm{e}^{-2\pi\mathrm{j}k_m x_p}$$

式中

$$H(x_p,\omega_n)=\sum_{q=0}^{M-1}F(x_q,t_q)\mathrm{e}^{-\omega_n t_q}\text{，}\quad m=0,1,3,\cdots,M\ \text{（时间点数），}\quad n=0,1,3,\cdots,N\ \text{（时间点数）}$$

也就是说，在每一个空间点对每一个时间点的波形作快速傅里叶变换。再对所有 FFT 的集合进行快速傅里叶变换。图 C-17 显示了一个复合板的例子。

获取实验相速度频散曲线的第二步是对每一个频率进行快速傅里叶变换，如图 C-18 所示。

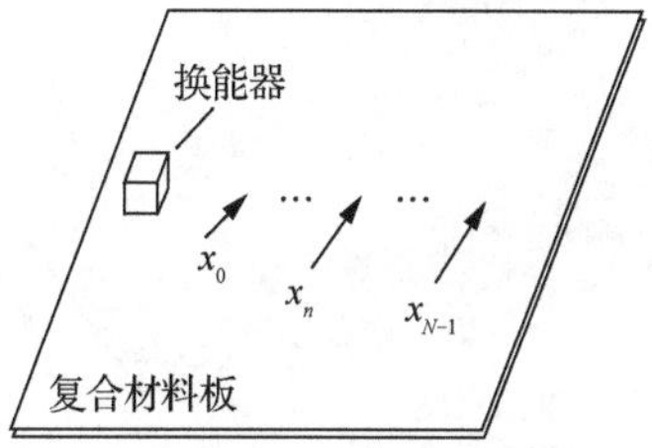

图 C-17 以复合板为例，给出的二维快速傅里叶变换数据采集模型

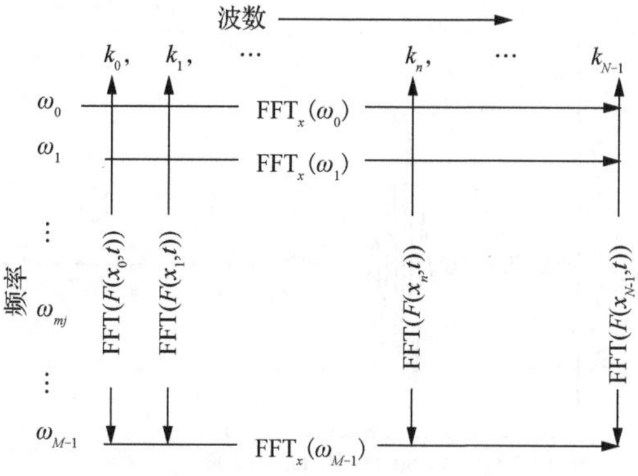

图 C-18 二维快速傅里叶变换过程图示。首先计算每个空间位置处波形资料的 FFT，然后对这些 FFT 结果进行空间 FFT

第三步是将频率/波数数据用以下方法转换成频率/相速度数据

$$(\omega_i,k_i)\to\frac{\omega}{k}=\frac{2\pi f}{\dfrac{2\pi}{\lambda}}=\lambda f=c\to(f_i,c_i)$$

图 C-19(b) 显示了一个彩色编码的二维快速傅里叶变换幅度图和相速度频散曲线的叠加。注意，短时快速傅里叶变换和小波变换可提供群速度频散曲线的信息，而二维快速傅里叶变换可提供相速度频散曲线信息。二维快速傅里叶变换的软件可以在文献(Brigham，1988)中找到，另外 MATLAB 和 LabView 也提供支持 2DFFT 的软件。

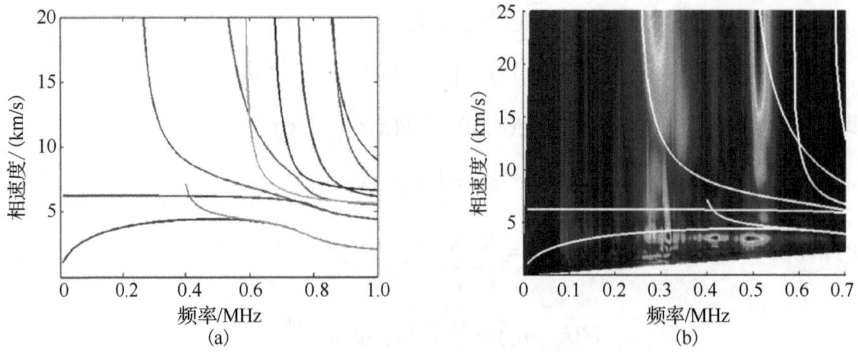

图 C-19　一块复合板中相速度频散曲线和 2DFFT 结果对比图

C.5 小 波 变 换

学习 STFFT 和 WT 等变换方法的目的是挖掘时域信号的物理图像，包括传播模式和它们在频散曲线上的位置等信息。小波变换方法将时间-幅度域映射到平移量-尺度域，即 $(t,a)\to(t,s)$。尺度 s 与频率成反比，也就是说，频率越高，尺度越小。图 C-20 显示了这一概念。

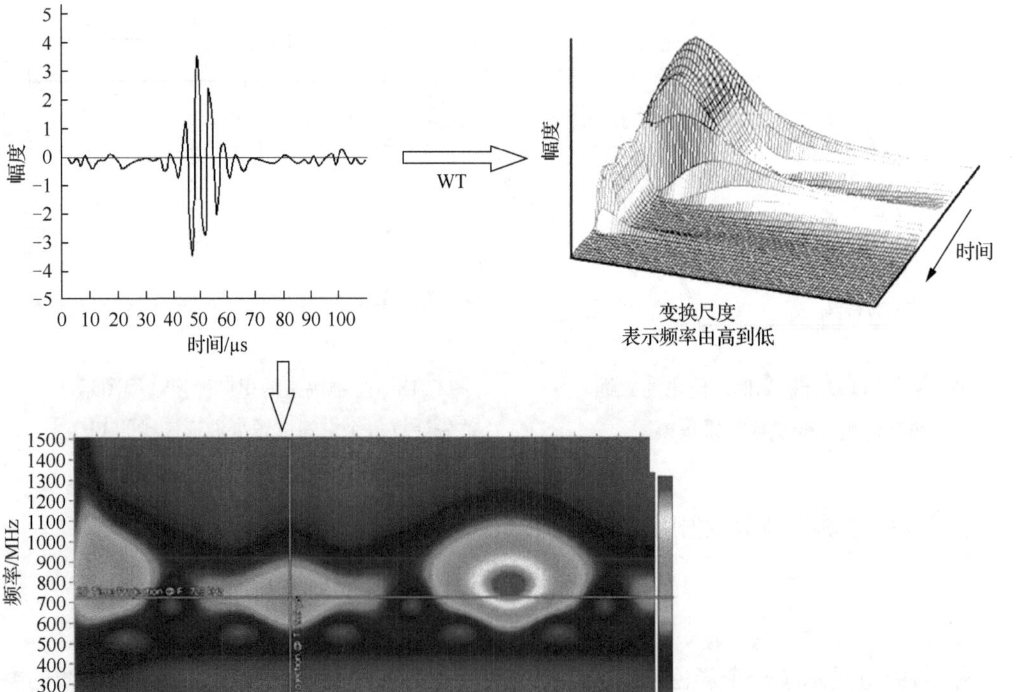

图 C-20　使用小波变换的例子。小波变换将一个函数(或波形)从时间-幅度域变换到平移量-尺度域或者时间-频率域。进一步：对一个固定距离(波形采集位置到换能器之间的距离)可获得一个频散曲线特征

下面介绍小波变换的例子来理解以上特征是如何获取的。

小波变换可定义为

$$\gamma(s,\tau)=\int f(t)\psi^{*}_{s\tau}(t)\mathrm{d}t$$

式中，s 是尺度，$s\sim\dfrac{1}{f}$；τ 是平移量。

逆小波变换

$$f(t)=\iint\gamma(s,t)\,\psi_{s,\tau}(t)\mathrm{d}t\mathrm{d}s$$

式中，$\gamma(s,\tau)$ 是 $f(t)$ 的小波变换；$\psi^{*}_{s}\tau(t)$ 是变换的内核，称为母小波，“*”表示共轭

$$\psi^{*}_{s\tau}(t)=\frac{1}{\sqrt{s}}\psi\left(\frac{t-\tau}{s}\right)$$

式中，$\psi(t)$ 是小波；变量 τ 是小波在函数或波形 $f(t)$ 上移位；变量 s 表示拉伸或缩短小波，使其频率变低或变高。

图 C-21 给出了多个小波的例子。

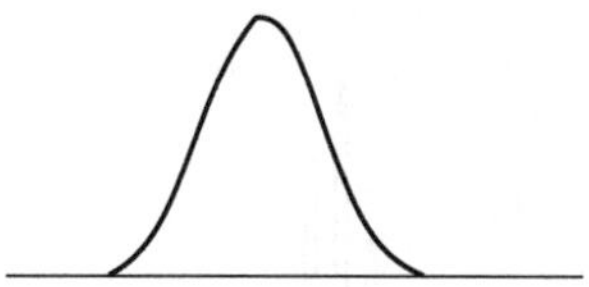

(a) 高斯函数 $\Psi(t)=\dfrac{1}{\sqrt{2\pi}\sigma}\mathrm{e}^{\frac{-t^2}{2\sigma^2}}$

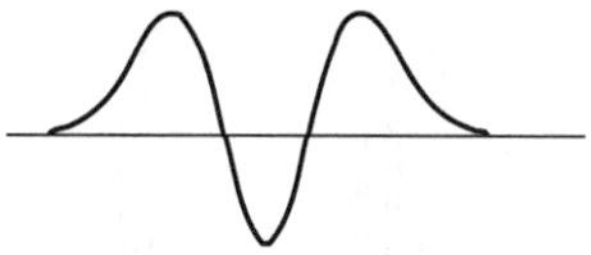

(b) 基于高斯函数的墨西哥帽函数 $\Psi(t)=\dfrac{1}{\sqrt{2\pi}\sigma^3}\left[\mathrm{e}^{\frac{-t^2}{2\sigma^2}}\left(\dfrac{t^2}{2\sigma^2}-1\right)\right]$

实部　　　　虚部

(c) 小波Morlet $\Psi(t)=\mathrm{e}^{\mathrm{i}at}\cdot\mathrm{e}^{\frac{-t^2}{2\sigma^2}}$

图 C-21　小波例子。为实现小波变换，时间 t 必须替换为 $\dfrac{t-\tau}{s}$，形成的函数需要乘以 $\dfrac{1}{\sqrt{s}}$

举例来说，高斯小波变换是

$$\gamma(s,\tau)=\frac{1}{\sqrt{2\pi s\sigma}}\int f(t)\mathrm{e}^{-\frac{1}{2}\left(\frac{t-\tau}{s\sigma}\right)^2}\mathrm{d}t$$

图 C-22 显示了不同平移量 τ 和不同尺度 s 的墨西哥帽小波。从图 C-22 的每个分图可看到，小波先乘以波形 $f(t)$ 再积分。当符合较好时，$\gamma(s,\tau)$ 的幅度较大；当符合较弱或不符合时，$\gamma(s,\tau)$ 的幅度很小。波形 $f(t)$ 被分解为时间和频率（尺度）分量。这种分解对于导波分析很重要，因为导波模式（某种频率分量的波包）以不同的速度传播。通过使用小波变换可更容易地识别出试件中传播的导波模式。

导波检测领域的研究者大多数习惯用时间-频率表示，较少使用平移量-尺度的表示方法，因为时间-频率表示更容易跟频散曲线对比。

图 C-23 显示了一个时间-频率表示的例子，其中时间和频率分别为 19.9μs 和 791kHz。当接收点到换能器的距离已知时，可以计算出一个频散曲线的点。例如，当波包的峰值在距离

换能器 127mm(或 5in)时，群速度 c_g=127mm/19.9μs=6.38mm/μs。频散曲线中的坐标应为(791kHz，6.38mm/μs)。

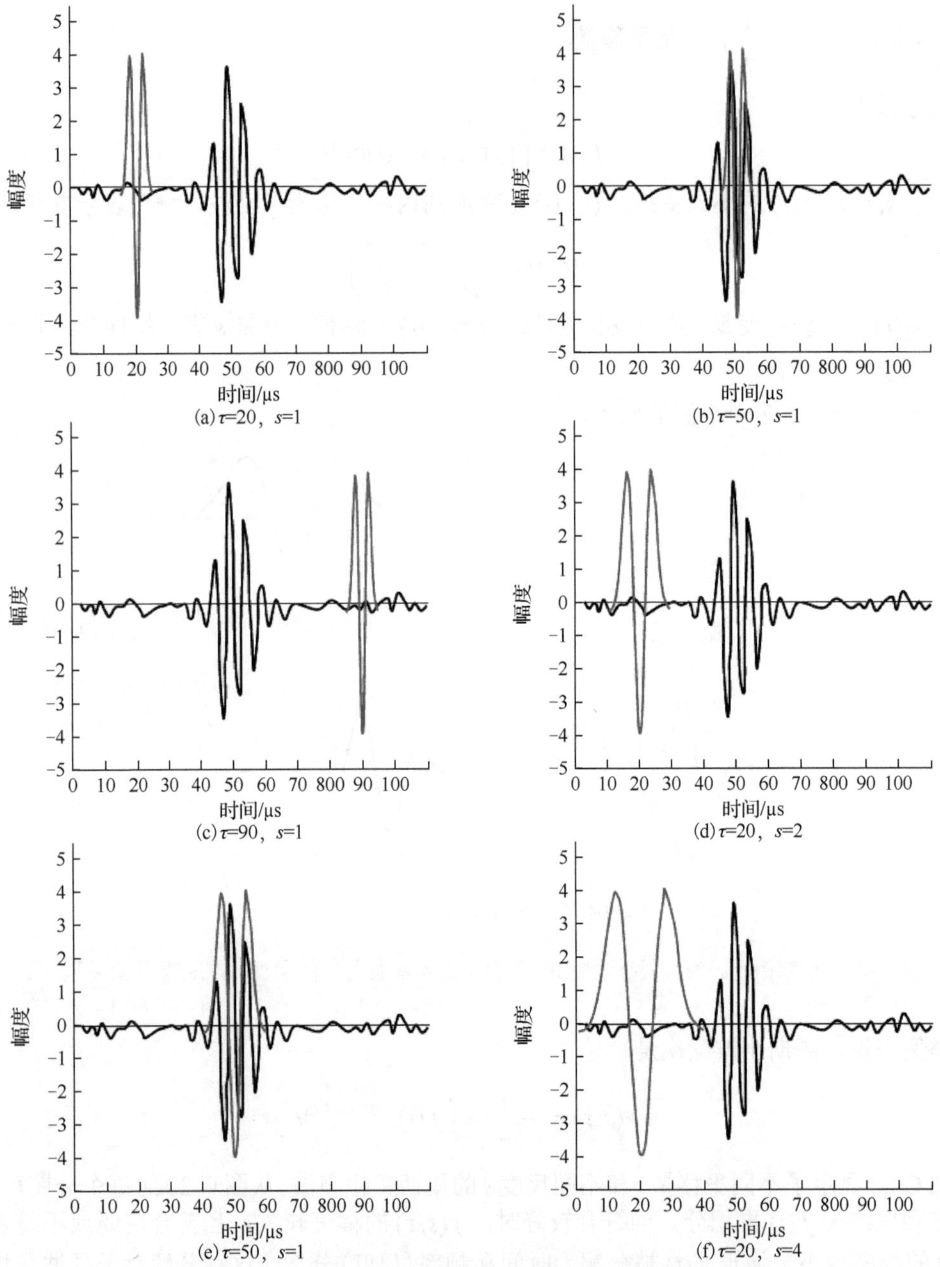

图 C-22　墨西哥帽小波变换中不同平移量 τ 和尺度 s 的例子

图 C-23 例子中用到的软件可从网址 http://www.vallen.de/downloads 获得。图 C-24 显示了频散曲线与小波变换之间的关系。频散曲线被逆时针旋转 90°后叠加在小波变换上。图 C-25 给出了一个例子。

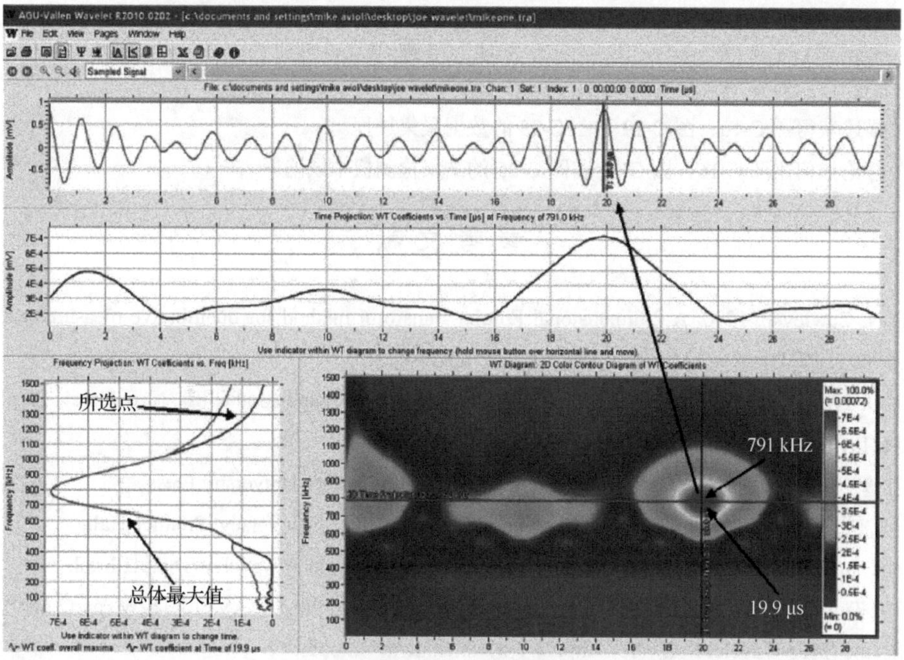

图 C-23 给出一对时间-频率坐标的小波变换例子。群速度 c_g 可由选定波包的到达时间计算出，由此获得频散曲线坐标 (f, c_g)

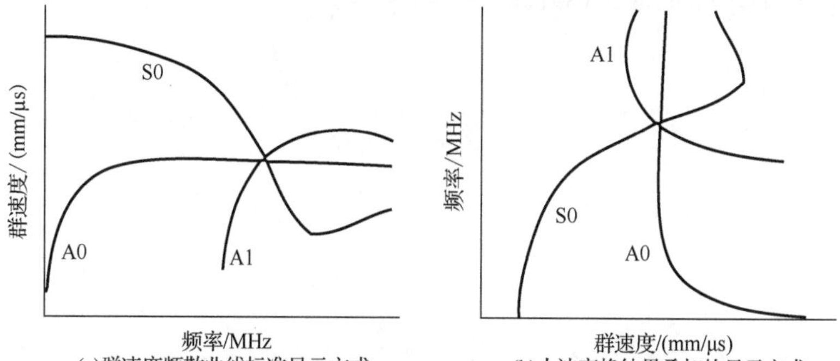

(a)群速度频散曲线标准显示方式 (b)小波变换结果叠加的显示方式

图 C-24 频散曲线与小波变换之间的关系

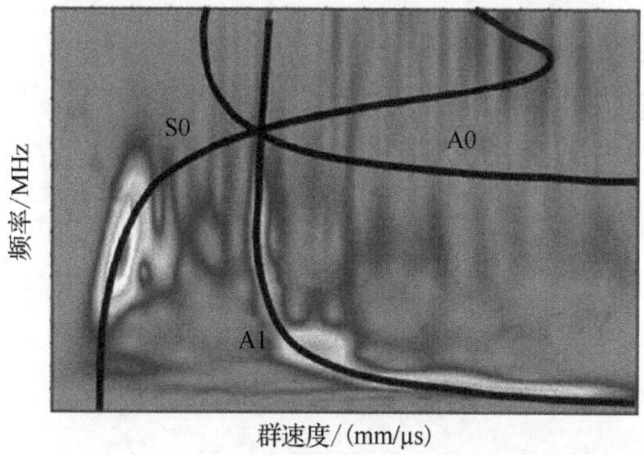

图 C-25 小波变换结果，叠加了旋转后的群速度频散曲线。(白色中间的黑色部分)热点显示了 S0 模式是最强的传播模式，A1 模式是较弱的传播模式

习　题

C-1　描述获得图 C-16、图 C-19 和图 C-25 的数据采集过程。

C-2　讨论如何用图 C-16、图 C-19 和图 C-25 的结果检测板中缺陷。

参 考 文 献

Alleyne D N, Cawley P. 1990. A 2-dimensional Fourier transform method for quantitative measurement of Lamb modes. 1990 IEEE Ultrasonics Symposium, 10(2): 1143-1146.

Brigham E O. 1988. The Fast Fourier Transform and its Applications. Englewood Cliffs. New Jersey: Prentice Hall.

Hayes M H. 1999. Digital Signal Processing. New York: McGraw-Hill.

Rose J L. 1999. Ultrasonic Waves in Solid Media. Combridge: Cambridge University Press.

Rabiner L R, Schafer R W. 1978. Digital Processing of Speech Signals. New Jersey: Prentice Hall.

The Wavelet Tutorial Part I by Robi Polikar. http://users.rowan.edu/~polikar/wavelets/wtpart1.html.

The Wavelet Tutorial Part II by Robi Polikar. http://users.rowan.edu/~polikar/WAVELETS/WTpart2.html.

Vallen Systeme (Free Wavelet Software). http://www.vallen.de/downloads.

Hamstad M V, Gallagher A O, Gary J. A Wavelet Transform Applied to Acoustic Emission Signals: Part 1: Source Identification. National Institute of Standards and Technology, Materials Reliability Division. http://www.engr.du.edu/profile/pdf/20-039.pdf.

附录 D　导波模式和频率选择窍门

D.1　引　　言

在导波检测中，除了软件和硬件的设计以外，数值模拟也是一个非常重要的步骤。通过数值模拟可以从无数导波模式中选择最佳波型来优化解决方案。其简单的流程见图 D-1。首先，我们通过数值计算来求解待测结构中导波的相速度和群速度频散曲线。然后求解波结构分布。得到频散曲线以后，我们可以根据经验、直觉，或进一步模拟相关缺陷对波的影响来选择合适的波型。导波的发射和接收可以由多种探头来实现。加载分布可以是直入射、斜入射或梳状换能器。激发原理可以是压电、电磁、磁致伸缩、激光以及机械冲击等。具体的波型选择需要考虑与邻近模式在频谱图上的距离、源影响、中心频率以及频带宽度等。

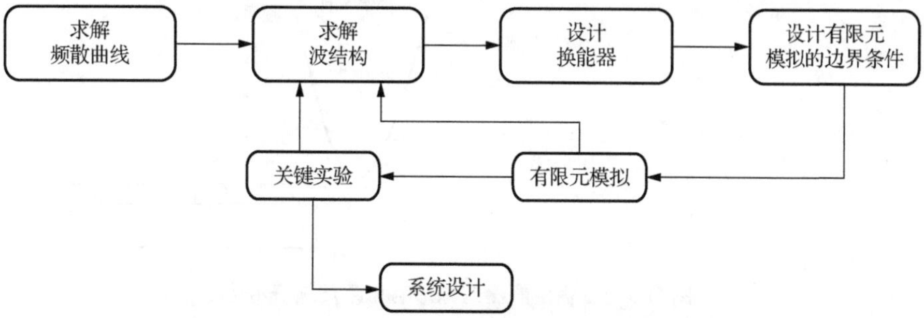

图 D-1　导波问题求解流程图，包含解析计算和有限元分析的混合模型

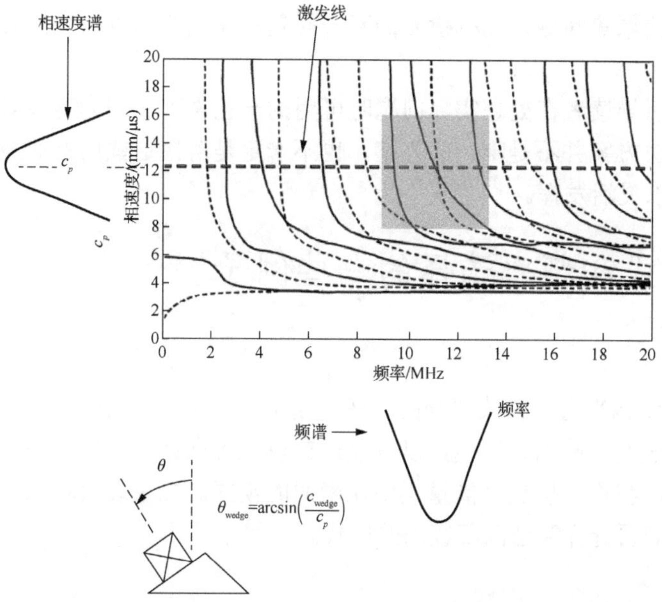

图 D-2　斜入射探头的源影响以及激发频谱示例

图 D-2 和图 D-3 是板材中使用斜入射和梳状换能器激发导波的频谱分布示例。由于激发源的频谱分布一般很难得到一个纯的激发波型。这也是为什么在导波检测中很多时候我们会得到很多看似噪声实为其他模式的信号。当然，我们可以通过适当的换能器设计以及激发波的信号设计来控制激发频谱，从而抑制非预期模式的激发。

模式选择中一个最重要的方面就是通过优选模式及频率来提高检测灵敏度。模式和换能器设计以后，在实际生产换能器进行实验测试之前，我们也可以通过有限元模拟来测试所选模式的激发效果和对缺陷的灵敏度。如果效果良好，即可进入实际探头的生产和实验测试阶段，如果效果不佳，则需要进一步优化。当然这个过程最终也需要通过实验测试来验证直至达到合适的检测效果。

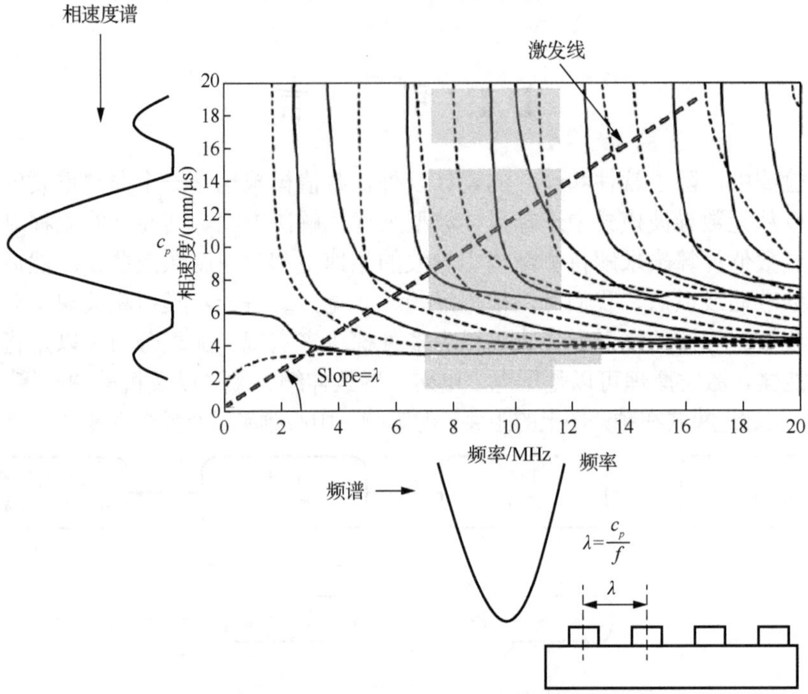

图 D-3　梳状换能器的源影响和激发频谱示例

我们将讨论以下几个导波实际应用中的模式和频率选择方法：表面开口缺陷、轻微腐蚀和壁厚减薄、钢轨头部重的横向裂纹、补丁和母材之间的弱黏合界面、有水负载结构的检测、调频、测冰、除冰、管道检测中的聚焦问题、飞机检测的若干问题、涂层脱黏以及轴向裂纹检测、多层材料。

注意：这里的讨论只是为了引导读者在处理实际问题时可用的一些思路。因为有很多导波模式可供选择，这里给出的解决方案并不是唯一的方案，也不一定是解决这些问题的最佳方案。读者在处理特定问题时可以灵活发挥。

D.2　模式和频率选择的一些例子

D.2.1　表面开口缺陷

Ditri 等(1991)介绍了使用波结构来进行模式选择的一些早期工作。每一个模式对应一个特定的波结构分布。位移、振动速度、应力、应变，以及能量在厚度方向都有一定的分布。为了提高表面裂纹的检测灵敏度，我们可以选择能量集中在表面的模式。如果裂纹较深，甚至穿透到另一个表面，那么我们需要选择穿透深度较深的模式。

D.2.2　轻微腐蚀和壁厚减薄

图 D-4 是轻微腐蚀和壁厚减薄问题的一个示意图。和裂纹情况不同，轻微腐蚀不会产生很强的反射波。由于厚度变化对波速的影响，导波传播时间会有所变化。时间的变化直接和波传播区域内减薄的截面积相关。因此，我们可以考虑使用一发一收传感器来测量传播时间。扫描整个频散曲线来找到群速度受厚度影响较大的模式，因为这些模式对时间变化有较高的灵敏度。Gao 和 Rose(2007，2010)对这个问题有详细的描述。结果表明，群速度斜率随频率变化较大，而群速度值较小的模式的灵敏度较高。当然，我们还需要综合考虑模式的激发能力以及传感器设计的可行性。Gao 在此基础上定义了模式选择的优化指数。

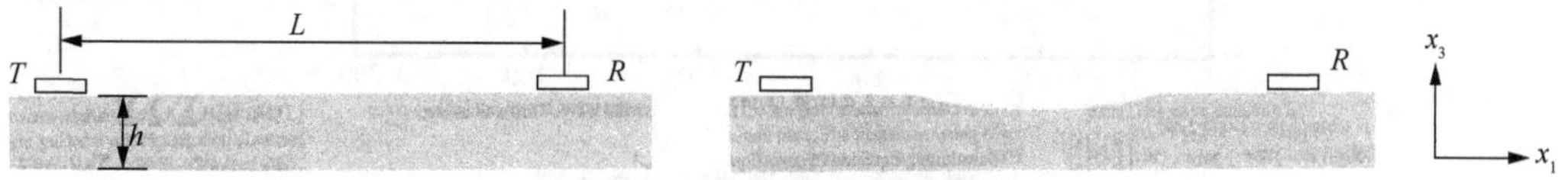

图 D-4　轻微腐蚀示意图

另外，相速度频散曲线的高阶模式的截止频率也和厚度直接相关。我们可以用频率扫描的方法来通过实验测量截止频率从而得到厚度。图 D-5 是一个例子，两个不同的板厚给出不同的波幅随频率的分布。具体可参考文献(Zhu et al., 1998)。

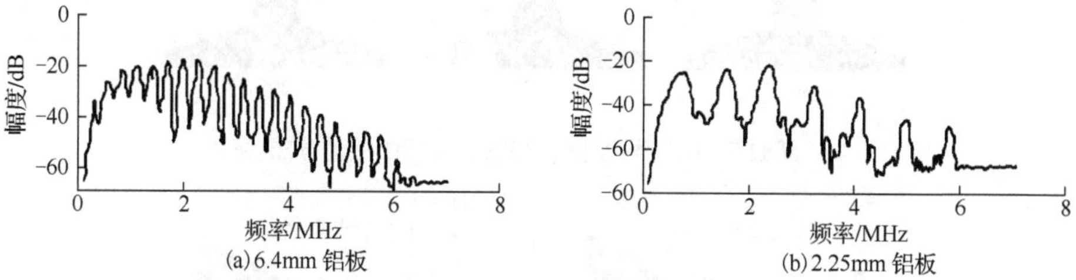

图 D-5　两个不同厚度铝板中导波的频率扫描结果

D.2.3　钢轨头部的横向裂纹检测

钢轨在使用过程中可能会产生平行于表面的裂纹和垂直于表面的横向裂纹。垂直于表面的裂纹的危险性远大于平行于表面的裂纹。平行于表面的裂纹可以用常规超声直入射波型检测到，垂直于表面的裂纹可以由斜入射超声检测到。然而有些横向裂纹会埋藏在平行于表面的裂纹以下，这种情况下斜入射常规超声会受到平行于表面的裂纹的反射，因此对横向裂纹的检测效果不佳。

我们考虑使用超声导波来将能量传输到平行于表面的裂纹以下，从而避免平行于表面的裂纹对其下横向裂纹的屏蔽。Hayashi 等(2003)使用半解析有限元方法计算得到了钢轨中导波的频散曲线。但是发现，频散曲线中存在很多模式，因此具体分析很难进行。Lee 等(2008)对此不同区域的模式进行了波结构分析。图 D-6 是选取的模式区域。结果表明频率在 30～200kHz 低阶模式的能量主要分布在轨头以内，我们称为准表面波。图 D-7 是相关模式区域有限元模拟的例子，激发源可以是斜入射压电探头或电磁超声探头。图 D-8 所示为钢轨中两个导波模式的对比。

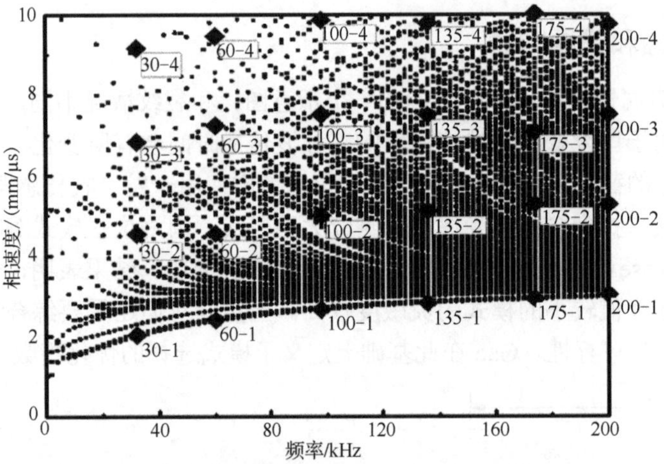

图 D-6　钢轨的导波相速度曲线

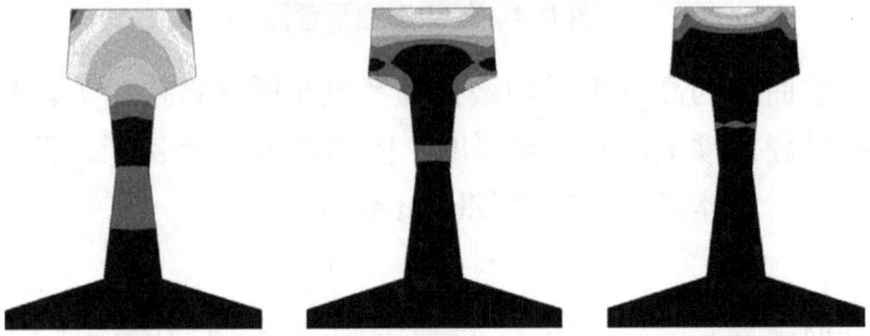

(a) 30kHz　　(b) 100kHz　　(c) 200kHz

图 D-7　低阶导波模式在钢轨头部的振动分布

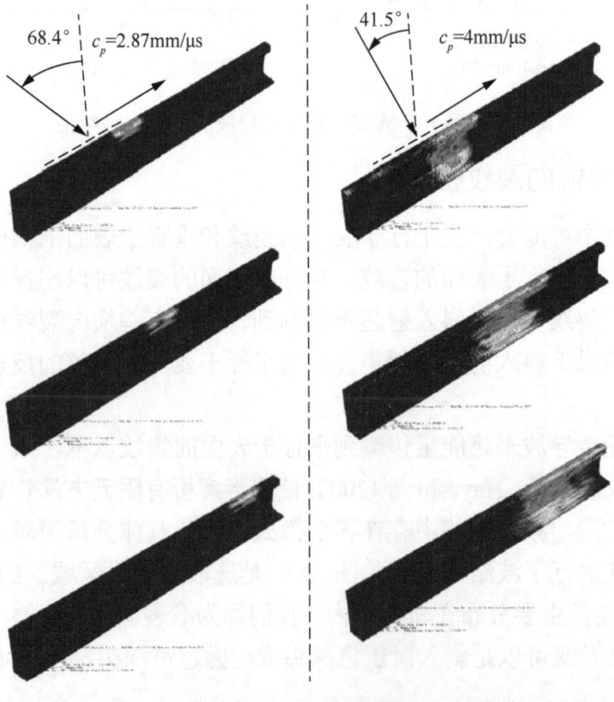

图 D-8　钢轨中两个导波模式的对比。左边模式的能量主要分布在轨头，右边模式的能量扩散到轨腰和轨底

D.2.4　铝板和补丁层之间的黏合面检测

粘接材料的检测很长时间以来一直是一个研究热点。传统超声C扫描成像或振动模式测试对脱胶有较好的检测效果。弱黏合缺陷只是黏合界面的连接很弱，还没有出现完全的分离。这种情况的检测使用传统超声就比较困难。有研究表明，使用在黏合界面上有较大面内位移的超声导波模式具有很好的效果。

Puthillath 和 Rose (2010) 介绍了用超声导波来检测飞机铝蒙皮与钛合金补丁之间的黏合面。测试样品是一个钛-环氧树脂-铝三层结构。三层材料的厚度分别为钛 1.6mm、环氧树脂 0.66mm、铝 3.175mm。图 D-9 是该结构中导波的频散曲线和铝-环氧树脂界面上的面内位移分布的叠加图。图中显示，当频率为 2.5MHz 时，相速度值较大的模式具有很强的面内位移。我们可以使用梳状换能器或斜入射换能器进行激发。图 D-10 是这两种换能器对应的激发频谱。使用一发一收两个换能器之间的距离为几英寸，这种方法检测效果很好。

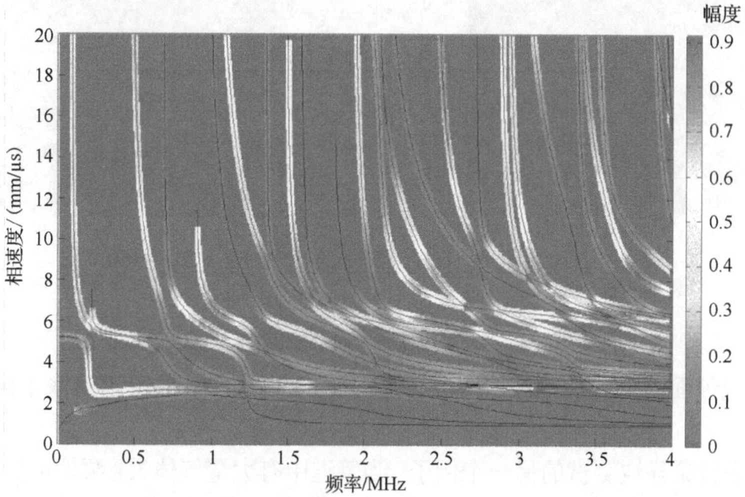

图 D-9　一个钛-环氧树脂-铝三层结构中导波模式界面上的面内位移分布和频散曲线叠加显示图

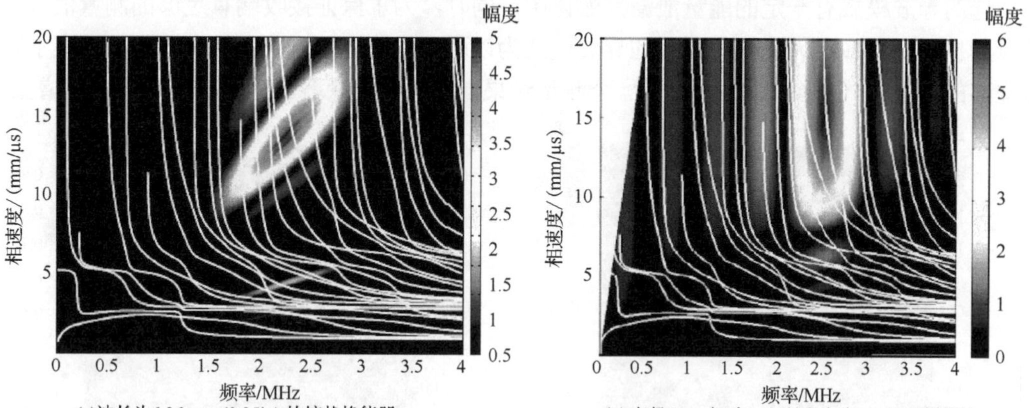

(a)波长为6.36 mm (0.25in) 的梳状换能器，激发频率为2.5MHz 三周期脉冲串的激发频谱

(b)直径6mm 探头，入射角度为10° 的丙烯楔块，激发信号中心频率为2.5MHz, 5周期脉冲串的激发频谱

图 D-10　激发源频谱和相速度曲线的叠加显示图

D.2.5　有水负载的结构

很多结构在使用时表面可能有水，或者是浸在水中，因此通常会有能量泄漏到水中，从

而干扰测量信号。Pilarski 等(1993)发现当导波模式有纯的面内位移时，能量就不会泄漏到水中。当相速度的值为体波纵波速度时，对称模式(S1、S2、S3 等)波结构中的位移分布和界面平行。下面我们以一个例子进行检测效果对比。我们用层析成像的方法来检测一个板材中的腐蚀缺陷。当材料表面没有水时，图 D-11 显示了 A1 模式[图 D-11(a)]和 S1 模式[图 D-11(b)]的检测结果。两种模式都很好地检测到腐蚀，位置区域也和实际区域基本符合。图 D-12 显示了当表面有一个水滴时的检测结果。A1 模式有能量泄漏到水滴中，也检测到水滴的图像及其位置。选定的 S1 模式没有能量泄漏到水滴中，所以只检测到腐蚀缺陷。

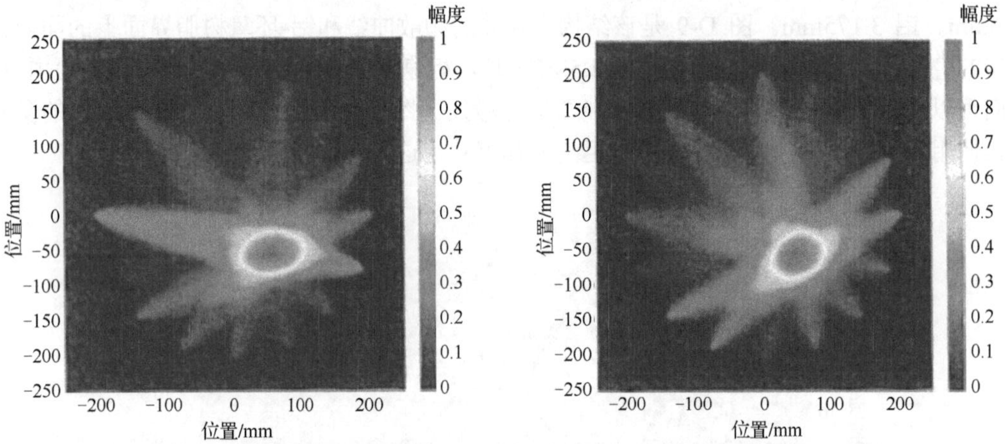

(a) A1模式，频率2.5MHz　　(b) S1模式，频率2.8MHz

图 D-11　一个 10%深度腐蚀缺陷的成像结果

注意，实现纯面内位移的导波模式并不唯一。S0 模式在低频段以及水平横波也能够收到这个效果。

下面我们来讨论导波测试的另一个例子。当管道中有大量气体时，泵就可能不能正常工作，因此我们有必要检测一段管道中液体和气体的分布比例。我们需要测量到管道中液体的量，因此所选的导波模式有一定的能量泄漏到液体中，同时，为了保证接收端有足够的测量信号，能量泄漏也不能太多。因此我们采用的导波模式为以面内位移为主，同时具有一定的垂直于表面的位移的导波模式。图 D-13 显示了一个测量结果，当气体含量增加时，接收端的能量增强。

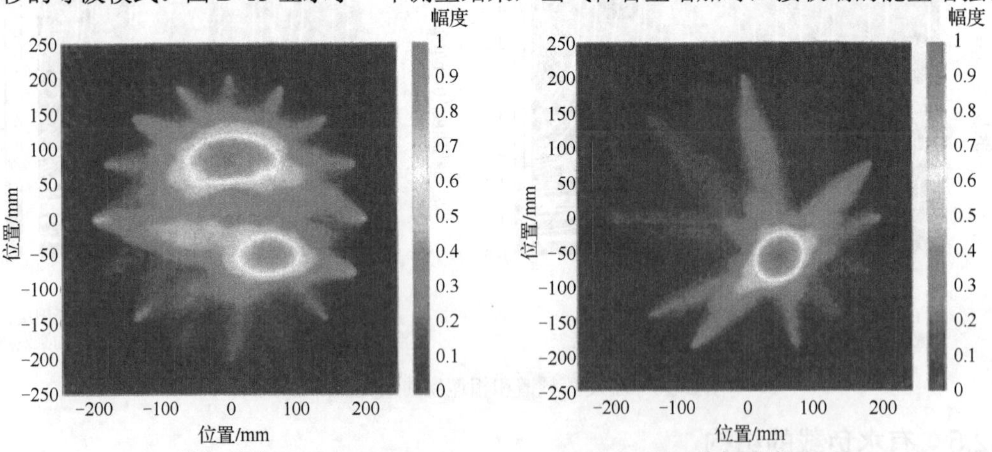

(a) A1模式，频率2.5MHz　　(b) S1模式，频率2.8MHz

图 D-12　当有水滴存在时，一个 10%深度腐蚀缺陷的成像结果

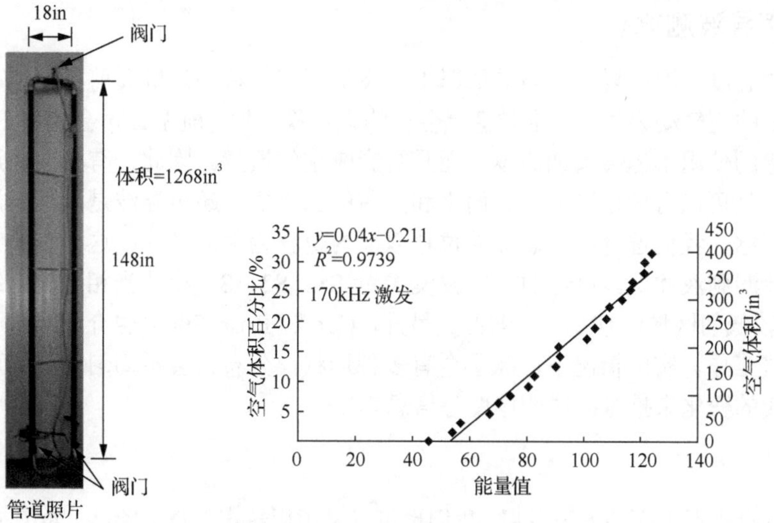

图 D-13 管道中气体比例与导波能量的关系

D.2.6 管道检测中的频率扫描

很多情况下理论模型可以给实验设计提供指导，从而提高检测效果。但是在缺陷大小、位置和形状未知时，使用单一模式不一定能达到很好的检测效果。缺陷和导波之间的相互作用受到很多因素的影响。有些缺陷对很多模式都有很强的反应，有些缺陷只对特定的模式有较强的反应。 在这种情况下，我们可以考虑进行频率、波长、入射角等可控参数的扫描来实现多模式检测，然后进行数据融合。最常用的是通过激发信号的调节来进行频率扫描。通过逐步改变激发频率来激励一定范围内的导波模式。另外也可以使用可调角度楔块来改变入射角，以及使用阵列激发源来改变激发源的周期和大小分布。(Rose 和 Soley，2000；Shin 和 Rose，1998；Barshinger et al., 2002；Zhang et al., 2006；Rose et al., 2005)等文献给出了一些例子。

图 D-14 显示了导波经过弯头以后的传播。一个单一模式的激发波经过弯头以后会产生部分反射，部分通过。反射和通过的波也会有模式转换。轴对称入射波经过弯头以后会产生非轴对称波，因此在一些位置形成聚焦，而在另一些位置形成盲区。当我们对频率进行扫描时，不同频率的波有不同的能量分布，某些频率的聚焦区可以覆盖其他频率的盲区，从而达到整个区域的有效覆盖。

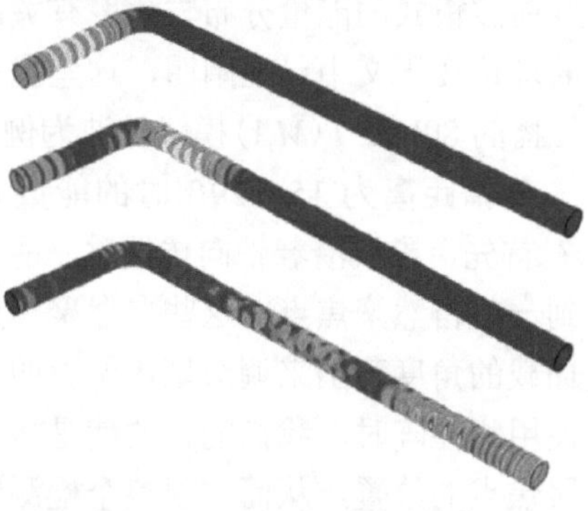

(a) 75kHz $L(m,2)$模式在2in标号40的管道

(b) 75kHz $L(m,2)$模式在16in标号30的管道

图 D-14 导波经过弯头以后的传播示例

D.2.7　超声导波测冰

在一定的温度、湿度以及降雨的情况下，飞机蒙皮，特别是机翼前部会结冰。冰层会影响飞行过程中的空气动力学，严重时甚至会影响飞行稳定性。航空公司会使用乙二醇来除冰。而大量乙二醇的使用不但会增加成本，而且会影响空气质量。因此，有必要通过无损检测来探测冰层，并且可以有效地区分冰、雨水和残留的乙二醇。超声导波是测冰方法的一种。使用超声导波测冰，我们选择在外表面的位移以面内位移为主的模式，这样有一定的能量泄漏到冰层但不泄漏到液体层。可选的兰姆波模式为 S1、S2、S3 模式当相速度为纵波速度，或 S0 模式频率较低的区域时(Rose，1999)。另外，Gao 和 Rose(2009)也介绍了水平横波模式进行测冰的一些工作。实际情况下，冰层会有多种形状，分布也会不均匀，我们可以考虑通过测量频散曲线的变化来推测冰层的厚度等信息。

D.2.8　除冰

在测到飞机机翼表面的冰层以后，我们也可以考虑用超声能量来除冰。为了实现这个目的，我们需要选择在机翼和冰层界面有较大剪切应力的模式，这样可以使局部振动增强，从而避免冰层在机翼表面附着，以及将薄冰层从机翼剥离。图 D-15 是在宾夕法尼亚州立大学旋转翼飞机高级测试中心进行的一个除冰实验。图 D-15(a)显示了没有除冰装置的冰层状况，机翼头部有 0.43in 的冰层凝结。图 D-15(b)显示在相同环境下，当有超声激励时的有效防冰和除冰效果。

(a)没有超声除冰装置　　(b)有超声除冰装置

图 D-15　一个飞机机翼头部照片

D.2.9　管道中的导波实时相控阵聚焦

本书有关管道中导波传播的章节已经说明了弯曲波模式的能量分布与角度有关。沿着角度方向不均匀的载荷会激发出弯曲波模式。具体的理论在正文中已经阐明，这里我们重点强调关于模式选择的思路。以 8in 标号 40 的管道中传播的 80kHz $T(M,1)$模式的波为例，由一个在 0° 位置，覆盖角度为 45° 的载荷激发出的波，传播距离为 15～29ft 时的能量分布如图 D-16 所示。从这个图中，我们可以得到哪些信息？首先，当波沿着轴向传播时，能量分布会随着传播距离的变化而变化。其次，你能不能看到一些自然聚焦点？这些自然聚焦点的位置会随着频率的变化而变化。然后，我们可以改变加载的角度范围来调节聚焦位置的大小。接下来，你需要考虑如何实现整个管子的覆盖。在使用相控阵时，我们的目的就是将能量聚焦到管道中的不同位置，通过调整聚焦法则来调整聚焦点的位置，从而实现整个检测区域的覆盖。由于聚焦的作用，我们可以提高导波的穿透能力和信噪比。针对一个实际应用，我们需要清楚地定义检测目标，然后根据图 D-1 中的思路来设计检测方案。具体例子可参考文献(Rose et al., 2003；Li 和 Rose，2002；Li 和 Rose，2001a；Li 和 Rose，2001b；Li 和 Rose，2006；Sun et al., 2005)。

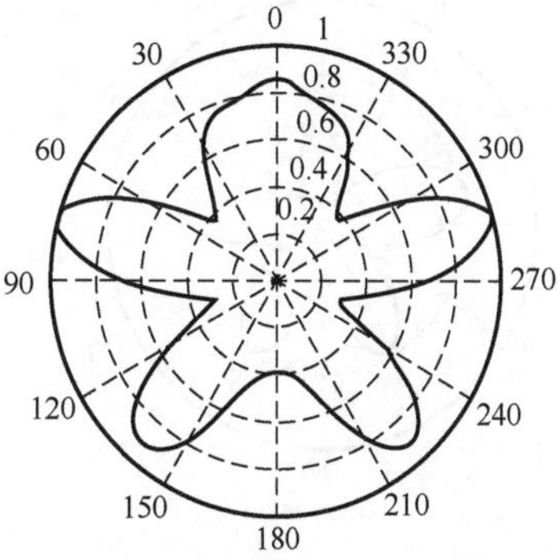

(a) z=180in

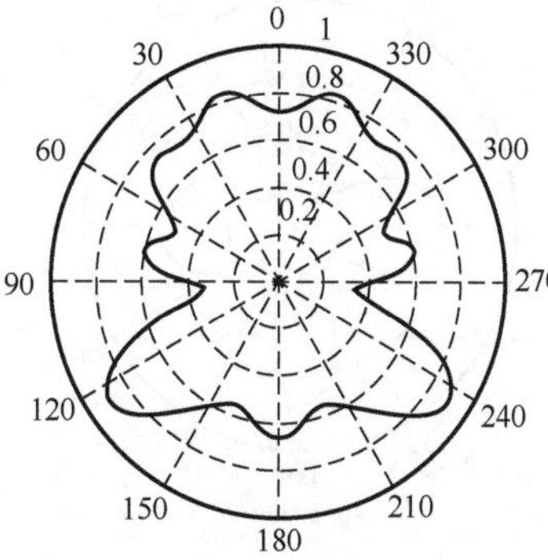

(b) z=192in

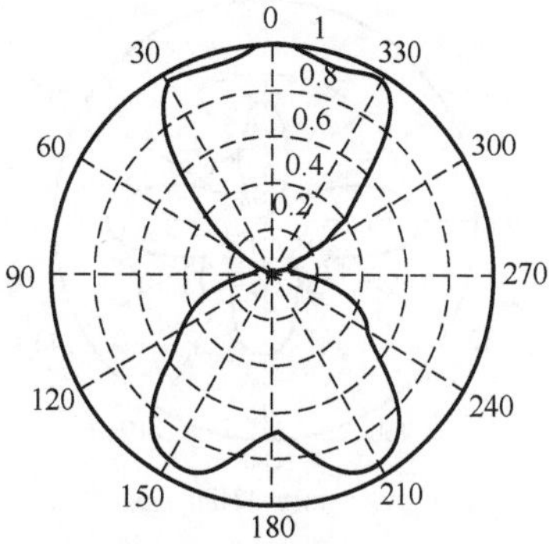

(c) z=204in

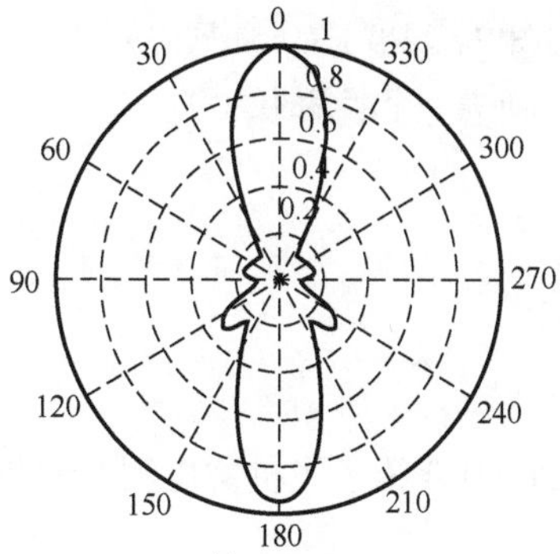

(d) z=216in

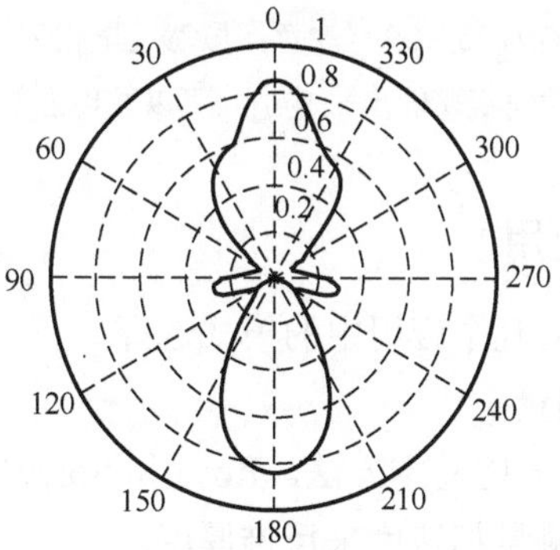

(e) z=228in

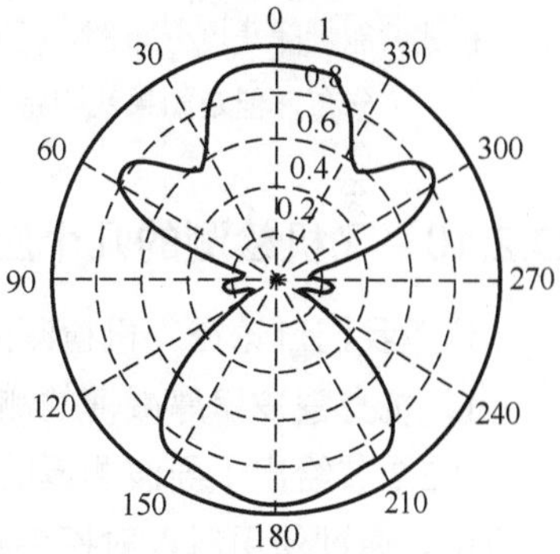

(f) z=240in

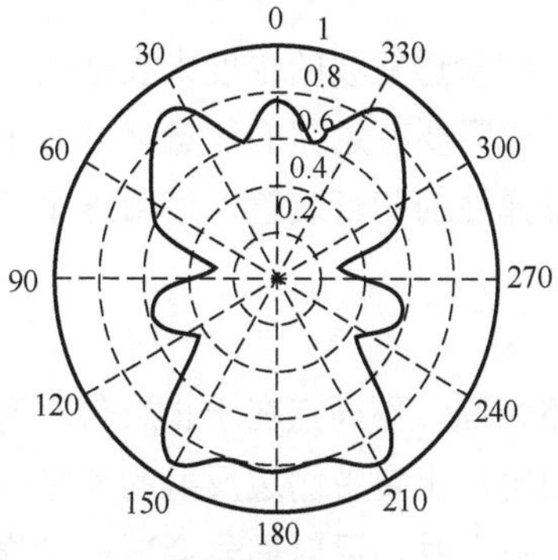

(g) z=252in

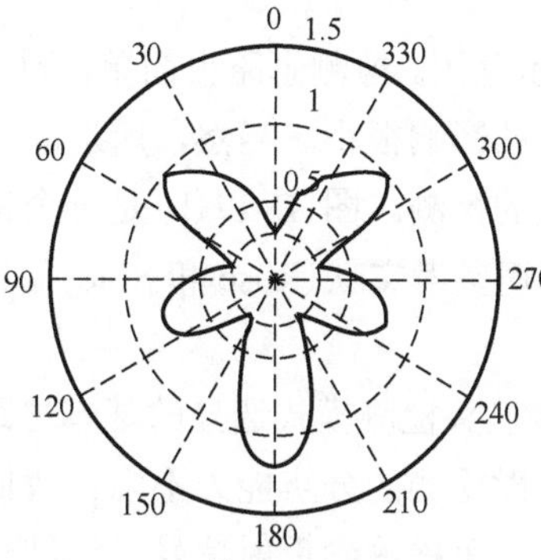

(h) z=264in

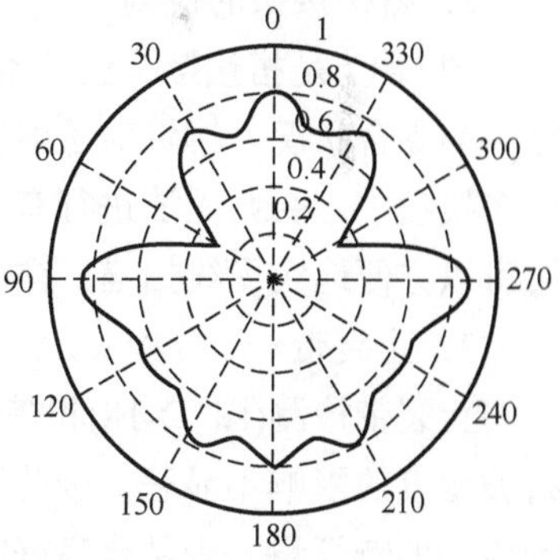

(i) z=276in

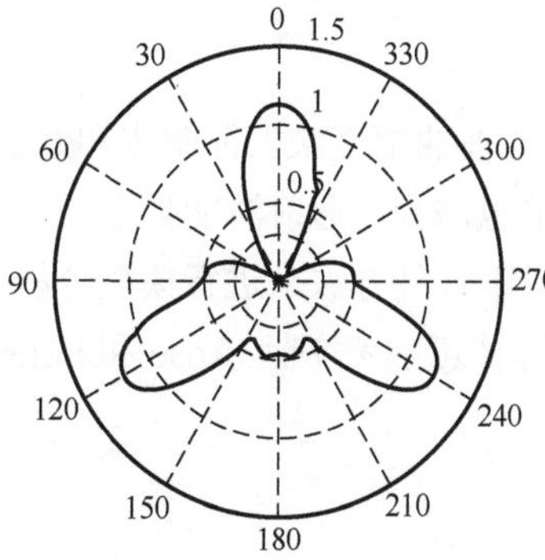

(j) z=288in

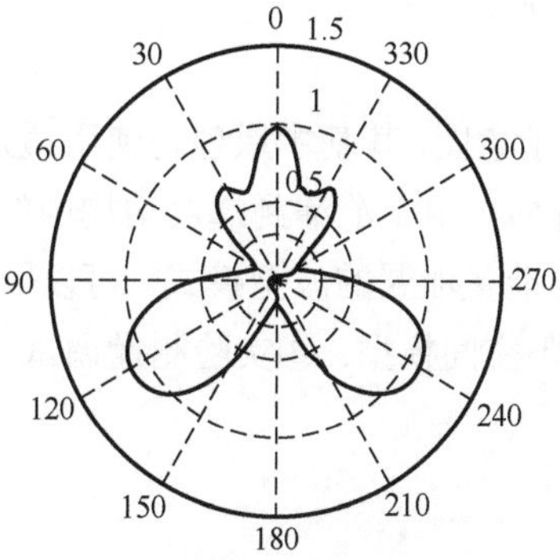

(k) z=300in

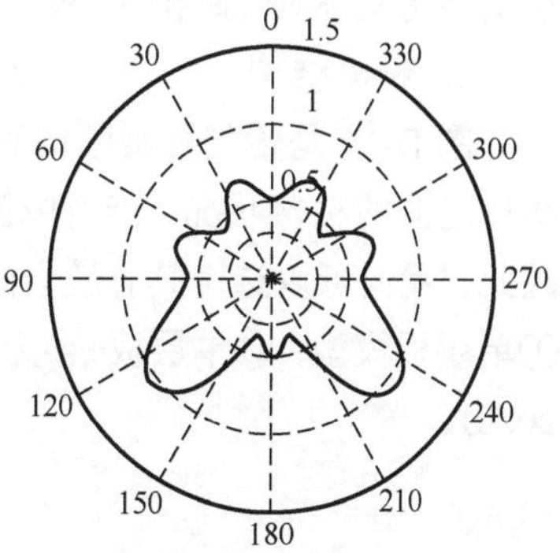

(l) z=312in

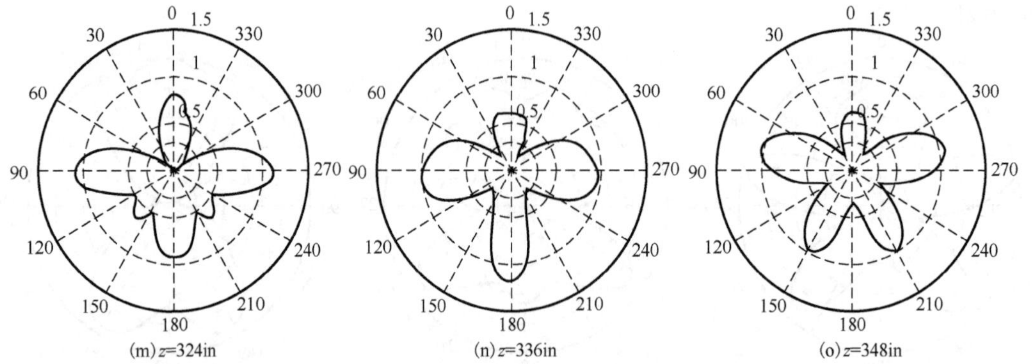

图 D-16　8in 标号 40 的钢管中由 $\theta = 0°$ 和 $z = 0$ 位置上 45° 覆盖的换能器激发出的 80 kHz $T(m,1)$ 模式的能量随角度分布图。距离为 15～29ft(注意：虽然这里相邻的图中表现出了完全不同的角度分布，但是如果我们将轴向距离的步长减小，可以发现能量分布是一个渐变的过程)

D.2.10　飞机检测的几个应用

这里我们讨论在飞机检测的几个应用中的模式选择。

1．机身蒙皮壁厚减薄的测量

D.2.2 节给出了导波测厚的一些基本方法。Rose 和 Soley(2000)介绍了飞机蒙皮测厚的具体应用。通过使用斜入射探头测量相速度来反推厚度。

2．搭接接头的检测

图 D-17 是搭接接头的基本示意图。检测思路很简单，通过测量透射波的幅度来表征搭接接头的黏合状况。铆钉对透射波的影响很小。当然，所选的模式需要有足够的能量耦合到下层搭接板中，否则无法进行有效的检测。图 D-17(b)是一个带弹性的扫查装置，使用这个装置可以方便地实现线扫描，详情请参考文献(Rose 和 Soley，2000)。

3．止裂带

止裂带检测(图 D-18)和搭接接头检测模式选择的基本思路相同，不同点在于止裂带对透射波幅度的影响不显著，因此透射检测的分辨能力不强。我们用从止裂带侧边反射的信号作为检测的特征量。当结合良好时，可探测到反射信号，当结合不良时，反射信号会减弱，详情请参考文献(Rose 和 Soley，2000)。

4．蜂窝结构

图 D-19 是检测蜂窝结构的示意图，其基本原理是使用透射导波的幅度来表征蒙皮和蜂窝结构之间的粘接状况。当有脱黏时，由于泄漏到蜂窝结构中的能量减少，透射波能量会增强。因此，我们可以选用具有较大的能量泄漏的波型模式。可以用以下几种方法来进行模型分析；①单层板模型；②单层板+半无限空间模型；③实验测量调试。详情可参考文献(Rose 和 Soley 2000)。

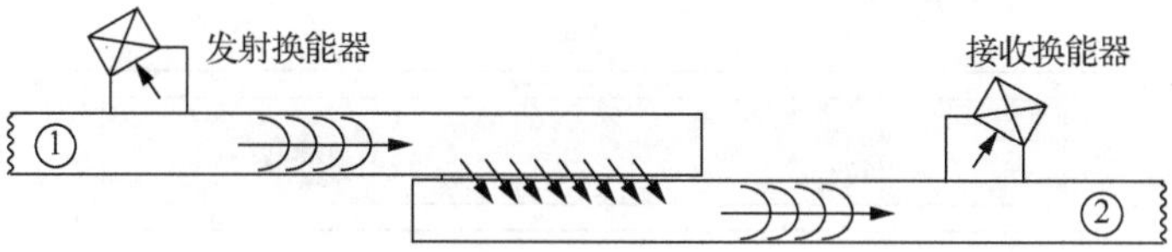

(a)示意图

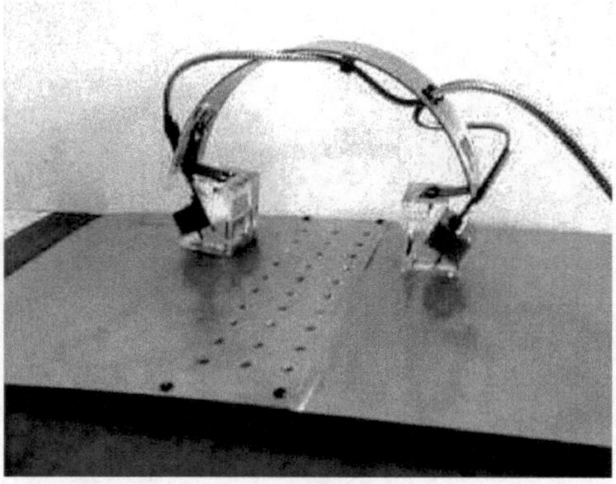

(b)扫查装置

图 D-17　搭接接头的检测

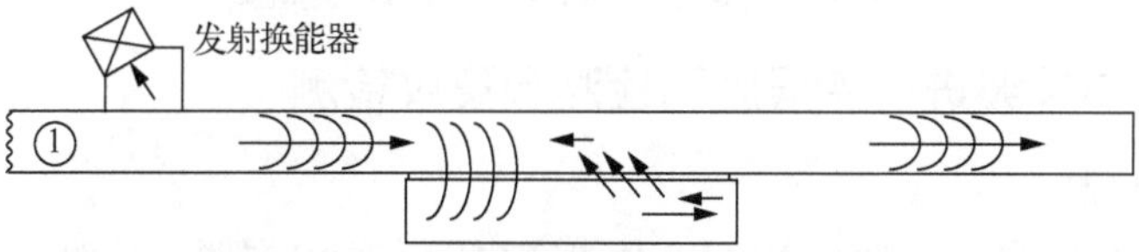

(a)检测示意图

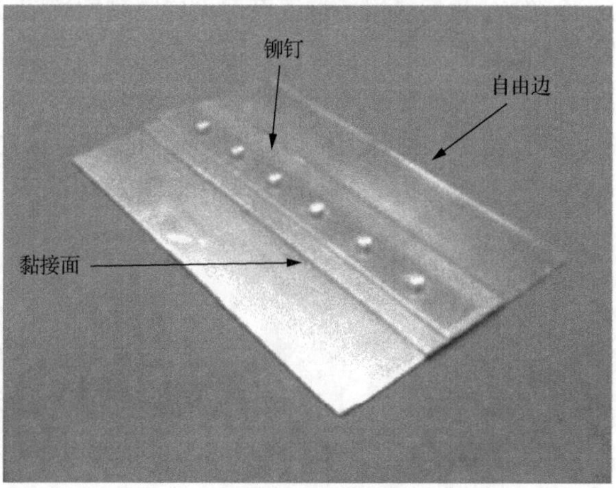

(b)止裂带下表面照片

图 D-18　止裂带检测示意图

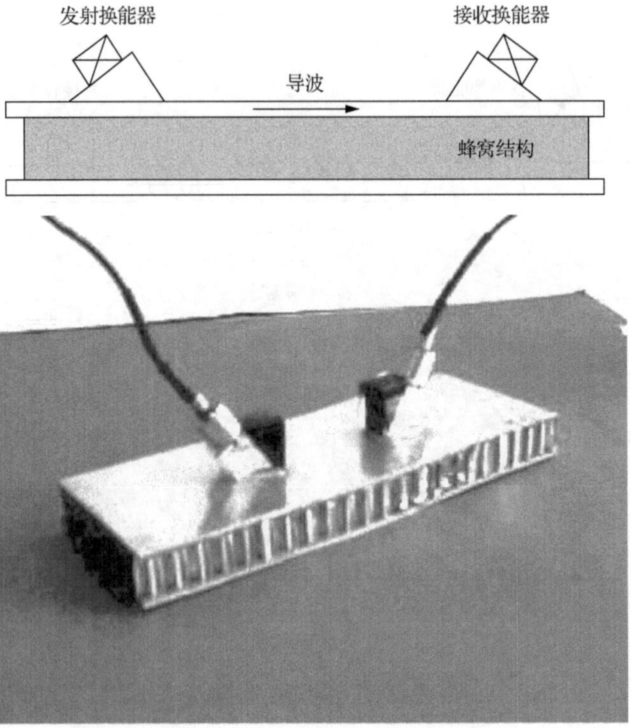

图 D-19　蒙皮和蜂窝结构的黏合面检测

D.2.11　使用周向导波进行涂层脱黏检测和裂纹检测

1．涂层脱黏检测

图 D-20～图 D-23 显示了使用 EMAT 从管道内部进行涂层脱黏检测的原理和结果示例。图 D-24 是实验装置的一个照片。我们选用了群速度对涂层脱黏敏感的导波模式。当有脱黏时，导波的传播速度会增加，因此检测到的飞行时间缩短。除此以外，我们还使用了波幅，以及接收波的高频衰减来表征脱黏。当有脱黏时，波幅增加，衰减减小，涂层对高频的吸收较少，高频部分波的能量增强。综合使用这些特征量可以帮助我们提高检测的可靠性。

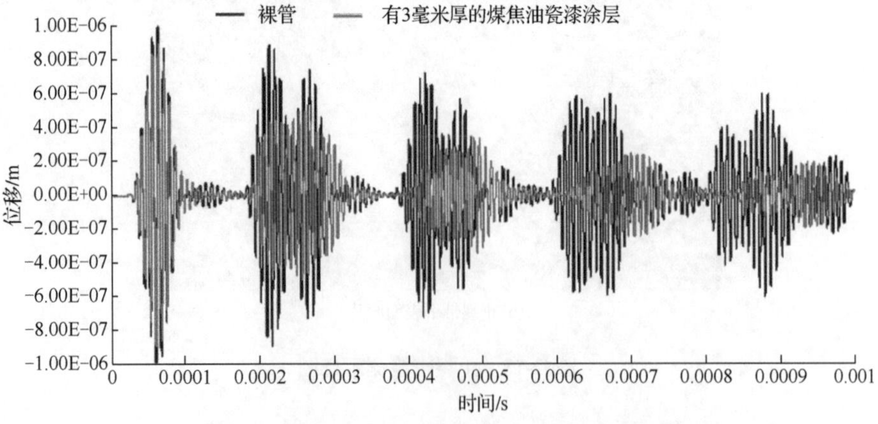

图 D-20　周向导波水平剪切模式在一个 8in 直径，0.25in 厚度的管中传播通过理论模拟得到的信号

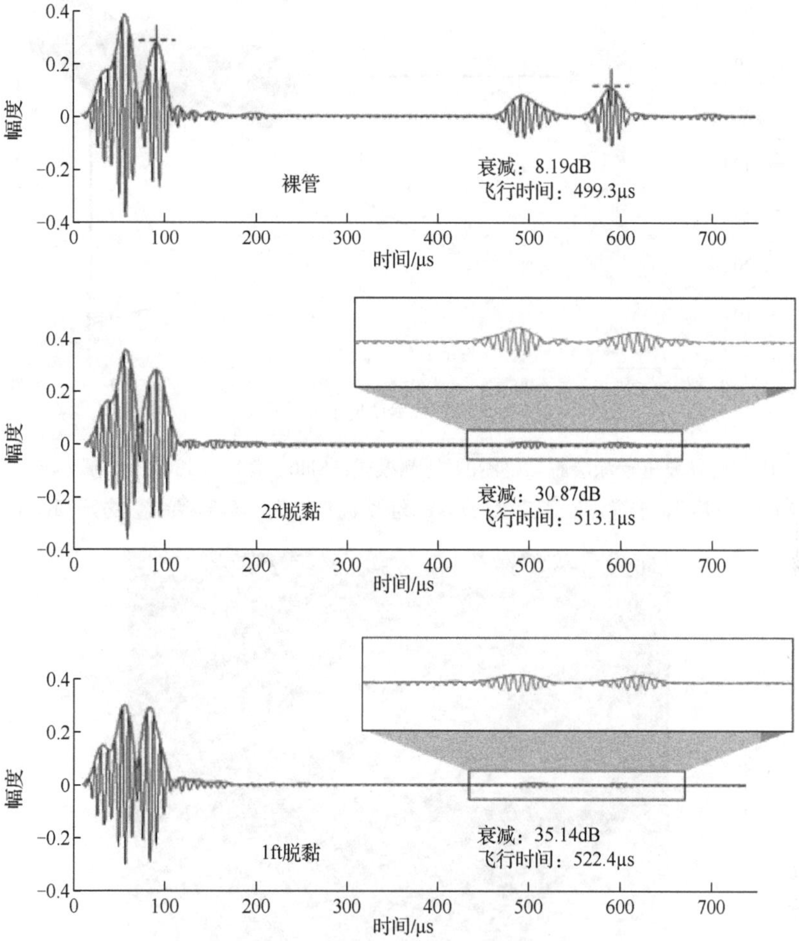

图 D-21　用来检测脱黏的时间和幅度特征

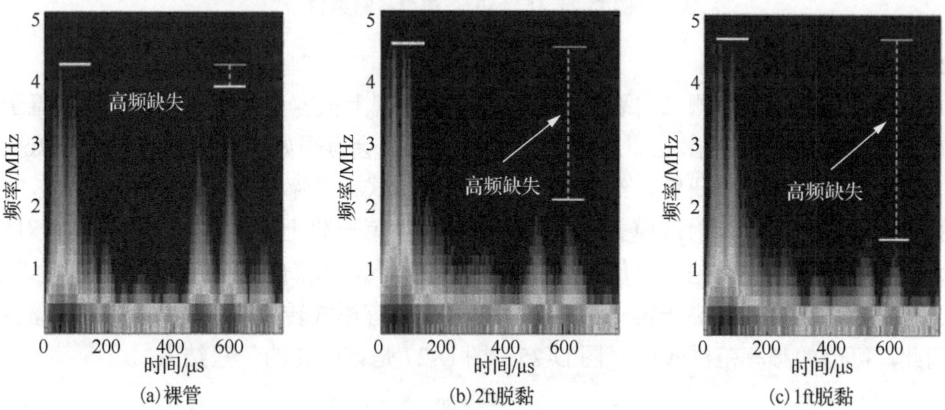

图 D-22　可用来检测脱黏的时频特征

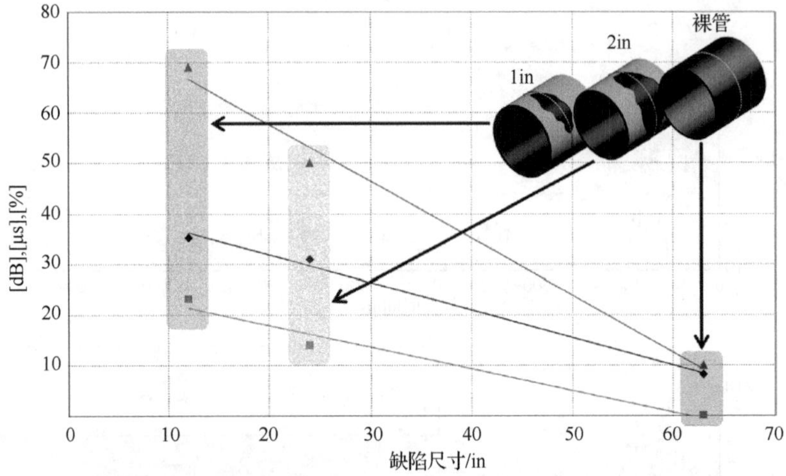

图 D-23　用周向导波进行涂层脱黏检测的结果(模式：SH0，频率：130kHz，激发源：EMAT，管道：20in，标号 10 带煤焦油瓷漆涂层)。三角形-高频缺失，菱形-衰减，方形-飞行时间变化

图 D-24　EMAT 管道内检测装置

2. 轴向裂纹检测

周向导波可以用来检测轴向裂纹。这个原理从直观上很容易理解，裂纹一般垂直于表面，而周向导波平行于表面传播，因此，裂纹面和波前垂直，会有很好的反射波。Zhao 和 Rose(2003) 对类似的平板问题进行了研究。结果表明，兰姆波模式在频率大于第一截止频率时，会有很复杂的模式转换，因此反射波模式很难辨别，当小于第一截止频率时，模式转换相对较小，但是如果频率过低对小缺陷的灵敏度也相应降低。因此，我们主要对水平剪切波模式进行了研究。水平剪切波模式在高于第一截止频率以后也会有模式转换，但是并不像兰姆波那样复杂。因此，可用的频率范围较广。图 D-25～图 D-27 是该研究的一些结果。

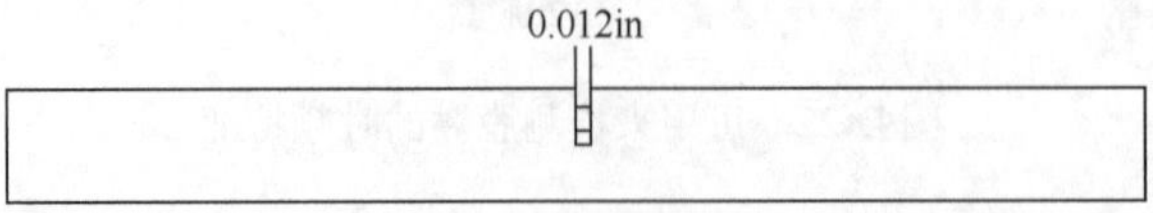

图 D-25　椭圆状裂纹的理论计算模型(假设裂纹的深度为厚度的 10%，20%，…，90%)

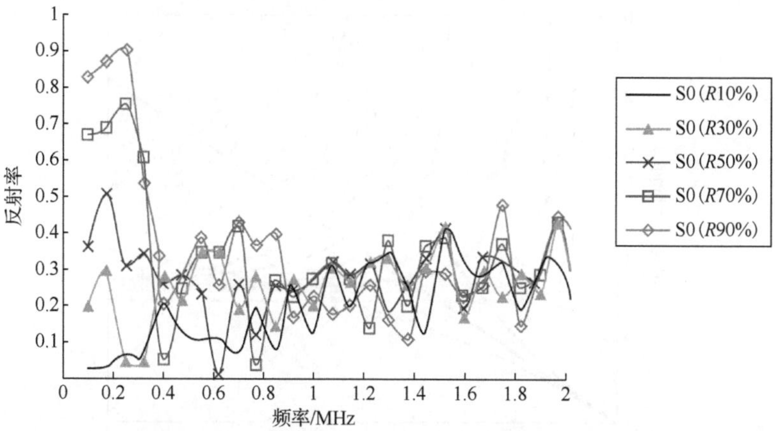

图 D-26　S0 模式对 0.012in(0.3mm)宽、不同深度的椭圆形缺陷的反射率计算结果。缺陷深度为厚度的 10%、30%、50%、70%、90%

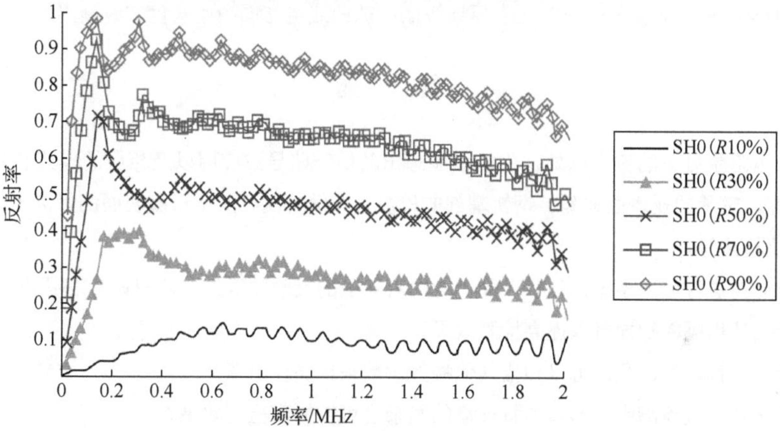

图 D-27　周向 SH0 模式对 0.012in(0.3mm)宽、不同深度的椭圆形缺陷的反射率计算结果。缺陷深度为厚度的 10%、30%、50%、70%、90%

D.2.12　多层结构

模式选择在多层结构检测中极其重要。根据检测目的不同，模式优化选择的方法也会不一样。可考虑的因素有能量分布、界面应力等，具体可参考文献(Rose et al., 1998)和(Yan et al., 2010)。

D.2.13　结束语

本附录给出了模式和频率选择的一些方法来提高检测灵敏度和穿透力。然而，很多情况下，我们不知道准确的材料参数，因此无法得到准确的频散曲线。Philtron 和 Rose(2014)使用梳状换能器的相控阵来实现频率和相速度空间扫描，以增加得到最佳模式的可能性，从而大幅提高检测灵敏度和穿透力。见图 D-28。关于这方面的研究必将为这一导波检测的重要领域带来进一步的发展。

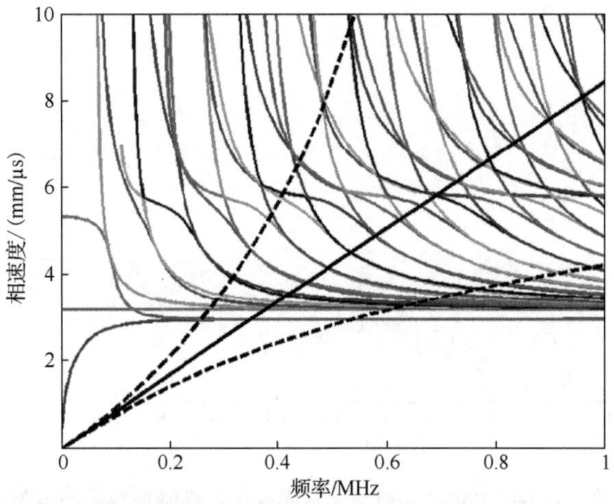

图 D-28　一个多元梳状换能器的激发曲线。实线为没有延时的情况，虚线为每个相邻激发元之间有 1μs 延时的情况，一个 25mm 厚钢板的频散曲线也在图中用灰色实线画出作为比较

习　题

D-1　除了本附录讨论的例子以外，你能不能想出其他一些导波应用以及相应的模式和频率选择方法。可考虑以下情况，轴承的亚表面缺陷、钢轨基部的检测、焊缝检测、航空母舰表面的等离子体喷涂层检测，以及路面的裂纹检测等。

D-2　当我们在进行检测系统设计时，除了考虑对缺陷的灵敏度以外，还应该考虑哪些方面？

D-3　为什么使用频率扫描可以提高检测效果？

D-4　除频率扫描以外，我们可以扫描其他哪些参数来提高检出率？

D-5　为什么在导波检测中考虑增加特征量的冗余度可以提高检测效果？

D-6　什么导波特征量可以用来检测复合材料(分制备过程中检测和在役检测两种情况讨论)？

D-7　如何处理预警检测问题？如何确定某种缺陷对结构职能的影响？

D-8　在进行模式和频率选择时，你会如何选择不同的激发机制，如压电、电磁超声、激光超声以及机械冲击等？

D-9　在进行系统设计时，什么时候你会选择能量收集装置来代替电池给检测系统提供能量？

D-10　在进行系统设计时，你觉得什么情况下需要使用无线传输来激励换能器和传输数据？

D-11　两种常用的导波激发方法为斜入射和梳状换能器，用图形和公式详细地解释它们各自的激发曲线特性、优点和缺点。

D-12　如图 D-28 所示，当梳状换能器上每个激发元的激发信号有一定的延迟时，激发曲线会有变化。使用这种方法，我们无须改变换能器的粘接，而实现 c_p-f 空间上的很多模式点的扫描。图中所示的换能器的激发元之间的距离 $s = 8.43$mm，延迟 $\tau = 1$μs。激发曲线和 25mm 厚钢板的频散曲线叠加在一起。请推导调整时间延迟来改变激发曲线的过程。

D-13　解释图 D-10 中的高强度激发区域形成的原因。

D-14　根据图 D-11 和图 D-12，解释为何可以消除水滴的影响。

D-15　图 D-14 显示了一个轴对称波通过 90° 弯头以后重新组合出轴对称波，然而在很多情况下，波的能量不会重新组成轴对称模式。解释如何使用导波来检查超过弯头的部分。

D-16　图 D-20 中，有涂层和没有涂层的情况有何区别？有没有方法可以用来测量涂层脱黏？如何提高检测灵敏度？

D-17　根据图 D-22，当有 6in 脱黏和 1.5ft 脱黏时可以通过管道一周的最高频率分别为多少？

D-18　使用图 D-23 中的所有三种特征量的好处是什么？

参 考 文 献

Auld B A. 1990. Acoustic Fields and Waves in Solids. 2nd ed. Malabar: Kreiger.

Barshinger J, Rose J L, Avioli, Jr M J. 2002. Guided wave resonance tuning for pipe inspection. Journal of Pressure Vessel Technology, 124(3): 303-310.

Ditri J, Rose J L, Chen G. 1991. Mode selection guidelines for defect detection optimization using Lamb waves. Proceedings of the 18th Annual Review of Progress in Quantitative NDE, 11: 2109-2115.

Ditri J J, Rose J L. 1992. Excitation of guided elastic wave modes in hollow cylinders by applied surface tractions. J Applied Physics, 72(7): 2589-2597.

Ditri J J, Rose J L. 1994. Excitation of guided waves in generally anisotropic layers using finite source. ASME J Applied Mechanics, 61(2): 330-338.

Gao H, Rose J L. 2007. Multifeature optimization of guided wave modes for structural health monitoring of composites. Materials Evaluation, 65(10): 1035-1041.

Gao H, Rose J L. 2009. Ice detection and classification on an aircraft wing with ultrasonic shear horizontal guided waves. IEEE Transactions on Ultrasonics, Ferroelectrics and Frequency Control, 56(2): 334-344.

Gao H, Rose J L. 2010. Goodness dispersion curves for ultrasonic guided wave based SHM: A sample problem in corrosion monitoring. The Aeronautical Journal of the Royal Aeronautical Society, 114(1151): 49-56.

Hay T R, Wei L, Rose J L, et al. 2003. Rapid inspection of composite skin-honeycomb core structures with ultrasonic guided waves. Journal of Composite Materials, 37(10): 929-936.

Hayashi T, Song W J, Rose J L. 2003. Guided wave dispersion curves for a bar with an arbitrary cross-section, a rod and rail example. Ultrasonics, 41(3): 175-183.

Lee C M, Rose J L, Cho Y. 2009. A Guided Wave Approach to Defect Detection Under Shelling in Rail. NDT&E International, 42(3): 174-180.

Li J, Rose J L. 2001a. Excitation and propagation of non-axisymmetric guided waves in a hollow cylinder. Journal of the Acoustical society of America, 109(2): 457-464.

Li J, Rose J L. 2001b. Implementing guided wave mode control by use of a phased transducer array. IEEE Transactions on Ultrasonics, Ferroelectrics and Frequency Control, 48(3): 761-768.

Li J, Rose J L. 2002. Angular-profile tuning of guided waves in hollow cylinders using a circumferential phased array. IEEE Transactions on Ultrasonics, Ferroelectrics and Frequency Control, 49(12): 1720-1729.

Li J, Rose J L. 2006. Natural beam focusing of non-axisymmetric guided waves in large-diameter pipes. Ultrasonics, 44(1): 35-45.

Luo W, Rose J L. 2003a. Lamb wave thickness measurement potential with angle beam and normal beam excitation. Materials Evaluation, 62(8): 860-866.

Luo W, Rose J L. 2003b. Guided wave thickness measurement with EMATS. Insight, 45(11): 735-739.

Pilarski A, Ditri J J, Rose J L. 1993. Remarks on symmetric Lamb waves with dominant longitudinal displacements. Journal of the Acoustical Society of America, 93(4): 2228-2230.

Puthillath P, Rose J L. 2010. Ultrasonic guided wave inspection of a titanium repair patch bonded to an aluminum aircraft skin. International Journal of Adhesion & Adhesives, 30(7): 566-573.

Rose J L. 1999. Ultrasonic Waves in Solid Media. Cambridge: Cambridge University Press.

Rose J L, Pelts S, Cho Y. 2000. Modeling for flaw sizing potential with guided waves. Journal of Nondestructive Evaluation, 19(2): 55-66.

Rose J L, Pilarski A B, Hammer J M, et al. 1997. Contaminant detection system. U.S. Patent 5629485.

Rose J L, Soley L E. 2000. Ultrasonic guided waves for anomaly detection in aircraft components. Materials Evaluation, 50(9): 1080-1086.

Rose J L, Sun Z, Mudge P J, et al. 2003. Guided wave flexural mode tuning and focusing for pipe testing. Materials Evaluation, 61(2): 162-167.

Rose J L, Zhang L, Avioli J M J, et al. 2005. A natural focusing low frequency guided wave experiement for the detection of defects beyond elbows. Journal of Pressure Vessel Technology, 127(3): 310-316.

Rose J L, Zhu W, Zaidi M. 1998. Ultrasonic NDE of titanium diffusion bonding with guided waves. Materials Evaluation, 56(4): 535-9.

Shin H J, Rose J L. 1998. Guided wave tuning principles for defect detection in tubing. Journal of Nondestructive Evaluation, 17(1): 27-36.

Sun Z, Zhang L, Rose J L. 2005. Flexural torsional guided wave mechanics and focusing in pipe. Journal of Pressure Vessel Technology, 127(4): 471-478.

Wilcox P D, Lowe M J S, Cawley P. 2001. Mode and transducer selection for long range Lamb wave inspection. Journal of Intelligent Material Systems and Structures, 12: 553-565.

Yan F, Qi X, Rose J L, et al. 2010. Ultrasonic guided wave mode and frequency selection for multilayer hybrid laminates. Materials Evaluation, 68(2): 169-175.

Zhang L, Gavigan B J, Rose J L. 2006. High frequency guided wave natural focusing pipe inspection with frequency and angle tuning, Journal of Pressure Vessel Technology, 128(3): 433-438.

Zhao X, Rose J L. 2003. Boundary element modeling for defect characterization potential in a wave guide. International Journal of Solids and Structures, 40(11): 2645-2658.

Zhu W, Rose J L, Barshinger J N, et al. 1998. Ultrasonic guided wave NDT for hidden corrosion detection. Research in Nondestructive Evaluation, 10(4): 205-225.

名 词 翻 译

A-扫描	A-Scan
B-扫描	B-scan
C-扫描	C-Scan
Love 波	Love wave
M-扫描	M-scan
板波速度	Plate velocity
板材	Plates
板中导波相控阵	Guided wave phased array in plates
板中的相控阵	Phased array in plates
半解析有限元	Semi-analytical finite element (SAFE),
半无限空间	Half-space
保护层	Protective coating
壁厚减薄	Wall thinning
变换	Transform
表面波	Surface wave
表面开口缺陷	Surface breaking defect
波	Waves
波长	Wavelength
波的干涉	Wave interferenc
波结构	Wave structure
波数	Wavenumber
波数谱	Wavenumber spectrum
波数域	Wave number domain
波速	Wave velocity
波形包络	Analytic envelope
补丁	Repair patch
补丁和母材之间的弱界面	Weak interface in a bonded repair patch
补丁检测	Repair patch inspection
部分加载	Partial loading
测冰	Ice detection
层叠材料	Laminate
层析成像	Tomography, tomographic
长距离导波	Long-range ultrasonic wave
超声	Ultrasound
超声波	Ultrasonic waves
超声导波	Ultrasonic guided wave
超声模式分析技术	Modal analysis technique
超声声场表示	Ultrasonic field presentation
超声水平剪切导波	Ultrasonic shear horizontal guided wave
超声无损检测	Ultrasonic nondestructive testing
超声振动	Ultrasonic vibrations

超越方程	Transcendental equations
成像	Imaging
初始值	Initial value
除冰	Decicing
穿透能力	Penetration power
传递器	Mediator
窗函数	Window functions
磁致伸缩	Magnetostrictive
次表面波	Subsurface wave
次表面纵波	Subsurface longitudinal wave
搭接接头	Lap splice joints
带黏弹性涂层的管道	Pipe with viscoelastic coatings
导波	Guided wave
导波成像	Guided wave imaging
导波换能器阵	Guided wave sensor array
导波聚焦	Guided wave focusing
导波阵列	Guided wave array
第三临界角	Third critical angle
电磁超声	Electromagnetic acoustic transducer (EMAT)
调频	Frequency tuning
动力学问题	Dynamic problem
短时傅里叶变换	Short Time Fourier Transform [STFFT]
对称模式	Symmetric mode
对应原理	Correspondence principle
多层	Multiple layer
多层环面	Multilayered annuli
二次谐波	Second harmonic
二次元	Quadratic elements
二维傅里叶变换	2-D Fourier Transform [2DFFT],
反对称	Antisymmetric
反射	Reflection
反射率谱	Reflection coefficient spectrum
非镜面反射和透射	Nonspecular reflection and transmission
非线性	Nonlinear
非线性参数	Nonlinearity parameter
非线性方法	Nonlinear methods
非泄漏导波	Non-leaky wave
非轴对称模式	Non-axisymmetric mode
分辨率	Resolution
分层	Delamination
分层结构	Layered structures
分层系统	Layered systems
分离变量	Separation of variables
蜂窝结构	Honeycomb structures
腐蚀	Corrosion
复合材料	Composite materials
复合解析-有限元方法	Hybrid analytical FEM approach

傅里叶序列	Fourier series
高阶谐频	Higher harmonic
格林-拉格朗日应变张量	Green Lagrange strain tensor
各向同性	Isotropic
各向异性	Anisotropic
共振	Resonance
共振频率	Resonant frequency
管道	Pipe
管道检测	Pipe inspection
管道聚焦	Pipe focusing
管道聚焦成像	Pipe focus scan image
规范不变性	Gauge invariance
轨头中的横向裂纹检测	Transverse crack detection in a rail head
亥姆霍兹	Helmholtz
亥姆霍兹分解	Helmholtz decomposition
亥姆霍兹势能	Helmholtz potentials
汉宁窗	Hanning window
合成聚焦	Synthetic focusing
横波	Transverse wave
横波速度	Shear (transverse) velocity
横向分辨率	Lateral resolution
横向共振	Transverse resonance
互易原理	Reciprocity
环面	Annuli
环形阵列	Annular array
换能器	Transducer
换能器阵	Transducer array
惠更斯原理	Huygens' principle
积分变换法	Integral transform method
激发频谱	Excitation spectrum
激发损耗	Excitation loss
激发线	Activation line
激光超声	Laser ultrasonics
极坐标中的散射描述	Polar coordinate diffraction-type presentation
剪切波	Shear wave
角度波数	Angular wavenumber
角度分布	Angular profile
结构健康监测	Structural health monitoring (SHM)
截止频率	Cutoff frequency
解卷积	Deconvolution
界面波	Interface wave
近场	Near-field
聚焦	Focus, focusing
聚焦声束	Focused beam
卷积	Convolution
凯尔文-沃伊特模型	Kelvin-Voigt model
可激发性	Excitability

可激发性谱	Excitability spectrum
克里斯托费尔方程	Christoffel equation
空气耦合	Air coupled
空心柱	Hollow cylinders
快速傅里叶变换	Fast Fourier Transform [FFT],
快速傅里叶分析	Fast frequency analysis (FFA),
扩散角	Angle of divergence
扩散结合面的检测	Diffusion bond inspection
兰姆波	Lamb wave
兰姆波干涉	Lamb wave interference
连续性调节	Continuity condition
临界角	Critical angle
漏波	Leaky wave
迈克斯韦模型	Maxwell model
脉冲回波	Pulse-echo
脉冲影响	Pulse effects
慢度面	Slowness profiles
面内位移主导	Dominant in-plane displacement
面外位移主导	Dominant out-of-plane displacement
模式可激发性	Wave mode excitability
模式识别	Pattern recognition
模式选择	Mode selection
模式转换	Mode conversion
模式组合	Mode group
模型	Model
纳维尔方程	Navier's equations
能量	Energy
能量传输	Energy Transmission
能量分解	Energy Partitioning
能流	Power flux
能流速度	Energy velocity
黏合完整性	Bond integrity
黏弹性	Viscoelastic
黏弹性材料中的兰姆波	Lamb wave in viscoelastic layer
黏弹性复合材料板	Viscoelastic composite plate
黏弹性各向同性板	Viscoelastic isotropic plate
黏弹性环面	Viscoelastic annuli
黏弹性模型	Viscoelastic model
扭曲波	Torsional mode
偏转角	Skew angle
偏转角频散曲线	Skew angle dispersion curve
频率漂移	Frequency shift
频谱	Frequency spectrum
频散	Dispersion
频散曲线	Dispersion curves
频散失真	Dispersion distorsion
坡印庭矢量	Poynting vector

谱图	Spectrogram
气体截留	Gas entrapment
全局矩阵法	Global matrix method
缺陷	Defect
缺陷边界图	Defect locus map
缺陷概率分布成像法	Reconstruction algorithm for probabilistic inspection of damage (RAPID),
缺陷检测	Defect detection
群速度	Group velocity
群速度匹配	Group velocity matching
群速度频散曲线	Group velocity dispersion curve
热老化	Thermal aging
瑞利波	Rayleigh wave
瑞利兰姆复频散方程	Complex Rayleigh-Lamb dispersion equation
瑞利-兰姆频率方程	Rayleigh-Lamb frequency equations
瑞利-兰姆型波	Rayleigh-Lamb wave
弱非线性方程	Weakly nonlinear wave equations
散射	Scattering
散射分布模式	Diffraction pattern
声表面波	Surface acoustic wave (SAW)
声束	Beam
声束控制	Beam steering
声束扩散	Beam spreading
声学	Acoustic
声学-超声技术	Acousto-Ultrasonic
声压力	Acoustic pressure
声源	Acoustic source
声张量	Acoustic tensor
声阻抗	Acoustic impedance
时间反转技术	Time-reversal technique
时间-频率域	Time and frequency domain
实时聚焦	Real-time focusing
矢量变换，张量变换	Vector and tensor transformation
梳状换能器	Comb-type transducer
梳状阵列	Comb array
疏密波	Dilatational wave
衰减	Attenuation
双弹簧探头组	Double spring hopping probes
水平剪切导波	Shear horizontal guided wave
水平剪切波	Shear horizontal (SH) wave
瞬态导波	Transient guided wave
斯科尔特波	Scholte wave
斯涅尔定律	Snell's Law
斯通莱波	Stoneley wave
速度	Velocity
弹性材料	Elastic media
弹性层中波的干涉	Interference in a elastic layer.

弹性力学	Elasticity
特征方程	Characteristic Equation
体波	Bulk wave
体波阵列	Bulk wave array
通道	Channels
同步	Synchronism
脱黏检测	Disband detection
椭圆运动	Elliptical particle motion
弯曲波	Flexural wave
弯头	Elbow
完备性	Completeness
微结构	Microstructure
位移	Displacement
吻接	Kissing bond
沃伊特黏弹性固体	Voight viscoelastic solid
无损耗材料	Lossless media
无损检测	Nondestructive testing (NDT)
无损评价	Nondestructive evaluation (NDE)
物理冲击	Physical impact
误差控制	Error control
吸收	Absorption
希尔伯特变换	Hilbert transform
弦	String
线性	Linear
线性梳状	Linear comb
线性相位延迟	Linear phase delays
线性阵列	Linear array
相控阵	Phased array
相控阵聚焦	Phased array focusing
相速度	Phase velocity
相速度频散曲线	Phase velocity dispersion curve
相速度谱	Phase velocity spectrum
相位角	Phase angle
相位匹配	Phase matching
消逝波	Evanescent wave
小波变换	Wavelet Transform [WT],
斜入射	Oblique incidence
信号处理	Signal processing
形状函数	Shape function
修正系数	Correction factor
虚功原理	Principle of virtual work
旋转波	Rotational wave
压电	Piezoelectric
压缩波	Compressional wave
应变-位移方程	Strain displacement equations
应变张量	Strain tensor
应力	Stress

应力分布	Stress distributions
优度曲线	Goodness curve
有限元方法	Finite element method (FEM),
圆频率	Circular frequency
源影响	Source influence
折射	Refraction
阵列	Arrays
阵列换能器	Transducer array
振动模式分析	Vibration modal analysis
正交分层材料	Cross ply laminate
正交模式分解	Normal mode expansion (NME),
正交性	Orthogonality
止裂带	Tear strap
指向性函数	Directivity function
质点速度	Particle velocity
滞回模型	Hysteretic model
周期性阵列	Periodic array
周向波	Circumferential wave
周向波数	Circular wavenumber
周向导波	Circumferential guidedwave
周向分辨率	Circumferential resolution
周向阶数	Circumferential order
轴对称波	Axisymmetric wave
轴对称导波	Axisymmetric guided wave
轴向分辨率	Axial resolution
轴向裂纹检测	Axial crack detection
轴向压力分布	Axial pressure profile
转移矩阵法	Transfer matrix method
准各向同性层叠	Quasi-isotropic laminate
准横波	Quasi-shear wave
准瑞利波模式	Pseudo-Rayleigh surface wave mode
准无限媒质	Semi-infinite media
准纵波	Quasi-longitudinal wave
自然波导	Natural waveguides
自然聚焦	Natural focusing
纵波	Longitudinal wave

致　谢

我想通过本书对过去二十年来和我一同工作、讨论以及对波动力学研究做出贡献的同仁表示衷心的感谢，并谨以此书缅怀在 1994 年 1 月 6 日去世的 Aleksander Pilarski 博士。Aleksander 昵称 Olek，于 1986～1988 年和 1992～1994 年分别在德雷塞尔大学和宾夕法尼亚州立大学与我合作。他旺盛的精力和热情的工作态度，以及他在理论和实践中的贡献，深深地影响了我们中的许多人。他是一位真挚的朋友，我们永远怀念他。

感谢我所有的博士和硕士研究生的辛勤工作和宝贵意见，特别感谢参与本书写作的学生和同事，对他们的基本介绍如下(以姓氏首字母升序为序)。

Michael Avioli 博士和我一起工作 25 年以上，主要从事导波信号处理和模式识别工作，是附录 C 的主要作者。

Cody Borigo，博士研究生兼 FBS 工程师，他的研究方向为复合材料检测、导波 CT、超声振动、环形相控阵和机翼的超声测冰及除冰等。

Jason Bostron，博士研究生，他的主要研究方向是超声导波无损检测以及结构健康监测，特别是带涂层的厚壁结构的检测。

Huidong Gao，出生于中国江苏南通。2007 年获得宾夕法尼亚州立大学博士学位。他的主要研究方向是超声导波和电磁超声。他也是美国无损检测学会超声培训教材《超声检测原理及基本技术》和《超声检测评价以及前沿技术》的作者。

Cliff Lissenden，宾夕法尼亚州立大学工程科学与力学系教授。1995 年加入宾夕法尼亚州立大学，主要研究方向为材料力学，现在的主要研究方向为超声导波无损检测及结构健康监测、粘接材料和铆接接头的质量检测，以及利用超声导波非线性进行微观前兆到宏观损伤的检测。

Yang Liu，博士研究生，主要研究方向为非线性超声导波。

Jing Mu，FBS 科学家，2008 年 8 月获得宾夕法尼亚州立大学博士学位，专长管道超声导波相控阵的研究。

Jason K. Van Velsor，2009 年获得宾夕法尼亚州立大学博士学位。目前就职于 Structural Integrity 公司，是长距离导波现场应用的专家，具有该领域的多种从业证书。具有核电、火电、油气田(陆地和海上)、天然气输送、水和污水以及纸浆和造纸等行业的丰富现场检测经验。

Fei Yan，FBS 科学家，2008 年获得宾夕法尼亚州立大学博士学位，主要研究方向为超声导波无损检测及结构健康监测，包括金属和复合材料。

Li Zhang，博士、FBS 科学家。她的研究方向为超声导波的理论计算和数值模拟，包括管道相控阵和集成孔径聚焦以及超声换能器定征。

非常感谢宾夕法尼亚州立大学以及各资助单位多年来对我研究工作的支持。最后，衷心感谢我的爱人 Carol，感谢全家对我工作的支持、对我的爱心和耐心。